启真馆出品

李奭学　著

明清西学六论

浙江大学出版社
ZHEJIANG UNIVERSITY PRESS

图书在版编目（CIP）数据

明清西学六论 / 李奭学著 . —杭州：浙江大学
出版社，2016. 7
ISBN 978-7-308-15828-2

Ⅰ. ①明… Ⅱ. ①李… Ⅲ. ①西方文化—研究—文集
Ⅳ. ① G11-53

中国版本图书馆 CIP 数据核字（2016）第 102406 号

明清西学六论

李奭学 著

责任编辑	周红聪
文字编辑	宋先圆
责任校对	周元君
装帧设计	周伟伟
出版发行	浙江大学出版社
	（杭州天目山路 148 号　邮政编码 310007）
	（网址：http:// www.zjupress.com）
制　　作	北京大观世纪文化传媒有限公司
印　　刷	北京中科印刷有限公司
开　　本	880mm×1230mm　1/32
印　　张	10
字　　数	230 千
版 印 次	2016 年 7 月第 1 版　2016 年 7 月第 1 次印刷
书　　号	ISBN 978-7-308-15828-2
定　　价	45.00 元

自　序

　　明清两代的西学东渐，学界两边游走的人不多，而我在明清之际遭回日久，深觉单是"文学"这个方向，今生已难穷竟，所以从来也不敢涉足清末，自寻烦恼。如今我就明末中译之欧洲宗教文学所撰，已有专书若干，还曾伙同友生编了两套相关大书，材料愈觅愈多，题目也越挖越深。写书之前，向来我多"胸有成竹"，也就是早有计划，再"按计行事"，终底于成。不过我生性难免矛盾，撰写专书的当头，偶尔也会遇到非属计划而又心痒难耐的题目，逼得自己岔开，立马追去，通常还是大跑野马。近年来，我居然也累积了一些文章，而且篇篇用力甚勤，有些甚至冲出明清之际，不自量力跑到了清末，我收之于本书，算是野人献曝，有请方家指正。下面谨略述各篇原始，并向慨伸援手的朋友致谢。

　　从进入学界开始，我就给自己立下规矩，不碰有人处理过的题目。但如果处理不佳或我另有拙见，仍会心摹手追，放胆写去。本书首篇处理利玛窦中译的《二十五言》，而此译史柏拉丁（Christopher A. Spalatin）早有专书论述，学界知之甚稔。不过我捧读史著多年，总觉其中所见有限，开展得也不够深入。且不论崇祯年间士子赵韩撰得的《榄言》，史著恐怕连利玛窦的《天主实义》、王肯堂誊录的《近言》，以及《道德手册》的天主教改写本都有不察。拙作即从这些学术罅隙入手，"重读"《二十五言》，相信对此一最早迻为中文的欧洲宗教文学的研究应有些许贡献。不谈考证，"重读"二字正是我检视《二十五言》身为宗教文学的不二法门。[1]《中译第一本欧洲宗教经典》本应上海师范大学一场相关会议而写，宋莉华和刘耘华两位教授又命我举此发为会议的主题演讲，我义不容辞，自是感激莫名。

上文谈到赵韩所撰的《榄言》，我想在此向吕妙芬博士特致谢忱。我虽在日本国立公文书馆内阁文库做过研究，也看过收罗《榄言》的《日乾初揲》全帙，但首先把《榄言》从内阁文库找出来的却是妙芬。我也承她好意，惠赠一张《榄言》光碟。在此之前，酒井忠夫应该也看过《榄言》，但所知几乎空白一片；包筠雅（Cynthia J. Brokaw）亦然，所知还是本乎酒井。他们对《日乾初揲》内其他善书的兴趣，比对《榄言》大多了。妙芬看到《榄言》，直觉和晚明天主教有关，我拿到光碟，几乎马上断定内文必取自利玛窦的《畸人十篇》、《二十五言》和庞迪我的《七克》，当下即展开一场文本的追寻之旅。相关撰文找出之后，棘手的问题才开始：谁是赵韩，他和明末西学有何渊源，而《榄言》和明代善书的关系又是如何？这些问题都曾困扰过我，而我少说花了一年工夫，才厘清问题几许。此其间内阁文库的馆员给我相当大的方便，好友杨晋龙博士也倾力襄助。新加坡国立大学

---

[1] "重读"的后现代意涵，可见 Matel Calinescu, *Rereading* (New Haven: Yale University Press, 1993) 一书，尤其是页 17-120。

的李焯然兄邀我过访，我尝就《榄言》放肆，大谈《日乾初撰》中"五教一家"的本质，拙作自然于此也有所着墨。

《日乾初撰》中的善书，除了《至情语》和《读书日记》外，文学性之强者，几唯《榄言》而已。赵韩实则系出名门，在本贯当湖诗名藉甚，所撰眼光之准就不在话下。天主教也谈"善书"，而一涉及此，赵韩撰得者外，我难免要谈高一志，尤其是所译《达道纪言》。从公元2000年开始，我和梅谦立（Thierry Meynard）教授穷十年之力，以英文译注高氏此书。工作过程中，属于考证性的石头，我们踢到的不知凡几。为了搬开石头，我们无意中发现高一志曾把荷马的名字译为"阿哩／嘿汝"。我对西洋古典向感兴趣，史诗与戏剧，可以读到的几乎都读了。拙作《中国晚明与欧洲文学》里，我论过利玛窦和清初耶稣会士对荷马的看法，如今又发现中国首见的关乎荷马的史事，探讨中西文学互动的兴趣随即燃起，而且一发不可收拾，从明代耶稣会士走到清代的"耶苏教士"（新教教士）如郭实猎与艾约瑟等人。这是一趟如假包换的"长途旅行"（odyssey），结果是《阿哩原来是荷马！——明清传教士笔下的荷马及其史诗》，也引发了一些不小的回响，也替我解开某些清末荷马译史的谜团。[2] 感谢杨熙楠及殷子俊等《道风》诸君子：他们不惜篇幅，勇于在他们闻名国际的专业刊物上发表这篇非关其领域的拙论。

《中国"文学"的现代性与明末耶稣会的文学翻译》初则亦刊于《道风》，其后我扩充了一倍篇幅，增加了不少新见，引为我和林熙强

---

[2]　如杨俊杰：《原来他是周梦贤：兼作〈阿哩原来是荷马！〉读后》，载《道风》第40期（2014春），页257-269。

博士年前编成的《晚明天主教翻译文学笺注》的"导论"。文中我从明末西学的角度为"文学"今义的形成再作申说，推翻 1934 年鲁迅在《门外文谈》中的论调，当然也改写了铃木修次等现代学者的类似之见。[3] 此外，文中我同时探讨了明代耶稣会的印刷文化，标出北京、武林与三山等地系会士梓行著译的中心，并重厘他们的译作对中国文学的影响。拙文第一部分的初稿，最早乃墨尔本大学亚洲学院一场会议的主题演讲词，修改后又在新加坡南洋理工大学中文系的某会议上宣读。第三部分的初稿则发表于汉学研究中心和中研院文哲所合办的会议上，修订稿稍后在北京中国社科院文学所的会议上宣读。除第二部分外，余者都有其不同的刊载处[4]，而林熙强博士、胡士德教授、王德威院士都曾加以指正，谨此致谢。社科院的黎湘萍和郑海娟博士邀访，盛情可感，谨此致谢。

公元 2010 年，我在几位朋友协助下，从上海徐家汇藏书楼摄得贺清泰译注的《古新圣经》全稿的抄本。其后我一面同郑海娟、陈硕文与林熙强等同仁点校该书，一面则分别从近代白话文的形成、贺清泰在乾嘉时代的际遇与他个人的解经学开始研究这部卷帙庞然之作，

---

[3] 鲁迅：《门外文谈·不识字的作家》，见《且介亭杂文》，载《鲁迅全集》，15 册（北京：人民文学出版社，1987），6:93；铃木修次：「文学の訳語の誕生と日・中文学」，见吉田敬一编：『中国文学の比較文学的研究』（東京：汲古書院，1986），页 338-344。

[4] 见李奭学：《中国"文学"的现代性与明末耶稣会文学翻译》，《道风》第 40 期（2014 年 1 月），页 37-75；李奭学：《基督宗教与"文学"今义的形成》，韩国《渊民学志》（2014 年 8 月），页 33-48；李奭学：《中西会通新探——明末耶稣会著译对明清间文学文化的影响》，李奭学、胡晓真编：《图书、知识建构与文化传播》（台北：汉学研究中心，2015），页 131-163；以及 Sher-shiueh Li, "Inventing the Origins of Modern Chinese 'Literature,'" Paper accepted to be included in David Der-wei Wang and Ted Huster, eds., *The New History of Modern Chinese Literature*, forthcoming from Cambridge: Harvard University Press, 2018. 另见李奭学、林熙强：《导论：晚明为人遗忘的一段文学翻译史》，载二氏主编：《晚明耶稣会翻译文学笺注》，4 卷（台北：中研院文哲所，2016），1:xxxii-lxxiii。

最后撰成《近代白话文·宗教启蒙·耶稣会传统——试窥贺清泰及其所译〈古新圣经〉的语言问题》，发表于文哲所的《中国文哲研究集刊》上。拙文其后又不断修改，另以"导论"的形式弁于我和郑海娟博士主编的《古新圣经残稿》上。此文的研究同样耗时不短；我得向香港思高圣经学会致谢，他们特许我使用他们典藏的贺清泰手稿残存的相片再作研究，加深了了解。最后我又完成《谈天说地论神人：从〈古新圣经·化成之经〉前二篇看贺清泰的解经学》一文，宣读于去年秋天复旦大学举办的比较经学会议上；后文我附录于本书，李天纲兄邀请与会，高谊可感，也感谢肖清和郑海娟两教授指正。约莫半年前，关西大学的内田庆市教授来台，示我以圣彼得堡俄国科学院庋藏的满汉合璧本《古新圣经》的一部分，使我了解在东京东洋文库外另有部分该经的满文版，开我眼界不小。内田教授又邀我到大阪演讲，得以一会专攻中西语言互动的日本同好，我心铭感。

我们如今说与写都可谓欧化严重，白话文一变至此，我相信其起源和《圣经》东流形成的翻译腔有关，而思考这类问题时，我总会想到一些类似玄奘所称"此无故"的中文名词的欧语译法。最容易进入此一视域者，莫过于中文的"龙"字。此字或相关的神话动物的欧译之始，我想未必关乎《圣经》，但和传教士有涉则为不移之论。华龙欧龙非一，众所周知。我从明清耶稣会的著作中，了解会士并不信中国古来当真有龙存在。贺清泰中译《圣若望默照经》（《启示录》），也把撒旦这条和合本所称的"大龙"译为"大蟒"[5]，然而把中国"龙"

---

[5]　和合本《圣经》者，见启12:6；贺清泰所译者，见李奭学、郑海娟主编：《古新圣经残稿》，9册（北京：中华书局，2014），9:3436。

译为 dragon，则似乎又和耶稣会有关。我"抓龙"有年，出入在会士所著与中世纪以来旅华欧人的游记中甚久，当然知道欧龙源自希腊，而拉丁文的 dracō 乃承其影响而来，终于促成各种现代语言有关龙的拼法，尤其是意大利文里的 drago 和葡萄牙文中的 dragão。如此欧译，罗明坚和利玛窦俯察中国品类的用法可称关键。不过了解及此之前，我早已一稿写过一稿，而最后所成者便是本书殿尾的《西秦饮渭水，东洛荐河图——我所知道的"龙"字欧译始末》一文。漫长的"抓龙"过程中，我的学生林虹秀在研究上启发过我，而我也应该在此感谢潘凤娟教授与陈相因博士不吝协助，适时提供相关知识。

本书里的六篇主文，率皆如上所述而经年撰作，研究过程中又殚精竭虑，始克有成。然而芜文毕竟是芜文，有些我曾收入年前在台湾出版的一本有关比较文学的文集中[6]，这里重新编排，我又重予耙梳，增补新见与材料。诸文之间倘有联系，则都和明、清东渐的西学有关，此所以本书题以"明清西学六论"。尽管如此，书中诸文——容我强调再三——我写来如同撰作专书般严肃而卖力，难度抑且有过之而无不及。撰作之际，先师余国藩教授时常来信鞭策，而我的家人——尤其是家母——在我写作时，向来也极其宽容待我。如今先师仙逝，而家母也卧病在床，我五内翻腾，但恨不能尽学生与人子之道，消解这世间种种的无常与病痛。既为凡胎俗体，我只能负负徒呼，赖学术以报答师尊与家人，如此则本书结集或可将功抵过。最后，容我感谢劳苦功高的本书编辑宋先圆兄，以及我的助理陈懿安、

---

[6] 李奭学：《中外文学关系论稿》（台北：联经出版公司，2014），尤其是第二及第四辑。

高淑敏与刘芷好三位小姐，她们助校书稿，又穿梭在各所的图书馆之间，代借急需之书，让我多得时间，重理书稿。

李奭学

2016 年 3 月台北·南港

目　次

中译第一本欧洲宗教经典

——论利玛窦的《二十五言》

《二十五言》成书的时间

在中国宗教思想史上，利玛窦（Matteo Ricci, 1552-1610）一生最为人知的著作应属《天主实义》。此书刻于 1603 年，但利玛窦早在广东韶州传教时便已动笔开写，事见所著《中国开教史》。[1] 学界另有一说：《天主实义》实则定稿于江西南昌，多为利氏作客庐山白鹿（洞）书院期间应当地士子——尤其是白鹿书院洞主章潢（1527-1608）——之问，回答而成。[2] 此所以书中特设“西士”与“中士”对答，而

[1] Matteo Ricci, *Storia dell'Introduzione del Cristianesimo in Cina*, in Pasquale M., D'Elia, S. I., ed., *Fonti Ricciane*, 3 vols. (Rome: La Libreria dello stato, 1942), 2:233. *Fonti Ricciane* 以下简称 *FR*。

[2] 夏伯嘉：《利玛窦与章潢》，见田浩（Hoyt Tillman）编：《文化与历史的追索：余英时教授八秩寿庆论文集》（台北：联经出版公司，2009），页 727-745。另见罗光：《利玛窦传》，载《罗光全书》，42 册（台北：台湾学生书局，1996），28:68 及 81。《罗光全书》以下简称《全书》。有关下及章潢的简历，见〔明〕李应升：《白鹿书院志》及〔清〕毛德琦：《白鹿书院志》，载白鹿洞书院古志整理委员会整理：《白鹿洞书院古志五种》，2 册（北京：中华书局，1995），2:837 和 1148。

《天主实义》之为人视为护教著作者，因此也所在多有。不论如何，上述之说若然，则利玛窦举心动念，想要中译爱比克泰德（Epictetus, 55-135）的《道德手册》（*Encheiridion*），最晚必定在 1595 年他犹在南昌的时期。我如此立论，并非信口开河，而是《天主实义》中著名的人生如舞台之喻，早在王肯堂（1549-1613）于 1602 年（万历壬寅年）刊刻的《郁冈斋笔麈》中即可见得 [3]，而王氏此书集稿酝酿的期间不短。他得见《二十五言》，至少可以溯至 1600 年，盖这一年或这一年之前，他得遇利玛窦于南京。

《二十五言》原题《近言》，王肯堂言之甚明，而全编由《道德手册》迻为手稿，当然在《郁冈斋笔麈》刻成之前。王氏自谓《近言》乃利玛窦所贻，同时获赠者还有利氏另译《交友论》的刻本（《存目》，107:684 及 682-684）。《近言》中有十二言，《郁冈斋笔麈》均借此名录之，时距 1604 年《二十五言》正式付梓，则寒暑已经五阅。前及《郁冈斋笔麈》中的《舞台喻》，系天主教中古常谭"人生如戏"（*theatrum mundi*）的源流所自，录之如下：

> 人生世间，如俳优在场，所为俗业如搬演杂剧，诸帝王、宰官、士人、奴隶、后妃、夫人、婢妾，皆一时妆饰者耳。则其所衣，衣非其衣，所逢利害不及其躬，搬演既毕，解去装饰，则漫然不相关矣。故俳优不以分位高卑，境界顺逆为忧喜也。惟随其

---

[3]《天主实义》中的《舞台喻》，见〔明〕李之藻辑：《天学初函》，6 册（台北：台湾学生书店，1965），1:537-538。《天学初函》以下简称"李辑"，页码随文夹注。〔明〕王肯堂：《郁冈斋笔麈》，见四库全书存目丛书编纂委员会编：《四库全书存目丛书》（台南：庄严文化公司，1995），107:684-686。《四库全书存目丛书》以下简称《存目》。

所克者而肖之，乃至丐子亦无不酷肖，以适主人之意而已。分位在他，充位在我。(《存目》，107:686)

　　王肯堂何时认识利玛窦，确实的时间难考，但是当在利氏进入北京前的 1595 迄 1600 年某时，则为不移之论。这段时间内，又以 1599 年可能性最大，盖据艾儒略 (Jules Aleni, 1582-1649) 的《大西西泰利先生行迹》(1630)，这一年王肯堂同在南京，且曾"遣门下士张养默就利子受业"。[4]《郁岗斋笔麈》所录的《近言》，乃《二十五言》迄今最早可见的部分。其中之含有《舞台喻》，可以说明若取之以参较《天主实义》撰作的时间，此喻确实应译于利氏滞留南京之前，也就是他仍在白鹿书院论学之际。王肯堂又称，所谓"近言"，取典乎《孟子·尽心下》，意指书中之言"若浅近而其旨深远"，足堪为人"座右"也(《存目》，107:686)。[5] 王氏的说明另称，所录十二言系就利玛窦当时所出而录其"数条"罢了。就总数而言，王氏所见应当不止十二。爱比克泰德《道德手册》的希腊原文中的言则，历来有二说，一为五十三言，一为五十二言，虽其所涵无殊，仅有条分之别而已。[6] 在 1602 年之前，利玛窦译得的《道德手册》有多少，我们如今懵懂不知，能确定者唯王肯堂称之为"编"，或已将《二十五言》如数囷成。方之 1629 年李之藻 (1571-1630) 所辑《天学初函》

---

[4]〔明〕艾儒略：《大西西泰利先生行迹》，见向达校：《合校本大西西泰利先生行迹》(北平：上智编译馆，1947)，页 10。另请参阅林金水：《利玛窦与中国》(北京：中国社会科学出版社，1996)，页 53-64。

[5]〔宋〕朱熹集注：《四书集注》(台北：世界书局，1997)，页 418。

[6] 本文中我用的 *Encheridion* 是 W. A. Oldfather, trans., *Epictetus II* (Cambridge: Harvard University Press, 1996), pp. 479-537 所收的五十三言版。*Encheridion* 下文简称"*Enc.*"，页码随文夹注。

中的《二十五言》,《郁岗斋笔麈》所录者颇有异文,而这差异若非利玛窦的原译如此,就是曾经王肯堂删润。后者的可能性最高。利玛窦 1595 年刊刻的《交友论》,《郁岗斋笔麈》亦曾如数收之,就刻在《近言》之前,而王肯堂在其篇首有如下数语评之:使利氏"素熟于中土语言文字,当不止是,乃稍删润,著于篇"(《存目》,107:682)。易言之,王肯堂对《交友论》的译笔颇有微词,是以《二十五言》或曾稍加"删润",也在情理之中。

翻译是种文字"变易"的行为,雅各布森(Roman Jakobson, 1896-1982)分之为三,其一称作"语内翻译"(intralingual translation),系以同一语种"诠释"同一语种。[7]《郁岗斋笔麈》对《近言》的"删润",其实是"改写",在某一意义上即属雅氏所称"语内翻译"。王肯堂系明代名气不在清人王宏翰(1648-1700)之下的儒医。他出身书香门第,和父亲一样都曾进士及第,又尝入翰林院为庶吉士,官至福建布政司参政。其后因与当朝为东事主张不合,再因早年尝为母亲病危而精研医术,遂毅然辞官,归隐故里江苏金坛,悬壶济世。王氏曾随紫柏真可(1543-1603)习唯智学,有相关著作传世,晚明且有中兴之称。[8]总之王肯堂的中文造诣绝非泛泛,而他资格确够,是可以批评利玛窦的中文译笔。上引《舞台喻》文字简洁精练,比《天学初函》本中同一言则漂亮了许多,最后一句"分位在他,充位在我",言简意赅,而《天学初函》本作"分位全在他,充

---

[7] Roman Jakobson, "On Linguistic Aspects of Translation," in Lawrence Venuti, ed., *The Translation Studies Reader*, 2nd ed. (New York and London: Routledge, 2004), p. 139.

[8] 参见王重民:《王肯堂传》,《医史杂志》第 3 卷第 2 期(1951),页 41-42;刘元:《明代医学家王肯堂的生平和著作》,《中医杂志》第 1 期(1960),页 67-70。

位亦在我"（李辑，1:344），则稍显杂沓，高下立判，可以为证。"分位"者，传统上多指"职分"或"地位"而言，如《朱子语类》谓："圣人分位，皆做得自别。"[9] 但在《舞台喻》中别有进境，应指爱比克泰德原意所在的角色"择取"（ἐκλέξασθαι）。

　　《二十五言》在 1604 年镌板刊行后，据悉仅神宗一朝，中国不同省份就刻了四版（FR, 2:300）。我们如今虽仅得见《天学初函》本，然其间料无大异。总之，此地我拟强调的是《二十五言》中译，应当始于利玛窦犹在南昌的时期；而王肯堂所录《近言》，殆经其人删润后的形貌，已非利氏原译。中国译史上，删改本先行，原本晚出，浅见所及，倒是不多。《中国开教史》称，《天主实义》的初稿完成于南昌，利玛窦曾传阅于章潢（FR, 2:291-292），白鹿书院诸君反倒有幸，可以先人与闻爱比克泰德著称于欧洲的《舞台喻》。[10] 白鹿书院是中国四大书院之首，朱熹、王阳明等理学名臣都曾讲学其中。章潢系阳明后学，乃"江右四君子"之一。看在奉天主为教者如利玛窦眼中，阳明心学无异于"虚学"，高一志（Alfonso Vagnone, 1566-1640）在《王政须臣》中业已鄙夷称之[11]，而其所对应者，正是李之藻（1571-1630）序《天主实义》时所称的天主"实学"（李辑，1:355）。后书既收《二十五言》中的《舞台喻》，则《天主实义》言及此喻乃

　　[9]〔宋〕朱熹：《朱子语类》卷 69，载《景印文渊阁四库全书》子部 7 儒家类第 701 册（台北：台湾商务印书馆，1983-1986），页 410。

　　[10] Cf. Gilbert Murry, *Stoic, Christian and Humanist* (London: George Allen and Unwind, 1940), pp. 108-109. Murray 此书，以下简称 *SCH*。

　　[11]〔明〕高一志：《王政须臣》，见钟鸣旦（Nicholas Standaert）、杜鼎克（Adrian Dudink）与蒙曦（Natahlie Monnet）编：《法国国家图书馆明清天主教文献》，26 册（台北：利氏学社，2009），1:322。钟氏等编，以下简称《法国图》。

欧洲某"师"所撰，读过《天学初函》者应该知晓。此一"师"也，今人占尽研究优势，当然知道就是爱比克泰德，然而《二十五言》刊出当年或利玛窦馈王肯堂以《近言》之时，他从未吐实，连"师"字都未道出。《二十五言》既成，冯应京（1555-1606）序之，称系利"作"（李辑，1:321）。《中国开教史》中，利玛窦曾高谈《二十五言》，且以意文"Vinticinque parole"为之定名。然而相关部分，从头至尾，他一律亦以意文第三人称单数形的过去式称之为所"作"（*fece*; *FR*, 2:286）。尔后重印的四刷，此调一弹再弹（*FR*, 2:287-288）。此或所以李之藻辑《天学初函》，其中《二十五言》开卷，他弁之为利"述"。

"述"字在此用得颇为含糊，是孔子所称"述而不作"，抑或为耶稣会同志来日常用的"译述"之意？从《中国开教史》的上下文看来，我以为当属后者：利玛窦未曾倩人捉刀或笔润，字字皆属自出。《天主实义》中，利氏所称的某"师"，要待1632年（崇祯五年）高一志译《励学古言》最后一则时，我们方见中国首次音译其名："爱比克泰德"者，高一志对之以"厄比德笃"一称。高氏所以引述这位斯多葛名士，志在劝人言行合一，亦即勤学不得为举止失措的借口，说来颇合《二十五言》最后一言所示的实用主义："昔人或不洁，攻学甚勤。贤者厄比德笃观之，叹曰：'奇香美液注于秽器。'"（《法国图》，4:65）高一志此地所译，宜属"世说"（chreia），出处待考，然而方之利玛窦初履南昌，与章潢诸人交，"厄比德笃"之名及其人言行之见诸中文，则已迟到了近四十年。

《二十五言》付梓之际，徐光启为之撰跋，称是书利玛窦乃成于明代留都南京（应天府）。"留都"一称"别都"，常为帝王龙兴后移都他处而对原址的尊称，以其仍"留"有典章制度故也。明代开国，太祖定都南京，靖难之变（1399-1402）后，成祖北迁燕京（北京），故徐光启称南京为"留都"。《中国开教史》描述南京，另有见地，谓其城址近似北京，仍有皇宫耸立，而其南正门唯皇帝可以出入。其他各门，官庶过之，依例都得落轿下马，以示崇敬。不过利玛窦早已看出"留都"仅存其名，皇驾从未莅临，南正门经年上锁（*FR*, 1:82）。徐光启的跋继而指出，利玛窦从其"国中携来诸经书盈箧"，然而在南京多"未及译"，故"不可得读也"。区区数语，似已暗示《二十五言》乃译籍，系利氏在留都"所译书数种，受而卒业"者之一。1604年夏，冯应京因弹劾太监陈奉（fl. 1599-1600）剥削民膏，反为所诬而身系囹圄。[12] 在狱中，冯氏得窥《二十五言》，惊为稀觏，遂用为自己身遭冤诬而得以坚忍处之的舒愤凭借，继而出资付诸梨枣，使之垂诸后世。至是书成，而此际上距江右论学又已达十年以上。《二十五言》成书之曲折，一至于此。

　　冯应京为人笃实，《明史》有传，誉其人为"志操卓荦"。巡抚湖广时，甚不齿李贽（1527-1602）空言佛老，尝予纠举，甚或打压，可知其人不事空疏浮言，深恶泰州遗绪。利玛窦在南京开教那一年，与焦竑（1540-1620）、李贽师徒颇有往还。[13] 北上进京之际，又蒙李贽撰书襄助，且承赠诗文，还知道李氏最后在通州自杀，而其

---

[12]〔清〕张廷玉等编撰：《明史》第10册（四库备要版；台北：台湾中华书局，1981），卷237，列传125，页5b。此外，明末兴南京教案（1616年）的沈漼（1565-1624）及翼护天主教甚力的叶向高（1559-1627），都曾在冯应京两遇灾难之际代为上言，为其脱罪，见上引《明史》，页5a及6a。

[13] 李贽与焦竑的关系，见松川健二：「李贄と焦竑」，『北海道大学人文科学論集』18（1981年3月），页1-10。

原因正是冯应京入京参奏,自觉义无再辱有以致之（*FR*, 2:65-69 及 103-106）。利玛窦是方外人,中国官宦之间的恩怨,他能避则避,和李贽的信仰,其实有若冰炭,谊难深刻。李氏出身左派王学,正是高一志深切讽之的阳明极端。《明史》对冯应京另有褒语,美其"不事空言",而此语恰恰也可解释得睹《二十五言》之际,他旋以《易经》"天数"说之。[14] 谈到这一点,我们得重回爱比克泰德的《道德手册》。

从《道德手册》到《二十五言》

用金尼阁的话来说,《二十五言》的内容首在印证天地间只有一位主宰,亦即所谓"天主"。祂化生万物,掌管万物,凡人所有皆为所赐。其次,人有不灭之灵魂,死后天主自会审判,赏善罚恶。最后,他指出上述内容和儒家一无扞格,抑且可以调合互济。[15] 此所以史柏拉丁（Christopher A. Spalatin）在所著《利玛窦与爱比克泰德》（*Matteo Ricci's Use of Epictetus*）中谓:利玛窦认为儒家乃中国的斯多葛学派。而利氏也像《四库全书总目提要》所示,系由《二十五言》出发,传教中国。[16] 纪昀（1724-1805）等人对耶稣会著译一向

---

[14] 《易·系辞上》:"天数五,地数五,五位相得而各有合。天数二十有五,地数三十;凡天地之数五十有五,此所以成变化而行鬼神也。"见〔清〕阮元校刻:《十三经注疏》,2 册（北京:中华书局,1983）,1:80。此书以下简称"阮刻"。

[15] Nicolas Trigault, *China in the Sixteenth Century: The Journals of Matteo Ricci: 1583-1610*, trans. Lous J. Gallagher, S. J. (New York: Random House, 1953), p. 449.

[16] Christopher A. Spalatin, S.J., *Matteo Ricci's Use of Epictetus* (Waegwan, Korea: Pontificia Univesitas Gregoriana, 1975), pp. 20-21. 〔清〕永瑢等撰:《四库全书总目〔提要〕》,2 册（北京:中华书局,1965）,1:1080 谓:"西洋人之入中华自利玛窦始,西洋教法传中国亦自此二十五条始。"

偏见讹误盈篇，上引倒难得持论甚是。《中国开教史》中，利玛窦对《二十五言》的描述，其实是一经过天主教化后的《道德手册》，这点下文会予再详。这里我拟先泛论者，乃斯多葛学派的哲学大要，尤其是爱比克泰德的宗教见解。在爱氏之前，斯多葛学派中人，自然以柱廊下讲学的希腊古哲芝诺（Zeno of Citium, *c.* 334-*c.* 262 BCE）为首。他的哲学是某种宇宙论与伦理观的混合。芝诺有师承，而影响最大者之一，应属在华耶稣会时常提及的犬儒哲学家第欧根尼（Diogenes of Sinope, *c.* 412-323 BCE）。[17] 就伦理道德言之，芝诺和第欧根尼都奉素朴的理性生活为圭臬，主静而知足。但芝诺强调教育重要，试图建立某种文化观；第氏则否，宁可街头行乞，给往后天主教的托钵僧树下极为重要的生活典范（*SCH*, 57；《晚明》，页 53-162）。

时序进入罗马时代，芝诺的影响更大，而深受启迪者之一，便是《道德手册》的讲者爱比克泰德。他和芝诺都信仰希腊罗马一脉相传的宗教，是泛神论者，但在宇宙观上却另出机杼，以为宇宙就是秩序本身，更是一独特的大而无边的至高神的化身，称之为"神"或为"宙斯"（Zeus）都可以。这位"神"毫无人类的七情六欲，但仁而爱民，在爱比克泰德口中听来宛如《新约》所指的上主。[18] 尘世之人虽有一己的灵魂，在斯多葛思想中，命运却早为上述之"神"所

[17] 李奭学：《中国晚明与欧洲文学——明末耶稣会证道故事考诠》（台北：联经出版公司，2005），页 53-162。李著以下简称《晚明》。

[18] Keith Seddon, *Epictetus' Handbook and The Tablet of Cebes: Guides to Stoic Living* (London: Routledge, 2005), pp. 20-32. Also see A. A. Long, *Epictetus* (Oxford: Oxford University Press, 2002), pp. 142-147.

定。[19] 宽松言之，爱比克泰德所称之"神"，故而几乎和天主教不谋而合，轻易就可化为《圣经》所示的天主和从中演绎而出的"天命"（Providence）及命定之论（pre-destination）。《道德手册》以伦理学为背景，然其所出无非"神"也，而所深入者，更表出爱氏思想的中心乃人神之间的关系。[20] 用司马迁或董仲舒的话形容，如此关系无非中国人常说的"天人之际"，甚至是"天人合一"。

斯多葛伦理学和宇宙观一旦如此结合，我们可得而闻知者但为某种独特的宗教观（*SCH*, 59-60）。利玛窦之所以把《二十五言》解为天主教理的显示，甚至以教中内典视之，这是主因。冯应京力主《二十五言》合乎《易经》"天数"之说，又方之以《四十二章经》，虽有卑薄后者之意，但上面所述也是原因。总而言之，对利玛窦，对冯应京而言，《道德手册》乃扎扎实实的宗教经典，是一部不折不扣的天主教理的专著。

《道德手册》是爱比克泰德的授课记录，录之者为爱氏的门弟亚里安（Arrian of Nicomedia, fl. 108）。他以冉若芬（Xenophon of Athens, *c.* 430-354 BCE）的《大事纪》（*Memorabilia*）为范本，把爱比克泰德授课内容的精要分段记下，其间是否有严密的内在联系，他显然不以为意。[21] 爱比克泰德所处的时代，地中海沿岸多已纳入罗马帝国的版图，然而时序仍属希腊化时代，而爱比克泰德也在希腊西北的尼柯城（Nicopolis）内讲学，故而所用语言为希腊文。亚里安录

---

[19]　Diogenes Laërtius, *Lives of Eminent Philosophers* (Cambridge: Harvard University Press, 1995), vii. 148.

[20]　See John Ferguson, *The Religions of the Roman Empire* (Ithaca: Cornell University Press, 1970), p. 195.

[21]　见 Gerard Boter, "Preface" to his *The Encheiridion of Epictetus and Its Three Christian Adaptations: Transmissions and Critical Editions* (Leiden: Brill, 1999), p. xiii。Boter 此书，下文以其名简称之。

得《道德手册》的希腊文本后，6 世纪的新柏拉图主义者辛普里基乌
（Simplicius, *c.* 490-*c.* 560）随即为之评注，近人的英译本题为《论爱
比克泰德的道德手册》（*On Epictetus' Handbook*）。但不论是亚里安所
录或辛普里基乌的评注本，14 世纪之前，欧洲殆未得见，可见者反
而是某些另类的版本：原来《道德手册》成书之后，由于斯多葛学派
的宗教性格近似天主教，而《道德手册》又是此派中人宗教观的正统
典型，故而在修道院的门墙内颇有阅众，甚至和 3 至 5 世纪的天主教
灵修运动（monasticism）结为一体。苦修僧所读，并非爱比克泰德的
原本，而是所著经过改编后的所谓天主教化的版本。其中异教思想悉
遭抹除，代以天主教的语汇与观念。

从罗马帝国到分裂后的拜占庭帝国，这千余年间我们所知道的
天主教改编本《道德手册》主要有三种。其一据传为尼禄·安基拉
努（St. Nilus Ancyranus, fl. 430?）所编 [22]，但版本学家如此论定，不
过因此一稿本夹杂在圣尼禄的著作中所致。圣尼禄的本子，改编者应
该另有其人，或为某名唤孔马西乌（Comasius）的天主教僧侣（Boter,
156-157）。1673 年，圣尼禄此本曾由苏瑞芝（J. M. Suarez, 生卒年不
详）编辑成书，传行于世。其二通称《天主教演义本》（*Paraphrasis
Christiana*），1659 年由卡少朋（Méric Casaubon, 1599-1671）编辑梓
行。第三种则发现于梵蒂冈教廷图书馆，20 世纪前尚未有人编辑成书
（Boter, xiv-xv）。[23] 这三种"天主教版"的《道德手册》，有大幅改写

---

[22]　"尼禄·安基拉努"是个相当可疑的名字，可能指天主教史上的"圣尼禄"，参见
Constantine J. Kornarakis, "The Monastic Life According to Saint Nilus," MA Thesis (Durham University,
1991), pp. 6-9。

[23]　这里所述三种"天主教版"的《道德手册》的希腊原文，Boter, pp. 351-411 均以评注本
（critical edition）的形式收录之。

者，也有部分增删者，不过全都编定于《二十五言》译成之后，故而不易视为利玛窦中译所据。尽管如此，天主教版的《道德手册》的抄本，在修道院内仍然常见，说明此书书成之后，欧洲基督徒阅之者众，在游方僧间流通尤大。既然如此，"厄比德笃"当然可以由斯多葛的杏坛走下，登上天主教的圣坛，在华则更进一步，化身变成《天主实义》里的某"师"。

尽管利玛窦不大可能据上述天主教版的《道德手册》中译，15世纪以后，《道德手册》的抄本却逐年增多，终于在1450年出现了第一部拉丁文译本。译者是意大利人文主义者皮罗第（Niccolò Perotti, 1429-1480），所译天主教化的程度较小。[24] 皮罗第也是位拉丁语法专家，对罗马古典深有研究。除了皮氏这位利玛窦祖国的先贤外，1479年，佛罗伦萨文艺复兴大师保利洽诺（Angelo Poliziano, 1454-1494）又出了另一部拉丁文本。据今人波特尔（Gerard Boter）的了解，皮罗第的译本问津者不多，但保利洽诺的本子虽以手稿的形式流传多年，其排印的首版（*editio princeps*）在1497年刊行后，反而一刷再刷，乃文艺复兴期间最盛行的拉丁文译本。此一译本，直待1560年才因伍尔夫（Hieronymus Wolf, 1516-1580）出同一语言的第三种译本而逐渐失势。《二十五言》译于16世纪90年代，是以伍氏译本，利玛窦在欧就已可见，而且因耶稣会有其特殊的运书管道，利氏纵使在华，也未必失之交臂。至于《道德手册》的希腊文原本，1529年有人足本镌排，和辛普里基乌的《论爱比克泰德的手册》（1528）几乎

---

[24] 此书有如下现代版：Revilo Pendleton Oliver, ed., *Niccolo Perotti's Version of The Enchiridion of Epictetus* (Urbana: University of Illinois Press, 1954). 下引拉丁文本《道德手册》，部分据此版，简称之为 *NPV*。

同时刊行（Boter, xv and xv n. 16）。这也就是说，在意大利，同一时期就出现了两种《道德手册》的希腊文排印本。职是之故，利玛窦中译《二十五言》所用底本，至少有六种可能：一、保利洽诺的拉丁文译本；二、1535 年特灵卡唯里（Victor Trincavelli, 1496-1568）编定的希腊文；三、1546 年刊行的辛普利基乌（Simplicius of Cilicia, 490-560）的希腊文评注版；以及四、1529 年印行的希腊文足本。此外——第五——卡少朋所据的《天主教演义本》，而我另见有 1695 年刊行的希腊原文与拉丁译文的对照本，表示前此另有拉丁译本，唯译于何时，尚待查考。最后——也是第六种——皮罗第的拉丁文译本。[25]

　　利玛窦自里斯本梯航东来。抵华前夕，他尝在印度卧亚（Goa, 果阿）的耶稣会神学院教授希腊文。至于拉丁文，则为教会语言，利氏娴熟，自不待言（《全书》，28:21）。两种语言的《道德手册》，利玛窦因此都能读能懂，来华后自然也能译，故而要判断《二十五言》的源本（source text），其实不易。本文中，我无意考证利玛窦中译的底本，但爱比克泰德《道德手册》的希腊或拉丁文本，耶稣会士应该熟稔，我们对此应有清楚之了解。近人唐觉士（Julien-Eymard D'Angers, 1902-1971）又考悉，耶稣会祖圣依纳爵（Ignatius of Loyola, c. 1491-1556）在 1548 年左右草拟《神操》（*Spiritual Exercises*）之前，传说已熟读《道德手册》，并用为参考书籍。[26] 东

[25]　Merci Casauboni, *Epicteti Encheridion* (London: Robert Boubont, 1595). 此书下引简称 *EE*。

[26]　Chris Brooke, *Epictetus in Early Modern Europe:1453-1758* (Berkeley: University of California Press, 1999), p. 6. 此一问题，我因下文而得悉：潘薇绮：《跨文化之友论——论利玛窦〈二十五言〉的翻译修辞与证道艺术》，《辅仁历史学报》第 31 期（2013 年 9 月），页 113 注 74。

来会士常选圣依纳爵嗜读之作中译 [27]，《道德手册》变成利玛窦首译的宗教经典，应称顺风使舵，饶富意义。就《二十五言》本而言，更具意义的或许是利氏的中译策略，而兹事体大，篇幅所限，下文我化繁为简，仅举一二言为例，试答上述既跨语际，也跨了文化的大哉问。

"经典重构"之道

言体和语体，几乎同为晚明盛行的文学体裁 [28]，在华天主教圈内不殊，以"言"为名的文学述译迭有多起。《道德手册》的希腊原文在欧洲上古的际遇，在明末中国依然重演，而且打从《二十五言》犹名《近言》的时代就已揭开序幕。王肯堂抄录的十二言，某些业已经他由表面上的天主教文本改编为儒家化的中式格言，而其手法和《天学初函》本中利氏所用者几乎如出一辙。《二十五言》第一言的主旨，《道德论述》（Discourses）有所详论 [29]，我们不妨引之为例，澄清《郁岗斋笔麈》重构《二十五言》的儒门手法：

　　物有在我者，有不在我者。欲也，志也，勉也，避也等我事，

---

[27]　参见李奭学：《译述：明末耶稣会翻译文学论》（香港：香港中文大学出版社，2012），页251-252。此书以下简称《译述》。

[28]　其实就中国箴言或格言传统言之，"言体"与"语体"之分意义不大，这里纯为方便而设。相关意见，见合山究著，陈西中译：《心灵的中药——〈明代清言集〉解说》，载合山究选编，陈西中、张明高注释：《明清文人清言集》（北京：中国广播电视出版社，1991），页189-200。

[29]　Epictetus, *Arrian's Discourses of Epictetus*, III. XXIV. 1-18, in Oldfather, trans. *Epictetus II*, pp. 185-223.

皆在我矣。财也，爵也，名也，寿也等非我事，皆不在我矣。在我也者易持，不在我也者难致。假以他物为己物，以己物为他物，必且倍（悖）情，必且拂性，必且怨咎世人，又及天主也。若以己为己，以他为他，则气平身泰，无所抵牾。无冤无怨，自无害也。是故，凡有妄想萌于中，尔即察其何事。若是在我者，即曰："吾欲祥则靡不祥，何巫焉？"若是不在我者，便曰："于我无关矣。"（李辑，1:537–538）

就中文造诣而言，王肯堂当然高过利玛窦，上引《二十五言》的言则，他在《郁岗斋笔塵》中曾为之删润，而且还删削了不少，最重要者当在抹除利玛窦沿袭或为圣尼禄等纂天主教版《道德手册》的天学色彩。利氏原译中的"必且怨咎世人，又及天主"一句，系希腊文本天主教化后的典型，盖"天主"或天主教超越式的"至高神"（Deus），不可能出现在异教徒爱比克泰德的《道德手册》中，然而王肯堂在不知情的情况下，居然一把就将《近言》中此句易"还原"，而且改译之为"必且怨天，必且尤人"，令人惊讶。就《近言》的时代推之，《郁岗斋笔塵》中的翻"易"，不但中国化了《二十五言》这一言，而且还将之推入文化核心，使之佛家化而——更重要的是——儒家化了。尽管如此，利玛窦可以合儒，上及《二十五言》原句与王肯堂的易句，对利氏而言，意思可能差别不大，因为《天主实义》中，他相信中国古典里的"天"，就是天主教的"上帝"或"天主"，所谓"以天解上帝，得之矣"（李辑，1:417）。但对一般中国人而言，王肯堂在《郁岗斋笔塵》中置入"怨天尤人"这句古来成语，则又完全消解了《二十五言》中的天主教色彩。更易或更译后的"必且怨天"一句，尤为画龙点睛处，因为怨咎而及于"天主"者，系利玛窦天主教化《道德手册》之处，而"天主"一旦改为"天"，则虽一字之差，"源文"中的天主教色彩，旋即消解而转为中国人熟悉的儒家的"敬天"思想。[30]《旧约》里带有七情六欲（anthropomorphism）的"天主"[31]，在王肯堂笔下顿时变成了非人格神。

从时间上衡量，利玛窦似难读过圣尼禄等经人编订后的天主教化后的《道德手册》，但从天主教上古开启灵修运动以来，爱比克泰德确如前述，风行于苦修僧之间。不管利玛窦是否读过圣尼禄等人的改编本《道德手册》，仅就《二十五言》的第一言观之，他经翻译形成的天主教化文本，就多和圣尼禄等人的改编本"不谋而合"，而且雷同得不可思议。《天主教演义本》常为《道德手册》施展"增言"的手法，《二十五言》同样可见。第四言谈以智处世，尤其是以智克服命中的劫数（李辑，1:338-339），《道德手册》阙载，实乃利玛窦个人手笔，或为凑足"二十五"这个天数而补入。[32]即使扣除第四言，据史柏拉丁比对，《二十五言》仍然中译了《道德手册》五十二或五十三言中的三十言左右[33]，而各式改编的文句中，天主教化得最明显的，

---

[30] 参见刘耘华：《天主教东传与清初文人的思想重构——以"敬天"风潮为中心》，载吴昶兴编：《再——解释：中国天主教史研究方法新拓展》（新北：台湾基督教文艺出版公司，2014），页 147-165。此外，众所周知，顺治与康熙在位时，都曾为天主教颁发"钦崇天道"与"敬天"的匾额，见钟鸣旦、孙尚扬：《一八四〇年前的中国基督教》（北京：学苑出版社，2004），页 327 及 337。

[31] 《旧约》中天主的"人神同形论"，我所见较精之论述如下：Harold Bloom, "Commentary" on the "Representation of Yahweh" and the "Psychology of Yahweh," in David Rosenberg and Bloom, *The Book of J* (New York: Grove Weidenfeld, 1990), pp. 279-306。

[32] 有趣的是，王肯堂的《郁冈斋笔麈》亦收第四言，而且仍列第四。王氏还尝为之删润，可证明利玛窦致赠《近言》时，《二十五言》应已如数译毕。王本见《存目》，107:685。

[33] Spalatin, *Matteo Ricci's Use of Epictetus*, pp. 18-19.

前及第一言即属之，尤其表现在其中"天主"这个译词上。凡人在蹭蹬之际，确可能"怨天尤人"，怪罪"诸神"不义。圣尼禄等人——尤其是《天主教演义本》——都把复数形的"诸神"（GK: οι θεοι; Ltn: dii），改成了单数大写的"神"（GK: όι θεός; Ltn: Deus）[34]，而这单、复数之差和字形大小，当然就令他们的改编本由泛神论的斯多葛文本一跃而转成了一神论的天主教经典，亦即令"诸神"变成了"天主"。连后出的皮罗第本，都以受西班牙文影响的拉丁字"deos"译之，"一脉相传"至此，不可思议（NPV, 82）。

　　王肯堂删去《近言》中的"主"字，句意随之生变。案"怨天尤人"的出典，乃《论语·宪问》或《史记·孔子世家》里孔子的夫子自道："不怨天，不尤人，下学而上达，知我者其天乎！"孔子这里所指之"天"，当然不是《天主实义》所称那"苍苍有形之天"（李辑，1:417），而是指"天道"或"天命"而言。[35] 王肯堂挪用孔子的话，变易利玛窦的译文，其实也得了《近言》的真传，得其置换《道德手册》的改译手法。在这些《二十五言》的前情之外，王肯堂的变易之道，其实明代后继有人。利玛窦中译的《道德手册》，不仅徐光启或代付剞劂的冯应京喜之，据利氏在《中国开教史》中自述，此书自 1604 年出版后，中国士人间亦传颂不已（FR, 2:288-301）。而窥诸后世，利玛窦此言尚称实在。明思宗年间，浙江平湖士人赵韩（fl.

---

[34] Boter, p. 206. Enc., 1.3 中，"诸神"拼作另一形式"θεούς"，见页 482。和"θεούς"对应的单数阳性的形式是"θεός"。NPV, 1.3 之中，也已将"诸神"改为另一种拉丁文形式的"deos"，在天主教的语境中，确可作"天主"解，等于明清间我们常见的"陡斯"（Deus）。易言之，NPV 有部分亦天主教化了的《道德手册》。

[35] 〔宋〕朱熹：《四书集注》，页 162；〔汉〕司马迁：《史记》，四部备要版（台北：台湾中华书局，1981），5:21a。

1612-1635）纂《榄言》，即收为所辑善书性套书《日乾初撰》的首卷，其中便如《郁岗斋笔麈》收录了《二十五言》中的十三言，而其首言，依旧为利玛窦的第一言。赵韩因辑名为"撰"，故而所收《二十五言》内文，删削处往往更甚于王肯堂的处理。不过这第一言，赵韩倒不废言，唯利玛窦所谓"必且怨咎世人，又及天主也"，他也像王肯堂一样，"天主"一词，他用"以天解上帝"的"上帝"代之了。[36]

《榄言》所撰对象，利玛窦的《二十五言》外，另有利氏的《畸人十篇》和庞迪我（Diego de Pantoja，1571-1618）的《七克》。然而在《榄言》中，赵韩穷尽一切可能，不使人知其撰文的出处，甭谈上书之中的天主教色彩。[37] 是以上述《二十五言》撰文中的"上帝"，使一般明代人读来，联想所及，恐怕是儒家经籍如《诗经》或《尚书》中的神灵，亦利玛窦引《诗经》而在第十三言中所称的"后帝"。[38] 利玛窦的《天主实义》，花了不少篇幅论述中国古典中的自然神学，一再谈及"上帝"与天主教的联系，甚至承认"吾国天主即华言上帝"，又拿《旧约》强调"吾天主乃古经书所称上帝也"（李辑，1:415）。然而这类后人所称的索隐式思想（figurism），赵韩虽然看过——因为在《天学初函》中，《二十五言》就收在《天主实义》之前——但他显然并不同情。《榄言》抹去天主教色彩，以"上帝"代"天主"，然而事涉"上帝"者，他则一字不改，使存原貌。一位"上帝"，明代确有两种表述。在利玛窦看来是指教中"天主"，就王肯

---

[36]〔明〕赵韩：《榄言》，载《日乾初撰》，5 册（日本东京国立公文书馆藏明刊本），1:52a。
[37] 有关赵韩及《榄言》的种种，参见李奭学：《如何制造中国式的善书？——试窥赵韩〈榄言〉及其与明末西学的关系》，本书页 32-79。
[38]《诗·閟宫》："皇皇后帝，皇祖后稷。"历来注家多解"后帝"为"天"或"上帝"，见阮刻，1:615。

堂或就赵韩而言，则仅仅存在于儒门的情境里，和西学或天学毫无瓜葛。何况王肯定还是晚明慈恩宗振衰起蔽的中兴人物，有《成唯识论证义》等要籍问世，文前已及。

《中国开教史》中，利玛窦一再声称《二十五言》刊刻后有口皆碑，中国儒生更是异口同声，无不众口交誉。这点当然和利氏改译《二十五言》的策略有关：他一面令之变成天主教的内典，一面又引儒家经义入书，使得新译而成的中文《道德手册》，变成两教汇通的宝典。书中第十三言着墨于"仁"、"义"、"礼"、"智"、"信"等儒家重视的五常，皆为维系人群的五种规矩，不容紊乱（李辑，1:339-340）。此言言末又引《左传》卫庄公蒯聩（r. 480-478 BCE）与卫出公卫辄（r. 493-480 BCE）"父子争国"的故事警世（李辑，1:340），借以替代原文中波里尼乃西斯（Polynices）及爱梯欧喀里士（Eteocles）"兄弟争国"的神话，呼应得犹如严丝密缝。[39] 到了第二十一言，利玛窦则益为不避儒家，公然引入"儒"和《易》等概念，又以之入替希腊哲人和荷马的史诗（李辑，1:346），也就是拟以孔门为生命的绳墨，而方荷马于"优伶"，比史诗于"戏文"，直接以实例印证《中国开教史》中利玛窦的合儒之说，我在他处言之已明。[40] 明末耶稣会中人，绝大多数都视戏子戏文为不祥，高一志之外（《晚明》，页 315-330），罗雅谷（Giacomo Rho, 1593-1638）译圣德肋撒（St. Teresa of Avila, 1515-1582），成《圣纪百言》一书，其

---

[39] 从儒家的角度看《二十五言》的改译，参见郑海娟：《跨文化交流与翻译的文本建构——论利玛窦译〈二十五言〉》，《编译论丛》第 5 卷第 1 期（2012 年 3 月），页 212-216。

[40] 参见《晚明》，页 315-319。斯多葛学派阅读荷马的寓言方式（allegorical reading），当然也是原因之一，参见 A. A. Long, *Stoic Studies* (Cambridge: Cambridge University Press, 1996), pp. 58-84。

中亦谓"听优人杂戏，其害有二：一废时，一染其邪情"。态度之极端，我想更胜于儒门，而其所据，依然为柏拉图的概念："优戏中多摹拟小人，其状非正，易乱人意。即有一二好语可，废时失事，何从补之？"（《法国图》，23:455）利玛窦以柏拉图式概念"内化"《道德手册》，如此翻译策略，确实成功"合儒"了，而——除上述天主教词汇与柏拉图概念的引入外——《道德手册》的天主教化，尚有"字词的替换"（substitutions of words）、"时态、词序与数目之变化"（changes of tense, word order, number）、"省略"（omissions）、"缩言"（shortened passages）与为澄清句意所做的"增词增句"（additions），等等，圣尼禄等人早在"他们"的《道德手册》中一用再用，毫不避讳（Boter, 206-211）。

《道德手册》第五言有如下短训，利玛窦译得甚近爱比克泰德的原文，不但精简凝练，略无辞费，而且古人今人算来应该都不出五十字：

> 有传于尔曰："某訾尔，指尔某过失。"尔曰："我犹有别大罪恶，某人所未及知。使知之，何啻我止此欤？"（李辑，1:334）

此言传达的思想，乃斯多葛学派自抑与谦逊的坚忍典型。莫菲（Gilbert Murphy, 1866-1957）论类此故事与天主教的联系，道是可比耶稣教人"绛尊迁贵"（resignation）的教义（SCH, 111），我以为是。不过这个故事更近《西琴曲意八章》那《肩负双囊》一首：凡人但"以胸囊囊人非，以背囊囊己愿"（李辑，1:288）。[41]《沙漠圣父传》

---

[41] 这个故事有其《伊索寓言》与《沙漠圣父传》中的典故，参见《译述》，页45注24及25。

虽将后一故事置于"明辨"(discretion)的项下，不过两者实则异曲同工。[42] 上引《二十五言》这第五言里，利玛窦在上述"原文"的中译外，又"效"《天主教演义本》，加了个"结论"而"增词增句"道："认己之大罪恶，固不暇辩其指他过失者矣！"（李辑，1:334）如此结论，完全契合《肩负双囊》故事的内涵。王肯堂录《近言》，亦含此一结论——虽然其间仍有异文（《存目》，107:685）——可见利氏的原译确和《道德手册》有异，增言之外，也有语增。"结论"过后，《天学初函》本中，利玛窦益发踵事增华，使《道德手册》的论述愈趋本教教义。他干脆搬出圣方济（Francesco d' Assisi, 1182-1226）的故史强化爱比克泰德的故事：

> 芳齐（案即圣方济），西邦圣人也。居恒谓己曰："吾，世人之至恶者也。"门人或疑而问之曰："夫子尝言，伪语纵微小，而君子俱弗为之。岂惟以谦己可伪乎？夫世有害杀人者，有偷盗者，有奸淫者，夫子固所未为，胡乃称己如此耶？"曰："吾无谦也，乃寔言也。彼害杀、偷盗、奸淫诸辈，苟得天主佑引之如我，苟得人诲助之如我，其德必盛于我也。则我恶岂非甚于彼哉？"（李辑，1:334-335）

利玛窦所引"芳齐"的故事，精确说来，颇似以天主教圣人的故史重新在脉络化《道德手册》理的言则，而不仅在提供一个例证便罢。上引圣芳济以谦自克的生命故事，乃出自圣文德（St.

---

[42] Helen Waddell, trans., *The Desert Fathers* (Ann Arbor: University of Michigan Press, 1994), p. 96.

Bonaventure, 1221-1274）的著作，原为圣芳济和所命辖下教牧帕齐菲古（Pacificus, ?-c. 1234）就自己梦入天堂所做的对答。故史当然已经改写，改写成一则典型的天主教型证道故事（Christian type of exemplum）[43]，和庞迪我《七克》卷一以谦伏傲而同隶圣芳济名下的数条故事颇有渊源，乃至互文。《二十五言》里，利玛窦讲完此一故事后旋即跳出语境，替爱比克泰德或他"本人"添加了一句修辞反问（rhetorical question）式的感喟，颇有后设史学的味道："圣人自居于是，余敢自夸无过失而辩訾者乎？"（李辑，1:335）

圣芳济的故事，《郁岗斋笔麈》中，王肯堂可想阙引，而上引那修辞反问的结论中的结论，自然也不会现身笔下。就译事而言，利玛窦类似的语增，《二十五言》还有多起。从今人狭义的翻译意识形态衡之，利氏如此移花接木，岂合尤其是"信"译的铁则？但我们如果审之以西方自西塞罗（Marcus Tullius Cicero, 106-43 BCE）以降的译史，倒难说利玛窦的翻译手法非"出以雄辩"（ut oratoria）或出以德莱登（John Dryden, 1631-1700）式的"仿译"（mimesis）译观。[44]他加译成篇，于理有据。

利玛窦在《中国开教史》中自道，《二十五言》成书目的在宣讲教理，但为博阅众的兴趣，书中颇添娱人的加插，攻击起佛道来尤其不遗余力，每令偶像崇拜者哑口无言（FR, 2:287-288）。是否如此，

---

[43] 见 Bonaventure, *Excerpts*, in Marion A. Habig, ed., *St. Francis of Assisi: Writings and Early Biographies: English Omnibus of the Sources for the Life of St. Francis*, 3rd rev ed. (Chicago: Franciscan Herald Press, 1973), pp. 841-842。

[44] Cicero, *De optimo genere oratorum*, in *De inventione, De optimo genere oratorum, Topica*, v.14-15. John Dryden, "On Translation," in Rainer Schulte and John Biguenet, eds., *Theories of Translation: An Anthology of Essays from Dryden to Derrida* (Chicago: University of Chicago Press, 1992), p. 17.

我们颇难断定，至少《四库全书总目提要》的撰者视之为剿窃释子之作，也就是取《二十五言》并比佛典，反将了冯应京一军。利玛窦在《致罗马马塞利神父书》及《致德·法比神父书》中所写，和《中国开教史》所述也有矛盾。这两封信皆称《二十五言》中，利氏"只谈修德养性，如何善用光阴，完全以自然哲学家的口吻论事"，而且"不攻击任何宗教"，明末与天主教为敌的佛家反而乐见成书，甚而代刻助印，使之广泛流传。[45]虽然如此，明清两代，《天学初函》的读者确有一些，而《二十五言》虽放在辑中《天主实义》之前，明清间最重要的反教之作《破邪集》与《辟邪集》里，我们却看不到提及《二十五言》的文字，连攻诘的蛛丝马迹也不见，是以利玛窦的说法恐有夸大之嫌。然而我们倘圈定之于某些开明派的士子，明人确如前及利玛窦之语，是有少数对《二十五言》甚感兴趣。《中国开教史》写在1610年利玛窦去世前夕，所指佛徒助刻，或许便指王肯堂及其《郁岗斋笔麈》。此外，赵韩一类开明派士子也属之。所著《榄言》甚重《二十五言》，选取的十三言中头尾俱全，第一言与最后一言同存（《初撰》，1:52a-55a），看待上可谓既严肃又认真。

谈到《二十五言》的最后一言，我们可以趑回冯应京，因为单表此言，我们就不难了解何以读到利玛窦的书稿，冯氏即使身陷缧绁也义无反顾，鼎力资助，乐见刊印。明史尝谓冯氏"学求有用，不事空言"[46]，而如此问学风格的内涵，可不是爱比克泰德有所求于哲学者

---

[45] 见1605年2月《致罗马马塞利神父书》，及1605年5月9日《致德·法比神父书》，俱见刘俊余、王玉川译：《利玛窦全集》，4册（台北：辅仁大学出版社及光启出版社，1986），4:268及4:276。

[46] 〔清〕张廷玉等编撰：《明史》第10册，卷237，列传125，页5b。

吗？爱氏的哲学在出世中有入世；对他而言，知识得具实用价值，而这点和罗马斯多葛哲人承袭的希腊思潮有关，乃启之于此派伦理学和亚里士多德逻辑学的紧密结合。[47] 隆恩（A. A. Long）说得好："斯多葛哲人同意亚里士多德之见，以为人生而有'目的'（telos），而此一目的因人系理性的动物之故，所以可借美德之修而臻于完美，又可从智慧出发，盱衡环境而成其为'有德之人'。"对爱比克泰德而言，所谓"目的"仅止于"自然"与"功能"，而后者所涉，乃指"在社会中要活得好"。职是之故，"美德"便系一切的基桩，因为"有美德者"即可从逻辑出发，具备判断事物的智慧，凡人皆应觅之，不遗余力。希腊传统中的常谈"认识自己"（Know thyself），以故遂变成人生的首要之务！人类因有逻辑概念，故有"理性能力"（faculty of reason），亦系其有别其于他动物之处，须得善用。[48]

　　爱比克泰德所传，因而不是无根游谈，而是深具实用价值的哲学与知识体系，已近明史描述冯应京的"学求有用"的"用"字。《二十五言》的最后一言所示，无非便以逻辑在印证类似的概念：

> 学之要处，第一在乎作用，若行事之不为非也。第二在乎讨论，以征非之不可为也。第三在乎明辩是非也。则第三所以为第二，第二所以为第一，所宜为主，为止极乃在第一耳。我曹反焉，终身泥濡乎第三而莫顾其第一矣！所为悉非也，而口谭非之不可为，〔反却〕高声满堂，妙议满篇。（李辑，1:349）

---

[47]　Cf. Jonathan Barnes, "Aristotle and Stoic Logic," in Katerina Lerodiakonou, ed., *Topics in Stoic Philosophy* (Oxford: Clarendon Press, 1999), pp. 23-53.

[48]　Long, *Stoic Studies*, pp. 161-162.

上引"在乎作用"之"学"，爱比克泰德指"哲学"（φιλοσοφια）而言，我尝从辛普里基乌的评注，说明其中所强调者乃凡人皆有的"理性知识"（rational knowledge），亦即凡人都不可执着世相，为之蒙蔽。辛普里基乌的评注渗入了不少柏拉图的精神，故冯应京讲"学求有用"，而爱比克泰德则曰"学重实用"。他要以《道德手册》所谓"原理的应用"（χρήσεως τῶν θεωρημάτων）处世，以辛普里基乌评注的"理性的知识"观世，又以"科学的知识"（scientific knowledge）察世。[49] 如此方称"实学"，而其基础必因爱氏所称之"讨论"或"证明"（ἀποδείξεων）而奠下，因其"确认与解释"（βεβαιωτικὸς καὶ διαρθρωτικός）而得知（Enc., 536）。吾人处世，轻忽不得。

上文最后一句"吾人处世，轻忽不得"，我其实敷衍自《揽言》书末赵韩以文言自述的收场白。[50] 爱比克泰德浓墨强调的坚忍精神，赵韩丝毫也不敢大意。《揽言》所揲超过半数的《二十五言》言则中，我们另可举下面一例，以概利玛窦中译《道德手册》的主旨，也可借以窥探明代士子挪用《二十五言》的方法：

> 遇诸不美事，即谛思何以应之。如遇恶事，君子必有善以应；遇劳事，以力应；遇货贿事，以廉应；遇怨谤事，以忍应。犹以鈇钺加我，我设干盾以备之，又何惧乎？（《初揲》，1:53b）

---

[49] 李奭学：《如何制造中国式的善书？——试窥赵韩〈揽言〉及其与明末西学的关系》，本书页 60-61。另见 Simplicius, *On Epictetus' Handbook 1-26*, trans. Charles Brittain and Tad Brennan (Ithaca: Cornell University Press, 2002), pp. 40-41; Simplicius, *On Epictetus' Handbook 27-53*, p. 124。

[50] 《初揲》，1:55a 这一句如次："观者毋忽诸！"

较诸《天学初函》本《二十五言》中的此言（李辑，1:338），赵韩摤来仍有异文，因其"源文"伊始为时间副词"尝"，其后还加了复数的"诸"字，首二句遂作如次："尝有所遇诸不美事，尔即谛思何以应之。"(Ἐφ᾽ ἑκάστου τῶν προσπιπτόντων μέμνησο ἐπιστρέφων ἐπὶ σεαυτὸν ζητεῖν; Enc., 536) 利玛窦的中译，颇合希腊原文的句意，不过赵韩摤来却另有特色：他把"叙述"(narrative) 改为"陈述"(statement) 了，全句乃至整条言则，因此就变成了传统定义下的格言，有类《朱子治家格言》或明末传教士最看重的《明心宝鉴》的内文，深富四海共通的普遍性。如此擅改，倒无妨于爱比克泰德的精神，因为他绝不许人感情用事。有不平，应以理性，以科学的态度面对之；有所失，也应以理性，以平常心调整自己的心绪，哪怕是赀财匮乏，痛失所爱！职是之故，前引"遇怨谤事，以忍应"中的"忍"字，在《二十五言》中就变成了全书的关键钥字，我们仿佛重访苏格拉底面对不义的襟怀，了解"坚忍"——或许还应添上"不拔"以凑成中文惯用的四字成语——乃面对逆境与挫折的良方 (Cf. SCH, 36-37)。《日乾初摤》是套书型的善书文丛，《榄言》侧身其间，说明赵韩也把《二十五言》视为宗教经典。

真实与再现

凡人要以"坚忍"处世，心理上的调适必不可少。这方面爱比克泰德的宗教情怀远比苏格拉底强。苏氏面对的是一个真而又真的世界，爱氏却像天主教一样，要我们把"真实"当"再现"(representation)。我们居处的世间，我们拥有的一切，故此就变成了某个本体的"幻影"（illusion），或某一造物主（ὁ θεός）所赐的恩典。本文开头所引的《舞台喻》，其结构原则殆缘此而立下，而此喻在《道德手册》中的地位当然也就此而奠下，而且变成全书的基调了。《道德论述》中大加发挥，犹其余事。[51]《道德手册》里《舞台喻》上下开打，是贯穿全书的寓言主轴。就《二十五言》观之，方其犹处构思阶段，此喻即已先声夺人，挺进了《天主实义》的论述之中。待利玛窦的译稿成"编"，继而面对中国读者的初步试炼，在王肯堂抄录的《近言》中扮演了关键要角，水到渠成。时迄《天学初函》本出，《舞台喻》重量益添，几乎又是上下开攻，前接《畸人十篇》与《西琴曲意八章》的旨要（《译述》，页43），下则强调《天主实义》内的天主教理，我相信严赞化（fl. 1651）在《口铎日抄》中如下之语，亦出自《天学初函》版的《舞台喻》：

> 呜呼！人生斯世，如俳优在场，所扮俗业，一时事耳。俳优不以分位高下为荣辱，人乃不然，是其达识反俳优若也，亦独何哉！（《耶档馆》，7:264）

《口铎日抄》中，艾儒略是严赞化、李九功诸氏之"师"。他则把《天学初函》版的《舞台喻》化为一则耶稣会的遵主"譬学"，其势不下于早期在修道院内内化《道德手册》的天主教僧侣：

[51] Arrian, *Discourses of Epictetus*, in W. A. Oldfather, trans., *Epictetus II*, 1.28.10. Also see Long, *Stoic Studies*, pp. 275-278.

> ……富贵贫贱，不必过视低昂，随人所遇焉，皆当无违天主之训者也。譬如俳优场上，生旦丑净，随人所扮，岂必喋喋焉，尊视生旦而低视丑净哉！总祈惬主人之意而已。(《耶档馆》，7:150)

《天学初函》版的《舞台喻》，最后连赵韩也忽略不得。《榄言》所以撲之，不啻正告中国读者道：《二十五言》乃紧要至极的处世净言，宜属明末开始盛行的“善书”。既然如此重要，下面我不妨引赵韩的撲本，踅回本文开篇，再审《二十五言》成书的过程，顺此重窥利玛窦中译欧洲经典，何以打一开头就是爱比克泰德的《道德手册》：

> 人生世间，如俳优在戏场上；所为俗业如搬演杂剧，诸帝王、公卿、大夫、士庶、奴隶、后妃、妇婢，皆一时妆饰者耳。则其所衣，衣非其衣；所逢利害，不及其躬。搬演既毕，解去妆饰，即漫然不相关矣。故俳优不以分位高卑长短为忧喜也，惟扮其所承脚色，则虽丐子，亦当真切为之，以称主人之意焉。分位全在他，充位亦在我。(《榄言》，页 54a)

方之《天学初函》本《二十五言》中的《舞台喻》，上引《榄言》的撲文，说来竟然如实得只有只字之差，亦即第三行中的“即漫然不相关矣”中的“即”字，《天学初函》本作“则”，全句因成“则漫然不相关矣”(李辑，1:343)。《天主实义》本是理论上最早译成者，其中“即”或“则”字，则一概消失不见，整句话反而似从《郁岗斋笔麈》而得其文理上的灵感，故重构之而为“漫然不复相关矣”。不论利玛窦此句在自己或他人的手上如何蜕变，上引《舞台喻》无疑都是

《道德手册》观照人世的重点。其中世有主宰，而我们日子还得过得
称其心意之说，也是我们认识斯多葛学派和天主教打一照面，彼此即
意气相投，浃洽无间的主因。

隆恩认为爱比克泰德固然承认柏拉图式的本体说，但从其《道德
论述》看来，爱氏似乎从未反对本体的再现有其价值，谈论希腊悲
剧时所见尤其如此，而且还因此而益形看重宇宙或自然宰制人类的
力量。[52] 谈到这一点，文末我得稍润旧译，让我们从欧法德（W. A.
Oldfather）的希腊、英文对照本再窥爱比克泰德《舞台喻》的原文，
以见"真实"遇上"幻影"时，凡人究竟应该如何自处：

> 请牢记在心：你不过是一出戏里的角色，为"剧家"编排决定。
> "祂"要把戏写短，就写短。"祂"要你扮演行脚乞者，记住，
> 你甚至要演得更好。同理，"祂"要你演的角色若为跛脚之人，
> 是个官员或是方内之士，你就只能这么好好地演出！你的职责是
> 把"剧家"派定的角色扮得甚为绝妙，不过〔，你也应牢记〕角
> 色的编派，乃是"祂"的事情。（Enc., 496/497；《译述》，页 43）

所谓"角色"，希腊原文乃"演员"或"俳优"（ὑποκριτής），而
"剧家"（διδάσκαλος），自是《二十五言》中的"主人"。"他"
（ἄλλου）有权分派"职位"，而后者乃"角色"（πρόσωπον）的另
一说法（Enc., 536）。至于"主人"，爱比克泰德此地所喻，自是斯
多葛思想中那独特的"自然"、"宇宙"或大写的"神"的概念。除

---

[52]　Long, *Stoic Studies*, pp. 278-279.

了王肯堂在《郁岗斋笔麈》所改的"天"字较显模糊外,《舞台喻》从《天主实义》的初译本经《近言》的稿本,再到《天学初函》中的《二十五言》本,利玛窦口口声声所称者,无一不像第一言中他的改译,质变已生,早也已经挪用而变成天主教的"天主"或"上帝"。[53] 此所以我上引把"原文"中的"他",全都再加改译,使变成现代中文为基督宗教最高神新造的"祂"字。《二十五言》的中译比《道德手册》复杂了许多,然而爱比克泰德对于"再现"的看法,利玛窦可牢牢掌握:笔底春秋,他译得分毫不爽。利氏的语增——所谓"解去妆饰,则漫然不相关矣"一句——无疑也在劝人认清人世的本质乃舞台,我们确实应像布莱希特(Bertolt Brecht, 1898-1956)论史诗剧场(episches Theater)一样,与之保有心理与实体上的距离,切莫融入其中,错认角色就是自己,甚至混为一谈。[54]

从上面我所译的《舞台喻》看来,《二十五言》中"搬演既毕,解去妆饰,即漫然不相关"数句,实乃利玛窦中译的语增,而此喻的宗教感部分也因此而神理毕现,益形浓郁。尽管如此,我仍要吁请注意一点,亦即原文要求第二人称要演得更"好"(εὐφυῶς),扮得"绝妙"(καλῶς)。《二十五言》中,这两句话若非没有明白译出,就是衍为"真切为之"而隐含在《舞台喻》通篇之中,尤可因"充位"二字而充分表出。利玛窦译来,仿如暮鼓晨钟,声声都在警醒世人世界纵为"舞台",人生即使是"再现",我们或"你"都不能像《哈姆雷特》(Hamlet)一样消极看待这"舞台"。我们反而得更显积极,卖

---

[53] Seddon, *Epictetus' Handbook and The Tablet of Cebes: Guides to Stoic Living*, p. 83.

[54] Long, *Stoic Studies*, p. 279.

力演出我们为天主指派的角色，进而像卡尔德隆（Pedro Calderón de la Barca, 1600-1681）的名剧《人生如梦》（*La vida es sueño*）所示：人生纵使为梦，我们在梦中也要积善避恶，演好我们的角色，切毋轻率造次（《译述》，页 62）。《道德手册》最后一言从学理劝人"行事之不为非也"，而利玛窦俯仰于斯，倒是从第一言起就化《二十五言》为天主的训示，苦苦训诫我们——用王肯堂的语内改译说——不应"怨天"，也不应"尤人"，应以"坚忍"处世。

如何制造中国式的善书？

——试窥赵韩《榄言》及其与明末西学的关系

赵韩家世并董其昌的因缘

　　赵韩（fl. 1612-1635），字退之，晚年自号榄生。在这之前，他尝辑有《榄言》一书，亦称《榄言集》[1]，广采万历年间利玛窦（Matteo Ricci, 1552-1610）刊行的《二十五言》（1604 年刻）、《畸人十篇》（1608）和庞迪我（Diego de Pantoja, 1571-1618）的名著《七克》（1614）内文成书。《明史》赵韩无传，但《四库全书》卷二十沈季友（1654-1699）纂《檇李诗系》及乾隆《平湖县志》均有其人简传。《檇李诗系》且收赵韩诗作二十首，沈季友评其诗并人曰："雄隽傲兀，刊落常调，诚一时之豪也。"[2] 从明末至清初，赵韩在嘉兴一带似乎诗名藉甚，《平湖县志》还称他继其父赵无声（1563-1644）

　　[1] 见〔清〕张宪和编：《当湖诗文逸》，8 册（哈佛大学燕京学社藏光绪二十年版），5:4a。
　　[2] 〔清〕沈季友：《檇李诗系》，见〔清〕纪昀等编：《〔景印〕文渊阁四库全书》第 1475 册（台北：台湾商务印书馆，1983）卷 20，页 23a。《檇李诗系》以下简称《诗系》。

起，"文名动海内"而有"大许小许之目"。[3] 纵然如此，我们对赵韩所知依旧有限，他和西学的渊源，尤难查考。《榄言》何以广采利玛窦和庞迪我著作中的珠玑与叙事文（narrative）成书，尤其成谜。本文拟从赵韩先世和交游入手，蠡测他和西学搭上关系的原因，由此再探《榄言》的编辑策略，借以了解明清之际，利玛窦和庞迪我等人的名著为人挪用的方式之一，顺此——最后——再窥当时西学的影响力为人所忽略的一章。

在友生或县志的记述中，赵韩诗才文名冠天下。是否如此，我尚难肯定，但推之赵韩先世，当真声名赫赫，乃有明之前赵宋一朝的缔建者，而且系宋太祖赵匡胤（927-976）的嫡脉。赵氏另有太宗一脉，和赵韩也颇富渊源。南宋初年，太宗一脉已经南迁，落籍浙江嘉兴府平湖（当湖）县。赵韩父赵无声（fl. 1600-1635）和太宗支脉赵孟坚（1199-1264）先后移居海盐，时距三百年而前后辉映，并称诗画双杰，俱为赵韩之前，平湖地区重要的骚人墨客。无声名维寰，尝从黄宏宪（1544-?）习《尚书》，从游者包括董其昌（1555-1636）与冯梦真（1548-1595）等人。

嘉兴府在明末系科举名府，登龙者多，平湖尤著，乃后人所谓"第一科举大县"。[4] 万历二十八年（1600），赵无声举直隶顺天府乡试第一，看来顺理成章，无可诧异。之后他曾任杭州府海宁教谕，史家谈迁（1593-1657）尝在帐下，共修县志。无声著有《尚书蠡》与《读史快编》等书，对《尚书》琢磨尤细，颇得意于《尚书蠡》。崇祯

---

[3]　〔清〕高国楹修，沈光曾等纂：《平湖县志》（乾隆十年嘉兴刻本），见中国科学院图书馆编：《稀见中国地方志汇刊》第 46 册（北京：中国书店，1992），页 250。

[4]　吴宜德：《明代进士的地理分布》（香港：香港中文大学出版社，2009），页 260-262。

八年（1635），此书初刊，董其昌为之作序，称"吾友赵无声兴起当湖"，即"用《尚书》冠北闱"而"倾动海内外"，冯梦真且美其为"三十年所希靓"。[5] 所以赵韩一族虽移居嘉兴，文名不减，可谓平湖显世。

赵韩初名京翰，本字右翰，后改退之，系万历四十年壬子副榜，而来年的平湖教谕，就是有明一代在徐光启（1562-1633）、李之藻（1571-1630）与杨廷筠（1562-1627）外最重要的基督徒之一闽人张赓（1570-1649?）。张氏担任县学生员训导后五年（1621），因杨廷筠故而入天主教。[6] 松江府或整个大东吴地区，明末曾在此传教的耶稣会士多达二十八人，西学风行，可以想见。[7] 赵韩本人似乎视功名为陌路，重视的乃"李白腰间无媚骨，荆卿发上有悲风"，壬子后且自谓"得意皆庄子，浑身是楚词"，宁可"探梅云酒情，空似鹤人意"（《诗系》，页23a），讲究的自是生活情调，故而寄情于山水间。所居虹岛在嘉兴南城门外，彭润章修光绪《平湖县志》，曾谓赵韩"家园久废"，寓虹岛只为"诗心"二字[8]，所以沈季友甚重

---

[5] 〔明〕董其昌：《赵维寰〈尚书蠡〉序》，见〔民国〕陆惟鎏编：《平湖经籍志》，在贾贵荣与杜泽逊辑：《地方经籍志汇编》，46 册（北京：北京图书馆出版社，2008），26:209。另参〔清〕朱彝尊：《经义考》，6 册（台北：文哲所筹备处，1997），3:525。董其昌本人于《尚书》似有偏好，曾在松江城内建有牌坊一座，迄今尚存，名曰尚书坊，据称系"松江石坊之冠"，详王成义：《徐光启家世》（上海：上海大学出版社，2009），页 267-268。

[6] 〔民国〕陆惟鎏编：《平湖经籍志》，见贾贵荣与杜泽逊辑：《地方经籍志汇编》，26:260。张赓任平湖教谕六年，见〔清〕高国楹修、沈光曾等纂：《平湖县志》，载中国社会科学院图书馆选编：《稀见中国地方志汇刊》，16:139 及 158。

[7] 详刘耘华：《清代前中期东吴文人与西学》（上），《基督教文化学刊》第 29 辑（2013 年春季号），页 130。

[8] 〔清〕彭润章：《平湖县志》（光绪十二年刊本），见《中国地方志集成》第 20 辑（上海：上海书店出版社，1993），页 78。

其人而评之曰："退之文雄奇，故才大如海。"（《诗系》，页23a）沈氏的《槜李诗系》，编辑自汉晋迄清嘉兴一郡之诗，而槜李即嘉兴的别名。张赓居平湖六年，"辛酉春"又尝"读书浙湖上"[9]，和赵韩一家是否有公谊私交，尚待查考。但话说回来，赵韩先世辉煌，平湖附近传教士又多，对我们了解他和西学渊源的关联确大，至少我们所知道的赵韩，为人有如同时的陈继儒（1558-1639）与屠隆（1543-1605）等清言家，写诗之外，也好以言体劝世，《榄言》可以佐证。

董其昌为《尚书蠡》撰序，称赵无声为"吾友"，又称与其子"同舍"而居，显示两人从受业于黄宏宪开始，交情匪浅，惺惜亦然。然而此中渊源最明白者，仍为《尚书蠡》实成于董其昌结社平湖之际，而且是由董氏偕其子并赵无声、赵韩父子于董府论校而成。董氏之序另谓赵韩是时曾"执经于余"，两人故可以"师生"称，学有渊源。[10]赵韩的西学，可能循此而来。董其昌盛年之际，正当利玛窦和庞迪我行走于华北之时。他是否认识庞氏，载籍有阙，我们不得而知，不过和利玛窦的联系，信而有征：1595年，程大约（生卒年不详）刊《程氏墨苑》，董其昌为当代画坛巨擘，也是政坛显宦，不能无序。[11]1606年前后，程大约在所辑书末，再添印利玛窦所献图、文数幅，此即后人所谓《西字奇迹》部分。其中利氏不但

---

[9]〔明〕张赓：《杨淇园先生事迹序》，见〔清〕刘凝辑：《天学集解》（圣彼得堡公共图书馆藏书），页35。

[10]〔明〕董其昌：《赵维寰〈尚书蠡〉序》，见陆惟鎏编：《平湖经籍志》，在贾贵荣与杜泽逊辑：《地方经籍志汇编》，26:210。

[11]〔明〕董其昌：《〈程氏墨苑〉序》，见董著《容台集》卷1，在四库禁毁书丛刊编纂委员会编：《四库禁毁书丛刊》集部第32册（北京：北京出版社，2000），页139。

亲自撰专文赠程子，还附有他由西方携来的《圣经》图画数幅，艺史上早已交誉有加，视为中国最早引进的欧洲美术。[12] 董其昌和利玛窦即使未曾谋面，早也应已神交于《程氏墨苑》的墨林画丛中。莫小也抑且认为董其昌的山水画，还"具有中国绘画史上不曾有过的抽象性"，因其"构图新颖，明暗对比强烈，还出现了使传统的青绿山水画法面目一新的色彩绚丽的没骨画法"，而这一切正可见董其昌对西洋画风绝不陌生，大有可能还因利玛窦及其他耶稣会士所携西方绘画影响所致——虽则此事董氏或囿于夷夏之防，生前从未明白道及。[13] 尽管如此，董其昌生前结交的友生，天主教徒实则不少：绛州韩霖（1596?-1649）向称莫逆，为文字交，而在公务上，他也曾极力支持过徐光启的救国大业。再据李约瑟（Joseph Needham, 1900-1995），董其昌大有可能还读过毕方济（Francesco Sambiasi, 1582-1649）的《睡画二答》（1629），并在耶稣会所携器物或所布传说的影响下以西画笔法绘过和音乐、算学及地图学有关的希腊缪思图像。这幅图像颇不寻常，1909 年即经人在西安起出。[14]

董其昌的《容台集》刻于崇祯庚午年（1630），为之作序者系其

---

[12] 见〔明〕程大约编：《程氏墨苑》，下册，在上海古籍出版社编：《中国古代版画丛刊二编》第六辑下（上海：上海古籍出版社，1994），附录页 1-16。利玛窦《西字奇迹》之纳入《程氏墨苑》的大略，见陈垣：《跋明季之欧化美术及罗马字注音》，载陈智超编：《陈垣全集》，23 册（合肥：安徽大学出版社，2009），页 509-511。

[13] 莫小也：《十七—十八世纪传教士与西画东渐》（杭州：中国美术学院出版社，2002），页 147。

[14] 黄一农：《两头蛇》，页 230-238。另见 Joseph Needham, *Science and Civilization in China*, 4:2 (Rpt. Taipei: Caves Books, 1986), p. 436。

"老友"陈继儒。[15] 两人出身同郡，俱松江府治华亭人氏，在画坛亦齐名。然而熟悉明末西学东渐史的学者都知道，陈继儒于东来耶稣会士的著作熟稔异常，所刊《宝颜堂秘笈》不但收有利玛窦的《交友论》，而且还为之撰序，于五伦中"朋友"一伦的序位尝发惊人之语，早已盖棺论定，颇近后人谢文洊"人生于五伦之中，朋友最为关系"之说。[16] 董其昌和西学的联系，陈继儒乃关系人之一，最直接的说明有二。一为董氏曾为利玛窦的《畸人十篇》撰序，而其文虽佚，其事利玛窦的《中国开教史》(*Storia dell'introduzione del Cristianesimo in Cina*) 却暗示颇强，料应无误。[17] 其次，董其昌另撰有《画禅室随笔》，详载某"曹孝廉"曾"视余以所演西国天主教，首言利玛窦，年五十余，曰已无五十余年矣"。[18] 董其昌是佛教徒，所著《容台集》有诗文自况，《画禅室随笔》这个书名更表明所宗为何。上引所示，一为董氏对天主教或其涵容的西学绝不陌生，故能"演"之。二则指出前此他应与利玛窦会过面，否者无可指正"曹孝廉"，告以是时利

---

[15] 〔明〕陈继儒：《叙》，见〔明〕董其昌：《容台集》，在《四库禁毁书丛刊》集部第 32 册，页 2-9。〔明/清〕谢文洊语见《谢程山集十八卷附录三卷年谱一卷》卷之四《讲义》，载四库存目丛书编辑委员会编：《四库存目丛书》(台南：庄严出版公司，1997) 集部 209:90。《四库存目丛书》以下简称《存目》。

[16] 见〔明〕陈继儒：《〈友论〉小叙》，在朱维铮编：《利玛窦中文著译集》(上海：复旦大学出版社，2001)，页 119。另请参较吕妙芬：《阳明学士人社群——历史、思想与实践》(台北：近史所，2003)，页 295-325，以及方豪：《中国天主教史人物传》，3 册 (香港：公教真理学会；台中：光启出版社，1967)，1:38。

[17] Matteo Ricci, *Storia dell'introduzione del Cristianesimo in Cina*, in Pasquale M. D'Elia, S.I., ed., *Fonti Ricciane*, 3 vols. (Rome: La Libreria dello stato, 1949), 2:304n4+305n. *Fonti Ricciane* 以下简称 *FR*。

[18] 〔明〕董其昌：《画禅室随笔》(台北：广文书局重印，1978)，页 102。董其昌的认识，明清之际对西学认识最深的教外人之一李世熊 (1602-1686) 也持类似之见，参见本书页 161-162。

氏岁数"已无五十余年矣"。三则因有互文使然，更可指出董其昌读过《畸人十篇》，故能"演"其中之义。既然读过《畸人十篇》，又能"演"其义，董氏确可能如《中国开教史》暗示的尝为《畸人十篇》撰序。

这种种关系，可以说明董其昌于西人西学并不生疏。他的《玄赏斋书目》又胪列了利玛窦的著作五种：虽然《同文算指》与《几何原本》等这五本书殆属科学之作，但以董氏的中国中心论衡之，书目所刻未必就等同于家中所藏，何况上述诸书俱属《天学初函》中的"器编"之作，而"道编"中的《西学凡》也胪列于其中[19]，其他文科与宗教类著作当也可能侧身其间，而上述书籍果为《天学初函》的"器编"内典，"理编"中除《西学凡》外，必然也包含庞迪我的《七克》。差别仅在如其画作，董其昌的中国中心论又起，不予刻入《玄赏斋书目》罢了。在某《题画赠陈眉公》文中，董其昌自谓尝为"图昆山读书小景"而有檇李之游，上述平湖结社的往事，或因此而来。[20] 不过董其昌游嘉兴，理应不止一次。他和平湖赵氏的关系之深，不言可喻，和赵无声互为文友，和赵韩谊在师友间，更是证据确凿，而这适又可说明对于西学，赵韩不仅可从董氏而有耳闻，甚至深入。他和庞迪我的《七克》及利玛窦的《二十五言》、《畸人十篇》之间的互动，兴许便肇始乎此。

---

[19] 〔明〕董其昌：《玄赏斋书目》，见中华书局编辑部编：《宋元明清书目题跋丛刊》，19册（北京：中华书局，2006），5:68-69。
[20] 〔明〕董其昌：《画禅室随笔》，页59。

谏果回甘之道

　　文前提到《榄言》之外，赵韩另著有《蜡言》、《蔗言》及《竹枝词》等书，沈季友《槜李诗系》及相关他著均称"并未刻稿"（《诗系》，页 23a）。[21] 是否如此，《蜡言》、《蔗言》及《竹枝词》等书待考，然而《榄言》则非，而且早在明末即有刊本，并入套书《日乾初撰》之中，而且置于全套之首，可知见重。[22]《日乾初撰》为宗教性善书，酒井忠夫尝谓刊刻于明末，约介于 1631 迄 1641 年间。[23] 我所见的《日乾初撰》系日本国立公文书馆（内阁文库）的庋藏，共五册，第一册除《榄言》外，另收《至情语》，其余诸册则有《迪吉拈评》（第二册）、《纪训》、《心律》、《课则》、《读书日记》、《防淫警训》（第三册）、《广爱选言一》（第四册），《广爱选言二》（第五册），甚至还有《牛戒汇钞》一编（第五册），多为当时著名的家训、格言、功过格、戒律甚至是劝学类的儒释道善书。再据酒井，《日乾初撰》乃明末陈智锡（明卿；生卒年待考）编纂《劝戒全书》（1641）取材的对象之一，明白收录于书首《采用古今书目》之中，而该书也曾东传日本，影响甚且扩及德川时代日本的儒学家。在中国，清人在光

---

[21] 许宪和编：《当湖诗文逸》卷 15，5:4b 指出，所谓"未刻"实乃始自沈南疑（季友）所云。

[22] 〔明〕赵韩（赵退之）：《榄言》，收于《日乾初撰》，6 册（日本国立公文书馆藏明刻本，编号：9815），第 1 册。《日乾初撰》以下简称《初撰》；其内所收诸书之引文、册数及页码随文夹附。

[23] 这里所述时限，我乃据 Cynthia J. Brokaw, *The Ledgers of Merit and Demerit: Social Change and Moral Order in Late Imperial China* (Princeton: Princeton University Press, 1991), p. 241n4 而得，而 Brokaw 的结论又据酒井忠夫：『中国善书の研究』（東京：弘文堂，1960），页 382 而得。不过我翻查了此版酒井的研究，并未找到上述时间。尽管如此，下文会提到的陈智锡的《劝戒全书》（脩省亭藏板，金闾钱学周梓行，日本国立公文书馆藏明刻本，12 册）序于崇祯辛巳年，正是 1641 年，倒合 Brokaw 的说法。相关问题，下文再详。

绪年间曾予删节，又辑为《删订劝戒全书》，可见《日乾初揲》间接
的力量。此外，《日乾初揲》中如《心律》者，对同时或后世的功过
格影响极大。[24] 至于《迪吉拈评》，显然衷辑自晚明福建士人颜茂猷
(1578-1637) 的《迪吉录》（成书于 1622，初刻于 1631）。颜著以儒
学为本而出以宗教上的果报之说，确实看透了孔门的宗教本质，[25] 乃
袁黄（1533-1607）《了凡四训》以外明末最重要的善书。酒井举出来
的《日乾初揲》的成书上限，或许便因颜茂猷《迪吉录》的初刻时间
而得，而其下限，或因《劝戒全书》刊梓于 1641 年使然。

　　内阁文库本的《日乾初揲》目录载，这套书系丰后国佐伯藩第八
代藩主毛利高标（1755-1801）所献。毛利家族藏书颇富，而内阁文
库本既指《日乾初揲》为明末刊本 [26]，当非和刻，而是汉刻而后流
入日本。《榄言》志在格言或清言类的辑集，儒家色彩重过其他，因
此应该刻于《日乾初揲》成套之际：其卷头有案语，而这案语果为
赵韩撰，则《日乾初揲》理应为赵氏亲"揲"。《广爱选言》与最后
一册的《牛戒汇抄》，双双承袭《迪吉录》的劝善企图，从先秦经传
选到汤显祖（1550-1616）、虞淳熙（1553-1621）、焦竑（1540-1620）、
云栖袾宏（1535-1615）、顾锡畴（fl. 1618-1645）与《道藏》、《大

---

[24]　酒井忠夫：『増補中国善書の研究』，2 册（東京：国書刊行会，1999），1:482-483; 以及
493。另见张昆将：《德川日本儒学思想的特质：神道、徂徕学与阳明学》（台北：台大出版中心，
2007），页 219-221；以及〔明〕陈明卿辑，《删订劝戒全书》（〔西宁？〕：光裕堂光绪年间刊本）。

[25]　参见吴震：《明末劝善思想研究》（台北：台大出版中心，2009），页 107；另见荒木见
悟：『陽明学の開展と仏教』（東京：研文出版，1984），页 197-218。《明末劝善思想研究》以下
简称《劝善》。不过我想指出就祭祖敬天等仪式而言，中国民间早以宗教视儒家——虽然这是个
不辩自明的老生常谈。

[26]　见日本国立公文书馆"簿册情报"，在 http://www.digital.archives.go.jp/DAS/meta/
MetSearch.cgi，检索日期：2012 年 6 月 4 日。

明律》等人、书之文，儒释道三家俱见，说来系当时阳明学派影响下的放生思想的极致表现。《牛戒汇抄》在清初力量极大，顺治皇帝（1638-1661）曾予重印，大学士魏裔介（1616-1686）也因此而裒集诸书，再成《牛戒续钞》三卷。[27]《日乾初揲》中，赵韩辑《牛戒汇抄》所用的动词和他辑《榄言》一样，都是"揲"字："揲《牛戒》"。[28]《榄言》刻成，看来就确实就在 1641 年之前，因为《广爱选言》或《牛戒汇抄》中似无选文的撰作年代迟于这个年份。

赵韩揲《榄言》，大致以儒门清言集自居，不过在功能上，我们可将之收为《福寿宝藏》归纳的"格言类善书"，一如范立本（生卒年不详）的《明心宝鉴》、吕坤（1536-1618）的《呻吟语》或上述袁黄的《了凡四训》。但是纵观《榄言》全书，赵韩所辑固多庞迪我《七克》、利玛窦《畸人十篇》与《二十五言》中他所喜好的文句，其中却也不乏叙述性的故事。赵韩编选的方法亦颇诡异，从《畸人十篇》揲出之文乃都为一体，夹在揲自《七克》者之中，不加注意，我们几难察觉，而摘自《二十五言》的段落，则都集中于《榄言》最后，非属行家，同样辨认不易。何以如此，原因殊难断定，赵韩或有

---

[27] 〔清〕永瑢等撰：《四库全书总目》，2 册（北京：中华书局，1965），1:1130（卷 133 子部杂家类存目 10）。

[28] 见《初揲》，5:1a。有关阳明学与放生思想之关系，参见荒木见悟：『陽明学の開展と仏教』，页 219-244。刘耘华指出清初冯班"曾质疑天主教'杀生无报应'之论"，而且论道冯氏的"依据不是来自佛教，而是儒家的'全其仁心'"，而"儒家不主'杀生'，是因其仁心天然地具有民胞物与、天人一体的生命感应"。刘氏所据乃冯班撰《钝吟杂录》卷二，辑入《丛书集成新编》，第八册（台北：新文丰出版公司，1985-1986），页 701。此外，刘文亦指出文廷式撰《纯常子枝语四十卷》卷十八曾引述此言，见续修四库全书编纂委员会编：《续修四库全书》（上海：上海古籍出版社，1995-2002）子部，1165:258。以上见刘耘华：《清代前中期东吴文人与西学》（上），载《基督教文化学刊》第 29 辑，页 127-159 及页 139 注 1。

隐藏之意，不欲为人知晓《日乾初撰》在儒释道等中国三教的传统之
外，另有出诸天主教的文本。这些文本，容我再强调一次，记言与记
事皆备，区别是：即使是叙事文，赵韩多半也会令其包含广义的"格
言"在内，是以称《榄言》为"格言类善书"，不为过。

　　《槜李诗系》收赵韩《赠徐冶山国医》诗，首句为"却怪枚生
《七发》诗"。明代一般士子，均以《七发》为庞迪我《七克》名称的
来源，赵韩想亦知晓。至于"克"字，当取自《孟子·离娄上》"克
有罪"一句。[29]《榄言》从《七克》所出者，其数约在二百零八言；
从《二十五言》中，赵韩又选取了十三言，而《畸人十篇》则辑录了
五言。此一总数在二百二十五言间的合辑，每一言选来，赵韩几乎都
有策略性的考虑，手法颇似比他稍晚的江西士人谢文洊（1616-1682）
的《七克易》。谢氏书名中的"易"字有玄机，因为他认为《七克》
即"吾儒克己之法"，故而"为删其中失正者"，并"取其长而弃其
短"以"置诸案头"，视同"修省之助"。《七克》全书七卷，"易"后
仅得两卷，删削幅度颇大。[30]《日乾初撰》中的"撰"字所蕴，也
不是依《七克》原书之样画葫芦："撰"字本意为"抽取"，但在《榄
言》中，赵韩一无"拈阄"式的随兴抓取之意，而是条条抓来皆有深
意。如果所取西学或天学可称"原文"，赵韩所选可称"撰文"，那么
两者间，赵韩绝无依利玛窦、庞迪我之意为意而编书之意，反有其个
人的目的在焉，主要亦为表彰儒家"克己复礼"的思想，用为修身日

　　[29]《孟子·离娄上》，见〔宋〕朱熹：《四书集注》，页313。《四书集注》以下简称朱注。
　　[30]〔明/清〕谢文洊：《〈七克易〉序》，见所著《谢程山集十八卷附录三卷年谱一卷》卷之
十四，载《存目》209:251。谢文洊另有其"三教"的问题，详吕妙芬：《从儒释耶三教会遇的背
景读谢文洊》，《新史学》第23卷第1期（2012年3月），页105-158；另见刘耘华：《清初"程
山之学"与西学：以谢文洊为中心》，《史林》1（2011），页74-85；以及《劝善》，页486-487。

省，以成其立命之学。

利玛窦与庞迪我的原文，在《榄言》中显然都已遭赵韩挪用。这点酒井忠夫似乎也有所悉，所著『增補中国善書の研究』一书，尝谓《日乾初揲》中"教会"的色彩悉遭抹除[31]，而即使在日文中，这"教会"二字，指的应该也是天主教会，差别仅在酒井对《榄言》似难论断，不知所出之"教会"色彩系指何者，系出何书。我们细案《榄言》，反过头来亦可见从明神宗开始，利玛窦与庞迪我为中国明人接受确深，而《七克》、《畸人十篇》与《二十五言》在时人心中的烙痕不浅。

《日乾初揲》中的"日乾"一词，出自成语"日乾夕惕"。李贽《代深有告文》谓："夫出家修行者，必日乾而夕惕。"[32] 这句成语又有出典，系《易经·乾卦九三爻辞》："君子终日乾乾，夕惕若厉，无咎。"[33] 易言之，赵韩揲《七克》与《二十五言》等书成《榄言》，首要目的当在以格言为鉴，惕励自省，甚且不乏出世之思。前谓《榄言》正文之前有赵韩的案语，可借以了解他揲文的准则与目的："榄虽涩，味转则长。言虽微，绎思则益。昔人谓橄榄为谏果，我亦将以谏世也。"他因之而"揲《榄言》"。易言之，除了"谏果回甘"外，赵韩选辑《榄言》也有以书中格言谏世、醒世与警世的弦外之音。故揲文必需"言虽微，绎思则益"，读来有余味（《初揲》，1:1a）。《榄言》所属，正是善书"格言"类中的"清言"一类，最接近的自是陈继儒与屠隆等人所著。

---

[31] 酒井忠夫：『增補中国善書の研究』，1:462。

[32] 〔明〕李贽：《代深有告文》，在所著《焚书》，见张建业编：《李贽全集注》，26 册（北京：社会科学文献出版社，2010），2:35。

[33] 见〔清〕阮元刻：《十三经注疏》，2 册（北京：中华书局，1980），2:15。

在 1608 年之前，利玛窦重要的文学著译都已完成，庞迪我的《七克》在 1614 年前亦已镌版功成。我们且不谈庞著，单就赵韩撷拾利玛窦的《二十五言》，就可以想见"言体"在明末的文化界几乎无所不在。当其之世，高一志（Alfonso Vagnone, 1566-1640）还译有《励学古言》（1632）与《达道纪言》（1636），艾儒略（Giulio Aleni, 1582-1649）则效《二十五言》别撰《五十言余》（1645）一书。这些耶稣会士所译或著，没有一本像《二十五言》——我们还可外加庞迪我《七克》中的多数言条——如此合乎赵韩"日乾夕惕"或"惕励自省"的慎独与修身标准，何况赵韩之志有甚于此者，每每希望所辑能如谏果回甘，读之而得思其然，从而谏世警世，劝人进德修业。

上述赵韩辑《榄言》的"准则与目的"，儒门"克己复礼"之说可以一言以蔽之，顶多外加佛道的醒世见解。我如是言之，不是毫无根据：《榄言》中的撰文，以庞迪我的《七克》为先，抑且占了全书三分之二强，而《七克》虽为西学，庞迪我却有意自我儒化，以故取《论语·颜渊》中"克己复礼"为纲，而以宋儒周敦颐（1017-1073）的"主静"标榜全书[34]，劝人借此修养，盖"无欲故静"。众所周知，《七克》虽步武枚乘（?-140）《七发》等中国古典之名，所"克"者"七"，样样却都是天主教——乃至于整个基督宗教——力加排斥的"七罪宗"（Seven Deadly Sins）。用庞迪我的译词及排序，亦即骄傲（Pride）、嫉妒（Envy）、悭吝（Avarice）、忿怒（Wrath）、迷饮食（Gluttony）、迷色（Lechery）与懈惰于善（Sloth）等七宗（李辑，

---

[34]〔明〕郑以伟：《〈七克〉序》，见李之藻辑：《天学初函》，6 册（台北：台湾学生书局，1965），2:696。《天学初函》以下简称"李辑"。

2:715)。静则无欲,七罪不犯。

天主教的七罪宗,原有《圣经》的根源(如玛 5:21-22 或 27-28),但最早为之排序者却是东方教父庞义伐(Evagrius Ponticus, 345-399)。他草拟了各种有损灵性的恶德,内容含括"悲叹"与"自负"等八种。公元 6 世纪,教宗大额我略(Gregory the Great, *c.* 540-604)再将这八种恶德略为裁并,约为七种。大额我略的排序,系依世人对"爱"过滥的程度为准出之。到了 13 世纪,阿奎那(St. Thomas Aquinas, *c.* 1225-1274)集士林神学之大全,才将"骄傲"定为诸罪之首,但要排列出如上庞迪我所定的顺序,我们却得归诸 13 世纪《教会法典》(*The Canon Law*)的笺注者奥斯帝亚的亨利(Henry of Ostia, d. 1271),而其大行于后世,则得待反宗教改革时代的耶稣会士,也就是庞迪我的会中先贤了。[35]

从庞义伐到阿奎那的时代,欧洲神学界众议佥同的是,"骄傲"乃诸罪宗之首,而"七"虽为犹太/基督宗教的圣数,却也是天主教《圣经》邪灵特属的数目。以《若望默示录》为例,其中便提到有一条水龙,其尾有"七"。他带队作乱的恶党,其数亦为"七"。这条龙指的当然是撒殚(12:3),"七"字在《若望默示录》里遂为邪数,而"七罪宗"的数目由来,自此奠下,并挟其所涵变成天主教的

[35] 参较 Thomas Aquinas, *Summa Theologica*, trans. Fathers of the English Dominican Province, 5 vols. (Notre Dame: Christian Calssics, 1948), PT. 1-2, Q. 72, Art. 3; Solomon Schimmel, *The Seven Deadly Sins: Jewish, Christian, and Classical Reflections on Human Nature* (New York: The Free Press, 1992), pp. 10-26; 以及韩思艺:《从罪过之辩到克罪改过之道——以〈七克〉与〈人谱〉为中心》,香港浸会大学博士论文(2009),pp. 66-78;尤其是 Morton W. Bloomfield, *The Seven Deadly Sins: An Introduction to the History of a Religious Concept with Special Reference to Medieval English Literature* (Ann Arbor: Michigan State College Press, 1952), p. 86。

基本教义。[36] 阿奎那以还，讨论七罪宗及如何克之的美德的教牧手册（preacher's handbooks）纷陈，其数不可量计。[37] 庞迪我的《七克》虽名为"著"，其实也应有所本，乃译或转述自其数待考的证道手册，例如 14 世纪某道明会士著的《道德集说》（*Fasciculus morum*），或稍后西班牙证道大师伊斯迪拉（Diego de Estella, 1524-1578）的《浮世论》（*Tratado de la Vanidad del Mundo*）等等 [38]，最后再自行添加儒门节欲导情的思想成书。就其文类归属而言，《七克》可纳为"恶德与美德专著"（*tractatus de vitiis et virtutibus*）[39]，应无疑义。

七罪宗的每一宗，都是天主教认定的人世大罪，既然有碍灵性，儒门修身无疑也会避之唯恐不及。庞迪我强调凡人若想"克己复礼"，则必先以天主教提出的"七天德"（Seven Heavenly Virtues）克服"七罪宗"（李辑，2:715-716），此即徐光启《克罪七德》所称之"谦逊以克骄傲"、"乐舍以克悭吝"、"贞洁以克淫欲"、"含忍以克忿怒"、"淡泊以克贪饕"、"仁爱以克嫉妒"，以及"忻勤以克懈堕于善"。[40] 赵韩绝非基督徒，但因明末嘉兴天主教盛行，重要的基督徒辈出，兼有

---

[36]　参见〔周国祥等译：〕《天主教理》，合订本（台北：天主教教务协进会出版社，1996），#1866 及 #1876。

[37]　See Richard Newhauser, *The Treatise on Vices and Virtues in Latin and the Vernacular* (Turnhout: Brepols, 1993), pp. 21-54.

[38]　Henri Bernard, *Le P. Matteo Ricci et la société chinoise de son temps (1552-1610)*, 2 vols. (Tianjin: n.p., 1937), 2:170n. "道德集说"（*fasciculus morum*）一名是我的译词，其拉丁文书名原意为"道德火把"，详目见本文注 46。

[39]　See Newhauser, *The Treatise on Vices and Virtues in Latin and the Vernacular*, p. 13.

[40]　〔明〕徐光启：《克罪七德》，见朱维铮、李天纲编：《徐光启全集》，10 册（上海：上海古籍出版社，2012），9:422。徐光启的七德用词，其天主教传统出自普勒登提乌（Aurelius Clemens Prudentius, *c.* 410）的天主教史诗《灵魂之战》（*Psychomachia*），不是古教父所指的"七大德"（*The Seven Cardinal Virtues*）。

师门与家学之便，从而得见《七克》等书，遂游走在七罪宗与七天德之间。庞迪我等人的文句，《榄言》大加裁剪改订，使之更加顺从儒门之旨而"去天主教化"，终于蜕变而为晚明善书中的一大言体新编。

至于《榄言》擵《七克》内文的手法，可用"多矣"形容。其中之一乃将纪事改为记言。再案《七克》，庞迪我中译了不少欧洲上古与天主教时代的名人轶事，甚至还引证了六则虚构性的伊索式寓言。[41] 其中不仅有耶稣会会祖圣意纳爵（St. Ignatius of Loyola, 1491-1556）的"骄傲问答"（李辑，2:782），也有现代人耳熟能详的伊索寓言如《乌鸦与狐狸》（李辑，2:752-753）。[42] 然而《榄言》里，赵韩时而剔除其中人事，独留相关警语成言。《七克·解贪第三》中，庞迪我提到罗马卓有清誉的政治家"加德"（Marcus Porcius Cato Uticensis, 95-46 BCE），谓之"将终，以黄白金数亿寄其友人曰：'我死之后，子孙作德善用，全予之；否，毫末勿予。'或问故。曰：'金钱者，善用之为德器，否则为恶器。我子孙不必其为善，不愿助其为恶。'"（李辑，2:858）《榄言》里，赵韩刈除了"加德"之名，连他以黄白金寄友的故事也悉予剔芟，而最终所得，唯加德答友人之语："金钱者，善用之为德器，否则为恶器。我子孙不必其为善，不愿助其为恶。"（《初擵》，1:29a）这里的"我"字可为泛指，而赵韩同类的

[41] 除了下文会提到的《乌鸦与狐狸》外，《七克》中的伊索式寓言另有《村木与橄榄树》、《兔子和青蛙》、《狮子、狼和狐狸》、《胃和脚》与《孔雀足丑》等等，分见李辑，2:765-766；2:921；2:809-810；2:822-823；以及2:784。

[42] 谈到戒听阿谀之辞，《乌鸦与狐狸》似乎是耶稣会士的最爱的证道故事，高一志的《则圣十篇》第二篇《誉言乃损》亦用之，见钟鸣旦（Nicolas Standaert）、杜鼎克（Adrian Dudink）与蒙曦（Nathalie Monnet）编：《法国国家图书馆藏明清天主教文献》，26册（台北：台北利氏学社，2009），4:215。

摅文，使不谙西学者观之，必以为系儒门嘉言警语，诲人教化之态显
然。如此"去叙事化"即"去西方化"，也可谓"去天学化"，《榄言》
用来非仅娴熟不已，也足与前及《明心宝鉴》中的劝善之言媲美。

尽管如此，《榄言》有"例外"，道德性的叙事文仍不乏见，而且
"史构"与"虚构"并存，各自保有不少。赵韩的删削，偶尔亦有其
不可解的一面，"史构"中之尤者，乃波斯名王"实尔瑟"（Xerxes,
485-465 BCE 在位）的故事。《七克》原文中的第一句话是"昔有国
王"，其后则为此王——

> 统百万众，布阵原野，私念："百万之众，谁能御之？我为其为
> 主，尊矣！大矣！"忽反念曰："不然，不及百年，彼百万皆
> 死，我亦死。以一死为众死主，何足矜？"（页 5b）

《榄言》中，赵韩删除了"昔有国王"这一句，致使整个故事的
主词佚亡，我们读来遂不知所云。中文非属曲折语，固可省略主词，
但在上引中，这"统百万众者"却不然，倘无主词引导，而读者如果
也未曾得见高一志《达道纪言》中此一世说的原型，读来必定会因
赵韩删削而生茫然之感，不知其后以生死自我惕励者究为何人："实
尔瑟大王统百万军。一日，从高望之，泣数行下。王叔问故，答曰：
'此众不百年，无一在矣。乃王者反以其民之众而傲之？'"[43] 就《榄
言》所引的这则世说言之，赵韩把主词删得实无道理，仿佛只为隐藏

---

[43]〔明〕高一志：《达道纪言》，见吴相湘编：《天主教东传文献三编》，6 册（台北：台湾学
生书局，1984），2:679。《天主教东传文献三编》以下简称《三编》。

"实尔瑟"之名，令人昧于其出自西学而已。可是这又不尽然，因为
《榄言》引的是庞迪我，《七克》中的"昔有国王"并无西方人名的暗
示，大可不必将之挥笔删去。如果这是刻工漏刻所致，情尚可原；设
为赵韩个人的举措，那就令人生画虎不成之感了。

赵韩倘保住了主词，并其身份，他的删削实则不差。除了文句益
简益洁之外，生动依然。《七克》第一卷中，上引故事全文如下：

> 昔有国王统百万众征行，布阵原野，登高望之，辄生雄心，私
> 念百万之众，谁能御之？我其为主，尊矣！大矣！忽觉为傲，
> 反念曰："不然，不及百年，彼百万皆死，我亦死。以一死为众
> 死主，何足矜矣！"（李辑，2:758）

两相对照，赵韩芟除了百万众"征行"二字，减少文意上的矛盾（既
"征行"，又"布阵"），也砍除了"登高望之，辄生雄心"两句，亦即
马上转到国王私念兵众虽多，但总有一日必死，自己拥尊荣之身，无
上权力，来日却也不过是众鬼之王，"何足矜？"庞迪我的原译里，这
三字之后另有"矣"字，口气是感叹的。赵韩削去"矣"，"何足矜？"
反倒变成了个地道的问句，而且是修辞反问（erotesis），"百万"与
"一"所形成的数差辞效，益发可见，全句力量随而再增，可垾高一志
的世说原型——虽然较之故事取典的希罗多德（Herodotus, c. 484-425
BCE）《历史》（The History）中的原文，则又已纤瘦了许多。[44]

同一个故事，我无以揣测赵韩何以芟冗，因何又生错削？唯一可

---

[44]　Herodotus, *The History*, trans. David Grene (Chicago: University of Chicago Press, 1926), 7.44-46.

以解释的是，他深知庞迪我笔底乃高一志明言的"伯西亚国"人。如此一来，赵韩对《达道纪言》似乎就不生疏了，而他欲儒化《七克》的故事，看来就非得拿掉主词不可。此外，还有个属于欧洲修辞学的问题：庞迪我的故事在世说"背诵"技巧下，枝叶稍繁，而且庞氏还是东来西僧，中文总嫌不足，必有可删之处，改之应无不可。像最后一句话，由《七克》的感喟转为《榄言》的诘问，消极的语气随即变成积极，可窥赵韩何其手巧与心灵! 这一来一往间，赵韩变成了反向在演练西方人的"修辞初阶"，将之"化繁为简"，而不是欧人习见的"由简入繁"。方之《达道纪言》，《榄言》果真大不类。[45]

　　然而不管赵韩如何参与这套西方人的修辞演习，他仍然不改"修辞初阶"以 "世说"为修辞演练的基要，亦即不管世说的精神为何，由繁入简后，世说仍旧可以保有其原来的精神。实尔瑟的故事警人终究难免一死，所以官大权大又足傲? 凡人皆应了解"伏傲"这个《七克》首布的篇章之旨，赵韩笔下的实尔瑟故事因可谓"一叶知秋"，盖"傲乃过分之荣显"，系"轻人而自以为异于众人"的心态（李辑，2:717），不足为训。中国文言好以卑微之态言事，"傲"字不轻易见之，"伏傲"这种军事化的语言自不必说。同样的概念，赵韩用的是较为激烈的儒门说法："鸣谦"（1a）。

　　再回到形式问题。《七克》所含的虚构性叙述文，《榄言》更动较多，但仍有一字不易者。如上所述，《七克》中有六则伊索式寓言，

---

[45] 有关"修辞初阶"类此理论的原典，参见 Ronald F. Hock and Edward N. O'Neil, *The Chreia and Ancient Rhetoric: Classroom Exercises* (Atlanta: Society of Biblical Exercises, 2002), p. 359。并请参较李奭学:《中国晚明与欧洲文学——明末耶稣会证道故事考诠》(台北：联经出版公司，2005)，页 138-147。李著以下简称《晚明》。

其中《榄言》引出而完璧保存者唯下面一则：

> 孔雀，文鸟也，人视之，辄自喜，展翅尾示人；忽见其趾丑，则厌然自废，敛其采矣。禽兽无知，犹知以微恶废全美，人欲以微美掩全恶乎？（《初揲》，1:2b；李辑，2:784）[46]

拙作《中国晚明与欧洲文学》中，曾约略及论此一故事，除了取利玛窦在《畸人十篇》所引的同一比喻对比之外，我也取高一志《譬学》一条以说明"叙事"与"陈述"之间的不同（《晚明》，页 55-59）。高氏的译文如次："孔雀美羽毛，以足之丑，不敢傲。智者恒视己短，省己过，以为克傲之资。"（《三编》，2:631-632）其间差异，当然在庞迪我所译用了一个"忽"字。这个副词一添，其后的"见"字随即转为动词。《七克》前半句乃一陈述，但后半句转为叙述，全赖"忽见"之功，而"忽"字当然又使"见"字变得生动，读来有惊诧之感，称之为此一"故事"所以为"叙事文"的钥字，可也。若再方之高一志《譬学》中的同一述说，则高"译"只见描述，毫无动作，诚格言矣！我的比较并非无端，可借以说明培里（Ben Edwin Perry, 1892-1968）之见：寓言与格言之别确在一线间，唯叙述与陈述之异耳。[47]

---

[46] 在西方证道故事的传统中，此一"孔雀寓言"可见于 Siegfried Wenzel, ed. and trans., *Fasciculus Morum: A Fourteen-Century Preacher's Handbook* (University Park: Pennsylvania State University Press, 1989), pp. 613-615。至于俗谚或早期罗马或天主教名人的言说中，则可见于 T. H. White, trans., *The Book of Beasts* (New York: Dover, 1984), p. 194; Pliny [the Elder] , *Natural History*, trans. Harris Rackham, rev. ed., vol. 4 (Cambridge: Harvard University Press, 1968), X.xxii.43-44, 以及 Ad de Vries, *Dictionary of Symbols and Imagery* (Amsterdam and London: North-Holland, 1974), p. 360。

[47] Ben Edwin Perry, "Fable," in Pack Carnes, ed., *Proverbia in Fabula: Essays on the Relationship of the Proverb and the Fable* (New York: Peter Lang, 1988), pp. 68-69.

上文旨在说明《榄言》挪用《七克》叙事文的另一方式，而赵韩喜欢叙述文，说来一点也不奇。颜茂猷的《迪吉录》，通书几乎都用叙述劝善，稗官野史俱入之。《日乾初揲》的第二册据《迪吉录》揲出了《迪吉拈评》一"书"，其中的揲文，读来即有如中国三教的"证道故事"（《劝善》，页161-167）。其中赵韩的文字增损亦大，单是《迪吉拈评》的序文，他在不避颜茂猷的著作权的情况下就割裂了原本，也删削了顾锡畴的《迪吉录·序》，使各自都形成一新序（《初揲》，2: 序1a-3b）。《榄言》中赵韩其余所挪用者，《七克》里的证道故事仍多，而且以"世说"称最，盖"世说"本即含箴铭或训格之言的史事，读来确有谏果回甘之感。当然，一切西方史上的实人，赵韩早已消隐其名，庞迪我的名姓固无论矣。

《七克》言条的本身若不列名，赵韩揲来更为方便，《榄言》几乎一字不脱，直接引之。下面一则，可作范例观：

> 一人病，其师慰之曰："尔为铁，以病错，则除锈。尔为黄金，以病炼，则增光，何忧乎？"（页18b）

这一条世说的前一条，乃某我尚难辨认的"圣若闇"（St. Johann）近似的训谕（李辑，2:942）。但一路走到了引文中这某人之"师"处，《七克》既省文了，赵韩当也可姑隐其名。世说的重点乃在借人说格言，不在故事本身，而《七克》这里本来就没名没姓，"原文如此"（sic.），赵韩似乎连"中国化"的程序都免了，照抄便是。

谈到格言，《榄言》身为言体，对之兴趣当然大了许多，而这也最符合中国经籍经常呈现的书写形式。赵韩为让《七克》的天主教格言

变成儒家的清言，惯使的手法，乃是翦除天主教的圣人之名，包括业
经天主教化的希腊、罗马异教的古贤。既然关乎西圣，则"天主"二
字当然也在剔除之列，否则就得刈除"主"字，使之变成孔子或先秦
他典常用的"天"字。下面一条故事又是世说，庞迪我写来如下——

> 或问天主雠傲，犹有在高位者，何故？曰："使傲人登高，非增
> 其荣，独重其陨。"（李辑，2:720）

　　赵韩删除"或问"这个世说常套，改"天主"为"天"，其余一
仍其旧，通文因此变成"天雠傲，犹有在高位者，何故？曰：'使傲
人登高，非增其荣，独重其陨。'"（《初撰》，1:7a）世说精炼整饬的
特色，《榄言》此地依旧保存，虽然懵懂者并不会知道这是欧洲修辞
学特有的形式。由是观之而话说回来，赵韩的西学绝佳。他知道中国
信仰中几无"天主"的概念，儒家教人的是尊"天"。删去"主"字，
耶稣在世说中就变成了孔圣。加以"克己"的首要确为"节欲"，而
"欲"之大者"傲"，是以孔孟都主谦。从宗教的角度看，儒家所尊之
"天"，时而为人格神，时而非[48]，可信的是这"天"绝非天主教所
称那超越性的"天主"。只要把这个名词删个字，欧罗巴人庞迪我也
会变成中国——尤其是儒家——的代言人，而且会变得神不知，鬼不
觉。顺治与康熙在位时，都曾为天主教颁发"钦崇天道"与"敬天"

---

[48]　参见李杜：《中西哲学思想中的天道与上帝》（台北：联经出版公司，1978），页 2-23。

的匾额。[49] 所谓"天"者何？顺治或康熙题字时当然心知肚明：一字之差，他们实则化西学为中学了。衡之《榄言》里赵韩所为，顺治与康熙在清代不过复制了他在晚明早已"玩"过的"易道"！

由是再看，赵韩的西学造诣确实不凡。纵然《史记》中已有"天主"一词[50]，他也知道就《七克》的语境观之，同样的"天主"语意不同。赵韩撰《榄言》的时间殊难论断，下面我会再详。然而就《迪吉录》迄 1631 年才刊刻衡之，《日乾初撰》里《榄言》的刻本不可能早于此刻，而"此刻"距礼仪之争虽仍有年，但从 1628 年起，天主教在华业已禁用"上帝"一词，而且禁用的相关会议就在嘉定召开，距嘉兴并不远，何况此词《诗经》、《书经》与《易经》上俱可见，中国人读来未必带有天学的意涵。赵韩幼习坟典，乃传统士子，"上帝"一词必然知之甚稔，而这点几乎可解释《榄言》下引长言里，赵韩何以不避"上帝"二字。《七克》步欲步，《榄言》趋愈趋：

> 人相爱有三。其一习爱，同居、同业、同情、同议等，相习生爱也。是者，易聚、易散，鸟兽亦有之，纵不恶，固非上帝所责我爱人之德矣。其一理爱。人皆自知生斯世也，同斯人也，不友爱任恤，不能成世道，不能立世事，不能备世变，是故恒求己

---

[49] 钟鸣旦、孙尚扬：《一八四〇年前的中国基督教》（北京：学苑出版社，2004），页 327 及 337。另参 João de Deus Ramos, "Tomás Pereira, *Jing Tian*, and Nerchinsk: Evolving World View During the Kangxi Period," in Artur K. Wardega, S. J. and António Vasconcelos de Saldanha, eds., *In the Light and Shadow of an Emperor: Tomás Pereira, SJ (1645-1708), the Kangxi Emperor and the Jesuit Mission in China* (New Castle upon Tyne: Cambridge Scholars, 2012), pp. 521-524；以及 Gianni Criveller, "La controversia dei riti cinese," in Angelo S. Lazzarotto, *Quale futuro per la Chiesa in Cina?* (Bologna: EMI, 2012), p. 50。

[50] 《史记·封禅书》（卷 28）："天神，一曰天主，祠天齐。天齐渊水，居临淄南郊山下者。"见〔汉〕司马迁：《史记》，10 册（北京：中华书局，1982），4:1367。

所爱人，及爱己之人。此人间之事为爱也私，为德也微，恶人亦有之，亦非上帝所责我也。其一仁爱。仁者，视人与己同性，故爱之，而愿其得福。孰为福？生时能识上帝，行实德，死时升享天福，则真福、大福也。仁者，自先真爱上帝，转以上帝之爱爱人，故望人识爱上帝，以享生死真福，冀改诸恶，脱永殃也。若他福，无妨于此福，望之，否则恶之，是谓仁爱，乃上帝所责于我焉。若以是相爱者，真友也。非除贪妒、傲淫诸恶情，非心契于上帝真道实德，虽合于外事，弗能得焉。(《初揲》，1:22b–23a)

文前我评道：《榄言》于《七克》此一长言"几乎"是"趋愈趋"，原因在赵引仍有异文："仁者，视人与己同性"一句，《七克》中原为"仁者，视人为天主之子，与己同性"(李辑，2:821-822)；赵韩抹除了《七克》这一句，再度避开"天主"二字，独留"上帝"这个原为儒家经籍中的至高神。赵韩稍后的明人中，基督徒如杨廷筠或韩霖等都坚持先秦古籍中的"上帝"就是己教的"天主"，即使非基督徒如魏禧（1624-1681），亦复如是，谢文洊就不用说了。[51]魏禧尝为文评《七克》，称其中"所尊天主，细求之，即古圣所云上帝，先

---

[51] 见〔明〕杨廷筠：《七克·序》，载于李天纲编注，《明末天主教三柱石文笺注》（香港：道风书社，2007），页342-343；〔明〕韩霖著，孙尚扬、肖清和等校注：《铎书校注》（北京：华夏出版社，2007），页167，〔明／清〕魏禧：《魏叔子日录》卷二，见胡守仁等点校：《魏叔子文集》，3册（北京：中华书局，2003），3:1129。此中之异者几惟谢文洊与时人孙兰（生卒年不详），盖《七克易·序》开篇云："西士之学，似得吾儒畏天命与昭事上帝之旨，而实有不同。"而孙兰亦谓："泰西之人……温文儒雅，诚朴不欺，……独其所以膜拜天神，口中所言，不离天堂地狱，〔人闻之，〕则不自知其忽入于异教。"谢说见所著《谢程山集十八卷附录三卷年谱一卷》卷三《日录》，载《存目》，209:72；孙说见〔清〕孙兰：《柳庭舆地隅说》，载《丛书集成续编》（上海：上海书店，1994）子部第88册，页429。

儒所云天之主宰，绝无奇异"。以故《七克》等书"每每于说理时无
故按入天主，甚为强赘"。谢文洊也有近似之论："与友论西学，力辟
其〔耶稣〕降生〔为人〕之说。试问上帝有否？予谓上帝载之六经，
何可说无？"[52]繇是观之，赵韩纵不以儒家收编的先秦经籍为意，
《榄言》中他也不会删除"上帝"一词，况且《日乾初揲》中的《迪
吉拈评》或其所出的《迪吉录》，根本就是一本打着"上帝"或"天
帝"名号叙事的劝善之书。《迪吉录》另又结合佛门的天堂观与儒家
的地狱说，形成二教交混的果报观念，而颜茂猷通书就以此等思想构
成，令"上帝"在人类史上奖善惩恶。[53]赵韩既然没让《日乾初揲》
错过《迪吉录》，则所揲怎可能抹除"天"或"上帝"？

　　此外，"爱"的观念也值得在此一提。中国古人好以"情"字
代"爱"，《日乾初揲》所收第二本书《至情语》的论述，主要是家
中父子、夫妇、兄弟这三伦之爱，甚至还涉及情欲的问题。赵韩的
前言用的便如书题，是"情"字，而其语法仿如清初盛世《红楼梦》
的脂砚斋评笔："世人多不情，当治以何法？仍治之以情而已。"[54]
中国古来，其实也会将"爱"用于亲朋之间，而对象若为世人，"博
爱"和"兼爱"一类说辞用得益切，和天主教从《圣经》起即大力强

---

　　[52]〔明/清〕魏禧：《魏叔子日录》卷二，见胡守仁等点校：《魏叔子文集》，3:1129；〔明/清〕
谢文洊：《七克易·序》，见《谢程山集十八卷附录三卷年谱一卷》卷十四，载《存目》：209:251。

　　[53]〔明〕颜茂猷：《迪吉录》，见《存目》子部，150:309-702。有关《迪吉录》取用"上帝"
的缘由，详见《劝善》，页150。另参见张铠：《庞迪我与中国——耶稣会适应策略研究》（北京：
北京图书馆出版社，1997），页233-242。

　　[54]《初揲·至情语》，1:1a。脂砚斋用"情情"和"情不情"论林黛玉和贾宝玉对"情"的
不同态度，就是一例，见陈庆浩编，《新编〈石头记〉脂砚斋评语辑校》，增订本（台北：联经，
1986），页81和827。另见余国藩著，李奭学译：《重读石头记——〈红楼梦〉里的虚构与情欲》
（台北：麦田出版，2004），页150注2，以及同书页97-98。

调者实有落差。这一点，李之藻在《代疑篇》（1621）中早已历历指陈[55]：这世人之爱必须扩及天主，而这点中国人可万难料到。庞迪我处理的方式是使之结合"仁"字，而既有"仁爱"，仁者也就"自先"要"真爱上帝，转以上帝之爱爱人"（李辑，2:821）。庞氏之论当然是典型的《圣经》论调，不过赵韩合"仁"以"上帝"，在明人的想象中几可免除天学色彩，至少减轻了许多。故上引文所成者，自是《颜氏家训》一类的儒门格言。不过儒家与西学这里有一矛盾，十分显然。《日乾初揲》诸书中，"爱"字用得最为寻常的，乃《广爱选言》与《牛戒汇抄》，其中满布由古迄明的涉"爱"之文。仔细看来，这"爱"的对象居然多非为人，赵韩揲得其实颇似儒门的"戒杀生"思想，而儒门的"全其仁心"、"民胞物与"等观念系此一基础再深一层的基础，赵韩抑且就承认思出儒门："'戒杀'一事，载吾儒经传，如日中天。奈何护生之功，专使佛氏主说于天下，甚矣！我辈咎也！……"（《初揲》，4:8a）。赵韩以儒自居而论爱，当然无可厚非，可是类此论调一和《榄言》源始的万物为人而设之说并比，矛盾立现，就出在"放生"这种"广爱"思想如依钱谦益（1582-1664）弟子冯班（1604-1671）的观察，根本和基督徒主张的"杀生无报应"等《圣经》之说牛马互攻，理念绝难调和。不管如何，《榄言》的西学之"爱"，尤近似中国后儒以天地万物为一这种掺杂佛道精神的大爱。[56]

《七克》里，《圣经》中言可想引之甚勤，不过赵韩揲《榄言》，

———

[55] 参较明李之藻：《代疑篇·区爱》，见李天纲编注：《明末天主教三柱石文笺注——徐光启、李之藻、杨廷筠论教文集》，页 324-327。

[56] 见本文注 28，另见利玛窦：《天主实义》，在李辑，1:377-399；并参较〔明〕艾儒略著，向达校：《合校本大西西泰利先生行迹》（北平：上智编译馆，1947），页 12；利玛窦"贬万物一体之说"。

可真详予筛检，"《圣经》曰"或"《经》曰"等词，绝难逃其法眼，绝难在赵韩笔下现形。下引《七克》言则不但有天主教名圣"系辣恋"或"喜辣恋"（St. Hilarion, *c.* 291-*c.* 371）现身其间，而且喜氏极可能还援引了《玛窦福音》论"真福八端"（The Beatitudes）最后数语（5:11-12），以解其自身的窘困，系典型的圣人言行与《圣经》交叠合一的叙事笔法：

> 系辣恋圣迹甚众，名播万方，来访者日众。圣人不悦，数徙避之，不获而哭。门人问故。答曰："《圣经》云：'凡欲循仁，必受窘迫。吾考前辈诸圣贤有实德者，无不因世苦辱，密就其德，以蒙天报。'今敬誉我者多，恐天主以是足我报于世乎？"（李辑，2:748）

圣杰鲁姆（St. Jerome, *c.* 347-420）尝手书圣喜辣恋的传记。由所作来看，上引实为这位隐修圣人平生的行事风格：他常为了躲避俗誉而遁走林泉或荒野。不过圣杰鲁姆的喜传并无所答《圣经》一段 [57]，庞迪我或许有其"美德与恶德专著"中之所本。不管如何，上引经中之语，确为《玛窦福音》中"真福八端"最后数语。我们不难想象，庞迪我如此一言，《揽言》会剔除者何：圣喜辣恋的故事过于独特，不可能保留；在《七克》的语境中，《圣经》之名本身就是天主教的表征，赵韩也不可能容许存在。话说回来，这绝非意味着《圣经》箴言会见弃于《揽言》。相反，终《揽言》全书，至少五引《圣经》的训

---

[57]　St. Jerome, "The Life of S. Hilarion," in *The Principle Works of St. Jerome*, trans. W. H. Fremantle and W. G. Martley (Rpt. Peabody: Hendrickson, 1995), pp. 303-315.

示。上引《玛窦福音》的话，赵韩抹除了碍他之眼的"《圣经》"与"天主"的"主"字后，随即照单全收，而"修改"后的言则，西学色彩几乎同样荡然无存，所存者反为中国善书的特色：

> 凡欲循仁，必受窘迫。吾考前辈诸圣贤有实德者，无不因世苦辱，密就其德，以蒙天报。今敬誉我者多，恐以是足我报于世乎？故曰："藏德以避虚誉，圣人也。"（《初揲》，1:10a）

我之所以说此言中西学色彩"几乎"不存，系因此一"新言"赵韩撰来乍看百密，实则仍有一疏：中国古籍不用标点符号，是以赵韩难以辨明言中的"吾"或"我"字有别。前者乃《新约》中耶稣的自我指涉，所以那"考前辈诸圣贤有实德者"是耶稣，而所谓"今敬誉我者"中的"我"才是圣喜辣恋。《玛窦福音》的上下文中，"前辈诸圣贤"实乃我们今天译为"先知"（*prophetas*）的犹太／天主教人物，而后一名词，庞迪我的时代未见[58]，天主教中人多解为"圣人"

---

[58]　Robert Morrison, *A Dictionary of the Chinese Language* (Macao: East India Press, 1822), vol. 6, p. 341 将 "prophet" 这个英文前缀词译为 "先知者"，不过他内心所涵却不完全是犹太／基督宗教地位崇高的 "先知"，而是也包括 "未卜先知" 这种中国 "算命先生" 在内。我疑 "先知者" 一译，Morrison 可能引自〔清〕贺清泰 (Louis de Poirot, 1735-1841)；《古新圣经》（上海徐家汇藏书楼藏清末抄本）。贺清泰中译时，"先知" 与 "先知者" 时常并用——例子见《圣徒玛窦万日略》，页 4a 及 5b——偶尔则称之 "先知圣人"，如《众王四本经序书》，1a。贺清泰这两个译词，其实都出自庞迪我以后的耶稣会传统，例如〔明〕高一志的《天主圣教圣人行实》，7 卷（武林：超性堂，1629），3:2b 及 4:52b 有 "先知之圣" 或 "先知圣人" 之称。〔明〕汤若望 (Johann Adam Schall von Bell, 1591-1666) 译：《崇一堂日记随笔》(1628)，吴相湘编：《天主教东传文献三编》，6 册（台北：台湾学生书局，1984），2:793，则如今天之译，称 "先知"。高氏的《则圣十篇》(1630)，在钟鸣旦、杜鼎克、蒙曦编：《法国国家图书馆明清天主教文献》，4:239 亦用 "先知者" 一称，而〔明〕艾儒略：《天主降生言行纪略》(1635)，收于钟鸣旦与杜鼎克编：《耶稣会罗马档案馆明清天主教文献》，12 册（台北：利氏学社，2002），4:56、61 及 69 等页中，上述诸词则都用到。

或"圣贤",加以全本《圣经》此时仍未译成,赵韩理解有误,情有
可原。然而话再说回来,撰文内《圣经》和天主俱杳,这第一人称谁
属并不重要。明代不解西学者,读《榄言》这段话,也不一定会联想
到天学。非特如此,为补足文气,强调"前辈诸圣贤"大多曾"因世
苦辱密就其德",赵韩复从《七克》毗邻圣喜辣恋传文的"圣泥哥老
故事"再取一语,置于撰文之末,前面再加"故曰"二字以造成因果
关系。因此他所成者,乍看下已像煞儒门的坚忍格言,而且还是包裹
着耶稣或《新约》名言的"儒门"格言。罗香林考唐代《吕祖全书》,
发现其内含有景教传来的天主教赞美诗。上引《榄言》,几乎也步上
前尘,复制了《圣经》名句![59]不明就里,我们当会如赵韩所求于我
们理解者,而知其然者,但觉有趣,或许还会打内心一笑:难道赵韩
要人以为引文中的"吾"或"我"就是他本人?

　　所谓"圣泥哥老故事",我指世传为圣诞老人(Santa Claus, or
Saint Nicholas, Father of Christmas)的圣尼哥老的日常善举。《七克》
谓"泥哥老"有乡人甚贫,三女难以出嫁,而"泥哥老"闻悉,遂
于"暮夜挟赀,潜掷其家",因使其长女于归有方。嫁次女,又复如
是。待幺女临嫁,这乡人乃于夜间潜伏,欲窥何方仁者行此善举,乃
遇"泥哥老"。乡人当然感恩非常,"问何以报也?"而"圣诞老人"
答以:"我之行此,惟为天主,故恐人知。当我生时,尔弗告人,是
报我矣。"庞迪我的叙述者讲到这里,就圣泥哥老所下之评,就是上

---

[59] 罗香林:《唐元二代之景教》,(香港:中国学社,1966),页135-152。庞迪我的"圣泥
哥老故事",明末亦曾稍经改写而化为〔明〕韩霖:《铎书》的一部分,见钟鸣旦等编:《徐家汇
藏书楼明清天主教文献》,5册(台北:辅仁大学神学院,1996),2:688-689。《徐家汇藏书楼明
清天主教文献》以下简称《徐汇楼》。

引《榄言》最后一语:"藏德以避虚誉,圣人也。"(李辑,2:743-744)《榄言》这整个故事的趣味——包括其历史意义——当然不仅在"圣贤"及"圣人"(*sanctus*)赵韩混合用之,也不仅在"圣泥哥老故事"乃真人真事,是"圣诞老人"的源起首次在华现身[60],更在赵韩结合圣喜辣恋、圣泥哥老故事及《圣经》经文,终而化为一条就《七克》而言乃拼贴而成的三合一的《榄言》清言,在中文——不止中国——格言史上似乎前无古人,即使是严肃的来者也不多见。

赵韩删其名而存其言的天主教圣人为数不少,教宗"大厄勒卧略"(大额我略)次数最多,余者中之荦荦大者尚有"圣百尔纳"(圣伯尔纳;St. Bernard of Clairvaux, 1090-1153)、"圣契理琐"(圣基琐;St. Chrysostom, *c.* 347-407)、"圣法兰济"(圣方济;Saint Francis of Assisi, *c.* 1181-1226)与"圣亚吾斯丁"(圣奥斯定;St. Augustine of Hippo, 354-430)等人。《圣经》中的人物,在耶稣之外,赵韩援用者,可想以"圣葆琭"(圣保禄;St. Paul the Apostle)盛名最负。至于异教中人,亚历山大大帝("亚立山";Alexander the Great, *c.* 356-323 BCE)在中世纪早已天主教化,其师"亚利思多"(亚里士多德;Aristotle, 384-322 BCE)亦然,赵韩揲得不少,而斯多葛学派和天主教关系密切,色搦加(Seneca, Jr., *c.* 4 BCE-65 AD)亦常经挪用。这一长串的西方上古与中古人名,可惜赵韩每因严于夷夏之防而删除之,否则《榄言》可能会是转录欧洲古人连"名"带"言"最多的一本纯由明代非基督徒士子所辑的专著。如其如此,《榄言》的意义就

---

[60] 方豪:《三百五十年前传入我国的圣诞老人》,见《方豪六十自定稿》,2册(台北:作者自印,1969),2:1304。

不止于掇选耶稣会的著作成书，而是另涵多端了。

《七克》的重点在"伏傲"与"平妒"等等庞迪我用儒家"克己"以形容之的天主教德行，赵韩在《榄言》中则易之为"鸣谦"、"强恕"、"宁澹"、"闲情"与"荣进"等五个立命关目。不过"坊淫"一词，《日乾初撰》并未舍之，第三册便是《防淫警训》，而在《迪吉拈评》的《贞淫之报》栏首，赵韩甚且"指示"读者道：此栏"当与《榄言》中《闲情》与《防淫警训》参看"（《初撰》，2:12a）。这句话也是我认为《日乾初撰》系赵韩所撰的内证之一。职是之故，《日乾初撰》可非漫无计划之编，而是精心设计的结果。《防淫警训》的内容，我们观其名可以思之过半，《闲情》却不易猜透。七罪宗的克服之道自然有七，但赵韩约之为上述五个关目，《闲情》的撰文，大致包括《七克》以"坊淫"克淫的"方法论"。就某一意义言之，天主教士——耶稣会士尤然——大多是所谓"憎恨女人论者"（misogynists），每视女人为红颜祸水。赵韩从《七克》中得出"男女俱善，相近则污"这种极端之论（《初撰》，1:38a），无足为奇。他还让《榄言》撰出下文，似乎借《七克》在强调高一志《齐家西学》中的情色之见：

> 淫色者，如狭口之井也：入易出难。初意可暂尝而后已，不知未试，发微易敌。既发，猛敌难矣！故自德堕淫者多，自淫迁德者寡：如鱼入笱焉，其入甚顺，出乃甚逆，万人无一出焉。（《初撰》，1:39a）

此一撰文意象鲜明，所谓淫色"如鱼入笱焉，其入甚顺，出乃甚逆，万人无一出焉"，可称妙喻，和高一志《齐家西学》（1630?）所称"束格辣（苏格拉底）恒悔结婚"的原因近似，或许就是从典故部分所出第欧根尼·拉尔修（Diogenes Laertius，3 世纪）的《名哲列传》变化而来。至于《齐家西学》继而之说，当从 1 世纪瓦勒流（Valerius Maximus）的罗马类书《嘉言懿行录》（*Facta et dicta memorabilia*）变化而出："他日，或以婚问，〔苏格拉底〕答曰：'鱼欲入笱易，欲出笱难。'"瓦勒流的世说，反映出罗马"新式高尚人格的修辞"（rhetoric of new nobility）[61]，无异于《齐家西学》的修身劝诫。然而庞迪我劝人以贞戒淫，倒纯从天主教的角度立论，为此他连耶稣会当时不敢对抗的儒家也公然撷之：《七克》多属译文，庞迪我硬在《坊淫》一支最后加进了自编的《婚娶正议》一节（李辑，2:1042-1052），借之大肆抨击中国古来的纳妾之风，认为是男性好色的表现，再不理孟子或官律"无后为大"的说法。[62] 就中国传统而言，如此"补儒"的论调似乎补过了头，和《旧约》合理化某些名人名王的多妻之风的说辞也不合。不论如何，庞迪我坚持一夫一妻制，看出纳妾衍生的家庭问题，令人不得不赞叹一声：庞氏以及明代耶稣会整体，早在《七

---

[61] 高一志：《齐家西学》，见《徐汇楼》，2:496。瓦勒流的记录，详 Valerius Maximus, *Collections of the Memorable Acts and Sayings of the Ancient Romans and Other Foreign Nations*, trans. Samuel Speed（London: Printed for Benjamin Crayle at the Lamb, 1684），7.2.F1；第欧根尼的记载，见 Diogenes Laertius, *Lives of the Eminent Philosophers*, trans. R. D. Hicks（Cambridge: Harvard University Press, 1995），II.33。有关罗马"新式高尚人格的修辞"，参见 W. Martin Bloomer, *Valerius Maximus and the Rhetoric of New Nobility*（Chapel Hill: The University of North Carolina Press, 1992），pp. 230-259。

[62] 《孟子·离娄上》，见朱注，页 313；有关庞迪我之见的讨论，见张铠：《庞迪我与中国》，页 217-219。

克》中就为某种中国现代性预埋前提了。[63]

尽管如此，赵韩以"闲情"概括"坊淫"，不无反将庞迪我一军的言外之意：淫念确实不可生，但非关国家大事，耶稣会反对纳妾这个重点，更不在他考虑之列。《榄言》从"荣进"的第三言开始，撰文正式转入利玛窦的《畸人十篇》，而由此踅回《七克》后，赵韩又进入利氏所译罗马大哲爱比克泰德（Epictetus, 55-135）的《二十五言》：《七克》退居一旁了。《榄言》辟以取代《七克》的关目"容进"，理解较难。这个名词，史上并非鲜见，但以"接纳进用，拔擢任官"的常义度之[64]，则恰与赵韩的命意相反。他可能因《世说新语》有《容止》一目，从而自创新意，略指人生不过白驹过隙，我们应珍惜眼前所有，但也不用强求，所谓"顺其自然"可也；倘能抓住时间，进德修业，更佳。《畸人十篇》的撰文，仅有五言，俱裁剪自首篇《人寿既过误犹为有》。

这篇对话录里，利玛窦谈话的对象是曾任南京吏部尚书的李戴（fl. 1598-1603）。后者和利氏颇有私交，不过他笃信佛教，而佛教对寿无金石固的时间之见虽和天主教差异不大，对人世倏忽与生乃侨寓的看法更见合拍，然而一提到轮回之说则矛盾立见。《人寿既过误犹为有》不以寿长为念，反而以年寿既过，即消逝无踪为意，所以利玛窦和李戴会面时虽当利氏五十初度，李氏问其年寿，利氏却以递减之法回道："已无五旬矣。"（李辑，1:117）如此答法，董其昌稍后也会

---

[63] 参见康志杰：《论明清之际来华耶稣会士对中国纳妾婚俗的批评》，载《世界宗教研究》第 2 期（1998），页 136-143。

[64] 例如〔明〕凌迪知（1529-1600）：《万姓统谱》卷七十三《上声·四纸·李茂弘》"善吟诗，志尚淡薄，不慕容进，方六十余，即乞致仕，优游十载而卒。"见李学勤主编：《中华汉语工具书书库》第 74-76 册（合肥：安徽教育出版社，2002），75:501。

见证其然，文前已及：他提到利氏年已五十余，却对董氏道："已无五十余年矣。"

利玛窦对有关自己年寿的答法的解释，出以荀赋开头惯用的句型，随之当然会像荀赋一样是个比喻，而且也用修辞反问为之收稍："有人于此，获粟五十斛，得金五十镒，藏之在其廪，若囊中则可出而用之，资给任意，斯谓之有，已已空廪，囊费之犹有乎？"（李辑，1:117）利氏继之的解释，则以议论陈述，又以修辞反问为之收尾，其意甚明：

> 夫年以月，月以日累结之。吾生世一日，日轮既入地，则年与月与吾寿悉减一日也。月至晦，年至冬，亦如是。吾斯无日无年焉。身日长而命日消矣，年岁已过，云有谬耶，云无谬耶？
>
> （李辑，1:117–118）

利玛窦回李戴的话，和董其昌其后对他的解释颇为一致，赵韩读过《画禅室随笔》，可能性大增，所以《畸人十篇》中，他特撰利、李的年寿问答。董其昌之见发自释门，出自《法句经·无常品》，《明心宝鉴》亦曾引之，虽不可证《榄言》与《画禅室随笔》的关系，但可借以证前举天佛的比较："此佛家所谓'是日已过，命亦随减'，无常义耳。"[65] 至于前引利玛窦的比喻与议论，《榄言》字字皆撰之（《初撰》，1:44b），而天学与佛学，看来在此似可共存，差异不大。

---

[65] 董其昌：《画禅室随笔》，页102。董其昌所引佛语出自法救撰，〔吴〕维祇难等译：《法句经·无常品》，见高楠顺次郎、渡边海旭主编：『大正新脩大藏経』，100卷（東京：大正一切経刊行会，1934），4:559a；另见〔明〕范立本：《明心宝鉴》（中国国家图书馆藏明洪武二十六年序本），页48a。

《畸人十篇》中，李戴对利玛窦的释词同样有惺惜之感，而利氏因此也作了一段《日咎箴》(李辑，1:119)，《榄言》也没有放过，逐字照抄（《初撰》，1:45a)。《人寿既过误犹为有》中，李戴和利玛窦谈得宾主尽欢，原因在利氏未曾当面辟佛，否则李氏必然不快。我相信两人如就时间问题续谈，结果必也如雪浪洪恩（1535-1607）与利氏之论心与物，又是风马牛不相干。尽管如此，在珍惜时间，勤笃修行这方面，利玛窦的话不惟无妨李戴心中所存[66]，连赵韩应也一无异议。下面这一句话，赵韩只添了一个"故"字，使裁剪之句再度形成因与果，乃《七克》之外，他联璧而成的又一典型，而其主旨便在劝人珍惜光阴，从容生命，进德修业："智者知日也，知日之为大宝矣，一日一辰犹不忍空弃也。'故'至人者，惟寸景是宝而恒觉日如短焉；愚人无所用心，则觅戏玩以遣日。我日不暇给，犹将灭事以就日也，暇嬉游哉！"（《初撰》，1:45b；李辑，1:120-121）所谓"进德修业"，利玛窦指对越天主，但听在李戴耳中，却可能是修习菩萨道。不论何者为是，赵韩撰之入《榄言》，志在劝善，无可怀疑。

赵韩从《二十五言》撰得的言则，大多也带有一丝佛道的意味，尤其是佛教，不过每一言如实却也在反应儒家的实用哲学观。以下一例虽仅尝鼎一脔，仍然可概其余：

物无非假也，则毋言己失之，惟言己还之耳。妻死，则己还之；儿

<hr>

[66] 参见 FR, 2:157；罗光：《利玛窦传》，见所著《罗光全书》，42 册（台北：台湾学生书局，1996），28:137。另见 R. Po-chia Hsia, *A Jesuit in the Forbidden City: Matteo Ricci, 1552-1610* (Oxford: Oxford University Press, 2010), pp. 214-215；以及侯明：《明朝士大夫与利玛窦的〈畸人十篇〉》，《国际汉学》第 11 辑（2004），页 148。

女死，则已还之；田地被攘夺，不亦还之乎？彼攘夺者，固恶也，然有主之者矣。譬如原主使人索所假之物，吾岂论其使者之善欤，恶欤？但物在我手际，则须存护之，如他人物焉。（李辑，1:338）

此言赵韩选自《二十五言》的第十言[67]，在《榄言》中则已推进至第二一八言了（《初撰》，1:53a-53b）。利玛窦译来虽隐带天主教——甚至是一般传统中国宗教如佛与道——的色彩，然而通言收尾的三句话，毕竟和《论语·学而篇》"泛爱众而亲仁"的精神契合（朱注，页63）。爱比克泰德是罗马斯多葛学派的重要哲人之一，乃实用哲学的鼓吹者："学贵乎用"这类概念，他如实实践。《榄言》所撰上引，利玛窦实则译自爱氏的《道德手册》（*Enchiridion*），而6世纪以希腊文笺注爱氏此书的柏拉图主义者辛普里基乌（Simplicius of Cilicia, *c*. 490-*c*. 560）有分教，认为强调的是"理性的知识"（rational knowledge），亦即人生世间，不应我执太甚。利玛窦的译法特异，因使上引含具万物皆有造之者之意，亦即把《道德手册》天主教化了[68]，和辛普里基乌的柏拉图主义所差无几，也和中国民间信仰诠释下的佛道的物起论差别不大。但那理性思维带动的"随遇而安"之说最值得注意，说来几乎等同于孔门的世相之见。

　　较之爱比克泰德的《道德手册》，《二十五言》实乃节译，而且爱氏的五十三言中，利玛窦仅选二十四言迻之。第四言似为利

[67]　利玛窦从《手册》选译的《二十五言》的次序见 Spalatin, *Matteo Ricci's Use of Epictectus*, pp. 21-50; and Margherita Redaelli, *Il mappamondo con la Cina al centro: Fonti antiche e mediazione culturale nell'opera di Matteo Riocci S.J.* (Pisa: Edizioni ETS, 2007), pp. 99-112。

[68]　Simplicius, *On Epictetus' Handbook 1-26*, trans. Charles Brittain and Tad Brennan (Ithaca: Cornell University Press, 2002), pp. 40-41.

氏自撰。[69]《二十五言》的开译，据徐光启的跋文，始自利玛窦
仍滞留南京的万历己亥年（1599；李辑，1:327）。到了万历壬寅年
（1602）之前，利玛窦已译得十余言，因为是年王肯堂（1549-1613）
撰《郁冈斋笔麈》，第三册就以《近言》为题录其十二言（《存目》，
107:684-686）。不无意义的是，《榄言》不过从《二十五言》选了
十三言，除了殿军的一言外，余者居然全部和《郁冈斋笔麈》重
叠。但赵韩不可能抄自王肯堂，盖《郁冈斋笔麈》这十二言的文字
和《天学初函》本有异，显然是王氏自己的笔削添改。可以确定的
是，赵韩乃抄自《二十五言》的单行本或《天学初函》本，不过他应
该也参考过《郁冈斋笔麈》，故虽重叠，文字却异乎王本。王肯堂是
医家，博览群籍，明末亦卓有文名。他曾从游于利玛窦，《郁冈斋笔
麈》故长文另演利氏的天文观（《存目》，107:680-682），并收录《交
友论》（1595）全文（《存目》，107:682-684），还谈及利氏所赠欧洲
纸质之佳（《存目》，107:715）。王肯堂系江苏金坛（常州武进）人，
选为翰林检讨后，官至福建参政，万历二十年（1592）因故称病辞
归。他的书第四册（成于1603年之后）颇多金坛之介绍（《存目》，
107:747-752），应该刻于故里。赵韩有地利之便，日后不难窥见全
豹。从《郁冈斋笔麈》四册所论或所收，我们可见王肯堂好佛，而他
又是儒生，利玛窦"贻"其所成之十二言（《存目》，107:684），就夹
杂在佛典儒籍与医家的论说里。

　　《榄言》其他出自《二十五言》的撰文，大多深具理性精神，而

---

[69]《二十五言》的第四言例外，《道德手册》中不见对应者，可能为利玛窦自撰，详见
Spalatin, *Matteo Ricci's Use of Epictectus*, p. 18。

且入世者多过于出世者，如"遇不美事，即谛思何以应之"，或视人
世如舞台，而帝王将相与那士庶奴隶不过"一时妆饰者耳"（《初撰》，
1:53b-54a），劝人的是处世应有道，不必执着于世相。类此之见或比
喻，把《榄言》撰自《二十五言》之言——甚至包括《榄言》其余诸
言——都转成了以儒家为主而副以释道的"应用伦理学"，不仅和传
统三教善书的目的桴鼓相应，也和善书中的功过格的形式若合符节。
爱比克泰德这类的思想，《二十五言》的最后一言言之最切（李辑，
1:349），赵韩不可能看不出来，故此引之以终《榄言》全书：

> 学之要处，第一在乎作用，若行事之不为非也。第二在乎讨论，
> 以征非之不可为也。第三在乎明辩是非也。则第三所以为第二，
> 第二所以为第一，所宜为主，为止极，乃在第一耳。我曹反焉，
> 终身泥濡乎第三而莫顾其第一矣。所为悉非也，而口谭非之不
> 可为，高声满堂，妙议满篇。（《初撰》，1:55a）

　　此言看似劝学文，但利玛窦译之为"学"者，爱比克泰德实指
"哲学"（philosophy）而言，而所谓"作用"，《手册》的原文系"定
理的应用"（applying theorem）。"哲学"一说，辛普里基乌二度发挥
柏拉图精神，解之为"科学性的知识"（scientific knowledge），是要
能通过检验查证的"真理"（what is true），而他所称验证之道无他，
乃柏拉图惯用的"逻辑"（logic）精神带出来的"讨论"与"是非之
明辩"。[70] 这一言，辛普里基乌编纂的《道德手册》列为倒数第二

[70] Simplicius, *On Epictetus' Handbook 27-53*, trans. Charles Brittain and Tad Brennan (Ithaca: Cornell University Press, 2002), pp. 40-41.

言，利玛窦则置于《二十五言》之末。赵韩同之，可知视同《榄言》压轴。不过，好一句"所宜为主，为止极，乃在第一耳"！赵韩不啻借此说明《榄言》通书所宗唯"作用"，唯四书五经，乃至于唯《论语》所强调的实用哲学或"学以致用"等观念是问。换言之，罗马大师爱比克泰德穿越重重的时空，亲自莅华鼓吹中士西儒都同意的某种"实学"，而赵韩也穿越宗教的云山雾海，用善书在响应明清之际这个"实学运动"了。《榄言》撰毕，赵韩如书前序言，加了句他以上引终《榄言》的原因："自警也，亦所以警人也"，而且劝人道："观者毋忽诸"（《初撰》，1:55a），应慎思详省，庶几不枉人世一游！

系年与意义

《榄言》上引《二十五言》的撰文，句句皆具"谏果回甘"之效。王肯堂称《二十五言》最早译成的十余言为"近言"，除了利玛窦初则可能如此题名之外，另有是编"若浅近而其言深远"的况味，可以悬为"座右"（《存目》，107:684），我们读来益可作"谏果回甘"的另类观。

虽然如此，赵韩的撰文多数仍然出自《七克》。我们从中国三教善书的角度看，这点不意外。儒家讲"谦"，佛、道也视"傲"为大罪：《西游记》前七回，孙悟空非但不"悟空"，反而反出"天帝"与"释天"的"天界"，思与天齐，甚至心比天高，天兵天将并诸佛菩萨要逮他，不啻视之如一中国式的"露际弗尔"（Lucifer）！ [71] "傲"是首罪，阿奎那论之已详，而此罪以外《七克》指出的诸罪，

---

[71] 〔明〕吴承恩：《西游记》（台北：华正书局，1982），页 1-77。

中国人其实多半也饶不得。天学诸"罪宗"，本身即中文"过"字最好的说明：我指的是"爱"得"过犹不及"中的"过"，略如刘宗周（1578-1645）《人谱》所称"六重过"之"过"，或是但丁（Dante Alighieri, c.1265-1321）《神曲》（Divine Comedy）中对"罪"（troppo）的解释之一。[72] 故从《论语》有年龄之限的"戒淫论"到明末性别歧视强的"防淫观"在内，三教的卫道之士几乎都没放过。[73] 赵韩当然——也都从《七克》中摅出，使《榄言》这部分变成了中西最早非理论化的"比较伦理学"，也是中西交流史上做得可能还要早于《七克易》的"应用伦理学"。

谢文洊重《七克》，比他年轻几岁的魏禧亦然。魏氏是江西宁都人，他评《七克》文非难天主，大讽耶稣为"荒诞鄙陋"而"可笑"，万没料到自己出身的"宁都"，日后在另一耶稣会士马若瑟（Joseph-Henri-Marie de Prémare, 1666-1736）的《梦美土记》（1709）中，也变成天主教"天堂寓言"的一部分。[74] 不过从谢文洊到魏禧，倒都认为拔除耶稣或天主之后的《七克》，其说理之精更在释道之上，最足以合儒："泰西书，其言理较二氏与吾儒最合，如《七克》等类皆

---

[72]　例子见 Dante Alighieri, *The Divine Comedy: Purgatorio*, translated with a commentary by Charles S. Singleton, 2 vols. (Princeton: Princeton University Press, 1973), 1:XVII.136. 刘宗周原文见所著《人谱》，在戴琏璋等编：《刘宗周全集》，6 册（台北：文哲所筹备处，1996），2:11-18。但丁的看法，详 V. S. Benfell, "'Blessed Are They That Hunger after Justice': From Vice to Beatitude in Dante's *Purgatorio*," in Richard Newhauser, ed., *The Seven Deadly Sins: From Communities to Individuals* (Leiden: Brill, 2007), p. 198。另参阅韩思艺："罪"与"过"论述的会通——以〈七克〉与〈人谱〉为例〉，《哲学与文化》第 37 卷第 11 期（2010 年 11 月），页 14-16。

[73]　Cf. Wolfram Eberhard, *Guilt and Sin in Traditional China* (Berkeley: University of California Press, 1967), pp. 12-81.

[74]　李奭学：《中西合璧的小说新体——清初耶稣会士马若瑟著〈梦美土记〉初探》，《汉学研究》第 29 卷第 2 期，（2011 年 6 月），页 104-105。

切己之学，所最重者曰'亚尼玛'，即《大学》所解'明德'，'至美好'即《大学》所云'至善'。特支分节解，杂以灵幻之辞耳。"[75] 易言之，若非"杂以灵幻之辞"，《七克》几乎是儒籍。魏禧之见，反映的当然是《论语》不语怪力乱神的基本立场。但只要去除"灵幻之辞"，天主教合儒，而此说甚至往下蔓延到了康熙盛世的彭师度（1624-1692），变成明末以来开明士子对西学的一般看法。彭诗《赠西洋潘子》云："缁流糜金钱，玄宗匿浮匼。此独勤且廉，不废人间力。"刘耘华所解甚是，以为这里的"此"，特指"彭氏力辟释道，而认定天主教合乎儒家不弃人伦之义"。[76]

赵韩诗名冠浙省，常与当湖名士游，诗酒唱和，所为诗《题双溪竹亭》云："六逸无如李白放，七贤唯笑阿戎低。"（《诗系》，页 23a）虽取他典，却有自况之意。他的诗友之首为陆启浤（生卒年不详），尝客燕京二十余载，余者如陆芝房（1625 年进士）、冯茂远（生卒年不详）、孙弘祖（生卒年不详）等人，似乎也都不谙西学，独董其昌例外。《尚书蠡》在董寓论成的 1635 年，并非董其昌首度莅平湖，赵、董早有通家之好，是以在此之前，赵韩应该也已是西学老手，对

---

[75] 〔明/清〕魏禧：《魏叔子文集》，3:1129。〔清·马若瑟〕：《梦美土记》（法国国家图书馆藏王若翰抄本，编号：Chinois 4989），页〔3b〕。明清之际的士人中，有不少人认为《七克》"合儒"。若不论为《七克》作序者或其时之基督徒，明人中方以智即称之"为理学者也"，见所著《滕寓信笔》，收于方昌翰主辑：《桐城方氏七代遗书》（日本东洋文库藏清光绪十六年版），页 26a；而孙兰：《柳庭舆地隅说》亦有如下之说："泰西之人"如庞迪我"以《七克》为教，似无异于孔门所谓'克己复礼'"。见《丛书集成续编》子部，88:429。另参见邹振环：《晚明汉文经典：编译、流传与影响》（上海：复旦大学出版社，2011），页 141-143。

[76] 刘耘华：《清代前中期东吴文人与西学》（上），载《基督教文化学刊》第 29 辑，页 137。彭师度的《赠西洋潘子》，见所撰《彭省庐先生文集七卷诗集》，在《存目》集部，209:726。彭诗中的"西洋潘子"，指在松江府一带传教的耶稣会士潘国光（Francesco Brancati, 1607-1671）。

天主教的信理认识不浅。

　　文前指出，赵韩晚年自号"榄生"，但这并不能解释在"晚年"之前，《榄言》尚未撰成。至于《四库全书》与光绪《平湖县志》所称这"晚年"，到底又有多晚，我们目前也仅能约略蠡测。倘据高国楹与沈光曾等修纂的乾隆《平湖县志》(1745)，我们知道"束发时"，赵韩承父命拜师，于万历壬午年（1582）入南雍，师事南京大理卿董基（1580 年进士），并于崇祯末年为董纂的今、古《略书》(1638?)撰序，颇为其人"虽工为制举业，然意殊不屑焉"折服。赵韩这句话，似乎同为个人的写照，令其终身绝意仕途，从而效乃师"僬僬绝尘"，使"名利都尽"。[77] 这句话也可解释赵韩取法李白与竹林七贤，诗酒一生而好读性命之书，进而以书劝善，撰《榄言》，辑《日乾初揲》。入南雍之前，赵韩已因"过成山先生器重之"而"入北雍，与四方才士交"。所以入南雍之际的赵韩，年应近二十，而乾隆《平湖县志》犹拱之入"国朝"文苑[78]，可见生命不短，至少由万历年间走到了顺治初期，是跨明入清的人物代表。如此漫长的生命滋生的问题是，《榄言》可能撰于明思宗崇祯中上期，盖日本官房内阁文库目录载，我们如今可见的《日乾初揲》系明末刻本。李之藻辑《天学初函》，事在 1629 年，亦即崇祯二年。此函颇见流通，明清士人拥有并不难，当湖隔邑鉴湖祁理孙（1625-1675）的《奕庆藏书楼书目》即

---

[77]〔明〕赵韩：《略书》小叙，见〔明〕董基：《古略书》（与《今略书》合辑，崇祯年间承阳山房刊本，董氏序之于崇祯戊寅春），页〔1a-1b〕。台湾央图编：《明人传记数据索引》（台北：台湾央图，1966），页 736 谓："董基，字巢雄，扱县人。万历八年进士，官刑部主事，十二年帝集内竖三千人，授以戈甲，操于内庭，基抗疏谏，谪万全都司都事，终南京大理卿。"

[78]〔清〕高国楹修，沈光曾等纂：《平湖县志》，见中国科学院选编：《稀见中国地方志汇刊》第 16 册，页 250。

明载之，连康熙年间曹雪芹（1724-1763）之祖曹寅（1658-1712）的《楝亭书目》亦曾登录。[79]至于单行本的《七克》、《畸人十篇》与《二十五言》，明载其上的书目总数更达五家以上，书肆多备。《榄言》的辑稿，若从赵韩与董其昌的因缘看来，当在李辑书成前后。

此外，赵韩这"晚年"的问题，同时显示《榄言》刻成最早的时间无过于 1631 年，因为除非赵韩早就认识闽人颜茂猷，看过《迪吉录》的手稿，否则颜书迄崇祯四年才刻成，赵韩无从摅之为《迪吉拈评》，无从并之入《日乾初摅》，而 1631 年这一刻，赵韩应已年近花甲，以时人的标准看，堪称"晚年"了。《榄言》所用的《七克》、《畸人十篇》与《二十五言》等书，纵非《天学初函》所收录者，单行本欲得也不难，文前已及，而我可以再加补充的是函中的《灵言蠡勺》（1624）到了雍正年间，一般书坊犹可访得。[80]至于《七克》，1857 年还曾由遣使会士（味增爵会士）迻为官话二卷，题为《七克真训》，使非传播之广，断难出现方言改写本。[81]就人物言，《七克》声名更响：明末徐光启（1562-1633）在《圣教规诫箴赞》中为《克罪七德》写过箴铭；王征（1571-1644）改宗天主教，是因读了《七克》使然；郑璟（生卒年不详）吟诗唱过阅读《七克》的感想；吴历

[79]〔清〕祁理孙：《奕庆藏书楼书目》，见林夕编：《中国著名藏书家书目汇刊·明清卷》，30 册（北京：商务印书馆，2005），14:198。祁目同页另登录有〔明〕金尼阁（Nicolas Trigault，1577-1629）著《西儒耳目资》。〔清〕曹寅：《楝亭书目》，见林夕编：《中国著名藏书家书目汇刊·明清卷》，15:425。另参徐海松：《清初士人与西学》（北京：东方出版社，2000），页 53-82；以及吴欣芳：《无声的说法者：利玛窦的著书过程与读者理解》（台湾大学历史系硕士论文，2009），页 127-131。

[80] 方豪：《中国天主教人物传》，3:53。另请参较钟鸣旦、杜鼎克著，尚扬译：《简论明末清初耶稣会著作在中国的流传》，《史林》第 2 期（1999），页 58-62。

[81]〔明〕阳玛诺著，〔清〕沙勿略顾语译：《七克真训》（香港：香港主教公署，1857）。

(1632-1718) 也曾化约庞迪我，在康熙年间将《七克》诸罪及其克服之道逐一演成一套七首的诗组《七克颂》；而教外中人如方以智，更在入清前就曾寓目《七克》，书为感想。[82] 赵韩的“榄生”之号，若非命于崇祯晚期，就是在入清后不久。

赵韩子赵沺（生卒年待考）有父传，惜乎我仍缘悭一面，否则上述问题应可迎刃而解。《榄言》想来并无单行本，以致历代方志丛书皆称“未刻”。纵然如此，书成之后，而且大有可能还是刻成之后，康熙年间已留有阅读记录。时人杨万基（生卒年不详）著《西亭集》[83]，其中有《读赵退之先生〈榄言集〉》一诗。杨万基出身柘湖，而柘湖乃古地名，明清之际隶属于松江府金山县，多盗匪 。[84] 柘湖又毗邻平湖，杨万基慕赵韩之名并不奇，所为诗开头故此赞道“退之先生名久扬”，而杨氏是“髫年握发早景慕”。不过杨万基也隐喻赵韩的书不易得，盖“深山大泽藏其珍，出入蛟龙不敢抢”。杨万基终于得而翻阅，谓之“开卷洒洒复洋洋，韩潮苏海谁能仿”。读书的结论中，杨万基从而谓赵韩可称“笔摇五岳鼎足扛，力吞金牛势无两”，而且文走实在，“不夸伪体成独是，即挟齐竿滥缥响”，进而力赞其人为当时文坛的中流砥柱 。[85] 杨万基显然不通西学，不知《榄言》乃

---

[82] 朱维铮、李天纲编：《徐光启全集》，9:422-423；〔明〕王征：《畏天爱人极论》(1628)，见王著，林乐昌编校：《王征全集》(西安：三秦出版社，2011)，页 119；晋江天学堂辑：《熙朝崇正集》，在吴相湘编：《天主教东传文献》(台北：台湾学生书局，1965)，页 672；章文钦编：《吴渔山集笺注》(北京：中华书局，2007)，页 250-257；方以智：《膝寓信笔》，页 26a。

[83] 〔清〕杨万基，字御青，柘湖人。所著《西亭集》不分卷，收词十阕，乃康熙刻本，有顾人龙、张家汉等为之序，南京图书馆有藏本。《西亭集》我未见，以上数据，我得悉自下面网址：http://www.redlib.cn/html/14554/2008/57631108.htm，检索日期：2012 年 5 月 21 日。

[84] 参较〔清〕张良朔：《柘湖宦游录》(台北：文海出版社，1988 重印)，页 4a-53b。

[85] 见张宪和编：《当湖诗文逸》卷 15，5:4a-4b。

摭自庞迪我与利玛窦的著译而成，因此他才会盛道赵韩，极美《榄言》，而这一切不啻又以诗在称扬《七克》、《畸人十篇》与《二十五言》。在 1630 年以前，这几本书与收录之的《天学初函》早已超迈中土，东向传入了三韩与扶桑之地[86]，可谓声名远播。

赵韩不像杨万基，他能够清楚辨别"上帝"与"天主"，娴熟西学可称想当然耳。连《天学初函》中的《天主实义》，赵韩应该也读过，因为利玛窦此书曾力辩中国古经中的"上帝"就是天主教的"天主"（李辑，1:415-418）。不过《榄言》成书，最大的意义非唯赵韩杂抄西学，可借以说明《天学初函》——或约之而为《七克》、《畸人十篇》与《二十五言》——在明末盛行的情况，更在《榄言》收于《日乾初撰》之首，而此帙内收的他著如《广爱选言》与《牛戒汇钞》等书，皆可谓儒释道三家的劝善之书，辑录了不少"克己复礼"、"爱众亲仁"与"博爱众生"的嘉言警语，煞似范立本"撮通俗类书、蒙书与善书而成"的《明心宝鉴》。[87]《榄言》确从三教立场收编天学著译，然而从天主教的角度反面观之，可以相垺者也不缺：韩霖稍后编著的《铎书》（1641）就是佳例，因为只要劝人为善，韩著纵为天主教乡约，也不避三教善书，同样将颜茂犹的《迪吉录》及袁黄（1533-1606）的《了凡四训》等书杂糅入书了（《徐汇楼》，2:709及 820-826），再也不理会其中三教和本教有无干系。《日乾初撰》的"日乾"隐喻修行，就像前举李贽的诗，有其宗教内涵。所以《日乾初

---

[86] 见李元淳著，王玉洁等译：《朝鲜西学史研究》（北京：中国社会科学出版社，2001），页 74-77；方豪：《方豪六十自定稿》，1:133。

[87] 周安邦：《试析〈明心宝鉴〉一书的定位》，《逢甲人文社会学报》第 16 期（2008 年 6 月），页 63。《明心宝鉴》也是记言记事并陈，例如《立教篇》，页 51a-53b。

摅》一名，想亦效法李之藻的《天学初函》得来。赵韩可能想效李氏辑书，初摅之后还有二摅之集——虽则在历史上，两人都"功败垂成"。

在这种状况下，《榄言》不仅是明末言体著作的新例，深具宗教文学史上的意义，赵韩的摅文，也扩大了中国传统"善书"的范畴，使之连西学都可涵括进去，而这恐怕不是颜茂猷可以想见。崇祯丁丑年（1637）孟冬，颜氏尝应弟子黄贞（生卒年待考）之请于北京为《圣朝破邪集》撰序。他听闻艾儒略抵漳，"入其教者比比皆是"，而且"入欲买地构堂"，时人"目击心怖"，特为黄氏所集撰文，力主"三教并兴"已足，"治世治身治心之事不容减，亦不容增"。[88]他岂知赵韩将《榄言》与《迪吉拈评》或《迪吉录》并列于《日乾初摅》中，轻易就把"三教并兴"暗地偷换，改为"四教共荣"，霍地形成历史反讽！

从天主教的角度再看，《日乾初摅》之集，甚至也削弱了冯应京（1555-1606）在万历甲辰年（1604）刊行《二十五言》，拟辟佛皈主的本意。[89]而凡此之大者，厥为消解了徐光启《正道题纲》借下引之词攻击释道而一心向主的咄咄之力，再开历史新局：

> 总总魔障，欺世轰轰。立多教而遂各异，信孔孟略知根宗，笑李老烧丹炼汞，叹释迦暮鼓晨钟。说甚么斋僧布施，受福重重！打僧骂道，地狱魔中。事释迦而为僧役，礼十王借道行凶。

---

[88]〔明〕颜茂猷：《〈圣朝破邪集〉序》，见〔明〕徐昌治编：《圣朝破邪集》，在周骁方编校：《明末清初天主教文献丛编》，5册（北京：北京图书馆出版社，2001），3:146a。另参Jacques Gernet, *China and the Christian Impact: A Conflict of Cultures*, trans., Janet Lloyd (Cambridge: Cambridge University Press, 1985), p. 11; and Brokaw, *The Ledgers of Merit and Demerit*, p. 158。

[89] 李辑，1:327；冯应京的《重刻〈二十五言〉序》，见李辑，1:321-323。另参见 *FR*, 2:162-163 及 286-288；以及罗光：《利玛窦传》，在罗著《罗光全书》，28:143-144 及 182-183。

呜呼惜哉，何不返本追踪？[90]

《榄言》辑入《日乾初揲》中，因此说明了赵韩和谢文洊、魏禧同存宋儒陆象山（1139-1192）的语录：东圣西圣，心同理同。[91] 西学天教倘可如此包装，裹进显然以三教为主的宗教著作中，恐怕仍属中国善书文化上的第一遭，从而又使"四教合一"，再非"三教一家"了！

《日乾初揲》中，《心律》对其时及后世影响最大，其中的功过格有下面一条，明末耶稣会士读来必然心有戚戚焉，而我们如果睽诸高一志与艾儒略等利玛窦、庞迪我时人的著作，则意义愈显，关系到《榄言》揲编的性质："造野史、小说、戏文、曲歌者，一事为廿过，因而污蔑贞良，五十过，传播人阴私及闺事者，一事为十过。"（《初揲》，3:20b-21a）如此严苛的他律道德，足以把汤显祖一类曲家之作如《牡丹亭》（1598）等"文艺之学"打入地狱[92]，显示中国明末，民间自有一套不同于官府的宗教性约束机转。功过格或——扩而大之——"善书"的功能，由此可见一斑。

话说回来，三教如此，天主教何尝不然？且不谈《铎书》这类乡约拢聚天主教徒伦理的力量，单就高一志某些著作言之，他写或译来，其实也有效法三教"善书"的企图。高氏《民治西学》就像上举

---

[90] 徐光启：《正道题纲》，见朱维铮、李天纲编：《徐光启全集》，9:420。

[91] 〔宋〕陆九渊：《象山全集》，《四部备要》版（台北：台湾中华书局，1981），卷36，页3。

[92] "文艺之学"即为今义下的"文学"，系艾儒略的用词，见所著《西学凡》，在李辑，1:28。另见李奭学：《译述：明末耶稣会翻译文学论》（香港：香港中文大学出版社，2012），页414-427。

《心律》中的功过格，明文严禁"淫戏"。[93] 在《童幼教育》(1631)中，他又痛贬欧洲古来文界之"美文"，并引柏拉图为权威，称之为"邪书"，譬如"毒泉流行，推万民而毙之"。[94] 凡是可以砥砺人心之作，尤其是专论天学的书籍，高一志才称之为"正书"，而狭义说来，"正书"多数亦即教外所称之"善书"。赵韩撰《榄言》，其功在道德伦理与处世之道的教导与提升，自然同属高一志所称之"正书"，而凡属"正书"，高氏亦称之为"善书"。[95] 论述之际，高一志自然没有料到耶稣会同志的他著，当时的中国人来日或已经"重制"之而为《了凡四训》或《心律》以外的另类中国"善书"了。赵韩的贡献，因此在以偷梁换柱、移花接木的方式，提升了利玛窦与庞迪我等初代耶稣会士的伦理位阶，使《七克》、《畸人十篇》与《二十五言》堂皇现身于天主教外，一概挪为儒门——当然也兼带佛道意味——的著作，既"脱胎"，也"换骨"了。凡此种种，我们再说也奇，因其无不反讽地又以另类形式，体现了晚明上述天主教传教士在文化上拟会通中西，尤其是拟与儒家结合的来华初衷。《榄言》之为德也大矣!

———————

[93]　高一志:《民治西学》，页 37b 及 1a-2b。所谓"淫戏"，高一志并无清楚界说，不过应指搬演男女私情的戏剧。"淫戏"一词，应套自"淫诗"一说，参见余国藩著，李奭学译:《重读石头记——〈红楼梦〉里的虚构与情欲》，页 130-134。我在《晚明》页 332-334 亦指出，"史上贬'淫戏'之作，大多出自理学家"，像宋人陈淳 (1159-1223) 即有《上傅寺丞论淫戏》一文，应为最重要的文献，而"所指大致不外乎诱人'动邪僻之思'的剧作"。陈淳之文，见所著《北溪大全集》，在纪昀等编:《〔景印〕文渊阁四库全书》集部第 107 册，1168:875-876。

[94]　高一志:《童幼教育》，见《徐汇楼》，1:365 及 369。在《譬学》下卷 (崇祯六年绛州刻本) 页 14b 中，高一志亦指出:"饮毒泉者陨命，读邪书者失心。然邪书之毒更虐，故曰:'欲读邪书，宁入巨火。火止焚身而已，邪书既焚尔身，并燃尔神。'"

[95]　《晚明》，页 332-334；另参较 Nicolas Standaert, ed., *Handbook of Christianity in China*, Volume One: 635-1800 (Leiden: E. J. Brill, 2001), p. 601。

阿哩原来是荷马！

——明清传教士笔下的荷马及其史诗

公元 1623 年，艾儒略（Giulio Aleni, 1582-1649）在《职方外记》上写道希腊"声名天下传闻，凡礼乐法度文字典籍，皆为西土之宗"[1]，而历史不过才阅三百年左右，基督新教教士郭实猎（Karl Friederich August Gützlaff, 1803-1851）便在所编《东西洋考每月统记传》上撰文大肆称道荷马，誉之为西方万代的"诸诗之魁"[2]。郭氏之见，如今已为文学史上不移的定论。然而纵使如此，欧洲史上仍然有个百代不易的"荷马问题"（Homeric Question），为荷马其人的真身争论不休：有人认为"荷马"是个"集合名词"，有人相信确有其人。果如后者，则《伊利亚特》（*The Iliad*）与《奥德赛》（*The Odyssey*）必为荷马终生最大的成就。西方人几乎从黄口或幼学之年

---

[1] 〔明〕艾儒略：《职方外记》，见李之藻辑：《天学初函》，6 册（台北：台湾学生书局，1965），3:1403。《天学初函》以下简称"李辑"。

[2] 〔清·郭实猎：〕《诗》，在爱汉者（郭实猎）等编，黄时鉴整理：《东西洋考每月统记传》（北京：中华书局，1997），页 195。《东西洋考每月统记传》以下简称《统记传》。

就开始听诵、阅读荷马，而且就其纳入教育体制（*paideia*）而言，早在希腊人犹在环地中海岸称雄的时代就已开启。[3] 即使到了对希腊罗马古典敌意颇大的天主教时代，荷马依旧阴魂不散，谁都难以不读《伊利亚特》与《奥德赛》。荷马重要性若此，整个基督宗教想要将他放逐驱离，戛戛乎其难。圣奥斯定（St. Augustine of Hippo, 354-430）的《天主之城》（*The City of God*）首部几乎都在攻击奥林帕斯山（Olympus）上的诸神[4]，反映的是荷马深入罗马人心的程度，而新柏拉图主义兴起后，奉行者干脆收编之为天主教的文化遗泽。奥斯定前后的欧洲神话诠释学者，则早就想方设法，拟将荷马植入《圣经》解经学之中。[5] 荷马地位崇隆，那么他进入中国，当然不会迟至民国肇建之后：1911 年以前，他的幽灵早已飘浮在神州大陆的天空，随着欧人陆续来华而愈显清晰，愈为具体。

欧人大举来到中国，事在明朝晚年，而荷马也随着当时在中西文化交流上角色吃重的耶稣会士入华而在中国现身。不过这里所谓"现身"，打一开始其实是以"隐身"的方式为之，亦即隐含在耶稣会的译作里，而非直接提及。1599 年，就在利玛窦（Matteo Ricci, 1552-1610）进入北京城的前一年，他在明代留都南京完成了一本

---

[3] 有关荷马史诗的教育功能，参见 Werner Jaeger, *Paideia: The Ideals of Greek Culture*, trans. Gilbert Highet, 3 vols (Oxford: Oxford University Press, 1967), 1:35-56。

[4] Saint Augustine, *The City of God*, trans. John Healey and ed. R. V. D. Tasker, 2 vols (London: J. M. Dent and Sons, 1962), I-VII.

[5] 参见李奭学，《中国晚明与欧洲文学——明末耶稣会古典型证道故事考诠》（台北：联经出版公司，2005），页 189-244。此书以下简称《晚明》。另见 Robert Lamberton, *Homer the Theologian: Neoplatonist Allegorical Reading and the Growth of the Epic Tradition* (Berkeley: University of California Press, 1986), pp. 83-297。

小书，题为《二十五言》（1599）。[6] 在《中国开教史》（*Storia dell'*
Introduzione del Cristianesimo in Cina）中，利玛窦称此书系他所"写"
或"譔"，然而就像四年前刊刻的《交友论》（1595）里利氏的自署
一样（李辑，1:299），这个"譔"字恐怕不能以今天中文的定义视
之 [7]，因为不论《交友论》或《二十五言》，两书俱有所本，乃"译"
作。《交友论》译自莱申特（André de Resende, 1498-1573）的《金
言与证道故事集》（*Sententiae et exempla*, 1590）中《论友谊》（"De
Amicitia"）的部分 [8]，而《二十五言》呢？如同多数方家所知，其
底本是罗马斯多葛学派的创始人之一爱比克泰德（Epictetus, 55-135）
的《道德手册》（*Encheridion*）。后书系爱氏的授课内容，由其弟子
亚瑞安（Arrian, fl. 108 AD）录之传世。[9] "爱比克泰德"之名，《中
国开教史》阙 [10]，不过比《二十五言》早四年完成的《天主实义》
（1595）里 [11]，利玛窦却已不经意指出其中片段乃欧罗巴某"师"所

---

[6]　据徐光启（1562-1633）为《二十五言》撰写的跋，《二十五言》应该译于 1599 年。到了 1604
年，冯应京（1555-1606）阅之而大为赏识，乃出资刊刻，并为之撰序，见李辑，1:321-326。相关论
述，另见 Pasquale M., D'Elia, S. I., ed., *Fonti Ricciane*, 3 vols (Rome: La Libreria dello stato, 1942), 2:286-288。

[7]　李辑中的《二十五言》乃重刻本，页 1:331 署利玛窦"述"。

[8]　Pasquale M. D'Elia, S. I., "Il Trattato *sull' Amicizia:* Primo Libro scritto in cinese da Matteo
Ricci S.I. (1595)," *Studia Missionalia* 7 (1952): 449-515.

[9]　See Christopher A. Spalatin, *Matteo Ricci's Use of Epictectus*, Ph. D. dissertation (Pontificae
Universitatis Gregoriane, Wagan, Korea, 1975), pp. 21-50; and Margherita Redaelli, *Il mappamondo con
la Cina al centro: Fonti antiche e mediazione culturale nell'opera di Matteo Riocci S.J.* (Pisa: Edizioni
ETS, 2007), pp. 99-112.

[10]　《中国开教史》中的记载，见 D'Elia, ed., *Fonti Ricciane*, 2:286-301。

[11]　《天主实义》从编撰到刊刻的过程颇长，可能在 1595 年初假南昌刊刻，1601 年再予
以校正而于北京重刻，见 Louis Pfister, *Notices biographiques et bibliographiques sur les Jesuites
de L'ancienne mission de China, 1552-1773*, 2 vols (Shanghai: Imprimerie de la Mission Catholique,
1932-1934), 1:34-35。《交友论》同样刊于 1595 年，系利玛窦在南昌应建安王的要求中译而成，
见李辑，1:299-300。有关这某"师"在《天主实义》出现的地方，见李辑，1:537。

著（李辑，1:537）。我们覆案多年后高一志（Alfonso Vagnone, 1566-1640）编译的《励学古言》（1632），方才知道这某"师"明代音译为"厄比德笃"[12]，正是上文所称的"爱比克泰德"。

对爱比克泰德而言，知识之重者非具实用价值不可，除了某些出世之思外，《道德手册》中的坚忍思想大多绕着这个范畴申说，《二十五言》亦然。虽然如此，利玛窦并未全译爱比克泰德的讲辞，而是在《周易》以"二十五"为"天数"的前提下[13]，从《道德手册》五十三段话中抽取了近二十五段中译成书。"荷马"之名，甚至包括《伊利亚特》与《奥德赛》等书名，便都"隐身"在这二十五段话的第二十二段之中。原来爱比克泰德为了强调"实用哲学"[14]，在《道德手册》此地特地举出希腊哲学家克律西波斯（Chrisyppus, c. 280-207 BCE），拿他凸显史诗诗人荷马的似是而非[15]。然而有趣的是，明末耶稣会士虽然不甚尊重克律西波斯，时而取他们最看重的第欧根尼（Diogenes of Sinope, c. 400-325 BCE）讥刺之（李辑，2:864）[16]，在《二十五言》里，利玛窦却借"改译"而称道其"学"，

---

[12]〔明〕高一志：《励学古言》，见钟鸣旦（Nicholas Standaert）、杜鼎克（Adrian Dudink）、蒙曦（Natahlie Monnet）编：《法国国家图书馆明清天主教文献》，26册（台北：利氏学社，2009），4:65。钟鸣旦等编，以下简称《法国图》。

[13]《易·系辞上》，在〔清〕阮元校刻：《十三经注疏》，2册（北京：中华书局影印，1983），1:80。

[14]这点《二十五言》的第二十五言已自说明了："学之要处，第一在乎作用……"（李辑，1:849）明清之际的中国人，似乎也可读出这个书旨来。其时有赵韩（fl. 1612-1617）者辑《榄言》一书，便在这句话后谓他以此语"自营"，也希望以此语"营人"，见〔明〕赵韩，《榄言》，收于赵韩编，《日乾初揲》，6册（日本国立公文书馆藏明刻本），1:55b。

[15] Epictetus, *Encheiridion*, 49, in W. A. Oldfather, trans., *Epictetus*, vol II (Cambridge: Harvard University Press, 1996), pp. 532-535。

[16]另见吴相湘编：《天主教东传文献三编》，6册（台北：台湾学生书局，1984），5:2357。《天主教东传文献三编》以下简称《三编》。

谓之有如《易经》一般（李辑，1:346），因而在译本中造成了以《易》道说《易》经的自反式（self-reflexive）辞效。"荷马"之名，中译《道德手册》的利玛窦不但将之隐去，而且还用"优伶"入替以喻之，既而又以"乐府"暗示《伊利亚特》与《奥德赛》，刺其大不类"哲学"之属（李辑，1:346），而是有如"戏文"（texts of drama）的次流书写。[17]《中国开教史》中，利玛窦对明末戏曲文化有深刻的批评，谓"梨园优师每出资购买青楼女子，再授以歌唱演戏和舞艺，使其形同摇钱树一般"，而"社会中之行为不检点者，莫过于俳优，社会每亦轻之最甚"（FR, 1:33-34）。[18] 在这种时代与环境下，《二十五言》视"荷马"为"优伶"，又将他的"史诗"比同"戏文"，本身即属讽喻，可见利玛窦执笔中译之际，对西方万代的"诸诗之魁"所持的态度绝非正面（《晚明》，页 315-318）。

中国人原本在 16 世纪末就可借《二十五言》认识"荷马"一名，惜乎在入华耶稣会的天主教意识形态和利玛窦"适应中国国情"式的"改译"策略下，反而错失良机。即使当时利玛窦如实中译《道德手册》，我们从他改译所用的语汇来看，荷马大概也不会太走运。《二十五言》中荷马的"不见"，另可在三十余年后高一志中译的《达道纪言》（1636）里看到，事涉有关亚历山大大帝的一条世说（chreia）："历山得最宝匮，即用以藏名士之诗。"（《三编》，2:668）同一世说，在刻得犹早于《达道纪言》的《励学古言》（1632）中，曾并入斯巴达贤王名将亚日西老（Agesilaus II, 444-360 BCE）的名

---

[17] 这是下书的说法：Spalatin, *Matteo Ricci's Use of Epictetus*, p. 46.

[18] 明代青楼女子兼为勾阑者不少，详见王安祈：《明代传奇之剧场及其艺术》（台北：台湾学生书局，1986），页 88-94。

字，另谓："亚日西老与历山俱为名王，俱甚好学，枕下常有先贤之诗：晚将寝，必读之；朝将起，必读之，不敢旷一旦一夕而不读也。"（《法国图》，4:58）普鲁塔克（的《希腊罗马名人传》(*Parallel Lives*)载，高一志这里所谓的"名士"或"先贤"，希腊史上俱指"荷马"而言，而句中的"诗"无他，亦《伊利亚特》也。《达道纪言》的故事所谈，说来尤指世传的"巾箱本"（casket copy）《伊利亚特》的起源。这个本子的评注者乃亚里士多德（Aristotle, 384-322 BCE），而他正是"历山王"的授业恩师。[19] 言归正传，上引高一志的两条世说同时显示，对于"荷马"一名，高氏也有某种程度的保留，雅不愿直呼其名，则所循似乎又回到利玛窦的老路了。高一志所为还不仅止乎此，"历山王"的世说随后又把希腊原文里颂扬有加的《伊利亚特》中译／易为广义的"书"，至此仍然不着史诗之名。高氏的故事甚且另有下文，谓："书至宝，宜以宝匣珍之。"（《三编》，2:668）现代人所译的"巾箱"一词，这里倒明示了，不过《达道纪言》的中文转述显然也淡化了荷马的史诗。在中国晚明，荷马看来要三度"遭隐其身"了（《晚明》，页 315-330）。

　　所幸晚明来华的耶稣会士中，高一志学富五车，对西洋古典文学的认识绝对在同侪之上。上举《达道纪言》的例子虽然让荷马"隐姓埋名"，然而讽刺的是，同样也在这本中国史上罕见的西洋世说集中，荷马之名出现了。这次高一志不是直述荷马的故事，而是在叙述冉诺芬尼士（Xenophanes of Colophon, 570-480 BCE）的生平时，由某

---

[19] 以上见 Plutarch, *Lives*, translated by John Dryden, 2 vols (New York: Modern Library, 1992), 2:144; cf. Rudolf Pfeiffer, *History of Classical Scholarship: From the Beginning to the End of the Hellenistic Age* (Oxford: Oxford University Press, 1968), pp. 71-72。

"贤"将之转述出来：

> 诗士实诺每谤古诗名士，而以己为大也。一日，对贤诉其穷乏，
> 不能给二仆，贤责之曰："汝所谤阿哩汝死后犹足食二千人，而
> 汝犹未足供其二，乃何以大焉！"（《三编》，2:752）

这条世说里的"诗士实诺"，就是前译"冉诺芬尼士"，系公元前5、
6世纪的希腊诗人，同时兼任宗教学者的身份。冉诺芬尼士素好以诗
讽刺前辈诗人，荷马及赫西俄德（Hesiod, fl. 750-650 BCE）都曾因史
诗中的泛神论与人神同形思想（anthropomorphism）而"遇刺"。世
说中冉诺芬尼士对之抱怨的某"贤"，其实一点也不贤，因为他乃公
元前5世纪的西西里国王希耶荣（Hieron, d. c. 467），而此王平素和
狄奥尼修斯（Dionysius of Syracuse, c. 430-367 BCE）一样，也有"雪
城的暴君"(the tyrant of Syracuse) 之称。有意思的是，这位暴君有
如他的罗马对应者尼禄（Nero, 37-68 AD）一样，一向礼遇骚人墨
客，曾接待过悲剧诗人埃斯库罗斯（Aeschylus，5世纪）与抒情诗人
品达（Pindar, c. 522–443 BCE）等人。[20] 高一志中译的世说的"源
本"(the source text) 有待查考，但其"原本"(the original text) 最
迟出自一世纪普鲁塔克的《名王名将嘉言录》(*Sayings of Kings and
Commanders*)，则信而有征。我引相关部分的英译如下：

But addressing Xenophanes the Colophonian who was saying that

---

[20]　See Andrew Dalby, *Rediscovering Homer* (New York and London: Norton, 2006), p. 123.

he could hardly support two servants, Hieron said: 'But Homer, whom you disparage, supports more than ten thousand even though he is dead.'[21]

　　高一志译的中文世说里的故事中人，最难查考者乃英译本中的"荷马"之名，因为他的句子句意含混，断之不易。我及梅谦立（Thierry Meynard）合作英译《达道纪言》，面对高译这则世说，便是在多方分析之后，才确定"阿哩汝"系指"荷马"而言。我们断句之不易，当然在文言文里，"汝"字多为代名词，每指白话文中的"你"，很难令人将之联想到"荷马"之名原文的音节去。我们今天习惯的"荷马"一称，乃由英文"Homer"转出，只有两个音节，"阿哩汝"却有三个字，亦即三个音节。"汝"字虽滋混淆，"阿哩"一称却蛮像个名字。不过除了当代美国黑人拳王"阿里"（Muhammad Ali）之外，我怎么也想不出此名在欧洲上古可能的指涉对象。高一志是文艺复兴时代的意大利人，据称尝由"文考、理考、道考"而得中"多笃耳"（doctor），而且在欧还曾任修辞学（rhetorica）的教职多年，所以母语之外，语言上的训练应该不止于拉丁文，希腊文必然也是专精之一[22]；而普鲁塔克虽为1世纪的罗马人，《名王名将嘉言录》却如他其他的著作一样，系用希腊文写成。所以从希腊文思考，"荷马"一名的音节问题几可迎刃而解。我们翻查《名王名将嘉言录》的原文，

---

[21]　Plutarch, *Sayings of Kings and Commanders*, in his *Moralia III* (Cambridge: Harvard University Press, 1986),175:C.

[22]　方豪，《中国天主教史人物传》，3册（香港：公教真理学会；台北：光启出版社，1967-1973），1:147-155。

荷马的古希腊名"Ομηρος"随即浮现，用拉丁字母音译之，其一为"Hómēro"，乃由三个音节构成，发可为 [hómε:ro]。[23] 耶稣会士或受拉丁文影响，首音"h"不显，故如"历山"（亚历山大）之名而省之，因此"Ομηρος"便可音译为"欧马汝"。就算高一志的源文是拉丁文译的《名王名将嘉言录》，拉丁文里的"Homerus"仍然发音近似，盖古典拉丁文人名里的"H"并不发音，而尾一字母"s"亦然。我们若再退一步，以高氏的母语意大利文忖之，荷马之名正如所有南欧语言一样，系拼为"Omero"，则发音恐怕最近"欧马汝"了。

"汝"字的混淆，至是廓清，而"欧"音用"阿"发之，乃在情理中，兹不赘。话虽如此，"阿哩汝"一名依然有问题，盖"哩"字音"里"，除非高一志中译《达道纪言》时的所在地——亦即山西绛州——另有土音，否则纵然在明代的北方或下江官话系统中，"哩"字也绝不可能发为"马"音。如此则"阿哩"怎么可能是"荷马"？

这个问题，倘非我看过清初法国耶稣会士马若瑟（Joseph de

___

[23] 严复（1854-1921）在1897年译《天演论》时，音译"荷马"为"鄂谟"。我们从他可以正确译出"赫胥黎"（Thomas Henry Huxley, 1825-1895）之名的第一个音节看来，"鄂谟"他似非由英文音译而成。严复之前，也有人译荷马为"贺麻"，唯不知是华人或入华传教士所为，而此名当然应从英文音而得。到了单士釐（1863-1945）写《归潜记》的1910年，她则译荷马为"华曼尔"，我想亦应从英文音而来。严译见赫胥黎著，〔清〕严复译：《天演论》（台北：台湾商务印书馆重印，1987），页13。单士釐译见〔清〕钱单士釐著、杨坚点校：《癸卯旅行记·归潜记》（长沙：湖南人民出版社，1981），页221。荷马名的另一个拉丁字母的拼法是"Hómēros"，音 [hómε:ros]，周作人（1885-1967）在1918年讲希腊古典时，译之为今日我们惯用的"荷马"，但是在1929年，他反从希腊音而译之为"呵美洛思"了。以上俱见《周作人先生文集》里的《欧洲文学史》（台北：里仁书局，1982），页6-18；以及《自己的园地》（台北：里仁书局，1982），页252。

Prémare, 1666-1736）部分的著作，还真难解释。马氏写的《天学总论》中，也提了到荷马。他音译之为"何默乐"[24]，应该是从上述古希腊音［hómɛ:ro］译成，无关乎马氏母语法文里的"Homère"。荷马名中"马"这个音节，马若瑟用"默"字译之，那么"阿哩汝"的"哩"字，有可能便是"默"字记音有讹造成，更可能是形近音同的"嘿嘿而行"中的"嘿"字的误刻。此外，《达道纪言》乃韩云（1596-1649）笔受，而且系私刻，并未经由耶稣会内的三位审查人"看详"过，也未经当年的值会批准之，记音有误或有讹刻之处，高一志本人若没发觉，韩氏或绛州另一奉教甚笃的段衮（生卒年不详）家族绝难校出，因为他们并无欧洲语言的背景。

　　上面我的推测如果站得住脚，那么"阿哩"原来是"荷马"，而后世方家对荷马最早在华现身所下的结论，就有商榷的余地了。[25]在高一志口中，"荷马"原名的发音应为"阿默／嘿汝"。我们如此理解，《达道纪言》的冉诺芬尼士世说和《名王名将嘉言录》的原文除少部分如数字不符外，精神上可谓浃洽无间。至于荷马"死后"何以仍能供养"一万余"人，普鲁塔克的本意尚待研究，不过希耶荣意在责备冉诺芬尼士，态势至显。高一志的中译看来"修改"了源文，使故事中的"二仆"和"二千人"形成偶对，扩大世说的数字修辞效果。如就高译的内涵质而再言，他所拟凸显者当然是"文人相轻，自

---

[24]〔清〕马若瑟：《天学总论》（巴黎法国国家图书馆藏抄本，古朗氏编号：7165），页〔9〕。另见《法国图》，26:491。

[25]　黄时鉴整理：《〈东西洋考每月统纪传〉影印本导言》认为郭实猎之《诗》中所提及的"和马"及其诗为"中文介绍荷马史诗"的"最早"之作，恐有讹，所谓"最早"者，应为明代的"阿哩汝"（阿默／嘿汝），以及下文会我提及的清初"何默乐"中的相关文字。黄时鉴语见《统记传》，页24。

古已然"这个中外共有的现象，至少所指和"责人易，律己难"有关。历史上，冉诺芬尼士确实以此闻，而有关冉氏的世说，从明末的一页"荷马史"看来，新意较显的乃希耶荣对荷马的评价正面。虽然如此，这可是希耶荣之见，若以高一志个人对"美文"者如部分史诗诗行的不悦观之（《晚明》，页330-331），他个人是否欣赏荷马恐怕是问号，至少态度不明。

终晚明之世，耶稣会提到荷马的次数并不多，但看法大致如上，甚至更坏。到了清初，在前及马若瑟笔下，荷马就有点"十恶不赦"，颇似柏拉图《共和国》中的刻画，似乎认为《伊利亚特》和《奥德赛》都惨遭"误读"了，最好束诸高阁。《天学总论》的撰作时间已经到了康熙年间，马若瑟所写，我在他处曾经论过（《晚明》，页238-240），这里不妨重复再引一次：

> 昔〔欧罗巴〕有一贤名曰何默乐，作深奥之诗五十余卷，词富意秘，寓言甚多。终不得其解，反大不幸〔于〕后世之愚民，将何默乐所讴之诸象欣欣然雕铸其形，不日攻成大庙以供之，邪神从而栖之，而左道始入西土矣。君子儒者如毕达我、索嘉德、白腊多等艴然怒而嫉其蔽，非徒不为之屈，又欲驱而灭之。（《法国图》，26:491）

这段话——甚至包括先前有关《二十五言》与《达道纪言》——里的论述，已经重复到了拙作《中国晚明与欧洲文学》里的论述（《晚明》，页238）。但在该书中我不曾提到的是，在中国史上，马若瑟首先以"贤"称呼荷马，而这可能和他娴熟希腊罗马史诗有关，毕生又以文学为职志。[26] 但是一谈到《伊利亚特》和《奥德赛》所刻画的众神 [27]，马氏似乎就得效古来天主教的神话诠释者，评之为"寓言甚多"。这些"寓言"果然"意秘"而不得其解，马若瑟认为便得严词攻之，何况解得有误，造成"淫祀"之风，徒然会让"邪神"得逞，那就"反大不幸"于一般人了。此所以马若瑟从柏拉图的《共和国》引苏格拉底（"索嘉德"）迎击荷马讴歌的希腊众神 [28]，也抬出史上的毕达哥拉斯（"毕达我"）与柏拉图（"白腊多"）本人，急欲灭之而后快。[29]

马若瑟提到的"邪神"，阳玛诺在明末倒曾明白引之，以故我们在《圣经直解》中可见"西腊"（Scylla）的神话，道是某海屿之名，其上"多女，美声绝唱"（《三编》，5:2291）。[30] 在《达道纪言》中，我们也可见从老普林尼（Pliny the Elder, 23-79 AD）《自然史》（Naturalis historia）引出的"歇纳"（Sirens）的故事，称之为"为水中兽，善效人声，因近而嗑之"。[31] 阳玛诺错把"西腊"当"歇纳"，我曾详论之（《晚明》，页 206-208）。但不管中文的故事是否让牛头接上了马嘴，明末部分的中国人确已得悉《奥德赛》中部分的故事，

---

[26] Knud Lundbæk, *Joseph de Prémare (1666-1736), S.J.: Chinese Philology and Figurism* (Aarhus: Aarhus University Press, 1991), pp. 18, 37, and 114.

[27] 现代版本中，《伊利亚特》和《奥德赛》各二十四卷（books），两诗共四十八卷。引文中马若瑟谓之"五十余卷"，若非他记忆有误，就是 17 世纪他所读的版本分卷有异或马氏之"卷"另有定义。

[28] Edith Hamilton and Huntington Cairns, eds., *Plato: The Collected Dialogues* (Princeton: Princeton University Press, 1961), 600b.

[29] 毕达哥拉斯（Pythogras）对荷马的负面看法，可见于 Diogenes Laertius, *Lives of Eminent Philosophers*, trans. R. D. Hicks, 2 vols (Cambridge: Harvard University Press, 1995), VIII.21。

[30] A. T. Murray, trans., *Odyssey* (Cambridge: Harvard University Press, 1995), 12.73-126 and 12.222-259.

[31] Pliny the Elder, *The Natural History* (Cambridge: Harvard University Press, 1962), X, 70.

《伊利亚特》也隐含在利玛窦、高一志的笔下。就《达道纪言》言之，"歇纳"的故事还是个连环比喻的一部分，而在《圣经直解》里，"西腊"岛上这些"美声绝唱"的尤物又如马若瑟所述，都是"词富意秘"的"寓言"，盖她们俱"心欲也"，我们"欲避其害"，就得"勿近而顺心欲，勿耸耳而闻其声"（《三编》，5:2291-2292）。

高一志不仅首揭荷马之名，1630 年左右刊刻的《则圣十篇》也率先引述《奥德赛》的部分内容。此书第二篇题为《誉言乃损》，颇类庞迪我（Diego de Pantoja, 1571-1618）《七克》（1608）卷一为劝人勿傲而提出来的《戒听誉》一节。荷马故事照例仅能视为"寓言"，高一志如是说道：

> 古贤尝作寓言警世云："昔地海中有妖倡曰祭儿责，居小岛隅，伏眮四方，歌唱不息。度（渡）海者或迷淫声，近岸就之，少日则变为兽类奇丑状，而不觉不回也。有大师名曰乌利色，有智计，即豫备以蜜腊塞其友之耳，不使媚音入而感怀，乃幸免非命之灾奡。"（《法国图》，4:208-209）

引文中的"地海中"，我们今称"地中海"，妖倡"祭儿责"当从意大利文音译，是我们惯以英文发音而称之的"瑟西"（Circe），而"乌利色"正是《奥德赛》的主角奥德修斯（Odysseus）的罗马名"尤利西斯"（Ulysses）的明代音译。此一故事，高一志说来并不完全符合《奥德赛》第十卷与第十二卷的内容，因为他把有关瑟西的情节和上及"歇纳"者混为一谈了。尽管如此，瑟西将智多星手下变为猪豕的故事重点，《则圣十篇》倒都和盘托出，难能可贵。同一故事再要见诸中文，则得迟至二百八十年后的清末中国。和阳玛诺一样，一遇到希腊神话或荷马故事，高一志除转之为寓言外，还会加上寓意总批。瑟西的故事，他的说法是："世则海也，生人则渡海者。此海中处处时时有佞谀者，不寡矣。愚者为之倾耳且信之，乃蛊惑而失忘其本性本业，窜入于鸟兽之情也。唯智者夙戒防闭其耳，庶免虚誉之灾焉。"（《法国图》，页 208-209）

荷马故事之原始者，当然是诗体，拉丁文的"诗艺"，明末耶稣会士也曾以音译"博厄第加"（*poetica*）介绍过，出现在傅汎际（Francisco Furtado, 1589-1653）与李之藻（1571-1630）合译的《名理探》（1631）之中。但从明末到清初，耶稣会士似乎都不重视诗歌或文学里的美学成分。除了艾儒略译的《圣梦歌》外，他们偶尔在行文中汉译西诗，译得也毫无诗意可言，史诗"伊波斯"（ἔπος/*epos*）的命运又会好到哪里去？此一"艺"别虽曾为古人如圣奥斯定所喜 [32]，却"有叛真向伪"的可能 [33]，会引人走入歧途，非得想方设法，予以改造不可。

基督旧教的传教士，就是如上所述在为中国人说荷马。他们回到古希腊柏拉图的传统 [34]，尤其回到欧洲中世纪与文艺复兴时代新柏拉图主义的实践，不但不从史诗之为"诗"的角度看待《伊利亚特》或《奥德赛》，反而从道德或伦理学的角度评度之，此所以荷马笔下的神魔都变成了"寓言"。如此诠释或经过这番"寓言性的读

[32]　Saint Augustine, *Confessions*, trans. Henry Chadwick (Oxford: Oxford University Press, 1991), I.xiv(23).

[33]　以上有关"诗"与"艺"之说，俱见傅汎际译义，李之藻达辞：《名理探》，2 册（台北：台湾商务印书馆，1965），页 4-5。

[34]　Cf. Jaeger, *Paideia: The Idea of Greek Culture*, 2:15-34.

法",荷马才能博得"贤"或阳玛诺所称的"古贤"之名(《三编》,5:2322)。[35] 设非如此,那么耶稣会士译到荷马时,非得像利玛窦灭其口而消其音不可。在中国,荷马要回复其诗家正面的真身,得俟诸罗马教会"分袂的兄弟"——亦即基督新教的传教士——抵华,方得一见,而在时间上,这已迟至 19 世纪上半叶了。新教传教士出身复杂,我们再从郭实猎谈起,因为如前所述,他在清末首议荷马,乃中国第二本传教士杂志《东西洋考每月统记传》的编者,也是主要的撰稿人。

1837 年(道光丁酉年)正月号的《东西洋考每月统记传》上有《诗》一文(《统记传》,页 195),观其文风与笔意,应为郭实猎所写。[36]他像 16 世纪末利玛窦批评中国人鲜适外国,不谙外语一样(李辑,1:378),对这种"中国中心论"(Sinocentrism)从文学的角度大肆挞伐,斥责中国人只读自家诗歌如李白之作,对于"欧罗巴诗词,忖思其外夷,无文无词",所以从明末以来就略之不读,正可悲,又可叹!欧罗巴实则"兴诗流传于世,自商迄今,诗翁显世",而"诗书万世之法程于是乎备,善意尤然感物而兴起,豪烈豪气于是乎兴",甚至于各家编辑所辑都"无美不备",正"可恨翻译不得之也"!(《统记传》,页 195)就在议论西诗之书法程全备而表现上无美不具之前,郭实猎谈到了荷马,誉之为西方"诗中之魁"。较诸今日的音译,郭

---

[35]　Cf. Lamberton, *Homer the Theologian: Neoplatonist Allegorical Reading and the Growth of the Epic Tradition*, pp. 1-43.

[36]　这一期或隔期的《东西洋考每月统记传》已西移到新加坡的坚夏书院续刊,然而郭实猎仍为编委会的主力,在广州遥控编务,并为之撰稿,见黄时鉴:《〈东西洋考每月统记传〉影印本导言》,在《统记传》,页 9-13。《诗》中对中国人以"夷"称呼西方人颇不以为然,和《东西洋考每月统记传》首期的序言遥相呼应,见《统记传》,页 3;另见姚远、张银玲,《东西洋考每月统记传的编辑特色》,《编辑之友》第 5 期(2001),页 62-63。

氏当时的译名有一字之差。他先作"和马"，后译"何马"：

〔欧罗巴〕诸诗之魁，为希腊国和马之诗词……。希腊诗翁推论
列国，围征服城也，细讲性情之正曲，哀乐之原由，所以人事
浃下天道，和马可谓诗中之魁！此诗翁兴于周朝穆王年间。欧
罗巴王等振厉（励）文学，诏求遗书搜罗。自此以来，学士读
之，且看其诗，相埒无少逊也。（同上页）

郭实猎乃来华新教传教士中的枭雄，连教中人对他都褒贬不一，
不过韩南（Patrick Hanan）所谓新教的"传教士小说家"中，我们仍
得推郭氏为第一，对文学的认识绝不在同志之下[37]，而上引这段话
更可谓行家言，也不再从旧教惯用的宗教与伦理学的角度批评荷马，
抑且承认英雄行径才是史诗歌颂的对象。

郭实猎前后的中国时人中，眼界之宽阔者首推魏源（1794-1857），
郭氏上引所谓"围征服城"者，《海国图志》（1843-1852）略曾引来
一陈，而且是史实文学混而视之："商太丁二年，〔希腊人等〕结群
相斗，围古城陷之，其国诗人能述其事。"[38]魏源所称的"诗人"，当
然指荷马，而他自称上引系取材自或为马礼逊（Robert Morrison,
1782-1834）、马儒翰（John Robert Morrison, 1814-1843）和马理生

———

[37] Patrick Hanan, *Chinese Fiction of the Nineteenth and Early Twentieth Centuries* (New York:
Columbia University Press, 2004), pp. 61-70. 另参陈虹：《郭实猎评传》，《图书馆杂志》第 5 期
(2004)，页 72-75。

[38] 〔清〕魏源：《海国图志》（百卷本），3 册（长沙：岳麓书社，1998），2:1367。郭实猎的《希
腊国史》谓木马屠城，希腊人"凯旋"回国的史诗结尾，事已迟至"商朝帝乙七年"了（见《统
记传》，页 327）。

(Martin C. Morrison, 1826-1870）父子三人所著的《外国史略》（1840年代完成？）。[39] 若就魏氏之以史实与文学看待尤属《伊利亚特》的"故事／故史"观之，《外国史略》上这一部分 [40]，大有可能借鉴自郭实猎发表在道光戊戌年（1838）二月的《希腊国史》一文，因为这篇长文一视"何马"史诗为希腊"国史"，却又评之为语虽"美矣"，却"无凭据"（《统记传》，页327），颇类再前一个月应该也是他所写的《希腊国史略》之将伊阿宋（Jason）、赫拉克勒斯（Hercules）与俄狄浦斯（Oedipus）等神话或悲剧中人"入史"一般（《统记传》，页312-314）。《希腊国史》由实入虚，首述希腊人可能源自欧洲东南或亚洲西南 [41]，而就在那历史烟远而不复为人记忆之时，我们今日所称的"海伦"（Helen）出世。其美无与伦比，郭实猎以中国言情说部之笔，形容她"娇如羞花，描眉如春山"。海伦长而为迈锡尼国王墨涅拉俄斯（Menelaus）迎娶，变成"娟若海棠，目秀眉清"而仙姿绰约的一国之后。但她也因其貌美而"招人耳目"，遂为"特罗呀"（特洛伊）王子帕里斯（Paris）轻率挑之，私奔而去，因而兴起特洛伊围城十年的诗词稗官。盖"骚人儒客，取此围城之情节，高兴题诗作赋，言不尽唱喝之欢"。观诸郭实猎的叙说，他所述的"骚人儒客"分明就是"何马诗翁"（《统记传》，页326-327）。

上述《伊利亚特》这段故史事因海伦而起，而"围征服城"在

---

[39] 有关《外国史略》的作者问题，参见邹振环：《〈外国史略〉及其作者问题新探》，《中山大学学报（社会科学版）》（广州），第5期（2008），页100-108。

[40] 署名〔清〕马礼逊：《外国史略》，见王锡祺辑：《小方壶斋舆地丛钞再补编》第12帙（上海：着易堂，1877?），〔希腊国史略页1〕。

[41] 这个说法后为多数中国舆地学者所取，叙说尤详之例子见〔清〕徐继畲著，宋大川校注：《瀛寰志略校注》（北京：文物出版社，2007），页186-194。

郭实猎笔下也已变成了"希腊国史"：他以小说家的文言笔法写了近一千五百字，而其缕述之精，清代新旧两教的传教士中，无人可与比肩。他首先叙述希腊联军因故而战帆不启，不过既至特洛伊，帕里斯畏战而又不得不战，果为墨涅拉俄斯所败。帕里斯之兄赫克托耳（Hector）继而率部再战，最后因与希腊第一勇士阿喀琉斯（Achilles）对阵，不敌而亡。阿喀琉斯"将尸缚诸车"，飞疾蹂躏。赫父普里阿摩斯（Priam）见此"痛惨无地，心废胆裂"，乃"立志赴敌营，伏求乞还"其子之尸。他"满腔怀悲"，终于"言动铁石之心"，盖阿喀琉斯见之"亦恻"，遂"解仇"而任由普里阿摩斯携子返城，"心内成灰"。待兵戈再启，希腊联军仍难破城，幸赖"狡猾君"奥德修斯"百般用计，……造巨木马像，内空藏兵"，使特洛伊人迎之入城，待夜半再潜行而出，展开杀戮，而木马屠城之计既售，希腊人遂"凯旋焉"（《统记传》，页 326-327）。

上面有关《伊利亚特》的故事，郭实猎有评曰："何马诗翁之文词卓然大雅，语译华言甚难焉。"（《统记传》，页 327）后面这句话，我们合《希腊国史》另外所称的"余窃其语而述其略"思之（《统记传》，页 326），实寓深意，启人兴味。郭实猎以"窃"字形容笔下，我想他手边应有《伊利亚特》参考，然后夹"译"夹"述"，摘要重弹从海伦淫奔到木马屠城，甚至是到特洛伊官民妻离子散的人间惨剧。至于《诗》中郭实猎所谓史诗"细讲性情之正曲，哀乐之原由"，则亦已把《伊利亚特》——包括《奥德赛》——中人的"性情"表出，甚至以"人事浃下天道"暗示特洛伊城围城十年的原因所在，亦即《奥德赛》中"歇纳"唱出来的如下哀歌：

> 我们知道，所有特洛伊人和希腊人，
>
> 都在诸神的意志下受苦受难，
>
> 而这一切，都发生在〔特洛伊〕那广土沃野之上。[42]

希腊人与伊利昂（"Ἴλιον/Ilion）的英雄鏖战不已，战后又有人离乡漂泊，凡此都因奥林帕斯云巅或爱琴海深渊中那众神棋盘上黑白离离的棋子摆布所致："人事"乃由"天道"决定。亦因此故，英雄才有其为人尊敬的一面：他们明知自己身陷命运的网罟，依旧昂然面对，毫不退缩，而且愈挫愈勇，人格之高尚令人兴敬慕与景仰之忱。所以纵为木马屠城，其事也关乎希腊诸神的争执，特洛伊众将哪能置喙？伊里昂城破，他们血溅沙场，气数已经天定，而这点即使是圣奥斯定也都为之叫屈不已。[43] 郭实猎生在奥氏之后千余年，于此他应该也有同感。《希腊国史》指出荷马诗中此一特色，而且认为较诸欧罗巴诸王已经搜得的上古"遗书"，《伊利亚特》与《奥德赛》殆无逊色，历代 "学士"众议佥同。

对郭实猎而言，西方文学史上唯一可与荷马诸作相埒者乃英人弥尔顿（John Milton, 1608-1674）的《失乐园》。他总评其词曰"力壮，笔力绝不类"，而 "诗流转圜，美如弹丸"，所谓 "兴观群怨"，毕集于斯（同上页）。诚哉郭评！然而郭实猎对《伊利亚特》与《奥德赛》的观察才真是力透纸背。天主教痛斥荷马，诟之病之，他们"分袂的兄弟"却颂扬有加，其间才阅两百寒暑，能令人不兴历史变革之大之

---

[42]　Homer, *The Odyssey*, with English translation by A. T. Murray, vol I (Cambridge: Harvard University Press, 1984), XII.189-191.

[43]　Saint Augustine, *The City of God*, III. 2.

速之叹吗?

19世纪前期来华的西方传教士当然不止郭实猎一人,对荷马卓有认识者另有其人,而依我看来,最值得再谈的是伦敦传道会(London Missionary Society)的英国会士艾约瑟(Joseph Edkins, 1823-1905)。1838年,《东西洋考每月统记传》寿终正寝后,伦敦传道会另刊《遐迩贯珍》(1853-1856),不过在中西文学关系史上,这本杂志功在弥尔顿的诗与《伊索寓言》的译介,几乎不著一字于荷马。但是到了1857年,墨海书馆旗下的伟烈亚力(Alexander Wylie, 1815-1887)开始主编《六合丛谈》,局面丕然改观。从第一期开始,《六合丛谈》就刊出系列西洋文史的介绍,而其首篇便是艾约瑟所写攸关荷马的《希腊为西国文学之始》[44],其中荷马之名一仍郭实猎时代的旧贯,作"和马"。

艾约瑟此文为划时代之作,对希腊文学介绍之详,前无古人,而几乎打一开头,艾氏便谈及史诗,并举杨慎(1488-1559)的《二十一史弹词》以模拟之:"初希腊人作诗歌以叙史事,和马、海修达二人创为之,余子所作今失传。"(《六合》,页524)"海修达"就是前述"赫西俄德",史上以善为"农事"与"鬼神之事"之诗著称[45],至于和马或荷马,艾约瑟比之为杜甫(712-770),又因杜氏"作诗关系国事",有"诗史"之称,从而把史诗诗人也如此中译了。《二十一史弹词》放笔悲歌,雄壮凄凉,谱来淋漓酣杨。杨升庵荟萃

---

[44] 〔清〕艾约瑟:《希腊为西国文学之始》,见沈国威编著:《六合丛谈·附解题·索引》(上海:上海辞书出版社,2006),页524-526。沈编以下简称《六合》。

[45] 艾约瑟:《希腊诗人略说》,见《六合》,页556。"农事"之作应指赫西俄德的《工作与时日》(Works and Days),而"鬼神之事"则喻所作《希腊神谱》(Theogony)。

古来诸史,高唱那"龙争虎斗几春秋,何人肯向死前休"?是以"贤愚千载知谁是,满眼蓬蒿共一丘"![46] 弹词中如此的命定感,就杜甫为生民请命,以史入诗的风格观之,想来也会满怀同意。若不谈史诗中众神介入,灵异盈篇,艾约瑟宜乎其比,文学眼力实属不凡。

《希腊为西国文学之始》之中,艾约瑟还补了一句话,借以强化欧人以诗咏史的传统之盛:"西国……真有诗史也。"而说其始也,这"诗史"现身,"时当姬周中叶",和郭实猎的说法相去不远,虽然详略不同。艾约瑟继之又道史诗"传写无多,均由口授,每临胜会,歌以动人"(同上页)。此地艾氏所述,当然是希腊史诗的流传模式,包括吟唱的时节与地点,而我们从《奥德赛》第八卷阿尔喀诺俄斯王(King Alcinous)宫中吟唱史诗以招待来客观之,或从《伊利亚特》第二卷阿喀琉斯在帐中自弹自唱,扮起吟游诗人推之[47],确实也应该如是。《希腊为西国文学之始》接下来,艾约瑟就从正面为中国人说起荷马来:

> 和马所作诗史,传者二种。一《以利亚》,凡二十四卷,记希腊列邦破特罗呀事。一《阿陀塞亚》,亦二十四卷,记阿陀苏自海洋归国事。此二书皆每句十字,无均(原注:古"韵"字),以字音短长相间为步,五步成句(原注:音十成章,其说类此),犹中国之论平仄也,和马遂为希腊诗人之祖。(《六合》,页525)

----

[46] 〔明〕杨升庵(杨慎)编著,孙德盛辑注,杨达奇增订:《二十五史弹词〔辑注〕》(台北:老古出版社,1978),卷第一,页1。

[47] Homer, *The Odyssey*, VIII. 467-550; Homer, *The Iliad*, translated by A. T. Murry, vol 1 (Cambridge: Harvard University Press, 1988), II.9.189.

所谓《以利亚》,当然指《伊利亚特》,而"特罗呀"文前已及,就是"特洛伊"。《以利亚》一题,应从希腊文而来(Ιλιάς/Iliás),至于《阿陀塞亚》或《奥德赛》一诗,可想艾约瑟从希腊文音译而成(Ὀδύσεια/Odysseia)。上引文中的介绍,形式与内容兼具,而艾约瑟当然也有打盹的时候,下文再详。

1857 年《六合丛谈》第一卷第二十号(咸丰丁巳年十一月)上,艾约瑟另有《和马传》一文,专论荷马,颇可代表从古希腊迄 19 世纪西方古典文学界对"荷马问题"的认识,翔实有趣,当然也是中国首见。艾约瑟首先承认"和马者,不知何许人也",既而提出生年问题,但他也只敢说个约数。至于荷马的出生地,艾氏之说略同今人,亦即希腊虽有七个城邦争传为荷马的故乡,但只有小亚细亚的"士每拿城"(Smyrna)和靠近以弗所(Ephesus)的"基阿岛"(the island of Chios)最有可能。就希腊人种而言,荷马本为"以阿尼人"(Ionian),先世迁自希腊本土,首居之地为以弗所,其后移至"文风颇盛"的士每拿。在希腊史上,以弗所的以阿尼人尝为"爱鸟(乌)利人"(Aeolian)所逐,而"爱鸟利之先世战胜特罗呀事,流传人口,和马虽以阿尼遗种,而籍隶士每拿,亦每闻而知之。会士土离乱,避居基阿,子孙家焉"。是故希腊语言虽有四种,《伊利亚特》与《奥德赛》却是"半用爱鸟利,半用以阿尼方言"混合吟就,乃"希腊群籍之祖"也(《六合》,页 698)。

《伊利亚特》与《奥德赛》的故事,《希腊为西国文学之始》有所述,但《和马传》叙之较详,奥德修斯的遭遇说之尤精,而这种种又具历史意义,值得我们长篇征引:

《以利亚》诗言：亚基利斯其始怒希腊人，不与之共攻特罗呀。特罗呀人赫格多尔为暴于亚基利斯之党，亚基利斯亦怒而复仇，杀赫格多尔。特罗呀势遂衰，未几城破……。《阿陀塞亚》诗中言：以加大国王阿陀苏自攻破特罗呀后，归国周行希腊海中，自东至西，时已离都十年，国事杂乱，世子出奔寻父，阿陀苏归途遇飓，漂流海中有年。邻国诸王贵人度彼已死，咸来求婚于王妃，入其宫，据其产。阿陀苏返至本国，乞食于田家，遇其子，与之偕归。群不逞之徒以为乞人也，众辱之。一老犬识其主，欢跃大嗥；家人出援之，乃得入。王妃以阿陀苏之弓传观于众，曰："有能开此弓者，妾请夫之。"众嚄唶，卒莫能开。阿陀苏遂前，手弓注矢，射诸王贵人，尽杀之……（《六合》，页698-699）

艾约瑟撮述的情节，有关《伊利亚特》者比较符合史诗吟唱的路数，一开头就谈到"阿喀琉斯之怒"（the wrath of Achilles）。易言之，艾约瑟也跟着荷马史诗的手法传统（conventions）而"拦腰起述"（in medias res）了 [48]，继之才有阿喀琉斯之"党"帕特罗克洛斯（Patroclus）被杀而令阿氏愤而出战一事。谈《奥德赛》一段，多少也如此，以故乃自特洛伊城破后，奥德修斯在海上漂泊的最后一年谈起。返乡途中的奇遇或巨难，艾约瑟倒都省略之。不过最后高潮的张弓复仇，他却缕述甚详，连旧犬识主都没有放过。一如前述，人间

---

[48]　Northrop Frye, et al., eds., *The Harper Handbook to Literature* (Cambridge: Harper and Row, 1985), p. 242.

发生的这些高贵而又令人心酸的往事，史诗每归之于众神的摆布。这点艾约瑟体之亦深，《和马传》归结《伊利亚特》，因此提到不少奥林帕斯山上的巨神，有"丢士"（Zeus）者，"似佛经中帝释，居诸天之首"；有"希耳米"（Hermes）者，"似佛经中诸天，为丢士所使者"；而"丢士之妇曰希里"，亦即现代人中译的"赫拉"（Hera）："又有战斗之女神，曰亚底那"或"亚典娜"（Athena）。谈到《奥德赛》，则谓其中诸神几"在虚空中，且其名目亦稍异"，暗寓诗中主要角色多神使、宁芙（nymph）或海妖等仙魔，奥林帕斯巨神出现者并不多。艾约瑟乃基督教士，他比希腊众神于释教的神佛，其实就像明清之际耶稣会士以佛教为主要敌人，每比诸佛于妖魔，也带有教争的味道，所以语多负面，甚有不值之意。至于郭实猎的《希腊国史》，众神的争执他几乎不谈，但叙人间本色，不言褒贬而春秋之笔尽在其中。艾约瑟的评价，则在《伊利亚特》与《奥德赛》都"好言鬼神之事"一语上（《六合》，页699）。

这里所称"鬼神"或"众神"之事，我们若不健忘，呼应的不啻清初马若瑟的荷马之见，而郭实猎另文《希腊国史略》也有类似贬意：希腊本土之族钦崇"菩萨"，而"所崇之神明，俱是木偶石像。其异端流至后世，诗翁题诗作赋，以无稽之诞，吟咏异神，且迷惑世人，其关系重大"（《统记传》，页312）。《六合丛谈》第一卷第三号（咸丰丁巳年三月）上的《希腊诗人略说》中，艾约瑟对此仍有短评，道是"希腊虽为声明文物之邦"，而且"其诗学已可见一斑"，但荷马之时"耶稣尚未降世，各国人情未免昧于真理，不知归真返璞，全其天性"矣！（《六合》，页557）易言之，《伊利亚特》或《奥德赛》以"诗"读之，可也，而且应该鼓励，但若论及其中诸神或鬼神，又是

"淫祀"之属，攻之伐之，绝不为过，不能手软。

细读艾约瑟这三篇涉及或专论荷马的文章，我觉得最令人激赏的地方，是犹处咸丰在位的 1850 年代，在中国绝大多数人连拉丁字母都未曾之见的情况下，艾氏就知道纵使谈的是希腊文的诗歌，他也应该为中国人说音韵。《希腊为西国文学之始》中，他已经牛刀小试了一番，但那篇文章毕竟不是荷马的专论，而且文中也把荷马开创的六步格说成了五步格（pentameter）。《和马传》可不然，艾约瑟不仅订正了几个月前自己所犯的舛误，而且还有更详细的解说：

> 〔《伊利亚特》与《奥德赛》〕各二十四卷，〔每〕卷六、七百句，〔每〕句六步。〔一〕步或三字，或两字，以声之长短为节。前四步，一长声，二短声，或二长声。第五步，一长二短。第六步，二长。长短犹中国平仄也，后希腊罗马作诗步法准此，和马又为诗人鼻祖云。（《六合》，页 698）

引文最后所称的"诗人"，尤指"史诗诗人"，因为《奥德赛》以降，包括从赫西俄德到维吉尔（Virgil, 70-19 BCE）或奥维德（Ovid, 43 BCE-17 AD）等希腊、罗马的史诗诗人，殆循荷马立下的规模，都用六步格吟唱或书写。英国因为有其语音的限制，史上出现的史诗倒罕用类此体式。尽管如此，17 世纪古典诗风吹到了英伦，德莱登（John Dryden, 1631-1700）等人也曾将英雄双行体（heroic couplet）由五步格变为六步格，使之融入各自的田园诗中，形成另类的抒情诗种。英诗中的"六步格"，从亚历山大大帝之名或 12 世纪巴黎某同名的诗人（Alexander of Paris）之名而另有"亚历山大体"（alexandrine）

之称。

荷马用的"六步格"，艾约瑟首谈"音步"，谓之乃中国诗中"平仄"的概念。每一个音步，若非由三个希腊字构成，就是由两个构成，而以声之长短区别之。《伊利亚特》或《奥德赛》中每行诗的前四个音步，俱由"一长声，二短声"（dactyl）或"二长声"（spondee）组成。艾约瑟所谓"声"，指"音节"（syllable），而其每行之变化始自第五个音步，乃一长声二短声，然后在第六个音步才改为二长声。[49] 艾约瑟没有讲到的是：史诗换行或诗句（verse）改换时，通常会有一"转"（enjambment），而行中每每也会在语意上有个"顿"（caesura）。由上列因素构成的"扬抑抑六步格"（dactylic hexameter）的"平仄"（metrics）或"节奏"（rhythm），因为肇端自《伊利亚特》，西方史上又称"英雄诗行"（heroic line）或"英雄六步格"（heroic hexameter），《埃涅阿斯纪》（*The Aeneid*）及《变形记》（*Metamorphosis*）等后世史诗都沿用之（《六合》，页525），例外者极少。

荷马者，何许人也？这个"荷马问题"的基本问题，艾约瑟说得还自在，虽也不脱今天的西洋古典文学家的意见。但荷马者，何时人也？艾约瑟的答案就翻来覆去，差异颇大了。《希腊为西国文学之始》犹称荷马为"姬周中叶"人，《希腊诗人略说》即谓之生于"耶稣降生前九百余年"，乃"中国周孝王时人"（《六合》，页556），而这两个说法大抵都不离郭实猎所称的"周穆王"时代。话再拉回《和马传》，艾约瑟打伊始就花开二枝，时差确大：一谓荷马生于"耶稣

---

[49] N. G. L. Hammond and H. H. Scullard, eds., *The Oxford Classical Dictionary*, 2nd ed. (Oxford: Oxford University Press, 1970), p. 680.

前一千一百八十四年，当中国殷王帝乙时"，呼应了《希腊国史》之说；一谓他生在公元前"六百八十四年"，乃"周庄王时人"（《六合》，页 698）。凡此说法中，《希腊诗人略说》所本应该是公元前 5 世纪的希罗多德（Herodotus, *c.* 484-*c.* 425 BCE），因为希氏的《历史》（*The History*）明陈他"相信荷马和赫西俄德都生于"他的时代之前"四百年，而且不会早于这个时间点"。[50] 希罗多德的说法，大致已为现代学界所接受。

生地与生年之外，当然还有个开篇时我即曾提及的问题：荷马史诗是否都是荷马吟唱所得？问题的答案，艾约瑟答得"模棱两可又坚定"：《伊利亚特》与《奥德赛》"两诗〔各〕二十四卷，非出自一人手笔"。他如是定调后，由版本再开谈，而说其始也，"雅典国"暴君"比西达多"（Peisistratus, *c.* 6th Century-527? BCE）居功最伟，因为他曾"细加校勘"，为荷马史诗勘订定本。艾约瑟继而再引"乾隆时"德国学者"乌尔弗"（Friedrich August Wolf, 1759-1824）之说[51]，认为"当时希腊人未知文字，所作诗歌皆口口相传，非笔之于书，故一人断不能作此二十四卷之诗也"。尽管如此，而我们话说回来，"此二诗"是否又"为众人合作"的结果？艾氏的答案仍然是"非是"！（同上页）原因是我们若"统观二诗，叙事首尾相应，当出一人手笔"。至于最后的看法，则出自上文所引的"诗中好言鬼神"这件"可疑"之事。艾约瑟回头溯至"希腊人用兵时，每以神之喜怒，卜战之胜负"，而"《以利亚》诗中言诸神居一山顶，去地不远"，名曰"阿林

---

[50] Herodotus, *The History*, trans. David Grene (Chicago: University of Chicago Press, 1987), 2.53.

[51] Cf. C. M. Bowra, *Homer* (London: Gerald Duckworth, 1979), p. 4.

布山"（奥林帕斯山），"犹佛教所云须弥山"。然而在"《阿陀塞亚》诗中，诸神则在虚空中，且其名目亦稍异"。是以"以此度〔之〕"，两诗又"非出一手也"（《六合》，页699）。艾约瑟左拉右扯后所下的定论，实则仍为荷马研究界的老生常谭[52]，在清末考据成风的中国却是地道的瀛外奇谈。

从《六合丛谈》看来，艾约瑟对荷马所下功夫必然不少，一连三篇，而除了"远鬼神"外，篇篇都以美言赞之。《希腊为西国文学之祖》尊荷马为"希腊诗人之祖"，文前已及。《希腊诗人略说》则谓"其诗可以见人心之邪正，世风之美恶，山川景物之奇怪美丽"。至于诗中之"纪实者"，艾氏评之曰"半出自匠心，超乎流俗"，所谓机杼独出者也。他最后所写的《和马传》，则极尽美言之能事，以中国评点家的笔法先批《伊利亚特》，誉之为"金戈铁马，笔势粗豪"，而《奥德赛》呢？艾氏的评语如下："玉帛衣冠，文法秀润。"（《六合》，页556）

两诗一刚一柔，似成对比，但不论是《伊利亚特》或《奥德赛》，"泰西武人"都爱之而不忍释手，像《三国演义》之于入关前后的清人一样，乃以"兵书"奉之。[53] 文前我尝提到明末天主教士高一志的《达道纪言》与《励学古言》，其中有关巾箱本荷马史诗的两条世说，在《和马传》中我们又闻得回响，其声高亢：艾约瑟这个基督新教的传教士，也拿旧教译过的同一历史传奇总结自己的荷马论述，尽管细节和高一志的传本稍异："马其顿王亚力山大"每以"和马二诗，置

---

[52]　See, e.g., Hammond and Scullard, eds., *The Oxford Classical Dictionary*, p. 525. Also see John Boardman, et al., *The Oxford History of the Classical World* (Oxford: Oxford University Press, 1986), pp. 50-75.

[53]　有关清人与《三国演义》的关系，见马祖毅：《中国翻译史》，上册（武汉：湖北教育出版社，2009），页385。

为枕中秘云"耳（《六合》，页699）。[54]

《六合丛谈》以后，来华新教教士也曾在《万国公报》等其时盛行的教会杂志上谈过荷马。我仅举一例，以概其余。林乐知（Young John Allen, 1836-1907）主编《万国公报》，志在瀹启中国民智。他论及西方国俗，每以中国传统对比之。奥德修斯在外漂泊十年，一心返乡，而皇后珀涅罗珀（Penelope）茹苦守节，令人感佩，林乐知曾撰《论欧洲古今女人地位》一文，概述其事，而且大有方之中国《烈女传》之意，讲来又似启牖中国劣俗的证道故事（*exemplum*）一般，其目的当在阐扬基督宗教从明末以来即极力倡导的一夫一妻制。[55]《论欧洲古今女人地位》中，林乐知的译笔下故有"希腊国俗定立独娶一女之例"之说，也标举"希腊古传古诗中所载女子忠孝节义之故事"多端，令中国人读而"惊奇叹赏"。珀涅罗珀与奥德修斯的故事，也就如此这般设为耶稣之"教"的明证："古时……有节妇本纳罗庇（珀涅罗珀），其夫〔奥德修斯〕越海出征，多年不回，杳无音信。本氏望夫归家之心，十余年不改其初。其夫人在外，亦深信其妻之坚心守节，千古传为美谈。"[56]

林乐知此地转述的《奥德赛》故事一端，当然精确，补足了艾约瑟《希腊为西国文学之始》中有关《奥德赛》书旨上的一大不足

---

[54] 有关艾约瑟的"荷马论述"的讨论，较简略者另可见何绍斌：《越界与想象：晚清新教传教士译介史论》（上海：三联书店，2008），页244。不过何氏认为艾约瑟此地的"荷马论述"不以"文学"为目的，我则歉难苟同。

[55] 参见李奭学：《译述：明末耶稣会翻译文学论》（香港：中文大学出版社，2012），页144-145。

[56] 〔清〕林乐知著、任保罗述：《论欧洲古今女人地位》，《万国公报》189（光绪甲辰年〔1904〕9月），页4b。

之处。但为强调奥氏夫妻二人的冰清志节，奥德修斯在卡吕普索（Calypso）仙岛上的风流奇遇（第一及第七卷），林乐知或他所传译的"美国女士美而文"当然也就避而不谈。这位"美而文"女士，我迄今仍不知其人身份，但以《万国公报》在清末影响力之大，珀涅罗珀与奥德修斯的故事在其时当真应该"传为美谈"！ 1906 年 3 月这期的《万国公报》乃论述欧美妇女地位的专号，荷马史诗吟唱的珀涅罗珀的故事，作者与译者显然都作写实观，视之为欧洲历史信而有征的一部分。

　　杂志以外的传教士专书中，叙及荷马者亦有之，以下谨举二例，略为一说。光绪癸未年（1883），丁韪良（William Alexander Parsons Martin, 1827-1916）游历欧美返华，伙同同文馆学生著《西学考略》一书，便有数语再谈荷马其人，丁氏称之为"瞽者贺梅尔"。荷马目盲，此事在西方史上流传已久，《奥德赛》或为其说之始，因为在阿尔喀诺俄斯王宫中吟唱特洛伊故事的史诗诗人德莫多古士（Demodocus）本身双眼俱瞎。有趣的是，我所见《西学考略》之前的传教士著述，从来没有提过此事，所以在中国，"瞽者"荷马之说，丁韪良可能是首倡者。《西学考略》继之又说荷马"擅绝世之才，歌咏诸邦战迹，庶民心感，多默识之"。丁韪良还看出"东周之时"，泰西"士人"尝仿荷马的"体裁为诗"，而"亦有因之，别为戏文者"。[57] 丁氏这里所议，其实已逮公元前 5 世纪雅典盛世的荷马仿诗（Homeric poems）如《蛙鼠斗》（*Batrachomyomachia*），等等，当然也

---

[57] 〔清〕丁韪良：《西学考略》，同文馆聚珍版（北京：总理衙门，1883），见续修四库全书编纂委员会编：《续修四库全书》（上海：上海古籍出版社，1995-2002），1299·子部·西学译著类，页 708。

涉及了悲剧诗人如埃斯库罗斯（Aeschylus, *c.* 525-456 BCE）的《奥勒斯提亚》三部曲（*The Oresteia*）等剧。丁韪良出身美国长老会，先后为同文馆与京师大学堂的总教习。他的专业是法律，不是文学，但文学史知识之丰富，当不在先他莅华的传教士如郭实猎等人之下。

如就专书再言，新教传教士于荷马仍有贡献，而其首要者，我以为仍推前述艾约瑟。光绪二十四年（1898），上海图书集成印书局刊行艾辑《西学启蒙十六种》一套，其中不乏涉及荷马的著作，然而就其荦荦大者而言，当又属艾约瑟所著的《希腊志略》。此书第二卷第六节专论荷马史诗，较诸《六合丛谈》时代，变化较大的是此时艾约瑟弃郭实猎至《六合丛谈》常见的"和马"或"何马"不用，反而改向丁韪良看齐，拉长尾音而以三个字译荷马之名为"和美耳"，而《伊利亚特》与《奥德赛》译得就较近似英文之音了。史诗中重要人名如前及普里阿摩斯（"伯利暗"）、帕里斯（"巴利"）、墨涅拉俄斯（"米尼老"）、海伦（"赫兰"），等等，皆已如数音译而出。至于希腊群雄中那"桓桓起赳"的"亚基利"（阿喀琉斯）和特洛伊众将中那"赫赫烈烈"的"赫革多"（赫克托耳）之名，就不用多说了！不过艾约瑟的"出场人物表"依然瑕疵不免，例如"巴利"的兄长"赫革多"，他就误记为"巴利"之"弟"[58]，使"伯利暗"的"长子"变成了"次子"。

撰写《希腊志略》这一刻的艾约瑟，仍然十分重视史诗的情节，但在分析上，他则弃文学不论，以为史诗所述并非"实事"，但也承认"观其书，可赖以知赋其诗时，希人曩〔昔〕所有之风土人情，励

---

[58]　见艾约瑟：《希腊志略》，页3。此书收为〔艾编〕《西学启蒙十六种》之一（上海：图书集成印书局，1898）。

行持家诸事"。艾约瑟也因荷马诗而对比剖析了希腊各邦的政教制度，谓其时"国王"与"族长"皆可为"祭司"，集政教大权于一身："和美耳诗道及民事处极少，盖可节制王权，使不能独擅者，惟执政人并各族长，非平民也。"易言之，希腊诸邦所行乃贵族式的寡头民主政治，"议国事时，传集其数人，可依己意抒言论。王决国事，虽未必尽依其论议。既有会商事务之责，君王威权自稍减耳"。此中唯"平民不准擅发言"，是以《奥德赛》中平民"代耳西低"（Thersites）发言干政，奥德修斯"从重挞"，而百姓则视之为理所当然也。虽然如此，艾约瑟依旧认为"当和美耳时，希腊亦有极多美俗，家庭中父母子女，长幼尊卑，俱互亲睦。子女于父母前，极孝敬恭顺，夫敬重妻室，不惟较他国有加，即后时希腊本国人亦不及也"。艾氏的结论是荷马时人"友谊敦笃，主仆互爱，诚为太和景象耳"。[59]

由上面的节录，我们可知《希腊志略》中数页有余的荷马专论，艾约瑟所重已由《六合丛谈》时代的文学改为伦理与政治，尤其是后者：一句希腊国事乃由众人议决，而"君王威权自稍减耳"，便道尽了多少艾儒略的心事。《希腊志略》出版于19世纪90年代后期，上述转变其实有迹可循，想来应和中国变法维新如火如荼的时代氛围有关。19世纪传教士入华，"传教"以外，"启蒙"乃其主要关怀，以期变化社会，改革中国传之数千年的君主专政。艾儒略和丁韪良一样，出身乃西方民主政治最盛的国家之一，在华纵然不敢提倡直接民主，但变法维新强调所在的"君主立宪"与"寡头式民主政治"似乎仍可借荷马史诗一浇心中块垒。此外，《希腊志略》既属《西学启蒙

---

[59]　见艾约瑟：《希腊志略》，页4-5。

十六种》之一，政风民俗的强调之胜过文学，似乎也顺理成章，可以想见。郭实猎以外，欧美新教传教士之重荷马而善用史诗者，艾约瑟实不作第二人想。

纯就翻译言之，民国以前郭实猎在《希腊国史》中确曾夹"译"夹"叙"过《伊利亚特》，但大约同时，郭氏在所著《敲开中国的大门》（*China Opened*）一书第十二章中也曾表示，中国的语言与修辞不够华丽壮观，不比南亚如印度古语之绚灿恣意，和欧洲古人的品味差距更大，而且因为科考仍兴，章句自有义法，已经定于一尊，变化不得，而原创性既失，想象力跟着便沦丧不举，修辞遂也软弱无力，故在《庄子》的鲲鹏之外，神话几乎不兴，中译亚里士多德（Aristotle, 384-322 BCE）犹可，但若想翻译荷马史诗，纵然译家力可掌握最细微的诗词字句（poetic diction），依然可谓"不切实际"（impracticable）之举。[60] 是以在清末，我尚未看到前述之外，传教士另有荷马史诗的译述。不过就管见所知，最迟到了宣统年间，某种程度的改写本的史诗故事已经可见，乃中国人之举，系某周梦贤（M. E. Tsur）者的《庋西宫故事》，出自所译的《希腊稗史选译》一书。[61]

周氏译笔下的"庋西"，当然指宁芙瑟西。她的故事缘出《奥德赛》，文前已明。《庋西宫故事》由英文中译而来，原来的改写者是美国散文大家霍桑（Nathaniel Hawthorne, 1804-1864），出自所撰《唐格乌故事集》（*Tanglewood Tales for Boys and Girls*, 1853）。霍桑的原出版者乃麦克米伦（Macmillan）出版公司，所著内容则从宁芙瑟西

---

[60] Karl Friederich August Gützlaff, *China Opened*, revised by Andrew Reed (London: Smith, Elder and Co., 1838), pp. 409-413.

[61] M. E. Tsur（周梦贤）译，《希腊稗史选译》（上海：华美书局，1910），页 1a-15a。

到海神普鲁托（Pluto）的故事都有，大多亦为《伊利亚特》与《奥德赛》所涵，和"由列西司"（奥德修斯）关系更大。周梦贤的书题为"选译"，惜乎所选实在有限，仅仅二篇而已。[62] 霍桑将原著定位为"麦克米伦课外补充读本"（Macmillan's Supplementary Readers），读者群当以英美青少年为主，故不可谓荷马的原本中译，连足本都称不上。然而瑟西和奥德修斯的恩怨情仇，当时在中国知者几希，一篇《廈西宫故事》，仍可谓最早在华译述《奥德赛》情节片段者之一，不言可喻。[63]

此中若有问题，当在《希腊稗史选译》乃周梦贤中译，其时他自称系"济南府山东优级师范学堂"（The Higher Normal College, Tsinanfu）的教授（"Prof."），故非欧美新旧教各派各会所遣来华教士。[64]《希腊稗史选译》因此已超出本文的论述范围，似可略之不谈，至少暂可不用深入。清末来华传教士有关荷马进一步的译介，本

---

[62] 另一篇是"雅生"（Jason）寻找金羊毛的英雄传奇，称之《寻获金羊毛记》，见 Tsur 译：《希腊稗史选译》，页 16a-70b。此外，宋莉华：《传教士汉文小说研究》（上海：上海古籍出版社，2010），页 338 记有英人金司勒（Charles Kingsley）著《西方搜神记》（*The Heroes: Greek Fairy Tales*）一书（莫安仁〔Evan Morgan, 1860-1941〕、马佑臣译述，上海：广学会，1912），收《潘西斯传》、《亚格海舰之英杰事略》及《昔西斯传》故事三篇，我虽缘悭一面，但由篇目衡之，想和荷马及其史诗应无直接关系。

[63] 西方各国历代，荷马史诗的翻译不断，改写之为散文叙事者所在多有。美国人鲍德敦（James Baldwin, 1841-1925）为青少年写的《泰西三十轶事》（*Thirty More Famous Stories Retold*, 1905），林琴南（1852-1924）在 1916 偕陈家麟（生卒年不详）曾译其中《织锦拒婚》（*Penelop's Web*）及《木马灵蛇》（*The Fall of Troy*）二篇，刊载于是年的《小说月报》，而同年四月林氏再合以另十三篇而集为《秋灯谭屑》一书，又改鲍氏名之音为"包鲁乌因"，委由商务印书馆梓行，是为荷马故事在上及楚氏之译外另一早期的译本，不过时间上这已届民国，非属本文关怀的明末迄清末。相关的书目资料见薛绥之、张俊才编：《林纾研究资料》（福州：福建人民出版社，1982），页 500-504。

[64] 有关周梦贤的事迹，参见杨俊杰：《原来他是周梦贤：兼作〈阿哩原来是荷马！〉读后》，载《道风：基督教文化评论》第 40 期（2014 春），页 257-269。

文说来仅能抛砖引玉，不过"诗史"一名的译成，我倒可拾人牙慧，指出仍因新教教士而得：1886 至 1889 年，基督教中华传道会的德籍牧师罗存德（Wilhelm Lobscheid, 1822-1893）编成《英华辞典》四卷，在港出版，而"epic poem"一词，罗氏即译为"史诗"，且曾东渡日本，再由日本回流中国，终而大盛，传用至今。[65] 至于"和马"及"何马"何时变为今日通称的"荷马"[66]，而这些变化又是否为传教士所为，中国人接受的程度为何，研究上我得坦承仍乏进展。

---

[65] 见唐卉：《"史诗"词源考》，《江苏师范大学学报》（哲学社会科学版）第 5 期 (2015)，页 21-28。附带一谈，1910 年，钱单士釐著《归潜记》。其中译"史诗"为"神诗"，而单氏恐怕也是最早注意到荷马的中国人之一。她以女流而能"承认"欧人也有文学，虽已迟至民国缔建前两年，应该也会让西方传教士惊讶不置，令中国士绅高官汗颜，见单著《归潜记》，在所著《癸卯旅行记·归潜记》，页 221。单士釐所指的"神诗"或艾约瑟笔下的"诗史"，就管见目前所及，到了 1918 年周作人在北京大学开设"欧洲文学"的课程时，已改为今人惯称的"史诗"了。

[66] 不过"荷马"一译，管见所知最早乃 1902 或来年梁启超《饮冰诗话》中所译："希腊诗人荷马（旧译作'和美耳'），古代第一文豪也。其诗篇为今日考据希腊史者独一无二之秘本，每篇率数万言。"梁氏案语中既有"旧译"之说，则"荷马"大有可能为他"新译"，虽然这点有待证实，此地我不宜断言。梁文见梁启超著，吴松等点校：《饮冰室文集点校》，6:3792。这段刊出大约日期见同书，6:3862 注 1。如同注 23 所述，周作人在北大开设"欧洲文学"时，"和马"也已改译为"荷马"了，倒比梁氏迟了十年以上。周著《欧洲文学史》里论荷马的一章，可能同为中国人最早提及"荷马问题"的专论，而周氏之论《伊利亚特》与《奥德赛》，亦然，虽然他的译法与论述又已迟至民国时代了，见《周作人先生文集》里的《欧洲文学史》(1918)，页 6-18。

中国“文学”的现代性
与明末耶稣会的文学翻译

从中国“文学”的现代性谈起

1932 年 3 月，周作人（1885-1967）应沈兼士（1887-1947）之邀，赴北平辅仁大学演讲，几个月后《中国新文学的源流》书成。周作人向来佩服晚明公安、竟陵诸士，于袁宏道（1568-1610）尤为倾倒。观诸上述周著，重点不外乎袁氏为文“独抒性灵”，主张文学有其进化。周氏之论，近人仍有风从其说者，任访秋（1909-2003）的《中国新文学渊源》最称深刻。任氏开书首标李贽（1527-1602），谓之不但冲破孔孟一尊的罗网，而令人尤其为之侧目的，是李氏由焦竑（1540-1620）序《西厢记》摘出“童心”的重要；由此出发，李氏又在自撰《童心说》中一反当时复古思想，标举说部如“传奇、院本、杂剧”，以及“《西厢曲》、《水浒传》”等时人以为难登大雅之作，许之为“古今至文”。李贽晚年出家，尤恶程朱理学，主张思想与个人解放，任访秋无一又不为之所折。他由李贽再读到袁宏道，由《觞政》一文出发，推许中郎重"乐府"，宗"董解元、王实甫、马东篱、高则诚"等人，而在"传奇"上，则以《水浒传》、《金瓶梅》等为逸典"，再外加一点五四期间外国文学的影响，遂认为这就是周作人——当然也包括他自己——所以为的"中国新文学的源流"。[1]

周作人与任访秋在各自的专书中之所见，谈的最少的乃我们今天公认五四文学与文化运动之所以为"现代性"的多重的"外国文学的影响"，盖其余者在中国文化中，实则称不上是史上第一遭。我们倘不健忘，从公安诸子迄张岱（1597-1679）的"性灵"之说，甚至是循此而互为因果的"个人解放"等观念，余英时早已指出汉末迄魏晋时期早已可见，盖其时士人每结合玄学而形成"士之个体自觉"，而此际的竹林七贤也因崇尚老庄以至于"越名教而任自然"了，生活上可是既"真"而又不拘礼法。[2] 如就"个人解放"以及随之而来的"性灵观"寻觅新文学的源流，阮籍（210-263）与嵇康（223-263）等人恐怕也已得风气之先，可以当之而无愧。至于文学进化论，刘勰（*c.* 465-*c.* 540）《文心雕龙·时序》开篇便云"时运交移，质文代变"，而这岂非其说之先声？[3] 反观李贽尚佛老，其实颇

---

[1] 周作人之见见所著：《中国新文学的源流》，收于《周作人先生文集》（台北：里仁书局，1982），页 34-53。任访秋之见见所著《中国新文学渊源》（郑州：河南人民出版社，1986），页 5-56；另见任著《中国近代文学史》（郑州：河南大学出版社，1988），页 394-404。〔明〕李贽：《童心说》，见张建业编：《李贽全集注》，26 册（北京：社会科学文献出版社，2010），1:276-277。袁宏道之说见《觞政》，在《袁宏道集》，载《传世藏书·集库·别集 9》（海口：海南国际出版中心，1996），页 236。

[2] 余英时：《中国知识阶层史论·古代篇》（台北：联经出版公司，1980），页 231-274。"越名教而任自然"乃〔三国〕嵇康名文中的名言，见所著《释私论》，在鲁迅辑校：《嵇康集》（香港：中华书局香港分局，1974），第六卷，页 1a。

[3] 〔南朝·梁〕刘勰著，周振甫注：《文心雕龙注释》（台北：里仁书局，1994），页 813。

违"五四"时期举国称许的"赛先生",又哪里是想冲破中国传统樊笼的新青年所乐见?如果我们谈的是明清文人对于说部的重视,则其真正的实践者也应从徐渭(1521-1593)、凌濛初(1580-1644)、冯梦龙(1574-1646)与金圣叹(1608-1661)等"文化人"谈起。入清以后,李渔(1610-1680)说曲并行,最后干脆自营戏班,走马天下,则比起李贽、袁中郎,那才是"身体力行"!

依我浅见,周作人与任访秋等人讲得最是可称"切中肯綮"者,乃李贽与袁宏道都强调"说部",都将其多数的地位提升到金圣叹所谓"才子书"的高度。[4]尽管如此,李贽与袁宏道仍然有周、任二公未及指出的一大问题:他们都不用中国古已有之的"文学"一词形容他们的"才子书"。"文学"与"才子书"或其他文学文类要产生联系,我们反而得应将问题上推,推到与李贽及公安、竟陵,乃至于张岱都曾直接、间接接触过的晚明耶稣会士。[5]

罗马天主教大举入华,耶稣会是先遣部队。从罗明坚(Michele Ruggieri, 1543-1607)到贺清泰(Louis de Poirot, 1735-1813)为止的这一大群天主教传教士,在宗教活动以外,对中国文学文化最大的贡

[4] "才子书"一说,近乎我们今天所称"文学"的内涵部分。就我所知,此说首见于金圣叹:《读第五才子书法》一文,见《金圣叹全集》,4册(台北:长安出版社,1986),1:17。但金氏此一概念,端倪首见于其全集序一,见同书,1:1-6。

[5] 这些人与耶稣会士——尤其是利玛窦——的关系,见〔明〕李贽:《续焚书》(与《焚书》合刊;北京:中华书局,1975),页35;有关袁宏道,见钟鸣旦、孙尚扬:《一八四〇年前的中国基督教》(北京:学苑出版社,2004),页118;竟陵派人士中,〔明〕刘侗(c. 1594-1637)在《帝京景物略》中也有关于利玛窦的记载,参见张智编:《风土志丛刊》第15册(扬州:广陵诗社,2003),页415-417;入清后,张岱则撰有专文《利玛窦列传》,见〔清〕张岱:《石匮书》卷204,在续修四库全书编纂委员会编:《续修四库全书》(上海:上海古籍出版社,2002),史部别史类,320:205-207。张文下文再详。

献，确实就在重新定义"文学"上。此事说来话长，而且我们还得将基督信仰中的新旧两教整合为一，由明代走到清代，方能将其中幽微开显明白。1635 年，杨廷筠（1562-1627）去世已八年，而在这一年，一本方才刊刻的介绍西学的小册子《代疑续篇》上有他这么几句话："西教〔之学〕……有次第，……最初有文学，次有穷理之学，……其书不知几千百种也。"[6]杨廷筠书里所称的"文学"所指为何，下文会再详。不过众所周知，"文学"最早出自《论语·先进篇》，乃孔门四科之一，意思偏向文字与行为的结合，因此《韩非子》才会有"学道"者乃"文学之士"的说法。自此以后，"文学"遂多指"通经籍者"而言，甚至也有"学校教育"的内涵。[7]1583 年，罗明坚和利玛窦进入中国，他们所编的《葡汉辞典》中不见"文学"这个条目，唯见古人翰墨所谓"文词"与"文章"而已，而字典中率皆以"高雅的虚构"（elegante fabula）解释之。隶属于今义"文学家"这个大家族的词目，则只有和"诗人"相关的几个词，罗明坚和利玛窦二人统称之为"波伊搭士"（poetas）。[8]

在华耶稣会的传统中，和"波伊搭士"关系最密切者，首推艾儒略（Giulio Aleni, 1582-1649）的《西学凡》（1623）。其中我们已可见"文艺之学"一词，接近中国古人所称的"诗赋词章"或今人所了解

---

[6]〔明〕杨廷筠：《代疑续篇》，见钟鸣旦（Nicolas Standaert）、杜鼎克（Adrian Dudink）、蒙曦（Nathalie Monnet）编：《法国国家图书馆明清天主教文献》，26 册（台北：台北利氏学社，2009），6:419-420。《法国国家图书馆明清天主教文献》下文简称《法国图》。

[7]〔宋〕朱熹：《四书集注》（台北：世界书局，1997），页 129；〔战国〕韩非著，邵增桦注译：《韩非子今注今译》，修订本，2 册（台北：台湾商务印书馆，1992），1:81-82。

[8] Michele Ruggieri and Matteo Ricci, *Dicionário Português-Chinês*, ed. John W. Witek, S.J. (Lisbon and San Francisco: Biblioteca Nacional Portugal, Instituto Português do Oriente, Ricci Institute for Chinese-Western Cultural History, University of San Francisco, 2001), p. 131(Mss part).

的“文学”的内涵。“文艺”二字渊源所自，应该是《文心雕龙》，指
“文学创作”而言。[9] 但艾儒略从欧人角度设想，归之于四种书写：
一、“古贤名训”；二、“各国史书”；三、“各种诗文”；四、“自撰文
章议论”。1623 年稍后，艾儒略另又刊行了《职方外纪》一书，将上
述“文艺之学”易名为“文科”，而十二年后，杨廷筠在其护教之作
《代疑续篇》上写下来的“文学”二字，内容正是《职方外纪》所指
的“文科”，更是《西学凡》中的“文艺之学”。[10] 二百余年后的新
教传教士，尝在不经意间以具体细致的方式呼应了上述耶稣会纲举目
张的概念，虽然这是后话。

从艾儒略到杨廷筠所谈的耶稣会的“文艺之学”、“文科”或“文
学”，真正内涵实为舶来品，翻译或改写自 1599 年欧洲耶稣会学校的
《研究纲领》(*Ratio studiorum*)，但中国士人足足看了近两百年，才
因马礼逊 (Robert Morrison, 1782-1834) 在 1822 年编成《华英字典》
(*A Dictionary of the Chinese Language*) 后而另有新说。马礼逊用来
中译英语“立特拉丘”(literature) 的中文名词，是一个看来怪异的
“学文”[11]，和杨廷筠“文学”的字序恰好相反。不过历史演变至此，

[9] 〔南朝·梁〕刘勰著，周振甫注：《文心雕龙》，页 378。此外，汉人《大戴礼记》，2 册（北
京：中华书局，1985）卷 10《文王官人》，2:163 日：“有隐于知理者，有隐于文艺者。”〔晋〕葛
洪：《抱朴子》，2 册（台北：三民书局，1996），2:576：“洪祖父学无所涉，究测精微，文艺之高，
一时莫伦。”这些古人话中的“文艺”，均指“写作的技巧”而言，和刘勰的“文艺”颇有差距。
刘勰与葛洪的灵感或可溯自《汉书·艺文志》，参较李奭学：《译述：明末耶稣会翻译文学论》（香
港：香港中文大学出版社，2012），页 416。后书以下简称《译述》。

[10] 参见〔明〕艾儒略：《西学凡》，见〔明〕李之藻辑：《天学初函》，6 册（台北：台湾学生
书局，1965），1:28。《天学初函》以下简称“李辑”。另见艾儒略：《职方外纪》，在李辑，3:1860。

[11] Robert Morrison, *A Dictionary of the Chinese Language*, 6 vols (London: Black, Parbury, and
Allen, 1822), 6:258。

我倒是可以肯定言之了：至少到了明末，杨廷筠已率先发难，提出了我们今天所了解的"文学"的内涵，而"中国文学现代性的起源语境"，因此就不应由清末谈起，明末耶稣会及相关的中国士人圈子，才是我们正本清源的所在。

20世纪以前，杨廷筠的《代疑续篇》称不上是重要的历史文献，是否担任得了"文学"近义的传播要角，不无疑问。清代中叶，首用"文学"以指我们今天所谓"文学创作"的第一人是魏源（1794-1857）。道光年间，魏氏完成《海国图志》（1843-1852），其中《大西洋各国总沿革》一章中，魏源尝道罗马本无"文学"，待降服了希腊之后，才接受各国"文艺精华"而"爱修文学，常取高才，置诸高位，文章诗赋，著作撰述，不乏出类拔萃之人"。[12] 撰写《海国图志》之际，魏源虽未指出他参考过《职方外纪》与《西学凡》，但这些书都是当世盛行的西学名著，不可能逃得过魏源的法眼。他所称的"文学"，已接近艾儒略摘出的内容，和杨廷筠的"文学"几无差别。《海国图志》是清代中国人认识世界最重要的书籍之一，若谓《大西洋各国总沿革》一章让某些中国人改变了"文学"的认识，缩小为我们今天的定义，我以为是。

《海国图志》以后，"文学"的今义或已独立使用，或令其广、狭二义并举，要之已非传统文教等定义所能局限。[13] 从出洋使东的清

---

[12] 〔清〕魏源：《海国图志》（郑州：中州古籍出版社，1999），页283-284。

[13] 以魏源同代人徐继畬为例，他的《瀛寰志略》（1849）所用"文学"即两义兼顾，合并为一："余尝闻之英夷李太郭云：'雅典最讲文学，肆习之精，为泰西之邹鲁。凡英国文士，未游学于额里士，则以为未登大雅之堂也。'"徐氏此地所引的英国外交官李太郭（George Tradescant Lay, c. 1800-1845）以孔、孟所出的"邹鲁"限定"文学"二字，固然半指"哲学"而言，但以雅典所出诗文经典之夥证之，至少其半仍近我们今天所谓的"文学创作"，见〔清〕徐继畬著，宋大川校注：《瀛寰志略校注》（北京：文物出版社，2007），页194。

廷官吏或在野名士开始，中国知识分子便时常如此使用"文学"，而在朝为官或为国政而奔走于海内外的各方大员，亦复如是：光绪年间维新派的大将康有为（1858-1927）和梁启超（1873-1929），在某种程度上都改用了新义。"文学"自此蜕变，变成他们和当局或国人讨论国家兴亡的关目之一。1904 年，梁氏在《饮冰室诗话》伊始即谓"我生爱朋友，又爱文学；每于师友之诗之辞，芳馨菲恻，辄讽诵之，以印于脑"，从而把"文学"和"诗词"统合为一了。[14] 在所创刊物《新小说》中尤使"文学"包含此一"新"的文类，从而随耶稣会与新教教士而有"小说为'文学'之最上乘"者之说，进一步引发了五四新文学的思潮。至于这一刻投身翻译事业的中国士子中，严复（1854-1921）《天演论》（1897-1898）的案语里，我们看到"文学"的新义益形巩固，俨然已是对译"立特拉丘"不假思索便可得之的名词。[15]

"文学"要走到此等定义新局，仍非朝夕间之事。道咸年间新教传教士的发扬光大，和魏源等政治洋务派的努力实在并进中。1857年，《六合丛谈》出刊，继耶稣会之后，由上海出发为"文学"的现代意义在中国打下最坚固的基桩，因为接下来近两年的岁月里，这份杂志几乎每期都由艾约瑟（Joseph Edkins, 1823-1905）主笔，蒋复敦（1808-1867）副之，推出《西学说》专栏，以近十五篇的系列专文介

---

[14] 〔清〕梁启超：《饮冰室诗话》，在所著《饮冰室文集》（台北：新兴书局，1967），卷四文苑类，页 74。

[15] 见〔清〕康有为：《进呈〈日本明治变政考〉序》，收入石峻编：《中国近代思想史参考资料简编》（北京：生活·读书·新知三联书店，1957），页 281；另见梁启超：《论小说与群治之关系》，在所著《饮冰室文集》卷 3 学术类 2，页 13；以及饮冰（梁启超）：《小说丛话》，见阿英编：《晚清文学丛钞·小说戏曲研究卷》（北京：中华书局，1960），页 308 及 312。此外，亦请见〔清〕严复：《天演论》（台北：台湾商务印书馆，1987），页 7 及 33。

绍"西洋文学"。就当时推动西学入华的文化界言之，声势不但浩大，而且称得上惊人。

《六合丛谈》点出来的西洋文学的独特处，不仅在其中包含了史学撰述（historiography）等中国人众议佥同的文类，甚至连"修辞学"（rhetoric）都属之。中西文学观念的异同，艾约瑟同样不放过，无形中呼应了明清间耶稣会士的努力。艾约瑟尤有宏大的历史观，几乎都是由史入手讨论西洋文学。1848 年，徐继畬（1795-1873）在《瀛寰志略》称"欧罗巴之开淳闷，通文学，实自希腊始"[16]。其中所用"文学"，词意犹晦。而约莫十年后，1857 年 1 月《六合丛谈·西学说》出刊，首篇就是希腊"文学"的整体介绍，题为《希腊为西国文学之祖》，题目本身当然展示了"文学"在中国的新身份。就我在本文里的关怀而言，艾约瑟这篇文章最大的贡献应在介绍史诗，一面由历史的角度谓之创自荷马（Homer, fl. *c*. 850 BCE）与赫西俄德（Hesiod, fl. 750 or 650 BCE），一面则取明人杨慎（1488-1559）的《二十一史弹词》以较诸《伊利亚特》（*The Iliad*）与《奥德赛》（*The Odyssey*）。艾约瑟把"史诗诗人"译为"诗史"，并且补充说明道："唐杜甫作诗关系国事，谓之'诗史'，西国则真有'诗史'也。"当其肇创之际，正值"姬周中叶"，而且"传写无多，均由口授，每临胜会，歌以动人"。罗马人也好为史诗，以维吉尔（Publius Vergilius Maro, 70-19 BCE）所唱的《埃涅阿斯纪》（*The Aeneid*）仿荷马最胜。希腊罗马史诗的情节大要，艾约瑟更是不吝笔墨，文中一一介绍。他甚至在《六合丛谈》第 3 期又写了一篇《希腊诗人略说》，指出荷马史诗中"虚

---

[16] 徐继畬著，宋大川校注：《瀛寰志略校注》，页 187。

构"不少,因其"纪实者参半,余出自匠心",而赫西俄德所歌咏者乃"农田及鬼神之事",虚构益富(《译述》,页424-425)。[17] 杜甫(712-770)的地位,当然用不着艾约瑟提升,但是"诗史"可容"国政"之说,几乎在向中国"诗言志"这个所谓"抒情的传统"挑战,更在中国建立起一套全新的文学价值观!

熟悉早期基督教出版品的人都晓得,1832年创刊的《东西洋考每月统记传》才是新教率先提到荷马的刊物,虽然晚明的高一志(Alfonso Vagnone, c. 1566-1640)与清初的马若瑟(Joseph de Prémare, 1666-1736)早已谈过荷马及其史诗。[18] 1837年正月号的《东西洋考每月统记传》上,郭实猎(Karl Friedrich August Gützlaff, 1803-1851)为文谈《诗》,称道李白(701-762)之外,极力着墨的欧洲诗魁有二:荷马与弥尔顿(John Milton, 1608-1674)。郭实猎综论荷马的史诗后,兼论希腊当世的背景,而上文接下来所用的"文学",一词,意义就更近杨廷筠在《代疑续篇》里的用法:荷马"兴于周朝穆王年间,欧罗巴王等振厉文学,诏求遗书搜罗。自此以来,学士读之,且看其诗"。[19] 郭实猎不仅再为"文学"贡献新义,他也以荷马的介绍,在建立中国西洋文学的知识系统上一马当先,拔得基督新教的头筹,

---

[17] 〔清〕艾约瑟:《希腊为西国文学之祖》,见沈国威编著:《六合丛谈·附解题·索引》(上海:上海辞书出版社,2006),页524-525,以及艾著:《和马传》、《希腊诗人略说》,见沈国威等编著:《六合丛谈·附解题·索引》,页698-699及页556-557。

[18] 参见李奭学:《中国晚明与欧洲文学——明末耶稣会古典型证道故事考诠》(台北:联经出版公司,2005),页238-242。此书以下简称《晚明》。另见李奭学:《阿哩原来是荷马!——明清传教士笔下的荷马及其史诗》,《道风:汉语基督教文化评论》第37期(2012年秋季号),页241-275的综述。

[19] 〔清·郭实猎:〕《诗》,见爱汉者(郭实猎)等编,黄时鉴整理:《东西洋考每月统记传》(北京:中华书局,1997),页195。

比艾约瑟足足早了二十年（《译述》，页422）。

　　艾约瑟虽将荷马史诗方诸杨慎的弹词，并以杜诗和国事之联系比于《伊利亚特》诸诗，然而行家都知道，比较的两端实则不能并比[20]，艾约瑟努力的意义乃在赓续一新的文学知识系统的建构。就希腊罗马这两个相互传承的文化与政权而言，这个系统还应扩及"悲剧"（tragedy）与喜剧（comedy）这两个"文学"的大领域。艾约瑟对欧洲上古文学的了解绝非泛泛，所以《希腊诗人略说》称周定王（?-586 BCE）之时，希腊人开演悲剧，"每装束登场，令人惊愕者多，怡悦者少"，并提及埃斯库罗斯（Aeschylus, *c.* 525-*c.* 456 BCE）尚存的七种"传奇"，而他之后另有索福克勒斯（Sophocles, *c.* 497-*c.* 406 BCE）与欧里庇得斯（Euripides, *c.* 480-406 BCE）二人。[21] 前者亦传传奇七种，出出感人肺腑。这三大悲剧诗人所作"长于言哀，览之辄生悲悼"，唯阿里斯托芬（Aristophanes, *c.* 446-*c.* 386 BCE）的十一种喜剧可以与之拮抗。其诗文辞彬彬，多"讥刺名流"之作。艾约瑟继而回顾中国传统，不禁有感而发，讲出一段足以和李贽、袁宏道前后辉映的"文学"新论，值得我们大书特书，全文照引：

　　　　考中国传奇曲本，盛于元代，然人皆以为无足重轻，硕学名儒，
　　　　且摒而不谈，而毛氏所刊六才子书，词采斐然，可歌可泣，何

---

[20]　梁启超的《饮冰室诗话》早有此见，载梁启超著，吴松等点校：《饮冰室文集点校》，6册（昆明：云南教育出版社，2001），6:3792。

[21]　欧里庇得斯之名，高一志的《达道纪言》早已提及，称之为"欧里彼得"，见吴湘相编：《天主教东传文献三编》（台北：台湾学生书局，1984），2:713。高氏此一世说的史学本源，应为 Aelian, *Historical Miscellany,* trans. N. G. Wilson (Cambridge: Harvard University Press, 1997), 13.4。吴编以下简称《三编》。

莫非劝惩之一端？[22]

艾约瑟语极不平，一为中国戏曲请命，二则强调施耐庵（1296-1371）
的《水浒传》等书都有其"劝化"的功能，可与希腊悲、喜剧相提并
论，至是在史诗之外又为中国建立起一套"文学"的系统与概念，而
且讲得比语焉不详的李贽、袁宏道清楚多了，时间上也比周作人、胡
适等新文学运动的旗手早了许多年。

我们可以循此再谈者，更大的关目是欧人有史以来未尝须臾离的
修辞学，以及由此衍生而出的所谓雄辩术或"辞令之学"（oration）。
艾约瑟为中国人解释道：欧洲因为有一套中国所缺乏的议会制度，所
以自古以来，欧人修辞学蓬勃发展。《六合丛谈》有专文论及"西
泽"（Julius Caesar, 100-44 BCE）、西塞罗（Marcus Tullius Cicero,
106-43 BCE），甚至是柏拉图（Plato, c. 424-c. 348 BCE）或修昔底德
（Thucydides, c. 460-c. 395 BCE）。在西方上古，这些人多半是雄辩滔
滔之士。所谓"辞令之学"，高一志或艾儒略在明代即有专文介绍，
或以"文科"笼统称之，或以"勒铎里加"（rhetorica）音译而精细
说之。在《基改罗传》中，艾约瑟借西塞罗生平的介绍，首先令哲学
结合辞令之学，继而颠覆了柏拉图以哲学驳斥修辞学之举，反为修辞
学的正当性充分背书。[23]《六合丛谈》里，艾约瑟重弹了明末耶稣
会已经弹过的老调，但和明末耶稣会士稍异的是：他为中国开出了一
帖现代化国家讲求"现代"必备的"良方"，不仅关乎政体与国体，

---

[22]　以上见艾约瑟：《希腊诗人略说》，在沈国威等编著：《六合丛谈·附解题·索引》，页
556-557。另见《译述》，页 423。

[23]　艾约瑟：《基改罗传》，在沈国威等编著：《六合丛谈·附解题·索引》，页 638。

也关乎文学系统强调之一的"文体"（genre）。

上文所述艾约瑟建构的西方上古文学知识系统，奄有艾儒略在《西学凡》等书述"文艺之学"时所指"自撰文章议论"、"各种诗文"与"古贤名训"等关目。《六合丛谈》甚至连"各国史书"也一并论及了，所以谈到希罗多德（Herodotus, *c.* 484-*c.* 425 BCE）与前及修昔底德两家。顺理成章，《历史》（*The History*）和《伯罗奔尼撒战争史》（*The Peloponnesian War*），也都纳入了西方"文学"的范畴里。老普林尼（Pliny the Elder, 23-79）脍炙人口的《博物志》或《自然史》（*Natural History*），在某个意义上既属"各国史书"，也是宇宙万象的"自撰议论文章"，视之为"文学"，并非不合西方人"立特拉丘"的观念，况且在文艺复兴时代以前，历史本身乃"文学"的一环。19 世纪下半叶科学治史成风，不过也就在此一时刻，艾约瑟于《西学说》中仍然暗示修昔底德的战史所载"卿士议政，将帅誓师之辞"皆非他"耳闻目见"，实乃想象所成就者，而希罗多德作史虽"实事求是"，却也文史不分，人神通括。至于老普林尼的《博物志》，更是"呵神骂鬼"，多含"荒诞不经"的虚构言辞。[24] 职是之故，《六合丛谈》介绍的"各国史书"确常让"想象"高出"经验"，由"史"驯至为"文"，颇有新历史主义（New Historicism）的况味。艾约瑟一旦祭起比较文学的大纛，我们在他的译介中看到的系中国传统文学范畴惨遭摒弃，走入历史的帷幕之后，而新起的文学观已朝西方一步步走去。倘论这一切的起点，明末耶稣会士及从其游的中国士子可谓当之无愧（《译述》，页 395-443）。

---

[24] 艾约瑟：《土居提代传》、《黑陆独都传》与《伯里尼传》，在沈国威等编著：《六合丛谈·附解题·索引》，页 699 及页 751-752。

明末翻译与刻书中心

近代以前，在中国这片土地上发生的翻译行为似乎都不是直接行之。信史可征最早的翻译活动，乃周公摄政期间越棠国经三象胥而"重译"献雉一事。[25] 熟悉中国译史的人都知道，古来"重译"一词指"辗转重译"而言，不是今天大家信口所谓的"重新翻译"。东汉末年，佛法东来，梵客华僧之间的关系就是我们时常得闻的"口度"与"笔授"两者，当然亦非直接翻译的行为。即使隋唐之际，彦琮（557-610）与玄奘（602-664）等人出，而且都体会到传统译法有"笔人参制，……余辞必混"之弊[26]，但大规模的翻译活动，依旧是译主决断华梵，再由度语或笔受者记下音义，完成翻译工作。三国——尤其是南北朝译场大盛——之后，这一套翻译制度参与者的职位动辄十而有余，但这仍非翻译有其信实（fidelity）可言的保证。译场翻译，光是最后一道"钦定入藏"的手续早已表明纵为宗教经典[27]，沙门仍得敬于王者，何况出资者亦为王者，亦即从赞助行为到意识形态都已决定，不得有违国家政策，而凡此层层逼压下来，佛典汉译如何完全讲究"信"字？类此情况，明末耶稣会也有教中规模：其"制度"虽然小而粗糙许多，中译行为大致仿佛。

比起佛门译场，明末天主教的翻译仍然大异其趣：一般而言，他们组织松散；除了所谓《崇祯历书》（1635）之外，几无政府单位筹

---

[25] 〔宋〕王钦若等纂：《册府元龟》，3 册（北京：中华书局，1982），卷 996（外臣部），页 1689。

[26] 〔隋〕彦琮：《辩正论》，见罗新璋编：《翻译论集》，修订本（北京：商务印书馆，2009），页 62。

[27] 参见曹仕邦：《中国佛教译经史论集》（台北：东初出版社，1992），页 1-93。

组运作。[28] 本文关注的文学译事，更是随兴翻译，罕得"王者"支
持，凭借的几唯东来耶稣会与教众的热诚。尽管如此，此一没有"典
章制度"的翻译活动仍然乱中有序，而且地有南北之分，人有东西之
别，因为是欧人自西徂东所致，而且多数译业上承梵典中译，又是
土洋合作的结果。我们从几篇译序看来，所谓"南"者多以闽浙为
限，而"北"方译事，晋陕则大致位居中心。在某种程度上，南北也
有"通家之好"。1616 年沈㴶翼佛，南京教案兴，王丰肃（高一志）
等耶稣会士押解广州，继而驱逐濠镜。上距 1611 年金尼阁（Nicholas
Trigault, 1577-1628）返欧募书，不过五年。就在教案稍弛的 1620 年，
金尼阁把返欧募得为数多达七千册的欧籍运抵澳门。王丰肃适逢其
会，可想在濠镜必然大量阅读，有部分还亲携北上，送抵晋省绛州，
而王氏——此时已更名为高一志了——便大致以古绛为基地，在当地
段、韩两大士绅家族的支持下，开始其个人的译书大业。

以绛州为中心的文学译业，部分是高一志应请，部分则是他主
动出击而为。从《励学古言》（1632）与《达道纪言》（1636）的译
序看来 [29]，应请而为似乎才是高一志金口传译的初衷。我们倘不健
忘，在《励学古言》的个人引言中，高一志明白表示他所以有此书

---

[28] 《崇祯历书》从未集成，但单册由明入清仍为要典，有关其翻译及流变见 Benjamin A.
Elman, *On Their Own Terms: Science in China, 1550-1900* (Cambridge: Harvard University Press,
2005), pp. 95-98; 或见方豪：《中西交通史》，5 册（台北：华冈出版公司，1977），页 10-12。

[29] 《达道纪言》有韩云的序言，谓其序乃"书于莲勺官舍"。"莲勺"是今天陕西渭南县的
别名，但据黄一农查考，韩云似乎不曾任官于此，而高一志早在天启四年（1624）即已进入绛州
开教，加以撰序处也未必是译书或刻书处，所以这里我姑且仍将《达道纪言》的译刻地定为绛
州。《励学古言》的高一志自序系撰于高氏司铎的绛州钦崇堂，《达道纪言》或许也译、刻于此。
是书所用的底本不止于一，在高氏驻铎处中译可收左右逢源之效，我以为合情入理。参见黄一
农：《两头蛇：明末清初的第一代天主教徒》（新竹：台湾清华大学出版社，2005），页 232。

之译，实乃陈所性（fl. 1659）问学所致。[30] 有趣的是陈氏请译还有“附带条件”，要求高一志在“正常”的西方课学事例之外，所译论学言条还应“轻拨冷刺”而以“机锋”取胜（《法国图》，4:6）。高一志虽感难为，最后仍拗不过陈所性请求，从而自第欧根尼·拉尔修（Diogenes Laertius, 3 世纪）的《名哲列传》（*Lives of Eminent Philosophers*）等书选译应卯，终成《励学古言》此一欧洲东传的“劝学篇”。我们再看四年后的《达道纪言》，则高一志和古绛士绅合作中译的始末益发显然。这回乃韩氏家族中的韩云（1596-1649）对西学情有独钟，祈请垂教。高一志莅晋，本即应韩云之请而来，何乐不为？不无意义的还有一事：韩云此时又指出其时最早得益于西学者，均系徐光启（1562-1633）一辈。他们在南京，在北京，都曾揽阅利玛窦中译的《交友论》（1595）、《二十五言》（1604）与《西琴曲意八章》（1602）等书，徐氏甚至请求利氏中译震古烁今的《几何原本》（1607）。韩云尝师事徐光启[31]，而他既知上情，不免跃跃欲试，希望自己也有所请“译”。高一志看出韩云望译心切，遂有“子欲急行，则以子行之”之说。《达道纪言》（1636）依五伦分类所译，多为欧洲古贤轶事，长度则近三百六十则之多。韩云平日即曾就其内容受教，如今师尊雅愿系统授之，自然欣喜若狂。《达道纪言》的序言不仅交代译事始末，也把高一志刻画得栩栩如生，留下一幅不亚于利玛

---

[30] 金文兵：《高一志与明末西学东传研究》（厦门：厦门大学出版社，2015），页 83-84 谓《励学古言》乃《童幼教育》的“辅助性读本”，但我看不出据理为何。不过倘就金氏另文《明末地方教化“引耶入儒”的现实考量——耶稣会士晚年译著（1630-1640）背景初探》，《世界宗教》第 3 期（2012 年 3 月），页 98-99 观之，就合理多了。陈所性生平，见黄一农：《两头蛇：明末清初的第一代天主教徒》，页 103。

[31] 〔明〕韩云：《守圉全书》（北京：陈垣刊本，1919），卷 3 之 1，页 83-85。

窦的高贵形象。

高一志乃学有专长的欧洲知识分子，当然不会仅止于应请而译。1624 年他再入中国，潜往绛州。随身所携多属当世欧洲名著，包括天主教人文主义（Christian Humanism）的传统要籍。1632 年，高一志或许有感于自己也应译有可埒《几何原本》的传世之作，遂将欧洲人文主义名作《譬喻集》（*Parabolæ sive similia*）译出部分 [32]，合以他书搜集所得，组成《譬学》例句六百零一条。《譬喻集》的作者并非无名小辈，乃北方文艺复兴的代表性人物伊拉斯谟（Desiderius Erasmus Roterodamus, 1466-1536），也是天主教人文主义的操盘干将。据传在神学上，耶稣会祖圣依纳爵（St. Ignatius of Loyola, 1491-1556）生前和伊拉斯谟争执颇大。但他对其人的人文著作似乎并不反对，对伊氏本人也有某种程度的敬意。圣依纳爵生前常以《神操》（*Spiritual Exercises*）砥砺会士，令其坚守信仰的志节，也要求他们观想天主圣三和圣母玛利亚，而这一切，有人认为多拜伊拉斯谟的影响。欧洲南北两地的文艺复兴融合为一，肇始于此。在 16 世纪，耶稣会会宪（*Constitutions*）系前卫而大胆的修会法规，伊拉斯谟在其中或许也有些微贡献，而 1526 年圣依纳爵犹处于巴塞罗那（Barcelona）的阿卡拉大学（University of Alcalá）之际，应该就已熟读伊氏的著作。其后欧洲的耶稣会学府，更常以伊拉斯谟的人文著作为教材。[33]1620 年，

---

[32] 这是金文兵的发现，见所著《高一志与明末西学东传研究》，页 82-101 及 227-235。金文兵此一部分的结论仍然值得商榷，但却是近年来在明清之际西学东渐的领域里最重要的突破之一。

[33] John W. O'Malley, *The First Jesuits* (Cambridge: Harvard University Press, 1993), pp. 27 and 260-264. Also see A. H. T. Levi, "Erasmus, Scholastics, Humanists and Reformers," at http:// www.ourcivilisation.com/smartboard/shop/erasmus/intro/intro2.htm, accessed April12, 2014; and A. Levi, "Notes and Comments: Ignatius of Loyola and Erasmus," *The Heythrop Journal* 11/4 (October 1970): 421-423.

金尼阁运送伊拉斯谟之作来华，因非异举。《譬喻集》登岸后，未尝进京，日后也未曾典藏于北堂图书馆。高一志犹在濠镜，早已读之，随身携带入晋，从而在古绛选译为《譬学》的部分例句，光是第二版的上卷所得即达五六十条之多 。[34] 虽然如此，伊拉斯谟身后并不见重于梵蒂冈，从保禄四世（Paul IV, 1555-1559）到思道五世（Sixtus V, 1585-1590），他的著作几乎一步步走进历任教宗的《禁书目录》（*Index of Prohibited Books*）之中，最后则完全绝迹于当时的天主教世界。[35] 高一志在 17 世纪的中国，可谓打破了 16 世纪罗马教宗的敕令，令伊拉斯谟败部复活，“观光上国”。

从《譬学》的自引看来，此书绝非应请中译。自引所反映者，乃高一志主动译书，愿以生平擅长的“勒铎里加”和中国传统的修辞譬式并比说之，甚至较量（《译述》，页 255-309）。高氏所译，选择性相当强，但以《譬喻集》中关乎普鲁塔克（Plutarch, *c.* 46-120）、西尼加（Lucius Annaeus Seneca, *c.* 4 BCE-65 AD）及老普林尼者为大宗。他的中译策略——从一般观点言之——时而可谓“取材”而已，亦即他会据原文而大幅度变化，予以“改写”。《譬学》中有或可权名之为《两头蛇》者的一条，下面我谨将其拉丁原文及高一志的中译并列一处，以见原文与中译间那并非紧密呼应，而是松散以对，兼有节略的翻译关系：

---

[34] 金文兵：《高一志与明末西学东传研究》，页 82-101 及 227-235。

[35] Craig R. Thompson, "Introduction" to his R. A. B. Mynors, eds., *Collected Works of Erasmus: Literary and Educational Writings 1: Antibarbari/ Parabolae* (Toronto: University of Toronto Press, 1978), p. lvi.

Amphisbena serpens vtring, caput habet, & vtralibet corporis parte pro cauda vtitur: Ita quidam ancipites, nunc hac, nunc diuersaratione se tuentur, & cùm est commodum ad ecclesiasticam libertatem confugiunt: cùm visum est, principum prætextu rem gerunt, canonum obliti.[36]

世所谓两头蛇者，西方多有之：乃随时取便，互为首尾，奸狡之徒，利在则先，利不在则后，殆所谓两头蛇者耶！（《三编》，2:612）

伊拉斯谟所称之欧洲蛇"安非斯必那"（amphisbaena），在希腊本有其古典神话上的渊源[37]，高一志当有文化障碍，译来不易。他人又在绛州，连一本类似我们今天的英汉字典也没有，当然也难以如同今人一手查阅，便得译名。《譬学》略之，情有可原。译文之善能处理者，也只是原文的精神，顶多略申其意便罢。伊拉斯谟的原文系在隐喻教会政争，但高一志志在宣教，教内的丑事怎可能外扬而依样画起葫芦来？改为世俗界的内涵，想当然耳。不过原文若非如《两头蛇》之丑陋者，高一志译来可就"忠实"多了。下面一句出自《譬

---

[36] Desiderius Erasmus, *Parabolæ siue Similia des. Eras. Rot. ex diligenti avctorvm collatione novissimvm regognita, cum vocabulorum aliquot non ita vulgarium explicatione. Accesservnt annotationes longè vtilissime, vna cum indice, quæ adolescentia vsum manifestè commonstrabunt, auctore Ioanne Artopæo Spirense. Similitudines aliæ etiam collectaneæ ex Cicerone, aliisque scriptoribus additæ* (Londini: Impensis Guilielmi Nortoni, 1587), p. 143. 此条金文兵未见。*Parabolæ siue Similia* 以下简称 *PS*。

[37] See Isidore of Seville, *The Eymologies of Isidore of Seville*, trans. Stephen A. Barney, et al., (Cambridge: Cambridge University Press, 2006), pp. 256-257; or Pliny, *Natural History*, VIII. iiiv. 85, in H. Rackham, trans., *Pliny: Natural History*, III (Cambridge: Harvard University Press, 1983), p. 63.

学》上卷，若较之原文，则几乎可称逐字对译：

蜜蜂不采朽花，洁人不读秽史。(《三编》，2:617)

A floribus marcidis apes abstinent: Ita non attingendus liber, qui putidas habet sententias … (*PS*, p. 169)

原文的后半段的"putidas … sententias"原指"冠冕堂皇的陈腔滥调"而言。[38]高一志显然从字面解"putidas"为"腐臭的"(rotten/stinking)，顺手因而就把"箴铭书本"改译为"史册"，而《北史·魏收传》以来，"秽史"一称乃中文固有，也有肮脏的生活或史传之意[39]，中国士子感受较强，加以高氏又把原为中性的复数主词改写为"洁人"，使之对应"秽史"，从而产生中国修辞学所称的"反对"之效，全句力量因而骤增。不论如何，较之上面述及的"两头蛇"一条，上引整句至少在句型上距今人所称"信译"已经不远，在意义上也没打了多少折扣，堪称"改写"式操纵策略的典型。

当然，不管高一志的翻译策略为何，也不管他的欧洲古典多已经过文艺复兴的人文主义加工，从《励学古言》、《达道纪言》到《譬学》这一连串的古绛贡献，应该还可扫除某些认为耶稣会对欧洲古典

---

[38] Thompson and R. A. B. Mynors, eds., *Collected Works of Erasmus: Literary and Educational Writings 1: Antibarbari/Parabolae*, p. 260 对"putidas...sententias"的译法是"outdated maxims"。"箴言"(maxims)而会"过时"(outdated)，当然是个西方修辞学上所称的"矛盾语"(oxymoron)，故我译之为"冠冕堂皇的陈腔滥调"。

[39] 参见《汉语大词典》的"秽史"条，网络版见：http://www.zdic.net/c/d/a5/191233.htm，检索日期：2014年4月12日。

一无译介的现代人之见。[40] 至于伊拉斯谟甚为欣赏的《耶稣基督传》（*De vita Jesu christi*, 1642），圣依纳爵同样手不释卷[41]，当然也衍生出一段中国故事，下文再详。

就《譬学》这一脉的译作观之，高一志显然已经摆脱被动中译的往年积习。嗣后他最大的贡献系《圣母行实》（1631）和《天主圣教圣人行实》（1629）。这两本书各有侧重。《圣母行实》的底本，我们迄今犹懵懂其然，仅知第一卷的圣母传合参不少《雅各布伯原始福音书》（*Protoevangelium of James*）与《玛利亚福音书》（*Gospel of Mary*）等外经[42]，译笔甚佳，连执笔者高一志时而都会跳入其中如簧鼓舌。第二卷是圣母论，高一志夹译夹述，用词之崇高令我们不得不岔开传统基督论（Christology）而生天主"圣四"之感（《译述》，页 196-197）。高一志译笔下的神学确有远见，早已为 20 世纪某些教宗的文告预树先声，也开启了自由派神学研究机构就史上的"三一争议"（Trinitarian controversy）再启攻防。[43] 凡此种种，高一志大概始料未及。最后一

[40] E.g., R. Po-chia Hsia, "The Catholic Mission and Translations in China, 1583-1700," in Peter Burke and Hsia, eds., *Cultural Translation in Early Modern Europe* (Cambridge: Cambridge University Press, 2007), p. 42.

[41] See George E. Ganss., "General Introduction" to his ed., *Ignatius of Loyola: The Spiritual Exercise and Selected Works* (New York: Paulist Press, 1991), pp. 19-26.

[42] 《雅各布伯原始福音书》及相关文献可见于 William Hone, ed., *The Lost Books of the Bible* (Rpt. New York: Bell, 1979), pp. 17-91。《玛利亚福音书》见 Robert T. Miller, ed., *The Complete Gospels: Annotated Scholar Version* (Sonoma: Polebridge Press, 1994), pp. 357-367。

[43] 20 世纪有包括庇护十二世（Pius XII, 1876-1958）在内的多位教宗，纷纷发表文告，拥护圣母为"救赎的合作者"（Co-redemptrix），1950、1960 年代以还，芝加哥大学神学院（Divinity School, University of Chicago）等开明派神学研究机构，每以为这不啻将圣母等同于耶稣，而梵蒂冈也有扩大"圣三"的倾向，基督论再非昔日的规模了。相关讨论另请参见 Alphonse Bossard, ed., *Dictionary of Mary*, pp. 78-80。有关天主教早期"三一争议"的文献，见 William G. Rusch, *Trinitarian Controversy* (Philadelphia: Fortress Press, 1980) 一书。

卷中，他刻意翻译了约略百则玛利亚的奥迹，而圣母这些故事的总数虽不如圣贝克特（St. Thomas à Becket; c. 1118-1170）之多，却自成系统。尤其令人赞赏的是，高一志连 9 世纪的浮士德（Faust）母题也中译了两则。至于《尼伯龙根的指环》（Der Ring des Nibelungen）这类西方稗官的原型，他译来同样栩栩如生。中国人送子观音的想象，在信教者身上自然移情而变成玛利亚的中国属性之一（《译述》，页 153-191）。我们就甭谈这百则故事各有来历，在各自的地缘关系上各有意义。

至于《天主圣教圣人行实》的由来，史上可就清楚多了：这一函七卷的"巨译"，系高一志有感于"圣人名迹"可"丕扬天主全能神智"，所以中译，和《圣母行实》一样都是个人自发性的翻译行为。我们犹为《圣母行实》的底本伤神之际，《天主圣教圣人行实》却明摆着高一志有其大致属之的底本线脉，亦即 14 世纪佛拉津的亚可伯（Jacobus de Voragine, c.1229-1298）所著《圣传金库》（Legenda aurea）。欧洲中世纪，亚可伯此书不但总集是时的圣传精华，而且秀出班行，独领风骚，为所有圣传中最重要的一种，圣依纳爵每受影响，奉为生平职志的圭臬。[44] 高一志同样夹译夹叙，我们若不深入比对，由宗徒迄圣女所行——查访，则所本早已漫漶而原貌不复可辨了。在"新虔信运动"（devotio moderna）崛起之前，在天主教改革派重返《圣经》之前，天主教的信仰所峙除了前述那"四位一体"之外，几唯教宗、仪礼与传统而已，而传统之中，圣人几乎是世人的言行准则，教中就此构成圣人崇拜。[45] 慧皎（497-554）立下中国佛教

[44]　Ganss., "General Introduction" to his ed., *Ignatius of Loyola: The Spiritual Exercise and Selected Works*, pp. 15-18.

[45]　Lawrence S. Cunningham, *A Brief History of Saints* (Oxford: Blackwell, 2005), pp. 23-26.

《高僧传》的基础，天主教也是代有建树，不敢偏废圣传的编写。亚可伯写作的基础是欧洲上古的《沙漠圣父传》(*Vitae patrum*)；他取其中各传之大要而浓缩之，又附以圣人名姓的寓言性字源诠解 (name symbolism)，创造出一本合乎时代的圣人新传。后世在此基础上还曾加砖添瓦，让旧圣新圣共处一室。《天主圣教圣人行实》就是如此划时代的翻译工程，高一志用力之深，恐怕更在前述其他文学译作之上。

进入山西平阳府绛州后，高一志在当地士绅支持下盖了一间教堂，而除了邻近的蒲州与邻省陕西外，他栖身于此，终身罕见离去，早把他乡化为埋骨的故乡。[46] 他在绛州的工作，非仅翻译是问，另又创办了各种育婴堂及圣母会等慈善与传教机构，赒济乡民，传道救世，甚得官方支持。知县雷翀故谓"幸有西儒高先生，修身事天，爱人如己"，而缙绅官宦无不"尊之如师傅，爱之如兄弟"，乃特为贬抑佛道，颁布尊天辟邪告示，以"正教"崇敬所奉的天主教。[47] 上述文学译作已足使高一志疲于奔命，但在此之外，我们且别忘记他另有宗教性赛过文学性的翻译大业！这些译作所本，多半也是他人犹在澳门时经金尼阁海运送达的七千册欧籍。然而就在古绛一省之隔的陕西，我们另见西安与泾阳两地皆有同属北方的天主教译业，王征 (1571-1644) 个人的支持尤为成事的主力。最早进入陕西的耶稣会士，应该是艾儒略，其后金尼阁再来，最后是汤若望 (Johann Adam

---

[46] 高一志的墓拱虽朽，但坟场轮廓今日仍大致可见，参见黄一农：《两头蛇：明末清初第一代的天主教徒》，页 69。

[47] Louis Aloys Pfister, *Notices biographiques et bibliographiques sur les Jésuites de L'ancienne mission de Chine, 1552-1773*, 2 vols (Shanghai: Imprimerie de la Mission Catholique, 1932), 1:90-91. 另见钟鸣旦等编：《徐家汇藏书楼明清天主教文献》，5 册（台北：辅仁大学神学院，1996），5:2397-2398。《徐家汇藏书楼明清天主教文献》以下简称《徐汇楼》。

Schall von Bell, 1591-1666）与曾德昭（Alvaro Semedo, 1585-1658）踵
足其间。艾儒略乃为考察风俗民情而来，金尼阁功在发现大秦景教流
行中国碑，而曾德昭也因南京教案逐后复还，与汤若望一道进京修历
而后赴陕。这些耶稣会士不见得各有译业，但若有之，大抵都和王征
有关。比起高一志在邻省的翻译，三秦之地所出文学译作逊色多了。
不过王征戮力支持，我们看到金尼阁先应韩云之请，成《西儒耳目
资》初稿（1625），但王征善绘，其后乃和金尼阁为该书定稿，并把
欧洲中古如鲁尔（Ramon Llull, *c.* 1232-1315）开创的记忆术中的"结
合术"*(ars combinatoria)* 与字母轮状活图（alphabetization）合为"译"
体，供中文音韵的分析之用。[48]

　　王征的合作者另包括邓玉函，两人合出《远西奇器图说》
（1627），功在工程巧具的译入，而最重要的是，垂暮之年王氏再度上
场，和汤若望合译了前述《沙漠圣父传》，节译出《崇一堂日记随笔》
（1629）一书，令欧洲上古在奥斯定的《忏悔录》（*Confessions*）之外
最重要的圣传在晚明现身（《译述》，页 107-149）。1625 年，金尼阁
入陕，尝因病住进西安府附近王征府邸。据载他在西安刊行过"所
谓"中国第一本伊索寓言集《况义》（1625）。我怀疑此书系私刻，若
非由金尼阁开办的印书铺刻之，就是由王征家中的"景风馆"总司其

---

[48]　Jian Hong-yi, *Loci, Image, and Lexicography: How Trigault's Learning Influenced the Siju Ulmoçu?* MA thesis (National Taiwan Normal Univerity, 2010), pp. 4-96. Also see Mark D. Johnston, *The Evangelical Rhetoric of Ramon Llull: Lay Learning and Piety in the Christian West Around 1300* (Oxford: Oxford University Press, 1996), pp. 12-33. 另见谭慧颖：《〈西儒耳目资〉源流辨析》（北京：外语教学与研究出版社，2008），页 59-70。

事[49]，而妙的是，我们今天可见的《况义》三种抄本，无不显示金氏此书极可能是在中国南端近海的杭州译辑而成，合作者乃闽人张赓（1570-1649?），其时约在 1622 年前后。[50] 无巧不成书，我们确定译于绛州的《天主圣教圣人行实》却非刻于绛州，而是刻在距晋省有数千里之遥的武林（杭州）超性堂，时为崇祯二年。之所以如此，除了杭州本为明代出版重地之外[51]，应该也和前些年高一志南下嘉定开会有关。他随身携带译稿，又尝寓武林[52]，或于此时再交予李之藻，终于 1629 年镌版功成。1627 年嘉定会议召开之际，高一志初出晋省，兼程与会，随身另还带着他仿《畸人十篇》（1608）所写的《则圣十篇》，唯其梓行地点不详。1627 年稍后，《西儒耳目资》再版，同样刻于武林，唯刻印场所称为"李衙"。中国南北两地的耶稣会间，确有一条交通管道。

《况义》的中译，虽有成书于开封之说，但我认为实则成于杨廷筠的天主堂住院。其时张赓方辞平湖教谕，为举业更上层楼而"读书浙湖上"[53]，也就是寓居杭城西子湖畔。在杨廷筠的天主堂中译的天主教文学伟构不少。1630 年代福建再兴教案，其后葡萄牙耶稣会教士阳玛诺（Manuel Diaz, Jr., 1574-1659）左迁杭州，视为避秦之地。他名重一时的翻译大业乃《天主降生圣经直解》（简称

[49] 参较王雪：《基督教与陕西》（北京：中国社会科学出版社，2007），页 50。另见鲁深：《陕西雕版源流考》，《人文杂志》第 4 期（1985 年 8 月），页 95-99。

[50] 参较邱诗雯：《张赓简谱》，《中国文哲研究通讯》第 22 卷第 2 期（2012 年 6 月），页 132。

[51] 缪咏禾：《明代出版史稿》（南京：江苏人民出版社，2000），页 91-92。

[52] 高一志：《十慰·慰忏悔者第十篇》谓："岁之往者，余寓武林"，应指此刻，见《法国图》，4:166。

[53] 〔明〕张赓：《阅〈杨淇园先生事迹〉有感》，见〔清〕刘凝编：《天学集解》（圣彼得堡图书馆抄本），4:35b-37a。

《圣经直解》，1636）；此书系统中译了巴拉达（Sebastian Barradas, S.J., 1542-1615）《福音史义笺注》（*Commentaria in Concordiam et Historiam Evangelicam*）之大要，再敷以阳氏祖述的“旧闻”，著为直解，都十四卷，所以可谓艾儒略《天主降生言行纪略》（1635）之后，殷弘绪（Père François Xavier d'Entrecolles, *c*. 1662-1741）《训慰神编》（1730）、白日升（Jean Basset, *c*. 1662-1707）《四史攸编》（*c*. 1702-1707）与贺清泰《古新圣经》（*c*. 1790-1805）之前最重要的《圣经》译事。《圣经直解》笺注密布，称之为中国最早的解经专著，应不为过。至于阳玛诺译体一致，《训慰神编》踵武其后，但用力之深且广，恐非推贺清泰的《古新圣经》不可。尽管如此，《圣经》中译乃独门学问，这里我仅能指出武林天主堂在晚明译业上的枢纽地位，余者仍有待高明详予再探（参见本书第五篇及其附录）。

　　阳玛诺在武林天主堂另又译有《轻世金书》（1640），而《圣若瑟行实》大约也于同年中译于此间。阳玛诺所译，我独钟《轻世金书》，原因是此书风格（style）独特，阳玛诺开笔中译，心里早有体式应之，充分具备了 19 世纪人士如泰特勒（Alexander Fraser Tytler, 1747-1813）对于翻译风格的看法。[54]《轻世金书》乃文艺复兴时代较为流行的书名，因“轻世”（*contemptus mundi*）两字由欧洲中古一路流为教中话题的俗套（*topos*）而来，至于另一名《遵主圣范》或《师主篇》（*Imitatione christi*），则为肯彭的托马斯（Thomas à Kempis, *c*. 1380-1471）书首的用词，后世采为书名者更夥。从今人的观点

---

[54] Alexander Fraser Tytler, "Principles of Translation," in André Lefevere, trans. and ed., *Translation/ History/ Culture: A Sourcebook* (London: Routledge, 1992), p. 128.

衡之，阳玛诺选《尚书》"谟诰体"中译，似嫌凿枘（《译述》，页376-377），明代人能欣赏者想来也有限。这里用"凿枘"形容，原因在托马斯的拉丁原文思路清晰，音韵铿锵，对仗工整，完全是为印刷术尚未发明前的"朗诵"与"记忆"式阅读而设计。然而阳玛诺却以"经"视《轻世金书》，因有差池。扬雄"事辞称则经"的观念固为中国人，甚至为清初耶稣会士公然所取[55]，但阳玛诺以为在华称"经"者，其体唯《尚书》可得，却是认识太过，中国士子恐亦难以苟同。奈何阳玛诺从澳门入境，在圣保禄书院求学时灌输的就是此见，已然演为他个人翻译上的意识形态。[56]我相信《轻世金书》四卷全译于武林住院，但说其刊刻——我得修正前见——可能已近清代中叶，否则清初何公介（fl. 1672）也不必取稿以补人在鉴湖的孙方济斯所缺。待全璧合成，孙方济斯方才抄出我们今天最早可见的《轻世金书》（《译述》，页366-367）。总而言之，从本文这里的关怀看来，武林一地绝对是晚明耶稣会士译书、刻书的南方据点之一。即使时序已入南明，卫匡国的《述友篇》（1647）犹译于於潜玲岩，但同样也刻于杭城。

中国南方其实不止一个文学译刻的中心，我们还得包括艾儒略入闽后所到之处。三山（福州）尤为刻印首府。艾儒略来华的时间不早，已迟至1613年，利玛窦去世都已三年了。不过艾氏下笔甚勤，而且广采前人之说，《西学凡》中对西学的介绍，即参有高一志《童幼教育》的影子（《晚明》，页28-30），而《职方外纪》又复制了《西学

---

[55]〔汉〕扬雄：《法言·吾子》（台北：台湾中华书局，1968），页2b："事胜辞则伉，辞胜事则赋，事辞称则经。"另见 Joseph de Prémare, *Notitia linguæ Sinicæ* (Malaccæ: Academiæ Anglo-Sinensis, 1831), p. 190。

[56] Liam Matthew Brockey, *Journey to the East: The Jesuit Mission to China, 1579-1724* (Princeton: Princeton University Press, 2007), p. 266.

凡》中艾氏的话，自我互文明显（李辑，1:28；3:1960）。不过这里我们的关怀当然不止于上述；艾儒略屦痕处处，刚才入华，他即奉派入京，其后又随徐光启至沪，同年更赴开封，访求其时仍存的犹太人的宗教经籍。未果，他又同信徒往游陕西，然后入晋，在绛州为韩云全家施洗，1620年再逦迤南下杭州，从游于李之藻与杨廷筠等人，来往于常熟之间。待叶向高（1559-1627）致仕归田，终于武林邀他入闽，奄留于福州与漳泉之间，最后则因避清军而终老于延平山中。艾儒略的两部教中文学伟称，殆中译于八闽之地。《天主降生言行纪略》大略取材乎前述萨松尼亚的卢道福（Ludolphus de Saxonia, c. 1295-1378）的简本《耶稣基督传》。至于《圣梦歌》（1637）则晚一步译成，时在1637年，乃耶稣会中人唯一自觉性的文学翻译。全诗出以七古，凡二百七十六句，译自英国某教士以拉丁文写下的辩论诗（verse debate）。若不论语种，《圣梦歌》确属中国史上首见的英诗中译，且以单行本行世，史上罕见。艾儒略门弟李九功（d. 1681）尝编纂《励修一鉴》（1639/1645），可视为中国首部天主教型的证道故事集。此书既编于艾氏驻铎最久的三山，当然也刊刻于此地。罗雅谷（Giacomo Rho, 1593-1638）中译圣女大德兰（St. Teresa of Avila, 1515-1582）的《圣记百言》（1632），同样成就于三山景教堂，当亦于堂中刻出面世。高一志南下之际，另携《十慰》一书，其主旨可能部分取材或改译自西尼加（Seneca the Younger, c. 4 BCE-65 AD）的相关著作[57]，

---

[57]〔明〕罗雅谷：《哀矜行诠》卷三第四节尝提及高一志《十慰》，而节中另译有西尼加（色搦加）的慰忧者言十条，称"右十慰乃色搦加所述"，见钟鸣旦、杜鼎克编：《耶稣会罗马档案馆明清天主教文献》，12册（台北：台北利氏学社，2002），5:219。《哀矜行诠》刻于1633年，故《十慰》不可能完成于这一年之前。方豪：《中国天主教史人物传》，1:153谓"《十慰》……绛州刊行"，不知所据为何。钟氏等编，以下简称《耶档馆》。

而于 1630 年前后，由闽中景教堂刊布。由是观之，福州译刻天主教文学之盛，几唯绛州可以媲美。

不论是中国北方的绛州或西安，也不论是中国南方的武林或福州，这些地方所译当然另含文学性较弱的其他耶稣会译籍。若以年代为准，则零星言之，我们还得添加南方的广东韶州一地，龙华民（Nicholas Longobardi, 1559-1654）中译的欧洲传奇小说（romance）《圣若撒法始末》（1602）据传首刊于此，南明隆武元年方见闽中所出的"校订版"。[58] 此外，我们还得加上华中的南昌。利玛窦为传教而预为准备的《交友论》[59]，最早译出的七十六论就是在此应建安王之请而得。南京一地，则为《二十五言》先出的十余言完成的所在。其时利玛窦已分别于南昌和南京从一班显宦及名士游，虽则《二十五言》最后完成之地仍为北京。利玛窦方才入京，早已应崇祯皇帝之请中译了《西琴曲意八章》。北京当然是译书大本营之一，固亦刻书之中心也。据传阳玛诺译得《轻世金书》，最早刊刻之地即为北京，岁在 1640 年。其他非关文学译籍者，那就不止此数了：前述徐光启与利玛窦合译的名作《几何原本》的译刊，都在京中完成。

综上所述，我们可见明末耶稣会的文学中译地点几乎遍布整个中国。细而察之，北有北京，西北有晋陕两省的绛州与西安，南则从集散称最的杭州到与其不相上下的福州都是，还要外加广东的韶州一地。绛州译作的底本，多数应属金尼阁返欧募来，但因高一志

---

[58] Matteo Ricci, *Storia dell'Introduzione del Cristianesimo in Cina*, in Pasquale M., D'Elia, S. I., ed., *Fonti Ricciane*, 3 vols (Rome: La Libreria dello stato, 1942), 2:232.

[59] Cf. Yu Liu, "The Preparation for Proselytizing: Matteo Ricci's Treatise *Jiao-You-Lun (On Friendship)*," *Mosaic* 43/3 (September 2010): 167-183.

乃从澳门携去，20世纪编纂的《北堂藏书目录》不可能登录。其他世间仍存者如《交友论》所本的《金言与证道故事集》（*Sententiae et exempla*），如今仍庋藏在中国国家图书馆（原北京图书馆）[60]，少数则可见于上海图书馆徐家汇藏书楼。从北京到杭州此一译书刻书的分布图，几乎也是明末中国基督徒的主要根据地。尽管如此，基督徒的分布并非本文的关怀，我更感兴趣的是上述有关文学的译作对明末或清代各类文化的影响，甚至可以闻得的回响，而这就不能以地区为限而论之了。

明末文学译籍的影响与回响

明清之际来华的天主教传教士中，就数量而言，以耶稣会称最。就著译的成就观之，也以耶稣会称最，几达千种之多。这些文献中，当然以宗教类为大宗，人文者次之，一般人以为影响力最大的科技类反而退居殿军。然而不管哪一类，读之者都颇有其人，而且数量恐怕远在前此我们所知之上。读之者也是九流十教，似乎不尽然都是天主教徒。他们阅读耶稣会士的著译之后，某些人确曾深受冲击，在他们的著作中留下蛛丝马迹，甚至可用"影响"或"回响"等词予以形容。

欧人典籍的中译，不仅在明清之际越国跨洲而来，时而也跨过了教门的局限，向中国广土众民开放。明人张坦翁（生卒年待考）尝寓北京及黄蘗山诸地，持《金刚经》三十余载，著《金刚经如是解》。他苦思经中佛对座下弟子须菩提所述"三千大千世界"这个地球经纬时，终于佛教与儒家之外，在汤若望的译作中觅得"证入"的法门，

---

[60] 孙尚扬：《明末天主教与儒学的交流和冲突》（台北：文津出版社，1992），页36注70。

可为后者之例。张坦翁所证入者，乃是时的中国科学新知，系出汤若望等编译的《崇祯历书》某册的书序，我且引之如下：

> 汤若望曰："欲明地球之广，当论经纬一度为几何里。今约二百五十里为一度，乘以周地之数得九万里……" [61]

《崇祯历书》是有明覆亡以前，徐光启等人奉诏主持纂修的大书，全帙共四十六种。我取手头最称方便的和刻本《活字崇祯历书历引》对照之，张坦翁上引居然几无只字之差[62]，可见熟悉，而让人深感奇之者，是张氏不以外道之作而心存芥蒂，更以公器而坦然面对。更奇的是，《金刚经如是解》此处又合天主教和儒、佛二教的世界观共冶而一鼎烹之，可见明清有识之士确实心胸开阔，殆非钟始声（1599-1665）、徐昌治（1582-1672）等编之《辟邪集》与《破邪集》

[61] 〔明〕张坦翁：《金刚经如是解》，载修订中华大藏经会编审部编：《中华大藏经》第2辑第73册（台北：修订中华大藏经会，1968），38:29868。明清之际，语如汤若望者多矣，熊三拔（Sabatino de Ursis, 1575-1620）译《表度说》可引以为例："……地周三百六十度，每度二百五十里，其周围实独有九万里。"见李辑，5:2550。另请参见李奭学：《书话东西文学地图》（台北：九歌出版公司，2009），页79-80。

[62] 见〔明〕罗雅谷（Giacomo Rho, 1593-1638）、龙华民（Nicholas Longobardi, 1559-1654）撰，高桥子春句读，涩川元孚校正：《活字崇祯历书历引》，2卷（日本安政乙卯年〔1855〕春渡边靴藏板），1:3a。但张坦翁不可能引自此一日本版，所引当为明末《崇祯历书》中汤若望所撰之《交食历指》、《恒星出没表》、《南北高弧表》或《五纬诸表》中某卷。书名也有可能不是《崇祯历书》，因为后书乃一套四十六册的大书，由徐光启与李天经（1579-1659）在崇祯七年（1634）修毕。入清以后，此书再经汤若望删削，成《西洋新法历书》。《崇祯历书》版本复杂，但"书引"之属于其原有之一环，已为确论，参见祝平一：《〈崇祯历书〉考》，《明代研究》第11期（2008年12月），页135-138。

内文作者可以企及。[63]

时迄明季，《金刚经》内化已久，其实不宜再视为仅属天竺的文本传统。但张坦翁征引泰西科学以为中土文本佐证，说其实也，并非时人仅见。崇祯早期，朱朝瑛（1605-1670）著《读诗略记》，首开以利玛窦中译的日月食之说释《诗》的先例。[64] 康、雍年间，蒋骥（生卒年不详）撰《山带阁注〈楚辞〉》，其中《天问》一卷，也援引利玛窦所著或译的《天主实义》、《几何原本》，与傅汎际（Francois Furtado, 1589-1653）译《寰有诠》，以及汤若望入清后修改《崇祯历书》而得的《西洋新法历书》注之，陈垣早已指陈历历。[65] 乾隆时期，戴震（1724-1777）著《屈原赋注初稿》，再注《天问》，也力主"地寰"而非"地平"，显然亦因泰西天文学的影响有以致之[66]，我们固可再引以为证矣！

明清间的中国士子，当然也有不以西学为然者。朱日浚（c.1660-c.1690）据称系出朱熹（1130-1200）一脉，天启迄崇祯末年

[63] 参见〔明〕徐昌治编辑：《破邪集》及〔明〕锺始声等撰：《辟邪集》，载周骏方编校：《明末清初天主教史文献丛编》，5 册（北京：北京图书馆出版社，2001），第 2 册至第 5 册。

[64] 〔明〕朱朝瑛：《读诗略记》，载《景印文渊阁四库全书》第 82 册（台北：台湾商务印书馆，1983），页 456。另见杨晋龙：《经学与基督宗教：明清诗经学专著内的西学概念》，台湾政治大学中国文学系编：《第五届中国经学国际学术研讨会论文集》（台北：台湾政治大学中国文学系，2009），页 422。

[65] 陈垣：《从教外典籍见明末清初之天主教》，载陈智超编：《陈垣全集》，23 册（合肥：安徽大学出版社，2009），2:603-604。另见〔清〕蒋骥：《山带阁注〈楚辞〉》，与〔宋〕洪兴祖：《楚辞补注》合刊（台北：长安出版社，1991），页 70-81。

[66] 例如〔清〕戴震：《屈原赋注初稿》，见戴震研究会、徽州师范专科学校古籍整理研究室、戴震纪念馆编纂：《戴震全集》，6 册（北京：清华大学出版社，1991），2:917。

尝著《朱氏训蒙》一帙[67]，其中《诗门》注《诗经》，而注到《十月之交》时，朱日浚乃发挥其博学多闻的长才，从张载（1020-1077）、朱熹等人的太极图说，一路注到距他最近的利玛窦的天文学。《朱氏训蒙·诗门》所引乃利氏译《乾坤体义》，对日月食都有笼统但不失翔实的眷录；洋洋洒洒近二页，蔚为奇观。[68] 这二页注文的内容，用利玛窦会中同志高一志所译《譬学》之语简言之，就是"月失其光，地间之也；日失其光，月间之也"。[69] 高一志用到天文学，志在作"比"（comparison），作"类比"（analogy），或作"联比"（syncrisis）。至于利玛窦，则纯粹在解释天文现象，故而从地球绕行的方向，连食由东启而西吐或西启而东吐，都曾详予说明。朱日浚凿凿言之，似颇折服于利玛窦之见，但提到诸家之后，孰是孰非，《朱氏训蒙·诗门》却一反逻辑，自问自答而趱回朱氏自己的祖训道："须以文公之言为正。"[70]

由明入清，西学里的天文学，称许者不知凡几，而各种技艺，即使保守的四库馆臣也得附和，阮元（1764-1849）等人稍后的畴人之说，可称代表，而前此亦可见心思反省的中国士子。康熙时人戴榕

---

[67] 朱日浚为楚人，或由赣迁楚，其事难考。其门人王材律有跋，称《诗门》"草自天启初年，成于崇祯末年"，如则则《朱氏训蒙》应刻于入清以后。《胡广通志》卷57《人物志》云："朱日浚，字菊卢，黄冈岁贡，均州训导。博洽有文行，阐扬正学，士人奉为典型。著有《五经门》，卒于官。"但王材律亦称朱氏"字静源"，材律则其孙朱熙之同窗。上引俱见刘毓庆、贾培俊：《历代诗经著述考·明代》（北京：中华书局，2008），页318-319。

[68] 朱日浚的整个概念见利玛窦（译）：《乾坤体仪》，载《景印文渊阁四库全书》第787册（台北：台湾商务印书馆，1983），页767-776。

[69] 高一志：《譬学》，见《三编》，2:591。另见《译述》，页284。

[70] 〔明〕朱日浚：《朱氏训蒙·诗门》，卷20《十月之交》（日本国立公文书馆藏明刻本），页35a-36b。

（文昭，1656-?）收藏了不少科技西学的著译，黄履庄（1656-?）尝据之而习得各种制具功夫，时称发表大家。戴榕乃为之作传，而张潮（山来，1650-?）复收之于所集《虞初新志》中。面对传末黄履庄所制巧器之目，张潮遂效史家评赞，在不鄙薄自己的状况下感叹道：

> 泰西人巧思，百倍中华，岂天地灵秀之气，独锺厚彼方耶？予友梅子定九、吴子师邵，皆能通乎其术。今又有黄子履庄。可见华人之巧，未尝或让于彼。只因不欲以技艺成名，且复竭其心思于富贵利达，不能旁及诸技，是以巧思逊泰西一筹耳。[71]

张潮省思所得，"君子不器"与"功名富贵"可以形容。但尽管有类张潮与黄履庄等辈代不乏人，朱日浚非但不图师法而躬自省思，反而心存怀疑，宁可取径于徐昌治的《圣朝破邪集》（1639），再效中国古来那套虚无缥缈的理气之说以为《十月之交》的科学理据，说来讽刺。不过前及朱日浚所见仍属非常，我暂且带过，下面把重点放在近年来困学所知，而所谈多为文学，乃个人偏好使然，如是而已。

首先，我得坦承明末耶稣会文献——尤其是中译所得者——流通的程度，目前尚难精算。这些著译对中国文学或文化本身的影响，我也难以细估。虽然如此，相关的研究如今已略有进展，过去神秘的面纱逐渐揭开。若论此刻文学翻译在当代或对后世的冲击，利玛窦的《交友论》（1595）无疑仍执诸译牛耳。此书流传的状况，论者已

---

[71]〔清〕张山来（张潮）：《虞初新志》，4册（台北：广文书局，1968），卷6，2:10b。

夥^[72]，下面我谨举其大要，再述一二，以供尝鼎一脔。

明末阳明学派盛行，阳明后人焦竑（1540-1620）曾在新安聚会讲学，学生金伯祥（生卒年不详）请问友谊，而焦竑的回答居然是《交友论》的第一论：朋友系"我之半"，乃"第二我"也。^[73]《交友论》广收欧洲名哲伟人的友论，译出后一再重刻^[74]，深受肯定，新安之会应该是最佳说明。反面论调虽然也可见得，但似清人周中孚（1768-1831）《郑堂读书记》所载，则为后世井蛙之见的代表。周氏谓《交友论》虽百条，而"每条不尽一行者居其大半"。这是以字数多寡在衡量欧洲友论精华，称之浮薄浅见亦无不可。周氏又说这些钉饾"大旨多向利害上计较而强人以所难，亦不过托诸空言"而已^[75]，则是以上国心态藐视友谊论述远比中国强的欧人，更不懂从亚里士多德（384-322 BCE）迄西塞罗（Marcus Tullius Cicero, 106-43 BCE）等人的"友谊的政治学"（politics of friendship）。^[76]不过话说回来，周中孚此一有如四库馆臣式的反弹，反而以负面之见凸显一事：即使时迄于清，中国士子已经不能不正视《交友论》，已经不得不贬抑之，以免自灭文化上的威风。

---

[72] 参见邹振环：《晚明汉文西学经典：编译、诠释、流传与影响》（上海：复旦大学出版社，2011），页82-101。

[73] 〔明〕焦竑：《古城问答》，在所著《澹园集》，2册（北京：中华书局，1999），2:735。参见《晚明》，页272-275。

[74] 据陈垣的《从教外典籍见明末清初之天主教》，民国以前，至少有《宝颜堂秘笈》、《一瓶笔存》、《广百川学海》、《小窗别记》、《山林经济籍》、《读说郛》、《坚瓠秘集》与《郁冈斋笔塵》等八种丛书收有《交友论》，见陈智超编：《陈垣全集》，2:603。不过褚人获：《坚瓠集》（杭州：浙江人民出版社，1986），四册之中，《交友论》并未见收，不知是陈垣误记抑版本有异使然。

[75] 〔清〕周中孚：《郑堂读书记》，8册（台北：台湾商务印书馆，1978），3:1057。

[76] 这是德希达的书题，见Jacques Derrida, *Politics of Friendship*, trans. George Collins (London: Verso, 1997)。

利玛窦名气大，大到去世时连官方邸报都发出讣闻，袁中道
(1570-1623) 的日记《游居柿录》记之甚详，而褚人获 (1635-?) 在
《坚瓠秘集》中也因其故而撰有《大西国三主》一条，明载其人像
貌。[77] 方利氏入华之际，韶州同知刘承范 (fl. 1583-1591) 奇之，撰
有《利玛窦传》一文，其中除记有利氏在粤的种种事迹外，也称许
利氏的数学才能与天文学知识，尤美其数学之专精，甚至 "难度和
深度" 都已超越尔后他和徐光启合译的《几何原本》。[78] 刘承范此文，
可能是中国人为利玛窦所作最早的传记。不过刘氏虽官至兵部侍郎，
惜乎文名不彰。正式为利玛窦作传者中，文名最盛的应推明清间公认
的散文大家张岱。他承袭晚明公安竟陵的文字心法，是清初性灵小品
文的斲轮好手。然而张岱亦擅史学，所著《石匮书》名噪一时，所撰
《利玛窦列传》便收于此书第二百〇四卷中。[79] 张岱和西学的渊源一
向罕人言及，但实为 "家学渊源"。张府乃官宦世家，张岱之前的父
祖两辈皆曾在朝为官，祖父张汝霖 (fl. 1595) 且曾官拜广西参议。利
玛窦刊刻《畸人十篇》，张汝霖读之，"深有味也"，尤受其中 "常念
死候" (memoria mortis) 等天主教言谈俗套的影响，竟至择其出尘之
句而刻之，成《西士超言》一书。此书后世虽佚，书序《〈西士超言〉

---

[77] 见〔明〕袁中道：《游居柿录》，见陈文新译注：《日记四种》(武汉：湖北辞书出版社，
1997)，页 224-225；以及褚人获：《坚瓠秘集》，见所著《坚瓠集》，卷 4，页 4a-4b。

[78] 黎玉琴、刘明强：《利玛窦史海钩沉一则》，见阎纯德编：《汉学研究》第 13 集 (北京：
学苑出版社，2011)，页 379。另见〔明〕刘承范：《利玛窦传》，见阎纯德编：《汉学研究》第 13
集，页 372-376。

[79] 〔清〕张岱：《石匮书·利玛窦列传》(卷 204)，载续修四库全书编纂委员会编：《续修
四库全书》史部别史类 (上海：上海古籍出版社，2002)，320:206。张岱和西学、西人的关系
见 Jonathan D. Spence, *Return to Dragon Mountain: Memories of a Late Ming Man* (Toronto: Penguin
Group, 2007), pp. 128-134。

150 | 明清西学六论

小引》仍经杨廷筠收入所辑《绝徼同文纪》（1617），因而幸存。[80] 志学以来，张岱尽发家中所藏，而他和祖父感情尤洽，时常同游，徜徉于名园幽山。正因张汝霖使然，西人著作，张岱甚熟，利玛窦和高一志所著尤然。祖父辑得的《西士超言》，张岱目为近儒，虽评道"平平无奇"，然而也认为褒之訾之，皆非合宜，《利玛窦列传》于焉问世。[81]

就文学质而再言，利玛窦对明清时人的影响显然。刘侗（*c.*1593-1637）和于奕正（1597-1636）著《帝京景物略》，其中引到谭元春（1586-1637）的《景陵谭元春过利西泰墓》，有"行尽松楸中国大，不教奇骨任荒寒"一联。[82] 谭氏此地所称"松楸"者，分明在呼应利玛窦译《西琴曲意八章》（1601）里《定命四达》所称定命或气数一到，"非松即楸，皆不殉主丧也"！[83]《西琴曲意八章》首二章《吾愿在上》与《牧童游山》，甚至在 18 世纪跨海走到东瀛，走进江户时代日本国学大师平田笃胤（1776-1843）的『本教外篇』中，以验证、说明神道教所重的教理。[84] 纵使我们撇开译作，试看今人所谓的"撰作"，仍会发觉包括文学批评此一独特的领域，利玛窦也有其影响，不可小觑。汤显祖（1550-1616）的《牡丹亭》，雍正年间

[80]〔明〕张汝霖：《〈西士超言〉小引》，见杨廷筠辑：《绝徼同文纪》，载《法国图》，6:281-282。

[81] 张岱：《石匮书·利玛窦列传》（第 204 卷），见续修四库全书编纂委员会编：《续修四库全书》，320: 207。

[82] 刘侗、于奕正著，孙小力校注：《帝京景物略》，页 417。谭元春（1586-1637）也是竟陵派的文学健将之一。

[83] "非松即楸"一句，这里用的是朱维铮的校订本，见朱维铮：《利玛窦中文著译集》（上海：复旦大学出版社，2001），页 244。

[84] 见平田笃胤：『本教外篇』，在上田萬年、山本信哉与平田盛胤编：『平田笃胤全集』卷 2（東京：内外書籍，1932），页 1。另参较平川祐弘：『マッテオ·リッチ伝』，3 册（東京：平凡社，1997），2:263-265 的诠解。『本教外篇』下，作『本教外編』，上下两编，以下均以作者姓简称为"平田"。

有吴震生（1695-1769）、程琼（生卒年不详）夫妇尝加评点，成《才子牡丹亭》一书。其中把《天主实义》喻人世之美乃天上之美的投影这个概念，套用在杜丽娘《惊梦》一折上，而且连利作中我称之为《暗狱喻》的比喻，吴氏夫妇也取为他们批语的"引证"，说明杜丽娘在"惊梦"中因尝人事而启蒙（initiated），所见世界已和曩昔不同，更在解明她"可知我常一生儿爱'好'是天然"一语无讹：

> 西儒谓："不信天堂佛国者，如囚妇怀胎，产子暗狱，只以大烛为日，小烛为月，以狱内人物为固然，则不觉狱中之苦。若其母语以日月之光辉，贵显之妆饰，方始日夜图脱其囹圄之窄秽，而出寻亲戚朋友矣。"不知婆娑之美好，实以有"好"可爱，不可如是譬……[85]

吴震生与程琼果然心思过人，利玛窦的《暗狱喻》一经他们提点，硬把《牡丹亭》里那惊梦中即将发生的巫山云雨预示得正当而合理。中国戏曲评点史上，《才子牡丹亭》首次用到西学，利玛窦的寓言确实可比石破天惊。而令人更吃惊的是，即使是艾儒略的《西学凡》，在《才子牡丹亭》的批语中也轧上了一角，吴震生与程琼有其特殊用意。不过这点他处我业已论及，兹不赘。[86]

《才子牡丹亭》刊刻之前，利玛窦《畸人十篇》所译古希腊的

---

[85] 〔明〕汤显祖原著，〔清〕吴震生、程琼批评，华玮、江巨荣点校：《才子牡丹亭》（台北：台湾学生书局，2004），页131。另见《晚明》，页107-110。

[86] 〔明〕艾儒略的《西学凡》，吴震生、程琼用为《诇药》一折的批语，见华玮、江巨荣点校：《才子牡丹亭》，页463。另参见《晚明》，页311-312。

传奇人物"阨琐伯"——或今人称之为"伊索"(Aesop, fl. 620-560 BCE)者——的生平传奇,早经李贽门下张萱(万历时人)取为《西园闻见录》(1627)有关世人"往行"之佳者的见证[87],把虚构变成了历史。前提朱日浚不好利玛窦的历算与天文之学,但对利氏的首部文学译作《交友论》却另眼相看,《朱氏训蒙·诗门》中,即曾引之而为《诗经》经解。《小雅·伐木》向来以为是友论专诗,《诗门》故效利玛窦训"友",认为"从二'又'"字,注中继而故搬出前引《交友论》道:

> 西洋利玛窦以友"即我之半,乃第二我也",因"当视友如己"。"天下无友,则无乐"也。其论友云:"交友之先,宜察;交友之后,宜信。"又云:"我荣时请而方来,患时不请而自来,真友也。"又云:"古有二人同行,一极富,一极贫。或曰:'二人密友也。'窦法德闻之曰:'既然,则何一为极富,一为极贫哉?'"又云:"北方是的亚国俗,独以得友多者称之谓富。"[88]

朱日浚上引和 1629 年《天学初函》版的《交友论》稍有异文,而且引来次序也不同,但他并未扭曲利玛窦的原意。非特如此,他还一反前及有关利氏的日食月食之说,称许有加,并用案语比而评道:"遐方荒裔,尚知此义,况道德之族乎?"(《伐木》,页 43b)朱日浚言下之意是:中国人的友论,反不如绝域远人或夷狄之邦的欧罗巴!

---

[87] 〔明〕张萱:《西园闻见录》,在周骏富辑:《明代传记丛刊》(台北:明文书局,1991),117:818-820。

[88] 朱日浚:《朱氏训蒙·诗门》卷 16《伐木》第 1 章,页 43b。朱日浚所引的这些文句,分别见李辑,1:300、301、309-311 及 319。

《交友论》第一百条乃某有关 "墨卧皮" 者的世说（chreia），朱日浚亦取为《伐木》一章的笺注：

> 墨卧皮，大西主也，折大石榴。或问曰："夫子何物愿如其子之多？" 曰："忠友也。"（《伐木》，页 43b）

这一个故事（李辑，2:320），最早述及者乃普鲁塔克（Plutarch, *c.* 46-120）的《名王名将嘉言录》（*Regum et imperatorum apophtegmata*）。[89] 利玛窦或他所本莱申特（André de Resende, 1498-1573）的《金言与证道故事集》或曾稍加变异。不过这是另一回事。朱日浚所引的问题症结是，此一故事稍后也曾出现在高一志译的《达道纪言》里，而朱日浚似曾严肃参考过。原因如下："墨卧皮" 之名，利玛窦有注曰："古闻士也。"《朱氏训蒙》里的称谓，此地有乖利氏之说。晚明东来西人中，唯高一志方如普鲁塔克而以西方君主称呼墨卧皮。其实这 "西方君王" 也不对，因为故事真正的角色乃大名鼎鼎的波斯王大流士（Darius I, 550-486 BCE），人处亚洲。高一志的原译如下："〔伯〕西亚国名王几席，偶有柏榴露其房。宠臣问曰：'王欲何宝物如此榴子之多？' 答曰：'忠臣而已。'"（《三编》，2:685）高一志另著《王政须臣》中，则隐去大流士之名，仍称之为某 "西国名王"（《法国图》，1:333-334）。朱日浚倘未看过《达道纪言》或《王政须臣》，如何能把 "古闻士" 易以 "大西主" 这个更近普鲁塔克笔下的 "史实"？显

---

[89]　Plutarch, *Sayings of Kings and Commanders*, 173.3, in Frank Cole Babbitt, trans., *Plutarch's Moralia III* (Cambridge: Harvard University Press, 1989), p. 15.

而易见，《伐木》的经解中，《达道纪言》或《王政须臣》都扮演了某种我们尚难证悉的角色。

由上可知，利玛窦的著译——在文学评注上——至少曾影响过戏曲和诗歌这两种文类。就后世基督徒的著作观之，上引《暗狱喻》出现的频率并不低，在天主教圈内时闻回响。[90] 我继而想岔开，稍谈中国人最早对西洋书籍的看法。再以利玛窦为例。方其入华之际，中国人常以"异人"形容之，而褚人获的《坚瓠秘集》且极美其携来之欧洲经典，状之乃以"彩闉金宝杂饰之"；简而言之，这是我们今天所称的"烫金精装"的书籍装帧形式。连书中的纸质，褚人获也有所状摹："其纸如美妇之肌，云其国之树皮治薄之耳。"上文所谓"欧洲经典"，由此看来系《圣经》，而褚氏形容之欧纸，亦我们今天所称的"圣经纸"。[91]

书籍乃文字的载体，中国人对利玛窦随身所带的《圣经》及"圣经纸"的兴趣甚大，而其描绘之详，我看无过于万历壬寅年（1602）之前，王肯堂（1549-1613）《郁冈斋笔麈》第四卷所述：

> 余见西域欧逻巴国人利玛窦出示彼中书籍，其纸白色如茧薄而坚好，两面皆字，不相映夺。赠余十余番，受墨不渗，着水不濡，甚异之。问何物所造，利云："以故布浸捣为之。"乃知蔡伦捣故鱼网作纸，即此类尔。[92]

王肯堂上引制纸之法，可能不如褚人获正确，但欧人印书纸张的坚韧

[90] 例如无名氏：《醒迷篇》，在《耶档馆》，9:263。

[91] 褚人获：《坚瓠秘集》第4卷，见所著《坚瓠集》，4:4b。

[92] 〔明〕王肯堂：《郁冈斋笔麈》，见四库全书存目丛书编纂委员会编：《四库全书存目丛书》子部杂家类（台南：庄严文化公司，1995），107:720。

与受墨的耐力,王氏形容得倒甚确,而经此对照,中国旧籍的纸质便显粗劣,看来不是一句"蔡伦捣故鱼网作纸,即此类尔"可以掩饰得了。

上文谈过西学对诗与戏曲评点的影响,下面我再转个话题,换成西学与中国小说创作的关系。乾隆年间的《红楼梦》,方豪(1910-1980)与商伟有极其细微的发微[93],兹不赘。这里我拟一谈者,是比《红楼梦》早了近一百三十年的《十二楼》(1658)。此一话本小说集乃前及清初说部干将李渔的名作,其中《夏宜楼》一卷写某书生妙用"千里镜",尝从高山上某寺的僧房偷窥山下某名门闺女房内与荷园的动静,连她手书的诗句都瞧得如在目前。这书生随后讹称自己有神目,诓得闺女好感,乃赚得美眷归。自此供奉这支千里镜,敬之如神明,且作占卜用。

李渔在《夏宜楼》中说道,千里镜乃二百年前西人东来设教时传入,制镜之技术自是中不如外。其时独有武林诸曦庵讳某者能得真传,"好奇访异的人家都收藏得有,不是什么荒唐之物"。[94]在清初,

[93] 方豪:《从〈红楼梦〉所记西洋物品考故事的背景》,见所著《方豪六十自定稿》,2册(台北:作者自印,1969),1:413-496;商伟:《逼真的幻象:西洋镜、线法画与大观园的梦幻魅影》,见林玫仪编:《文学经典的传播与诠释》,(台北:台湾中研院,2013),页91-136。

[94]〔清〕李渔:《十二楼》,见浙江古籍出版社编:《李渔全集》,16册(杭州:浙江古籍出版社,1991),9:82-84。《夏宜楼》的喜剧性及其在历史上的新颖处,韩南(Patrick Hanan)下书中有洞见,虽然他把千里镜传入中国的历史误成"不过"在《十二楼》成书前"数十年前而已"(not many decades before);The Invention of Li Yu (Cambridge: Harvard University Press, 1988), pp. 78-81。千里镜外,《夏宜楼》另外胪列的光学制品有显微镜、焚香镜、端容镜与取火镜等四种。若不计焚香镜与端容镜,康熙癸亥年(1683),前述这些巧具亦见诸戴榕的《黄履庄小传》,而且又都属从西来教士著译学习制成者,包括千里镜在内,见张潮:《虞初新志》卷6,2:9a-9b。《夏宜楼》诸镜——尤其是千里镜——的相关讨论,见商伟:《逼真的幻象:西洋镜、线法画与大观园的梦幻魅影》,载林玫仪编:《文学经典的传播与诠释》,页121-124。明代与清代引入的这些西洋巧具的简论,另可见刘善龄:《西洋风:西洋发明在中国》(上海:上海古籍出版社,1999),页6-15。不过刘著偶见舛误。

单筒望远镜自西传来已非新闻，利玛窦的时代知者即甚夥，郑仲夔（fl. 1636）《耳新》写得声咳如闻："番僧利玛窦有千里镜，能烛见千里之外，如在目前。"日月星辰，均可缩近而观，"又能照数百步蝇头字，朗朗可诵"。[95]《夏宜楼》故事的部分灵感，似乎源出后引，李渔恐读过郑仲夔的《耳新》。但说那"好奇访异的人家都收藏得有"，即使时序入清，恐怕也夸大了些，应系小说家言。

个人用的单筒望远镜，利玛窦或罗明坚携有实物，《帝京景物略》言之甚详，谓乃"状如尺许竹笋，抽而出，出五尺许，节节玻璃，眼光过此，则视小大，视远近"。[96]果真要如《夏宜楼》中的千里镜之可洞悉数百米外纸张上的诗句，非得略如伽利略（Galileo Galilei, 1564-1642）所制之天文望远镜不可。如此之"千里镜"，阳玛诺《天问略》（1615）曾经略说之，又称伽利略为"近世西洋精于历法一名士"。他"尝制此器，观六十里远一尺大小之物，明视之，无异在目前也"。持此镜观宿天诸星，远者则可至河汉。《天问略》书末，阳玛诺承诺要"待此器〔运〕至中国之日，而后详言其妙用也"。[97]话虽如此，阳氏的诺言仍得待五年后金尼阁由欧返华，带来一具天文观测用的望远镜，也带来了汤若望，方才实现得了。天启六年（1626），

---

[95] 〔明〕郑仲夔：《耳新》，丛书集成版（北京：中华书局，1985），页53。郑仲夔虽谓利玛窦去世后，"其徒某道人挟〔此千里镜〕以游南州，好事者皆得见之"，但较之李渔写《十二楼》的时代，这已是两百年前事，利氏那支千里镜早已下落不明了。《耳新》成书于崇祯六年，纪建勋：《我国制造望远镜第一人薄珏及其与西学关系之考辨》，《史林》1（2013），页77-87以为，携镜者乃下文会提到的汤若望而非利玛窦。另见刘耘华：《清代前中期东吴文人与西学》（下），载《基督教文化学刊》第30辑（2013年秋），页95注2。参见江晓原、钮卫星：《天文西学东渐集》（上海：上海书店出版社，2001），页355-357。

[96] 刘侗、于奕正：《帝京景物略》，页223。

[97] 〔明〕阳玛诺：《天问略》，见李辑，5:2717-2718。

汤若望取伽利略的《星际信使》(*Sidereus Nuncius*, 1610) 部分，再合以赛都利 (Girolamo Sirtori, fl. 1618) 的《论伽利略观星所用之望远镜》(*Telescopium, Sive ars perficiendi novum illud Galilaei Visorium Instrumentum ad Sidera*, 1618) 部分，编译成《远镜说》一书。其中所述天文望远镜有图有文，汤氏且曾按图索骥，制造了一具而用于崇祯历局的钦天监。组合望远镜的各种光学原理，终于大白于中国。

李渔在《十二楼》里的文学性"发明"，和《远镜说》的编译关系显然。下文的描述与例示，想来或许也曾激发过李渔的想象：

> 居室中用……〔千里镜〕，则照见诸远物；其体其色，活泼泼地各现本相。大西洋有一画士，〔曾〕秘用此〔一千里镜之〕法画种种物像，俨然如生，举国奇之。[98]

《远镜说》中另有一幅显然架在山上的天文望远镜图，理当更可供李渔驰骋灵感，撰写《夏宜楼》。[99] 李渔尝友吴伟业 (1609-1671)、尤侗 (1618-1704) 与龚鼎孳 (1615-1673) 等人 [100]，而他们都是清初和西学颇有渊源者，因此于《远镜说》，李渔绝不陌生。《夏宜楼》里偷窥用的千里镜，有部分他是读了汤若望所译而现买现卖了。

---

[98] 参见〔明〕汤如（若）望：《远镜说》，与《星象考》、《星经》与《经天该》合刊，丛书集成版（北京：中华书局，1985），页 13-14；另参阅邱韵如：《欲穷千里目——伽利略与〈远镜说〉》，《中华科技史学会学刊》第 17 期（2012 年 12 月），页 46-56。清兵入关前，前述薄珏 (fl. 1631) 据说已可自制"千里镜"，而且配置在所制火炮上，借以侦测敌人之动静。薄珏所为，开启了中国人最早将望远镜用在军事上的纪录，见〔明〕邹漪：《启祯野乘》，载沈云龙编：《明清史料汇编五集》（台北：文海出版社，1968），页 245-246。

[99] 汤若望：《远镜说》，页 5。

[100] 萧欣桥：《〈李渔全集〉序》，见李渔：《李渔全集》，1:4。

我们若衡之以文学译作，则利玛窦依然有足资再谈者，《二十五言》适居其一。此书原文乃罗马上古斯多葛学派的台柱之一爱比克泰德（Epictetus, *c.* 50-*c.* 138）的《道德手册》（*Enchiridion*）。爱氏之名，高一志尝在所译《励学古言》中音译为"厄比德笃"（《法国图》，4:65）。《道德手册》共收爱比克泰德讲堂论述五十三、四言，原文是希腊文，利玛窦之前，已有拉丁译本三种。利玛窦的希腊文甚佳，来华前曾在印度卧亚（Goa）的耶稣会神学院教授此一古典语言[101]，但他中译所据为何，尚待研究（参见本书首篇）。《二十五言》最早在南京译成的十数言，王肯堂曾收十二言于所著《郁冈斋笔麈》之中，后十余言陆续译成之后，利玛窦为凑足《易经》里的"二十五"这个"天数"，遂自己加写一言，终于成编，最后假手他人而于北京出版。[102] 利玛窦之所以中译《二十五言》，目的在宣扬天主教，而其中言则经常在儒化外，同时也天主教化了。斯多葛学派和天主教之间欲解还结，欧洲中世纪之前就是如此，无足为异。有趣的是，《二十五言》这本总共才不过二十五段话的小书，其中有十三言不无意义的却曾收录在明清间奇人赵韩（fl. 1632-1641）的《榄言》之中。

《榄言》成书的时间待考，大抵介于 1632 至 1641 年间。赵韩在本贯当湖诗名藉甚，《榄言》所摅却全为言体，而且也抹除了其中的

---

[101] 罗光：《利玛窦传》，见《罗光全书》，28:21。

[102] 《二十五言》的研究，可以参见 Christopher A. Spalatin, S.J., *Matteo Ricci's Use of Epictetus* (Waegwan: Pontificia Univesitas Gregoriana, 1975); Margherita Redaelli, *Il mappamondo con la Cina al centro: Fonti antiche e mediazione culturale nell'opera di Matteo Riocci S.J.* (Pisa: Edizioni ETS, 2007), pp. 99-127; 潘薇绮：《跨文化之友伦——利玛窦〈二十五言〉的翻译修辞与证道艺术》，《辅仁历史学报》第 31 期（2013 年 9 月），页 95-142；郑海娟：《跨文化交流与翻译文本的建构》，《编译论丛》第 5 卷第 1 期（2012 年 3 月），页 205-224。

欧洲语境。赵韩收之于所纂《日乾初揲》首册之首[103]，可想见重。
《日乾初揲》一函六册，善书也，广收儒释道三教的劝善篇什，连功
过格或颜茂猷（1578-1637）的名著《迪吉录》亦收之。后者赵韩易
名为《迪吉拈评》，录之于《日乾初揲》的第二册，可见《榄言》之
揲，赵韩确实待之如同三教的"善书"。在这种状况下，《二十五言》
乃变成赵韩眼中的劝善经典，而《榄言》加入《日乾初揲》的行列，
更呼应了耶稣会士如艾儒略或高一志称其所著或译为"善书"之说，
不啻也宣告中国开始出现某种"四教一家"的善书观，而且只要旨在
劝善，天主教典籍还可排名第一。历史上，这是前无古人的善书编纂
行为，即使来者都罕见。[104] 翻译而一至于此，意义可就独特了，至
少改写了部分传统的中国善书观。赵韩没有想到的是：《二十五言》
系罗马斯多葛学派的名著，而此派中人——尤其是爱比克泰德——有
一套自己独特的宗教思想，他之揲之入《榄言》，等于也把罗马宗教
带进中国的善书文化里，从而由"四教共荣"又幻形变身，变为"五
族共和"！[105] 利玛窦所著或译的影响力，上达名门公卿，下则因《榄
言》而迄市井庶人，意义确实不凡（参见本书页 32-79）。

　　《二十五言》固然重要，利玛窦的护教文献《畸人十篇》声
名更响，明人知者甚夥，入清后还包括遗民一类人士如李世熊

---

　　[103]〔明〕赵韩（赵退之）：《榄言》，收于《日乾初揲》6 册（日本国立公文书馆藏明刻本，
编号：9815），第 1 册。《日乾初揲》以下简称《初揲》。
　　[104] 韩霖稍后所撰的《铎书》（1641），是我唯一可以想到的明清之际的例子，详见本书页 76。
　　[105] 斯多葛学派——尤其是爱比克泰德的罗马斯多葛学派——的宗教性格——尤请参见 W.
A. Oldfather, "Introduction" to his trans., *Epictetus I* (Cambridge: Harvard University Press, 1995), pp.
xxiii-xxix。

（1602-1686）等人。[106]《畸人十篇》固名为"著"，而且有其历史情境，然而书中引述之言或所陈之语，相当复杂，半数乃"译"，毋庸置疑。李世熊是福建宁化人，所著《寒支集》显示对《畸人十篇》的了解绝非泛泛。对利玛窦而言，"既往之年，皆以为死"（李辑，1:136）；董其昌（1555-1636）著《画禅室随笔》，故而详载某"曹孝廉"曾"视余以所演西国天主教；首言利玛窦，年五十余，曰：'已无五十余年矣！'"。[107]董氏还以《法句经·无常品》中的名言"是日已过，命亦随减"解之。[108]李世熊的《寒支二集》卷五《答王振子》亦云大西人"问年寿，每以见在者为无有，如贱辰七十，则云：'已无七十矣。'此语凄痛，足发深省。"较之董其昌所记，李世熊笔下的数目有别，当因误记或记忆有误有以致之，而他既然说得出"此语凄痛，足发深省"，则亦可见娴熟天主教"常念死候"之义，读过《畸人十篇》自是不在话下了！《寒支初集》卷七另有《答彭躬庵》一札，其中李氏因谓自己深知"岩墙之下不无正命，圣贤亦有论说未到处。惟西教无生，天学念死，刻刻惺惺，差是受用处耳"[109]，可见倾倒。利玛窦的《畸人十篇》，董其昌举一反三，但于李世熊则是深刻的

----

[106] 李世熊的传记见〔清〕孙静庵：《明遗民录》卷16，与《明末民族艺人传》合刊，载周骏富：《清代传记丛刊·遗逸类2》第68册（台北：明文书局，1985重印），页276。

[107] 〔明〕董其昌：《画禅室随笔》（台北：广文书局重印，1978），页102。利玛窦这句话，见李辑，1:117。

[108] 〔天竺〕法救撰，〔三国·吴〕维祇难等译：《法句经·无常品》，见高楠顺次郎、渡辺海旭主编：『大正新脩大藏経』，100卷（東京：大正一切経刊行会，1934），4:559a。『大正新脩大藏経』以下简称《大正藏》。

[109] 〔清〕李世熊：《寒支集》，在国家清史编纂委员会编：《清代诗文集汇编》（上海：上海古籍出版社，2010），第18册《寒支二集》，页114；及《寒支初集》页649。另请参见钱锺书：《钱锺书手稿集：容安馆札记》，3册（北京：商务印书馆，2003），3:2138。

生命体会与影响。

从中国文学史的角度看，纵为金尼阁译辑的薄薄一册《况义》，在寓言文学的撰作上也冲击到明清之际的中国士子。李世熊性耿介，重气节，明亡后尝撰《物感》，讥刺明末官场与社会腐败，以致家破国亡。《物感》深受金尼阁启发，其中截取金氏——也有可能是合译者张赓——所集或所译伊索式寓言集《况义》约五则，再附以他个人集或写得者而成书。[110] 金尼阁所谓"口授"，某些其实是金氏共笔受者张赓摘取前人如庞迪我（Diego de Pantoja, 1571-1618）《七克》中所译者而成[111]，目的在译制一本耶稣会同修可便于援引，并借以传教的动物寓言式证道故事集。李世熊谈禅说道，本人显非基督徒，不可能领略得了尤其是金尼阁译书的命意，故而仍以动物寓言集视《况义》。中国动物寓言本身的传统，他不会——也不可能——不知道，笔下"收录"的《况义》因有一成不变照抄者，也有因应讽时谏世而变易者，同时还可见为配合中国传统而在伊索式动物寓言中擅添"人物"者，所谓"宁物唯是，人实有之于物焉，寓然！"（《物感》，页 1b）总之，李世熊的《物感》确实和《况义》有关（《晚明》，页81-83）。李氏还改写金尼阁的"义曰"为"西士曰"，把尤为《天主实义》那套耶稣会制式的对话情境拉进来，使《物感》的西方色彩益形浓郁，从而道出所取寓言的命意。下面《蛙怖》一则可见一斑：

---

[110] 《物感》显然取自《况义》的这五则寓言分别是《肉影》、《效猱》、《佞狐》、《礼驴》与《蛙怖》，见李世熊：《物感》，与《史感》合刻（宁化：宁化县志局，1918），页 5a-6b。下引《物感》内文均随文夹注。

[111] 内田庆市：《谈〈遐迩贯珍〉中的伊索寓言——伊索寓言汉译小史》，见沈国威、内田庆市及松浦章编著：《遐迩贯珍——附解题·索引》（上海：上海辞书出版社，2005），页 68-70。

> 兽中兔胆最小。一日众兔议曰："我等作兽最苦。人搏我，犬狼
> 噬我，即鹰鸷亦得撄我，无时可安。与其生而多惧，不若死而
> 惧止矣。"相向往湖中。将溺死，湖岸有蛙，见兔骇乱入水。前
> 兔遽泥众曰："止！止！尚有怖过我者。"（《物感》，页 6a-6b）

李世熊挪用的此一故事，实非金尼阁所译，本源乃庞迪我《七
克》的第四卷（李辑，2:921），其"义曰"当然得由某"西士"说出，
而其意在万物自有相克之理，不必因位小阶低便自暴自弃。这"西
士"则如上述，应该出诸利玛窦《天主实义》中那相对于"中士"者
（例见李辑，1:377-378）。对李世熊而言，万物存活于宇内六合之中，
理当"不忧不惧"，如此才不会为他物所制：

> 西士曰："有生者，夫各有所制矣，毋自感也。虽然不忧不惧，
> 岂为人制？"（《物感》，页 6a-6b）

李世熊笔下这位"西士"，称之为庞迪我，可也；称之为抄译《况义》
的金尼阁，亦无不可，或可谓根本就是一虚拟的人物混合体。李世熊誊
录所自的《况义》，理论上若非西安刻本，就是最为近似此一刻本的抄
本。此外，李世熊的《物感》毕竟晚出：他就金尼阁或庞迪我的"译
作"再"译"者，不仅自成章法，还自创脉络，效那《二十五言》而
予以中国化了。金尼阁与张赓辑译的《况义》早有华化的倾向，而李
世熊更重，有几则几乎都以本国文化为改写上的考虑，尤可称清末罗
伯聃（Robert Thom, 1807-1846）"飜案"式翻译策略的先声。道光年间，
罗氏为教西方人华文而译得《意拾喻言》，尝在《遐迩贯珍》上重刊不

少，对中国人也有道德与宗教上的风化之效，因此不少故事都华化得相当彻底。[112]《物感》与《况义》联手出击，在证道故事的劝善功能外，中国人算是首次感受到《伊索寓言》无坚不摧的政治讽喻力量。

朱日浚的《朱氏训蒙·诗门》受到的影响不止利玛窦的《交友论》，还要包括高一志的《达道纪言》，文前已及。后书恐怕更具深意，《达道纪言》中的"达道"一词出自《中庸》[113]，《朱氏训蒙》训《伐木》，特予摘出，并加解说。他熟悉高一志的译作，由此可以再得一证[114]，而耶稣会翻译文学的影响力，另亦可见。如果我们跳开国别，其实何止利玛窦或高一志，和明清之际的中国只有一海之隔的日本，庞迪我的影响力也甚强。不过，回头再谈庞迪我之前，且让我重访利玛窦，因为《西琴曲意八章》之外，平田笃胤批判天主教，可也曾师法赵韩，在『本教外篇』的上卷中抹去西方与中国的特定人名，将那《畸人十篇》逐章撮译而收之。平田迷恋《天主实义》，重到会让某"儒生"和他本人在『本教外篇』中共论《畸人十篇》首重的"常念死候"及"世如侨寓"等等天主教——也包含神道教——的教理（平田，2:1-47）。至于庞迪我的《七克》，平田大概等不及摘要撮译了：他干脆大段征引原文，从首章有关"伏傲"部分就开始，最后才由尾章《策怠以勤》曲终奏雅（平田，2:49-83）。

欧洲中世纪有所谓"主题证道辞"（thematic sermons），也盛行所谓"恶德与美德专论"（*tractatus de vitiis et virtutibus*）这类教牧手

---

[112] 罗氏所译的《意拾喻言》，见颜瑞芳编：《清代伊索寓言汉译三种》（台北：五南图书公司，2011），页19-47。另请参见《译述》，页408-409。

[113] 见〔南宋〕朱熹集注：《四书集注》（台北：世界书局，1956），页26。另参较〔明〕韩霖：《铎书》，在《徐汇楼》，2:629。

[114] 朱日浚：《朱氏训蒙·诗门》，卷16，《伐木》第1章，页43b及页44b。

册。[115] 庞迪我的《七克》是中文显例，应有其尚待考出的欧语原本。主题证道辞的集子，一大特征是主题分明，一气呵成，如《七克》所欲"克"的天主教七罪宗（Seven Cardinal Sins）等等。大主题之下，主题证道辞另有分支的小主题，如"以贞防淫"等。这些分支的内容，少数为论述文字，泰半则为各种正反面的证道故事。举例言之，《伏傲》一篇第八支乃《戒好贵》，庞迪我或他所用的底本，即举罗马史上声名赫赫的加当（Cato the Censor, 234-149 BCE）为例，谓其功勋大，却雅不好名，更不愿从俗让人为他塑身立像：

> 西国古俗：有大功者得立像。加当者功最大，未立像。或问故，对曰："我愿人问加当何故不立像，不愿人问加当何故立像。"（李辑，2:768）

这个小故事，叙述目的当在《七克》支名所称的"戒好贵"，意在克制傲念，修身修心。平田笃胤在『本教外篇』下卷中，即如前及赵韩在《榄言》中之所为，匿名而又抹除其西方色彩，终而征引如下：

> 一国古俗：有大功者得立像，一贤者功最大，也（却）未立像。或问故，答曰："我愿人问何故不立像，不愿人问何故立像矣！"（平田，2:52）

从文类上看，上引故事乃《达道纪言》中常见的"世说"，而

[115] Richard Newhauser, *The Treatise on Vices and Virtues in Latin and the Vernacular* (Turnhout: Brepols, 1993), pp.13 and 54-202.

《达道纪言》中确实也有这么一则："人立奇功者是人之像，何需不言之像以旌之？"（《三编》，2:679）若据普鲁塔克的《名王名将嘉言录》，这则故事的发话者乃斯巴达贤君亚日西老（Agesilaus II, 444–360 BCE）。[116] 但立像之俗，罗马时代确实较为盛行，平田笃胤取庞迪我的故事，目的同样在强调神道教的教中人士理应克傲，不可以世俗声名为念。『本教外篇』上、下卷中，平田笃胤乃如此这般把耶稣会士携带入华的西学转为"本教自鞭策"而"未许他见"的"兰学"。他内心虽有矛盾，心胸却不算小。周作人尝撰文谈《况义》，所据是新村出（1876-1967）写于大正十四年（1925）的『南蛮广记』，盖其中已有专文论及明代中译的《况义》。[117] 我另可指出，某些故事如我在《中国晚明与欧洲文学》中所谓《智狐喻》或《孔雀足丑》等明译伊索式寓言，早也已潜入『本教外篇』中（平田，2:25 及 53），甚至连天主教化的《空阱喻》和——依然是《畸人十篇》所引《伊索传》（Vita Aesopi）中守舌的部分——率皆因平田摘要日译而亦渗入『本教外篇』里（平田，2:23-28 及 34），从而在书里形成某种欧、中、日等宗教与文学会遇上的双重三角奇景。[118]

---

[116] Plutarch, *Sayings of Kings and Commanders*, 191.D.12, in his *Moralia III*, p. 133. 参见《晚明》，页140注37。

[117] 新村出：「伊曾保物語漢訳」，见所著『南蛮廣記』（東京：岩波書店，1925），页294-324。另见周作人：《明译〈伊索寓言〉》及《再关于〈伊索〉》，载于所著《自己的园地》，收于《周作人先生文集》（台北：里仁书局，1982），页194-199。

[118] 《智狐喻》的原作讲狮子年老称病，计诱百兽入内供其扑食，独狐狸见众兽有入而无出之迹而起疑，故智保一命。此一故事实乃正宗的伊索寓言。《畸人十篇》第七篇所述，当然系其证道故事式的变体，平田笃胤在『本教外篇』中则易"狮"为"虎"，其余"情节"一仍旧贯。相关之简论见《晚明》，页110-114；小堀桂一郎：『イソップ寓話——その伝承と変容』（東京：講談社，2001），页255。『本教外篇』和《畸人十篇》的关系，见同书页252-255。

耶稣会这些人文著译，即使教外人士也认为合乎儒家思想，庞迪我的《七克》尤多如此认定。谢文洊（1616-1682）乃江西南丰士子，他不但以为《七克》和"吾儒克己之法"若合符节，还"为删其中失正者"，并"取其长而弃其短"以"置诸案头"，视同"修省之助"，因得《七克易》。不过谢文洊并非友教人士，《七克易》所称"易"者，即剔刈《七克》的天主教思想。所成二卷虽已失传，其序仍存，稍可想见内文何如。[119] 如此删书而成新帙之法，康熙年间的士子陆次云（fl. 1680）亦曾为之，但他感兴趣的是艾儒略的《职方外纪》，因之而成《八纮译史》一书。艾儒略成书的来源复杂，《职方外纪》充其量只能说是他广泛取材，编译而成。陆次云除详略东西两洋各国及相关名词之音义外，一并还记录了《职方外纪》中荒诞不经的传说，煞似一部清代版的《山海经》。陆次云虽称《职方外纪》"处处阐明……〔天主〕教，听倦言繁"，故而"仅取其三之一"，但欧俗之异于中国者，《八纮译史》则不吝复述。举例言之，谈到西班牙（España）的《以西巴尼亚》一条，陆氏就无视儒家古训，反而浓墨强调《七克》以来的婚娶正议，谓该国"奉天主教，皆一夫一妇，无有二色"，而凡此明清间士人罕见正视。明清间耶稣会士常用的"教化皇"或"教化王"（Pope）等词，艾儒略已改为今人俗称的"教皇"，《八纮译史》述罗

---

[119] 〔清〕谢文洊：《〈七克易〉序》，见所著《谢程山集十八卷附录三卷年谱一卷》卷之 14，载四库全书存目丛书编纂委员会编：《四库全书存目丛书》，集部别集类（台南：庄严文化公司，1995），209:251。谢文洊另有其关乎"三教"的问题，详吕妙芬：《从儒释耶三教会遇的背景读谢文洊》，《新史学》第 23 卷第 1 期（2012 年 3 月），页 105-158；另见刘耘华：《清初"程山之学"与西学：以谢文洊为中心》，《史林》1（2011），页 74-85；以及吴震：《明末劝善思想研究》（台北：台大出版中心，2009），页 486-487。

马教廷，从之，可见相扣之紧与关系之密。[120]《职方外纪》问世以来，读者不少，陆次云不但重读之，而且重写之，挪用此书的方式倒显别致，有异于时人如熊人霖（1604-1667）的《地纬》、尤侗的《外国传》、查继佐（1601-1676）的《罪惟录》、王宏翰（1648-1700）的《乾坤格镜》与方以智（1611-1671）的《物理小识》等书。[121]

《职方外纪》与《七克》等耶稣会著译，教中"回响"频仍，可想而知。下面我且重返《七克》，取例其中，一探三十余年后韩霖（1598?-1649）纂就的名著《铎书》。韩霖是韩云之弟，1641年奉绛州知州孙顺（1637年进士）之命为明太祖的《圣谕六言》进解再言，乃踵武南方的赵韩而于中国北方作《铎书》[122]，集传统三教善书与天主教群籍为一体。而这为数不少的"天主教群籍"中，庞迪我的《七克》当然涵括其内，涵括了所译的证道故事如"圣尼哥老的故事"，也涵括了如下一则：

> 德默者，国王也，有两宠臣，未知其心，令传语其后宫。其一还，王问曰："尔瞩后何若？"对曰："倾城倾国，绝世独立。"其一还，王问如何，对曰："王命臣传语，弗命视也。但闻其言温惠耳。"王大喜，厚赏任用之，谓先一臣曰："汝目不贞，汝

---

[120] 在《八纮译史》中，陆次云误称《职方外纪》为《职方外史》。以上并见〔清〕陆次云：《八纮译史》，丛书集成版（北京：中华书局，1985），页1及页34。

[121] 参见邹振环：《晚明汉文西学经典：编译、诠释、流传与影响》，页260-265，以及页280-281。

[122] 终有明一代，以白话为太祖的圣谕直解之书不胜枚举，清代为康熙的圣谕作直解者参见亦夥，参见 Victor Mair, "The Sacred Edict: Language and Ideology in the Written Popularization," in his *China and Beyond: A Collection of Essays* (Amherst and New York: Cambria Press, 2013), pp. 39-92.

心亦尔矣。"据遣之。(《徐汇楼》，2:767)

韩云转述此一故事，志在"维风"——维护善良的风俗习惯。所称"德默"者，应指马其顿国王德默催乌士一世（Demetrius I, r. 294–288 BCE）。他是安第格尼王朝（Antigonid Dynasty）的统治者之一，系出亚历山大大帝的部将。讽刺的是"德默"性好渔色，但也慷慨雍容，评价两极。上引故事或出自普鲁塔克为他所立之传，细节待考，不过倘就本文目前的关怀而言，《铎书》转引的此一故事，总之字字出自《七克》卷六，乃以"防淫"为念（李辑，2:1025-1026）。近代学者校注《铎书》，虽然漏列"德默"故事所本，倒也清楚指出其中庞迪我的影响。[123] 我们迫而察之，《铎书》实则另又包含了《七克》中圣尼哥老（Saint Nicholas, 270-343）济助贫户嫁女的故事。巧的是，此一后世尊为圣诞老人（Santa Claus）的天主教圣人的同一故事，赵韩的《榄言》也自庞迪我撮得，而且勾勒拼凑，辨认不易，可见不遑多让。[124] 韩霖出身绛州，高一志当然熟稔，向来以师礼待之。高氏所译《达道纪言》中论"昆弟"部分，韩霖亦曾毫不客气，择要于《铎书》中再述。高一志认为兄弟之势应"均平如准，勿使或登或降"，韩霖乃堂皇收之而为《铎书》中的一部分。高一志的话有本源，系他中译时亦常援引的普鲁塔克的《道德论丛》（*Moralia*），尤其是其

---

[123] 孙尚扬、肖清和：《铎书校注》，页 121。孙氏等人另指出《铎书》亦大量援引高一志《齐家西学》、《童幼教育》、《神鬼正纪》、艾儒略《涤罪正规》与罗雅谷《哀矜行诠》等书内文，洋洋大观，可见教中回声之大。见同页页 7。

[124] 有关赵韩的《榄言》者，见《初撰》，1:10a；有关《七克》者，见李辑，2:743-744；有关《铎书》者，见《徐汇楼》，2:820-826。

中论兄友弟恭的专章。[125] 东方西方,天学内外,似乎都在这些互涉文本中会遇为一了。

仅就高一志一人,我们至少可以再谈《圣母行实》与那卷帙庞然的《天主圣教圣人行实》。据高龙鞶(Aug. M. Colombel, S.J., 1833-1905)对清末天主教圈内的观察,其时中国教徒,罕人不曾读过《圣母行实》。[126] 高龙鞶所见并不夸大,高一志方才译毕此书,艾儒略继之述的《天主降生言行纪略》(1635)马上就下一注文,请人酌参(《耶档馆》,4:45),而雍乾以降的各种教案,教徒家中经常搜出《圣母行实》,变成清廷断案的呈堂证据之一。[127] 至于《天主圣教圣人行实》诸卷,更是李九功淬录《励修一鉴》的十九本著作中比例最高的一本,上下卷所收总数在十五则以上,亦属张星曜(1625-1696)《圣教赞铭》咏圣人的诗组重要异常的参考泉源。17、18世纪中国最重要的天主教诗人无疑是吴历(1632-1719),《天主圣教圣人行实》当然是他笔下颂扬诸圣的灵感所出。《三巴集》内一连串歌颂圣人的诗文如《圣达尼老·格斯加》就是其中之一。[128] 雍乾

[125] Plutarch, "On Brotherly Love," VI, 485:F, in his *Moralia VI*, trans. W. C. Helmbold (Cambridge: Harvard University Press, 1989), p. 291。另见韩霖:《铎书》,在《徐汇楼》,2:741。韩文所本的原文见高一志:《达道纪言》,在《三编》,2:709。

[126] 〔清〕高龙鞶著,周士良译:《江南传教史》(*Histoire de la mission du Kiang-nan*)第1册(台北:辅仁大学出版社,2009),页7。

[127] 例子见吴旻、韩琦编校:《欧洲所藏雍正乾隆朝天主教文献汇编》(上海:人民出版社,2008),页104。

[128] 〔清〕张星曜:《圣教赞铭》,见《法国图》,8:561-587。〔清〕吴历著,章文钦笺注:《吴渔山集笺注》(北京:中华书局,2007),页217;除此之外,另见同书页206-221,以及〔清〕李九功:《励修一鉴》的《采用书目》,见《法国图》,8:93。我所用的《天主圣教圣人行实》(崇祯二年武林超性堂刻本)乃梵蒂冈图书馆藏本,编号:Borgia Cinese 325;钟鸣旦、杜鼎克、王仁芳等编:《徐家汇藏书楼明清天主教文献续编》,34册(台北:台北利氏学社,2013),第23至25册所收者并非武林全璧,其中卷2、5、7乃经手抄补足。

之前,《天主圣教圣人行实》内所译圣人,都是耶稣会中国从者礼赞吟咏的对象,颇值得我们细访此书和来作之间的互文,尤其是各种意象的巍然形成。

耶稣会译籍的教中回响,当然不止上述。清初刘凝(1620-c. 1715)的著作中,我们另可见之。刘氏乃江西南丰著名的天主教徒,编有《天学集解》,其中有自撰文《〈交〉〈述〉合录序》,合利玛窦译《交友论》与卫匡国译《述友篇》并论。刘凝开篇就明告我们:二书他不仅置诸座右,朝夕讽诵,而且还解释道:"《交》之名,见诸《中庸》之篇,《述》之说,见《伐木之什》者"。非特如此,刘凝同时还以为广交游乃"性命之事",盖利、卫二公都"以性命之人道性命之语"。刘凝如此论述,已把友谊提升至传统"性命双修"的三教修身理想去,和陈继儒(1558-1639)《友论·小叙》,以友伦居首的做法几可并比。[129]《〈交〉〈述〉合录序》篇尾,刘凝透露他的文章虽写于长安,然而在故里南丰,《交友论》与《述友篇》的阅者实则不乏其人,包括他的亲戚与好友在内。[130]

除了利玛窦的《交友论》,《轻世金书》恐怕是耶稣会从者最想一读的译籍。此书的拉丁原文——套一句乾隆时期为耶稣会士赵圣修(Louis des Roberts, 1703-1760)的注本撰序的李若翰的话——"语

[129] 〔明〕陈继儒:《〈交友论〉小叙》,见《宝颜堂秘笈》第 24 册(上海:文明书局,1922)中的《交友论》卷首(无页码)。参见吕妙芬:《阳明学者的讲会与友论》,《汉学研究》第 17 卷第 1 期(1999 年 6 月),页 80-125。

[130] 〔清〕刘凝:《〈交〉〈述〉合录序》,见《天学集解》(圣彼得堡俄国公共图书馆〔The Russian Public Library, St. Petersburg〕藏抄本),第 6 卷,页 12b-14a。

近而旨远，集简而义鸿”[131]；然而阳玛诺文体古奥，笔下无非周诰殷盘，读来佶屈聱牙，每每令人望而却步。所以此书问世以来，注本不断，我们所知者已不下五种之多，从清初迄清末都有人为之“直解”或“句解”（《译述》，页 390-394），看来受欢迎的程度并不因阳氏循艰涩的《尚书》体译书而有所亏损。即使《圣若撒法始末》这类传奇小说，清代中叶也有人以简本的形式加以浓缩改写，使之变成某种教中往圣的入门读本（《译述》，页 105）。这一两年来，西方世界已开始注意到龙华民此一中文译本，同样深觉有予以论列的必要。[132] 不过译本的各种回响，最有意思的莫过于唱和。《圣梦歌》是诗，1637年三山译出后两年，旋见古绛再版，而段衮（字九章，生卒年不详）趁机特以诗名对比之，从而吟出《愚觉诗》以应和，晚明译史同样罕见。段诗其实谈不上是《圣梦歌》真正的知音，但段衮吟来情真意挚，其虔信之笃，令人感佩（《译述》，页 153-154）。

武林所刻或译的《轻世金书》，其原文是欧洲中世纪拉丁文学中的散文极品。三山的译刻，则以《天主降生言行纪略》的前身《耶稣基督传》为《四福音书》以外，耶稣最早也最重要的传记文学，在华的教中回声之大，仅次于《轻世金书》，阅读人口同样不见得少。就“回声”或就“改编”言之，1635 年《天主降生言行纪略》刊刻以降，我们至少已四见，一为稍后《天主降生出像经解》（1635）的中译（艾儒略译）；二为可能刻于康熙年间的《天主耶稣圣迹》，其中收

---

[131]〔清〕李若翰：《〈轻世金书口铎句解〉小引》，见赵圣修与蒋友仁（弥额尔）合著：《轻世金书口铎句解》（上海图书馆徐家汇藏书楼藏抄本），〔3a〕。

[132]   Cf. Nicolas Standaert, "The Jesuits' Preaching of the Buddha in China," *Chinese Mission Studies (1550–1800) Bulletin* 9 (1987): 38-41; Silvia Ronchey, "Introduzion" to her and Palo Cesaretti, eds, *Storia di Barlaam e Ioasaf: La Vita bizantina del Buddha* (Torino: Einaudi, 2012.), p. civ.

录了七十则《天主降生言行纪略》中的耶稣灵验故事；三为道光年间的改编本《耶稣言行纪略》，文字上已经"由雅变俗"，亦即语言上较近口语。最后，清末的《道原精萃》又重刊了《天主降生言行纪略》（1887），并且让某法国人绘制的耶稣生平合以上述艾译，再度形成以图回声的特殊现象。[133]

古绛诸译，《譬学》无疑是文学伟构，最值得我们大书特书。就我所知，此书在崇祯五年（1632）初刻，六年再版，其间偶有异文，而初刻本并无韩霖之序，再版时才予以添补。是书曾经徐光启笔润，可窥教中重视之一斑。我们且不谈李九功等福建教徒使用《譬学》例句的情形（《译述》，页298），后人的相关挪转益见奇特，因为其中有少数内文业经吴历改作，而且别开生面，为此译创造了一新而真正的"继起的生命"（afterlife）。

《譬学》下面这两句话，前后两版如一，未曾因徐光启笔润而更动。伊拉斯谟的《譬喻集》内的原文，高一志译来虽断其句，切其笔，但他断或切来却是文从字顺，几乎不悖伊氏原文的精神。首句他践行金尼阁《况义》那种在地化的"飜案"译法，让原文中的"北风"（Aquiloni）与"西风"（Zephyrum）等欧洲语境化为中国修辞学上的"反对"，继而出以"南北"的方位，证明所译乃典型而高明的意译策略，结果自是改写中的翘楚：

Vt in arboribus robustiores sunt partes Aquiloni oppositæ, quàm

---

[133] 以上参见宋刚：《从经典到通俗：〈天主降生言行纪略〉及其清代改编本的流变》，《天主教研究学报》第2期（2011），页208-259。

quæ Austrum aut Zephyrum spectant: Ita fortiores ac firmiores sumus in his, in quibus nos duris casibus fortuna exercuit.[134]

树枝北向者，强固于南向者也。人心之习逆，坚且勇于习顺者类此。（《三编》，2:605）

伊拉斯谟的拉丁原文的第二句，高一志几乎一字不删，将之 "直译" 到底。中文文言精炼，几个字往往可以道尽拉丁文数行，以故高一志可在数字间即尽括伊拉斯谟冗长的拉丁联比。《譬喻集》与《譬学》遂可比对如下，"忠" 而且 "信"，令人惊艳：

Vt palme arboris ramus, imposito onere non deflectitur in terram cæterarum more, sed remittitur, & vltro aduersus sarcinæ pondus erigit sese: Ita viri fortis animus, quo plus negotiis premitur, quòque magis sæuit fortuna, hoc est erectior. (*PS*, 173)

掌树愈加重，其力愈奋。志士愈屈抑，其力愈坚。（《三编》，2:605）

康熙年间，吴历曾为某 "明试老道翁" 的扇面题词。他就上引这两句再加剪裁，予以拼贴，使二者结合为一，等于另创新品，耶稣会文

---

[134] Desiderius Erasmus, *Parabolæ siue Similia des. Eras. Rot. ex diligenti avctorvm collatione novissimvm regognita, cum vocabulorum aliquot non ita vulgarium explicatione. Accesservnt annotationes longè vtilissime, vna cum indice, quæ adolescentia vsum manifestè commonstrabunt, auctore Ioanne Artopæo Spirense. Similitudines aliæ etiam collectaneæ ex Cicerone, aliisque scriptoribus additæ* (Londini: Impensis Guilielmi Nortoni, 1587), p. 181.

学译史上并不多见，我曾戏称之为另一种《譬学》的阅读方法（《译述》，页 297）：

> 掌树愈见加重，愈即奋逆。志士愈见屈抑，愈即奋志。树枝凡北向者，强固于南向者也。人之习逆，坚勇于习顺者也。[135]

明末耶稣会士翻译，倩人润笔是常情。《譬学》中译了不少改写过的欧洲古人的联比，所以《譬喻集》或《譬学》的文学性特重，其笔法非待高明为之不可，此所以徐光启到了桑榆暮景，都还搦管再予详润。此书既为徐氏生前替耶稣会代工的殿军之作，比起之前高译，后出转精，不难想见。然而上引《譬学》内文一经吴历再予点化，联比的形式稍变，反而精炼益见，力量再添（《译述》，页 297-298），而即使是伊拉斯谟的原作，看来也不过如此！此地我特引吴历为例，目的在示知来者：耶稣会士的文学翻译，我们往往会在有意无意间闻得最为精彩的隔代回响，而且闻来令人振奋，会为这段曾经失落的文学史及文学译史沉吟再三。中国文学现代性的暮鼓晨钟，说来就悬挂在这些充满文艺复兴时代人文主义的语句的转换之中。

明清之际，徐光启无疑是中国基督徒中的带头领军者，地位重要。本文伊始，我用了一个以西学解佛经的例子。既然如此，这里我不妨就用"天主教"徒徐光启以"佛经"解《诗经》的例子为本文收梢。1604 年徐氏进士及第，然而前此下帷期间——也就是在 1597

---

[135]〔清〕吴历著，章文钦笺注：《吴渔山集笺注》，页 525。

至 1604 年间——他撰成了《毛诗六帖讲意》。其后既点翰林,此书
1617 年即经人私刻了。然而书成,徐光启旋命毁版。唯据徐氏孙尔
默(1610-1669)称,徐家是时仍在续书,此所以我们今天可得《毛
诗六帖讲意》全帙。徐光启领洗入教的时间是 1603 年,付洗者为耶
稣会士罗如望(Jean de Rocha, 1566-1623)。然而 1593 年徐氏在广东
韶州任职期间,早就结识了同属耶稣会的郭居静(Lazzaro Cattaneo,
1560-1640),有心望教,何况 1600 年,他早已梦见三位一体,望教
之心益炽。[136] 明清间,《诗经》乃耶稣会士常加援引的中国经籍,每
借之索隐天主教的自然神学(参较《晚明》,页 225-228)。徐光启于
此并非茫然,是以若按常理,《毛诗六帖讲意》纵为科考指南,理应
也得援引天学入书,解释风雅颂。有趣的是,《毛诗六帖讲意》非但
不着一字于天学,若加细案,我们发现望教者——或根本就是基督
徒——徐光启,引证的居然是佛经,抑且以之为判准,确定孰人方可
与闻《诗经》。《周南·卷耳》一章可以为例,徐光启才开卷讲意,旋
见如下断语:

> 佛经云:"能知大地,皆属想持,如是得成初发心菩萨。"若入
> 得此意,即许读《诗》。[137]

这句话所指的"佛经",当为唐朝提云般若(fl. *c.* 689-691)译
《大方广佛华严经修慈分》。其中有云:"当知我身亦复如是,一

---

[136] 〔清〕柏应理(Philippe Couplet):《徐光启行略》,见《法国图》,12:536-538。

[137] 〔明〕徐光启:《毛诗六帖讲义》,见朱维铮、李天纲编:《徐光启全集》,10 册(上海:
上海古籍出版社,2013),1:38。

切国土，亦唯想念。"但徐光启所引，可能出自五代禅门永明延寿
(904-975) 的《宗镜录》："经云：'若知一切国土，唯想持之'，是则
名为初发心菩萨。"[138] 不论《华严经》或《宗镜录》，所谓"能知大
地，皆属想持"中的"想持"，徐光启殆指"幻想"，亦即我们今日所
称的"想象"。全句因指这个世界或世事不过因人"想象"成形，而
我们也要以此观世，才能追寻那菩萨正道。而实体之世或世事一旦如
此看待，不就变成了"寓言"或"托喻"（allegory）？对此，徐光启
有另说，称之为"托言"：读《诗》如同观世，殆属"托喻"或"托
言"的活动。此等阅读方式，中国从《诗经·毛传》以来，见者频繁。
天主教相去不远，自奥利根（Origen, *c.* 184-253）即有之，最后才大
备于卡西安（John Cassian, *c.* 360-435）的"四义解经法"（fourfold
allegory）或"属灵读法"（spiritual reading）之中。[139] 尽管如此，徐
光启无如却不愿引己教固有，反而借佛经说《诗经》，而且也令"初
发心菩萨"一句带有近乎宗教性的道德色彩。如是说《诗》，对任何
基督徒而言，显非常态，即使望教前徐氏好佛，亦然。至若又打破宗
教樊篱，不以己教之说说中国古典，则其人胸怀必大，殆非《破邪
集》与《辟邪集》等书内文可比。《毛诗六帖讲意》不论是徐光启原
作或其孙尔默续成，他们祖孙都是天主教徒，其心胸之大固可等同

---

[138] 〔武周〕提云般若等译：《大方广佛华严经修慈分》，见《大正藏》，10:960b；另见〔五代·宋〕释延寿：《宗镜录》，载《大正藏》，48:847c。以上资料我得悉自倪玮均：《徐光启诗经学研究》（高雄师范大学经学研究所硕士论文，2009），页52-54。

[139] 见 Origen, *On First Principles*, trans. Henri de Lubac (Gloucester: Peter Smith, 1973), pp. 269-287; John Cassian, *Conferences*, trans. Colm Luibheid (New York: Paulist Press, 1985), pp. 160-161. 有关奥利根解经学的发微，近人有精彩的论述：Peter W. Martens, *Origen and Sripture: The Contours of the Exegetical Life* (Oxford: Oxford University Press, 2012), pp. 133-226。

于编写『本教外篇』的平田笃胤，恐怕也都可比那撰写《金刚经如是解》的张坦翁！[140]

是以倘由上述质而再言，此等跨国越教的坦荡襟怀，不正是明清之际以西学为中国古典文学作注的张朝瑛、蒋骥、戴震或朱日浚等人的写照，不也正是其时中国教内教外的文人如赵韩、吴历、李渔或李世熊的基本为学或为人态度？在雍乾与嘉庆三朝，天主教历经了中国史上未曾有之的严格考验，禁教令雷厉风行。尽管如此，教门的魂魄依旧"一息尚存"，甚至在风声更为严峻的嘉庆时代，在官方治罪条例的威胁下，民间都还有少数四散的传教士"用汉字编造西洋经卷"[141]，也就是译书活动涓水细流，几未间断。我们明乎此，则至少从文学的角度看，明清之际确可称为中国文学批评——甚至是文学创作——开始"向西看"的嚆矢，而某种文学上的"早期现代性"蠢然欲动，早已如响箭之待发了。[142]

[140] 参见钟鸣旦著，肖清和译：《徐光启多层面的皈依过程》，载阎纯德编：《汉学研究》第12集（北京：学苑出版社，2010），页433-447。

[141] 例子可见中国第一历史档案馆编：《清中前期西洋天主教在华活动档案史料》，4册（北京：中华书局，2003年），2:839。

[142] 这是李天纲的用语，原指全球化的形成与学术典范的转移。显而易见，中国传统文学批评的典范，在明清之际确实也有变动的迹象。李天纲的用词见 Li Tiengang, "Chinese Renaissance: The Role of Jesuits in the Early Modernity of China," in Yang Huilin and Daniel H. N. Yeung, eds., *Sino-Christian Studies in China* (Newcastle: Cambridge Scholars Press, 2006), pp. 27-37. 另请参见《译述》，页432-443。

近代白话文·宗教启蒙·耶稣会传统
——试窥贺清泰及其所译《古新圣经》的语言问题

翻译与神意

推行白话文，是胡适（1891-1962）一生念兹在兹的问题。为了强调古来文白分家的负面教育效果，为了说明中国传统显然不重白话书写，1922 年，胡适在《五十年来中国之文学》里评论道：最近"这五十年的白话小说史仍旧与一千年来的白话文学有同样的一个大缺点：白话的采用，仍旧是无意的，随便的，并不是有意的"。[1] 从中国文学的大传统来看，胡适这里持论不无道理，而我们若就《白话文学史》质而再言，则胡适批评的范围恐怕更大，大到宗教典籍的译作都涵括在内。[2] 说来也是，清末以前的白话创作或翻译，大多是书场或译场的产物，有其特殊的规范，并非编次者及译家如吴承恩

---

[1] 胡适：《五十年来中国之文学》，见所著《胡适文存》，4 集（台北：远东图书公司，1968），2:183。后面数字中，第一个指"集"（下文类似者，则含卷及册等），第二个指页码。

[2] 胡适：《白话文学史》（台北：文光图书公司，1974），页 113-152。

（1501-1582）和鸠摩罗什（334-413）等人的"有意"之举，更非自觉性高而乐以白话撰作或翻译。

不过《五十年来中国之文学》里，胡适的观察也有值得商榷之处，因为只要走出中国古来著译的大传统，把触角伸到明清两代的传统士子尚难承认的基督宗教的中文小传统去，那么《五十年来中国之文学》里上引的评论，胡适恐怕就说得稍微急了些。为传教与弘扬教义，清末来华的基督新教的传教士早已在华写下不少白话小说如米怜（William Milne, 1785-1822）的《张远两友相论》（1819）等。不过严格说来，这些韩南（Patrick Hanan）所称"传教士小说"（missionary novels）仍非中文世界最早"有意"为之的白话著述。就小说言之，我们可以上溯到清初马若瑟（Joseph de Prémare, 1666-1736）的《儒交信》（1720?）：这是一部深受章回小说影响的白话小说，是整个基督宗教在华可见最早的白话文学。马若瑟虽未明白道及何以白话撰之，他确是"有意"效当时的流行说部著作。[3]

上文所写若和本文文题有所出入，则问题当在"小说"或"文学"二词难以用在护教或教义问答一类的文本上。话说回来，如果我们谈的是《圣经》的中译，那么事情可能便得改观。从现代人的角度观之，《圣经》中"小说"有之，"诗歌"有之，就连"戏剧"都

---

[3] Patrick Hanan, "The Missionary Novels of Nineteenth-Century China," *Harvard Journal of Asiatic Studies* 60/ 2 (2000), pp. 413-443; also see Patrick Hanan, *Chinese Fiction of the Nineteenth and Early Twentieth Centuries* (New York: Columbia University Press, 2004), pp. 58-84. 有关《儒交信》，见宋莉华：《传教士汉文小说研究》（上海：上海古籍出版社，2011），页 23-42。〔清·马若瑟：〕《儒交信》，见郑安德编：《明末清初耶稣会思想文献汇编》，5 卷（北京：北京大学宗教研究所，2003），4:213-257。

可一见，当然可用"文学"一词加以界定，不必尽以教条视之。[4]
就本文的关怀而言，明清间在华耶稣会诸作中最可平衡胡适的白话
文学史观者，则非乾嘉年间法国耶稣会士贺清泰（Louis de Poirot,
1735-1814）中译的《古新圣经》残稿莫属。我之所以称《古新圣经》
为"残稿"，原因在贺氏并未如数译毕武加大本《圣经》（The Vulgate
Bible）七十三卷。他伏案多年，弃世之前也仅译得三十六卷。[5] 后面
这个"卷"字乃中国式用法，实已包含了武加大本《圣经》总数中的
五十六或五十七"卷"（books），几近全译了。

贺清泰尝用"白话"为《古新圣经》写了两篇序言，中国书序
史上未曾之见。在第二篇序言里，他引圣热落尼莫或圣杰鲁姆（St.
Hieronymus or St. Jerome, c. 347-420）的译史名典，说明他何以要
用白话译经。原来圣热落尼莫素好西塞罗（Marcus Tullius Cicero,
106-43 BCE）华丽的拉丁文体（style），然而以该体翻译《圣经》时，
他尝在梦中为天主座下的天神鞭笞，讥讽他为西塞罗的门生，经文才
会以西氏的"高文法"翻译，完全不顾《圣经》语言乃平常话，系
俗人语的事实。[6] 此一故事史称"圣热落尼莫之梦"（"The Dream of

---

[4] Cf. Shu-ying Tsau, "The Rise of 'New Fiction,'" in Milena Doleželová-Velingerová, ed., *The Chinese Novel at the Turn of the Century* (Toronto: University of Toronto Press, 1980), p. 25.

[5] 这里的卷数，据方豪：《中国天主教史人物传》，3 册（香港：公教真理学会；台中：光启出版社，1967），3:99；Louis Aloys Pfister, *Notices biographiques et bibliographiques sur les Jésuites de L'ancienne mission de China, 1552-1773*, 2 vols. (Shanghai: Imprimerie de la Mission Catholique, 1932-1934), 2:968-969 所述则为三十四卷；徐宗泽：《明清间耶稣会士译著提要》（台北：中华书局，1958），页 18-20 则称有三十八卷。我所见的徐家汇藏书楼本仅三十七卷（册），但其中有一卷重复，故为三十六卷。*Notices biographiques et bibliographiques sur les Jésuites de L'ancienne mission de China, 1552-1773* 一书，以下以作者名简称"Pfister"。

[6] 〔清〕贺清泰译注，李奭学、郑海娟主编：《古新圣经残稿》，9 册（北京：中华书局，2014），1:4。《古新圣经残稿》以下简称《古新》，册数及页码随文夹注。

St. Jerome"），而此梦热氏确实曾做过，清楚写在致好友欧多钦（Julia Eustochium, *c.* 368-*c.* 420）的信上。不过热氏的梦应做于公元 376 年，距他开始翻译《圣经》还有数年之遥，可以肯定言之。换句话说，"圣热落尼莫之梦"和武加大本《圣经》的关系系典型的穿凿附会，而贺清泰所述且有异文，益发可见他乃曲为之解，否则就是历史知识有误。其中若有仍可为学者接受者，乃"圣热落尼莫之梦"确为热氏由疏离《旧约》转而燃起对此一希伯来圣典的热忱的关键。[7]

对贺清泰而言，"圣热落尼莫之梦"有其象征意义：翻译《圣经》，他不会效艾儒略（Giulio Aleni, 1582-1649）以文言出《天主降生言行纪略》（1635），也不会像阳玛诺（Manuel Diaz, Jr., 1574-1659）用高古的《尚书》体译《圣经直解》（1636）[8]；他得选"白话"——而且不完全是白话里的"官话"——译经。所择者，多数且系乾嘉时代北京的引车卖浆者流的用语，是广大俗众所

[7] Jerome, "To Eustochium," in Philip Schaff and Henry Wace, eds., *Nicene and Post-Nicene Fathers: Jerome: Letters and Selected Works* (Peabody: Hendrickson, 1995), p. 35. 圣热落尼莫与欧多钦的友谊，见 J. N. D. Kelly, *Jerome: His Life, Writings and Controversies* (London : Duckworth , 1975), pp. 99-103. 有关"圣热落尼莫之梦"发生的时间，见 Neil Adkin, "The Date of the Dream of Saint Jerome," *Studi Classici e Orientali* 43 (1993): 263-273. 在此梦前后，热氏对《旧约》态度丕变，见 Neil Adkin, "Jerome's Use of Scripture Before and After His Dream," *Illinois Classical Studies* 20 (1995): 183-190。

[8] 〔明〕艾儒略：《天主降生言行纪略》，见钟鸣旦（Nicolas Standaert）与杜鼎克（Adrian Dudink）编：《耶稣会罗马档案馆明清天主教文献》，12 册（台北：台北利氏学社，2002），4:1-336。此书艾氏乃夹译夹述自《基督的生平》（*Vita christi*）的简本，相关论述见钟鸣旦、孙尚扬：《一八四〇年前的中国基督教》（北京：学苑出版社，2004），页 384-386；以及潘凤娟：《述而不译？艾儒略〈天主降生言行纪略〉的跨语言叙事初探》，《中国文哲研究集刊》第 34 期（2009 年 3 月），页 111-167。〔明〕阳玛诺：《圣经直解》，见吴相湘编：《天主教东传文献三编》，6 册（台北：台湾学生书局，1984），第 4-6 册。《圣经直解》用《尚书》体译的简论，见李奭学：《译述：明末耶稣会翻译文学论》（香港：香港中文大学出版社，2012），页 381。李著以下简称《译述》。

说的"土语"或"俗语",希望借此使那"高明的或愚蒙的都能容易懂得"《圣经》的圭旨。理论上,贺清泰自觉如此为之,方能显示天主倩人写下尤其是《旧约》的本意(《古新》,1:3),盖《旧约》多数经卷的语言都通俗无比,乃犹太常人的寻常之语。即使是《新约》,《历史书》(《福音书》)中的耶稣十二岁就在犹太圣殿当众询问经师,与之辩诘,讲究天主之道,所使之语言也不致过于博洽渊雅。其后宗徒中如西默益(Simon)与安德肋(Andrew)纵然受过教育,依旧讲不出"周诰殷盘"。某些经卷如《圣若望圣经》或《圣若望默照经》及《若望启示录》(Apocalypsis Joannis),根本就粗俗而难登"大雅"之堂。[9]职是之故,贺清泰选择北京"俗语"中译《古新圣经》,其志在模仿两《约》行文,不容置疑。

如此译经之举,贺清泰的序言所表明者乃他系有意为之,根本就是故意之举。再因《圣经》不仅是宗教经典,而且同属胡适也不曾排斥的"翻译文学",是以《古新圣经》的译事,益可令人重省前及胡适之见,视为清末以前中文世界以北京话书写——包含翻译性的书写——最重要的成果之一,而且绝对是"有意"为之的成果,而这意义就大了。《古新圣经》逼近一百五十万言;经文之外,另有大量的注解。这些说明文字多半并非叙事,而是道地的"论说"或"议论"文字,故而亦为中国古来的著译所未逮。《古新圣经》之为中国第一部白话《圣经》的意义,首见于此。至于其余,容我下节谈过贺清泰其人之后,再予详论。

---

[9] 《圣经》的文体问题,容后再论。

末代耶稣会士

我们如果依入华顺序，把 16、17 世纪的罗明坚（Michele Ruggieri, 1543-1607）和利玛窦（Matteo Ricci, 1552-1610）等人划为在华的"初代耶稣会士"，则贺清泰迟至乾隆年间才抵达中国，无疑可称"末代耶稣会士"。在世之际，贺氏在北京的会中同志因禁教令雷厉风行，早已呈寥若晨星之状。乾隆三十八年（1773）之后，欧洲耶稣会本身也因葡萄牙、法国与西班牙等国政府与其他修会抵制，为教宗克莱孟十四世（Clement XIV, 1705-1774）勒令解散[10]，致使耶稣会士在华几无归属（Pfister, 2:967）。贺清泰译经，便在这种政教内外交迫下惨淡经营。他凭个人之力，一口气中译了武加大本《圣经》近六十卷，虽非足本，却也难能可贵。何况《古新圣经》还是天主教史上率先发难，拟以中文全译《圣经》之举，当有首役之功。

贺清泰原籍法国洛林（Lorraine），生于 1735 年（雍正十三年）10 月 23 日，但鬈年即举家迁居意大利。贺清泰在罗马成长，随后入耶稣会佛罗伦萨（Florence）神学院接受神学与人文教育。十年后，仍在罗马省晋铎。据贺氏自述，他的意大利文远胜于法文（Pfister, 2:966n3）。他奉派来华，事在乾隆三十五年（1770）三月二十日，系随齐类思（Louis Cipolla, ?-1805?）附舟抵达澳门。滞留广东一年后，翌年九月二十九日，贺清泰旋即北上入京。时值乾隆盛世中期，清廷禁教已久，凡来华欧人，大多供职内府，不许任意他适。贺清泰颇富

---

[10] 见 C. S. Dessain, ed., *The Letters and Diaries of John Henry Newman*, vol. 12 (London: T. Nelson, 1961), p.117. 这一页的耶稣会史见 Jonathan Wright, "The Suppression and Restoration," in Thomas Worcester, ed., *The Cambridge Companion to the Jesuits* (Cambridge: Cambridge University Press, 2008), pp. 263-272。

语言天分，乃象寄之才。供职内府期间，他尝蒙乾隆特许，可对京中下层汉人传教，但不得干预旗人与贵族之家。[11]贺清泰另常献身清廷外交事务，以其高超的拉丁文与满文造诣，翻译北京与俄京圣彼得堡之间的外交文书（Pfister, 2:966）。除此之外，贺清泰亦通画艺，而且是无师自通。现存清宫档案谓贺氏擅绘山水人物，胡敬（1769-1845）撰《国朝院画录》，则称之"工翎毛"。除了一幅《贲鹿图》外，《国朝院画录》从《石渠宝笈续编》所录五种贺画确多海青。[12]最迟到了乾隆三十八年，贺清泰已奉命在如意馆行走。[13]如意馆的原始概念首创于雍正时期，建馆则为乾隆元年，初设于紫禁城启祥宫南馆。乾隆十五年（1750）后，高宗因春日常驻跸圆明园，为方便北堂的西洋画师与器匠，乃将如意馆迁至圆明园"洞天深处"，亦即福园门内东侧，变成清宫的首要画院。[14]乾隆二年（1737），圆明园扩大改建，高宗为容妃修建了远瀛观。四十七年（1782）四月九日，有司传来圣旨，令贺清泰并潘廷璋（Joseph Panzi, 1734-1812）于远瀛观内明间棚顶画西洋故事人物（《史料》，4:446）。这个工程似乎不小，贺、潘二人又"起稿过娟"，迄九月交差时限内仍未完成（《史料》，4:452-454）。

---

[11] 这一点和其后历史的发展有近似，也有牴牾者，参见陈垣：《雍乾间奉天主教之宗室》，见陈垣等著：《民元以来天主教史论集》（台北：台湾辅仁大学出版社，1985），页33-74；另见方豪：《中国天主教史人物传》，3册（香港：香港公教真理学会，1973），3:215-222。

[12] 〔清〕胡敬：《国朝院画录》，见卢辅圣主编：《中国书画全书》，14册（上海：上海书画出版社，1992-1999），11:755。贺清泰的《贲鹿图》可见于聂崇正：《清宫绘画与"西画东渐"》（北京：紫禁城出版社，2008），页173。

[13] 中国第一历史档案馆编：《清中前期西洋天主教在华活动档案史料》，4册（北京：中华书局，2003），4:480。此书以下简称《史料》。

[14] "如意馆"相关问题，见嵇若昕：《乾隆时期的如意馆》，《故宫学术季刊》第23卷第3期（2006年春），页127-159；另见莫小也：《十七—十八世纪传教士与西画东渐》（杭州：中国美术学院出版社，2002），页185。莫著以下简称《西画》。

十月八日，圣旨三降，要求贺清泰画山画树（《史料》，4:462）。

贺清泰参与如意馆务甚深，讽刺的是，对考究惊人的圆明园的工事，他却认为不过尔尔。浪费不谈，连罗马诸王私人苑囿里的别墅都难比肩。[15]18 世纪欧洲盛行中国庭园之风，耶稣会士的介绍当居首功，独贺清泰对中国园林艺术又敬意缺缺，一再批评中国园林观念里所谓"曲径通幽"，所谓"小桥流水"，所谓"假山凉亭"，等等，认为难称雅致。圆明园中的造景，看来尤劣，几乎比为荒丘废园。[16]贺清泰对古来园林艺术批评力道之强，耶稣会同志中罕见其匹。

乾隆宫中的西洋画师群里，贺清泰并非第一把交椅，后人甚至评为"画艺平平"。[17]他抵京前五年，郎世宁（Giuseppe Castiglione，1688-1766）早已物故，而在此之前，郎氏可是声名赫赫，把艺术史家所谓"海西画法"发挥到了极致。"海西"之名，即因郎氏等西洋画师每每以此自署出身而得。贺清泰时常奉敕临摹郎世宁画作，故而亦归"海西派"一员。乾隆五十二年（1787）十一月，贺氏因前此绘锦良云骏卓有心得（《史料》，4:463-464），内臣传旨令他与潘廷璋再"仿郎世宁《百骏图》"，要求"各画一卷"。《百骏图》的工程浩大，两人迄隔年十月三日才告完工（《史料》，4:475）。乾隆四十二至四十六年（1777-1781），大金川及小金川分告平定，西南之患解

---

[15]　Lettera di Luigi de Poirot. Pekino 4 ottobre 1772, BNC, Mss. Fondo gesuitico, 1386, 18, f. 90 r.

[16]　Lettera di Luigi de Poirot. Pekino 4 ottobre 1772, BNC, Mss. Fondo gesuitico, 1386, 18, ff. 90 r.-v. 不过贺清泰的看法不一定可以代表由明迄清耶稣会的中国园林观感，参见 Bianca Maria Rinaldi, ed., *Ideas of Chinese Gardens: Western Accounts, 1300-1860* (*Philadelphia University of Pennsylvania* Press, 2016), pp.52 ff.

[17]　聂崇正：《清宫绘画与"西画东渐"》，页 183。除前述《贲鹿图》外，此书另收贺清泰及潘廷璋合绘的《廓尔喀贡马象图》，但不论贺氏或潘氏，聂氏对他们评价都不高，见页 171 及页 174。

除，贺清泰及艾启蒙（Ignatius Sickltart, 1708-1780）又奉诏绘《平定两金川得胜图》一函十六幅，由内府造办处镌铜板印刷，广传于海内。[18] 康熙癸亥年（1683），施琅（1621-1696）攻台，战况激烈。约莫百年后，宫中某中国画师臆测当年，绘有《平定台湾战图册》十二幅（《西画》，页 211-212），御令送法国制成铜版画。到了乾隆五十二年（1787），贺清泰偕潘廷璋仍奉命又仿之，复制留存宫中（《史料》，4:474）。不过贺清泰也有特沐圣恩之时：乾隆五十五年（1790）十月，内廷传旨，要求贺氏随乾隆仿赵孟頫（1254-1322）画作。乾隆仿赵氏绘"沙渚双鸳"一轴，而贺氏"画赍鹿一轴"和之（《史料》，4:477）。总之，郎世宁开创的海西派画风，贺清泰虽难再缔新猷，却也可称"克绍箕裘"（《西画》，页 188）。

乾隆末年，贺清泰犹在作画。五十年（1785），教廷传信部（Sacra congregatio de propaganda fide）令到，耶稣会解散，北堂改由向来交善的法国遣使会（Congregation of Priests of the Mission）管理。贺清泰与汪达洪（Jean-Mathieu de Ventavon, 1733-1787）结盟，在教产问题上和晁俊秀（François Bourgeois, 1723-1792）等人意见不合，不过争执的结果是屈居下风，致使家居大不如前，遂有意加入其时犹存的俄国耶稣会。嘉庆七年（1802），俄方许可函到，贺清泰愿得以偿，不过他并未履新。[19] 嘉庆九年（1804），贺清泰另又具表上奏，建议由广州调人北上，总管北堂事务，可见其时堂中对外窗口已经不

---

[18] 张晓光编：《清代铜版战功图全编》（北京：学苑出版社，2003），页 22-37。

[19] Erling von Mende, "Problems in Translating the Bible into Manchu: Observations on Louis Poirot's Old Testament," in Stephen Batalden, Kathleen Cann, and John Dean, eds. *Sowing the Word: The Cultural Impact of the British and Foreign Bible Society, 1804-2004* (Sheffield: Sheffield Phoenix Press, 2006), p. 152n6. *Sowing the Word* 以下简称 *SW*。

畅（《史料》，2:825）。更致命的是：嘉庆十年四月，御史蔡维钰（嘉
庆元年进士）奏请传教士不得刻书散发（《史料》，2:838）。前此教案
已炽，至是则雍正年间的严峻情况再见，而且变本加厉。耶稣会雪上
加霜，道光时民间传唱的《方主教楼山避难歌》大约可比当时惨况
一二，略谓中国天主教徒——

> 父子相去一大半，妻室儿女少团圆，三两家冒烟。
> 嘉庆皇帝坐燕山，毁谤圣教御史官，号令加追赶。[20]

如此严峻的时势，嘉庆十六年（1811）继之再起。不过早在六年
之前，贺清泰已受奥斯定会士德天赐（Adeodato di Sant' Agostino,
1760-1821）案牵连而奉命中译意大利文书信，继之又为清廷盘查，
连个人寄回欧洲致友人的信札与家书也都判属违例，于濠镜横遭官
方拦截（《史料》，2:829-833）。[21] 如今政治上迫害踵继，所谓西人传
教"治罪专条"层出不穷（如《史料》，2:913 及 922-923），而贺清
泰在教中又属"寄人篱下"，困境可知。其时北京尚存贺氏以外的天
主教士十名，俱属遣使会士，多为葡萄牙籍。嘉庆决定：除翻译与历
算特佳而可供职钦天监者四名外，余者俱饬令回国。[22] 但据嘉庆《东

---

[20] 王雪：《基督教与陕西》（北京：中国社会科学出版社，2007），页 104。

[21] 德天赐案全貌，见吴伯娅：《德天赐案初探》，《清史论丛》（2008），页 229-244。德氏约
在乾隆四十九年入京，见《史料》，2:596。

[22] 〔清〕福庆：《管理西洋堂事务大臣福庆等奏查明应遭归国之西洋人折》，见《清代外交
史料（嘉庆朝）》（台北：成文出版社，1968），页 331-332。另参阅前此之《颁定西洋人传教治罪
专条并遣令不谙天文之西洋人归国上谕》，见同书页 330-331，以及〔清〕王先谦编：《嘉庆朝东
华续录》，2 册（台北：文海出版社，2006），2:347。

华续录》以及各种清廷涉外档案载，贺清泰及遣使会士吉德明（Jean Joseph Ghislain, 1751-1812）以"年老多病"，"不能远行"归国故，特准留京，"听其终老"（《史料》，2:924-925）。嘉庆十六年贺清泰年已七十八，确实也垂垂老矣，清廷的敕令算是"恩准"。不过"不准擅出西洋堂，外人亦不准擅入"之命（《史料》，2:930），倒形同"软禁"，而就贺清泰"传教士"的身份言之，不得"听其传教"一谕，更有如命其放弃天职，尤其难忍！时光荏苒，贺清泰在北堂这一待，便待到嘉庆十九年（1814）七月十八日去世为止。

顾卫民的《基督宗教艺术在华发展史》言之切中肯綮：贺清泰虽以绘画受知于清室，他在中国的主要成就却是翻译，尤其是中译《古新圣经》。[23] 翻译与绘画同属模仿（mimetic）艺术，柏拉图的《伊昂篇》（*Ion*）抨击甚力。如果"译家"也可归入"诗人"这个希腊人观念中的作家群[24]，那么贺清泰集画艺与译道于一身的本领，我们倒无须讶异。盖译道之于"诗艺"，倘就柏拉图式的思想衡之，当可称"模仿中的模仿"，确需缪斯（Muse）眷顾，是以贺清泰钟情于翻译，可谓天生本能。《圣经》之外，贺清泰的译事方向主要有二：一是上述公务上的外交翻译；二为个人的中国典籍西译，译入语（target language）以拉丁文居多。他口译笔译皆通，满汉双语俱行，西方古今语言更是拿手本领。为处理中俄间的外交译事，贺清泰还曾身赴古北口，其间想居中为中法缔约，但其事未成（Pfister, 2:967），所成者反倒是乾隆托马戛尔尼（George Macartney, 1737-1806）携回英伦的

---

[23] 顾卫民：《基督宗教艺术在华发展史》（香港：道风山基督教丛林，2003），页 203。

[24] Plato, *Ion*, 532e-535a, in Edith Hamilton and Huntington Cairns, eds., *Plato: The Collected Dialogues* (Princeton: Princeton University Press, 1961), pp. 219-221.

国书外译。

　　乾隆五十八年（1793），马戛尔尼衔乔治三世（King George III, 1738-1820）之命访华，提出开放口岸通商与准许圣公会来华传教等要求。使节团在翌年八月五日抵达天津白河口，随之易舟赴大沽，三天后转抵北京。当时在京的天主教士闻之，无不欢欣鼓舞，多在清廷要员的带领下前来拜谒，贺清泰身列其中，并获马氏馈赠。[25] 马戛尔尼稍后再离北京，赴承德避暑山庄晋见乾隆，向权臣和珅（1750-1799）呈递国书。不过两人在外交礼仪上看法迥异，闹得十分不快，要求惨遭驳回。[26] 九月二十一日，使节团回到北京；十月七日，和珅代表乾隆回复乔治三世诏书两封。贺清泰在马戛尔尼事件中的角色有二：一在随马氏赴热河，和潘廷璋一同担任绘师的工作；二在返京后用拉丁文翻译乾隆回复英王的国书。后两封"敕谕"当然都以中文写下：乾隆完全从天朝心态出发，写来有如怀柔远人。马戛尔尼虽然从那不勒斯请了一位华人译员随行，可惜此人中文程度太差，而翻译尤为第二道敕谕成为拉丁文的重责大任，便落在贺清泰和遣使会士罗广祥（M. Nicolas Joseph Raux, 1754-1801）的身上。两人译来战战兢兢，因为清廷随时可能命第三位教士予以核校。不过据贺清泰自述，他和罗广祥还是想尽办法，在拉丁本中软化乾隆天朝上国的优越口吻，并在

　　[25]　George Macartney, *An Embassy to China: Being the Journal Kept by Lord Macartney During His Embassy to the Emperor Ch'ien-lung (1793-1794)* (London: Longmans, 1962), p. 93. 另见斯当东（Sir George Staunton, 1737-1801）著，叶笃义译：《英使谒见乾隆纪实》（香港：三联书店，1994），页275-276及页286及矢沢利彦：『西洋人の見た中国皇帝』（東京：東方書店，1992），页170-171。

　　[26]　参见黄一农：《印象与真相——清朝中英两国的觐礼之争》，《中央研究院历史语言研究所集刊》78/1（2007年3月），页35-106。

乾隆五十九年（1794）九月六日以个人身份致书马戛尔尼，略谓他和罗广祥奉命译敕谕为拉丁文，已尽力舒缓了其中高傲的口气，"在敕谕中塞进了一些对英王陛下致敬的语句"，使之合乎国际礼仪。贺清泰还解释道："皇帝对待我们欧洲的国王"，有如"对待他们属国的小王一样，而这些小王只不过是皇帝的奴才而已"。[27]

　　贺清泰和罗广祥的拉丁文译本，马戛尔尼初则欣然接受，但稍后重译为英文时，又做了一些修改，似乎仍有意见。尽管如此，贺清泰为维护英国的国家尊严，为符合国际外交礼仪的拉丁文译法，显示"译者即逆者"（Traduttore, traditore）的字面意确实无误，二则道出了他对乾隆阳奉阴违，故以平等地位对待皇帝眼中的"英夷"。讽刺的是，贺清泰却因担任这个不忠不实的译员有功，甚得乾隆前述之宠信，事后官封六品，顶戴砗磲。[28]

　　从中文译成拉丁文与意大利文的书籍中，贺清泰最为人知的是康熙的《圣祖仁皇帝庭训格言》——虽则此书译于何时，我们不得而知。案《圣祖仁皇帝庭训格言》乃世宗雍正亲自编纂，凡

---

　　[27]　George Macartney, *An Embassy to China: Being the Journal Kept by Lord Macartney During His Embassy to the Emperor Ch'ien-lung (1793-1794)*, p. 359n9. 这里的引文出自戴廷杰：《兼听则明——马戛尔尼使华再探》，载中国第一历史档案馆编：《英使马戛尔尼访华档案史料汇编》（北京：国际文化出版公司，1996），页137。另见金东昭：《最初中国语、满洲语〈圣书〉译成者贺清泰神父》，韩国《阿尔泰学报》（*Altai Hakpo*）第13期（2003），页25注25。戴廷杰之文，我得悉自王宏志：《"叛逆"的译者：中国翻译史上所见统治者对翻译的焦虑》，见王著《翻译与文学之间》（南京：南京大学出版社，2011），页14-15。此外，冯承钧：《嘉庆丙寅上谕中之贺清泰》，《辅仁学志》（1939年第2期），页126亦谓：贺清泰致马戛尔尼的书札有两件，一写于乾隆五十八年（1793）五月七日，一写于同年八月六日。

　　[28]　Bianca Maria Rinaldi, *The "Chinese Garden in Good Taste": Jesuits and Europe's Knowledge of Chinese Flora and Art of the Garden in the 17th and 18th Centuries* (München: Martin Meidenbauer Verlagsbuchhandlung, 2006), p. 263.

二百四十六则，"皆《圣训》、《实录》所未及载者"。[29] 雍正为表孝思，将先皇祖训辑录成编，垂为家法，制序刊布，期能永世流芳，万古常新。费赖之（Louis Pfister, 1833-1891）谓贺清泰的刊本收入《中国文丛》（*Mémoires concernant les Chinois*）卷九，有法国某伯爵夫人（Madame la Comtesse de M*** [*sic*]）的法译对照，实由意大利文重译而得（Pfister, 2:969）。迄 1783 年，贺译《圣祖仁皇帝庭训格言》才在巴黎刊行，有《前言》（Avertissement）道："此书原为满文，乃由人在北京的传教士贺清泰译为意大利文。"（Cet ouvrage ecrit en langue tartare, a eté traduit en italien par M. Poirot, Missionnaire à Péking.）。但书题似乎仅存法文，我们逐字对之，可译为"圣祖仁皇帝崇高而亲切的训示"（*Instructions sublimes et familières de l'empereur Cheng–tzu–quogen–hoang–ti*）。法文书题中的"quogen"系满语，意为"仁"，而《前言》上引后面所述，则大致为前述提要中的大要。[30]

　　去世之前，贺清泰在公务之余，看来只能退处北堂，致力于译事，《圣经》则为他的千秋大业。贺译的满文本《圣经》通称《满文付注新旧约圣书》，但也未曾镌板，史旺（William Swan, 1791-1866）的《新约》抄本中多数的经卷，目前收藏在英国及海外圣经公会（The British and Foreign Bible Society）；康彼得（Peter Kamenskii, ?-1845）的《旧约》抄本，典藏于圣彼得堡俄国科学院东方研究所；

---

[29] 〔清〕纪昀等：《提要》，见《圣祖仁皇帝庭训格言》，载《〔景印摛藻堂〕四库全书荟要》，500 册（台北：世界书局，1986-1988），185:3。

[30] C. Batteux and L. G. O.-F. de Bréquigny, eds., *Mémoires concernant l'histoire, les sciences, les arts, les mœurs, les usages, & c. des Chinois: Par les Missionnaires de Pékin*, Tome neuvieme (Paris: Nyon, 1783), pp. 65-282, esp. vi.

另一新、旧两《约》的抄本，则由日本东洋文库庋藏。[31] 满文本既成，研究者颇有其人，大多认为《若伯传》译得最好，盖"其文词高雅，无可比拟"。[32] 满文本既成，中译本《古新圣经》继而为贺清泰的当务之急，一卷卷译出，想当然耳。

《古新圣经》开译于何时，学界迄无定论，但以经中充满北京俗语衡之，时间似难早于贺氏抵达北京之时。贺清泰初来乍到，理论上应该从耶稣会往例，先由中国官话与文言文学起。不过乡土之言是圣依纳爵（St. Ignatius of Loyola, 1491-1556）首重的《会宪》（The Constitutions）规章[33]，贺清泰同样忽视不得，而北京俗语，当然要待贺氏和北京的市井小民打成一片，他才有可能驾轻就熟，也才有能力请之入经，甚至效圣热落尼莫传说中的先例，使俗语变成译经的文体主力。以贺清泰的语言天赋衡之，如此程度最快可能也要迟至他莅京的两三年内。但是我们不要忘记清代的"国语"是满文，贺清泰要在清宫行走，要获得乾隆赏识，他还得学满文。《圣经》改用中文翻译，看来应在《满文付注新旧约圣书》译成之后才有动笔之可能。满

---

[31] Ann M. Ridler, "Obedience and Disobedience: George Borrow's Idiosyncratic Relationship with the Bible Society," in *SW*, p. 295; Mende, "Problems in Translating the Bible into Manchu: Observations on Louis Poirot's Old Testament," in *SW*, p. 154. 另见金东昭：《最初中国语、满洲语〈圣书〉译成者贺清泰神父》，页 31。康彼得后改名为康保罗，为第十届俄国传教团的领袖，其活动可见萧玉秋著：《俄国传教团与清代中俄文化交流》（天津：天津人民出版社，2009），页 61-63。

[32] T. H. Darlow, *Letters of George Borrow to the British and Foreign Bible Society* (London: Hodder and Stoughton, 1911), p. 89. Also see Mende, "Problems in Translating the Bible into Manchu: Observations on Louis Poirot's Old Testament," in *SW*, pp. 162-168.

[33] Antonio M. de Aldama, S.J., *The Constitutions of the Society of Jesus: An Introductory Commentary on the Constitutions* (Rome: Centrum Ignatianum Spiritualitatis and St. Louis: The Institute of Jesuit Sources, 1989), p. 175.

文译经这一耽搁，可能二十年岁月匆匆已过。潘廷璋有信写道，乾隆
五十五年（1790）贺清泰译成满文本《圣经》（Pfister, 2:969），此所以
学界多以为《古新圣经》大约开译于此刻（*SW*, p. 151; Pfister, 2:969）。

　　至于《古新圣经》三十六卷译成的时间则较易估算，因为嘉庆
八年（1803）贺清泰曾写信上呈教廷传信部，请求准许刊刻《古新
圣经》。在此同时或之前，贺氏身体犹称健朗，可为清廷翻译中俄文
书（Pfister, 2:967），而且连《古新圣经》的序文可能都已写好，版
式亦应拟就。他只待传信部批复的回信到，马上取板雕之，将成稿
的三十六卷先行刊行。贺清泰的期待最后当然落空，传信部的复函
虽嘉许其人之熟忱，却也诘问译经之权从何而来。[34] 我们若不论这
点，十三年其实不难完成《新经》与大部分的《古经》，因为贺清泰
既主俗语译经，就不会为"一名之立，旬月踟蹰"，也不会像马若瑟
讲究文字。《古新圣经》的文风几乎不类明代以来章回小说早已立下
的白话书写成规，反似如实在实践黄遵宪（1848-1905）所谓的"我
手写我口"。[35] 从书序看来，贺清泰应该从《古经》译起，而且意到
手追，信笔龙蛇，一名多译的情况更是常见，赘字冗词也不少，证明
他确实不在乎文字章法。贺清泰"贵重的是〔天主的〕道理，至于说
的体面，文法奇妙"（《古新》，1:1），他一概不管，自然不可能倩人
润稿。是故在相对不算长的时间内以个人之力成就三十六卷，我们
勿须惊讶，何况《古新圣经》有四分之一是注解，而不论是译或写，

---

　　[34]　N. Kowalsky, "Die Sacra Congregatio 'de Propaganda Fida' und die Übersetzung der Hl.
Schrift," in J. Beckmann, ed., *Die Heilige Schrift in den katholischen Missionen* (Schöneck-Beckenried:
Neue Zeitschrift für Missionswissenschaft, 1966), p. 30.

　　[35]　〔清〕黄遵宪：《杂感》之二，见黄著，钱仲联笺注：《人境庐诗草笺注》，3 册（上海：
上海古籍出版社，1981），1:42。

这一部分的文字都可不受"原文"——如果有的话——掣肘。再说
传信部回信由梵蒂冈送抵北京，少说已届嘉庆十年，而这中间仍有
二三年的时差，贺清泰犹可搦管续译！《圣徒玛窦万日略》的注解中
有"一千八百年〔前〕到今"的字样（《古新》，8:2758），说明这一
年《新经》九卷才开笔中译。[36]果真如此，那么《古新圣经》"全书"
完稿的时间还要往下延。三年工夫不易完成《新经》，至少五年才算
合理。由是推之，嘉庆十年前后，我以为才是现存《古新圣经》全稿
完成的时间下限。

语言特色

谈到《古新圣经》，学界迄今所知概如前述，不外乎这是中国首
见的白话译《圣经》。既称"白话"，则《古新圣经》的特色之一必然
攸关文体，况且文前我再三提到此经译体的灵感乃得自"圣热落尼莫
之梦"。对贺清泰来讲，此梦的最大意义在热氏选择"通俗拉丁文"
译经，而且系因天主神启有以致之。我们且不管圣热落尼莫做梦与
译经是否有关，《圣经》译史却是经常就如此比附，历来且视为译坛
佳话。[37]贺清泰亦然，而且强调更甚，简直视为《古新圣经》以北
京俗语翻译的象征资本，可谓他自圆其人译道最重要的理论基础。由
是观之，"圣热落尼莫之梦"不可小觑，是管见所知中国《圣经》译

---

[36] 郑海娟：《贺清泰〈古新圣经〉研究》，北京大学比较文学研究所博士论文（2012），页
13。《贺清泰〈古新圣经〉研究》以下简称"郑著"。

[37] Douglas Robinson, *Western Translation Theory from Herodotus to Nietzsche* (Manchester: St.
Jerome, 1997), p. 23.

史上首布的"梦中天启说"[38]，而且因为事涉译体，益发重要。在贺清泰之前，阳玛诺的《圣经直解》中译了五十三四篇《新约》经文的片段，作为主日学与其他节日诵念之用。其后法国耶稣会士冯秉正（Joseph-François-Marie-Anne de Moyriac de Mailla, 1669-1748）参照圣依纳爵（St. Ignatius of Loyola, 1491-1556）的《神操》（*Spiritual Exercises*），整理之为《圣经广益》（1738），作用依然。阳玛诺之前，艾儒略又有《天主降生言行纪略》，是有其底本的某种"福音合辑"（*harmonia evangelica*），不完全是一般意义上的《圣经》中译。贺清泰入华前四十年，殷弘绪（Père François Xavier d'Entrecolles, 1664-1741）译有《旧约·多俾亚传》，并合其评注而为《训慰神编》（1730）一书。[39] 前此不久，白日升（Jean Basset, *c.* 1662-1707）已有简称为《四史攸编》的福音书中译，对贺清泰及往后新教译经尤有贡献（郑著，页135-139）。[40] 尽管如此，白氏或殷氏之志都不在《旧

---

[38] 公元前3世纪，埃及王托勒密二世（Ptolemy II Philadelphus, 309-246 BCE）命人用希腊文翻译七十贤士本《旧约》（The Septuagint）。传说中，托勒密二世亦因天主托梦而有此一译举，可惜崇祯四年（1631）艾儒略在福建布教时，虽曾提及此事，但他仅用"神功默启"一语带过，没提到托勒密二世"梦中天启"一事，否则艾氏会是在中国首布《圣经》翻译常与"梦中天启"有关的第一人。参见〔明〕李九标记：《口铎日抄》，在钟鸣旦与杜鼎克编：《耶稣会罗马档案馆明清天主教文献》，12册（台北：台北利氏学社，2002），7:108-109。《耶稣会罗马档案馆明清天主教文献》以下简称《耶档馆》。

[39] 〔清〕殷弘绪：《训慰神编》的现代铅印版可见于中国宗教历史文献集成编纂委员会编纂：《中国宗教历史文献集成·东传福音》，10册（合肥：黄山书社，2005），3:91-124。

[40] 有关白日升、"巴设译本"与《神天圣书》和马殊曼、拉撒译本的关系见 Jost Oliver Zetzsche, *The Bible in China: The History of the Union Version or the Culmination of Protestant Missionary Bible Translation in China* (Sankt Augustin: Monumenta Serica Institute, 1999), pp. 25-58。另见赵晓阳：《二马圣经译本与白日升圣经译本关系考辨》，《近代史研究》第4期（2009），页41-59；以及马敏：《马希曼、拉沙与早期的〈圣经〉中译》，《历史研究》第4期（1998），页45-55。

约》或《新约》的全璧中译，而仅在尝鼎一脔，发其一端，浅尝即止。同时期的其他零星中译，固无论矣。所以贺清泰所发宏愿，所译之广，所用之体，在在都是前无古人的重大贡献。北京俗语译经，尤为主要特色。

那么，上述所谓"俗语"，又"俗"到什程度？这种"俗语"还可称为"神圣"的《圣经》语言吗？"圣热落尼莫之梦"反映出《圣经》和希伯来或欧洲古典修辞学（*rhetorica*）的轇轕复杂，而这轇轕中最基本的一大问题实为圣奥斯定（St. Augustine of Hippo, 354-430）《论天主教义》（*On Christian Doctrine*）从西塞罗（Marcus Tullius Cicero, 106-43 BCE）之见发展而出的修辞三体说（three types of style），亦即所谓雄伟或高级文体（high style）、中庸或中间文体（middle style）与平直或低级文体（low style）。对圣奥斯定或对西塞罗而言，这三种文体并无好坏之别，只有功能之异。雄伟文体志在"移人"，中庸文体志在"娱人"，而平直文体的功能则在"教人"。[41]《古新圣经》第二篇序言的旨要无他：贺清泰决定要用平直的第三种文体翻译《圣经》，不效前人之以古奥的《尚书》诰诰体或一般文言中译。贺清泰再三强调译经只重经中"道理"即可，辞藻或语句，天主与写经人俱不在意，不必浓墨粉饰。奥斯定尝为平直文体下一定义：语句平和沉着，不尚藻饰而贴近大众（*OCD*, IV.xxvii.12）。放在中国乾嘉之际的语境中看，这不啻指《古新圣经》不可能出以传统文言，连北京官话都难使之，而此刻业已高度发展的白话小说的语言成规，他也得弃而不用。

---

[41] St. Augustine, *On Christian Doctrine*, trans. D. W. Robertson, Jr. (New York: Mcmillan, 1958), IV.xii.27. 此书以下简称 *OCD*。

贺清泰此一态度，中译《古经》时恪守尤严。只有到了《达味圣咏》和部分《新经》，为配合原文的体调，他才予以调整，但大体仍不出白话或俗语的范畴。贺清泰中译《古新圣经》，志在"教人"，教的是天主的"大道"（《古新》，1:1；cf. *OCD*, IV.xxviii.61）。

文本最小的单位是"字"，下文我们权且由此谈起。《古新圣经》的一大特色不仅在用字"俚俗"，也在常见我们现代人不多见的异体字，而且多到倍甚于一般古版书。我们翻看一般字典犹嫌不足，必须往专门的异体字典搜查。异体字是个观念问题，会因时地与刻工的习惯而形成。随手翻阅一页光绪刻本的方以智（1611-1671）著《膝寓信笔》，我们就看到"草"字刻成了"艸"，而这还是常见的异体字，至于"旁"字刻为"㫄"，那就少见多了。乾隆时代重要的小说，首推《红楼梦》。《儿女英雄传》可能迟至道光年间写就，但文康（生卒年不详）此书乃胡适称许的"绝佳的京语教科书"，用语更"土"，系 18 世纪中叶迄 19 世纪中期北京语言的代表[42]，虽则其节奏、口气都仿书场而得。曹雪芹（1724-1763）与文康的抄者笔下或刻工刀下，必有北京时人较为惯用的异体字。现代读者若非钻研古本书，当然不会读抄本或刻本，而异体字会随时地调适，想来当也会"现代化"。今天尚称易见的《古新圣经》，乃上海徐家汇藏书楼的清抄本，而此一抄本异体字之多不是无页无之，而几乎是隔行即可一见，中国古籍——抄本或刻本皆然——中，罕见如此"盛况"。我稍微算

---

[42] 胡适：《〈儿女英雄传〉序》，见所著《胡适文存》，3:508-510。另见李贞：《〈儿女英雄传〉的文学语言研究》（杭州：浙江大学出版社，2011），页 39；林焘：《普通话和北京话》（北京：语言出版社，2000），页 29。有关《红楼梦》，见〔清〕周春：《阅〈红楼梦〉随笔》，载一粟编：《红楼梦资料汇编》，2 册（北京：中华书局，1864），1:67 曰："看《红楼梦》有不可缺者二，就二者之中，通官话京腔尚易，谙文献典故尤难。"

了一下，出现频率最高者为"桻"字，今日通作"崈"，又如"肐"指"胳"，"祸"为"禍"，"塟"为"葬"，"歠"为"欲"之异体字，通"喝"，等等，简直不胜枚举。我们今日可见的足本《古新圣经》唯有抄本，但我较之以香港思高圣经学会所藏的原北堂本照片所余三百六十页左右，相去无几，可见异体字应为贺清泰原稿所用。我们若再汇整抄本的异体字为一表，其长度足以显示乾嘉年间，不论中外的耶稣会或遣使会士好用的异体字为何。当然，我们如今以"异体"称之，他们当时可能以为系俗常用法。异体字会因时因地因人因权力之转移而有认定之异，文前业已道及。

明清两代几无梵籍中译，我们取例不易。不过在书场与编次者再三使用下，此刻白话小说的声与字，几近定型。然而文字程度较低的市井百姓，仍然不乏好写异体字或借同音字——即所谓的"通假字"——以权充"正体字"的情况。贺清泰是出身拼音国度的中文写手，同音字互借的语言意识形态，他更难拔除。明清小说的刻本中，以"狠"代"很"是常态，打开《西游记》或《红楼梦》的刻本或抄本，"狠难过"或"狠劳苦"的用法触目皆是，几乎可让今人"怵目惊心"。反而是时人安之若素，即使迟至胡适写《尝试集》初版的《自序》，他都还用"'狠'像"这种"同音字"。[43] 耶稣会的白话著译不少，其中不乏"权用"同音字的做法，我常疑为远人的拼音心态作祟——虽然这样写，乾嘉之际也常见得很。白话文会受到"音"的影响，明显可见，同音异字系常态，用字不稳得有如莎士

---

[43] 胡适：《自序》，见《尝试集》（北京：人民文学出版社，1984），页144。其他现代版的《尝试集》的《自序》都把"狠"字现代化为"很"字了。

比亚（William Shakespeare, 1564-1616）连自己的名字都有四种拼法。《古新圣经》是类此书写系统的典型，例子多到那些抄者有如今天惯用拼音或注音符号输入的电脑"写"手之所为。出现儿化语时，便常以"耳"代"儿"。至于"摩"字有"摩挲"之意，北京话也有"抚摩"一词[44]，用来指"摸"当然说得通。但"髒"字不然，明代小说多用"臜"，无如贺清泰或《古新圣经》的抄者一会儿用"臟"，一会儿用"臟"（如《古新》，2:350）。[45] 对他或他们而言，"白字"连篇根本构不成问题。症结所在，除了引车卖浆者流经常如此，另一则系贺氏把中文也纳入印欧语系了，形成中文书写史上非常奇特的现象。

除此之外，贺清泰同样会自创文法或沿用老旧的语言习惯，使用单字每有妙着。举例言之，《众王经》（Regum）译为"战"（*pugnaverunt/pugnam*）的字，他可以使得像不及物动词（intransitive verb），写出了"斐里斯定的人真来战"这类的句子（《古新》，3:814），也可使之及物动词（transitive verb）化了，写出"约亚伯同他的兵来战塞巴"（《古新》，3:959）等文句。非特如此，"战"同样可以单字作名词用，《众王经》中"他不可同我们往战的地方去"（《古新》，3:890），堪称典型。这种种的"战"法，《古新圣经》中不计其数，而北京俗语，此时倒像极了汉人的乐府诗《战城南》："战城南，死郭北，野死不葬乌可食。"[46] 如此近似汉代的语法，常见者我另可举"圣"（*sanctificaverunt/dedicavit*）字为例，以窥一斑。《众王经》有过这样

---

[44]　徐世荣编：《北京土语探索》，见所著《北京土语辞典》（北京：北京出版社，1990），页 9。

[45]　话虽如此，明代人偶尔也会用"臟"代"髒"字，参见〔明〕吴承恩：《西游记》（台北：华正书局，1982），页 943。

[46]　〔宋〕郭茂倩：《乐府诗集》，2 册（台北：里仁书局，1984 年），1:228。另参见郭编同书 1:237 李白的《战城南》头两句："去年战，桑干源；今年战，葱河道。"

的话："圣了亚必那大伯的儿子"(《古新》，3:822)，而《如达斯国众王经尾增的总纲·卷二》也说道："圣了天主堂"(《古新》，4:1281)。这些句子都把"圣"字当动词，《古新圣经》通书，类此用法还多到罄竹难"数"的地步。《康熙字典》里，"圣"可作名词，可当形容词，就是不作动词用，唯段玉裁《说文解字注》举了《诗经》中《小雅·小旻》一句"或圣或不"[47]，差可比拟贺清泰独特的用法。乐府诗也好，《诗经》也罢，其中用字遣词，无一非属汉代或先秦的俗语。诗人有"特权"(poetic license)，让字词出格，我们见怪并不怪，《古新圣经》中这类的一字词，贺清泰却译在散体(prose)中，我们读来但以为他在复兴中国古典一般。

"单字"之外，语言基本的单位是"词"，从两个字到数个字不等的词汇。《古新圣经》所用者至少可以区分成数类，首先是北京地区的俗语，例如指"总共"的"共总"(《古新》，8:2655)，指"蛇"的"蛇虫"(《古新》，1:14)，指"帮忙"的"相帮"(《古新》，4:1341)，或是指"黎明"的"昧爽"(《古新》，2:778)，等等（另参郑著，页58-59）。我们翻查文康的《儿女英雄传》或曹雪芹的《红楼梦》，这些词大多可以见到，可想原系乾嘉时代的京白。贺清泰既然不许向权贵传教，公务之余能对谈者除会中或同住北堂的遣使会弟兄外，看来也只有望教者或一般北京的市井小民了。不过这类词，大户人家其实也使用，《红楼梦》第六十四回道："凤姐身体未愈，虽不能时常在此，或遇着开坛诵经，亲友上祭之日，亦扎挣过来'相帮'尤氏料理。"至于"昧爽"，还是古语保留下来的北京话。《尚书·牧誓》云：

---

[47] 〔汉〕许慎著，〔清〕段玉裁注：《说文解字注》(台北：艺文印书馆，1989)，页598甲。

"时甲子'昧爽'，王朝至于商郊牧野。"不过此词既为古语，外地人当然也会用，茅盾（1896-1981）不是北京人，到了民国时代，《雨天杂写》仍写道："九时就寝，'昧爽'即兴。"同样的情况，亦见之于"民人"一词，贺清泰多半用"民人们"（如《古新》，2:446）表多数。文言文里当然罕见口语中的"们"，《诗经·瞻卬》云："人有土田，女反有之。人有民人，女覆夺之。"嘉庆年间各地送到京中的表奏里，"民人"系定语，或相对于"民妇"而言（如《史料》，页944），而道光时代林则徐（1785-1850）与邓廷桢（1775?-1846）合写《拟颁发檄谕英国国王稿》之际，犹循之炮制，可想受到当时北京话的影响："凡内地民人，贩鸦片食鸦片者，皆应处死。"[48] 我们常用的"人民"虽非今语，因为《孟子》之中已有之，而乾嘉时人也照用不误（如《史料》，3:934），但看来清代中叶并不时兴[49]，两字对调而使的情况反而多得多。

《古新圣经》里，一字词中的"还"字常为"还有"（*et*）的省语，另有"也"、"同样"（*quoque/idem* 等）等意涵。至于贺清泰的二

---

[48] 以上参见〔清〕曹雪芹：《红楼梦》，（台北：三民书局，1972），页554；〔清〕文康著，饶彬标点，缪天华校订：《儿女英雄传》（台北：三民书局，1976），页512；吴琳注译：《新译尚书读本》（台北：三民书局，2001），页101；茅盾：《雨天杂写》，见所著《茅盾文集》，10册（香港：今代图书公司,1966),10:18;《诗经·瞻卬》，见〔清〕阮元（校刻）：《十三经注疏》，2册（北京：中华书局，1980），1:577；〔清〕林则徐撰，林则徐全集编辑委员会编：《林则徐全集》，10册（福州：海峡文艺出版社，2002），5:2508。

[49] "人民"一词，早可见于《孟子·尽心下》："诸侯之宝三：土地、人民、政事。"见朱熹集注：《四书集注》（台北：世界书局，1956），页416。但此词之流行迄今，可能始自清末传教士的用法，参见 Federico Masini, *The Formation of Modern Chinese Lexicon and Its Evolution toward a National Language: The Period from 1840-1898*, in *Journal of Chinese Linguistics*, Monograph Series Number 6 (Rome: Department of Oriental Languages, University of Rome, 1993), p. 193 (on "ren zhi quanli 人之权利")。

字词，偶尔亦如"战"字，用法特殊。最常见的是"暂且"（如《古新》，8:2650）。这个词我之所以说"特殊"，是因为贺氏虽会正常用之，指"暂时"或"权且"，不过更常引为"不久"之意，《化成之经》谓："暂且小孩儿渐渐长大，离了奶。"（《古新》，1:77）"不久"和"暂时"意义近似，只是语气不一罢了。如此用法还说得通，然而若引申而为时间副词"当时"（cum），读感就令人诧异了，《化成之经》有例子可为佐证："暂且三人起来，望琐多玛转眼。"（《古新》，1:65）下面一句话中的"暂且"，着实又令人愕然于其用法，甚至不解："暂且，亚巴拉杭早晨起来……"（《古新》，1:70）从武加大本《圣经》的上下文思量，这里的"暂且"乃翻译增字，指过去的时间；自由一点解释，或可作"一天"观，而这"一天"和"暂且"本意的"暂时"在时差上实在远，不知贺清泰何以如此使用？至于下面一句亦为增添之语，有"那时"的意味："暂且那奴才静静瞧那女孩。"（《古新》，1:87）武加大本《圣经》此处阙时间副词，贺清泰显然从时态揣摩增译，可惜译得仍然让人读来莫名所以。《红楼梦》、《儿女英雄传》，甚至是《何典》中的"暂且"，意义几同今义，仅有"姑且"或"暂时"之意，贺清泰何以自出机杼，难道《古新圣经》也属王肯堂（?-1638）论《交友论》（1595）时所议"西域文法，辞多费解"？[50] 不论如何，贺清泰的"暂且"用法确实与众不同，而此词《古新圣经》几乎卷卷有之，读来实费思量，好似在暗示我们"译家"也有其"特权"（license），遣词用字同样可以破格。

[50] 见〔清〕王肯堂：《郁冈斋笔麈》，见《古今图书集成》第33册《明伦汇编·交谊典》第十二卷"朋友部"（北京：中华书局；成都：巴蜀书社联合刊行，1986），页39864。

上文所举，有部分系翻译上格义连类的结果，有部分用的则全属归化（domestication）策略，归化到《圣经》中犹太人特有的"饼"（panis）字都可纳入。艾儒略的《天主降生言行纪略》，是管见所及最早以此字中译的书籍（例如《耶档馆》，4:144）。有趣的是，贺清泰却将"饼"多数译为"馒头"，或译为更具北京或北方乡土味的"饽饽"（如《古新》，1:202）。新旧两《约》中，不时有现代人解为"薄饼"（lagana）而《古新圣经》译为"烧饼"者（如《古新》，2:353），也有原意乃"糕饼"（crustula）而贺清泰以"扁饽饽"译之的面食（如《古新》，2:349）。最后的晚餐中，耶稣曾以"饼"隐喻自己的身体，故尝"把饼擘开"（frangendum panem），分食众徒（如玛14:19）。思高本《圣经》中这类现代的译法，沿用的是白日升《四史攸编》里的表达方式。[51]《古新圣经》这一段却刻画道：耶稣降福给"馒头"，然后"分成块散与众徒"（如《古新》，8:2744）。耶稣自喻为生命之粮的话，《古新圣经》同样译为"我是生命的馒头"（《古新》，8:2924）。"馒头"当然可以供上祭坛，但在北方人的观念里，神圣感说来应该不会太强，而贺清泰如此中译虽说归化了，另方面反却难以强调耶稣的神圣性。

贺清泰强烈若此的归化策略，偶尔还会引出几个读来令人发噱的句子，例如《列王记·上》的"炭火烤熟的饼"（列上19:6），贺清泰就不得不令《众王经》说是"灰里烙熟了的一个馒头"（《古新》，3:1054）。为化解归化译法产生的矛盾，贺清泰更是不得不采用黏稠

---

[51] 白日升：《四史攸编》，见马礼逊抄本《四史攸编》，页316，在"珍本圣经典藏数位查询系统"，网址：http://bible.fhl.net/new/ob.html，检索日期：2012年9月24日。

译法（thick translation）补充之，也就是添加注解，说明一番："古时馒〔头〕埋于火灰内蒸熟。"（《古新》，5:1821 注 7）贺清泰不解释还好，一解释，"烤"转成了"蒸"，"古时"二字也晦然，反倒让人感到他是此地无银三百两，中译所得变成了西方修辞学上所谓"矛盾语"（oxymoron），读来确实令人忍俊不住。[52]

乾隆三十七年（1772）十月四日，贺清泰在给欧洲朋友的信上说：他到清宫任职后，"天天到"距北京城两英里路外的圆明园内的如意馆"作画"。[53] 易言之，清宫语言，贺清泰也不陌生。《古新圣经》译到犹太人与埃及王朝的关系，因此常有内化之举。宫中用语为官白，而"主子"与"奴才"（《古新》，1:270）、"吉祥"（《古新》，4:1287）与"请安"（《古新》,3:876）等语词遂成常见的译词。"主子"与"奴才"这对伦序用语，乃旗人专属，自是清宫古制；乾嘉时代的官宦巨室，自会僭予使用，无足为奇，然而放在《古经》中犹太或埃及人的官府或宫廷里用，确实也由不得人有置身清代宫中之感，可见贺清泰的翻译归化之深，而这点适可佐证埃文佐哈（Itamar Even-Zohar）多元系统理论（polysystem theory）诸多高见之一：边陲向中心靠拢系举世译史的常态，所重者系文体在强势文化中的"接受性"（acceptability），不是文体在原文或源文（source language）结构上的

---

[52] 中国古代的"馒头"，可以有肉馅，如施耐庵、罗贯中：《水浒传》（台北：故乡出版社，1977），页 369 所述者："大树十字坡，客人谁敢那里过？肥的切做馒头馅，瘦的却把去填河。"《水浒传》这里所述，一般叫"人肉馒头"；冯梦龙：《古今小说》（上海：上海古籍出版社，1987），2:1412 也如是称之。不过馒头当然也可以无馅，即我们今天常见者。但不管哪一种，古来"馒头"都非用"烤"得之者，和犹太人焙烤而出的"饼"差别颇大。《水浒传》所述的"人肉馒头"以"笼"计，更不可能用"烤"，而是在"灶上"用"蒸"的。贺清泰急于连类，昧于格义，这里显然。

[53] Lettera di Luigi de Poirot. Pekino 4 ottobre 1772, BNC, Mss. Fondo gesuitico, 1386, 18, ff. 90 r.

"充分性"（adequacy）。[54] 话说回来，《古新圣经》的二字词里，贺清泰仍然有坚持：教中的"圣号"（tetragrammaton），他非得异化处理不可。

明熹宗天启七年（1627），龙华民（Nicholas Longobardi, 1565-1654）会高一志（Alfonso Vagnone, 1566-1640）、金尼阁（Nicholas Trigault, 1577-1628）、阳玛诺、卫匡国（Martino Martini, 1614-1661）等十一名耶稣会士于上海嘉定，商讨天主教至高的"陡斯"（Deus）的译法，徐光启（1562-1633）与李之藻（1571-1630）等中国高官信徒据传也列席。但龙华民坚持"陡斯"独一无二，只能音译，不应合以"神"、"上帝"或"天主"等中国传统可见的圣号，一反罗明坚、利玛窦以来的会中传统。[55]1628 年，中日两区巡阅司铎帕尔梅罗（André Palmeiro, 1569-1635）亲自为争辩定调，禁用"上帝"，而高一志等人主张的"天主"遂胜出。[56] 话虽如此，尽管教宗在康熙四十六年（1707）与康熙五十五年（1716）三申五令，在华会士中不避"上帝"者仍有之，马若瑟即独树一帜，《梦美土记》（1707）与《儒交信》等早期天主教说部中，早已言者谆谆，听者藐藐了。岁月往前再

---

[54] 以上有关多元系统理论，见 Itamar Even-Zohar, *Polysystem Studies, Poetics Today: International Journal for Theory and Analysis of Literature and Communication* 11/1 (1990), pp. 50-51。

[55] 见 Seán Golden, "'God's Real Name is God': The Matteo Ricci-Niccolo Longobardi Debate on Theological Terminology as a Case Study in Intersemiotic Sophistication," *The Translator* 15/2 (2009): 375-400；以及 Sangkeun Kim, *Strange Names of God: The Missionary Translation of the Divine Name and the Chinese Response to Matteo Ricci's Shangti in Late Ming China, 1583-1644* (New York: Peter Lang, 2004), pp. 177-180。

[56] 有关嘉定会议，详见 Liam Matthew Brockey, *Journey to the East: The Jesuit Mission to China, 1579-1724*, pp. 85-89；高龙鞶（著）、周士良（译）：《江南传教史》，3 册（台北：辅仁大学出版社），1:37-40；另见 Sangkeun Kim, *Strange Names of God*, pp. 171-183。

推一些，礼仪之争的中外参与者就不用再提。贺清泰把自己的宗教定名为"天主教"，但终《古经》通书，最高"神"他几乎都译为"陡斯"，《新经》才与"天主"并用。唯一的例外是"主"（Dominus）这个尊称：他时而如此译之，时而译为"上主"。甚至连"耶落哈"（Elohim）、"亚多那意"（Adonai）、"耶里晕"（Elyon）、"撒达意"（Shaddai）和"亚多那意撒玻得"（Adonai Sabaoth）这些前此耶稣会士提都不提的圣号，他也在《救出之经》第六篇的第二个注解里详予说明。连 16 世纪才合并完成的新词"耶火瓦"或"耶和华"（Jehovah），贺清泰也告诉乾嘉读者道："陡斯总没有默启"过（《古新》，1:217 注 2；另参郑著，页 150-153）。当然，贺清泰意在攻击新教，批评他们恣意"造假"。如果贺氏早一个半世纪来华，嘉定会议中龙华民想来不至于孤军奋斗。

唐代玄奘（602-664）有"五不翻"的音译理论，其中"此无故"或"秘密故"两种状况 [57]，贺清泰也得其三昧，晓得音译处理的力量大。玄奘把印度有之而中土所无的"菩提树"音译了，某些咒语若以译字行之，力量消解，他同样以译音代之。贺清泰音译的树名与特殊事物太多了，例如今译"橄榄树"者，至迟明代已有之，但贺氏可能不知，《审事官经》中著名的寓言《众树议王》（《古新》，2:740）中，他就效庞迪我（Diego de Pantoja, 1571-1618）《七克》的译法，称之为"阿里瓦树"（oliva）。[58]《如达斯国众王经尾增的总

---

[57]　参见〔宋〕周敦义：《〈翻译名义集〉序》，收于〔宋〕法云编：《翻译名义集》，见高楠顺次郎、渡边海旭编：『大正新脩大藏経』，100 册（東京：大正一切経刊行会，1934），54:1055a。『大正新脩大藏経』以下简称《大正藏》。

[58]　〔明〕庞迪我：《七克》卷一《伏傲》音译之为"阿理袜"，见〔明〕李之藻辑：《天学初函》，6 册（1629；台北：台湾学生书局，1965），2:765。

纲·卷一》所译的"撒罢多"(sabbatta)，意思是"歇息"(《古新》，4:1195)，译得也颇有"秘密故"的况味。这类"此无故"或"秘密故"的音译词，若外加有其意涵却不如音译有力的名词如"若耳当河"(Jordanem fluvium) 等词[59]，终《古新圣经》三十六卷，贺清泰用得不知凡几。再制一表，长度可知。所幸贺清泰若非在各卷"注解"中加以说明，就是在正文用"解说"说之。他上承阳玛诺译《圣经直解》的习惯，下开新教和合本《圣经》修订版出现前在正文中以括号或以小字夹插解释的做法，可算中国解经形式的特色之一。

《古新圣经》在语词上的贡献仍有许多，《圣徒玛窦万日略》中著名的"以眼还眼，以牙还牙"(Oculum pro oculo, dentem pro dente.) 一译，学者早已指出系贺清泰首开其风。[60]我们若不论这类长句型的译词，贺清泰仍有不少名词的译法，今日基督宗教界仍然循用，而且用得朗朗上口。《圣徒玛窦万日略》里的"圣徒"是一例。按天主教的传统，拉丁文的"圣克托"(sancto) 多译为"圣人"，早有定论，迄今犹沿用中。若以高一志的《天主圣教圣人行实》(1629) 衡之，"圣人"还可指保禄这类"宗徒"(apostolus)。明末以来的天主教传统里，"圣徒"仅偶尔一用，而且大多以耶稣为"圣"而指其"信

---

[59] "若耳当河"这个译名，当然是承《天主降生言行纪略》中的"若而当河"而来（例见《耶档馆》，4:230)，清末迄 1949 年的天主教《圣经》都还用，差别仅在此刻"耳"字易成了现代人较为常用的"尔"字，见蔡锦图：《天主教中文〈圣经〉翻译的历史和版本》，《天主教研究学报》第 2 期（2011），页 23、26、28 及 31。

[60] Toshikazu S. Foley, "Four-character Set Phrases: A Study of Their Use in the Catholic and Eastern Orthodox Versions of the Chinese New Testament," *Hong Kong Journal of Catholic Studies* 2 (2011): 80. 不过"Oculum pro oculo, dentem pro dente"这句话，除玛 5:38 可见外，《旧约》出 21:24；肋 24:20；以及申 19:21 也有之，当为犹太人千年来惯用的成语。

徒"而言。[61] 但《圣徒玛窦万日略》里的"圣徒"却是一个相当特殊的用法,《古新圣经》的《新经》部分,凡指《历史书》或《万日略经》(Evangeli)者,多以"圣史"开头,如《圣史玛尔谷万日略》或《圣史路加万日略》。由于"万日略"本身就是"福音"或"耶稣圣传"之意,这里的"圣史"应仿传统语汇"良史"而来,指"神圣的历史的撰述者",乃"玛尔谷"等名字的"修饰词"(epithet),也是"同位语"(apposite)。加以贺清泰把《若望福音》又译为《圣若望圣经》,明白把"圣徒"也等同于"圣克托"或"宗徒"了。当然,最称显而易见的是《圣徒玛窦万日略》尾随的"作者栏":其中指出这部《万日略》乃"圣徒玛窦记的",继之又在序言中再度称呼"玛窦"为"圣玛窦"(《古新》,8:2637),以故《古新圣经》所用的"圣徒",可谓首开以此词指"圣人"的基督宗教的风气。天主教如今弃置不用,新教倒是捡过来译,而且因新教在 19 世纪盛行,一般人的观念中,此词俨然变成英文"圣特"(saint)的标准中译。

《古新圣经》流传后世的同类译词,还有"圣咏"(Psalms)等词。"撒旦"(Satan)一译,《古经》中贺清泰多缘教中前辈迻为"撒殚"或"沙殚",但到了《新经》里,他却改译如上(参《古新》,8:2865),已近新教《圣经》中的"撒但"(如启 22:7),而非教徒使

---

[61] 〔明〕高一志:《天主圣教圣人行实》(崇祯二年武林超性堂版),7:41b-42a 圣妇玛利亚玛大勒纳的传文内,确曾出现"圣徒"一词:玛大勒纳"屡具耶稣及圣徒所需资用,供给之"。从上下文看来,这里的"圣徒"不是今天新旧教的用法,而是以耶稣为"圣",再转为形容词以尊称耶稣当时的"门徒"(disciples)或《宗徒大事录》中所谓的"宗徒"(apostles)。《圣母行实》亦见类似用法,见吴相湘编:《天主教东传文献三编》,3:1309。另见《译述》,页 210-221。

用的频率甚且更高，高过和合本前述的译词。[62] 最后，我觉得有一词不能不谈，乃我们今天常挂嘴边的"乐园"（*paradisus*）。这个名词，佛典以外[63]，中国传统应未得见。明末罗明坚的《天主实录》（1584）尝提到伊甸园，但罗氏以释家与儒家之语加以连类，称之为"极乐之国"，而阳玛诺、费奇规（Gaspar Ferreira, 1571-1649）、孟儒望（João Monteiro, 1602-1648）重订后的罗氏著《天主圣教实录》（1637-1641，又称《新编天竺国天主实录》），则明示天主在第三日"又作一处甚妙光景"，到了第六日，"成一男，名曰亚当；后成一女，名曰阨袜。使之配偶。此二人者，乃普世之祖。使居'乐土'，是谓'地堂'，无寒无暑，百果俱备"。[64] 所谓"伊甸园"，罗明坚若非效《诗经·硕鼠》，称之为"乐土"，就是以"地堂"（earthly paradise）名之，以别于罗氏及利玛窦借佛道之语所称的"绝顶之高天"、"天庭"或"天堂"（heavenly paradise）。艾儒略在崇祯十三年（1640）编撰《天主降生引义》，"地堂"则译为"福地"[65]，显然连类自尤属道教的"洞天福地"一词。明末耶稣会士或教徒语涉"乐园"，心中所贮大多为拉丁文或其时政治上的霸权语言葡萄牙文。其中杨廷筠（1562-1627）就像龙华民一样，认为中国传统并无类似"乐园"的观念，译字必使"真义……失却"[66]，是以力主译音。所著《代疑续篇》言及"天

---

[62] 例子可见〔清〕王国维：《论性》，见王著《王观堂先生全集》，16 册（台北：文华出版公司，1968），5:1569。

[63] 佛典的例子可见〔西晋〕竺法护译：《方等般泥洹经》，载《大正藏》，12:919a。

[64] 〔明〕罗明坚：《天主圣教实录》，见吴相湘主编：《天主教东传文献续编》，3 册（台北：台湾学生书店，1966），2:785-787。

[65] 见叶农编：《艾儒略汉文著述全集》，2 卷（桂林：广西师范大学出版社，2011），2:462。

[66] 〔明〕杨廷筠：《天释明辨》，见吴相湘主编：《天主教东传文献续编》，1:245。

主赏善罚恶之所"或其所居之"天堂",即以葡文音译为"罢辣依琐"(*paraiso*) [67],而这反而让我们联想到 16 世纪 80 年代,罗明坚与利玛窦编《葡汉字典》,语汇有限,也只能向佛道借鉴,译葡萄牙文里的"天堂"为"天霆"(天庭),连"地堂"(*paraiso terreal*)都用"佛国"权译。[68] 综上可知,"乐园"一词,《古新圣经》之前天主教界确无,而为整个基督宗教首开风气者,又推贺清泰。《化成之经》乃《创世纪》前篇,多次提及亚当、厄娃所居的伊甸园,每每即以"乐园"名之:"主陡斯起初预备一个乐园,把他造的人放在那里头。"(《古新》,1:9)

"乐园"一词,思高本《圣经》接受得一无挂碍,新教的和合本虽仍使用"伊甸园",但从《古新圣经》流传下来的"乐园"却也已变成天主教"地堂"的现代对等词,时而也见诸新教近代所译的保罗书信里,连李之藻倡议的"罢辣依琐"都可含括进"乐园"的论述中。马礼逊(Robert Morrison, 1782-1834)编的《华英字典》(*A Dictionary of the Chinese Language*)中,"罢辣依琐"的英文对等词,他即中译为"乐园"。[69] 弥尔顿(John Milton, 1608-1674)的名作《失乐园》所吟不仅是亚当、厄娃所失之"地堂",也包括撒殚所失的

---

[67]　杨廷筠:《代疑续篇》,见李天纲编:《明末天主教三柱石文笺注——徐光启、李之藻、杨廷筠论教文集》(香港:道风书社,2007),页 313,尤请见同页注 99。

[68]　Michele Ruggieri and Matteo Ricci, *Dicionário Português-Chinês*, ed. John W. Witek, S.J. (San Francisco: Ricci Institute for Chinese-Western Cultural History; Lisbon: Biblioteca Nacional Portugal and Instituto Português do Oriente, 2001), p. 127 (Facsimile part).

[69]　Robert Morrison, *A Dictionary of the Chinese Language*, 6 vols (Macau: East India Company's Press, 1822), 6:309. 不过这本字典中,"乐园"仅为"paradise"中译的选择之一,而且马礼逊也称译自伊斯兰教用法。马氏字典中的说词,我颇怀疑,因为他还用"天上乐园"与"极乐园"二词释"paradise in heaven",而这两个名词并非穆斯林所用。

"天堂"，而这一切所指，或我们的中译本所传唱者，"乐园"一词都已概括了。总之，此词的连类，贺清泰居功厥伟！

除了人地名的音译词之外，《古新圣经》中三字词不多见，《众王经》里的"定不得"（如《古新》，3:819）是例外。至于四字词，贺清泰多因袭旧套，用的是我们惯见的四字成语，而这点前人论之已详[70]，兹不赘。但其中杰出而富有新意者，也几唯前举出自《圣徒玛窦万日略》的希伯来律法"以眼还眼，以牙还牙"。贺清泰译来颇见沸腾热血，我们读来自是慷慨激昂。《古新圣经》的译词，如今反经内化而变成中文成语了，系明清间耶稣会对中国语言的又一贡献。[71]不过不论源文或译文，"以眼还眼，以牙还牙"实为文句，所谓"成语"，我乃权宜称之。

既为文句，下面我们不妨旧话重提，再弹"圣热落尼莫之梦"的老调：就《古新圣经》而言，这个"梦"的隐喻指涉在以俗语或土语译经，贺清泰"俚俗"的程度，可如佛里堀口（Toshikazu S. Foley）观察《新经·圣保禄谕罗玛教友书札》时引出的"不死不烂的天主"（*incorruptibilis Dei*）证得（《古新》，9:3074），也可由《历史书》中耶稣骂人的"从肛门出去"（*in secessum emittitur*）看出（《古新》，8:2787及8:2702）。可惜佛里几可谓"不解风情"，不明白贺清泰苦

---

[70] Toshikazu S. Foley, "Four-character Set Phrases: A Study of Their Use in the Catholic and Eastern Orthodox Versions of the Chinese New Testament," *Hong Kong Journal of Catholic Studies*, pp. 77-81. 另见郑著，页 59-60。

[71] 有关明清间耶稣会对中国语言的贡献，见 Federico Masini, "Aleni's Contribution to the Chinese Language," in Tiziana Lippiello and Roman Malek, eds., *"Scholar from the West": Giulio Aleni S.J. (1582-1649) and the Dialogue between Christianity and China*, 2 vols. (Brescia and Sankt Augustin: The Fondazione Civiltà Bresciana and Monumenta Serica Institute, 1997), 2:539-554；以及《译述》，页 396-443。

心孤诣，以俚俗之风（vulgarism）译经的本意。《如达斯国众王经尾增的总纲·卷二》中还有约撒法得（Jehoshaphat）因天主"亲战"他们的世仇，回到耶路撒冷就"弹琴"，奏"琵琶"，又"吹号"而进入"天主堂"（《古新》，4:1293）等内化译法，想来也难入佛里的法眼，读来恐会觉得问题重重（problematic）了[72]，"定不得"要卫道之士把《古新圣经》给禁了——且不谈依斯拉耶耳（以色列）的"民人"还会在天主台前"祭祀"或"烧香"，而厄则济亚斯（Hezekiah）在位时，天主也曾特别简选肋未的子孙"站列在他前事奉恭敬，与他烧香"！（《古新》，3:1068、3:1109 及 4:1314）佛道概念在此业经挪用，"亵渎"的程度不输"不死不烂的天主"。

《圣经·旧约》大多出以希伯来文，只有《厄斯德拉》第四至六章、第七章部分内容，以及《达尼尔》书第二章四节至第七章二十八节是用阿拉美文（the Aramaic）写成。至于《新约》中耶稣讲道，仍然用阿拉美文，并非其时盛行的"通用希腊文"（Koine Greek）。不过《新约》写经人就得用希腊文了，但因他们背景各异，是以所写经卷的希腊文风格不一。再以《历史书》为例，其中固有优雅如玛窦与路加所传之福音，也有口语得如马尔谷及若望所传者。保禄的书信文体多变，主因他受过良好的罗马修辞学训练，然而《若望默示录》的语言就粗俗多了，尽管经中丰富的想象力已弥补这方面的缺陷，使之堂皇登上了"文学"的宝座。总之，《新约》使用的"通用"希腊文，多数确实也"通俗"。武加大本《圣经》源自各种不同的古拉丁

---

[72]　Toshikazu S. Foley, "Four-character Set Phrases: A Study of Their Use in the Catholic and Eastern Orthodox Versions of the Chinese New Testament," *Hong Kong Journal of Catholic Studies*, p. 80.

文（Old Latin）本《圣经》，西塞罗在世时每称之"普通话"（*lingua vulgata*）。[73] 既然如此，"圣热落尼莫之梦"在中文语境中的另一层启发是：贺清泰借北京俗语出经，表示他仍以"平直文体"为尚。

平直文体当然衍生出另一个问题：如此以教学为尚的文体，是否能够制造出"神圣"之感，是否能借"通俗"或"俚俗"而生发某种奥尔巴哈（Erich Auerbach, 1892-1957）所谓"卑降文体"（*sermo humilis*）里的"雄伟"（the sublime）之风？对西方人来讲，"雄伟"乃"美"的极致，而"卑降文体"若可与"雄伟"挂钩，岂非凿枘不合？如此看似矛盾的现象，圣奥斯定及奥尔巴哈都有分教：贺清泰所本的武加大本《圣经》固以平直文体出之，然而其主题所系的天人大爱或人对上主的忠诚却可化"通俗"为"雅正"，变"卑降"为"崇高"！[74] 从奥尔巴哈的观点言之，《古新圣经》用"俗语"或"平常话"中译虽左违中国传统的"经"验，一反在华天主教《圣经》多以文言笔度的常态[75]，然其文体却可以各种不同的修辞技巧改装，使之传达出某种"神圣幽隐的'天主之意'"（郑著，页 31-32），进而臻至雄浑崇高（the sublime）的风格。

---

[73]　W. E. Plater and H. J. White, *A Grammar of the Vulgate, Being an Introduction to the Latinity of the Vulgate Bible* (Oxford: At the Clarendon Press, 1926), pp. 1-10. 有关武加大本《圣经》的简史，见 Samuel Berger, *Histoire de la Vulgate: Pendant les premiers siècles du moyen âge* (Paris: Librairie Hachette, 1893), pp. vii-xxi; and Dennis Brown, "Jerome and the Vulgate," in Alan J. Hauser and Duane F. Watson, eds., *A History of Biblical Interpretation*, vol I: The Ancient Period (Grand Rapids: William B. Eerdmans, 2003), pp. 356-362.

[74]　Erich Auerbach, *Literary Language and Its Public in Late Latin Antiquity and in the Middle Ages*, trans. Ralph Manheim (Princeton: Princeton University Press, 1965), pp. 25-66. Also see *OCD*, IV.xviii.35.

[75]　蔡锦图：《天主教中文〈圣经〉翻译的历史和版本》，《天主教研究学报》第 2 期，页 43。

　　下面我且举《众王经》为例，稍谈《古新圣经》的"卑降文体"如何化腐朽为神奇。《众王经》第三卷写依斯拉耶耳的后代违背他们和天主所缔结之约后，独先知厄里亚斯（Elias）不从众，不愿意背离天主。此时"天主的神"要厄里亚斯"站出来"，站在山上，"立在天主台前"。而说时迟，那时快，天主随即显灵，随着一阵石破山崩的"猛风"令厄里亚斯不可蹉跎，应即前往他地寻人以继其大任。贺清泰接下乃以如诗却通俗的语言译道：

　　　　天主不在这风内；这风后地动，天主不在这动内；动后是火，
　　　　天主还〔是〕不在这火内；火后，听——〔是一阵〕温和
　　　　〔的〕风的声〔音〕。（《古新》，3:1054）

　　　　…non in spiritu Dominus. Et post spiritum commotio: non in
　　　　commotione Dominus. Et post commotionem ignis: non in igne
　　　　Dominus. Et post ignem sibilus auræ tenuis.[76]

我们可以不论贺清泰的源文，单从译文观之，《古新圣经》这几句话令人首先感受到的乃"速度"与天主显现时的"隆重"，是天主诲人前"动身"的速度之快与让人感受到的"庄严"之感。所谓"速度感"之所以形成，重点首在语词。写经人似乎要把天主比成"风"（spiritu），但又说"天主不在这风内"，那么天主是超风而行啰？写

---

　　[76]　Biblia Sacra iuxta Vulgatam Clementinam, ed. Nova (Madrid: Biblioteca de Autores Cristianos, 2005), Regum III, 19:11-12. 下引武加大本《圣经》，概据此版。

经人次则似乎要把天主现身比成"地动"（*commotio*），但天主也不在这个"地震"的古语传下的北京——甚至是闽南——俗语中，那么天主疾疾如律令，是比"动如脱兔"来得还要快啰？写经人最后又像是要把天主比成"火"（*igne*），但天主也不在这"火速"之中：祂来如电，去如风，风驰电掣却又超风追电越火破震而来，以迅雷不及掩耳的速度"温柔地"在我们，在厄里亚斯的耳边悄声说话，因为厄里亚斯也"听"到——这个动词是贺清泰的翻译补述——这一阵山崩海裂后的"温和"的"风声"（*sibilus auræ tenuis*）。

从修辞的角度看，写经人或译经人这几句"不在比喻中"的"比喻"，主要是由"层递"（anadiplosis）堆垛而成的"矛盾语"。唯其因为牛马互攻，所以力量是由窘迫逼成；唯其因为是由"层递"堆垛形成，所以力量是逐点扩大，以积沙成塔的方式铺天盖地卷来。提到"卷"字，我们在上引贺清泰所译的段落中又看到语言以回旋复沓之状如梦扑来，像幻影般难以捉摸，而如此变幻莫测也唯有天主的大能才可如此显现，"动则如此"。我们倘要在英国文学中寻找风格接近上引似的例子，德·昆西（Thomas De Quincey, 1785-1859）"梦呓般的赋格"（dream fugue）差可比拟。[77] 写经人或译经人这几句话，已经把"天主神圣的临在"（divine presence of God）转成排山倒海的梦中语：威严如来，其疾如风。而厄里亚斯也因上述而自我内化，转成那"未来的亚当"的"预像"（*forma futuri*）了。

"预像"是贺清泰的译词，新造而来（neologism），为中国传统

---

[77] George Saintsbury, *A History of English Prose Rhythm* (Rpt. Bloomington: Indiana University Press, 1965), pp. 309-320.

所无，《古新圣经》的正文或注解中却用得不少。[78] 我们再添加一个字，就变成了"预像论"（typology）。不论"预像"或"预像论"（另一说法是"预表论"），中文天主教界迄今仍延用之。不过这里我不拟就此再赘，《众王经》中如上有关厄里亚斯的句子才是重点，贺清泰译得不少，下面一句出自第二卷，也有诗——而且是"史诗"——似的况味：

> 亚伯撒隆骑骡，忽然遇见达味的兵，骡过稠密橡榄树底下，他的头发被树枝括住，骑的骡子往前跑，他的身体挂在天地之间。（《古新》，3:950）

> Accidit autem ut occurreret Absalom servis David, sedens mulo: cumque ingressus fuisset mulus subter condensam quercum et magnam, adhæsit caput ejus quercui : et illo suspenso inter cælum et terram, mulus cui insederat, pertransivit. (Regum II, 18:9)

上引讲达味（David）之子亚伯撒隆（Absalom）造反不成，反让达味帐下的大将约亚伯（Joab）所杀。亚伯撒隆系达味长子，生来玉树临风，相貌堂堂，又建功无数，颇得人心。可惜他疑心父王不会传位给他，伺机造反。达味先败后胜，但对亚伯撒隆依然心存父爱，要求约亚伯活擒，不得杀之。然而亚伯撒隆兴许劫数难逃，约亚伯居然

---

[78] 如《新经》中《圣保禄谕罗玛教友书札》第五篇。这一篇中，保禄发展出"亚当预像论"（罗 5:14），神学研究者皆知。参见辅仁神学著作编委会编：《神学辞典》（台北：光启出版社，1998），页 626-627。

抗命弑之，而上引便是亚伯撒隆一身功夫，约亚伯仍可轻易戮之的死前一景。贺清泰译来十分生动：亚伯撒隆所骑的骡子经过密林深处，一头长发让树枝缠住，整个人"悬空腾起"，遂给约亚伯可乘之机。贺清泰不此之"译"，反道亚伯撒隆的"身体挂在天地之间"（illo suspenso inter cælum et terram）。这句话比思高本同句俚白而俗气，但无《撒慕尔记下》那"身悬在天地间"（撒下18:9）的译句平板，因为"挂在"这个动词一接上"天地之间"，产生的动感漾然又庞然，远比"悬着"意象天成。如此看来，亚伯撒隆反而不像是个人间的"不孝子"，而是像弥尔顿笔下的撒殚一般了：他领兵反出天庭，打落地狱后犹一身傲骨！亚伯撒隆更像荷马吟唱的阿喀琉斯（Achilles），故事扣人心弦。在《古新圣经》中，他活脱就是个悲剧英雄。翻译而能得"体"如上引的两段，显示贺清泰的笔端有新诠，而其主题之严肃也已把圣热落尼莫的"卑降文体"转成即使辞藻平直亦无妨其高贵之感的"雄伟文体"。

　　回头再看《古新圣经》中"预像"一类的词。这个词正如用作及物动词的"圣"与"战"等字，使多了反而会变成我们今日所称的"欧化语"。《古新圣经》里欧化语的形成，一部分乃不及物变成及物动词使然，我们读来不顺，抑且怪异拗口。文前我多从《古经》举例，贺清泰所依大体系北京俗语。但是到了《新经》，他或为显示其中语体雅胜于俗，从而一反"古"态，居然常用后来新教译经人所称的另类"中间文体"翻译，而译得又不管混杂夹生或水乳交融，形成类似《神天圣书》那种文白夹杂的语句：虽妍媸互见，但时而又显现一些文白交融的好句子（参见郑著，页35-43）。《古新圣经》中的欧化语每每如此形成，故而在《厄斯大拉经·上卷》中我们遂见"王达略"（Dario regi；15:7 and 4-6）这种配合拉丁语法生成的怪称。《圣若望之札》也出现"我们'相通'圣子耶稣基利斯督的血净我们于诸罪"（《古新》，9:3388）的夹生之句，而《圣保禄书札》同样有"我不'商量'亲戚"这类拗口文句（《古新》，9:3218），《数目经》第五篇甚至有如下的怪句子："若是别的男子同你没有睡卧……"（Si non dormivit vir alienus tecum, ...）句中那"没有睡卧"（*non dormivit*）一词造成的词效，可称拉丁化（Latinism）之尤。至于我们今天常说的"见证"（*testis*），《诸徒行实经》首篇则倒过来写，形成耶稣命宗徒之一在祂复活后，要"到地两头'证见'我"的翻译奇谭（《古新》，8:2984）。终《历史书》，这类颠倒为用的句子特多，可见早期译经人缺乏现成又可达意的语词可以连类的窘状，但也可见贺氏不畏艰困，勇于创新、发明中文语词的气魄。

拉丁文中颇有近似英文的关系代名词者，引导形容词子句时，形成的欧化体也拗口，但是方诸上述不及物变成及物动词的句子，却是温和了许多。《圣若望圣经》中，斐理伯（Philippus）进到耶稣门下，逢见那大那耳（Nathanaël）时，对他说道："我们找得了每瑟法度内及诸先知经上纪的那匝肋得地方若瑟的子耶稣。"（Quem scripsit Moyses in lege, et prophetæ, invenimus Jesum filium Joseph a Nazareth.）斐理伯的话，从译文看来，系由一长串的形容词子句构成，实则是关系代名词"那个"（*quem*）在作祟，贺清泰虽然隐而未译，其实我们也可以视之如同英文常见的插入句，而若以现代标点加以改动，就会变成另一种形式的欧化语："我们找得了每瑟《法度》内——〔以〕及诸《先知经》上——纪的那匝肋得地方若瑟的子耶稣。"（《古新》，8:2906）武加大本《圣经》的拉丁语法松散，其程度尤甚于古拉丁文，名词固常转为动词用，不及物动词时而亦可化为及物动词使，而关系代名词又耍得频繁，十足是典型的拉丁口语表达方式。[79]

口语和书写 —— 即使以口语书写 —— 当然有别，方块字如此，拼音义字亦然。奈何贺清泰并不理会这种差异，他"惟图保存《圣经》的本文、本意"，几乎不顾"各人本国文章的文法"，而且认定"自古以来，圣贤既然都是这样行"，他也没有道理不"效法而行"（《古新》，1:1）。贺清泰的译论宣言，部分灵感得自《论天主教义》（IV.xxii.27 and IV.xx.39）。一旦他"行"了非中国人"本国文章的文法"所成者，欧化体译文就在《古新圣经》中一句句出现了。这种欧化体不以音译词多寡为特色，而是以"文法"—— 贺清泰所用的这个词恐怕不仅止于指乾嘉定义下的"文章作法"，而且还包括傅汎际（Francisco Furtado, 1589-1653）和李之藻合译的结构语言之法的"谈艺"或"额勒玛第加"（gammatica）在内 [80]—— 合不合乎译入语为准。《古新圣经》多数的句子，我们读来拗口夹生，欧化体 —— 而且还是因拉丁文法形成的欧化体——遍布经中，当系主因。

如果掌握得前切后响，逻辑显然，《古新圣经》的"欧化语"其实也不尽然不讨好。下文是《圣史路加万日略》第七篇中最著名的章节，叙述法利赛人西默盎宴请耶稣。席间连贺清泰都解为玛利亚玛大勒纳（Mary Magdalene）的罪妇前来忏悔，《新经》如此译道：

城中有一女，向染不洁，一知耶稣在法里塞阿家，〔遂〕带一白

---

[79]　Plater and White, *A Grammar of the Vulgate, Being an Introduction to the Latinity of the Vulgate Bible*, pp. 52-60.

[80]　〔明〕傅汎际译义，李之藻达辞：《名理探》，2 册（台北：台湾商务印书馆，1965），1:6。

石瓶香液来。他跪在耶稣足傍，以泪洗其足，以己发擦之，口
亲足，以香液傅之。(《古新》，8:2846)

扬雄（53-18 BCE）《法言》谓"事辞称则经"，意指凡可以"经"称
者，其事并辞必然相称，如响斯应。扬雄这句话，马若瑟由衷赞赏，
所著《汉语札记》(*Notitia Linguæ Sinicæ*) 多所论及。[81] 玛利亚玛大
勒那的忏悔，佛拉津的亚可伯（Jacobi á Voragine）认为是天主教有
史以来"最完美的忏悔"[82]，更是福柯（Michel Foucault, 1926-1984）
"真相的政治"（politics of truth）中所谓"以身忏悔"（*exomologesis*）
的典型[83]，而《古新圣经》译来怎能不得"体"？贺清泰抛开了
圣热落尼莫，反借说书人的口吻，写出了万济国（Francisco Varo,
1627-1687）《华语官话语法》(*Arte de la lengua mandarina*, 1703) 论中
国口语所称的"第二体"，亦即介于"高雅"与"粗俗"之间的"中间
语体"。[84] 玛大勒那"带一白石瓶香液来"一句，贺清泰用白话写，接
下他却要我们以想象力解放某种文言欧化体的小脚：既然以"泪"洗
足而不道是谁之"泪"，文言中其意无妨，但以"发"擦之即可，文
中却又生出了个"己"字，似乎就不是文言最好的章法。凡此种种，

---

[81] 〔汉〕扬雄撰，〔晋〕李轨注：《扬子法言》(台北：台湾中华书局，1968)，卷 2，页 2b。
尤见 Joseph-Henri-Marie de Prémare, *Notitia Linguæ Sinicæ* (Malaccæ: Cura Collegii Anglo-Sinensis, 1831),
p. 190.

[82] Katherine Ludwig Jansen, *The Making of the Magdalen: Preaching and Popular Devotion in
the Later Middle Ages* (Princeton: Princeton University Press, 2000) pp. 15 and 58.

[83] Michel Foucault, *The Politics of Truth*, eds. Sylvère Lotringer and Lysa Hochroth (New York:
Semiotext, 1997), pp. 199-235.

[84] 弗兰西斯科·瓦罗（万济国）著，姚小平、马又清译：《华语官话语法》(北京：外语教
学与研究出版社，2003)，页 11。

说穿了是受拉丁文法中的"所有格"（genitive）牵制有以致之。玛利亚玛大勒那的忏悔，传统中国士子写不来，乾嘉时人也写不来，乃当世地道的欧化体白话文。某个意义上说，文中文白交融，倒非夹杂。

藏书楼里尘封的现代性

玛利亚玛大勒纳"向染不洁"一语有互文：崇祯二年（1629），高一志在《天主圣教圣人行实》里中译她的传记，称之"渐染不洁"，而艾儒略六年后于《天主降生言行纪略》再述《路加福音》同章，又谓之"向染不洁"，贺清泰则一字不改照抄。纵为玛大勒那"口亲"耶稣之"足"，"以己发擦之"，《古新圣经》恐怕也都变化自艾译中"以泪涤耶稣足，用己发拭之，香膏沃之，口亲之"数句（《耶档馆》，4:126）。《古新圣经》中这种种互文的现象，说明是经不可能为贺清泰"独力"译成：史上或贺氏同时的几种《新经·历史书》多少都是"共同译者"，至少是他中译时的参考文本。如此译法，颇似武加大本的译事：《旧约》除《圣咏》先由七十贤士本《圣经》（The Septuagint）译出外，余者都译自希伯来文原本，即使是《圣咏》，最后仍然由希伯来文出之。至于《新约》，则修改自圣热落尼莫之前即已存在的古拉丁文《圣经》（Old Latin Bible），译法当然难免源文的掣肘。译体随之，顺理成章。所以我们要论《古新圣经》的现代意义，主要系针对《古经》而言，况且经前那两篇序言，分明也是针对全经尤属此一部分而发。

贺清泰译毕满文《圣经》，继之才中译《古新圣经》。这个次序有意义，盖满文虽分老满文、新满文，不过这仅指字母的样式。满文既以字母为之，自是拼音文字，而凡属拼音形成的语文，一般而言就是"白话文"，只有时代之分，并无严格如中文文白这种书面语和口语之别。翻译满文《圣经》，故此是在中国推行某种"白话翻译"，对贺清泰尾随的中文译经必有某种启示，是他在"圣热落尼莫之梦"外，以白话译经的另一经验基础。不过这点我有能力之限，只能约略言之，详情得留待博雅高明者。纵然如此，这里我们仍可一谈明末开启的耶稣会中文传教方式，再论《古新圣经》以白话中译的缘由。

学者大致以为利玛窦领军的耶稣会士，布道的语言都以文言为主。此见固然属实，然而耶稣会除了"往上发展"，以文言文在士大夫阶层传教之外，实则还有其"向下扎根"的一面，往市井小民布道，而这便需要类似《古新圣经》中《古经》的语体襄助，至不济也要文白交融的中国传统白话小说所用之体。耶稣会"向下扎根"的言谈主力系教义问答，用过的此一文类的形式不少。[85] 但就对象之为引车卖浆者流而言，耶稣会简问略答者居多。万历二十八年（1600）左右，罗儒望（João da Rocha, 1565-1623）中译《天主圣教启蒙》。从兹开始，这类教义问答的语言体式，多数即介于市井小民与白话小说的语体之间。万历三十三年（1605），利玛窦继之再译的《天主教要》中的《将领圣水问答》（《耶档馆》，1:359-365），则是我所见的白话中把"将"字迳作未来式的早期史例。罗儒望其后续译《诵念珠规程》（1619?），问答的篇幅都不算短，而且每以"师生问答"的方式出之（《耶档馆》，1:377-520），相当特殊。中国教徒中，徐光启

---

[85] 有关"教义问答"的各种形式，参见 Berard L. Marthaler, *The Catechism Yesterday and Today: The Evolution of a Genre* (Collegeville: The Liturgical Press, 1995), pp. 9-162。

（1562-1633）在稍前四年汇集利玛窦《天主实义》某些论点，将文言文以语体"译"为《造物主垂象略说》，也可归入教义问答的类别之中；而徐氏此书，恐怕又是中国有史以来在儒门"直解"或"广训"式的书籍外，最早以官白为工具刊行的长篇"议论文"之一，某种意义上说，更可推之于雅各布森（Roman Jacobson, 1896-1982）所称的"语内翻译"（intralingual translation）。[86]

就小说言之，我们则可上溯至清初马若瑟的《儒交信》。到了雍正之后的禁教年间，连一些证道用的故事集或说理性的护教之作，耶稣会或天主教其他各会会士，也都用白话予以重述，传行于私下。乾隆年间，冯秉正刊《盛世刍荛》，尤为盛举。[87] 冯氏的序言虽用文言写，全书正文皇皇数万言却用白话撰。天主教士这类白话之作，从万历到乾隆时代，至少可见三十余种（参见郑著，页 178-180）。《盛世刍荛》的冯序还提到徐光启、杨廷筠及李之藻等人，谓之固然著作等身，但"辞多华藻，谁家爨婢，尽属文人？既难应对亲朋，何以兼通雅俗？"所以"若欲'得心应口'，必须俗语常言"，而冯著自是《古新圣经》外又一"故意"而非"无意"或"随便"以白话议论的范例。上引序文中，好一句"得心应口"！冯序此语岂非清末黄遵宪"我手写我口"的清初版本？

上述三十种以上的天主教白话著译，多数仍为耶稣会士所为。若以中国传统白话观之，我们似应再添上法国教士殷弘绪的《训慰

---

[86]　有关《造物主垂象略说》的重排版及考证，见李天纲：《跨文化的诠释：经学与神学的相遇》（北京：新星出版社，2007），页 195-208。另见李氏及朱维铮编：《徐光启全集》，10 册（上海：上海古籍出版社，2012），9:380-385。

[87]　〔清〕冯秉正：《盛世刍荛》，见吴相湘主编：《天主教东传文献续篇》，3:1420。

神编》。是书所译《旧约·多俾亚传》，纯以章回小说的白话体出之，乃贺清泰之前耶稣会白话语体的登峰造极之作。然而倘就字数与企图之多而且大者言，耶稣会的白话传统中，当然没有一部比得上近一百五十万言的庞然巨帙《古新圣经》。

贺清泰之所以选北京俗语中译《圣经》，耶稣会对下层百姓布道的企图，我们不能轻忽。整部《古新圣经》洋洋三十六卷，因此可谓天主教——尤其是耶稣会士——从万历年间开启的白话论述的大成之集。明代淮安李长科（fl. 1633），也尝为太祖衍作《圣谕六言解》，同样以白话"申论"成书，可见于崇祯十四年（1641）陈智锡（生卒年待考）所编的文丛《劝戒全书》中。[88] 由是观之，《圣谕六言解》系以"善书"之名广传于民间。而我们犹记得，贺清泰也尝用意大利文翻译过康熙的《庭训格言》，使之流行于欧洲。《庭训格言》的原文虽为文言，但康熙另一"名作"《圣谕十六条》，从雍正即位次年（1724）颁布《圣谕广训》后，桐城名臣方苞（1668-1749）的门生王又朴（1681-1769），即效李长科衍为"北地方言"，俗题《广训衍》，约略刊行于贺清泰抵华前数年。《广训衍》通俗浅显，文笔酣畅，是继徐光启《造物主垂象略说》后我所知第三部以白话议论的中文书籍。《广训衍》书成，随即盛行于大江南北间，贺清泰不可能不知道，也不可能对其风行草偃的力量漠然无视。有趣的是，王又朴本人反而低调处之，自传《介山自定年谱》一字不提《广训衍》[89]，可见在士

---

[88] 〔明〕陈成卿纂辑：《劝戒全书》，12 册（日本国立公文书馆藏明刊本，序于 1641 年），3:14 甲 -32 甲。

[89] 见〔清〕王又朴：《介山自定年谱》，收入《丛书集成续编》第 261 册（台北：新文丰出版公司，1991），页 266-281。

大夫阶层，白话文仍遭鄙视。尽管如此，《广训衍》盛行是事实，而这当然和官方需要有关，不过王又朴的官白造诣也是主因。白话文在此遂得结合政治力量，而《广训衍》"替'天'行道"造下的结果，是白话——尤其是北京官话——几乎取代了文言文，变成中国首屈一指的权力语言，在市井小民间尤可和科考时文分庭抗礼。嘉庆十年前后，江西布政使先福 (fl. 1805) 体得以"方言俗语"劝导"乡愚"可得"曲为引谕"的效果后，即多方觅得《广训衍》，深为其"讲解辞意，令人易晓，于愚氓闻之，甚为裨益"折服。[90] 贺清泰原本就有意以方言俗语译经，《广训衍》既为明鉴，加以天主教内对下层传教的语言传统与满文译经双双再予启发，用白话译《古新圣经》，此其时也。

尽管写《圣谕广训》的雍正反天主教，下《圣谕》的康熙多数岁月却"敬天"。从乾隆朝开始，《圣谕广训》的白话版俨然可以辅教化，佐王风，是某种意义上的"启蒙"语言。米怜等新教传教士对《圣谕广训》的内容有批评，但也认为《广训衍》属于中国书写文字的"平直体"，是《圣经》最好的对译之体。[91] 从《广训衍》发蒙风众的力量再看，清代高层至少迄乾隆，已经体认到白话——尤其是北京官话——才是统治广土众民最有力的工具。白话文的政治性格，至此表露无遗。就《广训衍》或其兄弟本《圣谕广训直解》衡之，其重要性迄清末不减。中国史上，清末系另一个白话所向披

---

[90] 王又朴：《广训衍》，见鱼返善雄编：《汉文华语康熙皇帝遗训》（大阪：屋号书店，1943），页 1-102。先福深知此书有以"北地方言"化导群氓的政治性格，见同书，页 100。"北地方言"一词，乃嘉庆十三年韩尌 (1758-1834) 所用，见同书，页 101。

[91] 有关《圣谕广训》和新教教士的关系，参见廖振旺：《"万岁爷意思说"——试论十九世纪来华新教传教士对〈圣谕广训〉的出版与认识》，《汉学研究》第 26 卷第 3 期（2008 年 9 月），页 225-262。

靡的时代，朝廷的《广训衍》等书和新派人士所办报纸，在在都证明白话文才是启牖民心的工具。清末传教士自以"耶苏教"或新教来者为多；他们中译《圣经》，打伊始拟用的就是《广训衍》中的平直语体，其后因虑及上层士人的反应，才折中而采用《三国演义》那种半文半白的文体。但是衡之《神天圣书》，新教早期所译并不成功：文不文，白不白，文白也非水乳交融。较诸殷弘绪《训慰神编》中属于《圣经》经文的译体，则《神天圣书》益形见绌。换言之，《训慰神编》中的经文，才近似《三国演义》这类"浅文理"的章回小说，况且殷弘绪沿王征（1571-1644）《崇一堂日记随笔》（1629）中的评赞，译文中又添加评语，而评语中再含教义上的诠解，不正符合马礼逊与米怜期待的结合经典注疏与《三国演义》的文字的最佳经体，不也几乎以基督旧教的实践在前导基督新教的译经观念？

欧洲文艺复兴时代初期，但丁（Dante Alighieri, 1265-1321）首揭以托斯卡纳方言写作的大纛。他着眼于以此写作者，当在斯世多数的平民百姓拉丁文的程度低，再难革新而使之变为便于沟通的日常用语。从语言的沿革观之，意大利文艺复兴时代之所以为我们称为"现代"的滥觞，原因乃欧洲通行广用的语言至但丁又是一变，由相对上"通俗"的中世纪拉丁文一跃而化为更通俗的意大利文，各国"国语"（vernaculars）继而风起云涌。圣热落尼莫是 4 至 5 世纪时人，和黄金或白银时代那种以西塞罗、恺撒（Gaius Julius Caesar, 100-44 BCE）或塔西陀（Gaius Cornelius Tacitus, 55-117）为代表的古典拉丁文比较起来，所译武加大本《圣经》已是通俗之语。然而方之中世纪拉丁文，后者自是俗而再俗。[92] 即使如此，时人仍觉有隔，逼得政治与宗教上都隶属于保守派的但丁也要得揭竿而起，化身变成语言上的新派人物，用更通俗——或者就是"俗"而"土"——的方言取代中世纪拉丁文。语言史的吊诡正是在此：我们称之为"新"，以"现代"目之的语言，居然是一代俗过一代的俗语，而"俗"这个字眼，因此变成了时代"新语"的标杆，是"语言现代性"的主要质地。在欧洲如此，在 18、19 世纪的中国又何尝不然？[93]

清末白话文的提倡者，名气最大的莫过于前述黄遵宪。他是维新派的成员之一，借鉴的当为日本的语言改革，光绪十三年（1887）撰《日本国志》，效蒲松龄（1640-1715）化自身为"外史氏"而训曰：语言与文字分，通"文"者鲜，合，则多。对欧洲"耶苏教"之盛，黄氏也认为系因各地人士弃武加大本《圣经》不用，改而以自己熟悉的方音对译使然。[94] 裘廷梁（1857-1943）同主维新，兴趣则在废文言而兴白话，尝偕友人在 1898 年 5 月创办《无锡白话报》，刊载其上的《论白话为维新之本》一文，则公认为"晚清白话运动的语言纲领"[95]，反用隐喻明白指出文言文是"一人之身与手口异国"，而非

[92] F. A. C. Mantello and A. G. Rigg, eds., *Medieval Latin: An Introduction and Bibliographical Guide* (Washington, D.C.: Catholic University of America Press, 1996), pp. 3-5.

[93] 参见曹而云：《白话文体与现代性——以胡适的白话文理论为个案》（上海：上海三联书店，2006），页 76。但曹而云用的是"世俗化"（secular）一词，应似乎相对于"宗教性"或"神圣性"（divine）而言，我以为就语言而言，还不如一个"俗"（vernacular/vulgar）字精当。

[94] 黄遵宪：《日本国志》（台北：文海出版社，1968），页 815。另见胡适：《中国文艺复兴运动》，见所著《胡适作品集》第 24 卷（台北：远流出版公司，1988），页 177-196。

[95] 袁进：《中国文学的近代变革》（桂林：广西师范大学出版社，2006），页 124。

唯"朝廷不以实学取士",连"普天下"都无"实学"了。[96]

20世纪30年代,五四新文化运动兴起已有年,裘廷梁提倡白话文,益发不遗余力。维新派人士中,梁启超(1873-1929)考中西古往今来的文学史,光绪二十八年(1902)在《小说丛话》中甚至指出"俗语文学"系时代潮流,力不可遏,盖进化有以致之,而逝者如斯矣!《饮冰室诗话》论丘逢甲(1864-1912)与黄公度诗,则期待时人以"俚语"入小说,以日译西词及民间"俗"而"不经"之词入诗歌。《清代学术概论》中梁氏又夫子自道,强调所为文不避"外国语法",要以"新文体"丰富中文传统。[97]至于反清的革命党,则从秋瑾(1875-1907)到吴稚晖(1865-1953),都曾在本邑办过白话报。民国初年胡适重议白话文,除了要求行文浅显,词汇和语句通俗外,也要求不应再仰赖古人的语言遗产。他和王国维(1877-1927)等人甚至回应梁启超,要求中国"新"语言得有外国 —— 尤其是西欧 —— 质素的加入,也就是不避欧化词和欧化句,因使举国之文像陈独秀(1879-1942)所举文学革命之大纛,完全绝裂于旧式白话的绳墨。[98]不论革命党或维新派,不论清末或民初,时人白话报的语体显然都是"我手写我口"的结果,不再是书场文化的产物。他们一

---

[96] 〔清〕裘廷梁:《论白话为维新之本》,见郭绍虞编:《中国历代文论选》,4册(上海:上海古籍出版社,1980),4:169。

[97] 饮冰(梁启超):《小说丛话》,见阿英编:《晚清文学丛钞·小说戏曲研究卷》(北京:中华书局,1960),页308及312。另见梁启超:《饮冰室诗话》,载于所著《饮冰室文集》卷四文苑类(台北:新兴书局,1965),页95-96与同书卷四杂著类《笑林》,页199;以及梁著:《清代学术概论》,见朱维铮校注:《梁启超论清学史二种》(上海:复旦大学出版社,1985),页70。另参见藤井省三:『20世紀の中国文学』(東京:放送大学教育振興会,2005),页33-34。

[98] 陈独秀:《文学革命论》,见所著《独秀文存》,3册(上海:亚东图书馆,1922),1:135-145。

任文字结合语音，因此也"异于当时白话小说中的语言"。[99] 这种情形，说来正如《古经》中贺清泰的译笔。他所用的语言，绝对比明清通俗小说更"通俗"，外来的语法语汇之多，也不比元曲少。

文前既然提到有唱腔有科白的元曲，我们不免想到《圣经》中众多的诗歌。《化成之经》中的《拉默克之歌》（《古新》，1:23），应该是现代意义下中国首见的"白话诗"。《古新圣经》还译出了《达味圣咏》，而且让"圣咏"一词永垂后世，万古流芳。《古经》中另一卷诗歌集《雅歌书》（*Canticum Canticōrum*），贺清泰阙译，原因不得而知。不过《救出之经》最重要的一首诗，长达二十行，他则全译了。梅瑟（Moses）领犹太人逃过埃及追兵，过了红海后，又领着族人咏颂天主。"他本身唱了一句，依斯拉耶耳后代也跟着唱这一句。"这首后人所称的《凯旋歌》，全心赞扬天主，词极素朴，乃胡适《白话文学史》——就算下册他也写出来——恐难虑及的最早的欧化体白话诗之一。[100] 贺清泰说："天主以圣宠的光，照明每瑟的心，为谢天主的洪恩，歌这极美词。"贺氏译得确实也尚可，而从他身为基督徒的角度看，我们还可感受到他下笔心诚志笃，感人甚深：

[99] 所谓"晚清白话运动的语言纲领"与"异于当时白话小说中的语言"等语，都出自袁进：《中国文学的近代变革》，页124与127。晚清迄民初白话思想的演变，袁著同书页122-132有精辟的论述。

[100] 胡适的理性精神重，他反对基督宗教可以想象，和"五四"时期拥护"赛先生"更有呼应之妙。但这不表示胡适也反对基督的精神，更不表示他反对基督宗教的教育与慈善事业等。胡适在美留学时，差一点还变成基督徒，《圣经》内文，他十分熟稔，而且经常引用，参见江勇振：《舍我其谁：胡适》第一部《璞玉成璧，1891-1917》（台北：联经出版公司，2011），页519-522；或见江氏另著《取宗教之精神，弃教义之糟粕——胡适论基督教事业自救之道》，香港浸会大学历史系主办之"第八届近代中国基督教史研讨会：近代中国基督教与现代性——比较视角"（2013年6月14-15日）宣读论文。

我们天主台前齐讴歌，

因为〔要〕发扬他的光荣威严：

〔他〕将马兼骑马的，共摔在海里。

〔他是〕我的坚固：我应当赞美的，就是天主。

……　　　　　　　　　　（《古新》，1:247）[101]

贺清泰译完，还不忘在注解中告诉我们："察（查）一察（查）各国史书，没有比这诗旧古的！"换句话说，《古新圣经》这首《凯旋歌》，可谓中文世界译出的比荷马（Homer，前 8 世纪）还要早的文学文本。古书中的诗歌罕见分行，何况抄本。我们若效现代诗的概念将《拉默克之歌》和《凯旋歌》予以分行，就诗体而言，胡适仿蒙田（Michel de Montaigne, 1533-1592）《艾写》（*Essais*）自题的《尝试集》（1916-1920），在历史上恐怕就再也算不得是"尝试"之作了。

论及清末的小说时，王德威问得好："没有晚清，何来五四？"他也答得妙：西方的冲击所展开的"跨文化"与"跨语系"的"对话"才是"我们所知"清末白话小说的"现代性"。我可以试为王德威此解补充一二者，是语言变革亦然，证之《古新圣经》的中译尤然，盖贺清泰这开天辟地一译所带来的跨文化和跨语系的各种对话乃重要无比。所以王德威的问题，我可以扩大问的是："没有晚明，何

---

[101]　这首长诗，思高本《圣经》并未分行，但现代版的武加大本则分行了，见 Biblia Sacra iuxta Vulgatam Clementinam, Ex. 15:2-21。至于《古新圣经》以外的中文《圣经》，除非另有说明，本文概据思高圣经学会译释：千禧版《圣经》（台北：思高圣经学会出版社，2000）。

来晚清？"[102]

《古新圣经》的句法多数生硬，不是少了个所有格，就是缺了个时间标示；有时动词倒装得像日文，有时插入句连连如英语。不用想象力予以增补或删刈，能懂者十之七八而已。然而在这种种多数生冷而中国白话文首见的欧化体翻译腔中，我们强烈感受到某种新句法正在中国史上如蛹之破茧而出，过程艰辛却充满热诚。在《古新圣经》一百五十万言的跨语际对话里，贺清泰从《救出之经》里犹太人犹在埃及做"奴才"的历史中，写出了法老王的"官员鞭打依斯拉耶耳的子孙们"（《古新》，1:212）这种中文常态句，但也写出了印欧语系的语言常见的句型，将中文倒装为史上未曾之见的欧化句："给他们刀，为杀我们。"（《古新》，1:213）贺清泰轻挥译笔，天主就降灾给埃及人，拯犹太人于倒悬，将他们从埃及"主子"的"工程圈"或"监圈"解救而出（《古新》，1:215）。"工程"是个元曲中早已可见的词，"监牢"或"监狱"的历史更早得不用我们说明，但贺清泰衡之《救出之经》的埃及实况，结合清代权贵的刑制"圈禁"中的"墙圈"、"屋圈"、"人圈"或"饿圈"等，独创出了上举的"工程圈"与"监圈"等名词，显然是"现买现卖"了。[103] 这些语词后代失落不用，我们连读感都怪异，不过其中跨文化对话的态势至显，跨语际实践的痕迹鲜明，贺清泰中译前故而非得做点超山越海的文化比较不可。他一"比较"下去，已为《古新圣经》烙上"现代性"的印痕，使之变成不到百年后

---

[102]　王德威：《被压抑的现代性：晚清小说新论》（台北：麦田出版，2003），页 18。另见 David Der-wei Wang, *Fin-de-siècle Splendor: Repressed Modernities of Late Qing Fiction, 1849-1911* (Stanford: Stanford University Press, 1997), p. 4。另参阅《译述》，页 392-443。

[103]　有关清宗室犯过而"圈禁"的各种文献，参见《钦定宗人府则例二种》，2 册（海口：海南出版社，2000），2:322-338。

的白话文运动的先声。

上文简述明末迄《古新圣经》的白话文发展，我的目的在说明贺清泰以白话译《古新圣经》的种种努力，强调他在多数经卷中那一手"下里巴人"的北京俗语，借以指出贺氏译经和所谓"白话现代性"（vernacular modernity）的关系。就欧化体白话文而言，《古新圣经》的中译甚且在史上还打了头阵，立下战功。此所以我另又浓墨指出贺译中不乏违反中国语法传统之处，而他既以白话译经，我所谓的"中国语法传统"当然指的就是明代以来通俗说部中的白话书写成规，也包含李长科的《圣谕六言解》及王又朴的《广训衍》等书。贺清泰乃东来远人，任他中文再好，写作上当然难免洋腔洋调，和《水浒传》或《红楼梦》的笔法有霄壤之别。《古新圣经》的中译，贺清泰自称信笔为之，完全不管中国人的"高文法"，下笔难免拉丁文的羁绊。译体不顺时，甚至可称是用"中文在书写拉丁文"，是某种另成定义的"三豕涉河"；我或可套用个词，以"洋泾浜中文"（Pigeon Chinese）戏为之称。如此语言既非通俗小说之语，也不是一般的官话，时而连北京俗语都难副之，《古新圣经》的文体故可称"几乎"在为现代中文预树先声，我们不妨就以"洋泾浜现代性"再度戏称之。今天台海两岸的通用口语，就是这种似中非中，似欧非欧的"语言新种"。《古新圣经》便因上述"白话现代性"和"洋泾浜现代性"（Pigeon modernity）的结合，使之变成某种"混合语言"（lingual franca）的产物，在历史的长廊中以百年孤寂的姿态前导了民国与——尤其是——共和国那即将出现的语言四不像。黄遵宪和裘廷梁等人发起的晚清白话文运动，如果是让五四白话文运动排挤而成的"被压抑的现代性"，那么集耶稣会白话文传统之大成的《古新圣经》，不就变成某种向不为人知的宗教启蒙的工具，更可谓"尘封在藏书楼里的现代性"？

　　这里所谓"尘封在藏书楼里的现代性"，当然是隐喻。我拟借以说明的乃《古新圣经》虽拥有如此丰富的现代性，但全经在下面我会述及的基督新、旧两教的译经人受其影响之前，却因教廷传信部一纸禁刊的命令而得静静躺在北堂图书馆的书架上，甚而尘封在徐家汇藏书楼的书库里，说来讽刺。此外，倘就《古新圣经》和《圣经》广义的概念的关系言之，此中甚至隐含着某种"圣经现代性"，牵动着又是百余年——尤其是"五四"时期——后中国的各类启蒙运动，包括政治、文学与各种文化上的"新青年"与"新女性"。如此"新国新民"的运动，犹如工业革命后加尔文（John Calvin, 1509-1564）教派和资本主义的关系一样。不过"圣经现代性"所涉太广，恐怕已经超出本文的关怀，这里我只能存而不论，有待方家详予再剖。[104]

版本问题与其他

　　最后，且让我们回到耶稣会士和裘廷梁都好谈的几个"实学"问题：首先是贺清泰所用的武加大本《圣经》究竟是哪一个版本？公元

[104]　若以"圣经现代性"与现代中国文学的关系言之，下书倒约略提示了部分：Lewis Stewart Robinson, *Double-edged Sword: Christianity & 20th Century Chinese Fiction* (Hong Kong: Tao Fong Shan Ecumenical Centre, 1986), pp. 13-201. 有关加尔文教派与资本主义的关系，多见 John Calvin, *Institutes of the Christian Religion*, ed. John T. McNeill and trans. Ford Lewis Battles, 2 vols (Philadelphia: The Westminster Press, 1960), vol. 2, pp. 1485-1521。但是这方面论之最精者，莫过于 Max Weber, *The Protestant Ethic and the Spirit of Capitalism*, in Stephen Kalberg, ed., *Max Weber: Readings and Commentary on Modernity* (Oxford: Blackwell, 2005), pp. 75-110。

405 或隔年，圣热落尼莫译完武加大本《圣经》，此后此书以手抄本
行世甚久。1545 年教宗保禄三世（1468-1549）召开天特会议（Council
of Trent），确立"武加大"一名，赋予其在教中之权威。[105] 古腾堡
印刷术，此刻早已发明。教宗克莱孟八世（Clement VIII, 1536-1605）
其后为统一前此武加大本不一致的现象，乃下令镌版刊行修订后的
武加大本《圣经》，于 1592 年发行，史称克莱孟版武加大本《圣经》
（Vulgatam Clementinam）。这个版本，此后便变成罗马天主教会的标准
《圣经》。要待 1979 年，罗马教会才重订克莱孟版，颁行"新武加大
本"《圣经》（the Neo-Vulgate Bible），取代其权威性（郑著，页 11-17）。

　　耶稣会士一向服从天特会议的决定，贺清泰没有理由不接受距他
最近的克莱孟版武加大本《圣经》。所以这里我暂可下一结论道：《古
新圣经》必然据克莱孟版武加大本《圣经》中译。[106] 不过同一《圣
经》也会有不同刊本。贺清泰生前大多蜗居北京北堂，是以《北堂书
目》就变成我们寻找底本或源本的叩门砖。书目内所载之武加大本
《圣经》甚多[107]，有插图者不少。无巧不成书，《上智编译馆馆刊》

　　[105]　*The Canons and Decrees of the Council of Trent: Celebrated under Paul III, Julius III, and Pius IV, Bishops of Rome / Faithfully Translated into English* (London: Printed for T. Y., 1687), pp. 13-14.

　　[106]　最明显的例子之一是《厄斯大拉经·上卷》第十篇。《古新圣经》这一篇沿袭克莱孟版武加大本《圣经》，道是犹太人在充军波斯返回耶路撒冷百年后，有不少犹大和本雅明的男子娶了异端妇女为妻，祭司厄斯大拉十分生气，大家遂依其所言，准备以亚匝黑耳（阿撒耳）的儿子约那丹（约纳堂）与得过（提刻瓦）的儿子亚哈西亚（雅赫则雅）为主，调查哪些人娶了异端女子，通令得与之离婚，而这一点与克莱孟版武加大本《圣经》若符合节。今天的思高本《圣经》同一章节，意思正好相反：约那丹（约纳堂）与亚哈西亚（雅赫则雅）两人，根本反对调查通婚者，也反对他们与外方妻子离异，见厄上 10:15。

　　[107]　Hubert Verhaeren, ed., *Catalogue de la Bibliothèque du Pè-T'ang* (Pékin: Imprimerie des Lazaristes à Pékin, 1949), pp. 289-295.

曾刊载北堂中文书目，指出贺清泰为《古新圣经》曾摹绘了十五张插画。[108] 这些图片想为刻经用而绘制，而贺清泰甚有可能也因所据的克莱孟版武加大本《圣经》有插画，故而依样画葫芦就绘将起来。《北堂书目》上的藏书目前已悉移中国国家图书馆保存，但前此已历八年日本侵华战争的荼毒，迄今恐怕仅余三四百种存世。这些劫后余灰就我所知，目前对外开放不易。所以要循《北堂书目》寻访贺清泰中译所用的特定版，今天仍有困难。

从卷目，甚至是从内文的编排看，《古新圣经》与武加大本《圣经》有异，前人早有发现。[109] 徐家汇藏书楼庋藏的抄本，卷目的名称与顺序就可说明。就卷目名称而言，习称《创世纪》者，《古新圣经》分之为《化成之经》与《造成之经》两卷，分指天主"化成"——此语典出《周易》——"天地"与万物，而"化成天地"同为天主教中文《信经》的第一条[110]；以及亚伯拉罕（Abraham）以后人类的繁衍或各种事物的"造成"。此外，习称《智慧篇》者，贺清泰也合以《训道篇》独立成卷。唯这些经卷，篇号（章数）大致相连，尚不脱武加大本的习惯。其次，贺清泰结合《撒慕尔纪》与《列王纪》成《众王经》四卷，虽然特殊，不过并不脱七十贤士本与克莱孟版武加大本《圣经》的编法。当然，要凭此判断《古新圣经》所据

---

[108] 冯瓒璋：《北京北堂暂编中文书目》（四）：乙编，《公教善本书目》，见《上智编译馆馆刊》第 2 卷第 4/5 期合刊本（1947 年 7-10 月），页 363。

[109] 参见徐宗泽：《明清间耶稣会士译著提要》（台北：台湾中华书局，1958），页 18。方豪：《中国天主教史人物传》，3:100。

[110] 《周易正义》，见〔清〕阮元（校刻）：《十三经注疏》，1:37。天主"化成天地"一说，马若瑟《儒交信》的书中之书《信经直解》至少提到四次，参见无名氏（马若瑟）：《儒交信》，在郑安德编：《明末清初耶稣会思想文献汇编》，修订版，页 227-228。贺清泰应参考过晚明以来已译成的《信经》。

底本，范围仍嫌太大。在较细的篇号上，《众王经》第四卷共二十六篇，比武加大本《圣经》多了一篇，而此乃因贺清泰将《圣依撒意亚先知经》(Isaias) 第三十八篇厄则济亚的赞美诗移至《众王经》第四卷，特设为第二十一篇所致，并解明"这诗在《依撒意亚斯经》的第三十八篇内"（《古新》，3:1142），看来似为"情节"需要而挪移，可知他深知内容原来为何，变动系个人所为，故仍不足以说明《古新圣经》所据之底本。这种变动，《新经》部分也可见得，贺清泰将《若望书信》(Epistula Joannis) 三卷与《若望启示录》集为《圣若望默照经》，独立成卷，再度打乱了武加大本《圣经》原有的排序。阙译、增字等翻译策略，则比比皆是。凡此均属贺氏个人所为，仍旧不能据以论断底本这一公案（以上详郑著，页14-16）。此外，《古新圣经》的抄写者也有其在工具与诠释上的限制，我们同样不能不将之列入版本问题的考虑。

在天主教的传统中，《圣经》排序是大事，非经梵蒂冈官方认定不可，译者不得擅自为之。贺清泰"独树一帜"，因此是个人非常大胆的编辑尝试，往后的《圣经》中译史上，并不多见。此外，现代诠释学的前身乃《圣经》解经学，贺清泰中译《古新圣经》时以白话加注的行为，又是"独树一帜"的说明。[111]《古新圣经》的注解，系入华耶稣会继阳玛诺的《圣经直解》后另一介绍西方解经学的大工程，意义非凡。但是我们必须注意一点：贺清泰所本武加大本《圣经》的注解固然可以解释《古新圣经》"注解"的本源，进而判断版

---

[111] 《古新圣经》译成前后，清代另有《四史合编》（上海徐家汇藏书楼藏清抄本，杜鼎克编号：SH 250/ZKW 450）一译，其注解也是用白话写成。

本，但我阅读这部分的《古新圣经》，却发现贺清泰纵然有底本，其中仍存大量贺氏个人的选择与看法，和《圣经直解》中的笺注相去不远。唯阳玛诺不太在意诠释上"本土化"的问题，而贺清泰的注解，一大目的却在适应中国国情。翻译和绘画稍异，必然有贺氏所以为的"理想中的读者"（implied reader）。研究贺清泰的注解，我们不能不考虑这种特殊性。天主教乃大一统的宗教，《圣经》的解释也得统一而不能自出机杼，但上述《古新圣经》的殊性，则把我们最后可以论证版本的理据又给推翻掉了。看来，"克莱孟版的武加大本《圣经》"这个范畴，仍然是解决版本问题迄今最大的公约数。

注解的问题，我们还有可以再谈者。贺清泰既以北京俗语翻译，表示他心中的阅众不止达官贵人，一般升斗小民恐怕重要更甚，所以注解的"选择"与"自出机杼"，必然是此一篇幅庞然的"次文本"（paratext）构成的原则。如此一来，《古新圣经》里注解所"勾勒"出来者，某种意义上几可谓译者贺清泰本人的解经学。此一"解经学"还因《古新圣经》系中译，而翻译本身就是诠释，从而益可合理与正当化贺注中的个人色彩。话虽如此，由于贺清泰受过耶稣会深刻的士林神学（scholasticism）训练，也曾涵养在文艺复兴时期以来天主教人文主义（Christian Humanism）的遗泽中，所以《古新圣经》的"注解"部分不可能不带有这两方面的色彩。

就我目前认识所及，古教父如圣热落尼莫的解经著作对贺清泰有绝对的影响[112]，而圣奥斯定的《论天主教义》力量尤大。后书前三

---

[112] 有关圣热落尼莫的解经学的简介，见 Dennis Brown, "Jerome and the Vulgate," in Hauser and Watson, eds., *A History of Biblical Interpretation*, vol I: The Ancient Period, pp. 364-372。.

卷致力于《圣经》解经学的理论，圣奥斯定强调《圣经》不可死读，应由两方面观之。首先要从字面解之，把握字意（literal meaning）。如果字面解之不得，那么读者就该从"比喻"的角度看待，抓住经文的"喻旨"（OCD, III. xxxvii.56）。这个解经原则，简直是贺清泰注《古新圣经》的理论基础。以《众王经》为例，贺清泰常在其中详注犹太诸王崛起的历史背景，把经中的故事认定是史实，亦即由字面解释《圣经》。但是每当字面超出常情之际，贺清泰又常告诉他假设中的中国读者道：这些地方都在"打比方"。贺氏或因天主教神学力主陡斯或天主超性（transcendental），无始无终而无我们常人能够推知的形体——易言之，就是天主无形——所以经中凡属天主——也包括"天神"（天使）在内——近乎"人"的动作或行为，贺清泰多半会"警告"我们：这里写经人又在"打比方"了。《众王经》乃典型的犹太史乘，贺清泰指出其中涉及陡斯或天主的地方，写经人即用了不少的"比喻"。写经人虽可通灵，却不能不用"人"可以了解的语言叙写天主的行为。故此天主会"回'头'"，也会像人"转'眼'一瞧"，而这类的经文，贺清泰俱以为是"拟人说法"（prosopopeia），绝非"实写"，只是"比喻"。既为比喻，当有"喻旨"，贺清泰会从上下文揣摩，指出这类旨意为何。即使《化成之经》中天主造人的故事，贺清泰也不愿从字面解之。陡斯"用湿泥造人"，然后"望他脸上一吹"，这人便有灵瑰，便可动了起来（《古新》，1:9）。贺清泰拒从字面或传统解释这些动作，同样认为写经人仅在"打比方"，所蕴含者是天主造人的灵魂易如反掌，"就如我们人口里出气那样容易"（《古新》，1:11-12 注 5）。贺清泰的结论，在中文中说来有点讽刺，指天主赋人灵魂反而是"不费吹灰之力"！《古新圣经》通书的注解，多的是这种手法，传统之见与贺清泰个人的见解一室共存。

　　贺清泰如此解经，在某种意义上，有如把部分《圣经》当"虚构"，是以"小说"看待之。当然，从另一层意义看，他也发挥了士林神学"信仰追寻理性"的精神，斤斤计较于陡斯的显现是"真"是"假"，是"实体"的呈现（present），抑或借"修辞"而"再现"（represent）。士林神学解经的精要，因此我们轻忽不得。这种宗教上的"理性"，紧接着——说来还有点逆时而行——是让贺清泰走回犹太解经学家费罗（Philo, 20 BCE-50 AD）及希腊教父奥利根（Origen, *c*. 184-*c*. 253）《论第一原理》（*On First Principles*）里倡言的"属灵读法"（spiritual reading）或"寓言解经法"（allegorical exegesis）去。卡西安（John Cassian, *c*. 360-435）奠定基础的"四义解经法"（fourfold allegory），顺理成章乃变成我们了解《古新圣经》的"注解"不可或缺的一环。我们的研究故此就得寻章摘句，仔细审阅《古新圣经》的注解部分，试觅其中对《圣经》经文所"读到"的四种意义层次，亦即"字面"或"历史"意义（literal or historical sense）、寓言层面的意义（allegorical sense）、"道德"或"伦理"寓言（tropological sense），以及"属灵"或"神学上的寓言"（anagogical sense）等四种。[113] 如《圣若望默照经》把"新日露撒冷"解为耶稣立的"圣会"，就是把经文读到第四层次的"属灵寓言"（《古新》，9:3416）了。

　　在欧洲中世纪，《圣经》这四种"寓言解读法"同时也是盛行千

---

[113]　有关"四义解经法"的历史嬗变及使用，下书解释最精：Henri de Lubac, S.J., *Medieval Exegesis*, trans. Mark Sebane, 2 vols (Grand Rapids: William B. Eerdmans, 1959)。相关历史文献见 Karlfried Froehlich, ed., *Biblical Interpretation in the Early Church* (Philadelphia: Fortress Press, 1984) 一书。

年的文学阅读法。但丁在《致斯加拉亲王康·格兰德书》（"Letter to Can Grande della Scala"）里，曾经再三致意，强调非常[114]，而入华耶稣会士从明末的阳玛诺到已近清代中叶的贺清泰，则是一五一十将之搬到中国来，使之变成耶稣会中文解经的基本手法，更是会士阅读文学的理论基础。[115]耶稣在《历史书》里首先用到的预表论，此中我们当然也不乏见。贺清泰随时都在想方设法，用之于联结《古经》各处，而最重要的是要一统《新经》与《古经》，使之合而为一，变成《圣经》不可分割的组成。

上述种种的"注解手法"中，比较有趣的是贺清泰适应中国国情，用明末以来小说"评点"的手法解释《圣经》，又用儒家思想如"孝道"或"圣贤观"辅助理解，让中西伦理思想彼此印证，交杂在《圣经》文句的理解中。由是再看，则《古新圣经》的"注解"不啻上承《崇一堂日记随笔》（1629）中的"评赞"（参见《译述》，页107-149），下则又开清末民初迄伍光建（1866-1943）等人评点式的翻译手法。《圣经》诠释既然得合以中国国情，贺清泰的注解不免就会与中国佛、道思想或其宗教实践交锋，从而在诸如《化成之经》的注解（《古新》，1:29注5）——甚至是在翻译的经文如《救出之经》（《古新》，1:235-239）——等文本中不断提前开跑，让"天主教"一面对上"犹太旧教"，同时也和佛、道的"邪神"或"偶像崇拜"开战，由是联结上了晚明所出的各种教中文学如《圣若撒法始

---

[114] Dante Alighieri, "Letter to Can Grande della Scala," in Hazard Adams, ed., *Critical Theory Since Plato* (New York: Harcourt Brace Jovanovich, 1971), pp. 121-123.

[115] 参见李奭学：《中国晚明与欧洲文学——明末耶稣会古典型证道故事考诠》（台北：联经出版公司，2005），页189-244。

末》(1602)、《况义》(1625) 与《天主圣教圣人行实》(1629) 等激进的护教传统（参见《译述》，页 61-106）。因此，《古新圣经》中大量的注解，不只让贺清泰的《圣经》交融在西方的诠释传统中，也让此"书"因缘际会而交杂在明末开头的小说诠释学里，继之与耶稣会从晚明开始就已汲汲中译的教中文学衔接上了，可谓一身而兼容中西与古今。贺清泰的努力，由此可见一般。一言以蔽之：《古新圣经》各卷所记乃天主意志的展现，连耶稣会东来及其与佛道之争也是"陡斯的意思"！"注解"中的北京俚俗之言，早就潜藏着有其谋略的政治性格；党同伐异，固无论矣！

从翻译学（translatology）的角度看，我们亦可以上再诠《古新圣经》中的"注解"：我们不要忘了《古新圣经》毕竟是译作，而且还是中国现存最早的白话翻译的《圣经》。所谓"从翻译学的角度看"，我尤指《圣经》系天主教的"中心文本"（central text），也是罗马上古后期迄近代欧洲文化的"中心文本"，重要性自不待言，其中更隐含了所谓"操纵学派"（manipulation school）关心的各种翻译课题，尤其会与政教系统的权力争执纠缠不休。操纵学派所关心的类此关系一旦确立，便意味着从翻译、译体到注释及其文体本身，都和权力的结构或权威的构成有关。阳玛诺在明末首译部分《新约》经文，作为主日学与教中节庆上的研读之用。他选择高古的《尚书》体译经，固然因扬雄使然，前已论及，然而和明末中下层社会的阅读能力方枘圆凿，迎逢的反为中国上层士人的品味。纵使冯秉正在雍乾年间结为《圣经广益》，试图以《圣经》经文灵通圣父、圣子与圣母，他的努力恐怕仍然有其阶级性的限制，只能作用在知书达礼的中国上层人士中，对广大的下层百姓效力几无。然而贺清泰不然。他甘冒大不赀，在文言文犹盛行不已的年代即以白话或以更白的"北京俚俗之言"译为《古新圣经》，为其作"注"加"解"，表示"中心文本"这"中心"所涉的对象已经位移，移往市井小民去了，而权力问题至是演为"启蒙"之用：在《古新圣经》的"注解"中，北京俗语益见可为政治作用的影子。

市井小民的知识有限，况且《圣经》还是外来文化，不解释说明，如何可得知其中意蕴？贺清泰以北京俗语译《古新圣经》，首先为识字有限者解决了修辞和言文不一的难题；如今再合以十倍于《广训衍》的注解，也使自己在"译者"的身份外，另又增加了"教师"一职：他借注解在一问一答间，践行了罗儒望《天主圣教启蒙》中的"教义问答"。市井小民的疑惑，贺清泰当真可以解之，而他又如何解之呢？这个问题，文前已经说明了大半：解答的内容有传统知识，也有贺清泰的个人之见。总之，《古新圣经》的"注解"确实示范了罗马天主教迄18世纪中晚期的解经学，而且用北京的俗语加以规范，使得中国的中心语言也位移，移往百余年后黄遵宪、胡适之等人会鼎力提倡的白话文去，因使《古新圣经》和天主教教义问答的语体冶为一炉，变成某种意义上的中国"早期现代性"（early modernity）。

天主教大而一统，是制度化宗教的典型，有其由上而下的指导思想。在中文世界所译的《圣经》经文，从阳玛诺的《圣经直解》到20世纪60年代的思高本，莫不包有注解或释文，表示统一《圣经》的解释有其必要性，话语权上尤然。翻译学上所谓黏稠翻译，因此避之不得。贺清泰在《古新圣经》的序言上的说法是：翻译《圣经》时"中国话说不完全，《圣经》的本意不能明白"，所以他得以

"小字"加以补充说明（《古新》，1:2）。所谓"小字"，不止正文前的"序言"，正文中的"解说"或"译言"，也包括各篇篇末的"注解"在内。贺清泰的话部分属实，严复翻译中国传统首见的《天演论》，译例言中不也有类似之见，故而译文常加"案语"吗？注解的使用，尤其表示贺清泰以个人意识形态在操纵翻译，以自家的说明在稳定经文意义的流动性。职是以观，"注解"应该和"序言"一样，也是《古新圣经》的"经文"的一部分，是补足经文的意义不可或缺的组成要素。欧洲中世纪以来尤为注解的传统，遂在中文翻译里败部复活，甚至化为前导，接引20世纪20年代本雅明（Walter Benjamin, 1892-1940）的译论。贺清泰扮演18、19世纪的语言先知，用北京俗语把最新的神意表出，身份几如奥斯定《天主之城》（*City of God*）对翻译七十贤士本《圣经》那七十二位译者的刻画与诠释[116]：他们都是"先知者"。

1615年，教宗保禄五世（Pope Paul V, 1552-1621）颁发敕文，准许在华天主教士翻译《圣经》。1803年，贺清泰在外交翻译的公余之暇，特地修书致教廷传信部，请求准许刊刻《古新圣经》。可惜前此梵蒂冈的翻译政策早已生变，1634年，保禄五世的命令经人推翻了。1728年5月，梵蒂冈又议决禁止以方言译经，当然也就不会再有新译印行。讽刺的是，两年后，殷弘绪可能在不知情或不予理会的情况下，径自在北京刊行了译注本的《训慰神编》，贺清泰不但在近五十年后跟进，而且意在全经中译，规模更大。尽管贺清泰的努力昭然可

---

[116] Saint Augustine [of Hippo] , *The City of God*, trans. John Healey, ed. R. V. G. Tasker (London: J. M. Dent and Sons, 1962), vol. 15, p. 23 谓：七十子是"先知"，受"上帝之灵的激励"而翻译。

鉴：传信部的回函到，几句话就打翻了贺氏一片苦心孤诣，《古新圣经》的刊布仍然不得其门而入，而前此清廷亦已下令各堂教士不得镌版刻书。但说来诡异，德天赐案的各种奏文中，常提到当时北京天主堂"造有汉文经卷三十一种"，而且广布四方（例如《史料》，2:839）。这所谓三十一种"经卷"看似非指《圣经广益》一类既存的文本，视之为迄德案当时贺清泰所译的三十一种《古新圣经》，可能性也不是没有，因为嘉庆年间天主教春风吹又生，满汉人士中都有潜藏的教徒，而各种私刻文本同样也举国可见（参见《史料》，2:527-530）。清廷或中国官方从来不曾明指这三十一种"经卷"为何，在名称与相关证据俱阙之下，上述的可能性，这里我只能存而不论。

不过目前我们可以确定的是，贺清泰所遗留者，迄今仅见抄本及部分稿本的照片，别无其他。稿本原应庋藏于中国国家图书馆，但如前所示，存在与否，我们不得而知。唯香港思高圣经学会图书室尚存四卷翻拍的残片，分别为《救出之经》、《第二次传法度经》、《数目经》及《众王经》的卷一及卷二，共三百余页。今天最容易见到的《古新圣经》全稿，自是上海图书馆徐家汇藏书楼典藏的清抄本及其景印重刊本。[117] 此外台湾中研院傅斯年图书馆亦藏有上、中、下三卷《达味圣咏》，版式和其他抄本一致，应属同一批抄本。徐家汇藏书楼另有《达味圣咏》抄本一套，但是上、中、下三卷则集为两册，内文也经人"现代化"了，连注解部分都有增添的痕迹，版面则独立，显然晚出。[118] 徐汇本《古新圣经》为数不止一位的抄者，还将

---

[117] 钟鸣旦、杜鼎克、王仁芳编：《徐家汇藏书楼明清天主教文献续编》，34册（台北：台北利氏学社，2013），册28-34。

[118] 贺清泰译：《达味圣咏》，2册（上海徐家汇藏书楼藏清抄本，编号：90788B-90790B）。

原本互不关联的经卷合编为 ·。例如《智德之经》、《禄德经》与《约那斯经》就合抄成为一册，扩大——然而系重复性的扩大——了《智德之经》的原目。研究者若比对同一卷目的不同抄本，应可明白晚出者如何"改良"贺清泰的译文与注解。

《古新圣经》未刻而以抄本存世，虽然前此不易见得，但影响力仍存（郑著，页 139-147）。[119] 反讽的是，时迄 2009 年，依然有学者断定贺清泰之后的译经人和《古新圣经》缘悭一面，也就是说贺清泰对后人的译经大业一无贡献。我们翻开一部《圣经》中译史，此见恐怕大谬不然。《古新圣经》的遗泽，基督新教的马礼逊其实抢得头彩，首先承之。马氏筹译《神天圣书》（1823）之前，在广州曾因天主教人士居中引介，看过贺清泰所出至少是《历史书》的抄本。为此，他还写信给位于伦敦的英国及海外圣经公会，并发表过一番有关天主教的译经之论，强调贺译乃采"俗话体"（colloquial style），似有推崇之意，甚至在所译《新遗诏书》的《圣若翰现示之书》中不约

---

[119]　Toshikazu S. Foley, *Biblical Translation in Chinese and Greek: Verbal Aspect in Theory and Practice* (Leiden: Brill, 2009), pp. 17-18. 不过此书页 18n58 又不无矛盾地指出雷永明在香港的思高圣经学会（Studium Biblicum Franciscanum Hong Kong）仍保有《古新圣经》"复制本"的一小部分（应指《众王经》二卷），而其所据乃 Gabriele M. Allegra, "Translation of the Scriptures into Chinese," *Worldmission* 12 (1961), p. 98 及 Jost Oliver Zetzsche, *The Bible in China: The History of the Union Version or The Culmination of Protestant Missionary Bible Translation in China* (Sankt Augustin: Monumenta Serica Institute, 1999), p. 27, 殊为怪异。不过不论上述何者所记，均与实情有别，因为倘扣除重复拍摄者，思高圣经学会所余北堂原稿之照片为《救出之经》1 页、《第二次传法度经》70 页、《数目经》51 页，及《众王经》卷一的 75 页及卷二的 119 页，故得出正文所述的三百余页。

而同也用到了"乐园"等词 。[120] 我甚至怀疑马礼逊改变原以白话译经的想法，反以他所谓的"中间体"翻译《神天圣书》，原因另在贺清泰的《历史书》实为某种程度的浅文理所致。此外，德国教士郭实猎（Karl Friederich August Gützlaff, 1803-1851）虽非马礼逊的伦敦传道会（London Missionary Society）成员，却和马氏在华的团体关系匪浅。他不但透过关系，曾经打算修订出版贺清泰的满文《旧约》，可能也见过《古新圣经》或马礼逊所译，因使"乐园"一词在郭氏主编的中国第二份现代杂志《东西洋考每月统纪传》中再度现身 。[121]

今日天主教的思高本《圣经》的基础，系意大利方济会士雷永明（Gabriel Maria Allegra, 1907-1976）中译奠下，而他在 1935 年开译《圣经》之前，尝在宗座代表蔡宁（Mario Zanin, 1890-1958）及代表公署官员苗德秀（Theodoro Mittler, dates unknown）的支持下，入北京北堂图书馆，因而得窥《古新圣经》原稿。雷永明费时月余，倩专家用照相机翻拍全稿，摄制成图，再带回驻铎的衡阳黄沙湾，由时名"埃及方济会传教女修会"的修女粘贴、装订为三十余册。《古新圣经》这份照相本，其时和伦敦所藏《四史攸编》的"斯罗安抄本"

---

[120]　Robert Morrison's letter to the British and Foreign Bible Society (June 8, 1816), in *The Thirteenth Report of the British and Foreign Bible Society* (London: Tilling and Hughes, Grosvenor-row, Chelsea, 1817), p. 15. 《神天圣书》用到"乐园"处，见〔清〕马礼逊：《我等救世主耶稣新遗诏书》卷四《圣若翰现示之书》（澳大利亚国家图书馆〔National Library of Australia〕吗六呷英华书院藏版，年份不详），页 64 乙。

[121]　黄河清：《马礼逊词典的新语词》，《或问》第 63 期第 16 号（2009），页 18 谓郭实猎的"乐园"乃沿用马礼逊的词典而得，然而衡诸郭氏和天主教文献关系之深，我以为他应从我们尚不得而知的管道看过贺清泰的《古经》，徐家汇藏书楼藏本可能性最大。郭氏和明清天主教文献的关系，参见《译述》，页 403-404，以及页 406 注 34。郭氏和贺译满文《旧约》的关系，见 Mende, "Problems in Translating the Bible into Manchu: Observations on Louis Poirot's Old Testament," in *SW*, p.156。

(Sloan Manuscript）共称"古译本"，双双且悬为雷永明的译事"原则"，都是思高本迻译上的参考用底本。[122]雷永明所摄，后因国共内战，如今仅余上述各经残卷三百余页，庋藏在香港思高圣经学会的图书馆。[123]今日的思高本《圣经》系不断修正迻得，但雷永明始译之际，确实参考过《古新圣经》，"沿用了"不少"其中的译名和字汇"，是以不论卷目或内容，两者近似之处都多，可谓充分利用了教中前辈的译事遗泽。[124]

基督宗教界和《古新圣经》互动显然。即使不论这一点，世俗界经常挂在嘴边的"乐园"、"圣徒"或"圣咏"、"撒旦"等西来的宗教名词，我们说其始也，同样也得回溯到贺清泰，再经新、旧两教的各种《圣经》译本与马礼逊的《华英字典》等书而广为流传，最后终于

---

[122]　雷永明著，韩承良译：《雷永明神父回忆录》（香港：思高圣经学会出版社，1987），页 92-93。Toshikazu S. Foley, "Four-character Set Phrases: A Study of Their Use in the Catholic and Eastern Orthodox Versions of the Chinese New Testament," *Hong Kong Journal of Catholic Studies*, p.79n45。另见李士渔：《我自幼认识的雷永明神父》，第二版（香港：思高圣经学会，2012），页 18-19 及页 25。《四史攸编》的"斯罗安抄本"原藏大英图书馆，雷永明乃托其时留学于伦敦的英千里抄得，见刘绪堂：《雷神父如何达成译经宏愿——纪念雷永明神父迁葬而作》，《爱火》第 56 期（1986 年 12 月），页 54。香港思高圣经学会残存的北堂本《古新圣经》四卷照片，倘方之徐家汇藏书楼抄本，行数不一，每行字数也不一，但内容几无差别，仅异体字有较大差异。尽管如此，异体字会随抄者写字习惯而有变化，意义不大。两本之间的吻合，适可证明在原北堂本未"出土"或根本就只会散佚残片的状况下，徐家汇藏书楼的抄本恐怕是现存最具权威的足本《古新圣经》，仍为《圣经》中译史上的重要见证之一。

[123]　蔡锦图：《天主教中文〈圣经〉翻译的历史和版本》，《天主教研究学报》第 2 期，页 43。我在 2013 年 6 月及 10 月间，也曾入香港思高圣经学会阅读这些经卷。

[124]　参阅郑海娟：《贺清泰〈古新圣经〉研究》，页 140-150；另见陈培佳、霍桂泉：《修订思高〈圣经〉译文的经历》，《神思》第 89 期（2011 年 5 月），页 51-60。雷永明创译思高本《圣经》的大致经过，见 Arnulf Camps, "Father Gabriele M. Allegra, O.F.M. (1907-1976) and the Studium Biblicum Franciscanum: The First Complete Chinese Catholic Translation of the Bible," in Eber, et al., eds., *Bible in Modern China: The Literary and Intellectual Impact*(Sankt Augustin: Monumenta Serica Institute, 1999), pp. 55-76。本段的引文则出自李士渔：《我自幼认识的雷永明神父》，页 118。

在现代人身上朗朗上口，不时闻得回响。至于白话体欧化语的形成，就不用再赘。1920年，周作人曾提到《圣经》中译有助于中国新式白话文的形塑，所指大抵为新教所译《圣经》[125]，但拿来形容《古新圣经》的间接贡献，何尝不行，以之修正胡适《五十年来中国之文学》中的"白话'有意'书写起源说"，孰曰不可？贺清泰中译《古新圣经》之功确实未竟，武加大本《圣经》仅得三十六"卷"，然而这三十六卷不仅功在《圣经》中译史与《圣经》解经学，在人文研究的各个领域如语言史、诠释学、宗教学、语言学，中国近现代文学，甚至在中西文化交流史与中西比较文学的研究上，也都有其不可磨灭的原创性与直、间接的重要性。《古新圣经》的中译因此是承先启后的划时代大事，值得学界力掘深耕，三思其中蕴含。

---

[125] 周作人：《圣书与中国文学》，见所著《周作人先生文集·艺术与生活》（台北：里仁书局重印，1982），页80-81。

[附录]

谈天说地论神人
——从《古新圣经·化成之经》前二篇看贺清泰的解经学

　　清初天主教耶稣会群贤毕集，然而若以文学论，则法籍会士马若瑟（Joseph de Prémare, 1666-1736）无疑当居魁首。所著白话中篇小说《儒交信》中有李光一角，尝随其宗教启蒙师附舟抵南昌，求当地的"西洋老师"——就史实言之，此一角色乃作者马若瑟本人的投射——为他们付洗。小说中的"马若瑟"继之随二人赴县城南丰，一路上为他们讲解"信"、"望"、"爱"等所谓"天学三德"，从而便提到了《圣经》。"西洋老师"特为他们开示道："当信之事，在正传，在《圣经》，而定经传之定义，又在教会。"[1] 马氏语中的"正传"，当指耶稣的生平，亦即贺清泰（Louis Antoine de Poirot, 1735-1814）译《古新圣经》，译到《新经》之际，他在开头的简介中所称的"福

---

[1]　〔清〕无名氏（马若瑟）述：《儒交信》（巴黎法国国家图书馆藏稿本，编号 Chinois 7166），页102b。有关《儒交信》的作者问题，见宋莉华：《传教士汉文小说研究》（上海：上海古籍出版社，2010），页23-42。法国国家图书馆所藏的《儒交信》稿本以下简称《儒》，引用页码随文夹注。

音书"。然而谈到《圣经》通书，马若瑟当真一语中的：天主教是个大一统的制度化宗教，和出离之而另立门户的基督教各派在解经上确实有异，容不得自出机杼，必得由教会颁行经中"正义"不可，而这一点恰和新教主张《圣经》可许人因圣灵启示而解之大有不同。尽管如此，清初来华的耶稣会士中，依然有人在传统的基础上"自出机杼"，因各人理解或传教地文化有别而发展出自成一格的解经学，阳玛诺的《圣经直解》（1636）堪称晚明范例；本文所谈的贺清泰，则为清初典型。

贺清泰乃明清间的末代耶稣会士[2]，所译《古新圣经》近一百五十万言中，和天主教前后所译之全或不全的《圣经》一样，注解近半，而其中某些属教中"正义"，某些则为个人之见，可谓贺氏审时度势而形成者。他的解经学，因此难称全属正统。《古新圣经》的注解确多，前此郑海娟业已详加研究[3]，本文所拟究竟者仅属少数，系今日通译为《创世纪》前半的《化成之经》的前二篇（章），而我还想再缩小范围，仅仅"谈天说地论神人"，窥斑见豹。贺清泰分《创世纪》为《化成之经》并《造成之经》，说来尚称合理：现代解

---

[2] 贺清泰的生平，参见拙作《近代白话文·宗教启蒙·耶稣会传统——试窥贺清泰及其所译〈古新圣经〉的语言问题》，《中国文哲研究集刊》第 42 期（2013 年 3 月），页 54-62。另见 Louis Aloys Pfister, *Notices biographiques et bibliographiques sur les Jésuites de L'ancienne mission de China, 1552–1773*, 2 vols. (Shanghai: Imprimerie de la Mission Catholique, 1932-1934), 2:965-970。《近代白话文·宗教启蒙·耶稣会传统——试窥贺清泰及其所译〈古新圣经〉的语言问题》一文亦收入本书之中，引用页码概据本书，并随文夹注。

[3] 郑海娟：《薪传与新诠——〈古新圣经〉的解经之道》，见李奭学、胡晓真编：《图书、知识建构与文化传播》（台北：汉学研究中心，2015 年），页 95-130。本文以下简称"郑著"，引用页码随文夹注。

经学家每指出，《创世纪》乃由两组情节各异的故事串联而合成。[4]

　　"谈天说地论神人"此一命题中，有一处我得稍加解释："神"这个字，我指贺清泰从明代前辈而音译以"陡斯"（Deus）的"天主"。如此称呼，我纯为下题方便计，尽管我了解"陡斯"在拉丁文中本来就指"神"，脱胎自也指"神"的希腊字"θεός"。从晚明的罗明坚（Michele Ruggieri, 1543-1607）开始，圣号（tetragrammaton）便为耶稣会困扰不已的问题。为了说明"圣号"并非中国传统宗教中的仙佛之指，罗明坚在 1584 年撰《天主圣教实录》时，以音译称"天主"为"了无私"。此词想从官话译得，十分类似西班牙道明会士随后在菲律宾从闽南语音译而得的"僚氏"（Dios）一词。[5] 巧的是，凡此音译，在耶稣会一方，其后都统一为"陡斯"。即使时过 1627 年而嘉定会议也已经有了定论，贺清泰仍如曾大索中国经书之隐的马若瑟笔下的"上帝"一般，也不拒"陡斯"入经，尤其是令其出现在所谓《古经》或《希伯来圣经》（《旧约》）之中。

　　就《古新圣经》观之，圣号的问题犹有过甚于此者。今日基督教徒朗朗上口的"耶和华"（Jehovah）一名，《希伯来圣经》称之为"雅威"（YHWH）。不过此名因缺母音，难以发声，中世纪晚期，欧人乃借亦表"主"字（Dominus）的"亚多那意"（Adonai），使原本发不出声的"雅威"转成了"耶和华"。贺清泰熟悉这段历史，在

---

[4]　参见 Bruce M. Metzger and Michael D. Coogan, eds., *The Oxford Companion to the Bible* (Oxford: Oxford University Press, 1993), pp. 245-246。

[5]　参见古伟瀛：《430 年前，天主的另一名称》，刊于《天主救周报》第 7 版全国教闻（2013年 1 月 20 日）；亦可见古氏另著《啼声初试：重读罗明坚的教会辞汇》，见姚京明、郝雨凡编：《罗明坚〈中国地图集〉学术研讨会论文集》（澳门：澳门特别行政区政府文化局，2014），页 244-250。此文页 246 注 3 中，古伟瀛指出"了无私"一词，他乃承杜鼎克（Ad Dudink）告知。

《救出之经》（《出谷记》）第六篇遂把"耶和华"发为"耶火瓦"，而且点出此语原为祭司对天主的赞美词，系"指陡斯尊贵至极的性，无始无终，〔是〕自有的，包含万万美好"。贺氏还道：从创世到梅瑟之时，所有先知赞美陡斯，多以复数称之为"耶落哈"（Elohim）或"亚多那意"，时而也以"耶里晕"（Elyon）、"撒达意"（Shaddai）或"亚多那意撒玻得"（Adonai Sabaoth）敬称之，而最重要的是："陡斯总没有默启"先知使用"耶火瓦"或"耶和华"这个名字。[6]

《古新圣经》中，这一连串圣号的重构，郑海娟和我都曾指出[7]，而贺清泰显然意在掀起教争，指责以路德（Martin Luther, 1483-1546）为首的基督教无中生有，连陡斯之名都擅自"发明"。《救出之经》第六篇这第二个注解，讽刺意味颇重。就其正面意义言之，贺清泰用意更深。以色列人的后代每称陡斯为"主"，盖他们心怀畏惧，不敢直呼其名。至于"耶落哈"，指陡斯"掌管天、地、神、人、万物"，也"审判善功、罪过"，主持"公义赏罚"。所称"耶里晕"，贺清泰的解释是"至高"的存在者，"撒达意"则为"全能至慈的陡斯"，而"亚多那意撒玻得"系"大军的主子"（《古新》，1:217 注 2）。贺清泰对天主的译词与解说，让我们联想到唐代《吕祖全书》中隐藏景教咒文的《灵章》中的乾天之主："稽首我乾天主，元和遍四方。"[8]

---

[6] 〔清〕贺清泰译注，李奭学、郑海娟编：《古新圣经》9 册（北京：中华书局，2014），1:217 注 2。《古新圣经》以下简称《古新》，册数、页码、注号均随文夹注。另参见 Metzger and Coogan, eds., *The Oxford Companion to the Bible*, pp. 548-549。

[7] 郑海娟：《贺清泰〈古新圣经〉研究》（北京大学博士论文，2012），页 150-152；另见本书页 206。

[8] 罗香林：《吕祖与景教之关系》，见所著《唐元二代之景教》（香港：中国学社，1968），页 138。

终《古经》通书，除非另有用意，否则最高"神"贺清泰几乎都译为"陡斯"，到了《新经》(《新约》)，他才在文本中令其与"天主"大量并用。"陡斯"当然不具"人性"，亦非"人名"，贺清泰说"是一句西洋古话"，指"天主高贵无比，纯神圣性"，有"无限量的才德"。简言之，"陡斯"就是美国新教徒借中文所称的"神"。贺清泰还用早他七十年来华的沙守信 (Emeric de Chavagnac, 1670-1685) 的《真道自证》或马若瑟《儒交信》的内文，称"陡斯"的本性乃"自有"而"恒定不移"(《古新》，1:5 注 1)。[9] 和本文关系最大的，是陡斯"全能全智，从无而化成天地、神人、万物，又时时刻刻保存掌管"(《古新》，1:5 注 1)。贺清泰在此解释陡斯，遵从的是天主教有史以来对《旧约》中人称"上主"的一般看法。然而他有所异于其他解经方家之处，在以《易经·恒卦》的"化成"之说解释天主的大能[10]，尤其是我们惯称的"无中生有"(*creatio ex nihilo*) 的能力。《易经》中的"化成"，中国传统向指为圣人对世人的"教化形成"。《创世纪》的前半部，贺清泰在《古经》中译之为《化成之经》，当为另解，指天主"无中生有"或"有中再生"等生生不息的能力及其实践。

"陡斯唯一"是天主教承袭自犹太教的基本教义，唐代由叙利

[9] 〔清〕沙守信：《真道自证》(1721 年北京皇城堂梓行板)，见钟鸣旦 (Nicolas Standert)、杜鼎克、王仁芳编：《徐家汇藏书楼明清天主教文献续编》，34 册 (台北：台北利氏学社，2013)，26:202-203 及 216-217。另见《儒》，页 31。

[10] 《周易正义》，见〔清〕阮元 (校刻)：《十三经注疏》，1:37。天主"化成天地"一说，贺清泰应参考过晚明以来已译成的《宗徒信经》。后一文献合宗徒人数，亦音译为《十二亚玻斯多罗性薄录》(拉丁音详下)，见利玛窦等著：《圣经约录》(1605) 及王丰肃 (高一志) 的《教要解略》(1615)，在钟鸣旦、杜鼎克编：《耶稣会罗马档馆馆明清天主教文献》，12 册 (台北：台北利氏学社，2002)，1:95-102；以及 1:175-214。

亚天主教传入的景教早有专文"一神论"论之[11]，《化成之经》的注解中，贺清泰则进一步阐明"陡斯"在本质上"共成的"（co-substantial）"三位一体"（Trinity）。此说或此词的翻译，在中文中有其进境。1584 年罗明坚的《天主圣教实录》开始思考对策（《耶档馆》，1:58），而罗著 17 世纪的修订版中业称"天主一性而包含三位，西土谓之'伯琐亚'也"。[12] 所谓"伯琐亚"，指上文所称之"位"（persona）。但话说回来，"三位一体"的今译，实则定于杨廷筠《代疑篇》刊刻的 1621 年。[13] 贺清泰在《古新圣经》中并未追随《代疑篇》，用词乃出自《天主圣教实录》的修订版："陡斯有性有位——性不过一性，但位是三位。"（《古新》，1:6 注 4）贺清泰如是说，从而把惯译的"三位一体"逆向改为"一性三位"。这里他所称之"性"，当然译自拉丁文"substantia"，和"体"字差别不大。"一性三位"的天主观，贺清泰认为是天主自己默启，耶稣又亲自说之使然，如今已为撼动不易的教义，而且"这个道理狠深奥，狠奇妙，远远超过我们人的聪明"（同上页）。

贺清泰的"见解"，早在 2、3 世纪的"三位一体论争"（Trinitarian Controversy）中即已成说，尤可见于 5 世纪圣奥斯定（St. Augustine of Hippo, 354-430）的《论三位一体》（*On the Trinity*）第九卷。[14] 贺

---

[11] 《一神论》，见翁绍军注释：《汉语景教文典诠释》（香港：汉语基督教文化研究所，1995），页 107-149。

[12] 吴相湘编：《天主教东传文献续编》，3 册（台北：台湾学生书局，1966），2:803。

[13] 〔明〕杨廷筠《代疑篇》，见吴相湘编：《天主教东传文献》（台北：台湾学生书局，1965），页 592-598。

[14] St. Augustine of Hippo, *On the Trinity* (Book 9) in William G. Rrsch, ed., *The Trinitarian Controversy* (Philadelphia: Fortress Press, 1980), pp. 163-179.

清泰加深一层道："到天堂，见了陡斯"，我们"才能……懂得陡斯一性三位的奥妙"。2 世纪亚历山大学派的神学家克莱孟（Clement of Alexandria, 150-215），尝在所著《劝勉希猎人》（*Exhortation to the Greeks*）中引《西比的神喻》（*Sibylline Oracles*）里的话道："血肉之躯都不能用凡眼看那住在天界不朽的天主，会腐朽的人甚至连太阳也正视不了。"[15] 从此一"理论"衡之，贺清泰上面的假设恐难成立：此一"理论"的前半句，但丁（Dante Alihieri, 1265-1321）的《神曲》（*Divine Comedy*）以文学之笔诠释得甚佳：但丁乃凡躯俗体，他顶多可如古教父圣巴西流（Basil of Caesarea, *c.* 330-379）暗示的，"能看到的天主的极致"是三个光圈，而且仅可如《数目经》所称，因"神目露出"而在"梦中"或在"奇妙古怪"的异象中才得见了陡斯（《古新》，2:451 及 566）。[16] 当然，但丁的理论基础是三一论玄妙，而其最玄之处是此说"远远超过我们人的聪明"。如是之见，就像《天主实录》或《天主实义》中圣奥斯定在海边邂逅某小童的证道故事（*exemplum*）所示，绝非人类智力所能理解。[17] 克莱孟的下半句话，贺清泰的两位前驱罗明坚和利玛窦（Matteo Ricci, 1552-1610），

---

[15] Clement of Alexandria, *Exhortation to the Greeks*, in G. W. Butterworth, trans., *Clement of Alexandria* (Cambridge: Harvard University Press, 1919), pp. 160-161.

[16] Dante Alighieri, *The Divine Comedy: Paradiso*, 1, trans. Charles S. Singleton (Princeton: Princeton University Press, 1975), XXXIII, 115-117. Also see St. Basil the Great, "In the Beginning God Made the Heaven and the Earth," in Blomfield Jackson, trans., *The Hexaemeron*, Philip Schaff and Henry Wace, eds., *Saint Basil: Letters and Select Works*, Nicene and Post-Nicene Fathers, 2nd series, vol 8 (Peabody: Hendrickson, 1995), p. 52.

[17] 罗明坚：《天主圣教实录》，见《耶档馆》，1:14-15; 利玛窦：《天主实义》，见李之藻辑：《天学初函》，6 册（台北：学生书局，1965），1:395。此一故事实则不见于圣奥斯定的传记，乃中世纪"发明"的证道故事，参见 John keller, L. Clark Keating, and Eric M. Furr, trans. *The Book of Tales by A.B.C.* (New York: Peter Lang, 1992), p. 277。《天学初函》以下简称"李辑"。

也在前述二书中又用证道故事演示了：

> 尝闻古有一位人君，欲知天主之说，问于贤臣，贤臣答曰："容臣退居一月寻思，乃敢以对。"至期而君问之，答曰："此理微妙，诚然难对，希乞再容一月何如？"如是者三月矣，并无以对。君怒曰："尔何戏我若此？"臣曰："何敢戏君？但此理精微，益思而理益深，亦犹仰观太阳，益观而眼益昏，是难以对也。"[18]

有趣的是，天主非人类所能理解的教义一旦变成我们认识祂的前提，凡人所称的"天主"之名就会自动转为修辞，因为天主既非我们"完全"可知的存在体，则任何关乎祂的圣号便都难以含盖其整体。非特如此，任何圣号还会自动隐喻化，转成瞎子摸象，仅可描述"天主"的一部分，从而使之逆向变成了"以部分代全体"的"代喻"（metonymy）这种修辞格。职是之故，"天主"一称即非"天主"本身的实然。"祂"也是修辞格，而且只能活在人类的修辞中。

文前指出，贺清泰把《创世纪》一分为二，分别冠以《化成之经》和《造成之经》之名，而前者中的"化成"一词典出《易经·恒卦》，我也说明过了，但贺氏的解释俗之又俗，还用圣奥斯定在《论天主教义》（*On Christian Doctrine*）中教人的解经要著诠释，以为经中任何超乎经验的叙说都是"比喻"，都在打"比方"（figure）。此

---

[18] 此处我引的是罗明坚《天主实录》中的版本，见《耶档馆》，1:13-14。利玛窦《天主实义》中的同一故事用字稍有不同，见李辑，1:394-395。此一证道故事的欧洲原型至少可见于三种中世纪的证道故事集之中，参见 Frederic C. Tubach, *Index Exemplorum: A Handbook of Medieval Religious Tales* (Helsinki: Suomalainen Tiedeakatemia, 1969), p. 227。

说并非毫无道理：思高本《圣经》经首"天主的神在水面上运行"（《思》，创 1:2）[19]，可以说明一二[20]。贺清泰认为此处的"神"或明清间通译的"圣神"，并非如实"在水面上运行"，因为在混沌间，圣神乃"处处都在，不能挪移"。经中此地之叙述，也因此而超出凡人的经验，不过是"一个比喻"（《古新》，1:6 注 4），绝非实写。

由是观之，"化成"一说似乎反将了《易经》一军，把传统解《易》所指的"教化完成"转成"化育完成"，而贺清泰另有新解，道："陡斯的圣神"为生出万物，故以"行"这个喻辞施"能"于水，使之"能生飞禽、鱼等类"。而这一切，贺氏又用一浅俗却易懂的比喻道：陡斯化生万物的情形，就好比"母鸡未覆抱之先，往来飞腾；一覆抱卵，〔乃〕用己〔身体的〕温暖，……使〔孵〕出小鸡"（《古新》，1:6 注 4）。《古新圣经》中此一"孵化"的创世观，大有可能出自叙利亚文的《圣经》译本，因为此一比喻也影响到了早期思高本《圣经》的译释。[21]"孵化"之见，另又见证了吉利斯皮（Charles Coulston Gillispie）称天主所创之世系一"有机的自然"（organic nature）的说法，而巧合的是，此说也吻合了圣托马斯（Thomas Aquinas, 1225-1274）在《神学大全》（*Summa Theologica*）里把经中稍后灵魂与人类的结合喻为"胚胎"（embryo）或"破壳的蛋"（fertilized egg）的讲法。这颗"蛋"，还有其演化（evolution），系从"生魂"、"觉魂"而层层晋至"灵魂"的化境，亦即有进程，是

[19] 下引思高本《圣经》，概据《千禧版圣经》（香港：思高圣经学会，2000）。经文章节随文夹注，但引此书释义处，夹注处处以《思》字标注之。

[20] 除了圣奥斯定上引《论天主教义》外，《古新圣经》用到的教中"圣贤"另见郑著，页97、107-108。

[21] 《梅瑟五书》，思高圣经原著译释版系列（香港：思高圣经学会，2009），页 21 注 2。

"化育"。[22] 在这类诠释中，《易经》里的"化成"和天主教传统创世观遂都结合为一。

耶稣会如此理解、使用"化成"一词，贺清泰并非第一人。早在 1605 年我们首见《宗徒信经》（*Symbolum Apostolorum*）译成之际，经中第一条便以"化成"形容天主创世的过程："我相信全能者天主罢德肋'化成'天地。"[23] 马若瑟和贺清泰都出身法国，在清代却先其来华五十年，前及《儒交信》中有马氏本人所著的书中书，称为《信经直解》，其中至少五度提到"化成"一词（《儒》，页 25-41）。由于上引《信经》未先说明三位一体的道理，《信经直解》第一条注解的重点，遂为圣父、圣子与圣神这全能、全知与全善三者之间的关联。马氏解明其之互为一体后，随即结论道："化成天地之大能"虽由三位共出，《圣经》却不能不归诸"第一位天主父者云尔"。[24] 马若瑟的说法，当然接近定义《圣经》的罗马教会，不过贺清泰所谓"陡斯的圣神"一词，早就明示两者乃一体，再加上"圣子"，三位一体出焉。就"陡斯的圣神"而言，不啻在说陡斯也是那"往来飞腾"的"母鸡"。如此解经纵非亵渎天主，也是"通俗"已极。

天主创世第三天，分开了"海洋"与"陆地"。贺清泰没在"海

---

[22] 有关"有机的自然"之说，见 Charles Coulston Gillispie, *Genesis and Geology* (Cambridge: Harvard University Press, 1969), p. 17；有关"破壳的蛋"之说，见 Richard Swinburne, *The Evolution of the Soul*, rev ed. (Oxford: Oxford University Press, 1997), pp.179-180n2。圣托马斯及 Gillispie 所引其见，俱载 St. Thomas Aquinas, *Summa Theologica*, trans. Fathers of the English Dominican Province, 5 vols (Notre Dame: Christian Classics, 1981), Pt. 1.Q 76 Art. 3。

[23] 〔明〕利玛窦等著：《圣经约录》，见《耶档馆》，1:96。

[24] 〔清〕无名氏（马若瑟）：《儒交信》，在郑安德编：《明末清初耶稣会思想文献汇编》，修订版（北京：北京大学宗教研究所，2003），页 227-228。贺清泰应该娴熟晚明已经译成的《信经》，马若瑟的小说似乎也读过。

洋"上多所著墨，然而中国是个陆权国家，"地"对他而言，是不能不解之者。他先叙述，继而若非效古来解经学家如费罗（Philo of Alexandria, *c.* 25 BCE-*c.* 50 CE）开创的解经问答体，就是师法利玛窦《乾坤体义》（*c.* 1595）里的"或问"与"余答之曰"而"自问白答"道[25]：

> 我们居住的地，不过是一个平常的大土球，天主以全能悬挂大空中。若问："地球多大？"答："人走九万里，算是走了一周围。"（《古新》，1:6 注 2）

早在贺清泰之前近两百年，利玛窦在《山海舆地全图》（1600）、《乾坤体义》与传为所撰的《理法器撮要》（1610？）中就提出地球圆周有九万里之说。[26] 此说一旦面世，中国人疑者有之，如王夫之（1619-1692）《思问录外篇》谓其仅"依一远镜之技，死算大地为九万里"[27]，然而信服者更多：早年有冯应京（1555-1606）在《月令广义》（1602）中呼应之，其后《崇祯历书》又赓续为之发扬。[28]

---

[25]　利玛窦：《乾坤体义》，见《景印文渊阁四库全书》子部天文算法类（台北：台湾商务印书馆，1983），787:761。本书以下简称《乾坤》，第一个数字为《景印文渊阁四库全书》的总册数，第二个为页码，以下行文或随文夹注。

[26]　利玛窦：《乾坤》，787:757；利玛窦（？）：《理法器撮要》，见朱维铮编：《利玛窦中文著译集》（上海：复旦大学出版社，1994），页 726。

[27]　〔清〕王夫之：《思问录外篇》，收入《思问录内外篇·黄书》，（台北：广文书局，1970），页 76。另见祝平一：《说地——中国人认识大地的故事》（台北：三民书局，2003），页 51-53。

[28]　〔明〕冯应京《月令广义》，见四库全书存目丛书编纂委员会编：《四库全书存目丛书》史部第 164 册（台南：庄严文化事业公司，1996），页 523；〔明〕罗雅谷（Giacomo Rho, 1593-1638）、龙华民（Nicholas Longobardi, 1559-1654）撰，高桥子春句读，涩川元孚校正：《活字崇祯历书历引》，2 卷（日本安政乙卯年〔1855〕春渡边靱藏板），1:3a。

时迄乾隆年间，即使不愿附和西学者也都不得不信了。以纪晓岚
（1724-1805）为例，他乃《四库全书》的总纂修官，对西学向取保守
讥刺的态度，然而他也不得不"如是我闻"，在《阅微草堂笔记》中
对地周指证历历，正是九万里之数，还道地球直径有"三万里"之
深，已近《乾坤体义》的"二万八千六百三十六里零三十六丈"之
数（《乾坤》，787:757）。[29] 贺清泰如此释经，一方面承袭了耶稣会向
来的天际格物之学，另方面恐怕也有所迫于当时清廷仅愿留下天文历
算人才，其余逐之可也——亦即政治大环境使然——为求身存而不
得不尔。[30] 当然，欧洲解经学早有就《创世纪》而"说地"与——尤
其是——"谈天"的传统，圣巴西流且诟之为"虚空的知识"（vain
sciences）[31]，说来竟有如阳玛诺（Manuel Dias, 1574-1659）译《天
问略》（1615）时所谓"天论之入门，天堂之引路"（李辑，5:2632），
可见其广传而深入的力量，我们也可视贺清泰为此一传统在乾嘉年间
最新的横向与纵向的移植。

《乾坤体义》另揭"地与海本是圆形而合为一球"之说（《乾
坤》，787:756），有识之士如方以智（1611-1671）——甚至是和纪
晓岚同为四库馆臣而开明几许的戴震（1724-1777）——也因此而力

---

[29] 〔清〕纪晓岚：《阅微草堂笔记》（台北：文化图书公司，1994），页 100。纪晓岚对西学
的偏见，见同书页 173 及 344。纪晓岚与西学关系，另请参见 David E. Pollard, *Real Life in China
at the Height of Empire Revealed by the Ghosts of Ji Xiaolan* (Hong Kong: The Chinese University of
Hong Kong Press, 325-334; 以及祝平一：《说地》，页 78-80。

[30] 〔清〕福庆：《颁定西洋人传教治罪专条并遭令不谙天文之西洋人归国上谕》，见《清代
外交史料（嘉庆朝）》（台北：成文出版社，1968），页 330-331。另参阅〔清〕王先谦编：《嘉庆
朝东华续录》，2 册（台北：文海出版社，2006），2:347。

[31] St. Basil the Great, "In the Beginning God made the Heaven and the Earth," in Jackson,
trans., *The Hexaemeron*, p.54.

主"地寰"[32]，如此则贺清泰时代约略，在《古新圣经》中怎能不如此释经？对识见不如方、戴的中国常人，要如此澄清脚下大地确属不易，因为贺清泰的说法实已逾越了传统所知的"天圆地方"之见，连宋应星（1587-*c.* 1666）等见多识广者也都疑窦频启。[33] "陆地"不仅是贺清泰所谓"一个平常的大土球"，而且"天主〔还〕以全能〔使之〕悬挂〔在〕大空中"（《古新》，1:6 注2）。易言之，从哥伦布（Christopher Columbus, 1450-1506）到麦哲伦（Fernando de Magallanes, 1480-1521）所证实的"地寰"，贺氏师法会中前辈，已用到《化成之经》开天辟地的解释去了。地球位处"太空"（outer space）之中，贺清泰几乎也以"大"与"太"那"一点之差"而以"大空"一词道及了，于今人所述相去并不远。

贺清泰之见，在所处18世纪的中国，除纪晓岚与戴震外，知者确有不少，因为前明早在徐光启奏请下修讫《崇祯历书》，而进入清代，汤若望（Johann Adam Schall von Bell, 1591-1666）又将《崇祯历书》翻新，刊行了《西洋新法历书》。贺清泰当然读过汤若望等人所修的《崇祯历书》或《西洋新法历书》，因为"人走九万里"，才能走完地球一圈的地球圆周观，正是《崇祯历书》广泛传播的地理新知，而且早就见诸上述利玛窦等耶稣会士的著作中。"地球"一词，贺清泰并非开创者，利玛窦的《乾坤体义》中已数度可见（如《乾坤》，787:758 及767），但用在《圣经》的解经上，《古新圣经》是头一遭。

---

[32] 〔明〕方以智：《通雅》卷十一，见《景印文渊阁四库全书》第857册（台北：台湾商务印书馆，1983），页278；〔清〕戴震：《屈原赋注初稿》，见戴震研究会、徽州师范专科学校古籍整理研究室、戴震纪念馆编纂：《戴震全集》，6册（北京：清华大学出版社，1991），2:917。

[33] 〔明〕宋应星：《谈天》，见所著：《宋应星见存著作五种》，4册（杭州：西泠印社出版社，2010），第4册，页1a-b。

尽管贺清泰以 18 世纪所知的天体大小及其与地球远近解经，我们切毋以为他所用者系属一般定义下的"科学"。陡斯在别光、暗、分水、陆之前的第二日，把"天"也分成了两部分：一是"大空"这个"天"，一是《诗经·桑柔》或思高本所称的"穹苍"（创 1:6-7）。[34] 贺清泰把后者译为"大铺布盖"，指的乃利玛窦《天主实义》所称的"苍苍有形之天"（李辑，1:417），而贺氏又道此乃中国人所称之"恒星天"。所谓"大铺布盖"，我想应变化自指"被褥"的北京俗语"铺盖"[35]，但"恒星天"出自中国之说，恐非确论，而是指罗明坚（《耶档馆》，1:26-29）和利玛窦介绍的九重天系统中位居宗动天（Primum Mobile）之下的各恒星所处之处。利氏最初的译词是"宿象天"（李辑，1:462）。但丁的《神曲》同持九重天之说，恒星天（the heaven of the fixed stars）便居第八重天，是圣母玛利亚升天后的驻跸之处。[36] "宗动天"首见于《天主实义》（同上页），出自托勒密（Claudius Ptolemy, c. 85-c. 165）天文系统，也是天主教传统信仰的最高天。但耶稣会对天体历来解释不一，若取阳玛诺《天问略》为例，则所持系十二重天之说，而宗动天在此就变成为位于"天堂"以下的第十一重天（李辑，5:2688）。话说回来，不管贺清泰所取是何天文系统，《化成之经》的"恒星天"应指中国传统所谓"穹苍"或"苍天"。经中谓其上有水（《古新》，1:3），而贺氏作注，不能一语带过，也不能像思高本和现代天文学妥协后，居然解之为"诗人"想象出来的"文

---

[34] 《诗经·桑柔》见〔清〕阮元刻：《十三经注疏》，2 册（北京：中华书局，1979），1:559。这首诗，也是马若瑟最喜爱者之一，《梦美土记》开头引的就是这首诗。

[35] 参见徐世荣编：《北京土语辞典》（北京：北京出版社，1990），页 314。

[36] 参见 Dante Alighieri, *The Divine Comedy: Paradiso*, translated with a commentary by Charles S. Singleton, 2 vols (Princeton: Princeton University Press, 1975), 2:373。

学"伟构[37]，系"宗教的重要文告"(《思》，页9注1)，如此而已。贺清泰说到了诸天，倒像忘了"比喻"的修辞解经术，遂视这片"大铺布盖"为实体，而且自以为系以自然科学解释之。他费辞细说"穹苍"之上何以有水，连这"大铺布盖的本质"也说"是水，或是气，或是水气二物凝结的"，继之再批评这水气"总不出死物之类，无灵无明"(《古新》，1:6注5)。

如此解经，《化成之经》或整部《古新圣经》中绝非首见：贺清泰在论天界众星和月球时，也用"无灵明"或"无知觉的死物"形容之。为对抗希腊、罗马异教，克莱孟早在2世纪便常如此解经，批评希腊人不敬天主，反倒崇拜起天主所创造的"太阳、月亮，以及一大群的星星"。[38] 贺清泰当然有其用意，心中所存乃《救出之经》的"十诫"中那不可崇拜偶像的第一诫(《古新》，1:266)。循此，他希望清代的中国人不要像犹太人曾"错认、恭敬天地等无灵的物"(《古新》，1:268注2)，要认清"穹苍"不过是"有形之天"，而众星和月球亦天主所造，不应"当神恭敬"，对之祭祷，反置那"正经造成的正主不恭敬"(《古新》，1:7注9)。贺氏言下仍有弦音，意在借"大铺布盖"与星月的本质而像马若瑟在《儒交信》中之所为，公然讥讽起儒家来，刺其古来"祭天"的大传统与夫民间祭祀星月的小传统(参见郑著，页

---

[37]　现代《圣经》的评论者普遍也把《创世纪》——甚至是《摩西五书》——视为"文学作品"，试图以文学文类定义之，见 John Barton and John Muddiman, eds., *The Oxford Bible Commentary: The Pentateuch* (Oxford: Oxford University Press, 2001), pp. 53-54。

[38]　George Arthur Buttrick, et al., *The Interpreter's Bible*, 12 vols (Nashville: Abingdon, 1952), 1:477-478.Also see Clement of Alexandria, "Exhortation to the Greeks," in Butterworth, trans., *Clement of Alexandria*, p. 142-143.

118-119)。[39] 至于"自然科学"方面，贺清泰承袭 4 世纪安提阿学派（School of Antioch）的解经学家提奥多雷（Theodoret of Cyrus, *c.* 393-*c.* 458)，所成的说法更妙：《化成之经》谓大铺布盖之上有水，原因是"陡斯以全能悬挂〔之〕于空中"，而"若无水，日头星星大热常晒，免不了他受伤"。因此，大铺布盖除本身是水气外，也需要另一层水以保护之（《古新》，1:6-7 注 6)。[40] 对我们今日所称的"大气层"，贺清泰的解释机杼自出，早已跳脱利玛窦以来自西徂东的天文学。

《古新圣经》中，贺清泰拟以科学解经的热情，在首日陡斯分别了明、暗，把"明光叫'白日'"时，越发不可收拾了。这"光明的体"当然是太阳，是"日头"，而这日头的"本质"，他也如今人所说是"个大火球"。继之数度又自问答道：

> 若问："日头多大？"答："从这一边到那一边画一道子，当中直直的过，这一道子的长，有一百一十九万三千七百七十里，把日头与我们住的地球比一比大小，日头大过地球一百四十万倍有余。"若问："日头离地多远？"答："从地到日头有三十四千七百六十一万六千八百里。"若问："日头走的快慢？""一秒之间，走二万三千里。"〔他〕悬挂在空中，天天走他一定的道，不能些微偏斜离开；他的火体常常存着，不能些微减少。

---

[39]　另见李奭学：《"耶稣不灭孔子，孔子倒成全于耶稣"——论马若瑟著〈儒交信〉》，即将发表于《道风》（2017 年 1 月）。

[40]　See Theodoret of Cyrus, *The Questions on the Octateuch*, vol 1, *On Genesis and Exodus*, Greek text revised by John F. Peteruccione, English translation by Robert C. Hill (Washington, D.C.: The Catholic University of America Press, 2007), pp. 16-17 and 28-29. *The Questions on the Octateuch* 以下简称 *QO*，引用页码随文夹注。

若无天主全能，有这样事么？（《古新》，1:7 注7）

利玛窦在《乾坤体义》中提过太阳直径、太阳大过地球的倍数，也算过地球到太阳的距离（《乾坤》，787:758-759 及 787-769），然其数目都和上引贺清泰所解不同，和《理法器撮要》所述亦异，郑海娟进一步指出连乾隆年间戴进贤（Ignace Kögler, 1680-1746）所编《历象考成后编》同样不一（郑著，页112）。个中原因，若非清人之"里"和明代有别，就是贺清泰所据系戴进贤所不知的欧洲天文学在贺氏来华前最新的发展，而后面这点可能性最大。以"里"为长度单位，当然是中国古制。其短长历代不同：清代一里，至少有今天公制五百公尺。若以此一数目估算，太阳的直径与地球距日的公里数，贺清泰当时的理解确属走样，因为今日天文学家的说法约略为 1,392,000 公里与 147,098,074 公里（以近日点计）。但如今认为太阳大地球约一百三十万倍，贺清泰在《古新圣经》中的算法则称尚不离谱。德国天文学界在 1838 年开始使用"光年"（light-year）一词，贺清泰早生，当然不知，不会使用。在中国，地球与太阳的距离等数目，他若拟加以介绍，得以华夏古制为之才成。

时迄 18 世纪，欧人早因哥白尼（Nicolas Copernicus, 1473-1543）与伽利略（Galileo Galilei, 1564-1642）的理论而有"太阳中心说"，汤若望等人在清代新编的《西洋新法历书》中业已提及"歌白尼"之名，且谓"后人多祖述"其人。[41] 然而贺清泰显然左违之：他非但不

---

[41] 〔徐光启等辑，汤若望重修，〕故宫博物院编：《西洋新法历书》，5册（海口：海南出版社，2000），1:259。

以太阳为"恒星"，抑且谓这日头"一秒之间，走二万三千里"，而且是"天天走"，有固定的轨道。易言之，时迄乾嘉之际，贺清泰仍视太阳为"行星"。更有趣的是，在他的解经学里，地球反居"恒星"之位，各重天体都得绕之运行。贺清泰所持自然是《乾坤体义》音译为"多罗谋"（《乾坤》，787:768）的托勒密或《崇祯历书》变化自第谷（Tycho Brahe, 1546-1601）而仍以"地球中心说"为主的宇宙观。[42] 这一点，《创世纪》虽未明言，欧洲多数的解经学家却因陡斯创世的重点最后落在地球，故而以为经中业加暗示了。[43] 明季以来在华耶稣会士的著作中，这一点强调有加，艾儒略的《职方外纪》开书所述即属之："天地一大圈也，地〔球〕则圈中一点，定居中心，永不移动。……"（李辑，3:1311）。基督新教在贺清泰生前即已崛起，此时他们多数教派早已放弃"地球中心说"，接受哥白尼倡导的"太阳中心论"，和天主教大异。[44] 方家尝谓明代耶稣会虽带来欧洲天文学，惜乎所说却仍停留在欧洲上古与中世纪。[45] 方家没料到二百年后，贺清泰又在乾嘉之际糅合欧洲新见，得出其时也难逃梵蒂冈坚持的"地球中心说"等前述"虚空的科学"。

《化成之经》的注解论月球，贺清泰再度沿袭此一"虚空的科

---

[42] 参见江晓原、钮卫星：《天文西学东渐集》（上海：世纪出版集团、上海书店出版社，2001），页 269-344。

[43] Cf. Buttrick, et al., *The Interpreter's Bible*, 1:473-494. Also see Kenneth J. Howell, *God's Two Books: Copernican Cosmology and Biblical Interpretation in Early Modern Science* (Notre Dame: University of Notre Dame Press, 2002), pp. 4-5.

[44] E.g., Howell, *God's Two Books: Copernican Cosmology and Biblical Interpretation in Early Modern Science*, pp. 59-67.

[45] Benjamin A. Elman, *On Their Own Terms: Science in China, 1550-1900* (Cambridge: Harvard University Press, 2005), p. 91.

学"，说法和说日论地差不多。他为清人解释道：月球离地球近，故而望之大过太阳，光亮亦借之而得。这个论调，倒像两百年前的利玛窦为中国人论日食与月食（《乾坤》，787:773-776）。[46] 连月球直径及其与地球的距离，贺清泰解经之际也谈及了。至于天上众星的大小，离地球的远近，他在没有光年或太空船可资比喻的情况下，依然用老鹰一天飞一千里而谓其路程少说要二十六万年左右（《古新》，1:7注9）。不过凡此天文数据，依然和《乾坤体义》所述不同：时代是进步了。话说回来，贺清泰何以费辞又大解了如此之多的天文学？我想他和利玛窦写《乾坤体义》或中译《几何原本》无殊，目的都在借天文学的"理性"，明示陡斯的"大能"。如此解经慨念，大致仍为欧洲中世纪的实践，志在表明即使是《圣经》，也是在建立在理性的基础之上。以故凡人不可学那泛神论者，"错认天或日头，或月亮，或星星"，敬之若神明。贺清泰解经之际，总不忘像写《圣若撒法始末》（*Barlaam and Ioasaph*）的圣约翰达玛瑟（St. John Damascene, 676-754）[47]，一找到机会就贬损异教或中国宗教上的固有。比起《乾坤体义》来，他步亦步，趋愈趋，因为利玛窦也会借机嘲笑佛教的地理观，甚至是佛所传的 地、水、火、风等四大，四大部洲与须弥山等舆地之说（《乾坤》，787:763-764 及 757）。

　　陡斯在第六日造人，思高本《圣经》的译法如次："天主说：'让

---

[46] 利玛窦从西方天文学的角度解释日食月食，从者甚多，同时代的王肯堂就是最好的例子。他了解利氏所论后的评语是"言其所以，则不可易也"，见所著《郁冈斋笔麈》，在四库全书存目丛书编纂委员会编：《四库全书存目丛书》子部杂家类 107 册（台南：庄严文化公司，1995），页 680；另见同书页 681-682。

[47] See St. John Damascene, *Barlaam and Ioasaph* (Cambridge: Harvard University Press, 1983), xxvii. 240-241 and 245-251.

我们照我们的肖像，按我们的模样造人。'"（创 1:26）希伯来原用复
数形的"第一人称"，气势宏伟，不过在此之后的"肖像"，提奥多
雷用希腊文解释道：希伯来原文用的是单数形的"εἰκόνα"（*QO*, p.
46），其中奥妙，稍后再详。天主如此神圣的宣言过后，祂实际造人
的动作，却是从地上抓起一把贺清泰译为"湿泥"（*limo*; Gen 2:7）的
土，捏之为人。最重要的是人得有"灵魂"，而这也是亚历山大学派
（Alexandrian School）传统上对上述"肖像"的解释（*QO*, p. 49n2）。
所以天主再往这泥捏而成的人的脸上一吹，而他遂能行动，会依"灵
性"而"生活"（《古新》，1:9; 另见 *QO*, pp. 54-55）。贺清泰所言，乃
在预告《新经》中《圣若望圣经》里耶稣如次的话："赏生命的是天
主的神，肉并无益。"（《古新》，8:2925）所谓"神"，贺氏师从金尼
阁《况义》以来以"神"说"灵魂"的传统[48]，代耶稣解为"灵魂的
三司"（《古新》，8:2928），亦即"记含"、"明悟"与"爱欲"。不过，
对造人的解释，贺清泰说他引的乃"圣贤"的话，而这"圣贤"在耶
稣之外，则应包括犹太学者费罗、提奥多雷及圣伯尔纳（Bernard of
Clairvaux,1090 -1153）等"往昔"《旧约》的解经权威在内。[49]因"灵
魂"故而如此释人，贺清泰似有抬捧之意，实则却由开天辟地等"无
中生有"的行为在"贬低"那泥捏而成的人。《化成之经》道：

---

　　[48]〔明〕金尼阁译：《况义》第三则，见李奭学、林熙强编：《晚明天主教翻译文学笺注》，
4 册（台北：文哲所,2014），1:188-189 注 72 有"永守尔神"一句，而"神"者，"灵魂"（*anima*）
也。至于"记含"、"明悟"与"爱欲"这"灵魂的三司"，首见于利玛窦《天主实义》，见李辑，
1:574。

　　[49] 有关费罗，见 Philo, *Supplement 1: Questions and Answers on Genesis*, trans. Ralph Marcus
(Cambridge: Harvard University Press, 1993), pp. 3-4。

主陡斯若要从无化成原人的肉身，有何难处？但要用湿泥〔化〕成了他，有一甚么缘故？大概陡斯的意思，是要亚当的后代追究头一个祖宗的肉身是湿泥作的，〔如此，人〕还敢骄傲么？这样卑贱的肉〔身〕，还敢过于爱惜，顺从私欲么？(《古新》，页 11 注 4)

上引文的重点，自是陡斯用最卑微的材料造人，似乎早已可见人会背恩违命，"自寻死路"，重回土堆。陡斯大能；祂赐人灵魂，再简单不过，朝他吹一口气便是。此一动作比用"而"陡斯"说"(*dixitque*; Gen 1:3) 来开天辟地费事，但贺清泰不作如是观，反因"天主无形"这个"超越性的抽象观念"(transcendental abstraction)而评论道[50]：

说的"吹"，不是如我们〔人类〕口里出入的那气。《圣经》的意思，用这句话为发显天主的全能。天主造人灵魂这样奇妙神体，不费事，就如我们人口里出气那样容易。(《古新》，1:11–12 注 5)

换句话说，陡斯赋人以灵魂的"动作"，是个圣奥斯定所称的"比喻"。天主既然无形，就不会令人察觉其动作如"人"(cf. *QO*, pp. 60-61)。《古新圣经》译到陡斯每如人动作，贺清泰泰半便会因此而解为"比喻"，强调是写经人从自身设想的"比喻"。他的论调，已无异于柏拉图 (Plato, 427-347 BCE) 诟责的荷马史诗中的"人神同形

---

[50] 有关"超越性的抽象观念"的论述，参见 Anthony E. Mansueto, Jr., *Knowing God: Restoring Reason in an Age of Doubt* (Burlington: Ashgate, 2002), pp. 135-178。Mansueto, Jr. 认为"超越性的抽象观念"即圣托马斯所称的"分立体"(*separatio*)，见同书，页 135。

论"（anthropomorphism），而现代学者中确也不乏如此评论雅威者。[51]
天主如可动作如"人"，意味着祂具备人形，而此乃有违古来解经家之
见。《古新圣经》论列陡斯的"人气"，贺清泰都得从修辞的角度说明之。

贺清泰中译所本是武加大本《圣经》，他又执意用北京俗语译经，
所以从思高本《圣经》看，《古新圣经》的译文时而就显杂沓。《化成
之经》细说造人之前，陡斯先道"我们生人，像似我们"，其后又补
了句"本来人有陡斯的像"（《古新》，1:4）。前一句里动词的"像似"，
武加大本是"无形"，而名词的"像"，则为"imaginem"。至于第一
句里的"我们"，拉丁文为"nostram"（Gen 2:26）。[52]《化成之经》
译到这里，出场的角色唯有希伯来文的"陡斯及其圣神"（Elohim），
是以贺清泰的首要之务是解释谁是经中所谓的"我们"。他在"圣父"
与"圣神"之外，又加上了"圣子"这个位格："人"的化成，乃天
主圣三"会商"后通力合作的结果。贺清泰的解释照旧有本，遵循
的是古教父以来"威严复数"（*pluralis majestaticus*）或"议决复数"
（*pluralis exhortationis*）的说法，亦即圣三的三个位格都介入其中
了。[53]然而"陡斯的圣体是纯神之体"，而且不生不灭，"永远常在"，
而人却"有边界，有限量"，哪里"能毂比〔得上那〕无边无限的天
主"？于是动词或名词的"像"，——就我的理解言之——在上引的
经文里就变成了一大悬案。

---

[51] Plato, *Republic*, 377a-383b; also see Harold Bloom, "Introduction" to Bloom and David Rosenberg, *The Book of J* (New York: Grove Weidenfeld, 1990), p. 10; also see Harold Bloom, *Jesus and Yahweh: The Names Divine* (New York: Riverhead Books, 2005), 138-230.

[52] 这里我用的是 The Holy Bible, Douay-Rheims Version, or Biblia Sacra, Juxta Vulgatam Clementinam (London: Baronius Press, 2008)。

[53] Paul Jouon, *Grammaire de l'hébreu biblique* (Rome: Institut Biblique Pontifical, 1923), 114e.

拉丁文的"imaginem"如同其英文对应字"image"，指的是尤为内外之"像"，而"similitudinem"更是贺清泰在注解中所用的"像似"之意（《古新》，1:8 注 10）。是以无论如何，人在有限中似乎仍可攀上陡斯的高度。尽管如此，这里仍有悖论：如此解经，乃天主教神学所不允！以故像历来的《圣经》解经学者一样，贺清泰此刻非得为中国人厘清其中矛盾不可。他的论述是典型的对位法，拿陡斯的一性三位比附人的"灵魂"一性及包含其中的"明悟"、"记含"、"爱欲"这三司。此所谓"像"或"像似"也。为了说明这一点，贺清泰再度援引柏拉图式的比喻："'人像似天主'，这'像似的'，就如影子像似本物"（《古新》，1:8 注 10）[54]，而——由是再看——上述的名词与动词便绝难表示陡斯和人乃处在对称的天秤的两端："陡斯无始无终，是自然而然有的……；人的灵魂虽说无终，到底有始"（同上注）。因此"灵魂"虽如思高本之所述而"像似"天主（《思》，页 11 注 1），两者间却仍乏"等同"的内涵。

话说回来，人类毕竟因"灵魂"而肖似天主，而"灵魂"且属从天主而来的先天秉赋（endowment），乃人有别于万物之处。从利玛窦《天主实义》以降的耶稣会著译，包括毕方济（Francesco Sambiasi, 1582-1649）译《灵言蠡杓》（李辑，2:1127-1268）、艾儒略（Giulio Aleni, 1582-1649）的《性学粗述》（《耶档馆》，6:45-378）、龙华民（Nicholas Longobardi, 1559-1654）的《灵魂道体说》（《法国图》，2:345-368）与赖蒙笃（Raimundo del Valle, 1613–1683）的《形

---

[54] Cf. Plato, *Republic*, 596a-603a or Edith Hamilton and Huntington Cairns, eds., *Plato: The Collected Dialogues* (Princeton: Princeton University Press, 1989), pp. 820-828.

神实义》(《法国图》，3:1-400) 等著译，故而常见强调"灵魂"的论
述或其本身根本就是探讨"灵魂"的专著，原因在此。这种现象，论
其本源，可想系圣托马斯集其大成而耶稣会也拳拳服膺的士林神学
(*Summa Theologica*, Pt. 1, Q. 79 Art. 1-Art. 13)。

　　贺清泰论证灵魂的赏赐之余，回想到合力造人的圣三中的圣子，
不禁在《化成之经》首篇的注解中又发了一段议论，道是陡斯的圣父
来日"要打发圣子降世，为救赎普天下万民的罪过，预鉴他圣子"，
而那时圣子要取"人的形像"现身，"故造头一个人亚当的时候，就
照天主耶稣的形像造化，故此人的肉身像似天主耶稣"(《古新》，1:8
注 10)。这段议论所指涉者"逆时而行"，稍显矛盾，不过不难理解，
因为贺清泰要论述的是人的形象乃从后世肉身的圣子而来，此所以
他说"预鉴"，而所谓"亚当为第二基督"之论，也是此意。曾为罗
马教会打为异端的聂斯托留 (Nestorius, *c.* 386-450) 提出来的"第
二亚当"之说亦然。[55] 亚当的化成，贺清泰像希腊人解释"诗人"
(ποιητής) 一样，把陡斯比为天界的制造者，俗世造成之物则称之
为"影"，虽然两者造物的方法差异颇大。陡斯"从无化成天地"，不
必细思材料，也不必心有蓝图，"顷刻"间便可成就 (《古新》，页
11 注 1)，绝非俗世的工匠能比。谈到"工匠"的误比，贺清泰跫回
罗明坚、艾儒略与汤若望等耶稣会前辈之见，见解尤近时人冯秉正
(Joseph de Mailla, 1669-1748)《盛世刍尧》(1733) 中所谓天主"只用

---

　　[55] 见思高本《圣经》，页 11 注 1。另参较 Nestorius, "First Sermon against the *Theotokos*," and
his "Second Letter to Cyril," in Richard A. Norris, Jr., ed., *The Christological Controversy* (Philadelphia:
Fortress Press, 1980), p. 127 and 143。

一命,〔凡物〕顷刻齐全"的说法。[56]

"亚当为第二基督"之论一出,贺清泰反而有如倒打了自己一耙,推翻了前此所谓人出乎"湿泥"而"身贱"的解经预设。当然,贺清泰说人依耶稣的形象造出,并非无的放矢。我曾指出他有所本,本自《罗马人书》第五章第十四节(见本书页 215 注 78),而我们若用贺清泰在《新经》里的中译说,就是"亚当本来的预像"(《古新》,9:3088)是那即将"要来的即耶稣"(《古新》,9:3089 注 7)。保禄这里所称的"预像",武加大本译作"forma futuri",意为"未来的形像"。傅莱(Northrop Fry)指出,"forma"在《新约》希腊文中是"typos"(τψποζ),而"typos"在 1611 年的钦定本《圣经》(King James Bible)中,又译为"figure",因使武加大本的"forma"深富修辞学与文学批评上的味道。[57]《创世纪》第一章中,圣子隐含在天主造人时所称的"我们"之中,因为"三位一体"里有包含圣子在内的"三个位格"。至于"亚当"之名,思高本到了第三章才出现。此时《创世纪》复述造人的情景,用《化成之经》第二篇的译文说,也就是"陡斯用湿泥造人,望他脸上一吹,赋给他灵魂",而"人就有生活,也是灵性的"(《古新》,2:9)。人为万物之灵,此之谓也欤!

亚当——包括随后取其肋骨造成的厄娃——当然是人类的"原祖父、原祖母"(《古新》,1:8 注 13),罗明坚与利玛窦以来,耶稣会

[56] 〔清〕冯秉正:《盛世刍荛》,见吴相湘编:《天主教东传文献续编》,3 册(台北:台湾学生书局,1966),3:1461。

[57] Northrop Fry, *The Great Code: The Bible and Literature* (London: Ark Paperbacks, 1983), p. 79. 此书页 78-138 对"预表论"有非常精辟的讨论。

论者已夥。[58] 但亚当与厄娃因前述"灵性"自由，可行善，也会因恶而堕落，所以"圣子"来日为赎世人之罪，才会显现原先赋予亚当的"形像"，化成肉身，降世而来。我也曾指出，在中国，首先用"预像"一词连接《创世纪》和《福音书》中来日的耶稣者，《化成之经》首篇的注解乃首例（参见本书页 215 及 272）。《古新圣经》此后，不论经文或注解中，都常用此一名词描述耶稣"圣子"的身分，在某个意义上终于形成今日中文《圣经》解经学上讲的"预像论"（typology），为新旧两《约》架起一道可以互通彼此的桥梁。就《圣经》本身而论，耶稣是史上用"预像论"解经的第一人，也是一大高手，而翻译武加大本的圣热落尼莫（St. Hieronymus, c. 347-420）像费罗一样，对类似的寓言解经法（allegorical interpretation）兴趣亦颇大。[59] 以"预像论"解经的所谓"经"，我指的为《旧约》;《福音书》中，耶稣经常缘此解释，进而"收编"这本《希伯来圣经》。[60] 在中国，贺清泰应该是第一位为"预像论"下定义的解经人，所以他在第一篇的注文中道："《经》的规矩，后有的事，往往预先略提一提。"（《古新》, 1:8 注 12）所谓"预先"，当然指《古经》中的行为或现象。

　　《圣经》中，厄娃的化成是人类救赎史上的大事之一，贺清泰借明、暗两点解释何以重要。首先，厄娃像亚当一样，一现身就是壮年。陡斯立两人为夫妻，旋即赋予生育的能力，可以传宗接代。有趣的是，贺清泰此时也像一般解经学者如爱任纽（Irenaeus of Lyon, 2

---

[58]　例如罗明坚:《天主实录》，见《耶档馆》, 1:30 及 35。罗明坚称亚当或亚当与厄娃共为"普世之祖"。

[59]　Alan J. Hauser and Duane F. Watson, eds., *A History of Biblical Interpretation*, vol 1 (Grand Rapids: William B. Eerdmans, 2003), pp. 364-365.

[60]　"Typology"一词，另可译为"预表论"。

century) 一样，注意到亚当和厄娃造成之后，陡斯反和化成万物后有所不同。祂既没道声"好"，也没赞美之。[61]"为甚么造人之后不说好，不赞美呢？"贺清泰依旧自问自答道：万物无灵明，唯人不同，是以亚当和厄娃可因之行善或作恶（《古新》，1:8-9 注 13-14）。借个士林神学的说法，这里所谈不啻说"自由意志"（*liberum arbitrium*）乃天主赐予人类的"天生的习性"（natural habit）或"理性的行为"（act of reason）。[62]陡斯为了表明这一点，特地在伊甸之东又造了一座"乐园"，作为测试的场合。亚当和厄娃并非全善，不过——贺清泰道——陡斯还是让他们居此地堂之中，而且许之自由自在生活，既可以"明悟"修身，又可以"记含"总管园内一切的动植物，当然包括本为天主方有的"命名"的大能——此本雅明（Walter Benjamin,1892-1940）认为正是人有所别于万物的异秉。[63]紧接着命名的能力，贺清泰谓之仍有灵异，盖天主允许亚当、厄娃随时可在睡梦中由地堂往升天堂（《古新》，1:12 注 7）。他们的生活乍看惬意，贺清泰却在"自由意志"的概念下，取之而解释为"堕落"（the Fall）之所由。

他极力强调人有缺陷，乐极每有生悲的危机潜藏，所译"知善恶树"——后来早期的思高本《圣经》也是如此译[64]——正是人性上升或堕落的考验。我们所知的"蛇"，《化成之经》以中国北方土语译之为

[61]　Irenaeus of Lyon, "Against Heresies," in J. Patout Burns, ed., *Theological Anthropology* (Philadelphia: Fortress Press, 1981), p. 23.

[62]　Cf. Augustine, "On the Grace of Christ," in Burns, ed., *Theological Anthropology*, pp. 102-108; St. Thomas, *Summa Theologica*, Pt. 1 Q.83 Art. 2; Cf. Swinburne, *The Evolution of the Soul*, pp. 231-261.

[63]　Walter Benjamin, "On Language as Such and on the Language of Man," in Marcus Bullock and Michael W. Jennings, eds., *Walter Benjamin: Selected Writings*, vol 1, (Cambridge: The Belknap Press of Harvard University Press, 1997), pp. 68-71.

[64]　《梅瑟五书·创世纪》，页 25。

"跎虫"，经中第三篇会提到（《古新》，1:14-15）。"蛇"鼓动厄娃吃那知善恶树之果后，亚当随之，而贺清泰为说明"堕落"，第二篇的注解中遂预先强调，二度说明"人的肉身因为从掺合之物"造成，而且"这多物常常相斗侵克，不能不坏"（《古新》，页12注8），故而会死，当然也会先死而堕落。陡斯安排了一棵"命果树"，食其果实可以延年益寿。经中所示却是此树非但没有为人造福，反而先"知善恶树"而令其果实变成"恶果"，是用"生"在烘托"知善恶树"来日会带来的"死"。

《古新圣经》中，贺清泰就此作注，依然自问自答。他表过人身绝非不朽后，遂如上述而经解如下：

> 再问："这树为什么叫知善恶树？"答："陡斯要试探亚当听命不听命，又要知道听命是什么样善功，违命是甚么罪恶，特意用了这树，故此取名他'知善恶树'。"（《古新》，页12-13注9）

思高本《梅瑟五书》（*The Pentateuch*）的原注中，把知善恶树并那命果树视为"象征"[65]，贺清泰却认为是实写。陡斯当然禁止亚当吃那知善恶树之果，但也知道人会背命，上引注解当在预告第三篇中蛇诱惑厄娃成功，而亚当也因个人的自由意志而同尝禁果。方天主之命的后果，不仅会惹得死亡上身，也会祸延后代，使之同样难以幸免于死，"在世上遭各样的灾难"（《古新》，1:13注13）。人类始祖行使意志的后果及尤为陡斯的禁令，就此形成。从文本纂集的角度看，陡斯禁吃知善恶树之果的命令，看来已在预告和《化成之经》同属《梅瑟五书》的《救出之经》等经卷中"十诫"（Decalogue）的形成。

---

[65] 《梅瑟五书·创世纪》，页25注5。

"十诚"虽然迟至公元前 6 世纪左右才集成[66]，今日天主教《圣经》中的次序也是奥斯定等人解经的成果，条条却多属天主的禁令（如出 20:17），而《化成之经》第二篇之后，陡斯和人类的对话，从此便经常以禁令或诫律的形式出现，良有以也。[67]

这篇芜文仅论《化成之经》前两篇贺清泰的注解，但《古新圣经》通书贺氏如何解经，我们仍可因之而窥斑见豹。曲终奏雅，我们仍得了解一点，厄娃和亚当的关系，当系十诚第六诫"勿行邪淫"的"出典"（《古新》，1:266）。陡斯之所以不取亚当头脚上的骨及肉化成厄娃，贺清泰在《化成之经》的注解中也引"圣贤"的"辩论"道：天主目的在教妻子懂得丈夫为一家之"长"的道理，而丈夫也应了解妻子并非其"奴婢"的父权中心论（《古新》，1:2 注 15）。《化成之经》的解说当为其后思高本《圣经》所取（《思》，页 11 注 1），也近似今人的两性平权观，着墨的乃夫妻各有本分的道理，天主教中人如英国伊丽莎白时代的提尔内（Edmund Tilney, 1536-1610），每在其名作《友谊之花》（*The Flower of Friendship*, 1568）中推论之。[68] 尽管如此，贺清泰更大的兴趣，我以为是借自提奥多雷的"夫妻一体"（*QO*, p. 68-69），相亲相爱，"到死不能分离"的观念（《古新》，1:2 注 15）。贺氏此见和陡斯以绝对的父权主义者的面貌在《希伯来圣经》中现身大异其趣[69]，而清代的中国人也未必接受得了。话说回来，贺氏之见

---

[66] Michael Coogan, *The Ten Commandments: A Short History of an Ancient Text* (New Haven: Yale University Press, 2014), pp. 35-35.

[67] 参见〔明〕罗明坚：《天主实录》，载《耶档馆》，1:75。

[68] Edmund Tilney, *The Flower of Friendship*, ed. Valerie Wayne (Ithaca: Cornell University Press, 1992), p. 108.

[69] Frye, *The Great Code: The Bible and Literature*, p. 107.

却隐含从明代开始，耶稣会士在华即不断强调的一夫一妻制。[70] 亚当厄娃即将孕育的犹太后人中，一夫一妻并非历史的必然，贺清泰深知这一点，何况其后《众王经》中他也会译到撒落孟（Solomon）或达味（David）等王者之家的故史，深知犹太王室和中国帝王一样，"后宫佳丽三千人"乃寻常事耳（参见《古新》，3:1022ff.）。这一夫一妻的律法，看来不像耶稣会自创，而是解经的成果，其理至明，连马若瑟的《儒交信》也用说部将之叙事化，而且大大讽刺了一番（《儒》，页 126）。

《儒交信》指出《圣经》的经义乃教会所"定"，文前已及。一部《古新圣经》近一百五十万言，其中大半为贺清泰的注解，而贺清泰多从教中"圣贤"的的"辩论"撰注，文前亦及。不过如此所"定"之注，绝大多数仍不出教会的诠释，可想其然。尽管如此，时代、地域与文化毕竟仍为影响诠释的重要因素，贺清泰的解经故而也有为中国说西学的企图。所谓"西学"，当不止其时意涵近似的"天学"，古来的神学或中国三教未曾限定的人性与伦理之学也包括在内，更有开天辟地所涉的天文与地理等"科学"新知。凡此"新知"，在 18 世纪的欧洲或已式微，某些重点贺清泰甚至退回欧洲中世纪去，但是一部《圣经》可以包罗如此之广，广到我仅提要勾玄，略述《创世纪》前半部《化成之经》的前二"篇"，便可"谈天说地论神人"，可见贺清泰的解经学绝非泛泛之论，而这点中国古来经籍恐怕罕见。设使《古新圣经》在乾嘉当时即已刊刻，中国人面对贺清泰或译或撰的注解，读来必然也别有感受，相信绝不类阅读《楚辞》或《山海经》注。

---

[70] 参见庞迪我：《七克·婚娶正议》，见李辑，2:1042-1052。

西秦饮渭水，东洛荐河图

——我所知道的"龙"字欧译始末

    中文"龙"字应该如何英译，是沿袭旧例译为"dragon"，抑或可另作他说？这个问题易问难答，学术与政治两界都曾为之困扰不已 [1]，

---

[1]　公元 2006 年，北京有关方面为免两年后奥林匹克运动会期间外人误解，曾责成上海某大学研究龙字英译的方式。消息公布以后，网络上沸沸扬扬，各种建议纷至沓来，莫衷一是。北京最后放弃以龙为国家图腾或吉祥物的传统做法，改以"祥云献瑞"入替。上述参见《中国拟换图腾，不当龙的传人》，载《中国时报》，A13 版（2006 年 12 月 5 日）；另参见《北京奥运》（网址：http://multitude.marlito.com/archiver/?tid-116.html，检索日期：2009 年 3 月 2 日）。北京当时的顾虑，不是无端为之，而是有其历史背景。下文探讨龙和 dragon 互译成风的过程，而如此译法在东、西方习以为常之后，至少到了 19 世纪，政治上的恶果就出现了，而且变成西方主体和中国他者的对照性寓言，还曾在鸦片战争前后，令下文谈到的圣乔治屠龙这个西方宗教与文学母题，化为英国报刊上两国关系的卡通化模拟：圣乔治乃英国的护国圣徒，1860 年 12 月 22 日，英国《笨拙》或《潘趣》杂志（*Punch*）刊出的一幅漫画里，即以他代表大英帝国，再令 dragon 或所谓"龙"代表大清或中国这个古老的"邪恶帝国"。圣乔治屠龙此一宗教常谭经此传释，在漫画中遂转寓英国对中国只能以屠杀待之之意，而且讯息显然。从另一角度看，此一"圣乔治屠龙"的文化套式，根本就是翻译讹误造成的政治恶果，也是文化翻译上的当头棒喝。此外，圣乔治屠龙在天主教史与西方文学史上都神圣无比，而上述模拟在史上首先开例，在其前后的鸦片战争或清末民初各场中西战争竟然也就跟着合理化了，甚至通变得有如天主教史上的十字军东征一般神圣。《潘趣》此一文化翻译的例子所隐含的强烈的东方主义（Orientalism），论之最有见地者乃 Zhijian Tao, *Drawing the Dragon: Western European Reinvention of China* (Bern: Peter Lang, 2009), pp. 184-186。

几年来也常在我脑海里打转，还曾鼓励学生以此为题撰写学位论文[2]。坦白说，问题的答案我迄今仍无，但其中的译事纠葛并非始自今日，我则略知一二。道光五年（1825），美国商人韩特（William C. Hunter, 1812-1891）履华，一住四十载，归后著有《旧中国杂记》（*Bits of Old China*）一书，龙就是他议论的对象之一。韩特道：中国龙有五爪者乃祥瑞之兆，系皇室的象征，纵为高官也不得擅用；即使不得已而为之，也只能易以四爪者。中国人向来又有"真命天子"之说：从刘邦以来，这个概念每和龙结为一体，因此种下"居龙脉者理天下"这个迄今犹存的民俗观念，每令凡夫以生子肖龙为尚。[3]蒙古人入主中原，皇室和龙的文化媾合益深，遂将黄袍龙饰分为五爪与四爪两种，君臣使用之别森严。此一情形，明代稍见废弛，但纵为明人，也不曾因松动而使龙饰流于滥用——虽则入清后刘廷玑（fl. 1677-1715）改称四爪为蟒，五爪为龙，而且认为时人已无复曩昔分饰之严。[4]韩特在华既久，细比详对下当然也知道中国龙乃神兽灵类，系祥瑞之兆，和西方龙或 dragon 的外观内涵大相径庭，也大异其趣，不可混为一谈，何况后者还是罪恶的化身，又是基督教认定的魔鬼，怎能鱼目混珠？

韩特所处的 19 世纪，龙和 dragon 的互换早成翻译常态，复因

---

[2] 参见林虹秀：《龙之英译初探》，天主教辅仁大学翻译研究所硕士论文（2007 年 7 月）。

[3] 刘邦母"刘媪尝息大泽之陂，梦与神遇。是时雷电晦冥"，刘父"往视，则见纹龙于其上。已有身，遂产高祖"。见司马迁：《史记》（北京：中华书局，1969），卷 8《高祖本纪第八》，页 341。另请参较刘志雄、杨静荣：《龙与中国文化》（北京：人民出版社，1992），页 273-280。

[4] 参见〔明〕沈德符：《万历野获编》（北京：中华书局，1997），页 20-21；〔清〕刘廷玑：《在园杂志》（北京：中华书局，2005），页 15-16。另请参较刘志雄、杨静荣：《龙与中国文化》，页 280-286。

清室在同治年间开始以龙纹为国旗，而令西方知者大增，所以问题的问者益夥。然而远在韩特之前，相关问题反有不少入华西人一问再问。且举明季耶稣会士为例一谈。1583 年，利玛窦（Matteo Ricci, 1552-1610）及罗明坚（Michele Ruggieri, 1543-1607）进入中国，他们为传教故而不能不接触中国文化。龙的意象庞然，利、罗及往后的耶稣会士当然得加正视，要如何欧译就曾困扰过他们。虽然在基督教的《新约》中，英文所谓 dragon 早已可见，但此一动物是否就是中国人所称之龙，明室易鼎前夕，艾儒略（Giulio Aleni, 1582-1649）疑窦已启。思宗崇祯年间，艾氏入闽敷教，崇祯十一年（1638）七月五日，有中国信徒以"雨由龙致"的传说就教于他，而艾氏信口反问的却是龙的真实性："中邦之龙可得而见乎？抑徒出之载籍传闻也？"这位名唤李九标（字其香，殁于 1647 年左右）的信徒答得老实，内容不言可喻："载而传者多，若目则未之见也。"[5]

"载而传者多"一句几乎不用多论，盖中国坟典确实不乏龙的记载，不但《易》、《诗》与《书》中常见，而且，从远古龟甲亦可窥得踪迹。[6] 不过，龙和麒麟一样，都是传说或根本就是神话动物，李九标或在他之前的中国古人哪曾见过？龙那似蟒而又复杂过之的形体，十之八九乃先民想象形成，再于有唐一代，经佛教增丽，从而在

---

[5]　见〔明〕李九标记：《口铎日抄》，载钟鸣旦（Nicolas Standaert）、杜鼎克（Adrian Dudink）编：《耶稣会罗马档案馆明清天主教文献》，12 册（台北：台北利氏学社，2002），7:551-552。本注注尾冒号前之数字指册数，其后者指页码。下引套书之注法，同。钟氏等编以下简称《耶档馆》。

[6]　龙从甲骨文以迄近代各种文字或图貌演化，请参较楚戈（袁德星）：《龙史》（台北：楚戈自印，2009），页 14-735。

帝王的联系外，又变成民族与国家的图腾 。[7]这里"似蟒而又复杂过之"一语，我乃简略其说，盖中华文化中人没有不知龙为鳞介，识见高过我者比比皆是，岂容我浪言多谈？艾儒略和李九标的对答见于明末刊刻的《口铎日抄》，可知艾氏压根儿不信世之有龙，而我们可以确定而为之再详的是：龙乃中国文化特有，西方传统并无是类动物。这个观察，在艾儒略之前——详细一点说，是在明嘉靖三十五年（1556）——另有欧人业已提示。该年葡萄牙多明我会士克鲁士（Gaspar da Cruz, 1520-1570）往游广州，探访中外商业贸易活动[8]，不数年著有通译为《中国志》（*Tractado em que se cõtam muito por estēso as cousas da China*, 1570）的介绍性书籍一本，其中也提到前及韩特所谓皇室象征，但朝中要员每用金线绣在官服上的龙纹，克鲁士反名之为"蛇形记号"，并称这类纹形是时还曾外销葡国，大多缴交教堂以为装饰。《中国志》所谓"蛇形记号"的葡文原文为何，我尚未觅得，不过，此书中译本的译者何高济提到这部分时，有注曰："也就是龙。"[9]易言之，克鲁士此地所用或为葡文"serpens"，不会是欧人指龙的另字。我们再易而言之，对克鲁士来说，明代皇袍与高官官服上的龙纹不能因形应声，以欧洲魔物之类似者搪塞。我们所得，故为一极具历史与翻译意义的蛇字。

---

　[7]　参见苑利：《龙王信仰探秘》（台北：东大图书公司，2003），页 23-77。

　[8]　参见李庆新：《贸易、移植与文化交流：15-17 世纪广东人与越南》（网址：http://www.lib.cuhk.edu.hk/conference/occ/liqingxin.pdf，检索日期：2007 年 8 月 2 日），页 12。

　[9]　克鲁士：《中国志》，见 C. R. 博克舍编注，何高济译：《十六世纪中国南部行纪》（北京：中华书局，1990），页 108-109。《中国志》的葡文原文，除见 *História e Antologia da Literatura Portuguesa –Século XVI –Literatura de Viagens –II –Fundação Calouste Gulbenkian*（Boletim nº 23, Dezembro de 2002）之外，下面网站亦见之，唯其为重排后之节本：http://carreiradaindia.net/2007/05/tratado-das-cousas-da-china-frei-gaspar-da-cruz/tratado-das-cousas-da-china-vii/。

如果可以不计一些真伪难辨的所谓"欧洲中世纪"之作[10]，克鲁士的《中国志》可能是首部综论震旦古国的欧洲专书。克氏在广州实则仅留数月，所写部分据传抄自比他更早入华的葡人伯来拉（Galeote Pereira, fl. 1534-1562）的中国见闻。在马六甲与广东外海的上川岛上，伯来拉曾两度接触天主教东方使徒沙勿略（St. François Xavier, 1506-1552）。1548 年左右，他进入华南后，像沙氏以"远夷"之故不得诣华一样，因"擅入"之罪而身系囹圄，直到 1552 年才获释西返。[11]《中国志》中所谓"蛇形记号"一说，不论是克鲁士或他所蹈袭的伯来拉，要之都早于艾儒略，甚至比利玛窦与罗明坚等人对龙的看法还要早。最重要的一点，当然是其中显示两人深知欧龙与华龙确实有别，故而著作中不敢令龙蛇杂处。无独有偶，在 1322 至 1328 年间，也就是马可波罗（Marco Polo, 1254-1364）东来稍晚一甲子左右，天主教另有方济会士鄂多立克（Odoric of Friuli, c. 1286-1331）抵达了汗八里。他归后口述的《鄂多立克东游录》（The Journal of Friar Odoric）曾细写所见道：元英宗与泰定帝两朝宫廷华丽雄壮，正殿"中央有一尊大瓮"，"四周悉以金绕之，四角亦各塑有一蟒，作凶猛搏击状"。这四条蟒蛇，我所见英译本均作"serpent"[12]，拉丁原文和葡文一样，亦为"serpens"，而这当然就是龙。蒙古人初则有自己在草原上的宗教，南下定鼎中原后，却纵之杂糅中国传统，使佛、道两教的思想与科仪融入其中。龙乃两教神物，并现元宫，极其自然。

---

[10] 例见下文述及安科纳的雅各及马可波罗的著作。

[11] 克鲁士与伯来拉的传记性研究，参见伯来拉、克鲁士等著，何高济译：《南明行纪》（北京：中国工人出版社，1999），页 1-62。

[12] The Journal of Friar Odoric, in Manuel Komroff, ed., Contemporaries of Marco Polo (New York: Dorset Press, 1989), p. 237.

话说回来，我们由此一汉化的蒙古龙也可揣知，鄂多立克——或在病
榻边为其笔受的欧人——大概在欧文中难以觅得龙的对应字，故而懵
懂下乃以蛇代之；或是他们仅知龙为神物，但与欧龙不同，故而不敢
也难以拉丁文的 dracō 或其复数形式 draconis 录下传世。[13]

职是之故，《口铎日抄》中艾儒略代欧人二答李九标时，所谓
"中邦之言龙也，谓其能屈伸变化，诧为神物。敝邦向无斯说，故不
敢妄对耳"一句，就不是信口开河，妄加比较，而是在欧龙、华龙有
别的基础上发展出来的谨慎答复。就龙的翻译史言之，意义自然比
克鲁士或鄂多立克更深。[14] 明季的耶稣会士既有此见，待时序入清，
同为耶稣会士的马若瑟，难怪也只能把《周易·乾卦》中的"龙"字
用拉丁字母音译为"Long"。[15] 当然，艾儒略或马若瑟的否定在我们
今天听来或许奇甚，甚至左违了克鲁士与伯来拉的先见，因为从当
今英汉字典的角度看，dragon 不就是时常可见的龙的对译？而类似

---

[13] 《鄂多立克东游录》有各种欧洲俗语抄本，但主要版本仍为法国国家图书馆皮藏的拉丁
文本。该书应非信口雌黄的伪书，盖所云上都宫中之龙，元人笔记亦可证之：元廷正殿之中，有
"木质银裹漆瓮一，金云龙蜿绕之"——此一叙述见〔明〕陶宗仪（1316-1403）：《辍耕录》，2
册（北京：中华书局，1985），2:298。这一条记载，我悉得自何高济译：《海屯行纪·鄂多立克东
游录·沙哈鲁遣使中国记》（北京：中华书局，1981），页 74 注 1。但何译以龙代蛇（页 73），显
然是译者擅改。拉丁原文见于第 13 章："De ciuitate Cambaleth," *The Journal of Friar Odoric* (*The
iournall of Frier Odoricus, one of the order of the Minorites, concerning strange things which hee sawe
among the Tarters of the East*; N.p.: eBooks@adelaide, 2006), in Richard Hakluyt collects and Edmund
Goldsmid, F.R.H.S., ed., *Principal Navigations, Voyages, Traffiques and Discoveries of the English
Nation*, 网址：http://etext.library.adelaide.edu.au/h/hakluyt/voyages/，检索日期：2007 年 8 月 8 日。

[14] 参见〔明〕艾儒略译：《圣梦歌》，见《耶档馆》，6:447。其中有"炮凤烹龙张宴会"一
句，此诗虽译自中古英国拉丁诗 *Visio Sancti Bernardi*（《圣伯尔纳的异相》），"炮凤烹龙"四字却
非依字面而得，是原文的意译或隐喻性翻译。有关《圣梦歌》的原文与中译问题，参见李奭学：
《译述：明末耶稣会翻译文学论》（香港：香港中文大学出版社，2012），页 311-364。

[15] Joseph Henri De Prémare, *Vestiges des principaux dogmes chrétiens, tires des anciens livres
chinois*, trans. Augustin Bonnetty and Paul Hubert Perny (LaVergne, TN: Nabu Press, 2010), p. 245.

李九标话中"龙王致雨"或"龙麟蓄水"一类旧说，我们不必信以为真？

是的，艾儒略"奇甚"。即便"应龙化雨"等中国故谭[16]，艾儒略也不信，甭提天竺那伽（Nāga）信仰在中土与王权结合，使之拟人化了的佛教神话，如八部天龙、七海龙王与五龙王等等。[17]梵典中《大集经》、《最胜经》与《法华经》等深富龙王传奇者，入华汉译后，曾对道教造成巨大冲击，所谓青、白、黑、赤与黄等五帝说所突显的五方龙王，就是最好的例子。道士不止看佛经，继而也曾传写各类龙王经，形成宗派内以龙为主的神兽信仰或神兽观，对后世民间说部如《西游记》影响颇巨。[18]艾儒略乃基督徒，既难相信上述中国古说今谭，回李九标问雨时，当然也仅能以欧洲是时的气象新知复之。

艾儒略在耶稣会内另有前辈高一志（Alfonso Vagnoni, 1566-1640），而高氏在破除中国人所谓"水龙柱"这类气象神话时，也有类如艾儒略之举，《空际格致》一书即曾三致其意。此书在亚里士多德著作的基础上，毕集高氏所知地理学、气象学与天文学知识，力斥"祠龙祈雨"或"飞龙卷水"等俗谭之非，根本不信世上有龙。清初亦医亦儒的王宏翰（1648-c. 1700）从之，也跟着驳斥下面我会提到的"黄帝

---

[16] 中国龙种类不少，其中唯应龙有翼，稍近欧龙。《广雅》曰："有翼曰应龙。"见〔南朝·梁〕欧阳询等辑，汪绍楹校：《艺文类聚》，2 册（上海：上海古籍出版社，1999），2:1661。

[17] 关于那伽神话研究，见 J. Ph. Vogel, *Indian Serpent-Lore or the Nāgas in Hindu Legend and Art* (Varanasi-5, India: Prithivi Prakashan, 1972)。

[18] 这方面的讨论，详见苑利：《龙王信仰探秘》，页 23-77；以及刘志雄、杨静荣：《龙与中国文化》，页 255-269。

抱弓乘龙上天而去"一事。[19] 不过，可笑的是，前及刘廷玑《在园
杂志》亦有"龙见"一条，书其在华东盱眙县水道风雨中见有"四龙
挂空中"，谓"最近者可一箭及之，然皆不露头角。只见大水四股，
倒流上天，如旱地之大旋风"。刘氏所睹分明是"水龙柱"，不见龙却
又称之"龙见（现）"，疑神疑鬼，难怪前朝高一志非得坚持"龙不
见"不可。[20]

当然，高一志本人也有其足堪反讽之处。首先，他虽不见龙，
但翻译时会权变使巧。1631 年，高氏先以中文大致传译 14 世纪欧
洲圣传名著《圣传金库》（*Legenda aurea*），题为《天主圣教圣人行
实》[21]，其中有圣人喜辣恋（St. Hilarion, *c.* 291-*c.* 371）生平一篇，脱
胎自圣热落尼莫（St. Hieronymus 或 St. Jerome, *c.* 347-420）的《圣喜
辣恋传》（*Vita Sancti Hilarionis*, 390）。热氏称喜氏生前尝游至"大儿
马济亚国"（Dalmatia），其时国中有巨蟒（serpens）波阿斯（Boas）
为害。这条巨蟒，热氏一仍西方旧贯而以 dracō 称之，高一志的中文
本遂权变而译之为"异形毒龙"（*draco mirae ag nitudinis*）。《圣喜辣

---

[19]　参见〔明〕高一志：《空际格致》，见吴相湘编：《天主教东传文献三编》，6 册（台北：
台湾学生书局，1984），2:926-927。高氏曰："地出之气，不甚热燥密厚，冲腾之际，忽遇寒云，
必退转下，乃其旋回之间必致点燃，而成龙飞之象。又因其气上升之首本清洁，其退回时点燃之
象，犹龙吐火而蜿旋下之尾。又为寒云所逼，因细而蜿蜒犹龙尾。然俗以为真龙，谬矣。"此外，〔
清〕王宏翰：《古今医史》，见续修四库全书编纂委员会编：《续修四库全书》（上海：上海古籍出
版社，1997），1030:316-317 中，王氏亦云："飞龙云中取水一端……乃空中爆气为寒云所逼，有
一线放下，而下面地上之湿气得吸接之爆气，直奔趋上"，故黄帝抱弓乘龙望天而去之事，"系后
人好事者造作"，不可信也。另请参考祝平一：《天学与历史意识的变迁——王宏翰的〈古今医
史〉》，见《中央研究院历史语言研究所集刊》第 77 本第 4 分册（2006 年 12 月），页 604。

[20]　刘廷玑：《在园杂志》，页 157。

[21]　高一志译述：《天主圣教圣人行实》，7 卷（武林：超性堂，崇祯二年）。下引此书内文，
卷数及页码均出自此一版本。

恋传》里，圣人确借基督之名降服了波阿斯，几乎不费吹灰之力。有
意思的是，《喜辣恋圣人行实》的译文中，圣喜辣恋同时也用自己的
名号收服了这条异形毒龙：圣人"令积聚干薪，命龙自入薪，躬引火
焚之"(5:26b)。波阿斯既伏诛，高一志同时也入乡随俗，在传中用
他自己都不相信的中国龙权译那欧洲人眼中的邪物或魔物。我谓高氏
"权译"之，因为中国龙的传统样貌，他非常清楚。[22] 高氏尝合会友
为利玛窦续修《西国记法》[23]，曾以十字为广资程式，教人由空间概
念记忆中文"辰"字，显示华龙长相他毫不陌生：辰字者，"一龙角
端日暑"是也。

在欧洲，龙之为物也，最早未必有角，更难觅得形如中国龙的鹿
角。就外形观之，欧龙有地域之别，但通体而言，都是印欧神话这条
文化之河的冲积物。屠龙乃欧人处理欧龙常见的故事形态之一，而其
情节模式大多便出自《梨俱吠陀》(*Rig-Veda*) 等印度古典。《梨俱吠
陀》中的恶龙弗栗多 (Vrtra) 曾为人追捕猎狩。在欧洲，此一故事
的叙述结构，一可见于希腊人处理堤丰 (Typhon) 神话或怪兽喀迈拉
(Chimaira) 之死，二可见于罗马人如奥维德 (Ovid, 43 BCE-17 AD)

---

[22] 有关高一志，我可再举一例。所译《天主圣教圣人行实》的圣玛窦 (St. Matthew the
Apostle) 传中，宗徒玛窦在耶稣升天后第八年到了厄弟阿彼亚 (案即埃塞俄比亚) 某郡传道，时
"闻城中有二巫，袭托魔术，逆道害民"，而这二巫的看家本领就是"用咒召魔，使其造引蝮蛇，
以惊愚民"(1:46a)。《天主圣教圣人行实》此地所称之"蝮蛇"(agkistrodon)，在原文中实乃二
"draconibus"，现代人可能会用"龙"字中译之，但高一志却不作此图，可见他了解龙和 dracō
类非同一。另请参见 Jocobi á Voragine, *Legenda aurea*, ed., Th. Graesse (Leipzig: Impensis Librariae
Arnoldianae, 1846), p. 623。蝮蛇分布于美洲，因口中有"毒牙"(*odon*) 如"勾"(*agkistro*) 而得
名。蝮蛇头部又有大块鳞片，如中国龙身所附者，故高一志可能也因此在没有 dracō 的中文对等
词的情况下，勉强译之为蝮蛇。见高氏译述：《天主圣教圣人行实》，1:46a。

[23] 〔明〕利玛窦撰、高一志删润：《西国记法》，见吴相湘编：《天主教东传文献》(台北：
台湾学生书局，1982)，页 66。

笔下阿波罗屠杀皮同（Python）的叙写。然而，严格说来，上述三种神话动物都非龙属。信史可征的欧人的第一条龙，我们恐怕得俟诸伊阿宋（Jason）追寻金羊毛的传说。希腊古史分有英雄时期，伊阿宋便是其时伟岸的神人之一。他率众寻找金羊毛时，《阿尔戈英雄纪》（Argonautica）谓曾出现过一条"爱奥尼亚之龙"，而这位希腊英雄也必须通过忠心看守金羊毛的一条不眠巨龙——也有现代神话学者宁可称之为巨蟒（serpent）——的考验[24]，方能达成任务。同一神话在欧里庇得斯（Euripides, c. 480-406 BCE）的名剧《美狄亚》（Medea）中发挥得更为深刻，令人动容：美狄亚遭伊阿宋遗弃后，为报仇雪恨，手刃自己两个亲生儿子，人神同悲。不过，美狄亚因为是太阳神赫利俄斯（Helios）的孙女，欧里庇得斯在剧尾乃安排了一条确可名之为drákön的黑龙，令其拖着祖父所赐战车破空而去，也带她跳出人世的无常与无情。[25] 对美狄亚来说，这条希腊古龙绝非恶龙，而是救命恩龙，和看守金羊毛的龙俱寓天命神意。

中国人好谈地理风水，关乎龙者，素有"龙穴"之说。欧洲龙亦有似是而非的特征，著名者几乎每一条都有自己的洞穴，每位于渊林泽畔，而且常像伊阿宋所屠之龙，其穴内藏宝物，就由自己看守。这

---

[24] Apollonius Rhodius, R. C. Seaton, trans., *Argonautica* (Cambridge: Harvard University Press, 1998), pp. 274 and 302. Also see Edith Hamilton, *Mythology* (Boston: Little, Brown and Company, 1969), p. 126.

[25] 这条黑龙的身影，在希腊原文中仅可称"隐含"，不过美狄亚在剧尾即将破空而去之时，其形象却可体得一二。Cf. Arthur S. Way, trans., *Euripides IV* (Cambridge: Harvard University Press, 1980), pp. 392-393. 不过，若参考此剧的英语名译，则黑龙的意象就显然可见了：Rex Warner, trans., *The Medea*, in David Greene and Richmond Lattimore, eds., *Euripides I* (Chicago: University of Chicago Press, 1955), pp. 104-106. 相关之精论，另见 Daniel Ogden, *Drakōn: Dragon Myth and Serpent Cult in the Greek and Roman Worlds* (Oxford: Oxford University Press, 2013), pp. 198-206.

点并非希腊文化独有，亦见于深受北欧神话影响的中世纪英国。其时
有某格言诗用古英文吟唱，而所唱者有以下两句可为上文佐证：

…Draca sceal on hlewe
Frod, frætwum wlanc.

龙居于泽穴护宝，
荣此而智有寿考。[26]

这两句诗以龙为主词，呼之为 draca，和古斯堪的纳维亚语（Old
Norse）中的 dreki 都是由希腊与拉丁系统转成，因此也像伊阿宋与美
狄亚传奇中的卡尔基思之龙或太阳神之龙一样是善兽：忠心护宝，甚
至代表智慧。[27]

龙可护宝，希罗多德（Herodotus, *c*. 490-*c*. 425 BCE）的《历
史》（*The History*）早已言之凿凿。他也谈过一种有翼之蛇，其
类似龙。罗马人老普林尼（Pliny the Elder, 23-79）的《博物志》
（*Historia naturalis*）又称印度有龙，身长躯硕，每可置巨象于
死。凡此上古龙的传说，最后都经塞维利亚的伊西多尔（Isidore of

---

[26] "Maxim II," in Elliott van Kirk Dobbie, ed., *The Anglo-Saxon Minor Poems* (New York: Columbia University Press, 1942), 26a-27b. Also cf. David Williams, *Cain and Beowulf: A Study in Secular Allegory* (Toronto: University of Toronto Press, 1982), p. 64.

[27] 斯堪的纳维亚及其他北欧地区，另有较罕受到古希腊与罗马影响的萨迦故事（saga）与史诗等。这些著作除了是英、德两国文学、文化的滥觞外，其中龙的历史几乎也自成一格，如下几部民族伟构尤然：*Vǫlsunga saga*；*þiðreks saga af Bern*；*Beowulf*。相关讨论参见：Joyce Tally Linonarons, *The Medieval Dragon: The Nature of the Beast in Germanic Literature* (Enfield Lock: Hisarlik Press, 1998), pp. 49-92。

Seville, *c.* 560-636）收纳，构成其《语源学》(*Etymologica*) 中 "巨龙"(dracomaior) 一词的论述基础。伊西多尔称龙穴炙热如火，龙头有冠而其嘴细，时常猎猎然吐舌，可如巨鹄般 "一飞冲天"(*in aerum*)。[28] 中国人固然也讲 "飞龙在天" 与 "潜龙勿用"，不过《易》卦之说并非写实，毋宁说是农业社会节气时令的隐喻，比拟的多属工具性的内涵。[29] 伊西多尔的《语源学》乃欧洲上古末期的知识宝库，印欧神话中龙的形象几乎纠集其中。到了 8 世纪左右，《盎格鲁 – 撒克逊编年史》(*Anglo-Saxon Chronicle*) 里又有 "空际明烁，火龙飞天" 的记载。[30] 纪年中的火龙，或许写来比喻彗星等天文奇景，然而学者咸信这个名词形成之后，"火龙弥天而飞" 的意象随之在欧洲龙史中登场。火龙的形貌，学者以为亦出自《圣经》，或因《圣经》影响形成。[31]《贝奥武甫》里的龙鼻喷火焰，口吐火舌，尤合《新约》所状的地狱形貌：满布硫磺，烈焰熊熊。

所以，天主教在欧洲兴起后，欧龙的形象随之生变。德国《尼贝龙根之歌》(*Das Nibelungenlied*) 里齐格弗里德 (Siegfried)，或英国与西班牙中古圣传中圣乔治 (St. George) 所屠之龙，其耳尖长如驴

---

[28] Isidore of Seville, *Etymologiarum Sive Originum*, ed., W. M. Lindsay (Oxford: Clarendon Press, 1911), Book XII.

[29] 楚戈以为《周易》上关乎龙的这几卦都是农业社会产物。这点我同意。但其所著《龙史》以 "龙" 谐 "农"（页 14-19），故举为农事，我则有所保留，因为此论必得待我们证明得了上古之际，二字同音，方具意义。楚戈的意见，另见其文：《龙的真相——回应李奭学的大文〈龙的翻译〉》，载《联合报》，E7 版 "联合副刊"（2007 年 3 月 15 日）。

[30] C. Plummer, ed., *The Anglo-Saxon Chronicle* (Oxford: Oxford University Press, 1893), p. 76.

[31] Cf. Alan K. Brown，"The Firedrake in *Beowulf*," *Neophiologus* 64 (1980): 439-443; also see Tally Linonarons, *The Medieval Dragon: The Nature of the Beast in Germanic Literature*, p. 15.

耳，便可能因《圣经》所状撒殚（撒旦，Satan）面貌所致 [32]，当然不是你我在东方佛寺道观的柱梁上或壁画中所见，且翱翔于水天云际的如蟒鳞介，其角峥嵘。在欧洲叙事文学里，龙多半两其翼而身似蜥蜴，皮如鳄而长有鳞甲，吐火的同时，另可喷毒。若其有角，泰半亦因《若望默示录》（亦即《启示录》）故而近似魔鬼头上的山羊之角，寓意早已由吉转凶，和中国龙不但有别，连品类都生差异。

再就字源看，除非我们视龙为蛇，或视龙如《约伯传》（《约伯记》）率先提到的巨灵利未坦（利维坦；Leviathan）等怪兽（例见 Job 3:8, 26:13, 41:1-34; Ps. 74:13-14, 104:26），否则，我们几可铁口直断：希伯来文中绝无英文 dragon 的对应词。后者所源，我们还得由小亚细亚踅回巴尔干半岛，在希腊文化中寻寻觅觅，而其始也，居然还不得以《新约》为绳墨，反得由希腊神话发端，和古典文学与宗教上的关联才属论述正统。所以，严格说来，今人所称欧龙，历史上得迟至《新约》集成，方才见重于世。而且不仅关乎《若望默示录》中那胁迫据称是玛利亚的古龙、古蛇、魔鬼或撒殚等邪恶的概念与力量（默 12:1-13:18）[33]，彼此在殊音同义这个现象外，甚至也可视同对方，一体相连。我们熟悉的雅典全盛的公元前 5 世纪，希腊文化或神话中罕见《圣经》或今日西人所谓恶龙。[34]

---

[32] 有关基督宗教中"龙"的形象变化，可参见 Ogden, *Drakōn: Dragon Myth and Serpent Cult in the Greek and Roman Worlds*, pp. 383-426。

[33] 《若望默示录》未曾直指那古龙所逐之女的身份，仅称其为孕育人子者。不过，4 世纪沙漠圣父之一伊皮凡尼乌斯（Epiphanius, *c.* 315-403）却说这女子"应为"圣母玛利亚，参见 Mary Ford-Grabowsky, ed., *Spiritual Writings on Mary: Annotated and Explained* (Woodstock: Skylight Paths, 2005), p. 42。

[34] 有关龙在中西历史与文化中的形象与意义，最简洁的介绍应推周作人 1950 年代所写而迟至本世纪才发表的《龙是什么》，见《大方》第 1 期（2011 年 3 月），页 191-199。但文中周氏把古生物恐龙也拉进来谈，不免有点离题了。

由是再看，drákön 邪恶的今义，确实萌芽自犹太教与天主教传统中的《创世记》，再经《新约》铸出，然后化为拉丁音的 dracō，终而演变成为现代各种欧语中龙的共同字根。从罗曼语系到低地日耳曼语系，无一非属如是。上述字根所成就的俗语，也因此而衍有意大利文的 drago，西班牙文的 dragón，葡萄牙文的 dragão 或德文的 Drache 等等。法文龙的发音和英文不同，拼写则一样。所谓 dragon，即便不论古英文中的拉丁影响，则根本是英国龙的字源出处。Dragon 的异音因此万系同源，其形貌容或有地域之别，但贬义则一，从天主教上古迄至文艺复兴时期以还，莫非如此。

我们循线再返大明帝国。艾儒略在《口铎日抄》中的体认可谓一语中的，深知中国龙自成一格，而从翻译实务的角度看，艾氏言下也有中国龙根本不能以欧语说之之意。尽管如此，英语如今依然把龙译成 dragon，是何道理？我们振叶寻根，说来却非英汉字典或汉英字典所造之孽。这笔"账"如果可以暂且按下文本的真伪，我以为应先追溯到 13 世纪来华的安科纳的雅各（Jacob d'Ancona）身上去，因为他写过一本"所谓"迄今可见最早的欧语中国游记《光明之城》（*The City of Light*）。雅各是犹太人，不过似乎世居意大利；他业商，但具有某种学者气质。《光明之城》载，雅各在 1271 年左右抵达福建泉州，这年正是南宋度宗咸淳七年。所谓光明之城，指其时欧人称为刺桐（Zaitun）的泉州，是时乃举世吞吐量最大的海港。《光明之城》涉及龙的欧译处颇类《西国记法》，不过无关干支，涉及的乃生肖。雅各的书据称用中世纪托斯卡纳语写在纸面，间杂当时意大利其他方言及希伯来文、希腊文与拉丁文等。可惜拥有写本的意大利原收藏家拒绝公布，仅允许曾任芝加哥与牛津两大学研究员的英人塞尔本（David Selbourne, 1937- ）细读后，再以英文编译成书。[35] 雅各抵达泉州那年岁次属羊，他笔下随手提到的其他生肖里，便有其循规蹈矩，以现代英文译为 dragon 的灵类。[36] 我在文前说过，dragon 出自 drákön 和 dracō，其他欧语龙字均为苗裔，故而雅各的原文虽"佚"，我们亦可从塞尔本所用英文推得该字若非希腊或拉丁原字，便是中世纪泊自同源的意大利各种方言或其格变（declension）。

塞尔本所译《光明之城》出版于 2000 年，其后虽有中国学者如李学勤等人力辩其实[37]，论者仍因写本未见而疑其作伪，而且几成定论。这种情形，1950 年代以来，《马可波罗行纪》也曾经历，英国学者吴芳思（Frances Wood）质疑尤甚，盖不仅马可波罗之名《元史》阙载，其他证据也显示他莅华的可能性问题重重。吴氏开启史档，重审《马可波罗行纪》后，刊有《马可波罗到过中国吗？》一书，所论迄今犹余波荡漾。[38]

这里我之所以提到《马可波罗行纪》，原因是此书在《光明之城》尚未出现之前，一直是史上公认的第一本欧人的中国游记。蒙古西征，广开欧亚交通，天主教士与意大利商人纷纷来华。他们西返后，颇留

---

[35]　David Selbourne, "Introduction" to *The City of Light* (New York: Citadel Press, 2000), pp. 1-13.

[36]　Jacob d'Ancona, *The City of Light*, p. 124.

[37]　参见李学勤:《导读》，见雅各·德安科纳著，杨民等译:《光明之城》（台北：台湾商务印书馆，2000），页 1-6。

[38]　Frances Wood, *Did Marco Polo Go to China?* (Boulder: Westview Press, 1996). Also see Jonathan D. Spence, *The Chan's Great Continent: China in Western Minds* (New York: W. W. Norton, 1998), chapter 2; Herbert Frank, "Sino-Western Contacts under the Mongol Empire," *Jouranl of Hong Kong Branch of the Royal Asiatic Society* 6 (1996): 49-72. 另见李守中:《马可波罗与长城》，载《中央日报·文教报》，"历史长河"（2001 年 6 月 14 日）。

下一些记游著作 。^[39] 但由于《光明之城》问世，原本所以为的马可波罗抵华的 1275 年遂落后四年，不得不让雅各后来居上了。数世纪来公认的权威自此颓然，而且也吃上了作伪的学术与历史官司。《马可波罗行纪》最早可能用威尼斯或伦巴底（Lombard）的语言写下，但"原文"早佚或根本阙如，目前可得最早的意大利文本，要待 1563 年才面世，而——是的——该版和上面我假设的《光明之城》一样，都以 drago（dragone/dragoni）译龙，《马可波罗行纪》中出现于形容元世祖忽必烈宫中的金银绘饰的段落。这一点，有人业已详予查证^[40]，非我考悉，文前已及。不过既乏"原文"，那么，在各种语言的文本的抄者瞎扯及真伪等问题的可能性外，我想我得再补充说明一点：如果我们虑及雅各和马可波罗何以将龙误为 drago，则正如伊西多尔指出来的，欧人古来难分龙蛇，甚至常以龙为巨蟒之尤者^[41]，而中国也同样有龙出于蟒的旧说——唐宋以来还变本加厉，尤其不辨龙袍与蟒袍——可能是一大关键。形貌及说法拉近，道听途说者不察，驯至历史指鹿为马了。

　　当然，我们如果不作上述观，非得以史有明征、信实无疑为苑

---

[39]　这段经过，参见裕尔（Henry Yule）著，考迪埃（Henri Cordier）修订，张绪山译：《东域纪程录丛》（昆明：云南人民出版社，2002），页 122-131。

[40]　参见林虹秀：《龙之英译初探》，页 23-24 及 84（附录一）。简便的《马可波罗行纪》英译有：Manuel Komroff, ed., *The Travels of Marco Polo [the Venetian]*, revised from Marsden's translation (New York: W. W. Norton, 1982), p. 130. 当然，以马可旅华据传十七年看，后世论者可不会忽视这些元人宫中的龙饰。相关讨论参见：Richard Humble, *Marco Polo* (New York: G. P. Putnam's Sons, 1975), pp. 120-121。

[41]　Isidore of Seville, *Etymologiarum Sive Originum*, Book XII. 中国人的观念参见欧阳询等辑，汪绍楹校：《艺文类聚》，2:1661-1663（卷九十六，鳞介部上龙）；以及刘志雄、杨静荣：《龙与中国文化》，页 2。

圉，那么，查起龙的翻译这笔"账"，我觉得我们仍得回到明末的耶稣会士去，而且要回到比艾儒略还早约三十年入华的利玛窦和罗明坚两人去。

利、罗二公和艾儒略、高一志一样，出身意大利。不过当其入华之时也，葡萄牙帝国崛起已有年，罗马教会的保教权落在葡人手里。耶稣会士自西徂东前，每得到葡国孔布拉大学（Coimbra University）进修，再从里斯本放洋东来。他们东至印度，北上日本布道，所赖多为葡人供给，船只及安全考虑也由帝国资助协助。葡文因此变成南欧各国入华耶稣会士"共同的语言"（lingua franca）。[42] 利玛窦和罗明坚当非例外，也都通晓。1583 至 1588 年间，两人在广东肇庆传教，为学中文并资来者，他们共编了一本字书，后人题为《葡汉辞典》。这本书实为残稿，当时未刊，如今也仅见手稿，近年方才景印流传。根据研究，此书编译系由罗明坚主笔，利玛窦助理。他们当时所虑并非意大利文，而是保教国所用的葡萄牙文。《葡汉辞典》先依字母顺序胪列葡文字词，继之以基本上是意大利系统的罗马字注音，最后才写出汉字或其词语的解释。从语音史的角度看，若不论奥斯定会士16 世纪中叶在菲律宾所编的闽南语词汇表（已佚），《葡汉辞典》可能是后世中文拉丁化最早的系统雏形，比利玛窦自题《西字奇迹》的一本小书还可上推十年有余。我们倘也不计前此可能伪作的《马可波罗行纪》或其他真假参半的所谓游记，则《葡汉辞典》应该是中文龙字在信史上最早的确切欧语说明。

---

[42] Cf. Liam Matthew Brockey, *Journey to the East: The Jesuit Mission to China, 1579-1724* (Cambridge: Harvard University Press, 2007), p. 17.

利玛窦晚年用意大利及葡萄牙文另行撰就《中国开教史》，其中第七章，三度显示他深知龙（*dragoni*）在中国文化上的地位，也晓得系帝王及祥瑞的共同表征。在这章稍前的第五章，他又暗示自己了解某些中国人或许受到佛教的影响，以为日食、月食系"某蛇"（*un serpente*）将日月吞噬使然。[43] 然而就《葡汉辞典》编纂的 1580 年代而言，利玛窦和罗明坚显然都曾为龙的葡语说法困惑不已，甚至不知所措。字典中龙字出现两字，亦即定义了两次。第一次简直无从下笔，可从当页手迹特别混乱看出。利、罗二人当然找不出龙的葡文对等字，懵懂下只好从《韩非子·说难》或许慎《说文解字》一类古籍，粗略将之归于"虫"（*bicho/bichinho*）属，然后再如前此西班牙人门多萨《中华大帝国史》里所述听闻，加上蛇（*serpens*）字以为说明。最后形成的是一个复合字——"虫蛇"或"似蛇之大虫"（*bicha-serpens*）[44]，颇似中国北方，如北京或定县方言中的说法。[45] 这个名词或字，当系辞书上欧人首次以欧语成就的中国龙的译法。如此欧译，在某一意义上表出利、罗二公亦如艾儒略，深知欧洲于中国龙之为物也，"向无斯说"，否则，他们不至于左支右绌，在传译上笨拙至此。话说回来，中国也有龙演化自巨蛇或蟒的旧说，何况二者形态确近，是以《葡汉辞典》二度定义时，干脆单挑一字，就以葡文的蛇字

---

[43] Matteo Ricci, *Storia dell'Introduzione del Cristianesimo in Cina*, in Pasquale M., D' Elia, S. I., ed., *Fonti Ricci.*, 3 vols (Rome: La Libreria dello stato, 1942), 1:42, 80-81.

[44] 林虹秀：《龙之英译初探》，页 35。《葡汉辞典》相关之处如下：Michele Ruggieri and Matteo Ricci, John W. Witek, S. J., ed., *Dicionário Português-Chinês* (Lisbon and San Francisco: Biblioteca Nacional Portugal, Instituto Português do Oriente, and Ricci Institute for Chinese-Western Cultural History, University of San Francisco, 2001), pp. 52a (mss part).

[45] 参见〔清〕贺清泰译注，李奭学、郑海娟主编：《古新圣经残稿》，9 册（北京：中华书局，2014），1:14。其中提及"蛇虫"一词。

"serpens"说之。[46] 这就有趣，因为如此一来，译法倒和利、罗二人信仰的《新约》一致，因为如前所述，《若望默示录》在撒殚或魔鬼之外，也视蛇与龙为一体，故而详载撒殚这条古蛇是一巨龙。[47]

中国传统向来蛟、龙并用，而蛟之为物也——请注意其部首系虫——说来亦龙之属，虽然另有文献指出龙之无角者方可称蛟。有趣的是，《葡汉辞典》解释蛟字，居然和今人译龙一致，几乎毫不迟疑就以"dragão"对之[48]，大有向 drákön 这条万系之源倾斜的态势。这种译法或说明，当然也显示利玛窦和罗明坚自我矛盾，以不同葡文欧译品类其实并无大异的中国神物。两人当时之困惑，显然！

林虹秀考察中国史上涉蛟的语句或故事，如《世说新语》里的"周处除三害"，反而认为利玛窦和罗明坚的联想或译法无误，而且其来有自，因为蛟在中华文化中常带负面印象。"义兴水中有蛟"，并周处与一白额虎而有"三横"之称。周处"入水击蛟"，浮没十余里，经三昼夜而杀之。这个故事后世述者仍多，而"蛟害"一词遂告确立[49]，在利玛窦所处的明代万历年间还因万球（生卒年不详）撰有《射虎斩蛟记》而愈为人知[50]。"蛟害"当然远比"龙患"为多[51]，而

---

[46] Michele Ruggieri and Matteo Ricci, *Dicionário Português-Chinês,* p. 144b (mss part).

[47] 唐代景教文献目前可见者，不曾以龙称呼撒殚；《一神论》仅以恶魔或恶魔鬼名唤那"娑多那"。参见翁绍军编著：《汉语景教文典诠释》（香港：汉语基督教文化研究所，1995），页 130。

[48] Michele Ruggieri and Matteo Ricci, *Dicionário Português-Chinês,* p. 85b (mss part).

[49] 林虹秀：《龙之英译初探》，页 36-37。另见〔南朝·宋〕刘义庆撰，余嘉锡注：《世说新语笺疏》（台北：华正书局，1989），页 627；以及罗景文：《周处传说探究》，《汉学研究》第 28 卷第 1 期（2010 年 3 月），页 60-90。

[50] 〔明〕万球：《射虎斩蛟记》，见〔清〕阮升基增修，宁楷等增纂：《嘉庆增修宜兴县旧志》（南京：江苏古籍出版社，1991），《轶闻》，页 530。江苏古籍版乃据嘉庆二年本景印。

[51] 参见《艺文类聚》第九十六卷取自《吕氏春秋》等书诸例，在欧阳询等辑，汪绍楹校：《艺文类聚》，卷 96 鳞介部上蛟，2:1664。

龙中除了夔龙——试想白先勇的《孽子》如何命那龙凤恋中的龙子之名，而罗琳（J. K. Rowling, 1965-）《哈利·波特》（*Harry Potter*）中的反派角色马尔福之名也是德拉科或恶龙（Draco）——之外，从古至今，多数却是好龙，系祥瑞与丰年之兆，更是真命天子的本尊。由是观之，龙在英、法文中均作 dragon，似乎就和蛟字的负面联想关系较大。就我所知，1588 年迄利玛窦完成《中国开教史》之前，意大利耶稣会士中会把 dracō 译为龙者，亦唯利氏在耶稣会中的继承人龙华民（Nicolas Longobardi, 1565-1655）而已。龙氏出身亦意大利，取龙为姓，乃谐其意文之姓"Longobado"的第一音节，至于华民的意义，我不必赘言多述。1602 年左右，龙氏在广东韶州中译了圣若望达玛瑟（St. John Damascene，*c.* 676-*c.* 754）的《圣若撒法始末》，而该书内五则重要的证道故事（*exemplum*）里，有一则就出现了一条 dracō。当时，龙华民入华业已多年，合以他取龙为姓而毫无梗介观之，想来深知龙在中国多为吉物，更是权与威的绝对象征。中译《圣若撒法始末》时，龙氏因此小心翼翼，在《葡华字典》的中文词条外另添一字，使拉丁文 dracō 变成毒龙或猛龙，而《圣若撒法始末》里这条龙"口中吐火，两目炫耀"，果然邪物，正合乎英文或欧人概念中龙的传统形象与文化内涵。蛟或龙字的欧译或 dracō 的中译，可能便因此而在信史上正式定调。[52]

在基督教尚未入华而英文的 dragon 亦未在华出现之前，上述情形的另一显例是耶稣会士曾德昭（Alvaro Semmedo, 1585-1658）的译

[52] 参见李奭学著：《中国晚明与欧洲文学——明末耶稣会古典型证道故事考诠》（台北：联经出版公司，2005），页 393-398。

法。曾氏，葡人也。1613 年，他北上南京宣教，其后因教案故一度
离华，随之又潜返中国内地布道，二十二年后始离华返欧。扬帆西
行返乡的途中，曾德昭在印度卧亚（Goa）停留了一阵子，潜心用葡
萄牙文完成了《大中国志》一书，于中国事物尤所不谈，而涉及龙
的言谈除了有关龙袍的陈述外，另含史典。后者之所以出现，乃为解
说《大秦景教流行中国碑》中所谓"龙须虽远，弓剑可攀"一句。就
宗教史而言，景教是天主教东方教会最早来华的一支，但现存的中译
景经中从未提过《若望默示录》之龙，所以《景教碑》中这尾神物当
然是条中国龙。唐代翼护景教的皇帝有五，上引两句碑文隐喻他们虽
已驾崩，但音容宛在，事功亦历历如在目前。《景教碑》的句子显然
典出《史记》，指《封禅书》中黄帝抱弓乘龙上天而去一事[53]，其中
连龙的长相也略有刻画。就语词的译史言之，《大中国志》较罗明坚、
利玛窦诸人应该往前又迈进了一步。此书写成后未刊，逮及 1642 年，
方见西班牙文译本。如今葡文原本早已佚亡，但西文译本仍存，所释
黄帝乘坐之龙，时借法文 dragon 一字表之，但在其他场合中，多数
则用西班牙文 dragón 的复数形 dragones 传释。[54] 换句话说，对曾德
昭或对他的西班牙文译者而言，龙与蛟不仅不分，而且共为一体。在
字源上，曾氏等所循当然又难脱 dracō 带动的拉丁系统的影响。

　　耶稣会士东来的目的是传扬天主教，这点他们成功的程度，可

---

[53]　翁绍军编著：《汉语景教文典诠释》，页 60。《封禅书》相关之典见《史记》，2:1394。

[54]　Alvaro Semmedo, *Imperio de la China i la cultura evangelican en èl, por los religiosas de la Compañia de JESUS* (Madrid: Impresso por Iuan Sanchez,1642), pp. 57, 77, 98, and 100-101.

能不如他们寄回或携回的中国思想在欧洲所发挥的影响[55]，龙的欧译——依个人浅见——恐怕也是贡献之一。17 世纪结束以前，曾德昭的《大中国志》至少出现了四种欧语译本，而最重要的是，在某种程度上，此书偕其他耶稣会士的著作，影响了约莫五十年后风行一时的《中国图说》(China Illustrata)。后书原名颇长，作者为德国耶稣会士基歇尔（Athanasius Kircher, 1602-1680），而书写语言则为拉丁文。在欧洲，基氏素有万事通之称，《中国图说》不仅介绍了中国可见的各种飞禽走兽、奇花异木，同时也将上述《景教碑》的内容再译一过，可想涉龙之处亦多。在一幅有关道教神祇的插画中，基歇尔甚至有图为证，就龙再予分说。不过有趣的是，龙的形貌，基氏似乎中西混用或予以并构。上述有图为证的龙，乃是一条鳞蟒四爪的典型中国龙。但《中国图说》此外另绘一张江西龙虎山上龙虎相斗的插图，其中的龙的长相则近乎两其翼而身若蜥或鳄的欧洲龙。龙虎相斗一图，我疑其灵感除了山势与地形外，或与明代盛行的丹道隐喻龙虎交媾有关。[56]《中国图说》将华龙与欧龙混淆若此，显示即使晚至 17、18 世纪，欧人犹如今天不懂中华文化的西方人士一般，对中国龙的概念依然模糊不清，仅知以 dracō 名之，而此字以贬义为主的文化意涵，当然也因此如影随形，难以抹除。[57] 翻译与文化认识的关系，这

---

　[55]　参见赫德逊著，王遵仲、李申、张毅译，何兆武校：《欧洲与中国》（北京：中华书局，1995），页 267。另见李奭学著：《中国晚明与欧洲文学——明末耶稣会古典型证道故事考诠》，页 351-352。

　[56]　参见中野美代子：『西遊記の秘密——タオと煉丹術のシンボリズム』（東京：福武書店，1987），页 86-170。

　[57]　Athanasii Kircheri, *China Monumentis qua Sacris qua profanis, Nec non variis Naturæ & Artis Spectaculis, Aliarumque rerum memorabilium Argumentis illustrata* (Amstelodami: Apud Joannem Janssonium a Waesberge and Elizeum Weyerstrae), LXVII, pp. 4-35 and 140-141.

里可见一斑。

基歇尔虽然指鹿为马，但在欧洲东部，17、18 世纪间，仍然有人对中国龙的认识正确。我指的乃罗马尼亚人米列斯库（N. Spataru Milescu, 1636-1708）。米氏著有《中国漫记》，其中的龙是条地道的中国龙。米氏素来以博学称，通晓中东与欧洲古典语言多种，1675 年还代表俄国出使中国。来年，他入宫觐见康熙皇帝，在观察后对皇室表征颇有心得。龙之为皇权也，米列斯库所见便不容利玛窦等耶稣会士专美于前，也不遑多让近两百年后的韩特。《中国漫记》显示米列斯库了解入关后，女真人马上认同而继承了汉人的文化，视龙为真命天子的本相，而皇室所用龙徽和臣庶也有区别。所谓五爪、四爪之分，固无论矣。除了偶尔会犯点将麒麟混为龙的错误外，米列斯库是管见所及最早以古斯拉夫语记载龙与风水的关系者，所以他深知对中国人而言，龙首、龙身、龙尾等部位不仅是地理之佳者的隐喻，同时也是地理实体，是睡龙或卧龙的本然。[58] 这一点，明末以来的耶稣会士便罕见论及。他们不仅不承认龙的存在，除了不得不承认帝王之尊这种政治正确性外，他们绝少认同风水之说，龙的涉入就毋庸赘言。占卜之谈，耶稣会原就多方驳斥，16 世纪以来就是如此。[59]

我所读的《中国漫记》为蒋本良与柳凤运所译，原文为罗马尼亚文。可惜我不谙东欧语言，斯拉夫语系更是认识有限，只能就地理位置与语言常识推测：米列斯库书中的龙字应近前面指出来的希腊古

---

[58] 尼·斯·米列斯库著，蒋本良、柳凤运译：《中国漫记》（北京：中华书局，1990），页 50 及 56。

[59] 参见利玛窦：《利先生复莲池大和尚竹窗天说四端》，见利玛窦等著：《辩学遗牍》，收于〔明〕李之藻辑：《天学初函》，6 册（1629；台北：台湾学生书局，1965），2:680-681。耶稣会对星相数术的排斥，见李九功：《问答汇抄》，在《耶档馆》，8:577-604。

音。而我们若将今日俄语之龙转成罗马拼音，其实亦近 dragon，同为希腊与罗马古典的苗裔。[60]

走笔至此，我不能不再回到前面关怀的《中国图说》。书中最关龙的翻译者，一为基歇尔引自明末耶稣会士卫匡国（Matinus Martini, 1614-1661）的龙穴与龙脉之说，足足比米列斯库的认识早了近百年，而且分说起来，嘲弄的意味重，乃耶稣会的典型。一为基氏为中国文字所做的分类：他在同会其他弟兄襄助下，取法或为明人所著的类书《万宝全书》，借以析论所知的方块字。他的分类多达十六种，其中之一便是龙字，盖以为是类文字乃"造自蛇或龙"（ex serpentibus & draconibus consectum），系伏羲而非仓颉所制。基歇尔甚且因此而为中国"发明"了一本《龙书》（Draconum liber），虽则其中盈纸者无非数术或数学与星相知识。[61]

基歇尔之外，我们其实还可在同一传统上添加柏应理（Philippe Couplet, 1623-1693）与卫方济（François Noël, 1651-1729）等明清天主教士的名字。《孟子·滕文公》称帝尧之世，中国有"蛇龙居之"，而禹为治水，也曾"掘地而注之海，驱蛇龙而放之菹"（第九章）。利玛窦曾译《四书》为拉丁文，此句必然处理过，可惜其译不传。柏应理也曾主持《中华哲人孔子》（Confucius sinarum philosophus）的拉丁文翻译，迻过儒家经典如《大学》、《中庸》与《论语》等书（1687 年于巴黎出版）。卫方济则有《中国六经》（Sinensis imperii

---

[60] 罗马尼亚文有近半近乎俄文，有关后者表"龙"之音的发法，我感谢我的同事陈相因博士赐教。

[61] Athanasii Kircheri, *China Monumentis qua Sacris qua profanis, Nec non variis Naturæ & Artis Spectaculis, Aliarumque rerum memorabilium Argumentis illustrate*, pp. 170-171 and 228.

libri classici sex）的拉丁文翻译，涵括《四书》、《小学》与《孝经》
等儒籍，其中当然包括《孟子》，也包括上述龙字。《孟子》中"蛇
龙居之"一句，卫氏译为"locáque undis vacua tantùm penè erant
serpentium atque *draconum* receptacula"，而大禹之"驱蛇龙"，他也迻
为"serpents & *dracones* expulit …."，句中dracō 的影响显然可见。[62]
至于《周易》，则更是耶稣会最感兴趣的中国古典之一，欧译不断，
注解甚详，清初白晋（Joachim Bouvet, 1656-1730）与马若瑟（Joseph
de Prémare, 1666-1736）等法国教士尤然，是以《乾卦》所谓"见龙
在田"等句，他们非以欧语说之不可。不过，在华耶稣会的传统上文
已及，《易经》的译法，我想这里不应重复申说。[63]

　　前及韩特往游马六甲，英华书院教师朱清尝给他看过一本书名不
明的涉及中国文字起源的书[64]，而其开头之诗所谈虽非龙形字，所
吟却巧妙印证了这种文字和古史结合的程度：

When on the "Dragon's seat" sat Hwang the long-lived king,

In cycle one, as all agree, writing had its origin.[65]

　　　万寿无疆是黄帝，而他初登龙背的宝座，

[62]　François Noël, *Sinensis imperii libri classici sex* (Pragae: Joachimum Joannem Kamenicky, 1711), p. 321 (*Memcii* Libri I. Caput VI).

[63]　他们译书的经过，详 D. E. Mungello, "The Seventeenth Century Jesuit Translation Project of the Confucian Four Books," in Charles E. Ronan and Bonnie B. C. Oh, eds., *East Meets West: The Jesuits in China, 1582-1773* (Chicago: Loyola University Press, 1988), pp. 252-272。

[64]　朱清（Chu Tsing）之名，我从苏精之说，见所著《马礼逊与中文印刷出版》（台北：台湾学生书局，2000），页 78；此一朱氏乃马礼逊在英华书院的中文启蒙师，见上引苏著页 76-77。

[65]　Hunter, *Bits of Old China*, p. 228. 下面两行中"诗"为拙译，不是朱清提供的原文。

就在干支方过一甲子，文字初造众议同。

我想不用多言，韩特这里所说黄帝时代初造的文字，便是基歇尔笔下的龙书。基氏下笔于龙所用的拉丁字，以他对在华耶稣会士如利玛窦等人所著的熟悉，又以他和清初会士如汤若望等人往还之紧密而言[66]，大有可能还是仿效龙华民早先所作的联系，所以写成了 dracō 一词。不过更形紧要的是，比起曾德昭的《大中国志》，在 17、18 世纪的欧洲，《中国图说》才是真正的畅销书，不但俗语译本众多，而且强烈影响了许多讨论中国的欧语书籍，加深——也扩大了中国龙和欧洲龙合一这种错误的对等印象。

翻译上时见以讹传讹，负负得正，从而使错译变正解的现象，英语以外的欧洲古典或现代语言中龙字的翻译，我想就是最佳的说明。西是西来东是东，如此马鹿判然，却又可强行合流的现象，其实还带有一点某唐人咏龙诗中所况之味："西秦饮渭水，东洛荐河图。"[67] 当然，西方历史走到了曾德昭或基歇尔，以 dragão 或 dracō 译龙几乎已根深蒂固，再难撼动了。而接下来接替天主教称霸欧洲的是基督新教或所谓抗议宗。此时，时序也已跳过了百年光阴，进入了 19 世纪。新教非特是船坚炮利的帝国主义共犯，立下中国不得不面对西方的历史起点，同时也为龙的翻译打造了通往英语世界的最后一块里程碑。

---

[66] 基歇尔熟识同会会士，如卜弥格（Michael Boym, 1612-1659）等人，尝从之得悉大量有关中国的知识。Cf. J. Michelle Molina, "Athanasius Kircher's *China Illustrata* and the *Life Story of a Mexican Mystic*," in Paula Findlen, ed., *Athanasius Kircher: The Last Man Who Knew Everything* (London: Routledge, 2004), p. 366.

[67] 李峤：《龙》，见林德保、李俊编：《详注全唐诗》，卷 60（大连：大连出版社，1998），1: 223。

1815 年以前，英国传教士马礼逊（Robert Morrison, 1782-1834）首开以中文全译《圣经》的历史先声。他原先所用底本，早有人疑为詹姆士一世在位时英译的所谓钦定本（King James Bible）。马礼逊由《新约》下手，继之才和助手米怜（William Milne, 1785-1822）共译《旧约》。在中译《新约》或所谓《新遗诏书》时，马礼逊当然得处理《若望默示录》或《启示录》中 dragon 的中译。19 世纪时，新、旧基督教在华大致实则势同水火。但值得一提的是，马礼逊曾受惠于天主教徒[68]，而在传教手法上，新教也曾受到旧教的影响，尤受上述明代耶稣会内那些分袂的兄弟的启发。所以利玛窦以降，耶稣会好用《伊索寓言》，视之为证道上的示范故事，而我们若以稍晚入华的美国北长老会传教士丁韪良（W. A. P. Martin, 1827-1916）为例，也可发现他在 1850 年代同样以寓言体写成了《喻道传》一书，后来在《中西闻见录》及《新学月报》等杂志上，又"翻译及撰写"了"若干则《伊索寓言》"[69]，几乎呼应了利玛窦及金尼阁（Nicholas Trigault, 1577-1628）等人在明末以西方动物寓言传教的作为[70]。马礼逊先丁韪良到华，对旧教也不陌生。1815 迄 1823 年，马氏为中译《圣经》故，在澳门先行编印了一套六册的《字典》（*A Dictionary of the Chinese Language*），通称《华英字典》，为中西史上首部以英语解释中文的专门辞书。马礼逊编译此一字典的经纬复杂，韩特在 19 世纪观察深刻，告诉我们在感动之余，向来反对传教士最力的东印

[68] 参见孙尚扬：《马礼逊时代在华天主教与新教之关系》，载《道风：基督教文化评论》，第 27 期（2007 年秋），页 39。

[69] 王文兵：《通往基督教文学的桥梁——丁韪良对中国语言、文学的介绍和研究》，载《汉学研究通讯》，第 26 卷第 1 期（2007 年 2 月），页 33。

[70] 参见李奭学：《中外文学关系论稿》（台北：联经出版公司，2015），页 51-61。

度公司居然也曾捐资赞助。[71]《华英字典》以《康熙字典》为选字依据，另参考了《五车韵府》及嘉庆十二年（1807）版的《艺文备览》，检索了用西班牙文撰写的中文语法与相关辞书，尤受法人小德金（Chrétien-Louis-Joseph de Guignes, 1759-1845）《汉法拉丁语字典》（*Dictionnaire chinois, français et latin, le Vocabulaire Chinois Latin*）的影响。[72] 德金的父亲约瑟夫（Joseph de Guignes, 1721-1800）也是汉学家，乃是时法国东方学者傅尔蒙（Étienne Fourmont, 1683-1745）在皇家图书馆的继任者，主张中国字和埃及古代的象形文字有关。德金随乃父习中文，又曾奉拿破仑之命担任广州领事，随荷兰使节团入宫觐见乾隆皇帝。1813 年，德金在巴黎出版《汉法拉丁语字典》，其中释龙，不但解为鹿角蛇体的鳞介，而且分别以法文、拉丁文称之为 dragon、dracō。[73] 马礼逊入华时携带了德金此书，在编写《华英字典》时大量参考。此所以释龙之际，书中首先以拉丁文 dracō 附会，然后

---

[71]　Hunter, *Bits of Old China*, pp. 160-161. 另参见马礼逊夫人伊丽莎白（Elizabeth）编，顾长声译：《马礼逊回忆录》（*Memoirs of the Life and Labours of Robert Morrison*；桂林：广西师范大学出版社，2004），页 98-101；尤请参见页 99 译者注 1。

[72]　参见苏精：《马礼逊与中文印刷出版》，页 81-107。另参见：Robert Morrison, "Advertisement" to his comp., *A Dictionary of the Chinese Language, in Three Parts*, 6 vols (1815; rpt. Tokyo: Yumani Shobo, 1996), 1: A；Tereza Sena, "Robert Morrison: A Man with a Body of Iron and the Eyes of an Eagle," *Chinese Cross Currents* 4/4 (Oct 2007): 168-170；冯锦荣：《陈荩谟（1600?-1692）之生平及西学研究——兼论其著作与马礼逊（Robert Morrison, 1782-1834）〈华英字典〉之中西学缘》，载《明清史集刊》第 9 卷（2007 年），页 210-212。

[73]　Chrétien-Louis-Joseph de Guignes, *Dictionnaire chinois, français et latin, le Vocabulaire Chinois Latin* (Paris: De L' Imprimerie Impériale, 1813), pp. 927 and 1027.

才用英文为之正名，曰 dragon。[74] 至于上述《若望默示录》中的古蛇，1823 年的《神天圣书》或《新遗诏书》当然也以巨龙译之。

有趣的是，德金的字典出版次年，法国汉学家雷慕沙（J. P. Abel-Remusat, 1788-1832）与德国汉学家柯恒儒（J. Klaproth, 1783-1835）马上指为抄袭，谓其"原著"系方济会士叶尊孝（Basilio Brollo da Gemona, 1648-1704）编纂的一本拉中对照字典。叶氏出身意大利，1680 年入华。他的字典编于南京传教时，1699 年左右完成后，印量有限，但手稿庋藏于梵蒂冈图书馆，迄今仍可一见。[75] 字典释义承袭前此天主教传教士编纂甚夥的各种欧华辞典，而其中释龙，我相信应仍从龙华民一脉的耶稣会出之。在叶尊孝与德金的光照下，马礼逊与天主教的联系或英国龙与罗曼语系的渊源，自是彰明较著，再难否认。[76]

中国基督新教早期的历史上，马礼逊的影响力罕见其匹，连稍后伦敦差会的大译家理雅各（James Legge, 1815-1897）都难免受其启发，是以《新遗诏书》和《华英字典》以还，各种中国古籍里龙的

---

[74] Robert Morrison, *A Dictionary of the Chinese Language, in Three Parts*, 3:904. 不过马礼逊也难以英文释蛟。他所得亦见文化差异，和他以鳄（alligator）定义龙之品类一样似是而非："A kind of crocodile found in Yang-tze-keang, said to weight two thousand catties; to have four feet, and to resemble a snake."（页 252）。有趣的是，今人何新亦持龙出于鳄之说，见何新：《龙：神话与真相》（上海：上海人民出版社，1989）。另参见《新遗诏书》，网址：http://bible.fhl.net/new/ob.html。

[75] 参见杨慧玲：《叶尊孝的〈汉字西译〉与马礼逊的〈汉英词典〉》，载《辞书研究》，第 1 期（2007 年）；见网址：http://qkzz.net/magazine/7532-6200/2007/01/2167246.htm，检索日期：2009 年 3 月 4 日）。另参见图莉（Antonella Tulli）著，蔡雅菁译：《意大利汉学研究现况——从历史观点》，网址：http://www.italy.fju.edu.tw/files/Sinologia_Ital_TULLI_Chinese.pdf，检索日期：2009 年 3 月 4 日。

[76] 参见马西尼（Federico Masini）著，钱志衣译：《十七、十八世纪西方传教士编撰的汉语字典》，见卓新平编：《相遇与对话：明末清初中西文化交流国际学术研讨会论文集》（北京：宗教文化出版社，2003），页 334-347。

英译，或各式《圣经》中 dragon 的中译，遂如此这般"以讹传讹"，继而在世人不查或疏于再详的情况下流淌至今，包括理雅各笔下各种中国古代经典的英译。[77] 其他新教牧师如卫三畏（Samuel Wells Williams, 1812-1884）、麦都思（Walter Henry Medhurst, 1796-1857）与罗存德（William Lobscheid, 1822-1893）等人，固无论矣。19 世纪也是英国和美国崛起的年代，英语变成举世的霸权语言，dragon 一词如虎添翼，挟两国几乎无远弗届的影响力四处流传，辗转散播，终至难以收拾而又负负得正了。所谓 dragon king 与 dragon boat，或漫画书上的 dragon lady 这类相关的说法，紧跟着也变成了定译，连韩特这种观察入微的正牌中国通都随之起舞，而在《旧中国杂记》中也"以讹传讹"了。[78]

从翻译史和历史语言学的角度看，类如龙字在英译上的讹误，当非世所仅见，唾手拾来，史上至少有和龙并称祥兆的神话动物凤（phoenix），可以再证。不过，后者并非本文的关怀。而就龙字如何英译或以其他欧语正之，说来确实也戛戛乎其难。失察之下，抑且可能治丝益棼。所以拉杂写到这里，我愈谈畏愈生，当然不敢造次而越俎代辞典学家或比我更够资格的比较文学家作答。尽管如此，翻译上所谓"不可译"之说，由来久矣，多指歧义性强的语词的迻译，亦指文字游戏如双关语或文化与地缘上甲有而乙无，反之亦然的品类或现

---

[77]　James Legge, *The Chinese Classics: With A Translation, Critical And Exegetical Notes, Prolegomena, and Copious Indexes*, 5 vols (Hong Kong: Legge; London: Trubner, 1861-1872).

[78]　Hunter, *Bits of Old China*, pp. 142-144. 卫三畏等人编的字典中有关"龙"的问题，参见关世杰：《跨文化传播学视角中"龙"与"Dragon"的互译更改问题》，见胡庚申主编：《翻译与跨文化交流：整合与创新——第二届海峡"两岸四地"翻译与跨文化交流研讨会论文集》（上海：上海外语教育出版社，2009），页 8-10。

象的传释。一千三百年前，大唐三藏法师玄奘（602-664）在梵典中尝遇到后一类情形，他的做法是译音不译字，也就是以音译代字义之译，从而形成佛教译史上著名的"五不翻"第三条的"此无故"。[79] Dragon 和龙本为牛头与马嘴，泾渭判然，何止甲有而乙无？所以不能互译，孺子可解。由是观之，玄奘在大唐贞观年间的论述，我以为后之好事者仍可参考。如此一来，2006 年前后开启的以"long"或沿用前代马若瑟而以"Long"代"dragon"的新见或新译[80]，我想我们非但不能说是无的放矢，还得正大光明地承认其来有自。

---

[79] 参见周敦义：《翻译名义序》，见高楠顺次郎、渡辺海旭主编：『大正新脩大藏経』，100卷（東京：大正一切経刊行会，1934），54:1055。

[80] 这种先例不是没有，1994 年美国学者海伊（John Hay）就用威翟氏拼音在自己的文章中称"*lung*"终篇，参见 John Hay, "The Persistant Dragon (*Lung*)," in Willard J. Peterson, Andrew H. Plaks, and Ying-shi Yu, eds., *The Power of Culture: Studies in Chinese Cultural History* (Hong Kong: The Chinese University Press, 1994), pp. 119-149。另见《学者呼吁为中国龙正名，英译名用"Loong"代 Dragon》，载《新民晚报》（2006 年 12 月 7 日）。我引自《人民网》的"观点"，网址：http://big5.people.com.cn/gate/big5/opinion.people.com.cn/GB/5140397.html，检索日期：2009 年 3 月 4 日。另参见 Tao, *Drawing the Dragon: Western European Reinvention of China*, pp. 15-21。

农产品质量安全控制综观研究

郑红军◎著

人民出版社

目　录

第一章 导 论

1.1 选题依据和研究背景

质量管理大师朱兰博士曾经预言: 21世纪是质量的世纪。纵观当今世界农产品市场的发展趋势, 质量和安全性正逐步成为竞争的焦点。

农产品是与人类健康和生命关系最紧密的消费品。随着经济的发展和社会的进步, 特别是随着社会生产力的快速发展, 居民生活消费从"吃饱"向"吃好"转变的趋势进一步加剧, 人们对农产品关注的重点也逐渐从单一数量需要转向多样化的质量需求。民以食为天, 食以安为本。包括食品在内的农产品质量安全及其水平已成为国内外社会各界关注的热点问题, 而经济全球化进程的加速也促使我国对农产品质量安全的考察必须具有国际视野和世界眼光。

从国际看, 农产品质量问题是消费者、企业、政府、社会乃至全球普遍关注的热点问题, 它对食品安全、生活质量、对外贸易、国际形象和竞争力的提高至关重要。当前, 据估计, 全球人口中每年大约有1/3的人有食源性疾病经历, 出现的腹泻病历高达15亿, 其中70%是直接由食品的生物或化学污染所致。① 进入新世纪以来，疯牛病、口蹄疫、禽流感、二噁英等重大食品安全事件的爆发和流行已经对世界各国的经济和社会发展产生巨大影响，世界各国特别是发达国家都将其视为关系国计民生、国家安全、社会稳定的头等大事，理论研究不断加强，政策措施日益完善。

从国内看，改革开放以来，我国农产品的产量和质量都有了很大的提高，基本能满足需求。20 世纪 90 年代以来，我国农产品供求情况发生了重大转变，普通农产品的供给从长期短缺实现了总量平衡，丰年有余。近年来，随着经济的飞速发展，我国主要农产品总量基本实现平衡，农产品的供求已由量的增加逐步转向质的提高。在解决温饱问题以后，人们不再满足食物数量，而是在追求食物安全，甚至更高质量的食物。农产品是人们主要的食物或食物来源，农产品质量问题不仅关系着城乡居民的健康，而且关系着我国农产品的国际市场竞争力，农产品质量管理研究逐渐成为研究的热点。虽然农产品质量管理问题已经引起了学术界的广泛关注，政府部门作为制度提供者也建立起了相应的质量保障体系，但我国农产品质量问题并没有从根本上得到解决，甚至没有解决最低层次的农产品质量安全问题。假冒伪劣、有毒有害和虚假宣传等恶性现象是我国经济转轨和社会转型期极为突出的社会顽疾，苏丹红鸭蛋、毒大米、毒韭菜等一系列恶性事件的频繁发生深刻揭示了我国现行农产品质量安全管理的危机。

随着全国人均 GDP 和城乡居民收入的增长②，如何吃得放心、吃得安全日益成为大家关注的重点，农产品市场需求的主要矛盾已

① 陈锡文、邓楠：《我国食品安全战略研究》，化学工业出版社 2004 年版。
② 参见附表 A：1978—2010 年全国人均 GDP 和城乡居民收入。

经从数量需求向数量和质量安全双重需求转变，对优质农产品的需求量日益加大。但是，由于我国农产品市场良性发展的机制尚未建立，按质论价的市场自我调节机制难以发挥作用，农产品总体质量水平进入徘徊和波动阶段，甚至出现了"瘦肉精"猪肉、毒大米、"苏丹红"鸭蛋、"三聚氰胺"奶粉等重大质量安全事件频发的情况，这既给行业生产和发展带来了严重的影响，也直接打击了消费者的信心。就农产品质量而言，学术界的科学研究与各级政府管理的重点主要放在农产品特别是食品安全管理体系建设及实施方面，对农业龙头企业产品质量安全考虑比较少，尤其是缺乏对国家重点农业龙头企业产品质量安全控制系统、深入、全面的理论研究。作为农业产业化经营"领跑者"、农业现代化建设"火车头"的龙头企业，其生产的农产品市场占有率不断提高，产品质量安全控制水平全国领先。我国农业龙头企业在生产规模、设备技术、资金实力、员工素质、质量管理水平等方面优势明显，从一定意义上说，农业龙头企业的产品质量可以代表我国农产品质量的水平和发展方向。由于农业龙头企业规模较大和易于采用标准化生产，其产品质量整体水平行业领先，在保证和提高农产品质量安全水平上理应发挥重要作用。但是，石家庄三鹿集团股份有限公司（以下简称三鹿集团）作为国家重点农业龙头企业，其三聚氰胺奶粉事件及影响也说明，农业龙头企业对我国农产品质量的负面作用也是巨大的。目前，学术界关于农业龙头企业的研究主要停留在如何扶持农业龙头企业把规模做大，对如何保障农业龙头企业农产品质量安全的研究相对薄弱。

鉴于上述背景，本书选择农业龙头企业产品质量控制作为研究对象，以提高我国农产品质量安全的整体水平，在理论上符合逻辑，实践中切实可行。通过系统研究得出的主要结论和所提的对策建议，不仅有助于农业龙头企业提高产品质量，也有利于政府制定监控农业龙头企业产品质量的政策，对当前和今后一个时期我国农业产业化的发展、人民生活质量的提高都具有极其重要的意义。

1.2 相关概念界定

1.2.1 农业龙头企业

（1）农业龙头企业的概念。农业龙头企业是指围绕一种或几种农产品的生产、加工、贮运、销售、科研、服务等生产经营活动的经济实体，通过"公司＋基地＋农户"的模式进行产业化运营。农业龙头企业与农户形成有机的联合，一头连着市场，一头连着农户，进行产业化经营，形成"利益共享、风险共担"的经济共同体，具有较强的经济技术实力、风险控制能力和市场开拓能力，具有全面的综合服务功能和辐射带动作用[1]。我国农业龙头企业，是一般企业中的优势企业，主要有四个明显的特征：一是拥有高新农业技术成果产权，经济科技贡献率高；二是为农民、农业和农村进行社会化服务，寓盈利于服务；三是农工商、经科教、内外贸综合经营；四是内外开放，信息共享，公平竞争，打破垄断，外向型经济比重大。

（2）农业龙头企业的类型。农业龙头企业的类型，有多种划分方法。根据组织形式可以把农业龙头企业分为以下几类：加工企业带动型；购销公司带动型；专业市场带动型；中介组织带动型；科技服务组织带动型；集团开发带动型。[2] 按所有制形式，农业龙头

---

① 周良骥：《试论"龙头"企业在农业产业化中的地位和作用》，《高等农业教育》1999 年第 7 期。

② 周良骥：《试论"龙头"企业在农业产业化中的地位和作用》，《高等农业教育》1999 年第 7 期。

企业可分为国有、集体、股份制、个体及三资企业等龙头企业；按从事产品划分，可分为粮油、棉纺、林果、畜牧养殖、水产等龙头企业；按行业划分，有加工型、冷藏型、综合贸易型等龙头企业；根据它们在带动农户方面的作用不同，还可分为国家级、省级、地（市）级和县（区）级龙头企业。[①]按照为农民服务的方式，可以把农业龙头企业分为生产资料提供型，农产品收购、加工型，农产品销售型和功能型四类。根据规模的大小，可以把农业龙头企业分为国家重点农业龙头企业、省重点农业龙头企业、市重点农业龙头企业和县重点农业龙头企业。[②]

　　本书所指的农业龙头企业是指农业产业化国家重点龙头企业（简称农业龙头企业），是指以农产品生产、加工或流通为主业，通过合同、合作、股份合作等利益联结方式直接与农户紧密联系，使农产品生产、加工、销售有机结合、相互促进，在规模和经营指标上达到规定标准并经全国农业产业化联席会议认定的企业。农业部等九部委规定国家重点农业龙头企业要符合以下指标[③]：①企业中农产品生产、加工、流通的销售收入（交易额）占总销售收入（总交易额）的70%以上。②生产、加工、流通企业规模。总资产规模：东部地区1.5亿元以上，中部地区1亿元以上，西部地区5000万元以上；固定资产规模：东部地区5000万元以上，中部地区3000万元以上，西部地区2000万元以上；年销售收入：东部

[①]　郭红东：《农业龙头企业与农户订单安排及履约机制研究》，浙江大学博士论文，2005年。

[②]　徐海斌、王立平：《农业龙头企业的成因类型及在产业化中的作用》，《中国种业》2006年第5期。

[③]　摘自农业部等九部委：《农业产业化国家重点龙头企业认定和运行监测管理办法》，农经发〔2010〕11号。

地区 2 亿元以上，中部地区 1.3 亿元以上，西部地区 6000 万元以上。③农产品专业批发市场年交易规模：东部地区 15 亿元以上，中部地区 10 亿元以上，西部地区 8 亿元以上。④企业效益。企业的总资产报酬率应高于现行一年期银行贷款基准利率；企业应不欠工资、不欠社会保险金、不欠折旧，无涉税违法行为，产销率达 93% 以上。⑤企业负债与信用。企业资产负债率一般应低于 60%；有银行贷款的企业，近两年内不得有不良信用记录。⑥企业带动能力。鼓励龙头企业通过农民专业合作社、专业大户直接带动农户。通过建立合同、合作、股份合作等利益联结方式带动农户的数量一般应达到：东部地区 4000 户以上，中部地区 3500 户以上，西部地区 1500 户以上。企业在从事农产品生产、加工、流通过程中，通过合同、合作和股份合作方式从农民、合作社或自建基地直接采购的原料或购进的货物占所需原料量或所销售货物量的 70% 以上。⑦企业产品竞争力。在同行业中企业的产品质量、产品科技含量、新产品开发能力处于领先水平，企业有注册商标和品牌。产品符合国家产业政策、环保政策，并获得相关质量管理标准体系认证，近两年内没有发生产品质量安全事件。

（3）农业龙头企业的历史地位。没有农业产业化就没有龙头企业，同样，没有龙头企业也就没有农业产业化，没有龙头企业的现代化，也就没有整个农业的现代化。党的十五届三中全会决定指出："发展农业产业化经营，关键是培育具有市场开拓能力、能进行农产品深度加工、为农民提供服务和带动农户发展商品生产的'龙头企业'。"①2000年起国家正式出台了扶持重点龙头企业的政策措施和管理办法，指出"扶持农业产业化就是扶持农业，扶持龙头企业就是扶持农

---

① 《中共中央关于农业和农村工作若干重大问题的决定》，1998 年 10 月。

民"①。2002年新修订的《中华人民共和国农业法》明确规定，国家引导和支持从事农产品生产、加工、流通服务的企业、科研单位和其他组织，通过与农民或者专业合作组织订立合同或者建立各类企业等形式，形成利益共享、风险共担的利益共同体，推动农业产业化，带动农业发展。党的十七届五中全会要求农业产业化要紧紧抓住历史机遇，强化科技创新，转变发展方式，提升产品质量，增强社会责任意识，进一步提升农业产业化发展的质量和水平。党和政府的政策和国家法律充分肯定了我国农业产业化龙头企业的历史地位，说明龙头企业是农业产业化经营的"领跑者"、农业现代化建设的"火车头"。近年来，党中央、国务院高度重视农业产业化发展，连续7个中央1号文件都对推进农业产业化作出了部署，明确要求把农业产业化作为我国农业农村经济发展的一件带有全局性、方向性的大事来抓。当前，我国农业产业化经营已经进入创新提升阶段，龙头企业发展正由数量扩张向质量提升转变，由松散型利益联结向紧密型利益联结转变，由单个企业带动向企业集群带动转变，农业龙头企业已经成为引领现代农业发展的骨干力量。截至2010年9月，我国形成了以894家国家重点龙头企业为核心，8700多家省级龙头企业为骨干，8万多家中小型龙头企业为基础的发展格局②。

（4）农业龙头企业的作用。周良骥认为，农业龙头企业要确保农业增产增收和农户应有利益；推动科技进步及名优产品开发；创建农产品名牌；优化现代农业布局，变传统优势为产业优势；增加科技含量；贫困地区脱贫致富等方面发挥着重要

---

① 农业部等八部委：《关于扶持农业化经营重点龙头企业的意见》，2000年10月。
② 孙中华：《加快推进农业产业化　增强县域经济发展活力——在四川省县域经济科学发展研讨会上的发言》，2010年9月17日。

作用。[①] 李成勋认为农业龙头企业能够发挥强大的吸引和辐射作用，为广大农民带来巨大的收益，实现农村经济的发展和社会的进步。[②] 周中林在阐明农业产业化龙头企业产生的历史背景和组织基础上，论证了龙头企业的起源、特征和功能作用，指出与一般企业相比，农业龙头企业有四个明显的特征：一是科技型，拥有高新农业技术成果产权，经济科技贡献率高；二是公益型，为农民、农业和农村进行社会化服务，寓盈利于服务；三是综合型，农工商、经科教、内外贸综合经营；四是开放型，内外开放，信息共偿，公平竞争，打破垄断，外向型经济比重大。[③] 龙头企业要成为带动农民进行农业产业化的火车头和领跑者，除具有一般企业转化增值、流通交换、资源聚合的功能外，还具有农业产业化领跑者的特殊功能。具体包括技术创新功能、市场开拓功能、社会服务功能、协调管理功能。

综上所述，为研究方便和农业龙头企业的实际，特对研究对象作如下界定：

（1）本书所指的农业龙头企业特指农业产业化国家重点龙头企业；

（2）从894家国家重点农业龙头企业中选取以加工生产食用农产品为主的龙头企业作为本书的调查研究对象。

---

① 周良骥：《试论"龙头"企业在农业产业化中的地位和作用》，《高等农业教育》1999年第7期。

② 李成勋：《龙头企业在"三农"工程中的战略地位》，《经济经纬》2001年第6期。

③ 周中林：《我国农业产业化龙头企业历史地位与发展对策》，《求索》2005年第4期。

1.2.2 农产品质量

（1）农产品的概念与特点。关于农产品的概念有代表性的有以下两种解释：一是指农业中生产的物品，如稻子、小麦、高粱、棉花、烟叶、甘蔗等。二是根据《农产品质量安全法》第二条的规定，农产品是指来源于农业的初级产品，即在农业活动中获得的植物、动物、微生物及其产品。从农产品的统计范围看，中华人民共和国商务部《我国农产品进出口月度统计报告》将农产品定义为，WTO《农业协定》口径＋水海产品，具体商品范围包括海关协调制度编码第 1 章至第 24 章；另加 2905.43（甘露糖醇）、2905.44（山梨醇）、33.01（精油）、35.01 至 35.05（蛋白质物质、改性淀粉、胶）、3809.10（整理剂）、3823.60（2905.44 以外的山梨醇）、41.01 至 41.03（生皮）、43.01（生皮毛）、50.01 至 50.03（生丝和废丝）、51.01 至 51.03（羊毛和动物毛）、52.01 至 52.03（原棉、废棉和已梳棉）、53.01（生亚麻）、53.02（生大麻）。

与一般产品相比，作为农业活动产物的农产品具有如下鲜明特点：

一是生产难以标准化。农产品的生产离不开自然界的光合作用，在整个生命周期里任何细微的变化，都可能影响到单个农产品的大小、长短、轻重以及成分、色泽、质地，这就造成了农产品生产过程标准化程度低、质量难以控制的特点。

二是消费具有时限性。农产品都是具有生命力的碳水化合物，具有易腐败、不易保存的特点，因此，其固有使用价值必须在一定时间内消费，否则，质量就难以保证，再消费就会影响身体健康或生命安全。

三是质量具有隐匿性。农产品的外在质量如大小、新鲜度等可以通过肉眼直接观察到，而隐匿在产品内部的有关营养、卫生等方面的内在质量信息则不能直接获得，尤其是农药残留、硝酸盐含量等即使在购买前品尝也难以判断。农产品质量的这一特点，一方面，增加了消费者获得有关农产品质量完全信息的困难和成本；另一方面，也使企业减少为保障农产品质量而必须的投入成为可能。

四是测定具有破坏性。与工业产品不同，对农产品进行物理化学分析是确切了解农产品特性的重要手段，为此，必须进行取样分析，而对农产品样品的测定是具有破坏性的，一旦测定完成后，样品就失去了其使用价值。

五是效用具有滞后性。与普通商品相比，农产品食用后其营养或保健效果一般需要较长的时间才能显现，这种效用的滞后性，既影响消费者的心理和行为，又影响生产者对农产品质量的控制。

为使研究深入和方便，本书将研究对象界定为食用农产品。

（2）质量的概念。质量的形成和发展也经历了一个不断演化的过程。即从符合标准要求的"符合性质量"到满足顾客要求的"适用性质量"，再到"顾客和其他相关方面满意的质量"，最终实现组织经营系统质量卓越。一般认为，人类从农业文明向工业文明转变过程中，以"泰勒制"的产生为标志，生产管理理论和方式伴随着以大规模的分工、协作、专业化为特征的工业生产方式的发展不断创新，最初的质量是指产品或工作的优劣程度，是否符合技术和产品标准就成为判断质量优劣的主要依据。这种符合性质量最有代表性的人物是菲利普·克劳士比（Philip B.Crosby），他认为质量意味着符合要求。"二战"后，随着世界经济长期稳定的增长，市场环境从卖方主导向买方主导的转变，适用性质量应运而生，朱兰（J.M.Juran）在其名著《朱兰质量手册》中对质量的描述是"质量意味着能够满足顾客的需要从而使顾客满意的那些产品特性"。1961

年，费根堡姆的著作《全面质量管理》出版，他对产品和服务的质量定义如下：产品和服务在市场营销、工程、制造、维护的各个方面、综合的特性，要通过这些方面的使用来满足顾客的期望，在继承朱兰适用性质量的基础上，强调质量是多维和动态的，形成了全面质量的概念。目前，虽然世界各国对质量概念的表述并不完全一致，ISO9000 ∶ 2000 中质量的定义还是得到大多数国家认可：即一组固有特性满足要求的程度。这个定义将"质量"的内涵几乎收缩到最小，因此具有最大的外延，从而具有广泛的包容性。①

（3）农产品质量的概念与标准。农产品质量的概念。在准确界定农产品和质量的概念之后，农产品质量的定义就可以概括为：在农业活动中获得的植物、动物、微生物及其产品所固有的特性满足要求的程度。它是一个以生物学特性、安全性为基础，受消费者偏好、产品用途等因素影响的主观范畴概念。② 从广义上说，农产品质量主要包括能够满足消费者要求的营养成分、卫生安全、口感等特性，也是农产品使用价值的具体体现。

农产品质量的决定因素。遗传因素和外界因素决定农产品质量，安全性是农产品质量的基础，而消费偏好、产品用途都会影响对农产品的质量评价。遗传因素主要体现为品种特性，人类通过劳动干预生物生长过程获得农产品，生物特性是农产品质量的基础，受生物遗传性质、生产技术、生产方法共同影响，不同的生物特性决定了农产品质量的差异。外界因素包括环境、人、机器设备、投入品和工艺方法等对农产品质量影响重大。如生产中的光、热、水、土等自然环境对动植物质量影响较大，生产者观念、素质和能

---

① 参见韩福荣：《质量生态学》，科学出版社 2005 年版。

② 参见刘成玉：《我国优质农业发展与农产品质量安全控制》，西南财经大学出版社 2009 年版，第 1—21 页。

力对农产品质量安全影响较大；农药、化肥、饲料以及原材料等投入品对农产品质量安全会产生直接影响；等等。

农产品质量标准及其特殊性。标准是质量控制的前提，因此，对农产品质量标准及其特殊性的研判就具有了实际意义。一般而言，判断农产品质量高低的标准主要从食用品质和商品品质两个方面来衡量。食用品质是农产品最基本的品质要求，主要是农产品的营养价值，如蛋白质、氨基酸、热量、脂肪、维生素等营养物质的含量和比例。商品品质是现代农业发展的必然要求，也是商品价值实现的载体，农产品商品品质主要包括外部形态和物理形状、完整性、器官感觉特性、加工特性、耐贮运性、消费的方便性等是共性特点，但具体到不同的农产品，其质量标准又各有侧重。与一般工业产品质量标准相比，农产品质量标准的特殊性主要体现在以下方面。一是农产品质量标准的复杂性。由于农产品质量既是一种客观存在，又是一种主观判断。这种主观性决定了农产品质量标准的特殊性。二是农产品质量标准的动态性。农产品供求双方质量需求都不断变化，因此，消费者生活水平的提高和经营者供给能力的增强使农产品质量与安全性标准的提高成为必然趋势。三是农产品质量标准受"质量弹性"① 的影响较大。产品的质量弹性由产品本身的生物学特性、产品的用途和经济发展水平及购买力决定，农产品质量弹性低于工业品；用途不同质量弹性差异明显；经济发达、购买力增强，农产品质量弹性越大。

判断农产品质量高低的依据。受农产品质量标准特殊性的影响，作为商品的农产品，判断其质量高低是十分困难的，但从总体

---

① 产品消费的质量弹性是指产品或服务的质量变化引起消费者满意度变化的程度，或者消费者对产品或服务质量的宽容程度。研究表明质量弹性与质量标准呈高度正相关关系。

上判断农产品质量的依据，主要考虑两个方面：一是以农产品的生物学特性为主，即从农产品的基本功能和属性方面评价农产品的质量。食用农产品营养成分是最核心的质量指标，同时还要考虑到消费者、质量多维性、用途、转基因技术以及农产品消费目的多元性的影响。二是以市场价格为主判断农产品质量。在正常的市场条件下，具有相近消费习惯的消费者认为，对质量好的产品，他们愿意支付较高的价格，因此，对相同或相近的农产品，市场价格是判断其质量高低的主要指标。而具体到对市场上某种农产品质量的判断，一般还要考虑消费习惯、市场完善程度、汇率、贸易扭曲和信息不对称等因素。在实际工作中，最理想的办法是将上述两个方面结合起来对农产品质量进行评价，同时，兼顾销售量等其他因素。

随着人们生活需求和满足程度的变化，对农产品质量的要求也在不断提高，在关注农产品质量安全性基础上，人们日益重视其内在质量和外在质量。我国是一个农业大国，农产品总产量居世界第一。但是，从 1996 年以来，我国农产品出口一直未能进入世界排名前十位。究其原因，就是当前世界农产品市场竞争已经从以往的价格竞争为主转变为以质量和技术含量为主的全方位竞争，质量水平不高的现实使我国农产品的比较优势并没有真正转化为竞争优势，从而大大制约了我国农产品总体竞争力的提高。

（4）农产品安全。农产品安全在国际上一般用食品安全取代，因侧重点不同，相应英文单词也有差别，含义也不一样：Food Security 是指因农产品数量短缺和营养不良造成的生命和健康问题，而 Food Safety 则是因农产品污染或营养失衡造成的生命和健康问题，侧重质量安全和生命、健康的保障。

本书所指的农产品质量安全是指农产品在产地、生产过程、贮藏、运输、加工和销售等环节中各种有毒、有害物质得到了控制，产品达到了安全标准要求，对消费者及后代的身心健康和生命安全，对周围环境不会造成危害和损失。安全性是农产品质量最重要的基础，具有隐蔽性、相对性、多环节性、复杂性以及影响的渐进性、传递性和积累性等特点。农产品的不安全性由内生性因素和外生性因素共同决定。内生性不安全因素主要包括生物固有特性带来的不安全和现代生物技术人为地为某种农作物导入本身不具有的基因而带来的安全隐患（如转基因农产品）；外生性不安全因素按污染的环节包括五个方面，即产地环境、生产加工过程、贮藏包装和运输过程、销售过程的污染。①

从质量和安全性的保障程度看，我国的安全农产品大致可分为无公害农产品、绿色农产品（食品）和有机农产品（食品），一般来说，层次越高，农产品的质量和安全性越高。由于农产品质量的复杂性，本书研究的重点是农产品质量安全性的控制。不同质量农产品的差异见表1.1。

表1.1 不同质量农产品的对比分析

	内涵	标准	推出背景	发展情况
有机农产品	根据有机农业原则和有机农产品生产方式及标准生产、加工出来的，并通过有机食品认证机构认证的农产品。	根据国际有机农业联合会有机食品生产加工基本标准而制定的相关的标准，具有国际性。不同的国家，不同的认证机构，其标准不尽相同。	国际上有机食品起步于20世纪70年代，以1972年国际有机农业运动联盟的成立为标志。1994年，我国在南京成立有机食品中心，标志着迈出了实质性的步伐。	20世纪90年代中期以来，我国有机农产品发展迅速，经过认证的有机食品有茶叶、蜂蜜、奶粉、大豆等上百个品种。目前我国有机农产品进入良好发展阶段。

---

① 参见刘成玉：《我国优质农业发展与农产品质量安全控制》，西南财经大学出版社2009年版，第2—30页。

	内涵	标准	推出背景	发展情况
绿色农产品	遵循可持续发展原则、按照特定生产方式生产、经专门机构认定、许可使用绿色食品标志的无污染的农产品。	由我国绿色食品发展中心组织制定的统一标准，其标准分为A级和AA级。包括环境质量、生产技术和产品质量全程质量控制标准。	20世纪90年代，"农残"问题引起社会广泛关注。1990年绿色农产品由农业部发起，1992年成立我国绿色食品发展中心，1993年发布"绿色食品标志管理办法"。	2001年农业部启动了"绿色食品行动计划"并列入"863"计划。随着绿色农业的发展，我国开始重视研究和制定农产品安全生产规范和绿色农产品标准。
无公害农产品	产地环境、生产过程和产品质量均符合国家有关标准和规范的要求，经认证合格获得认证证书并允许使用无公害农产品标志的未经加工或者初加工的农产品。	无公害农产品执行的是国家质检总局发布的强制性标准及农业部发布的行业标准。产品标准、环境标准和生产资料使用准则为强制性国家或行业标准，生产操作规程为推荐性行业标准。	无公害农产品20世纪80年代后期，部分省、市开始推出无公害农产品，2001年农业部提出"无公害食品行动计划"并在北京、上海、天津、深圳4个城市进行试点，2002年，"无公害食品行动计划"在全国范围内展开。	2001年4月，我国启动了以解决农产品质量安全和治理餐桌污染为核心的无公害食品行动计划并试点；2002年在全国范围内全面推进这一计划。目前，因食用农兽药残留等有毒有害农产品引发的急性中毒事件得到了有效控制。

1.2.3 农产品质量控制体系

（1）农产品质量控制体系的概念。农产品质量控制体系是对保障农产品质量安全整个体系的总称。一般而言，农产品质量安全控制主体、标准、内容、方法等都包含在体系中，不同国家和地区、不同的企业、不同时期对农产品质量控制体系的理解都有差别，即该体系具有复杂性、多样性、动态性等特点。

（2）农产品质量控制体系的构成。作为一个完善的系统，本书从生产加工食用农产品农业龙头企业的角度，将农产品质量控制体系的构成作如下划分。

一是质量安全体系。安全是农业和农产品的最重要因素，因此，质量控制体系的核心是控制农产品的安全。农业龙头企业通过建立 HACCP 关键控制点，设置反馈机制，在种养、生产加工、包装、贮藏、运输、消费全程对这些关键控制点进行监控，通过反馈机制及时调整生产技术，使产品的质量安全始终在控制范围内。

二是质量标准体系。标准是衡量农产品质量的前提。因此，标准体系是农产品质量控制体系的重要组成部分。从环节看，农产品质量控制包括产前、产中、产后全过程的质量标准；从层次看，包括企业、行业标准、国家和国际标准。

三是质量保障体系。农业龙头企业采用 ISO9001B2000 质量管理体系，建立农产品各个阶段的质量保障体系，以全程采用信息化管理为手段进行全程监控。检验机构对产品的各个环节的质量、环境条件、食品安全进行检验，为反馈机制提供基础理论数据，以保证技术调整的合理性。农业龙头企业通过建立安全农产品现代流通及应急保障体系，真正做到在农产品流通过程中"数量可报、质量可控、消费可信、问题可溯"，形成产前、产中、产后的全程质量保障。

1.3 研究目的和意义

1.3.1 研究目的

民以食为天，食以安为本。农产品质量事关身心健康和生命安全，本书的宗旨是通过对农业龙头企业产品质量控制的理论和实证研究，揭示其主要影响因素，掌握农业龙头企业产品质量控制的内在规律，提出我国农业龙头企业产品质量控制的对策建议，保证农产品质量和安全。主要目标如下：

（1）创新农业龙头企业产品质量控制的理论。运用质量管理理论、食品供应链理论、信息不对称理论、企业动机理论、企业行为经济学理论和综观经济理论等相关理论，构建起研究农业龙头企业产品质量控制的全新分析框架，为实证研究打下基础。

（2）揭示影响农业龙头企业产品质量的关键因素和基本规律。通过对我国生产、加工食用农产品为主的 56 家国家重点农业龙头企业的调查研究，揭示影响农业龙头企业产品质量的主要因素，并运用广东温氏食品集团有限公司（以下简称温氏集团）肉鸡质量控制和三鹿集团奶粉质量失控的正反案例，进一步验证农业龙头企业产品质量综观控制的科学性和合理性。

（3）提出相关对策建议。根据理论和实证研究的结果，得出主要结论并在此基础上，提出加强我国重点农业龙头企业产品质量控制的若干建议，为企业、农户和政府职能部门提供决策参考。

1.3.2 研究意义

（1）理论意义。本书通过运用质量管理理论、食品供应链理论、"柠檬市场"理论、企业动机理论、企业行为经济学理论和综观经济理论等相关理论，研究构建农业龙头企业产品质量控制的综观分析框架，创新农业龙头企业产品质量控制的理论，既有利于在理论方面增强对农业龙头企业产品质量控制内在规律性的认识，进一步丰富和发展以往的理论，弥补传统理论不能完全适应产品质量控制需要的不足，也有利于指导政府和农业龙头企业控制产品质量。

（2）实践意义。新世纪以来，科学发展观日益深入人心，我国经济要实现"加快转型升级"，建设现代农业，不断提高广大人民群众的生活质量要求，包括农产品在内的产品质量的高低日益成为关键因素。龙头企业是农业企业的中坚力量，其生产的农产品数量和质量在全国农产品中占有绝对优势，与一般农业企业相比，农业龙头企业具有生产规模大、科技进步快、易于标准化、管理水平高、示范带动效应明显等特点，对其产品的质量控制也更容易。从一定意义上说，农业龙头企业产品质量的高低代表了我国农产品质量的水平。因此，本书提出的构建农业龙头企业产品质量控制体系的对策建议，可指导企业提高农产品质量的具体实践，进一步增强我国农业龙头企业的综合竞争力。

科学发展的核心是以人为本，而以人为本首先是以人的身体健康和生命安全为本，包括食品在内的农产品质量对人的身体健康和生命安全意义重大，农业龙头企业产品质量的提高会大大提高我国产品质量的整体水平，同时，其质量事故的负面影响也是巨大的，三鹿集团奶粉事件就是最好的例证。因此，本书基于深入调查研究基础上的对策建议，可以为实际部门提供决策参考和依据，这对于提高广大人民群众的生活质量、增强农业龙头企业的综合竞争力、塑造良好国际形象、落实科学发展观，都具有十分重要的实际意义。

1.4 研究内容和技术路线

1.4.1 研究内容

为实现上述研究目的，本研究的具体内容及结构安排如下，共由 10 章组成。

第一章 导论。主要介绍本书的选题依据和研究背景，界定核心概念和研究对象，描述研究的主要内容、结构安排、目的意义、研究方法及技术路线，并提出可能的创新尝试。

第二章 研究述评。主要运用文献研究法，对国内外学术界关于农产品质量安全控制的相关理论成果进行系统梳理，并在此基础上明确开展本书的重点和价值。

第三章 农产品质量安全控制的理论分析框架。本章在阐述农产品质量安全控制的相关理论的基础上，深入分析了影响农产品质量安全的主要因素，构建了农产品质量安全控制的综观分析框架，该分析框架的构建是本研究的关键。

第四章 农业龙头企业产品质量安全控制特征分析。本章在探讨农业龙头企业经济、经营特征的基础上，重点研究了农业龙头企业产品质量安全控制的特殊性，以及农产品生产过程质量安全控制的特殊性，尤其对农业龙头企业与农户的关系特性造成的质量控制差异进行了系统研究。

第五章 农业龙头企业产品质量安全控制现状分析。本章重点分析了农业龙头企业及其产品质量安全控制的特征，农业龙头企业与农户的关系特性造成的产品质量控制的差异，在此基础上分析了农业龙头企业产品质量控制的主要成绩和存在的主要问题。

第六章 农业龙头企业产品质量安全控制的实证分析。本章主要从我国四批894家国家重点农业企业中选择有代表性的56家作为调查对象，运用二元回归模型对调查数据进行统计分析，从中找出影响农业龙头企业产品质量安全控制的主要因素。

第七章 典型案例分析。本章是基于企业层面的实证研究，主要结合温氏集团肉鸡质量安全控制的成功经验、三鹿集团奶粉质量失控事件、双汇集团"瘦肉精"事件，从企业层面进一步验证农业龙头企业产品质量安全综观控制体系的科学合理性。

第八章　国外农产品质量安全控制的成功经验。本章在对发达国家和地区、发展中国家和地区农产品质量控制成功经验系统总结的基础上，提出了对我国控制农产品质量安全的几点启示。

第九章　农业龙头企业产品质量安全控制的对策建议。通过上述分析研究，本章从政府监管、企业自控和社会公众监督等层面，提出农产品质量安全控制的对策建议。

第十章　研究结论与展望。本章在归纳概括主要结论的基础上，简要讨论本书的不足之处，展望需要深入研究的领域和方向。

1.4.2　技术路线

与上述研究内容相对应，本研究的思路和技术路线如下：

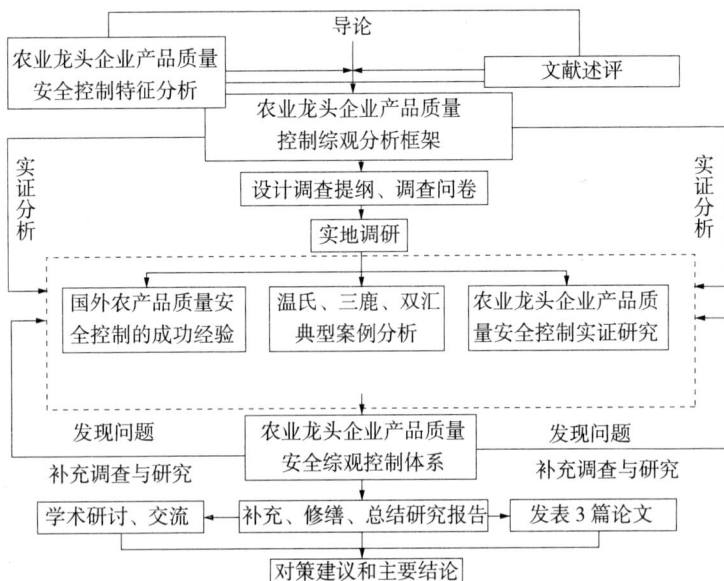

图 1.1　本研究的思路和技术路线

1.5 研究方法

在研究方法上，本书将突出规范分析与实证分析、宏观分析与微观分析、定量分析与定性分析、全面调查与典型调查的结合，对农产品质量安全的系统性和复杂性进行全面分析和研究，重点运用以下方法。

（1）归纳与演绎法。归纳法指的是从许多个别事例中获得一个较具概括性的规则。这种方法主要是从收集到的既有资料，加以抽丝剥茧地分析，最后得以作出一个概括性的结论。这种从特殊到一般的方法，优点是能体现众多事物的根本规律，且能体现事物的共性。缺点是容易犯不完全归纳的毛病。演绎法是从既有的普遍性结论或一般性事理，推导出个别性结论的一种方法。由较大范围，逐步缩小到所需的特定范围。这种从一般到特殊的方法，优点是由定义根本规律等出发一步步递推，逻辑严密，结论可靠，且能体现事物的特性。缺点是缩小了范围，使根本规律的作用得不到充分的展现。本书将归纳法和演绎法结合应用于农业龙头企业产品质量安全综观控制体系的构建和案例研究，以期收到较好效果。

（2）问卷调查法。问卷调查法是以书面提出问题的方式搜集资料的一种研究方法，即调查者就调查项目编制成表式，分发或邮寄给有关人员，请示填写答案，然后回收整理、统计和研究。与其他调查法相比，问卷调查法一方面能突破时空限制，在广阔的范围内对众多调查对象同时开展工作；另一方面，也便于对调查结果进行定量研究，正因如此，本书对国家重点农业龙头企业产品质量安全控制数据将通过调查问卷获得。对影响农业龙头企业产品质量安全的因素主要运用二元 Logistic 回归分析模型进行回归分析，从而明确各个因素的显著性程度和相对作用的大小。对研究数据的处理和分析，主要应用目前最普遍的社会统计软件 SPSS12.0 统计软件。

（3）比较案例研究法。案例研究是进行实证研究的重要方法之一。案例研究法易于获取丰富、详细和深入资料的优点，适合于对现实中复杂而又具体的问题进行全面考察，案例研究具有样本、检验和发现等多方面的意义，本书运用比较案例研究法，通过对温氏集团肉鸡质量安全控制和三鹿集团奶粉质量失控的比较研究，证明农业龙头企业产品质量安全综观控制体系的科学合理性。

1.6　本书可能的贡献

通过对农产品质量安全控制的理论研究，结合我国重点农业龙头企业产品质量安全控制的实证分析，本书可能在以下方面对该问题的深入研究有所贡献。

（1）研究视角。把农产品质量安全控制作为一个系统工程，从综观角度，基于政府、企业、社会观众不同主体，产前、生产加工、流通消费等多个环节，研究构建起农业龙头企业产品质量安全控制综观分析框架及体系，研究视角较为独特。

（2）研究方法。本书力图实现规范分析和实证分析、宏观分析与微观分析、静态分析与动态分析、定量分析与定性分析、全面调查与典型调查的结合，尤其是将 Logistic 模型和比较案例分析综合运用到农业龙头企业产品质量安全控制研究，从研究方法看比较新颖。

（3）对策建议。本书通过对农业龙头企业产品质量的理论和实证研究，紧密结合我国实际，将得出我国农业龙头企业产品质量控制的一些新观点，并随着研究的逐步深入不断丰富。基于上述研究，针对我国农产品质量安全控制，从政府监管、企业自控和社会公众监督等层面提出的对策建议，对实际工作有一定的参考价值。

第二章 研究述评

文献研究是确定选题和开展研究的基础，本章通过对国内外农产品质量相关成果的归纳梳理，从而确定了农产品质量安全控制的农业龙头企业的视角。

2.1 国外农产品质量安全研究述评

从国际看，农产品质量问题是消费者、企业、政府、社会乃至全球普遍关注的热点问题，它对食品安全、生活质量、对外贸易、国际形象和竞争力的提高至关重要。当前，世界各国特别是发达国家都将其视为关系国计民生、国家安全、社会稳定的头等大事，理论研究不断加强，政策措施日益完善。农业龙头企业具有鲜明的中国特色，国外对农业龙头企业产品质量的研究还鲜为人知，对包括食品在内的农产品质量的深入研究起源于 20 世纪 80 年代，主要集中在以下视角：

2.1.1 基于供应链视角的研究

农产品质量安全涉及从生产、加工、储存到销售的整个供应链，而供应链中存在的交易消费的大小和契约关系的完全程度影响着供给主体提供的农产品质量安全水平。Spencer Henson 认为保障农产品质量安全必须从生产者源头抓起，农产品交易环节之间的信息不对称与监管困难，使农产品企业逐步走向纵向一体化经营、连锁经营、长期合作等以节约信息成本和监控成本；[①]Holleran 认为，农产品质量安全涉及从生产到销售的整个供给过程，而交易费用的大小会直接影响供给主体提供农产品质量安全的水平；[②]Redmond 认为阻止食源性疾病需要食品链的各个环节共同作用；[③]Singer 指出，虽然垂直一体化有助于质量提高，但垂直一体化也伴随着效率的损失和成本的增加。有时，从供应链中拿出部分利润来激励高质量的生产者，也能有效地提高产品质量。[④] 所以，现实中有的代工生产者虽然具备了很强势的谈判力，但仍然拒绝实施垂直一体化。Starbird 认为，食品质量信息在供应链上的分布是不均匀的，而精细设计的食品供应链契约能够分离质量安全的生产者

---

① Spencer Henson, Julie Caswell.Food safety regulation: an overview of contemporary issues.*Food Policy*, Volume 24, Issue 6, December 1999, Pages 589-603.

② Erin Holleran, Maury E. Bredahl, Lokman Zaibet. Private incentives for adopting food safety and quality assurance. *Food Policy*, Volume 24, Issue 6, December 1999, Pages 669-683.

③ Elizabeth C. Redmond, *Consumer perceptions of food safety risk, control and responsibility*, Appetite（APPET）,2004（3）: 309-313.

④ Marcos Singer, Patricio Donoso, Pedro Traverso. Quality strategies in supply chain alliances of disposable items, *Omega*, Volume 31, Issue 6, December 2003, Pages 499-509.

与质量不安全的生产者。这种契约的有效性依赖于：生产者的质量成本、质量检测失败概率以及惩罚成本的高低。[①]Martinez 等认为，在食品产业链的不同环节上，私人规制和公共规制的结合能以较低的成本提高食品质量安全的水平，实现稀缺规制资源的有效配置。[②]

国外对农产品供应链管理的研究始于 20 世纪 90 年代初，是从研究危机中的美国杂货店开始的。Boselie 根据农产品物流的发展阶段，把农产品供应链划分为哑铃型农产品供应链、T 型农产品供应链、对称型农产品供应链和混合型农产品供应链四种模式。[③]Gigler 认为整个供应链可以划分为农业供应链和非农业供应链，而农业供应链则是所有最初产品源于农业的生化物品供应链体系。[④]Woods 认为农产品供应链管理意味着在农产品生产和经营的过程中，管理、协调从农户到消费者的整个链条的关系，以满足消费者的数量、质量、价格等多样化的需求，从而实现整个供应链上各节点参与者的利益。[⑤]Vorst 考察了生鲜产品受污染的情况，指出

---

① S.Andrew Starbird. Moral Hazard. Inspection Policy and Food Safety, *American Journal of Agricultural Economics* 87（1），Feb, 2005.

② Marian Garcia Martinez, Andrew Fearne, Julie A. Caswell, Spencer Henson. Co-regulation as a possible model for food safety governance: Opportunities for public–private partnerships.*Food Policy*, Volume 32, Issue 3, June 2007, Pages 299-314.

③ Boselie. D. Business case deseription TOPS supply chain project,Thailand［R］. KLICT LASCD toolkit.2002.1-31.

④ J.K.Gigler.on optimization of agri-chains by dynamic programming［J］. *European Journal of Operational RESERR* CH.2002（5）.613-625.

⑤ Elizabeth J.Woods.Supply chain Management:Understanding the concept and its implications in Developing Countries［J］. *Australian Centre for international Agricultrural research Canberra*.2004（6）.22-27

政府应在农产品供应链追溯中发挥重大作用。①Blandon 等以洪都拉斯新鲜水果蔬菜供应为例，探讨了小规模农户如何能够在新型农产品供应链中发挥作用。②Aramyan、Kuiper 在分析农产品供应链价值传导时确定了三个关键性问题：供应链结构、影响价格传导因素及供求反应。③

在国外，农产品供应链管理一般被用来在最低成本的环境下改进农产品质量，如优质品种生产在供应链中更易得到推行、见到效益，同时也作为保障食品安全和检验质量管理的有效渠道，更多地被用于战略、战术和可操作的供应链规划、供应链设计和绩效管理等。如今，供应链管理带来的益处尤其是保障整个链条上农产品质量安全的益处已得到从研究者到农业管理者的普遍认同。Vetter 等的研究指出，纵向一体化是解决农产品市场上存在的道德风险问题的有效途径，而政府多部门监管不利于农产品供应链的一体化。④Menar 等认为数十年来欧美农产品供应链有向紧密协作和一体化程度加强的趋势。⑤Fischer 和 Hartmann 分析了企业间的相互关系在欧洲猪肉、

① Jack G.A.J.Vander Vorst. Product traceability in food-supply chains［J］. *Accreditation and Quality Assurance*.2006（11）:33-37

② Jose Blandon.Spencer Henson, John Cranfied.Small-scale farmer participation in new agri-food supply chains:case of the supermarket supply chain for fruit and vegetables in Honduras［J］. *Journal of Intenational Development* .2008（21）.971-984

③ Lusine H.Aramyan,Marijke Kuiper.Analyzing price transmission in agri-food supply chainas:an overview［J］. *Measuring Business Excellence* .2009.13(8).59-67

④ Vetter,Honrik, Kostas Karantininis,Moral Hazood.Vertical Integration and Public monitoring in Credwnce Goods［J］. *European Review of Agricultural Economics*.2002.29（2）271-279.

⑤ Menar,Clande,Peter G.Klein.Organizational Issues in the Agri-Food Sector:Toward a comparative Approach［J］. *American Journal of Agri-Cultural Economics*.2004.（3）28-34.

牛肉和谷物供应中的作用，并对质量导向和可追溯计划的使用进行了探讨。①Ahumada 和 Villalobos 认为由于涉及公共健康问题，人们对农产品供应链的关注程度越来越高，农产品供应链特别是食用农产品供应链的设计与运作将受到更严格的规定及严密的监控。②

2.1.2　基于生产者视角的研究

农产品安全生产行为在决定着是否能提供安全的农产品，而生产者的农产品安全生产行为在很大程度上受各种因素的影响。国外不少学者对农产品的安全生产行为进行了一系列的研究。莎维尔（Shavell）认为企业对其工厂生产的产品质量的控制能力、对生产的产品的鉴别能力、对市场的垄断或控制能力等在一定程度上依赖于企业的规模，因此企业对安全产品的供给动机会受到其规模、组织及其市场结构的影响。③ 查罗德（Charlotte）认为为了改变食品加工企业对待食品安全的行为和态度，必须加大理解、激励和信任。④ 安娜德尔（Annandale）的研究认为，企业对安全产品的供给动机受企业管理、战略的影响，其中的决定因素是：组织学习、规

----

　　①　Christian Fischer,Monika Hartmann.Factors influencing contractual choice and sustainable relationships in European agri-food supply Chains［J］. *European Review of Agricultural Economics.* 2007（36）.541-569.

　　②　Ahumada O,Villalobos J. K.Application of planning models in zhe agri-food supply chain:A review［J］. *European Journal of Operational Research.* 2009（59）.1-20.

　　③　Shavell S.*Economic analysis of accident law,* Harvard University Press, 1987.

　　④　Charlotte Yapp,Robyn Fairman,Factors affecting food safety compliance within small and mediumsized Enterprises:implications for regulary and enforcement strategies, *Food Control.* 2004（2）.

制类型、利益相关者的影响、强制力度、公司文化等。① 格麦兹等
（Gomez，Maria P.Cabal，Jairo A.Torres）研究了哥伦比亚家禽企业
努力改变家禽产品安全标准的企业主动行为。企业主动展示了发展
中国家的生产组织能够实施质量保证计划作为竞争的战略。这些企
业的努力维持了国内市场的份额，也改善了在国际经济竞争中适应
政府法律的能力。企业主动行为可归结为以下几个同时发生的因
素：生产者的领导阶层、存在改变质量和安全的市场激励、财政支
持、质量支持组织。② 汤姆肯（Tompkin）指出保证食品安全是政
府和企业的共同目标。企业负有保证食品安全的主要责任，企业可
以通过实施保证其产品安全的政策及程序，达到生产安全食品的目
的。③ 朱维（Jouve）指出，为确保食品安全目标的实现，企业应当
以绩效要求的形式分配标准到一个控制或者联合控制，在生产、加
工、分类、储存、准备和利用期间充分考虑风险和变更的内部标
准；在实现绩效要求过程的每一步或者几步应分配一个控制参数。④
安特儿（Antle）指出，全球性的食品安全法律规制的目的是要求
企业为消费者生产更安全的产品。⑤

---

① Annandale D Mining company approaches to environmental approvals regulation:a survey of seniorenvironment managers in Canadian. 2000（26）.

② Miguel I. Gomez,Maria P.Cabal,Jairo A.Torres.Private Initatives on food safety: the case of the Colombian poultry, *Food Control*, 2002（13）: 83-86.

③ R.B.Tompkin,Interactions between government and industry food safety activities , *Food control*, 2001（12）: 203-207.

④ J.L.Jouve, Establishiment of food safety objectives, *Food Control*, 1999（10）: 303-305.

⑤ Antle. Benefits and Costs of Food Safety Regulation［J］. *Food Palicy*, 1999（24）: 605-623.

2.1.3 基于消费者视角的研究

Nelson、[①] Darby and Karni [②] 按照消费者获取农产品质量安全信息的途径，将农产品分为搜寻品（Search Food）、经验品（Exerrience Food）和信任品（Credence Food）三类，搜寻品特性是指消费者在购买前已经掌握了足够的质量信息，容易获取和判断的一些外在和内在的质量特性特征。消费者对该类信息掌握比较充分，市场机制很容易发挥调节其质量安全的作用。经验品是指消费者在购买前很难判断其质量和安全性，但是可以通过消费体验逐步掌握农产品的真实信息，通过经验影响其购买行为；或者在消费之后才能获取和判断的一些质量特性特征。一般而言，由于消费者在购买经验品时信息不对称、不完全，因而市场机制和价值规律在调节农产品质量安全时可能出现失灵的情况。Shapiro [③] 的研究也显示，经过多次重复博弈后，企业将形成高质量、高价格、高回报的信誉机制。因此，政府的责任在于维护市场秩序，建立诚信机制，企业保持农产品质量安全就有了强大的动力。信任品是指消费者购买后一般依靠常规方法难以判断，或者需要付出很大代价才能判断的质量特性特征。如农产品中营养成分和配合比例，有害物质含量等，它深藏于产品内部，政府有义务将这些复杂的信息清楚地告知消费者。由于消费者在信任品上拥有的信息更有限，生产者、经营者和

---

① Nelson P.Information and customer behavior. *Journal of Political Economy*,1970,78（2）:311-329.

② Darby M.Karni E. Free competition and the optimal amount of frand. *Journal of law and Economics*, 1973,16（4）:67-68.

③ Shapiro,C. Premiums for high quality products returns to reputations. *Quartely Journal of Economics*,1983,Vol.98,659-679.

消费者在质量和安全性等方面的信息拥有程度更不对称，很难形成信誉机制，更容易产生"柠檬"现象，因此需要让消费者信任的第三方的介入，通过严格的管制制度、认证制度、标识制度等，将信任品特性转化为经验品特性。所有农产品都同时具有上述三种特性，随着农产品生产、加工、保鲜、包装等技术含量的不断提高，经验品和信任品特性逐渐增强，这将进一步加剧农产品质量安全的隐蔽性，农产品质量安全控制的目标之一就是把农产品的更多特性转化为搜寻品特性，降低消费者搜寻成本，实现理性消费。P.Karipidisa 研究了消费者的食品安全需求对小规模企业质量安全管理行为的影响。①

2.1.4　基于市场视角的研究

Leffler 通过提出质量保证和价格贴水模型，深入分析了市场力量在保证契约自我实施中的作用，结论是市场价格高于竞争价格和不可补偿性资本的出现实质是质量承诺的重要手段。② 如果质量信号充分有效，消费者在购买后可不费任何代价证实产品质量，经验品市场就能够有效运转。因此，通过各种途径改善信息可以缓解质量信号问题。作为具有搜寻品特性、经验品特性和信任品特性的食品，其在搜寻品特性方面不会出现市场失灵，而在经验品特性和信任品特性上往往出现市场失灵。在经验品市场上，市场可以通过消费者的重复购买、厂家的声誉投资和广告策略等途径改善信息传

　　①　P.Karipidisa, K.Athanassiadisb, S.Aggelopoulosa, E.Giompliakis. Factors affecting the adoption of qulity assurance systems in small food Enterprise［J］. *food control*, 2009（2）:93-98.

　　②　Klein B.K Leffler. the role of market forces in assuring contractual performance. 1981.

递、缓解由质量信号传递带来的市场失灵问题。而在信任品市场上，市场机制则完全失灵。在信任品市场上极度的信息不对称使消费者面临严重的安全与健康风险，即食品安全问题。Biglaiser 论证了通过足以让第三方（中间人）介入市场，提供信号传递机制，可以解决食品质量信号的市场失灵问题。但是，检验成本相当高，生产者没有动力去接受检验，产品价格也会因为检验成本而变得高昂。①

2.1.5 基于企业安全管理视角的研究

近年来，国外学者围绕食品加工企业的质量安全管理行为展开了许多研究。Jouve 指出，为确保安全目标的实现，企业应当以绩效要求的形式分配标准到一个控制或者联合控制②。Caswell 认为，企业生产质量安全产品的动机主要源于食品质量的售前要求以及售后惩罚措施。③Tompkin 指出保证食品安全是政府和企业的共同目标，而企业负主要责任；④A.Baker⑤ 强调了食品安全管理政策与标准在生产中的一般性指导原则；为适应激烈的市场竞争，Reardon 提出企业应建立和实施一系列自己的食品标准来确保质量和安全，

---

① Biglaiser, Gary: "Middlemen as Experts", *Rand Journal of Economics,* 1993, 24（2）, Summer,212-23.

② J.L.Jouve,Establishiment of food safety objectives, *Food Control,* 1999(10）: 303-305.

③ Caswell JA.Valuing the benefits and costs of improved food safety and nutrition, *The Australian Journal of Agricultural and Resource Economics*, 1998, 42（4）:409-424.

④ R.B.Tompkin,Interactions between government and industry food safety activities, *Food control,* 2001（12）: 203-207.

⑤ David A.Baker, Uae of food safety objectives to satisfy the intent of food safety law,*Food Control,*2002（13）: 319-376.

认为这些确保质量和安全的企业标准填补了国家标准的不足，特别是食品安全方面的不足。[①] 米亚杰斯玛（Miyagishma）等认为无论多大规模的食品生产企业，都有一个基本的责任，就是生产安全食品。他强调食品生产者应提高食品安全保障意识，加大与政府的协作，不断与政府和消费者交流信息。Martinez、Fearne、Caswell、Henson 对企业采用不同质量安全管理方式的影响因素进行了研究，认为企业在采纳质量安全管理标准及方式时需考虑采用新技术所追加的成本以及采纳质量安全管理标准与方式所带来的品牌收益。[②] 除此之外，企业特征、企业战略目标、制度环境及产品、市场特征也是决定因素。总体上，发达国家在农产品质量安全管理研究方面已建立了一套有效的理论和实证研究体系，它在一定程度上揭示了市场经济条件下农产品质量安全管理发展的普遍规律。但是，由于市场结构、产业组织化程度、生产者素质等方面的差别，其成果在我国的适用性还有待进一步研究与检验。此外，Gale 和 Huang 用恩格尔模型估计了我国城市居民家庭食品消费的"质量—收入"弹性，指出所有大类食品质量需求的收入弹性均大于零，这说明随着收入水平的提高，城市居民家庭倾向于购买更高质量的农产品。在研究方法上，大多数采取定性分析为主，对企业食品质量安全定量分析方面，目前的研究主要采用案例分析法和简单的数据处理法，

---

① Thomas Reardon, Elizabeth Farina, The rise of private food quality and safety. Udith Krishantha Jayasinghe—Mudalige Economic Incentives for Adopting food Safety Controls in Canadian Enterprises and the Role of Regulation, A Thesis Presented to The Faculty of Graduate Studies of the University of Guelph, In Partial Fulfillment of Requirements for the Degree of Doctor of philosophy, 2004.

② Marian Garcia Martinez, Andrew Fearne, Julie A. Caswell, Spencer Henson. Co-regulation as a possible model for food safety governance: Opportunities for public–private partnerships. *Food Policy*, Volume 32, Issue 3, June 2007, p. 299-314.

在数学模型方面，也没有形成统一的认识。①

2.1.6 基于农产品质量安全监管视角的研究

国外学者对农产品质量安全监管相关的研究已比较成熟。Altieri M. A.，Nicholls C. L. 分析了生态农业的发展与食品安全之间的关系，认为发展生态农业是解决可持续食品安全问题的重要而可行的模式，并指出只有通过政策、制度与研发等方面的重大变革，才能使生态农业在实现可持续食品安全方面的好处成为现实。②Ritson 等回顾了食品安全经济学的各个方面，认为市场经济几乎不可能提供最适宜的食品安全，这是因为风险信息的不对称性造成的，食品安全的公共物品属性使食品安全的社会成本增加，食品安全存在风险并使消费者感觉难于证明食品的客观性和安全性，因此，仅用市场经济机制不可能提供最适宜的安全食品。③Holleran 等在对"柠檬市场"的研究以及对社会成本和交易费用的研究基础上，对食品安全保障制度（如私人资源参与的国际质量认证体系 ISO9000 等）的交易费用以及产生的个人激励进行了分析。④Biglaiser 证明，对一个存在逆向选择机制的市场，需要引入中间层来解决市场失灵导致的产品配

----

①　Gale,F and Huang K. Demand for food quantity in China. （Economic reseach report United States Dept.of Agriculture Economic Reseach Service）2007: 32-35.

②　Altieri M. A.,Nicholls C. L.Soil fertility management and insect pests:harmonizing soil and plant health in agroecosystems［J］. *Soil and Tillage Research*, 2003（72）:203-211.

③　Ritson,C.&Li,W.M.The economics of food safety［J］. *Nutrition & Food Science*, 1998（5）:253-259.

④　Erin Holleran, Maury E. Bredahl, Lokman Zaibet. Private incentives for adopting food safety and quality assurance. *Food Policy*, Volume 24, Issue 6, December 1999, p. 669-683.

置效率下降等问题。同时，他还认为，在均衡时，中间层没有动机去出售低质量的产品，因为它希望获得信誉的回报。所有高质量的产品都是经由中间层卖出的，而大多数低质量的产品则通过直接交换卖给了消费者。市场失灵论中对经济外部性、信息不对称与不确定性的影响，为研究优质食品开发中的具体对策问题提供了理论基础和方法指导。①Henson 等则对影响食品安全规范与制度的确定与变化的因素进行了分析，具体包括规范中标准的采用、公共与私人食品安全控制体系的关系、公共食品安全规范可选择的各种形式、食品安全规范的战略措施以及国内食品安全控制措施的贸易内涵等。② 这些为相关问题的深入研究奠定了背景基础。

2.2 国内农产品质量安全研究述评

与国外的研究相比，国内学术界对农产品质量安全问题的研究相对较晚，不论是研究的深度和广度都与发达国家有一定的差距，新世纪以来，随着农业生产力的提高和农产品数量的日益丰富，以及消费者购买力的提高，百姓生活逐渐开始由"吃饱"向"吃好"的转变，在企业界、政府职能部门关注农产品质量安全的同时，国内学术界也开始关注农产品质量问题并逐步加强了研究，取得了一批有影响的重要学术成果。近年来，《中国农村经济》、《中国农村观察》和《农业经济问题》等重要学术期刊发表了大量有关

---

① Biglaiser, Gary: Middlemen as Experts, *Rand Journal of Economics,* 1993, 24（2）, Summer,212-23.

② Spencer Henson, Julie Caswell.Food safety regulation: an overview of contemporary issues. *Food Policy*, Volume 24, Issue 6, December 1999, p. 589-603.

农产品质量安全的论文。中国社会科学院、国务院发展研究中心、中国农业科学院、中国农业大学、中国人民大学、浙江大学、南京农业大学、华中农业大学、西北农林科技大学等重要科研机构和高等院校涌现出一批研究农产品质量安全的学者，不少研究农产品质量安全的专著相继问世。与此同时，专门研究农产品质量安全的博士论文数量迅速增多，且研究深度和广度亦有明显增长。国家自然科学基金委也针对农产品质量安全和食品安全问题资助了大量的科研项目，包括周德翼教授、杨万江教授、周洁红教授、黄祖辉教授、郑风田教授、王志刚教授等，他们分别从食品追踪制度、地方适应机制、质量安全管理机制研究、组织与制度、采纳国际食品安全标准体系的驱动力机制和 HACCP 体系下食品加工和消费的公共管理等方面展开研究。20 世纪 90 年代中后期，一些发达国家对我国具有比较优势的农产品纷纷设置"绿色壁垒"，农产品质量安全开始成为我国农业拓展国际市场的瓶颈之一。与此同时，全国各地开始出现一系列农产品质量安全和食品安全事件。国内外农产品市场环境和生产形势的变化，驱动着国内学界、政界、业界的关注重点逐渐从"提高农产品质量"转向与之有密切联系的更深层次的农产品质量安全问题。除从纯技术① 和工程角度开展了大量的研究并取得丰富成果外，少数学者② 还从法学角度研究我国农产品质量安全问题并取得了一些成果。近年来，开始有学者从社会学、伦理学、心理学、传播学、政治学等其他社会科学和哲学、史学甚至文

---

① 李波、陆迁探讨了技术进步对农产品质量的影响，但没有提升到质量安全的高度。李中东、支军提出了中国农产品质量安全的技术控制框架、范围和内容。

② 如冒乃和、刘波、邓楠、陈彦彦等，从总体上而言在这方面的研究仍处于起步阶段。

学等人文学科的角度展开有关农产品质量安全的研究，这些学科的研究成果，虽然在一些人看来太缺乏"技术含量"，太"软"，不太具备"可操作性"，但对整个社会形成高度重视农产品质量安全的氛围至关重要，应该得到更多的重视。此外，国内还出版了几部大部头研究文献，如陈锡文、邓楠主编的《食品安全战略研究》。

新世纪以来，从经济激励和管理机制的视角对农产品质量安全进行的研究日益受到重视并逐渐成为主流，主要表现在以下方面。

2.2.1 影响农产品质量安全的因素

为了更有效地探寻解决农产品安全问题的有效途径，一部分学者开始对影响农产品安全的因素进行研究，以求更有效地解决农产品安全问题。李汉昌、王秀清、孙云峰、谢敏、于永达、汤天曙、薛毅、翁鸣、王艳霞、周应恒、霍丽钥从不同角度探讨了造成我国农产品质量安全问题的因素。周应恒特别指出在食品生产、制造过程中行为人因利益驱动而在投入物的选择及用量上违背诚信道德而导致质量安全问题，显示了较强的预见性。[①] 周应恒、耿献辉指出一种食品从农场到餐桌，要经过生产、加工、流通等诸多环节，食品的供给体系趋于复杂化和国际化。食品供给的链条越来越长，环节越来越多，范围越来越广，加大了食品风险发生的概率。[②] 赵春明把影响农产品质量安全的有害物质生成过程归纳为从农田到餐桌的八个过程：①生长发育（含食物链富集），天然有毒有害物质与生俱来，在生长发育过程中产生。②品种培育，这主要

① 周应恒、霍丽钥：《食品安全问题的经济学思考》，《南京农业大学学报》2003 年第 3 期。

② 周应恒、耿献辉：《食品安全与可追溯系统》，《世界农业》2002 年第 6 期。

是指转基因农产品。③环境污染。④生产过程中农药、化肥等物质的投入。⑤贮藏，方法不当引起腐烂、霉变。⑥运输，不适当的运输引起二次污染。⑦包装。⑧食用加工方式、方法。① 另外，屈冬玉等众多学者指出，没有建立起有效的质量安全管理工作体系是影响我国农产品质量安全的主要原因。② 谢敏、于永达指出加工过程中产生不安全因素，主要是操作不规范、添加剂的使用、包装容器等影响了食品安全。③ 迟玉聚认为微生物污染、化学性污染及以食品为载体的投毒严重影响了食品安全。④ 鞠波、闫庆博认为食品污染主要来自于内源性污染和外源性污染。⑤ 汤天曙、薛毅认为食品加工企业不具备食品生产条件，进行无证生产；管理松懈，生产控制不严；添加剂使用超标、超量、滥用；掺杂非食物物质；缺少完备的检验等严重影响了我国食品质量安全。⑥ 任磊、宁鸿珍认为化肥、农药、兽药残留；抗生素、激素与有害物质；有害重金属；动植物中的毒素和过敏物质；转基因食品原料的负面反应等因素影响了我国食品安全。⑦ 程言清认为违法经营、生物性有害因素、化学

①　赵春明:《农产品质量安全含义探析》,《农产品加工》2005 年第 1 期。

②　屈冬玉:《农产品质量安全须从源头治理》,《农业质量标准》2003 年第 3 期。

③　谢敏、于永达:《对我国食品安全问题的分析》,《上海经济研究》2007 年第 21 期。

④　迟玉聚:《国内外食品安全形势》,《中国食物与营养》2004 年第 6 期。

⑤　鞠波、闫庆博:《现代食品安全管理的重点和方向》,《食品科技》2004 年第 6 期。

⑥　汤天曙、薛毅:《我国食品安全现状与对策》,《食品工业科技》2002 年第 2 期。

⑦　任磊、宁鸿珍:《我国食品安全卫生管理现状》,《中国检验检疫》2004 年第 2 期。

性有害因素和天然有毒物质等因素影响了我国食品安全。①

2.2.2 农产品质量安全存在的主要问题

王玉秀认为，我国农产品质量存在以下问题：一是化肥农药等残留污染问题严重；二是农产品生产、加工过程中滥用化学添加剂等，导致安全事故频发；三是农产品及其加工产品出口信任度面临挑战；四是无公害农产品市场发育不良，质量意识淡薄；五是环境污染，重金属含量高。②作为农产品竞争力的重要组成部分，除上述问题外，翁鸣认为，以下因素也制约着我国农产品质量的提高：农产品质量监管体系不完整；农产品质量标准体系不完善；农业生产组织方式落后；农民素质和能力有待进一步提高；农业科技投入偏低等。③为了适应农业走向国际化、现代化和消费者农产品安全意识不断增强的要求，全面提高农产品质量势在必行，但是，农产品质量结构不合理成为我国农业发展新阶段面对的新问题，具体表现是农业生产结构不能适应需求结构的变化，不能推进现代农业的大发展。

2.2.3 农业标准化的作用

张洪程认为，没有农业标准，就无法衡量农产品质量水平的高低，不执行农业标准，就无法保证农产品质量。④王祥瑞认为，农业标准化是提高农产品质量的保证，是我国农业走向国际市场的

---

① 程言清：《食品质量和食品安全辨析》，《中国事物和营养》2004年第6期。
② 王玉秀：《提高农产品质量：我国农业面临的严峻课题》，《农业经济》2000年第4期。
③ 翁鸣：《我国农产品质量与国际竞争力》，《中国农村经济》2003年第4期。
④ 张洪程：《农业标准化原理与方法》，中国农业出版社2002年版。

"通行证"，是实施品牌战略的有力措施。[①] 李军、鹿艳霞认为，农业标准化是实现高产、优质、高效农业的重要举措，是提高农产品质量的保证，是创品牌的关键。[②] 于冷认为标准化作为一种制度安排，就是要获得潜在的利益和提供公平的竞争规则，最终使经济有序发展；农业标准化的实施，不仅起到"指导生产、引导消费和规范市场"的作用，同时还促进了农产品质量的提高和人民生活水平的改善。[③] 侯军岐、岳欣茹则通过探讨建立农产品质量标准体系的必要性和可行性，对建立我国农产品质量标准体系提出了建议。[④] 产品标准的质量要求既是生产者组织产品生产的基本依据，也是消费者判定产品质量选择产品的依据。制定产品质量，最重要、最关键的内容是对产品的外观质量、内在质量、安全质量作出全面、科学、合理的具体规定。李婷婷对畜禽产品质量安全状况和加入WTO 后我国畜禽产品面临的竞争与挑战作了分析，认为我国现阶段尚未建立一个完整的标准体系是导致畜产品质量安全问题的主要原因。[⑤] 盛国成从农业标准化和农产品质量安全两者之间的关系出发，认为要用农业标准化和法制的手段对危害农产品质量安全的因素实施有效的监控。[⑥] 陈瑞剑认为农业标准化可确保农产品品质符

---

① 王祥瑞:《农业标准化势在必行》,《农业经济问题》2002 年第 8 期。

② 李军、鹿艳霞:《谈农业标准化的作用与地位》,《内蒙古质量技术监督》2003 年第 1 期。

③ 于冷:《实施农业标准化促进区域农业结构调整》,《中国标准化》2000 年第 8 期。

④ 侯军岐、岳欣茹:《建立农产品质量标准体系，迎接 WTO 挑战》,《中国食物与营养》2002 年第 6 期。

⑤ 李婷婷:《畜禽产品质量安全与标准化》,《中国标准化》2003 年第 1 期。

⑥ 盛国成:《浅议农业标准化与农产品质量安全》,《农业质量标准》2005 年第 3 期。

合消费者要求，是产业化组织中龙头企业开拓国际农产品市场的通行证，还可以增加农产品的附加值，推动农产品品牌化。① 张志伟、王志国、张玉华认为农产品质量安全，是农产品在生产产地、生产过程、贮运、加工等各个环节都达到产品质量标准要求，对人和环境无危、无损、无害，提高农产品质量，保证食品安全。② 胡兰英指出要健全和完善农产品质量安全体系，应以建立健全统一权威的农业标准体系为基础，以构筑标准化生产体系为突破口，以完善农产品质量安全管理体系为保障，采取积极有效的措施。③ 徐晶等分析了影响我国农产品质量安全的主要原因，即标准体系不完善、监测手段落后，交叉管理、监管不力，农业标准化生产水平低等。④要提高农产品质量安全，就要建立健全农业标准化体系，建立和完善农产品质量检验检测体系。刘文枚等提出了我国农产品质量安全领域存在的问题，即农药残留、滥用化学物质、质量安全不过关等，还指出应建立单一的食品安全监管机构、建设绿色农产品生产基地和批发市场、加强对生产者和加工者的质量安全培训，以加强我国农产品质量安全，保证食品安全和社会稳定。⑤

① 陈瑞剑:《农业标准化推动农业产业化突破发展瓶颈》,《内蒙古农业科技》2005 年第 2 期。

② 张志伟、王志国、张玉华:《政府在无公害农产品一体化推进中的重要作用》,《中国食物与营养》2006 年第 10 期。

③ 胡兰英:《农产品质量安全体系建设的突破口——标准化生产体系的构筑》,《西南科技大学学报（哲学社会科学版）》2006 年第 4 期。

④ 徐晶、席兴军、李光宇、陈丽华:《我国农产品质量的现状及对策》,《中国标准化》2007 年第 5 期。

⑤ 刘文枚、韩福元、顾红艳:《我国农产品出口贸易的现状分析及对策》,《天津农学院学报》2007 年第 4 期。

2.2.4 农产品质量安全控制的实证研究

从经济激励的视角看，梁小萌①、杨天和、褚保金②对加强食品质量安全监管提出了具体的对策和建议。张云华、孔祥智、罗丹通过建立食品质量安全契约模型，强调了安全食品供给中纵向契约协作的必要性。③卫龙宝通过分析农村合作组织对农产品质量的控制，得出了我国现存的农业专业合作组织对农产品质量控制具有重要作用的结论。④王艳霞运用信息不对称原理，分析了逆向选择是导致我国农产品质量下降的原因。⑤陆建飞通过对南京某龙头企业的研究发现，创建有效的经营机制；构建有力的科技支撑体系；健全全程质量监控体系；建设高效的绿色营销网络，龙头企业介入安全农产品生产是在我国分散小规模的农业生产背景下发展安全农产品的一种值得推广的模式。在这种模式中，龙头企业是安全农产品生产的组织者、带动者和市场开拓者，具有开拓安全农产品销售市场、引导安全农产品生产、深化安全农产品加工、提供全程技术服务、甚至进行技术创新等综合功能，是发展安全农产品生产的核心力量。⑥杨天河基于农户生产行为的视角对农产品质量安全问题进行

---

① 梁小萌：《论食品安全与政府规制》，《广东科技》2003年第11期。

② 杨天和、褚保金：《食品安全管理研究》，《食品科学》2004年第25期。

③ 张云华、孔祥智、罗丹：《安全食品供给的契约分析》2004年第8期。

④ 卫龙宝：《农业专业合作组织实施农产品质量控制的运作机制探析——以浙江省部分农业专业合作组织为例》，《中国农村经济》2004年第7期。

⑤ 王艳霞：《农产品质量信息不对称及解决思路》，《东北大学学报（社会科学版）》2004年第6期。

⑥ 陆建飞：《龙头企业发展安全农产品生产的实践分析与启示》，《生产力研究》2006年第11期。

了实证研究①；汪普庆、周德翼通过案例分析的研究方法，对"合同农业"模式下的具体组织在控制农产品质量安全中所采取的措施及背后的机制进行了探讨和解释，从而揭示了该种模式在保障我国农产品质量安全方面发挥着积极有效的作用。② 冯忠泽、李庆江在对 7 省（市）9 个地区消费者调查的基础上，对消费者的农产品质量安全认知状况和消费者行为的影响因素进行了实证研究。③ 赵卓、于冷研究了消费者偏好差异对农产品质量分级的影响并据此阐述了对当前我国的政策含义。④ 王瑜、应瑞瑶运用交易成本理论分析了农产品质量控制中垂直协作的作用，进而通过对不同组织治理模式的交易成本内化和外化能力进行比较，勾勒出不同垂直协作关系下的交易成本边界比较曲线，探讨了不同垂直协作关系对农产品质量控制的影响及其成因，提出了一套可以稳定地供应安全、优质农产品的长效机制。⑤ 吴晨、王厚俊把关系合约引入农产品质量安全的产业链治理研究中，定义了农产品质量安全产业链中不同组织之间的关系租金和龙头企业与农户的专用性投资的不同含义，研究发现：农业龙头企业与农户不同组织之间合作的关系合约可自执行性受到关系租金、质量安全专用性投资以及贴现因子等多种因素的影

① 杨天河：《基于农户生产行为的农产品质量安全实证研究》，四川农业大学硕士学位论文，2006 年。

② 汪普庆、周德翼：《"合同农业"对保障农产品质量安全的机制探析》，《西北农林科技大学学报（社会科学版）》2007 年第 5 期。

③ 冯忠泽、李庆江：《消费者农产品质量安全认知及影响因素分析——基于全国 7 省 9 市的实证分析》，《中国农村经济》2008 年第 1 期。

④ 赵卓、于冷：《农产品质量分级与消费者福利：原理、现实及政策含义》，《农业经济问题》2009 年第 1 期。

⑤ 王瑜、应瑞瑶：《垂直协作与农产品质量控制：一个交易成本的分析框架》，《经济问题探索》2008 年第 4 期。

响。关系合约的可自执行性与关系租金、贴现因子呈正相关,同时在双方围绕农产品生产质量安全的专用性投资强度越强时,农业龙头企业的关系合约可自执行性也越强,而农户却表现出有故意违约的事后机会主义倾向。①

从管理机制的视角看,周德翼、杨海娟在分析食品质量安全管理信息不对称的基础上提出了整个食品质量安全管理体系关键取决于政府的宏观管理,只要政府的行为确定,生产者会在利润目标的驱使下,自动寻找有效率的质量安全管理方法。②徐晓新从食品流通链条出发,以信息不对称为理论基础,提出了包括完善食品安全标准、建立食品安全管理机构、发挥中介组织以及消费者在食品质量安全问题中的积极作用等对策和建议。③刘俊华、王菁在分析美国、加拿大、欧盟和日本食品安全监督管理体系的基础上提出我国食品安全监督管理体系的发展应该实现从单一对产品的监督管理向对企业和产品双重对象监督管理转变:从产品最终监督检验向食品生产全过程监督转交。④彭曙曦、窦志铭等结合深圳市对流通领域商品质量监管进行了专门研究,并提出构建高效监管体系的具体建议。⑤徐金海认为政府监管的检查成本、对劣质食品企业的惩

① 吴晨、王厚俊:《关系合约与农产品供给质量安全:数理模型及其推论》,《农村经济》2010 年第 5 期。

② 周德翼、杨海娟:《食物质量安全管理中的信息不对称与政府监管机制》,《中国农村经济》2002 年第 6 期。

③ 徐晓新:《中国食品安全:问题、成因、对策》,《农业经济问题》2002 年第 10 期。

④ 刘俊华、王菁:《我国食品安全监督管理体系建设研究》,《世界标准化与质量管理》2003 年第 5 期。

⑤ 彭曙曦、窦志铭:《流通领域商品质量监管研究》,中国工商出版社 2006 年版。

罚和劣质食品额外收益的大小关系到食品质量监管的效率。① 周洁红等通过实证研究分析了 HACCP 体系在我国实施的主要障碍是能力、认知和外部推动的不足，并提出了以市场激励为主、行政管制为辅的食品安全管理策略。② 从农产品供应链的角度，张慧芳、卢朝东、王娟③、王劲④认为农产品质量风险主要来源于以下渠道：一是产地环境污染引起的质量风险。包括大气、水质和土壤污染。二是生产投入品污染引起的质量风险。主要指种植业使用化肥、农药过量，产生致癌物质和农药残留；养殖业超标使用兽药和饲料添加剂，增加产品中的有害物质。三是运输和贮存污染引起的质量风险。主要是指非专业化的运输和贮存可能使产品遇到鼠害、虫害、农药、化学物品、微生物污染，导致农产品变质、产生霉素和致癌物质。四是加工污染引起的质量风险。生产经营者为改善农产品外观质量、延长保质期或增加重量，超标或超量使用添加剂、滥用甚至非法使用添加物。另外，加工场地选择不当、设施设备设计不合理、工作人员卫生不规范等都可以造成微生物污染。五是包装污染引起的质量风险。包装材料中含有有害化学物质，造成化学污染，或者不包装直接上市被微生物污染，导致病菌污染农产品。赵建欣、王俊阁认为分散经营的小规模农户在确保农产品质量安全方面存在诸多困难，而农民专业合作组织是把小农户组织起来进行生产，并保证农产品源头安全成本最低和最有效的经济组织。他们在

① 徐金海：《政府监管与食品质量安全》，《农业经济问题》2007 年第 11 期。

② 周洁红、叶俊焘：《我国食品安全管理中 HACCP 应用的现状、瓶颈与路径选择》，《农业经济问题》2007 年第 8 期。

③ 张慧芳、卢朝东、王娟：《农产品质量安全与农业经济持续发展的关系研究》，《乡镇经济》2009 年第 6 期。

④ 王劲：《供销合作社与农产品质量安全保障分析》，《中国合作经济》2010 年第 5 期。

对浙江临海合作组织调研的基础上，深入剖析其为保证农产品质量而采取的具体措施和制度安排，对其他地区合作组织增强质量控制功能提供了经验借鉴，为政府相关部门规范合作组织行为提供了实证参考依据。[①] 万俊毅、王珠认为，引起农产品质量安全问题的原因很多，从生产环节控制农产品质量安全无疑是治本之策，而我国目前多数农户仍然处于分散经营的局面加大了农产品质量安全保障的难度，如何把原子型农户纳入产业化组织便成为解决问题的关键。通过对温氏集团这一国家重点农业龙头企业的实证研究，温氏模式显示组织化的准车间式的农户生产能够实现生产过程的标准化，便于农产品质量的安全控制，而温氏模式的有效性还在于其独特的组织运作机制。[②] 苏俊、李林等结合我国对农产品出口的有关要求，以欧盟市场为参照，从质量安全体系、质量标准体系以及质量保障体系建设三个方面，探索了云南特色农产品出口质量控制体系的建设。[③]

此外，郑红军提出从综观的全新的视角研究和制定提高我国产品质量的系统对策。[④] 徐振宇通过回顾我国农产品质量安全研究背景和评述我国农产品质量安全研究现状，发现我国当前有关农产品质量安全方面深入的交叉研究非常少见。指出对于农产品质量安全这样一个典型的复杂课题，不仅应努力展开跨学科研究，而且需

[①]　赵建欣、王俊阁：《农民专业合作组织农产品质量控制机制分析》，《合作经济》2010 年第 3 期。

[②]　万俊毅、王珠：《农产品质量安全控制的产业化组织运作机制：以温氏模式为例》，《南方农村》2010 年第 5 期。

[③]　苏俊、李林等：《云南特色农产品质量控制体系建设的探索》，《北方园艺》2010 年第 13 期。

[④]　郑红军：《中国产品质量的综观研究》，中国经济出版社 2007 年版，第 8—10 页。

要实现学界、政界和业界的密切合作。①

2.3 简要评论

从上述文献综述可以看出,国内外学术界对农产品质量的研究十分丰富,并显示出强劲的增长势头,这与实践中政府、企业、消费者乃至全社会对农产品质量安全日益重视的情况比较一致。同时,这些理论综述为研究农业龙头企业产品质量控制提供了强有力的理论支撑,使得本研究更易于把握农业龙头企业产品质量安全生产行为,有利于对农业龙头企业的产品质量影响因素进行更为客观和深入的研究。但基本上是来自某个学科、领域的研究,各种研究视角、思路和方法各有千秋,学者们在各自领域都作出了独特的重要贡献。总体而言,当前有关农产品质量安全的研究,各学科之间,学界、政界和业界之间,仍然在很大程度上处于割裂和相互闭锁的状态,缺乏必要的沟通和深入的合作。从事工程技术的,几乎很少想到要与社会科学(经济学、社会学、法学、管理学)领域的学者合作;研究社会科学的学者,也很少会主动与从事工程技术的学者合作。农产品质量安全牵涉生产者、运销商、加工商、监管者、消费者等多个行动主体,涉及生产、消费、流通、运输、加工等多个环节,跨越法律、行政、经济、政治、科学、技术、文化等多个领域,需要工学、医学、理学、法学、管理学、经济学、社会学等多个学科的配合。任何学科或领域的研究成果,都只应该是多

① 徐振宇:《农产品质量安全: 呼唤深入的交叉研究》,《北京工商大学学报(自然科学版)》2010 年第 3 期。

重视角之一,任何创新观点都必然在实质上是跨学科、交叉性的。因而,各学科之间,学界、政界与业界之间,需要相互补充、相互支撑,仅仅依赖一个方面的研究,显然难以真正深入探究问题的实质。文献梳理也清晰显示出对该问题缺乏从多角度、宽领域的系统深入研究,从而在某种程度上导致了已有政策与实际效果的偏离。当前,各学科之间,学界、政界和业界之间,交叉研究已初步展开,期待真正深入的高水平交叉研究成果的问世。本书选择农业龙头企业产品质量安全控制作为研究对象,通过对生产加工食用农产品的农业产业化国家重点龙头企业产品质量安全控制的典型调查,构建起农业龙头企业产品质量安全控制的综观分析框架,以温氏集团、三鹿集团和双汇集团质量安全控制为例,研究提出农业龙头企业产品质量安全控制的对策和建议,对从源头控制和全面提高我国农产品质量安全的整体水平具有积极作用。

第三章　农产品质量安全控制的
理论分析框架

　　理论是行动的先导，没有理论的创新，实践也很难得到大发展。研究农业产业化国家重点龙头企业产品质量安全控制离不开相关理论的指导，需要对影响农产品质量的因素进行深入分析，在此基础上构建起我国农业龙头企业产品质量安全控制的综观分析框架。

3.1　农业龙头企业产品质量安全控制的相关理论

3.1.1　质量管理理论

　　质量管理由来已久，我国是世界上最早进行质量管理的国家。公元前 403 年西周的《周礼·考工记》就记载了手工业产品、工程技术规格、制造方法、技术要求、质量检验方法等，到了秦汉和唐代，对兵器、战车、钱币、丝绸、陶器的质量要求已经很高，构成了我国古代文明的标志之一。但是，把质量管理作为一门现代科学研究，是工业经济兴起和发展的产物，并随着工业文明进步、科学技术发展、市场经济扩大和管理水平提高而逐步发展的。从 20 世纪初在美国兴起，此后，质量管理理论开始传向日本、德国、新加坡、印度、我国等世界各地。按一般发展阶段来看，质量管理主要经历了以下几个阶段：

（1）质量检验阶段（20 世纪 20—30 年代）。质量检验也叫事后检验，这是质量管理发展的最初阶段，该阶段强调把企业的计划职能和执行职能分开，并增加检验环节，专门负责检验产品、监督设计和生产。科学管理之父泰勒奠定了质量检验实践和理论的基础，资本主义的迅速发展和科技进步是该理论诞生的两大前提，但是，这种单纯根据设计标准对产品进行的事后检验只能防止不合格产品流入市场，并不能预防生产过程中次品的产生。

（2）统计质量管理阶段（20 世纪 40—50 年代）。数理统计方法与质量管理的结合是这一理论的显著特征，该理论特别强调质量控制，但要在事后进行检验，而且事前检验更为重要。休哈特（Shewhart）、道奇（Dodge）和罗米格（Romgi）是统计质量管理理论的奠基人。休哈特提出了质量预防的观念，首创了质量控制图和质量控制的统计方法，把产品质量的事后检验转移到工序过程中。此后，休哈特和他的同事首次突破性地把数理统计方法引入质量管理，为严格的科学管理奠定了基础。受当时资本主义经济危机的影响，美国大部分企业并没有应用其成果，只有贝尔实验室是最大的受益者，而将数理统计运用到中小批量的产品质量控制却作用有限。

（3）全面质量管理阶段（20 世纪 60 年代）。全面质量管理强调把组织管理、数理统计、全程追踪和现代科学技术有机地结合，形成对产品整个生命周期的质量循环全程进行监控。该理论的代表人物是美国的朱兰、戴明和费根保姆。朱兰从系统的角度出发，指出产品质量是在市场调查、开发、设计、计划、采购、生产、控制、检验、销售、服务、反馈等全过程中形成的，同时又在这个全过程的不断循环中呈螺旋式提高，因此，质量管理需要从全面企业经营过程入手，建立质量计划、质量控制和质量改进的质量三元论，进而提出了全面质量管理（TQM）学说。戴明按照全面质量管理将质量管理提升到品质经营的高度，远远突破了统计质量控制的技术范畴，得到了社会的重视，他所提出的PDCA环（Plan-Do-Check-Action）使质量管理的对象、范围都全面化，并使全部员工都参与到质量管理的过程中来，展开自我控制和无缺陷运动，使全面质量管理活动迅速发展起来，并在20世纪80年代总结出了戴明质量管理十四法。20世纪90年代，瑞典著名的质量管理学家桑德霍姆用另一种方式阐述产品质量的形成规律，提出了质量循环模式图。对全面质量管理理论进行支持的还有克劳士比，他首次提出了"零缺陷"概念，认为质量管理重在预防，质量问题是管理问题而不是技术问题，要从所有流程的开始做起，每个人都要努力做到"第一次把事情做对"，从而将质量管理的思想从靠别人转向了靠自己。该学说成为了20世纪最后20年的核心管理学说之一并影响至今。

（4）产品设计阶段质量控制（20世纪70年代）。该理论强调产品的质量首先是设计出来的，其次才是制造出来的，意在把质量管理进一步提前到产品设计的阶段，该理论代表人物是日本的田口玄一博士。田口理论体系的核心在于把产品质量和经济性联系到一起，并提出质量损失函数的概念，把产品进入市场后给社会造成的损失用该函数表示，损失小的产品，它的质量就高。

（5）计算机辅助质量控制（20世纪80年代至今）。随着科学技术日新月异的发展，农业企业的规模化、标准化生产成为一种趋势，包括农业龙头企业在内的现代企业越来越倾向使用计算机作为辅助工具进行质量控制。计算机辅助质量控制最大的特点在于标准化的生产基地可以对农产品生产进行100%的在线监测和测试，而不需要传统的抽样检测方法，也不必另设检验工序。

　　综观世界各国，凡是产品质量一流的国家，如美国、德国、日本等，其质量管理理论也比较发达。凡是质量管理理论不断创新的国家，其产品质量的提高也很快。所以，质量管理理论是指导产品质量提高的理论基础，而提高产品质量的丰富实践又会大大促进质量理论的创新发展。农产品质量管理是质量管理理论、技术和方法在农产品生产加工和贮藏过程中的应用。农产品既符合一般有形产品质量特性和质量管理的特征，又具有其独有的特殊性和重要性。农产品质量管理在空间上和时间上具有广泛性，对象具有复杂性。因此，在监督控制方面存在着相当的难度。农产品质量管理主要是运用产品质量管理的基本理论、基本方法、法规与标准、卫生

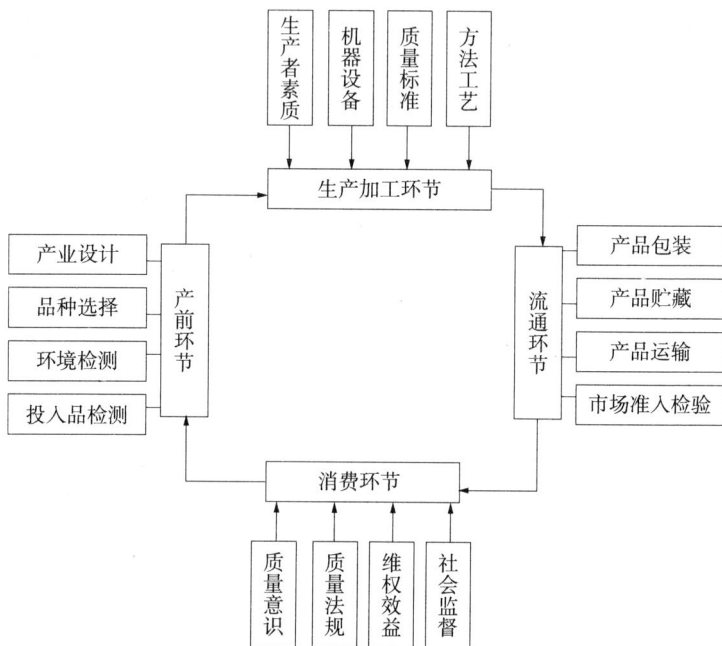

図 3.1　基于质量管理理论的农业龙头企业产品质量控制过程

与安全控制、检验制度和方法，并结合农产品的特点加强质量管理，涉及产前环节、生产环节、流通环节、消费环节等多个环节、多因素和全过程的系统控制，基于上述质量管理理论，本书设计的农业龙头企业产品质量控制过程如图 3.1 所示。

3.1.2　供应链理论

供应链是围绕核心企业，通过对信息流、物流、资金流的控制，从采购原材料开始、制成中间产品以及最终产品、最后由销售网络把产品送到消费者手中的将供应商、制造商、分销商、零售商、直到最终用户连成一个整体的功能网链结构。它不仅是一条连接供应商到用户的物流链、信息链、资金链，而且是一条增值链，物料在供应链上因加工、包装、运输等过程而增加其价值，给相关企业带来收益。

供应链和供应链管理的思想是在 20 世纪 80 年代初期提出的，国际上对供应链管理的早期研究主要集中在供应链的组成、多级库存、供应链的财务等方面，主要解决供应链的操作效率问题。近来的研究主要把供应链管理看做一种战略性的管理体系，研究扩展到了所有加盟企业的长期合作关系，特别是集中在合作制造和建立战略伙伴关系方面。随着供应链理论的发展，DenOuden、Zuurbier 等学者于 1996 年首次提出了食品供应链概念，认为食品供应链管理是农产品和食品生产、销售等组织，为了降低食品和农产品物流成本、提高食品质量安全和物流服务水平，而实施的一种一体化运作模式。[①]1959 年美国皮尔帕利公司与美国航空和航天局联合开发

---

① 张文敏：《食品供应链中的食品安全保障体系研究》，北京交通大学硕士学位论文，2007 年。

食品时形成了 HACCP 食品安全管理体系，是一种科学、实用的预防性食品安全质量控制体系，现被世界各国所采用。

3.1.3　信息不对称理论

所谓信息不对称，指的是商品交易的一方比另一方拥有更多的信息，在社会经济生活中大量地表现为产品的生产企业和经营企业总是比消费者更了解产品的质量和性能。由于信息不对称问题的存在，消费者不可能完全依靠自身能力识别假冒伪劣产品，从而出现市场失灵问题。美国著名经济学家乔治·阿克洛夫（Akerlof）1970 年在其经典论文《"柠檬"市场：质量不确定性和市场机制》中，首次从信息不对称导致质量不确定性的视角研究了旧车市场的质量问题。他认为，旧车市场上买卖双方在汽车质量上拥有的信息是不对称的，卖主对汽车质量的信息要比买主掌握得多，买主只能依据经验和价格了解市场上的平均质量。因此，在交易时他们只能假定所有的旧车都是平均质量并以此支付购买价格，这样，好车因无利可图纷纷退出市场，旧车市场的平均质量因此而下降，买主的价格意愿和卖主的价格预期都随之下降，导致质量好的旧车更不敢进入。如此循环，质量差的旧车最终淘汰质量好的旧车，形成典型的"劣币驱逐良币"现象。

如前所述，农产品及其质量特性和农产品质量信息不对称是导致农产品质量安全的重要原因之一。不论是不同生产环节还是不同的主体之间，农产品质量信息不对称是普遍现象。该理论能较好地解释现实生活中的农产品质量安全问题。农产品生产企业与消费者之间分享有关农产品的完全信息是不现实的，二者之间也必然存在信息的不对称。由于农产品质量安全的特征，农产品市场买卖双方同样面临着对农产品质量安全信息了解的不完全性。由于种种原因，农产品生产者、加工者或销售者也缺乏对农药残留、微生物污染等相关质量安全信息的全面了解。但相比之下，农产品生产加工者、销售者比消费者对农产品质量安全性的信息了解得更多。消费者在知情权和选择权等信息占有上总是处于劣势，对于所选农产品的安全性难以作出正确判断，有可能导致市场经济的"优胜劣汰"机制失灵，以致市场上出现低质量的劣质农产品驱逐高质量的优质农产品的现象。如农产品的农药残留对一般消费者而言是无法判断的，甚至专业人士也要根据仪器检测才能作出决定，但是根据经验和媒体宣传，消费者一般认为市场上销售的农产品都有农药残留。因此，只能按照这个质量水平支付较低的价格，这是消费者对市场上质量信息不对称、不充分情况下作出的一种本能选择、理性选择和无奈选择。事实上，市场上有无公害农产品、绿色农产品和有机农产品的销售，但由于商标、品牌、使用标识管理上的混乱，假冒伪劣盛行和社会诚信的缺失，消费者只能按照都有农药残留的农产品支付价格，所以，优质安全农产品只能选择低价出售，甚至退出市场，农产品市场上质量安全的整体水平难以提高。由此看出，信息不对称是农产品质量出现"柠檬市场"的主要原因，因此，健全信息披露机制，向市场传达正确全面的质量信号，是治理"柠檬"市场的根本切入点。优质优价机制是企业提供安全优质农产品的内在激励机制，但是，仅靠市场和价值规律难以形成，还需要政府和社会公众的共同参与。基于"柠檬市场"理论的农产品质量控制如图 3.2 所示。

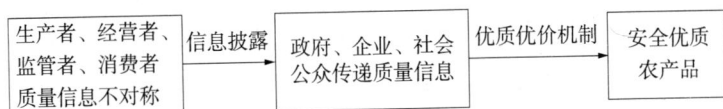

图 3.2　基于信息不对称理论的农产品质量控制

3.1.4 企业行为经济学理论

行为经济学是指以人类行为作为基本研究对象的经济理论，通过观察和实验等方法对个体和群体的经济行为特征进行规律性的研究，该理论以现实为基础构造理论摆脱了传统理论以抽象的、脱离实际的假设为基础的分析方法的约束。行为经济学追求的是对现实世界的真实反映，立足于对人的行为的研究，研究分析经济活动的心理过程。亚当·斯密的古典经济理论就已开始了对人类行为的经济分析，斯密曾运用这种方法分析"经济人"的行为，但却简单地把个人的经济行为理解为赚钱或牟利。20世纪后期，Kahnemna 和 Tverksy 的"预期理论：一种风险决策分析方法"和 Thaler 的"动态非一致性的实验证据"等论文标志着行为经济学的创立，随着行为经济学的发展，行为经济学慢慢渗透到日常经济研究领域中并已经接近"进入主流"。行为经济学通过将心理学引入经济学，增加了经济学对现实生活中各种经济现象的解释能力，为理性经济分析提供了一块被忽视已久的心理学基石，从而拓宽了经济学理论的视野，并使经济理论对实际现象的预期更为准确，使制定的政策更为合理。

农产品生产企业的经营者是人，人是企业的核心。经济学以人的行为理性化为分析的出发点，即人们能够按照自己的偏好和目标作出正确的判断、决策和行动。但是，人生活在一定的社会环境中，受到各类因素的制约，又具有有限理性，赫伯特·西蒙的有限理性说认为，由于环境的不确定性和复杂性，信息的不完全性，以及人的认识能力受到心理和生理的限制，因此人是有限理性的。莱宾斯坦认为任何经济行为都存在着非理性行为。农业龙头企业经营行为与其他类型的企业一样具有市场取向，企业从事农产品生产经营的最大目标是获取利润最大化，因此农业龙头企业会采取各种手段，如降低生产成本、加强市场营销等正当手段，也可以采用各类违法手段，如生产不安全农产品、假冒仿制等，来实现获取最大化利润。同时企业农产品安全生产受到多个方面因素的制约，主要是企业自身发展、政府对农产品安全的管制、消费者对农产品安全的关注等三个大方面的影响。农业龙头企业从事安全农产品生产是综合平衡企业、政府、消费者三方面的利益，作出的一个制衡的选择，因此政府管制越严格，消费者越重视农产品安全，则企业就越倾向于生产安全农产品。基于企业行为经济学的农业龙头企业产品质量控制如图 3.3 所示。

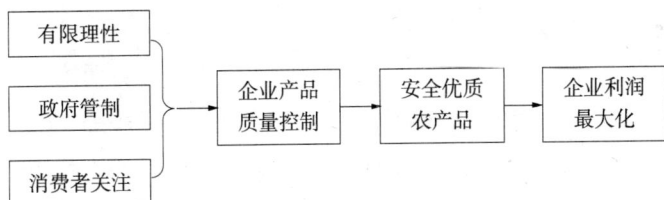

图 3.3　基于行为经济学的农业龙头企业产品质量控制

3.1.5　综观经济理论

当代科学技术发展同时存在着两种趋势，即分工越来越细的专业化趋势与学科相互交叉日益加强的综合化趋势，在两大趋势的演化过程中，不断产生新的学科，始于 20 世纪 80 年代初的综观经济理论就是这种演化过程的产物。为解决西方发达国家经济"停滞膨胀"和避免我国的"大起大落"，实现经济、社会和环境的综合协调发展，澳大利亚学者黄有光[①] 和我国学者魏双凤两位教授几乎

_____

① 黄有光系国际知名的经济学家，1982 年在《经济学学报》上发表了综合分析经济方法的文章，1986 年出版了《综观经济学》(*Mesoecnomics*)，主要探讨综观经济分析方法。

同时创立了综观经济学，① 从综观的角度提出了研究和解决经济社会发展的新课题。此后，国内外学者逐步加强了综观经济理论的研究，并开始把该理论及其研究方法运用到具体经济领域，进一步丰富发展了综观经济学。作为一个新的理论，它具有整体性、系统性、协调性、综合性、战略性的特点。② 从研究方法看，综观经济学研究对象的特殊性也决定了它研究方法的鲜明特色，即以唯物辩证法为基础，系统论、控制论与信息论分析方法，宏观分析与微观分析，静态分析与动态分析，定量分析与定性分析，全面调查与典型调查，传统方法与现代方法相结合。这种一个基础、六个结合的方法论突破了现有经济学方法论上的传统特点，体现了创新精神。时至今日，这门新兴的学科形成了初步的理论框架，明确了主要的核心范畴，提出了一系列的综观新概念，培养了一支理论队伍，为它在新世纪的进一步发展创造了有利条件。作为一门新兴的经济学科，综观经济学是研究经济纵横有机结合、持续协调发展及其规律的科学③，其研究的主要内容：一是狭义的纵向经济关系，即微观经济与宏观经济之间的关系及其本质联系和协调发展问题；二是广义的纵向经济关系，即微观经济、宏观经济与球观经济以及未来的宇观经济之间的关系及其本质联系和协调发展问题；三是横向的经济关系，即经济、社会、环境三者之间的关系及其本质联系和协调发展问题。从研究内容看，综观经济学对经济问题和规律的研究不论

---

① 黄灼明：《综观经济学研究》，广东高等教育出版社 2006 年版，第 1—9 页。

② 黄灼明：《综观经济学研究》，广东高等教育出版社 2006 年版，第 1—9 页。

③ 魏双凤等：《综观经济学专题讲座》，（香港）中国文化馆 2005 年版，第 9—10 页。

是广度还是深度都超过以往。① 经济事物的复杂性、多因素特点决定了需要从综观的角度去认识它，但是，总体上综观经济学尚处在初级阶段，远没有成熟和完善，学界对魏双凤教授的看法也不尽一致②，特别是在实际部门和具体领域的应用方面尚需要长期的艰苦努力。

无论是人类经济社会和自然界的事物构成，都包含了许多因素，从唯物论和辩证法的角度，这些因素都是相互联系、相互作用、密不可分的有机组成部分，如果仅仅从某一角度或因素去认识，就会失之偏颇，而综观方法强调从事物的整体上去认识事物，因此，本人继承前人的研究成果并赋予其新的内涵，认为综观方法应是认识事物发展规律的一种科学方法。例如，对农业龙头企业产品质量的认识，从综观的角度来看，就应该将其相关因素全部考虑进去。所以，综观经济范畴大大拓展农产品质量控制研究的视野，综观经济系统侧重从宏观、中观、微观三个层面，综观经济效益要求关注农产品质量的经济、生态和社会效益并从管理学、经济学、社会学、市场营销、美学乃至质量工程学等多个学科，综观经济调控注意从生产、流通、消费多个领域，采用经济、管理、科技、法律、行政、宣传等多种手段和方式共同加强农产品质量安全控制，这既是一个全新的研究视角，也大大拓展了研究视野，有利于创立符合我国国情的农业龙头企业农产品质量控制理论，对提高我国农产品质量的整体水平产生重要的指导作用，基于综观经济理论的农

---

① 黄灼明:《综观经济学研究》，广东高等教育出版社2006年版，第1—9页。

② 黄铁苗教授认为魏双凤教授关于"综观经济效益是纵横经济效益有机结合"的观点比较难以把握，他认为"综观经济效益就是在社会经济可持续发展的前提下，人与自然物质变换过程中所取得的符合社会需要的标准质量的劳动成果与劳动占用和劳动耗费的对比关系。"

业龙头企业产品质量控制体系如图 3.4 所示。

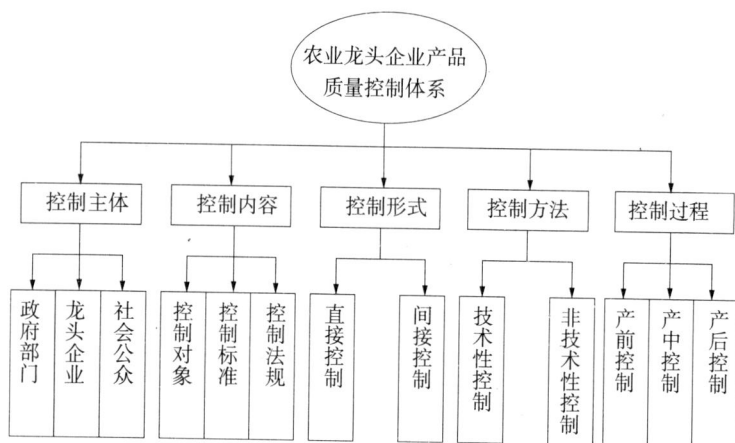

图 3.4　基于综观经济理论的农业龙头企业产品质量控制体系

3.2　农业龙头企业产品质量安全影响因素分析

　　如前所述，农产品质量是一个受多因素影响的主观范畴概念，加上农产品质量标准的复杂性、动态性等特性也使得现实中对农产品质量的控制变得十分复杂和困难，但万变不离其宗，遗传因素是农产品质量的主要决定因素，最直接、最有效的手段就是培育优良品种，并注重提高生产技术，改进生产方法。相比较而言，外部因素对农产品质量安全的影响则复杂得多，因此，本章的重点是分析外部因素对农业龙头企业产品质量的影响。

　　系统工程学把产品的生产看做一个大系统，农业龙头企业生产加工农产品的过程也是一个大系统，如果把遗传因素认定为影响农产品质量安全的内部因素，那么，环境、人、机器设备、投入品等则称为外部因素，对农产品质量安全的控制主要体现在对这些因素的控制上。

3.2.1 环境因素

环境理论认为，环境因素对产品质量有重要影响，在某种程度上对农产品质量起着决定因素，我国古代关于"篷生麻中，不扶自直；黄沙在涅，与日俱黑"就是农产品受环境影响最生动的写照。就农业龙头企业而言，自然环境、经济环境、法制环境、社会环境都影响到其农产品质量。

（1）自然环境。相对于工业产品，农产品受自然作用的影响大得多，影响农产品质量的环境因素主要包括产地，生产车间的光、热、水、土、温度、湿度等自然条件和因素，这种影响既包括农产品的外观质量，也影响到其内在品质，尤其是在鲜活易腐农产品中体现得最明显，产地、生产加工、贮藏包装、运输销售过程中因环境污染都可能影响农产品质量及其安全。

（2）经济环境。经济环境主要包括生产力发展水平、市场发育程度、经济政策措施等经济因素，生产力水平决定农产品质量的总体状况，伴随着农业社会、工业社会和信息社会的演进，生产力水平不断提高，农产品质量整体水平也随之不断提高。市场对农产品质量的影响主要表现在基于信息不对称形成的农产品供求的动态博弈以及优质优价机制的形成。

（3）法制环境。法制是确保农产品质量安全和提高的重要保障，主要包括农产品质量的立法和执法两个方面。如前所述，安全性是农产品质量的基础，在市场经济条件下，农业龙头企业既有追求利润最大化的内在动力，也有千方百计降低成本提高竞争力的外在压力。因此，在"柠檬"市场普遍存在和法制不健全的情况下，加强法制建设就成为保障农业龙头企业提高农产品质量的根本举措。

（4）社会环境。整个社会环境与农产品质量息息相关，农产品生产加工、流通、消费都是在社会环境中进行的，思想观念、社会舆论、历史文化、风俗习惯等都影响着农业龙头企业的产品质量，这方面古今中外的例子不胜枚举。

3.2.2　人的因素

质量管理学认为，人是决定产品质量高低的关键因素，从利益相关者角度分析，与农产品质量安全相关的主体主要包括生产经营者、消费者和政府监管部门的代理人，每个经济主体都有自己的利益追求和需求偏好，目标函数、偏好秩序、行为动机都影响到主体的决策进而影响到农产品质量安全。从供应链的角度看，设计者、生产者、经营者、消费者和监管者的价值观、质量观念、责任意识、素质能力等都会对农产品质量产生重要影响，仅从农业龙头企业内部的生产管理而言，就涉及决策者、管理者和基层员工三个层面。

（1）决策者。决策者是企业的最高领导，对企业生存和发展具有决定性的影响，他们关于企业生产经营、质量战略等的决策直接影响企业产品质量的高低，在农业龙头企业中，决策者的思想观念、知识素质、能力水平和阅历经验既会在内部影响到企业产品的质量，也会在外部对同行业有示范效应。

（2）管理者。管理者的有效领导作用是农业龙头企业产品质量控制的关键。美国质量管理专家朱兰博士认为，80%的质量问题出于管理者，20%的质量问题出于员工，而后一种情况的出现在很大程度上又源自员工对管理层意识和行为的效仿。管理者在企业中的地位直接决定了他们在质量管理工作中发挥的关键作用。所谓"抓头头，头头抓"，意思就是管理者必须对质量高度重视，不仅要履行规定的质量任务，还要充当质量先锋官的角色。管理者既要在质量管理中发挥表率作用，又要为质量活动提供资源，要想让企业全体人员参加质量管理，管理者必须向员工表明自己对质量的态度和要求，并以身作则地坚持质量方针，不因任何原因改变质量标准，努力实现质量目标。

（3）基层员工。真正制造产品的人不是决策者和管理者，而是基层员工。实践表明，员工对产品质量的态度，直接影响着员工的质量行为，从而影响到产品的质量。只有当员工意识到质量的重要性，才能建立起质量意识，继而端正自己的态度和行为，履行自己的质量责任。就我国农业龙头企业来说，农户兼有管理者和基层员工两种身份，因而，农户对我国农业龙头企业产品质量的影响具有特殊作用。

3.2.3 技术设备因素

生产力是经济发展的决定因素，而科学技术是第一生产力，机器设备是科学技术的物化。伴随着科学技术的突飞猛进，先进机器设备的创造发明，工农业生产的规模不断扩大，效率日益提高，在为社会提供数量众多产品的同时，质量也在不断提高，从一定意义上说，先进技术机器设备是农产品质量最现实的制约因素之一。一般而言，经济利益是农产品质量安全控制的内在动力，而技术设备是农产品质量安全的外部手段。一旦优质优价的市场机制形成并且良性运行，技术设备就成为农产品质量安全的主要决定因素。规模化和标准化是农业龙头企业的显著特征，因此，依靠先进技术和机器设备控制农产品质量是企业最有效的方法，这也是为什么有远见卓识的企业家总是想方设法加大对技术研发的投入，及时淘汰机器设备的原因。影响农业龙头企业产品质量的技术设备主要包括育种技术、耕作栽培和饲养技术，生产技术设备、加工技术设备、检验检测技术设备、除菌保鲜技术设备等。就目前我国农业龙头企业的产品质量控制来说，主要是以下几点：

（1）加强育种技术攻关。品种是农产品质量安全的第一决定要素，因此，育种技术攻关是建设现代优质农业的"一号工程"。我国具有培育优质农作物品种的种质资源，应增加优质品种选育、保护的力度，组织农学家、生物学家、营养学家、医学专家等联合攻关，尽快把丰富的种质资源转化为品种资源和商品资源。

（2）耕作栽培和饲养技术创新。农业企业的技术创新主要是推广一批关键技术，如免耕技术、水稻直播、机插、抛秧技术等，在奶牛产业带加快推广人工受精、胚胎移植、配方饲料、规范化饲养和鲜奶搜集与运输等先进实用技术。

（3）产后加工技术。初级农产品产后的采收、包装、贮藏、保鲜、运输等环节是农产品质量得以保护、实现和加强的重要环节，因此，对农业加工企业来说，采用高新技术设备和先进工艺，可以提高农产品的加工能力和产品档次，提高产品质量。

3.2.4 投入品因素

投入品是农产品质量安全控制的重点，因为，科学合理使用包括农药、化肥、兽药、饲料以及饲料添加剂等农业投入品，既可以增加农产品的产量，也会提高农产品的质量。如喷洒农药可以减少病虫害使果菜的外观质量提高，使用兽药可以防治畜禽疫病和疾病等，但是，一旦过量和控制不好时间就适得其反，从而降低农产品的质量和安全。因此，对投入品的控制是农业龙头企业保障产品质量安全的关键。

3.3　农业龙头企业产品质量控制综观分析框架

相比工业企业产品质量控制，农业龙头企业产品质量的控制更加复杂。一方面，要从产前、产中、产后（包括流通过程和消费过程）对农产品质量进行纵向控制；另一方面，要从政府、企业和社会公众等方面对农产品质量进行横向控制。基于对上述相关理论的梳理和农业龙头企业产品质量影响因素的分析，本书力图从控制主体、内容、过程、方法和体系五个方面，构建起农业龙头企业产品质量控制的综观分析框架（见图3.5），以实现对其产品质量"从农田到餐桌"的全面、全程动态的有效控制。

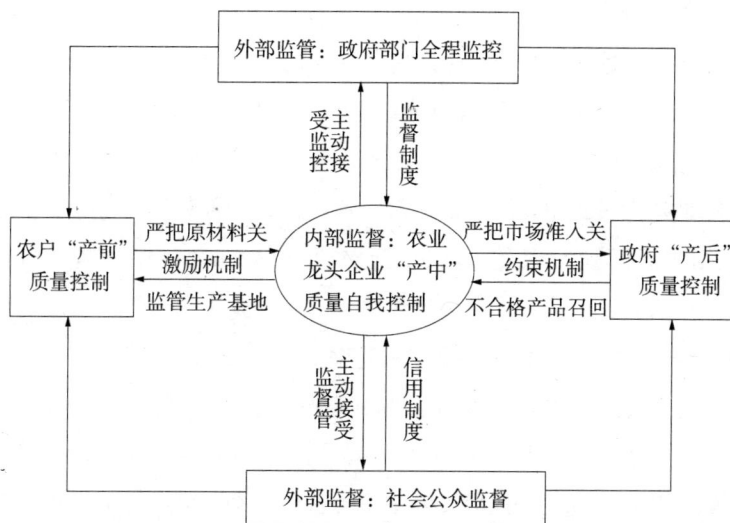

图 3.5　农业龙头企业产品质量控制综观分析框架

3.3.1   基于主体的农业龙头企业产品质量控制

农业龙头企业产品质量控制虽然有多个主体，但各自的地位和作用是不同的，其中企业是最直接、最关键、最重要的主体，企业能把好自我控制这一关，其农产品质量就有了安全可靠的基础；此外，作为农业龙头企业产品质量控制主体之一的政府，其主要目的是保护消费者、生产者和国家利益，从而发挥有效监管的作用；相对于企业和政府而言，社会公众虽然也属于他控范畴的主体，却是对企业和政府控制的必要补充，因此，农业龙头企业产品质量控制需要发挥企业、政府和社会公众的积极作用，形成强大的控制合力，才能真正实现对农业龙头企业产品质量的有效控制。

（1）企业自控。农业龙头企业对产品质量的控制主要体现在对产品质量的管理即自我控制上。这种控制既源于追求利润最大化的内在动力，又受制于获得优势参与业内竞争的外在压力。从供应链的角度分析，农业龙头企业对产品质量的控制包括产前、产中、产后的全过程控制，涉及生产、流通和消费三个环节。

一是产前控制，即对投入品、原料基地的控制，这是确保产品质量安全的首要环节。第一是实现清洁生产。农业龙头企业在原料基地建设过程中要特别加强对农药、化肥、兽药、饲料等农业投入品的质量管理，杜绝违禁化肥、农药、兽药的使用，实现清洁生产。第二是建立质量安全可追溯体系。农业龙头企业要加强档案管理工作，对生产过程进行全过程记录，建立质量安全可追溯体系。第三是强化对标准化基地的管理。标准化的原料基地可以源源不断地为企业提高质量稳定可靠的原料，因此，建立和强化对标准化基地的管理对保证农产品质量安全至关重要，企业要逐步加大对标准化原料基地的人力、物力和财力的投入，完善各种规章制度。

二是生产控制，即生产加工环节的控制。农产品生产加工是保障产品质量安全的最重要环节。从大多数成功的农业龙头企业看，主要做到了以下几点：第一是建立产品质量认证制度。建立产品质量认证制度是生产加工环节农业龙头企业提高质量控制水平的重要保障。农业龙头企业要争取通过相关国际组织的质量认证、安全卫生认证，获得 ISO9000、ISO14000、HACCP 等质量管理体系认证，并按标准组织生产。第二是严格执行检验检测制度。农业龙头企业在产品出厂前严格执行检验检测制度是严控质量风险的重要措施，也是保持产品品牌和企业竞争力的客观需要。第三是严格执行市场准入制度。市场准入制度是农业龙头企业严把产品出口关的重要举措之一，该制度可以保证不符合产品质量安全标准的产品坚决不上市销售，凡上市销售的产品一律主动接受质量安全监控。

三是产后控制，即流通和消费环节的控制。农业龙头企业既要注重产前原料基地和生产加工环节的质量控制，又要重视产后流通、消费环节的质量控制。因为生产的目的是为了消费，许多农产品质量安全问题都是在消费环节被发现并造成危害的，而流通是连接生产和消费的桥梁和纽带，一方面流通环节本身管理不当会引起质量问题，如产品损坏、耽误时间、超过保质期等；另一方面，消费环节的质量问题也会波及流通环节。因此，农业龙头企业要把标准化管理延伸到流通和消费环节，通过定量包装、标识标志、商品条码等手段，建立"从田头到餐桌"的全程质量可追溯机制。

值得一提的是，我国农业龙头企业与一般企业相比，还联系着数量众多的农户，农户直接承担着产品的生产加工任务，不论其组织形式上有什么差别，从广义上讲，都可以把农户理解为农业龙头企业生产的延伸和拓展，但就经济利益而言，企业和农户又是不同的主体。因此，农户对农产品质量的控制就有了特殊的意义，值得今后深入研究。

（2）政府控制。政府对农业龙头企业产品质量的控制主要体现在政府管制上。政府管制（Government Regulation 或 Regulation）是具有法律地位的、相对独立的政府管制者（机构），依照一定的法规对被管制者（主要是企业）所采取的一系列行政管理与监督行为。政府管制又分为经济性管制与社会性管制。日本学者植草益对经济性管制（Economic Regulation）下的定义是：对存在自然垄断和信息偏差问题的部门，以防止无效率资源配置发生和确保需要者对产品和服务公平利用为主要目的，通过被认可和许可的各种手段，对企业的进入、退出、产品价格、服务的质和量以及投资、财务会计等方面的活动所进行的管制。而社会性管制是：以保障劳动者和消费者的安全、健康、卫生、环境保护、防止灾害为目的，对产品和服务的质量和伴随着提供它们而产生的各种活动制定一定标准，并禁止、限制特定行为的管制。①

产品质量管制是政府有关部门根据国家的质量法规和产品技术标准，对生产、流通和领域的产品质量进行检验和监督，实现对产品质量的有效控制，保护消费者、生产者和国家利益。与其他管制相比，产品质量的政府管制具有如下鲜明特征：一是产品质量的政府管制具有微观干预和宏观调控的双重属性。首先，产品质量管制是政府对企业生产经营行为的微观干预。这种干预不同于企业内部的质量管理行为，它是政府有关部门站在社会公共立场上，以政企分开为前提，主要通过制定和执行规则对企业的质量行为进行外部强制干预。与此同时，它又具有宏观经济调控的属性。主要表现

---

① 参见植草益著：《微观规制经济学》，朱绍文、胡欣欣等译校，中国发展出版社1992年版。

在政府通过产品质量管制，在全社会推行先进的产品技术标准，进而提高整个国家的产品质量，可以起到节约资源、提高资源利用效率和社会经济效益的作用。二是产品质量管制具有经济性管制和社会性管制的双重属性。经济性管制的目的主要是防止资源配置的低效率，确保使用者对产品和服务的公平利用，同时防止由于信息不对称给消费者的经济利益带来损害，管制的内容主要是市场的进入和退出管制、价格管制、产品质量管制和投资管制。而社会性管制的目的在于确保生产者和消费者的安全、健康以及环境质量。管制的内容主要是指环境管制、产品质量管制、消费者权益保护管制、安全生产管制。可见，产品质量政府管制既可以防止假冒产品给优质产品生产企业和消费者的经济利益带来损害，因而具有经济性管制的属性；又可以消除劣质产品给消费者的安全和健康带来的威胁，因而具有社会性管制的属性。

市场失灵是产品质量政府管制的基本原因。在经济运行过程中，除了依靠市场机制激发企业提高产品质量，加强微观质量管理以外，需要政府进行产品质量管制的基本原因是在产品质量问题上存在市场失灵。从实践上看，我国企业存在片面追求短期经济效益，忽视技术创新和新产品开发的情况，不少企业甚至在产品生产过程中偷工减料，以次充好，生产假冒伪劣产品。优质产品的生产经营者为了向消费者显示其产品的质量水平，通过广告、创建名牌以建立企业和产品信誉、提供产品"三包"服务等市场机制向广大消费者传递信息。但由于虚假广告、假冒伪劣产品的存在以及一些企业不能履行产品"三包"的承诺等原因，加剧了生产经营者与消费者之间的质量信息不对称，从而产生逆向选择问题，最终出现劣质产品驱逐优质产品的现象。这就要求政府主动利用其公共权力，对产品质量实行有效管制，促使企业提高产品质量，同时发挥市场这只"看不见的手"和政府这只"看得见的手"的作用，共同缓解生产经营者和消费者之间产品质量的信息不对称问题。由于在产品生产经营者和消费者之间的信息不对称中，企业处于信息优势，而消费者处于信息劣势，因此，政府应实行不对称管制，即政府主要以企业及其产品为管制对象，强制企业承担有关产品质量责任（特别是产品安全责任），以保护处于信息劣势方的消费者的权益。我国在1993年2月颁布了《中华人民共和国产品质量法》，2000年7月又对该法作了较大幅度的修改与调整，从而加大了该法的力度，增强了可操作性。新修改的《产品质量法》在总则部分首次明确指出，各级人民政府应当把提高产品质量纳入国民经济和社会发展规划，加强对产品质量工作的统筹规划和组织领导，引导并督促生产者、销售者加强产品质量管理，提高产品质量，制止产品生产、销售中违反产品质量法规定的行为。这就从法律上规定了政府对产品质量管制的责任。同时，对企业也提出了更高的产品质量要求，即要求企业必须建立健全内部产品质量管理制度，强化了企业是决定产品质量的主体的法律责任，对违法企业处罚的范围作了新的界定，加大了对产品质量违法行为的法律制裁力度。当然，新的《产品质量法》的法律效果在相当程度上还取决于政府管制执法效果。同时，与经济发达国家相比，我国在产品质量管制的法律体系建设方面还有一定的差距，在这方面还存在较大的政府管制立法需求。

（3）社会公众监督。在"全能政府"的社会治理理念下，政府在产品质量监管中充当着"救火队员"的角色，由于市场失灵和政府监管失灵，在政府和企业之外的第三部门对弥补双重失灵的不足意义重大。从发达的市场经济国家的实践看，行业协会、消费者协会、检验检测认证机构、新闻媒体等组成了农产品质量社会公众监督的体系，对农业龙头企业产品质量的社会控制发挥着重要的作用。

①行业协会的行业自律。行业协会是依法由同行业、相关行业的经济组织或相同、相关经济活动主体为主，自愿组成的非营利性社会团体，具体有商会、联合会、同业公会等形式。① 作为社会、经济发展到一定阶段的客观要求和必然产物，其基本职能包括行业自律、行业服务、行业代表和行业协调。作为政府、企业、市场之间联系的桥梁和纽带，一方面，行业协会引导企业走向市场，维护企业的权益；另一方面，行业协会也协助政府职能部门维护社会经济秩序，保证公平的社会环境。从发达市场经济国家和地区的实践看，行业协会对相关企业及产品质量的监督，主要通过行业自律和律他，维护市场经济秩序；参与制定、修订本行业的质量标准；作为行业代表，为政府决策提供参考；推进行业内企业信用建设等方式实现。与农产品质量控制有关的行业协会主要包括中国质量诚信企业协会：该协会中文简称"中质协"，英文简称"CQSA"，作为权威的独立第三方质量诚信专业机构，该会目前是国内规模最大和最为权威的诚信企业组织之一。中国食品工业协会：该协会简称CNFIA，1981年经国务院批准成立，是全国食品工业的行业组织，面向全国食品行业开展服务、协调、自律、监督工作，关于食品质量方面的主要任务是进行质量监督与管理，组织优秀产品的推荐及产品质量监制，宣传、促进质量监督工作。组织参与制定、修订食品工业国家标准和行业标准，组织贯彻实施并进行监督。中国绿色食品协会：该协会是经中华人民共和国民政部、农业部批准注册，由中国从事和热心于绿色食品管理、科研、教育、生产、贮运、销售、监测、咨询等活动的单位和个人自愿组成的全国性专业协会。

---

① 窦志铭等：《商品流通领域质量监管模式研究》，人民出版社2010年版，第103页。

主要职能包括：推动绿色食品开发的横向经济联合，协调绿色食品科研、生产、贮运、销售、监测等方面的关系；组织绿色食品事业理论研究、人员培训、社会监督、信息咨询、科技推广与服务，并成为政府与绿色食品企事业单位之间的桥梁和纽带；为绿色食品事业的健康稳定发展和产业的加速建设提供有效的综合服务和有力的社会支持，以及各地农业产业化龙头企业协会①等，这些行业协会对我国农产品质量的提高作出了重要贡献。如 2005 年 12 月成立的广东省农业产业化龙头企业协会，近年来致力于制定并执行行业规范，加强行业自律和会员自律，防止和制止不正当竞争，坚持打假，防止生产、储运和销售伪劣产品，维护本会的根本利益。组织会员建设标准化示范基地，接受政府职能部门委托制订行业标准或地方标准，督促会员企业执行行业标准、地方标准和国家或国际农产品生产质量标准。开发新产品，创建国家或国际农产品品牌，注册商标，实施品牌发展战略，实行农产品质量安全管理。上述工作为全省农业龙头企业产品质量安全控制和提高发挥了重要作用。

②消费者协会的社会监督。我国消费者协会是 1985 年经国务院批准成立，由国家法律授权、承担社会公共事务管理与服务职能的组织。根据《消费者权益保护法》第 32 条的规定，消费者协会有服务和监督七项职能，其中"参与有关行政部门对商品和服务的监督、检查"和"对损害消费者合法权益的行为，通过大众转播媒介予以揭露批评"两项职能使消费者协会对商品和服务质量的监督更具有力度和权威性。消费者协会所从事的保护消费者权益保护事业具有公益性、社会性、服务性、客观公正性、权威性和相对独立

---

① 目前，全国大多数省份都成立了农业产业化龙头企业协会，但国家层面的还没有成立。

性，这些特点使消费者协会对农业龙头企业产品质量的监督控制带有明显的社会控制特征。首先，消费者协会是社会团体，它对农业龙头企业产品质量的监督不是行政或司法权力性质的监督，而是社会性质的监督控制。其次，消费者协会所代表和维护的是广大消费者的权益，也体现了广泛的社会性。最后，消费者协会工作需要方方面面的参与和支持，不论是理事会的组成还是实际工作，都是建立在广泛的群众基础之上的。

从我国实践看，消费者协会对农业龙头企业产品质量监督控制的主要方式如下：一是接受和处理消费者投诉。这是最主要的监督方式。特别是 2002 年以来，我国各地以"12315"电话为依托，逐步形成了"一个中心，三级执法"的消费者权益保护体系，到 2008 年，全国有 11 个省、自治区、直辖市工商局和 414 个地市工商局建立了相对集中受理的"12315"中心，做到了对消费者咨询的当场解答，对申诉和举报的实时受理、快速分流、依法处理、及时反馈和跟踪督办①。目前，消费者协会已经成为被广大消费者认同的威权中坚力量。二是运用技术检测手段，对市场上典型的商品和服务进行比较实验和消费调查，向社会发布安全指导。通过与当地工商部门联合召开商品质量监测、商品比较实验新闻发布会，并通过网站和新闻媒体及时向社会发布消费提示和警示，对消费者起到积极的引导作用。三是通过互联网站、自办杂志、报纸等方式发布有关信息，对消费者进行维权等方面的教育。

③检测认证机构的监督控制。作为对产品质量进行评价、监督和管理的科学制度，检测认证是伴随市场经济的发展和商品贸易交割的需要产生的，在长期的市场经济运行中，发达国家已形成了

---

① 《中国消费者权益保护运动 30 年回眸》，《法制日报》2008 年 9 月 21 日。

包括质量认证、公正检验和产品质量责任保险为主的社会化产品质量保证机制，检测认证机构的检测和认证，已成为规范和管理产品质量的重要环节，是政府监管机构执法的重要依据，推动和引导企业走质量效益之路的必要保证，对消费者有重要的参考和警示作用，有利于增强全社会的质量意识。

以美国为代表的发达国家，其质量检测和认证并不是政府的统一管理，主要是企业根据自身发展的需要①与第三方检测认证机构达成契约，接受经常性的产品质量监督检查。我国的第三方检测认证事业正处于起步阶段，检测认证机构分属不同的政府职能部门，对生产、流通和消费领域的产品质量监管发挥着重要作用。如国家质量监督检验检疫总局系统②、食品药品监督管理局系统③、疾病预防控制中心系统④的检测认证机构，以及农业部系统⑤的检测认证机构，对农业龙头企业产品质量的检测认证都发挥着重要作

---

① 主要包括产品质量满足市场准入要求（法律的需要）、采购招标中的必要条件（政府采购的需要）、保险风险评估的依据（社会保险的需要）、选用商品的根据（消费者的需要）。

② 截至2009年11月，全国获得授权的国家产品质检中心数量已达393家，承担强制性产品认证检测任务的实验室有146家，认证机构有14家；国家认监委认可的内资认证机构133家，外资认证机构35家，认可的认证机构123家，检查机构153家，实验室3802家，认证就业人员近6万人。现隶属中国检验认证集团的中国质量认证中心（CQC）承担产品认证、自愿性产品认证。

③ 国家食品药品监督管理局直属的检测认证机构有中国药品生物制品检定所、药品认证管理中心。各省均设有相应的检测机构。

④ 中国疾病预防控制中心（含各省市疾病预防控制中心），研究开发并推广先进的检测、检验方法，建立质量控制体系，促进全国公共卫生检验工作规范化，提供有关技术仲裁服务，受卫生部认定，开展健康相关产品的卫生质量检测、检验，安全性评价和危险性分析。

⑤ 农业部农产品质量安全中心负责组织实施无公害农产品等的认证，目前，全国无公害农产品定点检测机构共有181家，分布在全国各地。

用。作为农产品质量安全控制的主要职能部门，农业部对农产品质量安全监管是主要围绕"无公害食品行动计划"展开和建立起来的，以农产品质量安全标准、检验检测、认证体系建设为基础，重点解决蔬菜中的农药残留超标问题、畜禽饲养过程中药物滥用和兽禽药残留超标问题、水产品生产过程中药物滥用和水产品中有毒物质超标以及贝类产品的污染问题。目前，已形成省、市、县三级农产品质量安全监管体系，相关认证检测机构 105 家。

④新闻媒体的舆论监督。新闻媒体是把信息传递给社会大众的工具。媒体监督是指广播、电视、报纸、网络等新闻媒体运用公开报道的方式对社会权利、公共政策、社会事态中的各种问题进行报道，以促进有关主体改进其行为和决策的监督方式。[①] 媒体监督具有公开性、广泛性、及时性等特点，因此，成为农业龙头企业产品质量控制体系的重要组成部分。现代社会新闻媒体监督对维系各种权力制衡和促进社会公正发挥着重要作用，西方发达国家把媒体监督作为立法权、司法权、行政权之外的"第四种权利"。

就农业龙头企业的产品质量而言，各种媒体以专业的方式采集、揭示有关农产品质量和市场交易主体的信息，其监督控制功能可以最大限度地减少交易双方的信息不对称，并对生产加工和经营企业形成威慑作用，形成事前约束和事后控制的自律机制。充分的信息是保障消费者权益的必要路径，各种媒体通过发布政府监管部门、消费者组织和自身提供的有关农业龙头企业产品质量监督的信息，使消费者获得较充分的农产品质量信息。

20 世纪 90 年代以来，随着大众媒体在我国的迅速发展和消费

---

① 窦志铭等:《商品流通领域质量监管模式研究》，人民出版社 2010年版，第 149 页。

者对"知情权"的日益重视，媒体监督逐渐成为沟通商品信息、警示消费者、监督厂商的重要手段。广播、电视、报纸等传统媒体发展迅速，具备了媒体监督的物质基础。近年来我国电视、报纸等媒体对农产品质量和食品安全事件的介入越来越早，有的媒体甚至先于政府部门卧底厂商内部，报道了大量轰动性的调查报告。以电视媒体为例，央视《每周质量报道》、《焦点访谈》、《每周质量报告》等成为我国打击假冒伪劣、不安全食品的前线。目前，互联网成为农产品质量监督的重要媒体，网络媒体的商品质量新闻主要出现在三类网页：一是专业商品或食品网站的信息，如"我国质量信用网"、"第一食品网"、"食品伙伴网"等；二是中央及各地政府网站发布的新闻，如各省、市人民政府公众信息网、工商局、农业局等职能部门网站；三是门户网站上发布的产品质量安全新闻，如人民网、新华网、新浪网等网站。我国互联网络信息中心第25次对我国互联网络发展状况统计报告显示，截至2009年12月，我国网民规模达到3.84亿，互联网普及率达到28.9%，越来越多的用户开始通过网络获取新闻信息。例如，把"食品安全"作为关键词输入百度、搜搜和雅虎粗略搜索，网页数量分别是3180万、216万和1310万篇。①

3.3.2 基于过程的农业龙头企业产品质量控制

农产品安全问题是一个复杂的系统工程，需要用系统方法论解决。系统工程学和全面质量管理理论都认为产品质量的控制是一个系统的过程，因此，农业龙头企业要保障其产品质量安全，全程

---

① 窦志铭等:《商品流通领域质量监管模式研究》，人民出版社2010年版，第155页。

控制是最科学的选择。从发达国家和我国的实践看，虽然产前设计、生产加工、包装运输和消费环节都会对农产品质量安全产生影响。但是，农产品质量是生产而不是检验出来的，因此，控制好生产加工环节是最关键的一环。我国凡是质量效益好的农业龙头企业，其对农产品生产加工环节的控制也是一流的。全面质量管理在控制农产品安全上的应用比较成功的有良好农业操作规范（GAP）和危害分析与关键控制点（HACCP）体系。在良好农业操作规范的实施过程中引入试验设计与分析的方法，对涉及农产品安全的、需要进行参数控制的指标进行分析与优化，使参数的目标值限定在可接受范围内，最大限度地控制危害，保证农产品在实际生产、加工过程中的安全性。SPC 能客观地反映出系统的实际能力和运行状况，并采取措施消除异因以保证各个关键控制点处于受控状态，将食品的品质变事后的监测为事先的控制，在生产过程中真正实现预防的目的。将 SPC 整合到 HACCP 中对 CCP（关键控制点）进行监控，能极大地增强 HACCP 的效力。[①]

（1）以原材料质量为重点的产前控制。为了确保农产品质量安全万无一失，农业龙头企业首先要狠抓源头，对产前进行有效控制。产前控制，是指农业龙头企业要从原材料生产者抓起，包括对农户、原材料生产企业等供应商进行质量控制。没有好的原料，就不可能生产出好的产品，因此，把握好原料入厂质量关至关重要，农业龙头企业必须坚持原材料"质量第一"的原则，具体做法如下：

①制定原料采购标准。制定原料质量标准，这是企业进行采

---

① 王晓红:《农产品安全中的质量控制问题研究》，青岛大学硕士论文，2008 年。

购和验收的依据。尽管各种原料都有其质量标准，但企业可以根据自身的要求制订原料内控质量标准，作为采购和验收的依据，不符合质量要求的原料不得采购进厂。质量管理部门有责任和义务向采购人员提供原料标准的质量参数和要求，不符合质量要求的原料一般不得采购。

②明确原料检测项目。企业要明确原料检测项目，包括感观质量检验（色泽、气味、杂质、霉变、结块、虫害等）和理化质量指标检验（水分、粗蛋白质、钙、磷、盐分、粗灰分等常规分析）。在实际生产中不可能对原料所有指标进行检测，对不同的原料应确定不同的检测重点，以便快速检验。

③制定检测程序。从原料采购、入库、贮存到使用，各环节都应进行监控并记录，对采购的每一批次原料进行检验、判定，不合格的原料一律不准入库，并形成制度。

④原料采购时应注意的问题。① 第一，应定点采购，熟悉供货方状况，已确定的供货方每年也要重新进行一次评价；第二，添加剂、预混料原料应具有生产许可证和产品批准文号，动物源性饲料有安全卫生合格证，产品标签、合格证齐全；第三，根据企业库量大小、生产周转速度、资金周转和原料市场行情合理采购，防止涨库、压库和原料过期。要特别注意原料质量的变化。②

总之，农业龙头企业的全程质量控制体系中，以开头的原材料引进最为重要，这一环节出了问题，后面做的都将是无用功。农业龙头企业从原料开始就要致力于控制产品品质，为确保产品品质，农业龙头企业可利用自身优势，将基地视作企业的"第一生产

---

① 波普金的新书也因此被称为《理性的小农》。
② 梁建伟：《饲料企业产品质量控制探讨》，《中国饲料》2006年第2期。

车间"，尽可能地对原材料生产者进行技术指导，确保来料检验符合标准。此外，企业还可在全国范围内配置资源，确保原材料的供应和质量，建立"公司＋基地＋农户"的形式。

（2）以质量保证体系为关键的产中控制。在确保产前产品质量安全控制的基础上，农业龙头企业要做好产品的生产控制，这一部分是确保产品质量安全的关键。生产控制是指企业在产品生产的过程中建立科学的质量控制体系，要严格对产品的开发、生产、加工、包装、运输、以及产品终端管理等流程进行有效控制，还要求企业加强产品售后服务体系建设。为了确保生产过程的安全，企业要严格按照 ISO9000 质量认证体系、HACCP 质量认证体系加强管理，并在此基础上严格遵循生产过程的质量控制体系，确保产品的出厂合格率达到百分之百。农业龙头企业尤其要注意以下几个问题：

①制定岗位责任制，明确人员分工。科学的分工是效率和质量的前提和保证，农产品质量出现问题主要是因为生产无序、职责不清、管理不到位。因此，一定要制定岗位责任制，明确各自的分工。

②全体员工要坚持"质量第一"的原则，形成互相监督局面，关键岗位必须选择责任心强、工作认真的人担任。

③科学的质量奖罚制度。这是调动企业全体员工积极性的基础，凡是优秀的企业都特别注意通过激励和约束制度来提高员工对提高产品质量的积极性，农业龙头企业也不例外，许多企业都制定了相关制度。

（3）以市场准入标准为重点的产后控制。产前、产中这两个环节控制好后，产后流通环节也是非常关键的。产后流通控制是指对农产品从生产者到消费者这一过程进行有效控制，确保农产品安全地到达消费者手里。在这一环节，农业龙头企业可采取以下措施：

①将经销商、服务商纳入质量控制体系，共同为产品质量安全承担负责。企业可通过对经销商的选择以及建立专卖店的形式，将质量管理的触角伸向流通领域。

②建立销售网络体系、网络维护体系、信息反馈体系以及市场网络宣传体系，保证产品在最后环节保持良好的质量水平。农业龙头企业可建立和营造自己的网络体系，培育核心市场、核心客户，扩展加盟店、连锁店、专卖店、超市等卖点布局，杜绝品质低劣的产品进入流通领域，为消费者提供质量可靠、服务一流、功能适用的放心产品。

③制定科学的产品市场准入标准。为了对流通进行有效控制，农业龙头企业还要进一步完善农产品市场体系，尤其是完善和规范批发市场，尽快制定科学的市场准入标准，通过"企业办市场、企业管市场"的形式，发挥市场企业化中企业这一组织者的管理作用。

综上所述，基于"产前、产中、产后"的全过程质量控制体系的建立与实施，对于促进企业产品质量的提高、维护消费者和企业的权益、壮大名牌、提高企业核心竞争力、促进企业发展具有重要作用和现实意义。

3.3.3 基于内容的农业龙头企业产品质量控制

农业龙头企业产品质量控制内容非常丰富，其中控制对象、标准和法规是最主要内容。

（1）控制对象。农产品质量安全问题贯穿于原材料、加工、包装、运输、消费的各个环节，因此，农业龙头企业必须对"产前、产中、产后"各个环节和操作进行严格的控制。从控制对象看，环境、投入品、信息等会影响到农业龙头企业的产品质量，涉及产前、产中、产后各个环节。

①产前以基地环境控制为关键。产前控制以确保产地环境安全为主，主要控制对象为产地环境中的水、土、气，包括耕地受污染状况，农灌水受污染状况，畜禽、渔业养殖水受污染状况，农区空气受污染状况以及农用的城市垃圾、工业固体废弃物、污泥的污染监控等。农业龙头企业可对原料生产基地进行指导和管理，同时也要加强原料验收管理，确保来料安全。

②产中以投入品质量控制为核心。生产加工环节是农产品质量控制的重中之重，核心是严格控制饲料、兽药、农药、化肥、添加剂等投入品的质量，确保各项指标都要达到相应标准。农业龙头企业要对生产、加工过程实施有效控制，加工企业必须通过认证，并按照 GMP 良好生产规范进行生产，强制执行 HACCP 质量安全保证体系，保证百分之百的合格率。

③产后以信息控制为重点。农产品进入流通和消费领域后，对农业龙头企业而言，其产品质量信息的及时反馈就成了企业产品质量控制的重点，特别是农产品市场相关质量信息成为企业质量决策的重要参考。

（2）控制标准。按照制定主体划分，我国的标准可分为国家标准、行业标准、地方标准和企业标准四类。我国的国家标准由国务院标准化行政主管部门制定；行业标准由国务院有关行政主管部门制定；地方标准由省、自治区和直辖市标准化行政主管部门制定；企业标准由企业自己制定。目前四级标准中，建标主体主要有两大类：一是政府行政主管部门，二是企业。农产品的质量标准，按不同的分类方法有不同的内容框架。按标准类型划分，有产品质量标准、产品加工质量标准、配套的生产技术标准、产地环境标准。按行业划分，有种植业产品标准、林产品标准、畜牧产品标准、水产品标准，其中，种植业产品又包括粮油棉、果蔬茶等产品标准。按标准实施属性划分，有强制性标准和推荐性标准。农业龙头企业要达到控制产品质量的目的，在严格遵循国家标准、行业标准的基础上，还要依据自身实际情况，制定科学的产品质量控制标准。依据控制体系，企业要科学地建立标准体系、认证体系、检验检测体系、产品召回体系，每一个子体系也要制定系统化、系列化、创新性、实用性的标准，各控制主体要严格按照标准进行有效控制。

目前，我国的产品质量标准体系存在很多问题，比如，标准设立和执行不完善，缺乏有效管理；标准的设立缺乏科学性，内容滞后；产品的质量标准供给不足；标准的可操作方面有待提高以及实用性不强等。因此，农业龙头企业要结合我国产品质量标准体系的现状，借鉴国外先进经验，科学地构建适合我国国情并与国际接轨的产品质量标准体系。

近年来，我国的认证体系保持着快速发展的势头，具备了一定的发展基础和总量规模。建立健全农产品质量安全认证认可体系，对提升农产品质量安全水平和市场竞争力、推进名牌战略的实施具有重要的促进作用。农业龙头企业要加大投入，积极推行农产品的无公害产地认定和无公害农产品、绿色食品、有机食品认证，开展 GAP(良好农业操作规范)、HACCP(危害分析与关键控制点)、ISO9000 标准 (质量管理和质量保证体系)、ISO14000 标准 (环境管理和环境保证体系) 等质量体系认证，扩大农产品认证认可覆盖面。此外，农业龙头企业要加大投入，建立健全农产品质量安全自检体系。自检体系建设包括生产、加工、销售、集贸市场、物流配送市场自检体系建设，由企业自我建设和委托给中介机构检验检测。检验检测方法标准应重点制定农药、化肥、重金属、添加剂、激素等有毒有害物质的检验检测方法标准及转基因农产品的鉴定方法标准。

随着社会的发展和科技的进步，农业龙头企业的农产品质量控制标准应该向系统化、系列化、创新性、实用性等方向发展。所谓系统化，是指农产品质量的标准应该从农产品生产的产前、产中、产后环节系统把握，依靠系统的农业标准化从育种等基础工作入手，坚持品质至上，把标准贯穿在田间管理、收获、收购、加工、包装、运输、检验直到销售的整个过程，这是发展优质农产品的最佳保证。所谓系列化，是指同一农产品原料，可生产成一系列的产品，而所有这些产品都须制定不同的标准对其进行品质控制，产品的系列化要求标准的系列化。所谓创新性，是指随着社会的发展和科学技术的进步，需要及时地更新、创造新的产品质量标准，只有这样，农产品才能在国际上具有竞争力。所谓实用性，是指制定的产品质量标准必须具有可操作性，应用程度广，保持与国际接轨。

（3）控制法规。科学完善的法律法规是农产品质量控制体系得以落实的保障，同时也使政府、企业、农户在遵循质量标准时有法可依。也就是说，制定科学完善的法律法规和规章制度是贯彻实行农产品质量控制体系的前提和保障。

我国从古代开始就特别重视惩罚食品造假者。周代规定果实未成熟严禁入市，如《周礼》有关"五谷不时，果实未熟，不粥于市"的记载，可能是我国历史上最早的关于保证食品安全、严格市场管理的规定。在唐代，严格杜绝有毒有害食品的流通，有食品致人死亡，所有者要被判处绞刑。据《唐律疏仪》记载，一旦某种食物变质，已经让人受害，那么所有者必须立刻焚烧，否则要被杖打90下。如果不毁掉有害食品甚至出售致人生病，食品所有者要被判处徒刑一年。如果有害食品致人死亡，所有者要被判处绞刑。别人在不知情的情况下吃了本该焚烧的有害食品并造成死亡，所有者也要按过失杀人来处罚。到了宋代，食品市场非常繁荣，但是，投机分子常常使用"鸡塞沙，鹅、羊吹气，鱼肉注水"之类的伎俩牟取利润，为加强管理，宋代官府让各类商人组成行会，商铺、手工业和其他服务性行业的相关人员必须加入行会，并按行业登记在册，否则就不能从事该行业的经营，而商品的质量也由各个行会把关，行会首领负责评定商品的成色和价格，充当本行会成员的担保人，除此之外，法律上也继承了唐律的规定，对腐败变质食品的销售给予严惩。

新中国成立特别是改革开放以来，对农产品和食品质量安全也日益重视，从20世纪80年代开始，我国陆续制定了一系列与食品安全有关的法律法规和管理规章。全国人民代表大会常务委员会制定的法律有《食品卫生法》、《产品质量法》、《农业法》、《农业技术推广法》、《标准化法》、《动物防疫法》、《进出境动植物检疫法》、《传染病防治法》等；由国务院制定的行政法规有《进出境动植物检疫法实施条例》、《传染病防治法实施办法》、《农药管理条例》、《兽药管理条例》、《饲料和饲料添加剂管理条例》、《农业转基因生物安全管理条例》等。各部委制定的行政规章有：农业部制定的《生猪屠宰管理条例》、《进口兽药管理办法》、《兽用生物制品管理办法》、《无公害农产品管理办法》、《无公害农产品认证程序》、《无公害农产品产地认证程序》等；卫生部制定的《食品安全行动计划》、《食品卫生监督程序》、《食品卫生行政处罚办法》、《蛋与蛋制品卫生管理办法》、《茶叶卫生管理办法》、《水产品卫生管理办法》等；国家质量监督检验检疫总局制定的《进出口食品卫生管理办法（试行)》、《进出口食品标签管理办法》、《进境水果检疫管理办法》、《农产品质量安全质量无公害蔬菜安全要求》、《农产品质量安全质量无公害蔬菜产地环境要求》、《农产品健全质量无公害水果安全要求》、《农产品质量安全质量无公害水果产地环境要求》、《农产品质量安全质量无公害畜禽肉产品安全要求》、《农产品质量安全质量无公害—畜禽肉产品产地环境要求》、《农产品健全质量无公害水产品安全要求》、《农产品质量安全质量无公害水产品产地环境要求》等。

与此同时，各省、自治区、直辖市人民代表大会及其常委会也制定了一批有关农产品质量安全方面的地方法规。如《广东省农业环境保护条例》、《河北省农业环境保护条例》、《天津市农药管理办法》、《上海市食用农产品质量安全监管暂行办法》、《北京市食品安全监督管理规定》、《浙江省食用农产品安全管理办法》、《苏州市食用农产品安全监督管理办法》、《沈阳市食品安全监督办法》、《深圳市鲜活农产品食用安全管理规定》等。[①]"十一五"期间，国家相继制定了《农产品质量安全法》、《食品安全法》和配套法规及规章，农产品质量安全已进入依法监管的新阶段。"十二五"期间，农业部将着力构建和完善农产品质量安全标准、检测、认证、风险应急和执法监管五大体系，全面提升执法监督、风险预警、监测评估、应急处置和服务指导五大能力，推动全国农产品质量安全监管工作取得新进展。

国家高度重视农产品质量安全问题，不断建立新的法律法规，

---

① 崔慧霄：《农产品质量安全问题及其法律保障研究》，中国农业大学硕士学位论文，2005 年。

完善法律法规体系，使各部门有法可依，有章可循。在这样一种新形势下，农业龙头企业要对当前的农产品安全形势有更加清醒的认识，进一步明确自身承担的安全生产职责，把握机遇和积极面对挑战，通过政策、法规等措施，全面提高农产品质量安全水平，以满足国内消费和国际市场的需求。一方面，农业龙头企业要加强法制教育，增强法制意识，尤其要突出责任教育，必须从企业高级管理人员到普通员工都要提升责任意识，牢固树立质量安全理念。另一方面，农业龙头企业要督促各级政府及相关部门有关落实有关扶持农业龙头企业的各项优惠政策，把握契机进一步做大做强农业龙头企业。

3.3.4　基于方法的农业龙头企业产品质量控制

农业龙头企业产品质量控制的方法有很多，根据不同的划分标准可以分为不同的类型，一般而言，业界习惯把农业龙头企业产品质量控制的方法分为技术性控制和非技术性控制两种。

（1）技术性控制。经济全球化使农产品贸易日益频繁，国际化使农产品质量的技术性控制成为一种非常重要的控制方法，因为在国际贸易中，设置贸易壁垒的常用手段就是技术标准和技术法规。目前我国面临的农产品质量安全技术问题主要表现在检测手段（设备、技术、人员）、风险分析、控制技术和标准化程度的落后。另外，我国开发新型农药、化肥、兽药、饲料等投入品的技术能力较弱，清洁生产技术和产地环境净化技术缺乏，这些都是在农产品安全技术体系建设需要解决的问题。

为了保障农产品质量的安全性和竞争力，农业龙头企业在技术控制创新方面肩负着重大使命。农业龙头企业应加大投入，积极开展技术创新，运用高科技手段对产品质量进行控制。

①引进和吸收国外先进的技术控制手段。在欧美发达国家，技术控制的作用非常明显，农产品质量安全都是依靠高科技进行风险分析和风险管理。在美国，为了加强农产品安全管理的技术能力，一方面积极组织技术人员研究前沿问题，另一方面通过技术咨询等形式，充分利用政府部门以外的科学家资源。此外，美国还努力保持与相关国际组织的密切联系，以分享最新的科学成果。在欧盟，有欧盟科学委员会，专门向欧盟的有关机构提供食品安全和食品消费方面的信息与建议，其内容包括营养风险问题、动物健康问题以及其他与食品有关的环境及化学方面的风险评估。同时，欧盟的实验室系统对欧盟委员会提供动物原产地产品的专项分析，该系统为成员国开发检验办法，并帮助它们使用这些办法。此外，欧盟还投入大量资金开展对食品安全的研究和项目开发，如先进的食品技术，生产与流通中保证食品安全的方法，对污染、化学危险和泄露的评估方法，食品对健康的作用以及食品分析协调机制等。农业龙头企业可借鉴国外经验，引进先进的技术控制方法并在此基础上进行创新。

②加强技术信息化进程。目前农业部主要开展以中心数据库和农药、兽药、饲料、农机、绿色食品等纵向专业监管系统为主，统筹规划农业投入品标准、检验检测、认证、产品目录登记、产品标签编码、产品标签查询等信息化建设。农业龙头企业要尽快建立各中心内部的质量控制网络系统，提高对中心检测质量的控制和管理水平。蒙牛集团在这方面做得比较好，蒙牛集团通过数据化掌控产品的质量，建立起自原奶管理到成品的一整套质量检测管理体系，修筑起先进的把控质量的数字化"长城"，保卫高品质，实现奶业的质量救赎。目前蒙牛的质量管理已经延伸到奶站，实现了奶站巡检、原奶、原辅料、车间原奶、半成品、成品、市场、环境样

品等全线质量检测，用先进的信息化管理体系牢牢守住质量这条企业生命线。

③加大投入，自主开展技术创新。农业龙头企业一方面要积极改进农产品质量安全的检验技术、监测技术和风险评估技术；另一方面，建立科学的溯源体系。溯源制度是农产品安全管理的一项重要手段，全球食品产业和许多国家的政府越来越重视溯源系统的建立。农产品质量安全问题贯穿于原料收获、加工、包装、运输、消费的各个环节，每一环节都可能存在安全隐患，每一个程序都非常的复杂。因此，应用溯源技术对农产品质量进行全程跟踪，加强对农产品生产、加工、贮运、销售等过程的有效控制具有重要的意义。

（2）非技术性控制。农业龙头企业在确保农产品质量安全的问题上，除了使用技术性手段控制之外，同时还要使用非技术性控制手段：

①提高公众参与度。俗话说，群众的眼睛是雪亮的，提高公众的参与度，人人都可对产品质量进行监督。农产品龙头企业涉及行业多，市场履盖面广，监管的难度大，任务艰巨，必须要形成政府、企业、社会公众齐抓共管的局面。国外特别强调对农产品质量安全管理工作的制度建设和管理过程的公开性和透明度，强调公众参与。这就要求公众有了解和获取各种信息和情况的途径和方式，并可参与评论。农业龙头企业可采取这一做法，提高社会公众参与农产品质量控制的积极性。

②收集感官指标判断标准。许多传统的土特产品，通过农民长期的经验积累，可以通过感官对产品的质量进行判断，比如广西的荔浦芋头在民间自古就有质量标准，人们可以根据荔浦芋头外观形状、花纹、刀切花纹以及对刀的阻力大小判断品质的好坏，识别

这种芋头的香、粉程度，从芋头的外观判别是否纯施有机肥。再比如，通过柑橘、西瓜的形状大小可判断甘甜程度。这种感官指标也是判断农产品质量的重要参考指标，但这些感官判断标准大都散落在民间。我国是几千年的传统农业大国，我国农民几千年积累的经验是宝贵的，很多农产品都有传统的生产技术规程，农民知道什么品种应该种在什么环境，施什么肥、喷什么药，什么时候是采收的最好时机等。龙头企业在进行质量控制时应认真全面地收集这些标准，完善整个农产品质量标准体系。

3.3.5　基于体系的农业龙头企业产品质量控制

农业龙头企业产品质量安全控制是一项系统工程，因此，要保证产品质量安全，必须构建起完善的质量控制体系。"十二五"期间，全国农产品质量安全监管工作的主要任务是"消除隐患保安全、控制源头上水平、健全体系强能力、完善制度建机制"，消除隐患保安全就是要深化专项整治，着力消除风险隐患，确保不发生重大农产品质量安全事件；控制源头上水平就是要从生产入手，大力推进标准化示范创建，强化生产过程质量控制，不断提升农产品质量安全水平，力争农产品质量安全总体合格率稳定在 96% 以上；健全体系强能力就是要强化机构队伍建设，加强执法监管条件保障，全面提升监管能力；完善制度建机制就是要不断总结成功经验和做法，形成制度和模式，在全国范围内加以推广，形成激励与约束相结合的监管长效机制。[①] 农业龙头企业要构建一条基于产品供应链的全过程质量控制体系，对"产前、产中、产后"各个环节和

---

　　①　江宜航:《农业部:"十二五"期间构建五大体系保农产品质量安全》,《中国经济时报》2011 年 1 月 13 日。

操作进行严格的控制。由于农产品的安全有可能从产品供应链的任何一个环节导入，所以农业龙头企业对全过程进行充分控制是非常必要的。农产品质量控制涉及的问题较多，履盖面较广，监管难度大，任务艰巨，必须要形成政府、企业、农户、社会公众齐抓共管的局面。农业龙头企业在构建产品质量控制体系时，要结合我国的实际，让政府、农户以及社会公众参与进来，同时要明确各部门各控制主体的职责，确保每一控制主体都对农产品质量安全作出应有的贡献。

第四章　农业龙头企业产品质量安全控制特征分析

与一般农业企业相比，龙头企业最显著的特征是带动农户。因此，不论是带动农户增产增收，还是引导农户提高产品质量，都显示了龙头企业的特殊功能和作用。从某种意义上说，龙头企业的产品质量安全水平主要取决于企业与农户的关系。因此，本章在认真分析农业龙头企业特征的基础上，重点探讨其质量控制的特殊性。

4.1　农业龙头企业的特征分析

如前所述，我国农业龙头企业是在市场竞争中形成的优势企业，因此，对其特征的把握必须与一般农业企业相对照，重点考察对产品质量控制影响较大的特征。

4.1.1　农业龙头企业的经济特征

从经济特征看，与一般企业相比，农业龙头企业的条件更高，不但需要经过法定程序的认定，还要求企业农产品生产、加工、流通的销售收入（交易额）占总销售收入（交易额）的比重达到一定高度，以区别于一般的非农企业，具体来说，农业龙头企业在以下方面的经济特征明显优于一般农业企业。

（1）企业规模。规模化是标准化的前提，标准化是农产品质量安全控制的基础。一般而言，只有达到一定规模，企业控制产品质量才既有必要性，又有可能性。衡量企业规模的经济指标，生产、加工、流通型企业主要看资产总额和年销售收入，专业批发市场主要看年交易额的大小。因为我国区域之间经济差距较大，因此，对农业龙头企业的认定工作，东、中、西部地区采用的标准明显不同。同时，专业批发市场的年交易额也明显高于生产、加工和流通企业的年销售收入。就生产加工食用农产品的国家重点农业龙头企业而言，针对我国不同区域经济发展状况加以区分是必要的，主要体现在企业总资产、固定资产和销售收入上：企业总资产规模：东部地区1.5亿元以上，中部地区1亿元以上，西部地区5000万元以上；固定资产规模：东部地区5000万元以上，中部地区3000万元以上，西部地区2000万元以上；年销售收入：东部地区2亿元以上，中部地区1.3亿元以上，西部地区6000万元以上。

（2）企业经济效益。利润最大化是企业的主要经济目标，没有利润的企业是不可能长久存在的，农业龙头企业也不例外。一般而言，安全优质农产品是龙头企业经济效益的依托和保证。所以，希望经济效益持续向好的龙头企业一定会千方百计为消费者提供安全优质的农产品。衡量农业龙头企业经济效益的主要指标是总资产报酬率、产销率和资产负债率。目前，我国对国家重点农业龙头企业的上述指标的规定是：企业总资产报酬率应高于现行一年期银行贷款基准利率、产销率达93%以上、资产负债率一般应低于60%，同时，企业应不欠工资、不欠社会保险金、不欠折旧，无涉税违法行为，近两年内不得有不良信用记录。

（3）企业带动能力。带动农户增产增收是农业龙头企业与一般农业企业差异最大的地方，一般农业企业与农户（原料生产者）之间只是简单的买卖关系，而龙头企业则不同，龙头企业与农户之间存在更为密切的深层利益关系，多数建立了长期互利互惠、双向共赢的利益关系。主要体现在：首先，农业龙头企业比普通的农户有更畅通的信息渠道、更容易建立起良好的声誉，得到消费者的认可。农户可以依托龙头企业的良好声誉把自己的产品销售出去，否则即使产品质量再好，可能由于供销不畅和信息不对称而滞销，甚至白白烂掉，这样的例子比比皆是。此外龙头企业良好声誉的建立也依赖于农户提供高质量的农产品，农业龙头企业的原料和产品完全或部分来源于农户，否则，农业龙头企业正常的生产都无法维持；建立稳定的利益联结关系是保证龙头企业从农户手中获得稳定原料和产品供应的前提；在当前我国农村基本经营制度保持不变的情况下，龙头企业无论多么强大，都必须与农户建立密切的联系，为农户锻造有利可图的价值链，才能做到控制农产品质量安全控制。通过合同、合作和股份等不同利益联结形式，形成利益共享、风险共担的利益共同体，带动农户抵御风险，实现农民增收、农业增效和农村发展，是农业龙头企业的最突出的特点和优点。国家重点农业龙头企业要求通过建立合同、合作、股份合作等利益联结方式带动农户的数量一般应达到：东部地区 4000 户以上、中部地区 3500 户以上、西部地区 1500 户以上。企业从事农产品生产、加工、流通过程中，通过合同、合作和股份合作方式从农民、合作社或自建基地直接采购的原料或购进的货物占所需原料量或所销售货物量的 70% 以上。

（4）企业产品竞争力。将分散的千家万户的农民组织起来，不断壮大企业规模，采用标准化的生产加工，是龙头企业产品竞争力优于农户和一般企业的重要保证，也是其竞争力获得的源泉。否则，产品竞争力不强，农业龙头企业就难以获得良好的经济和社会效益，更谈不上带动农户增产增收。衡量企业产品竞争力的主要指标是在同行业中龙头企业的产品质量、产品科技含量、新产品开发能力处于领先水平，企业有注册商标和品牌。与此同时，龙头企业生产的产品要符合国家产业政策、环保政策，并获得相关质量管理标准体系认证，近两年内没有发生产品质量安全事件。

4.1.2　农业龙头企业的经营特征

农业产业化的核心是实现农业及其相关产业的联合经营，实现良性循环。关键是建立带动能力强的龙头企业，基础是形成主导产业并引导农民参与，要害是建立风险共担、利益共享的利益联结机制，目的是实现农民增收和企业增效。在农业产业化中起关键作用的龙头企业，一方面，自身实力雄厚；另一方面，通过"公司＋农户"或"公司＋基地＋农户"等方式，带动较多农户为其种养与初加工。从龙头企业在农业产业化中的作用可以看出，龙头企业属于工业企业范畴，但又不同于一般意义上的企业，是一种具有准公益性质的特殊工商企业。这种特殊性主要表现在，龙头企业为农产品生产基地的农户提供市场和信息服务，带领农民开拓农产品销售市场；为农产品生产基地的农户提供技术服务，带领农民推广应用适用技术；通过利益联结机制，带领农民增产增收。农业龙头企业与农户的关系如图4.1所示。

农产品质量安全保障客观上要求农业生产过程必须在一定程度上由主体有效集中和控制，克服散户经营的弊端并实现从习惯性作业向标准化生产的转变。从理论上说，农业产业化龙头企业都有能力和内在动力围绕农产品质量控制开展农业技术进步、农业生产标准化和农产品品牌塑造等工作，在经营方式上，与一般农业企业相比，农业龙头企业的最主要的特征是一头连接基地农户的生产，一头连接农产品市场，在农户和市场之间起着纽带作用，是农民走向市场的依托，是新型的市场竞争主体。

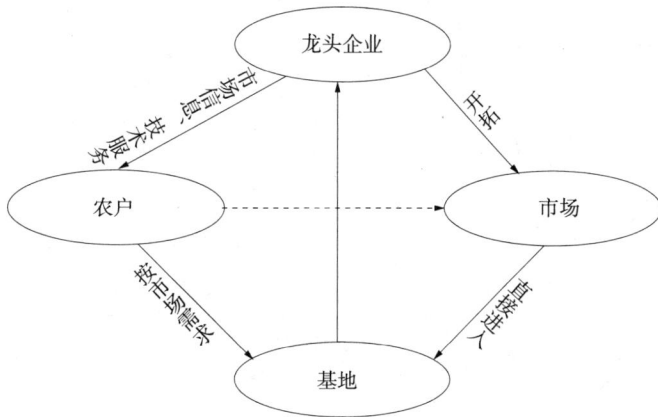

图 4.1 龙头企业与农户的关系

农业龙头企业根据市场需求，确定自己的生产方向，并通过协议购销、合同保护价收购、股份合作等形式，与农民结成稳定的协作和合理的利益关系，把农民与市场连接起来，在自身发展的同时，也把农业推向了市场，加速了农业市场化进程。因此，通过经济激励（如签定合同定单）和管理激励（如建设标准基地），既解决了农户农产品"卖难"的问题和各自质量控制"搭便车"的行为，又帮助农户克服生产安全优质农产品方面的困难，成为农业龙头企业产品质量安全控制成功与否的关键。因为，农户作为市场经济最基本的生产经营单位，他们的种养规模非常有限，自身没有能力也没有必要去参与大规模的市场竞争，也没有积极性对自己生产的农产品质量进行控制。农业龙头企业正是适应了这种需要而产生的，它们依靠自身的优势来获得产品信息和生产技术，然后通过对农户的培训、管理，促进农民对农产品安全生产的认知和接受能力，带领农户实施标准生产。这样，不仅农户生产出较高质量的农产品从而增加了收入，农业龙头企业也因此获得了符合质量安全要求的稳定的食品原料供给，从而更能满足市场的需要，最终达到双赢，农产品质量安全水平也进一步提高。

此外，有了农业龙头企业的存在，与市场的衔接将进一步完善，龙头企业根据自身的组织优势能够更敏锐地捕捉到国内外市场的需求信息和掌握产品的发展动态，有计划地按照市场的需求进行生产，极大地弥补了散户自主经营的盲目性甚至一哄而上的弊端。

4.2　农业龙头企业产品质量控制的特征分析

要提高农业龙头企业产品质量控制水平，必须准确把握农业龙头企业产品质量控制既不同于农户、又不同于一般农业企业产品质量控制的特殊性，采取切实可行的系列措施推动企业为消费者提供源源不断的安全优质农产品。

4.2.1　农产品生产过程质量控制的特殊性

从企业内部农产品加工和流通过程的质量控制活动看，农业龙头企业与其他产品质量控制活动没有本质的区别，因为，凡是可以集中在车间和生产线进行的生产活动，都可以按照质量控制流程实现质量管理目标。但是，农产品生产过程的质量控制活动具有其产业特殊性，这种独特性主要表现在：农产品生产空间广阔，难以集中监控；农产品生产周期长，受自然力作用的影响较大；农产品质量影响因素复杂，既有人为因素、自然因素，也有社会因素。特别是最终产品质量水平是多因素共同作用的结果，具体人为因素的影响难以客观准确确定；员工作业活动数量和质量难以准确计量，人员心情、意愿以及外界环境等即时作业情况管理者难以准确掌握等。这些特殊性导致了农业企业质量控制更难，控制过程更复杂，环节也更多。这要求农业企业进行内部产品质量控制时采取与一般企业不同措施，因此，农业龙头企业建立符合农产品生产环节特点的激励机制，采用先进的农业生产技术，降低生产过程中的人为因素，激励员工尽心尽力地遵守企业的标准和流程至关重要。

4.2.2　农业龙头企业产品质量控制的特殊性

与一般农业企业相比，龙头企业产品质量控制的特殊性主要体现在对农户质量行为的控制上。一般农业企业没有带动农户的义务，只要抓好企业自身的产品质量控制就可以了，而农业龙头企业既要抓好自身的产品质量控制，还要帮助农户提高产品质量控制的水平和能力，以确保企业的产品质量安全优质，才能实现农民增产增收的目标，推动现代农业的大发展。质量控制的难点与关键在于公司和农户并不属于同一组织，它们之间的价值取向有所不同。因此，对农业龙头企业产品质量控制行为需要从企业和农户两个层面深入考察。一方面，农业龙头企业对于组织自身的控制，要关注质量管理，不断加强产品质量控制；另一方面，农业龙头企业还要协调与农户之间的关系，要引导、推动、扶持农户加强农产品质量控制。只有这样，才能使农业龙头企业产品质量控制达到理想效果。

（1）农业龙头企业产品质量控制行为分析。农业龙头企业产品质量控制行为是企业行为的重要部分，根据新古典经济学的观点，在所有权和经营权一致的情况下，假设公司行为是理性的，它一定是以利润最大化为主要目标。在所有权和经营权分离的情况下，许多经济学家认为管理者可能去追求销售收入或资产的最大化等非利润目标。如前所述，农产品质量信息的特点决定了农业龙头企业拥有比消费者、经营者和监管者更多的农产品质量信息，作为以盈利为主要目标的经济主体，农业龙头企业具有利用信息不对称欺骗消费者、经营者和监管者的条件和动力，仅仅依靠企业自律不足以约束企业抵御通过不正当手段获取暴利的诱惑。因此，要根据农产品的特点，从激励和约束两个方面，规范企业行为，使之关注质量管理。

从激励的角度看，形成和维护农产品优质优价的市场机制，是农业龙头企业加强产品质量控制的动力源泉。只有形成农产品优质优价的市场机制，使农业龙头企业能够通过正常经营获得合理回报，才会持续加大生产安全优质农产品的投入，保证市场供应。为此，农业龙头企业要自觉坚持生产安全优质农产品；政府部门要在严厉打击假冒伪劣农产品、维护市场秩序方面担负起责任。消费者要自觉抵制假冒伪劣农产品，并养成购买、消费安全优质农产品的良好习惯；新闻媒体要及时披露农产品质量安全信息，敢于并善于对问题农产品曝光。总之，农产品优质优价市场机制需要政府、企业、消费者、新闻媒体等全社会的共同参与和不懈努力才能形成并长期发挥作用。

从约束的角度看，建立和完善农产品质量安全控制的法律法规，形成"有法可依，有法必依，执法必严，违法必究"的良好法制环境，是农业龙头企业加强产品质量控制的重要保证。只有形成健全的农产品质量控制的法制环境，严格的惩罚措施使农业龙头企业能够自觉抵御通过不正当手段获取暴利的诱惑，从而解决企业不敢生产假冒伪劣农产品的问题，才会依法生产加工安全优质农产品。目前，我国《公司法》规定企业负有的责任最高是破产，《食品安全法》规定企业对农产品质量安全负有的责任以经济处罚为主，极端情况下才实行刑事责任处罚。在面临是否生产安全农产品的选择时，如果法律的惩罚力度不足以威慑企业领导者时，在侥幸心理（不被发现将获得暴利，被发现也不过如此）驱使下的冒险行为就难以避免。因此，农产品质量安全控制的法律法规要充分考虑到农产品，特别是食用农产品安全的特殊性，在企业有限责任制度的基本框架下，引入高额惩罚性处罚制度，对过失企业的经济处罚，不是基于造成损害的多少，而是基于产值 10 倍乃至百倍的高额惩罚，企业势必破产；造成消费者死亡的必须追究刑事责任，最高判处无期徒刑或死刑，只有这样，企业和个人才不敢生产假冒伪劣农产品，安全优质农产品的目标才能实现。

（2）农户产品质量控制行为分析。产品质量控制行为是农户行为中的重要方面，要探讨农户产品质量控制行为首先要对农户行为进行考察和研究。目前，国内外关于农户行为的研究重点，主要集中在农户是否理性的争论。国外认为农户行为是理性的学者中，以诺贝尔经济学奖获得者西奥多·舒尔茨①为代表，他认为农民是在传统技术状态下有进取精神并最大限度地利用了有利可图的生产机会和资源的理性经济人。波普金响应其观点，进一步认为，小农是一个在权衡了长短期利益及风险因素之后，为追求最大生产利益

---

① 西奥多·舒尔茨:《改造传统农业》，梁小民译，商务印书馆 1999 年版。

而作出合理生产抉择的人。① 国内学者林毅夫②、秦晖③、傅晨、狄瑞珍④ 都认为我国农户行为是理性的。同时，国内外也有一些学者认为农户的经济行为是非理性的，其代表人物是苏联的 A.恰亚诺夫。从国内外已有的研究成果看，农户行为是理性的观点更有说服力，只是受外部经济条件、信息搜寻成本以及主观认识能力的多重制约，农户行为的理性主要表现为有限理性。因此，本书认为，我国农户是"理性的小农"，其产品质量控制行为是在有限理性支配下的行为。

从已有的研究成果和我国实际看，农户的产品质量控制行为也符合理性，其加强农产品质量控制，生产安全优质农产品有两种情况，一是生产满足自己消费的农产品。为了身体健康和生命安全，农户会把质量安全放在首位，不看重产量也不关注成本，千方百计生产出安全优质的农产品，如农民在自留地种植的农作物和养殖供自己食用的家禽等；二是为龙头企业提供种养或初级农产品。在这种情况下，农户为追求自身利益的最大化，在不同利益联结方式下，农户会采取不同的产品质量控制行为。一般而言，分散化的农户对商品化的农产品既无意愿也无实力甄别产地环境是否污染，因袭式的生产经验无法判断生产投入品的科学用量，根本意识不到产品包装、加工、专业化运输和储存的重要性，很容易使农产品供应链上的各个环节出现产品污染。更为严重的是，受经济利益的驱使，有些农户可能人为地在农产品供应链的某个环节有意地污

---

① 农业部农业产业化办公室：《农业产业化国家重点龙头企业培训班资料汇编》。

② 林毅夫：《小农与经济理性》，《农村经济与社会》1988 年第 3 期。

③ 秦晖：《市场信号与"农民理性"》，《改革》1996 年第 6 期。

④ 傅晨、狄瑞珍：《贫困农户行为研究》，《中国农村观察》2000 年第 2 期。

染农产品，以使农产品的经验品特性更加吸引人。由于农户地点分散、产品没有标识，即使发生农产品质量安全事故，其责任也难以追究，这进一步助长了危害农产品质量安全的机会主义行为。如果农户生产经营的规模较大，专业化程度和商品化程度较高，与农业龙头企业的利益联结比较紧密，农户会选择按照农业龙头企业的要求加强产品质量控制，为企业提供安全优质的原料或初级农产品；如果农户与农业企业的利益联结属于松散型，受机会主义动机和侥幸心理的影响，农户没有加强农产品质量控制的愿望，甚至有提供假冒伪劣原料或初级农产品的可能。因此，通过参与订单农业等方式，建立起"风险共担、利益共享"的紧密型利益共同体，对农业龙头企业来说，得到的最大好处是通过扶持农户而保证了农产品的质量，稳定了原料的供应和农产品价格，也获得了政府的支持；对农户来说，由于农业龙头企业的信息、技术支持和市场带动，使农户按照规模化、标准化的要求组织生产，克服了农户因信息、技术和管理方面的不足而无法保证产品质量的困难，大大提高了农户农产品质量控制的能力和水平，也稳定了农产品的销售价格，降低了销售成本。

4.3 农业龙头企业与农户的关系特性造成的农产品质量控制差异

如前所述，农业龙头企业产品质量控制需要企业和农户的共同努力，形成强大的控制合力才能从根本上保证为消费者提供安全优质的农产品。因此，二者的关系及其紧密程度就成为产品质量控制的关键。农业龙头企业与农户的关系主要体现在农业产业化组织形式、合同类型和利益联结模式等方面。

4.3.1 不同农业产业化组织形式中的质量控制差异

利益分配形式的不同会产生不同的组织模式，农业领域也不例外。因利益联结紧密程度不同，农业产业化组织模式也不同，组织模式是产业化运行机制功能发挥作用的重要载体，因而对农业龙头企业产品质量的影响也有明显的区别。经过多年的实践，各地在"公司＋农户"、"专业市场＋农户"等基本组织模式的基础上，逐步探索、适应不同地区的实际情况发展了"公司＋基地＋农户"、"公司＋中介组织＋农户"、"农民专业合作社＋公司＋农户"、"多方合作"等多种新型的产业化组织模式。本书从农产品质量安全控制的角度，选择有代表性的几种模式进行探讨。

（1）"公司＋农户"模式把农户和企业由原来的简单买卖关系转变为稳定的产品购销关系，这种模式早期是农产品出口企业为稳定原料供应，保障产品加工需要，主动与农业生产大户联合，以口头或书面协议的形式，形成产品购销关系，这实际上是把短期利益合作长期化，这是农业产业化经营中最早出现的一种雏形，也是最基本的组织模式，其优点是既保障了企业的原料供应，也在一定程度上缓解了农民的农产品"卖难"的问题。随着市场对农产品品质和质量安全要求的不断提高，这种模式的弊端也逐渐暴露，由于信息不对称，龙头企业难以对农户生产的品种、投入品的质量进行控制，导致产品品质不高，药物、化肥、重金属等残留超标等问题突出，不能满足龙头企业对农产品原料品种、品质的要求，客观上需要新模式的产生以适应这种需求。

（2）"公司＋中介服务组织＋农户"是在"公司＋农户"的基础上发展而来的又一种模式。随着农业生产市场化、专业化、社会化进程加快，农民专业合作经济组织、专业技术协会逐渐应运而生成为连接龙头企业与农户的桥梁和纽带，弥补了在公司和农户之间的信息真空，这类组织更接近农户，因而管理监督成本较低，于是公司与中介服务组织签订合同，中介服务组织与农户签订合同或者三方共同签定协议，中介服务组织按照龙头企业要求组织、协调和监督农户进行生产，并为农户提供多种生产经营服务，这种模式最大的优点是降低了企业和农户之间的交易成本，对农产品质量的提高没有制度性的影响。

（3）"公司＋基地＋农户"模式是在"公司＋农户"模式基础上演化而来的，也是针对解决"公司＋农户"之间由于信息不对称而产生质量问题应运而生的，它由原来的订单购销关系向自建规模化、标准化、集约化基地方向发展，把农户纳入到原料生产基地。主要是一些龙头企业为提高产品质量，确保农产品质量安全和扩大市场份额，采取直接租赁农户承包土地、与集体经济组织合作建基地等方式，建设高标准的规模化、集约化原料生产基地，为基地农户统一管理、统一供种、统一农资、统一技术、统一销售，通过上述措施，基本保证了对农产品的质量控制，确保了农产品质量的安全。调查资料显示，以生产加工食用农产品为主的国家重点农业龙头企业大部分采用的是这种模式，实践证明该模式对确保农产品质量安全和稳步提高意义重大。

（4）"多方合作"模式。这是最近刚刚兴起的复合型的产业化组织模式，其特点是由产业链条的各类生产经营主体和社会化服务组织，通过签订合作协议组织起来，发挥各自优势，形成工作合力，为农户、企业提供信贷、保险等服务，促进企业与农户更加紧密联系，推动产业健康发展。这种模式设计的最大初衷是能发挥各方优势和长处，形成合力有利于农业产业做大做强，当然，也会对农产品质量的提高带来积极的影响。由于该模式在政府推动下刚刚起步，加上各方协调成本较高，最终效果还有待进一步实践。

4.3.2 不同合同类型对农产品质量控制的影响

根据签订合同双方的责任，一般把合同分为产品销售合同和生产合同两大类型。不同类型的合同对产品质量的要求也不同，从我国的实践看，农业龙头企业与农户签订的不同合同反映了二者利益关系的紧密程度，也直接影响到农产品质量控制的成效。

（1）产品销售合同对产品质量控制的影响。在这类合同中，农业龙头企业与农户就将来农产品生产的数量、质量以及收购价格达成一个协议，龙头企业原则上不参与农户的生产管理，农户完全按照自己的意愿从事农产品的生产并承担相应的生产风险。农产品的收购价格一般也是随行就市，有的龙头企业为了保护农户生产的积极性，有时也会制定最低保护价，农户只要产品质量合格就能保证收购。从产品的行业分布看，主要是蔬菜、水果类农产品采取这种合同类型。这种合同类型中农业龙头企业与农户是单纯的商品买卖关系，类似于新古典契约，体现了两者之间的简单契约关系，合作程度较低，对农产品质量的控制主要体现在合同约定和农产品收购环节，农业龙头企业对农户的产品质量控制力度较弱。

（2）生产合同对农产品质量控制的影响。在这类合同中，农业龙头企业与农户的联系比较紧密，农业龙头企业为农户提供生产资料投入，对农户的生产进行指导和监督，同时，对农户提供给公司的原料和初级农产品实施保护价收购，并承担了农户的部分生产和市场风险，体现了龙头企业对农户较强的控制力。根据企业对农户控制程度的不同，这类合同又可以分为生产管理合同和资源提供合同。在生产管理合同中，农业龙头企业对农户的生产进行严格管理，农户必须按照企业的要求进行生产，但是，主要生产资料还是农户自己的；而资源提供合同，则是高度一体化的一种合同，在这类合同中，农业龙头企业不但参与农户的生产管理，而且还向农户提供主要生产资料和技术，农户一般只提供土地和劳动力。从产品分布看，这种合同在家禽业较为普遍。总之，生产合同中农业龙头企业与农户是一种超市场的契约关系，在这种关系下，农业龙头企业对农户产品质量的控制体现于生产、管理和收购的全过程，在资产专用性和交易频率等高的情况下，龙头企业和农户都会倾向于选择生产合同，从而保证安全优质农产品的实现。

4.3.3　不同利益联结方式对农产品质量控制的影响

从源头上看，只有在生产链条上产出的农产品没有质量安全隐患的前提下，政府下大力气严格市场监管，并对违规者严厉地实施惩罚，才能保证提供给消费者的农产品是安全优质的。因此，农业龙头企业监督其带动的农户按照标准进行生产，是农产品质量安全的前提。农户是否按照标准生产，在相当程度上受到农业龙头企业与农户的利益联结方式的影响，利益格局的不同使得合作模式出现不同的紧密形式。根据农业龙头企业与农户关系紧密程度的强弱，依次将二者利益联结方式划分为松散型、半紧密型和紧密型。

（1）松散型利益联结方式对农产品质量控制的影响。在这种模式中，农业龙头企业与农户事先约定原料或初级农产品的收购价格，但不实质性地干涉农户的生产过程。在利益分配上，农户只能获得生产阶段的利润，不能分享龙头企业在加工、营销等其他环节的利润，因而，农户提供安全优质农产品的内在激励不大，从实质上分析，松散型和半紧密型利益联结模式中，农业龙头企业与农户的交易都是市场交易关系，农户生产的农产品质量风险自然较高，例如，三鹿集团三聚氰胺奶粉事件和双汇集团"瘦肉精"事件的发生，都与此有较大关系。

（2）半紧密型利益联结方式对农产品质量控制的影响。这种模式是在松散型利益联结模式的基础上农业龙头企业与农户合作的进一步加强，由简单的、松散的原料或者初级产品的简单交易合作向生产环节进一步深入，农业龙头企业利用自身优势给予农户技术上的指导和帮助，也同时对其生产过程进行定期或者不定期的质量控制。在利润分配上，农业龙头企业承担了一部分农户的经营风险，由公司指导农户生产的产品价格公司一般略高于市场价格收购，让农户享受农产品后续环节的利润。在这种模式下，双方合作农产品质量以及合作的积极性有了一定的提高。

（3）紧密型利益联结模式对农产品质量控制的影响。与松散型和半紧密型利益联结模式不同，在紧密型利益联结模式中，农业龙头企业与农户形成的是接近纵向一体化即准纵向一体化的关系，两者之间交易的实质是超市场的管理交易。龙头企业从生产物资的供给，到生产过程的协助和监督，再到成品的检测，全过程参与到农户产前、产中和产后的经营过程中，而农户只相当于企业的生产车间，只负责生产过程的管理工作。在这种模式下，农户完全按照农业龙头企业给定的标准进行生产，农户既可以获得生产阶段的利润，也可以分享到农业龙头企业在相关产业经营上的利润，农户有提供符合质量要求农产品的内在激励，能有效保障农产品的质量安全。例如，温氏集团成立以来致力于打造"食品安全专家"，几十年没有发生大的质量安全事故，主要原因之一就是公司与农户建立起了紧密型利益联结模式。

第五章　农业龙头企业产品质量安全控制现状分析

　　准确把握我国农业龙头企业的现状是做好农产品质量安全控制的重要前提。改革开放特别是进入新世纪以来，随着国家对"三农问题"重视程度的加强，我国农业龙头企业的发展速度、生产规模、质量水平等都有了大幅度的提高，取得了明显的成效，但也存在一些制约农业龙头企业发展的突出问题。本章归纳了农业龙头企业的发展成就、重点分析其质量安全控制存在的主要问题及原因，指出了农产品质量安全失控造成的主要危害。

5.1　农业龙头企业的发展概况

　　近年来，随着现代农业的发展，我国各类农业产业化经营组织不断发展壮大，已成为保障农产品有效供给的一支重要力量，在保增长、调结构、提质量、上规模、带农户、促增收中发挥了至关重要的作用。截至 2010 年年底，各类产业化组织带动农户 1.07 亿户，户均增收 2193 元，分别比上年增长 3.88% 和 12.81%。全国各类农业产业化组织达到 25.49 万个，其中龙头企业 9.92 万家，分别比上年增长 10.59% 和 17.39%。全国龙头企业固定资产总额达 1.91 万亿元，实现销售收入 5.02 万亿元，上缴税金 1503.73 亿元，出口创汇 417.43 亿美元。规模以上龙头企业 6.34 万家，销售收入超亿元的龙头企业 9578 家。当前，我国农业产业化经营已进入创新提升阶段，龙头企业发展正由数量扩张向质量、数量并重的转变，由松散型利益联结向紧密型多元化利益联结转变，由单个企业带动向企业集群复合带动转变。

5.1.1 引领现代农业发展的骨干力量

近年来，龙头企业抓住金融危机带来的产业转移和优化升级的重大机遇，通过收购、兼并、租赁、控股、承包等方式，整合资源，拓展市场，打造企业集团，形成了以 894 家国家重点龙头企业为核心，8700 家省级龙头企业为骨干，8 万多家中小型龙头企业为基础的发展格局。各自所占比例如图 5.1 所示。

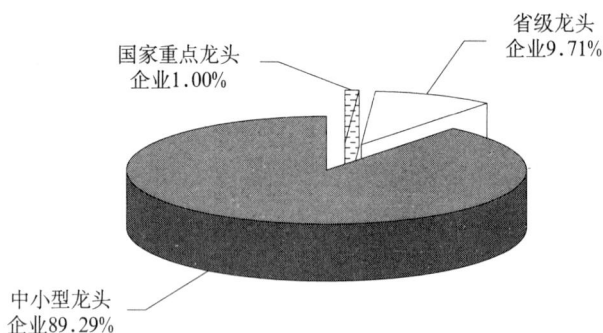

图 5.1　我国各级农业龙头企业所占比重

目前，农业龙头企业已成为引领现代农业发展的骨干力量。2009 年，8.97 万家农业龙头企业提供的农产品及加工品占市场供应量的 1/3，占主要城市菜篮子产品供给的 2/3 以上；实现销售收入

4.25万亿元，其中年销售收入过亿元的企业8032家，占企业总数的8.95%；实现净利润2516.69亿元，在转变农业生产方式、提高农业产业化经营水平、加速农业现代化进程中起着引领作用，在促进农产增收、农业增效中起着带动作用，在提升农产品质量安全、提高农产品市场竞争力中起着示范作用。

5.1.2　国家重点龙头企业排头兵作用突出

（1）数量不断增加。从2000年开始，为了在较短时间内创造引导农业和农村经济结构调整的骨干力量，形成若干个能够与国外农产品加工企业抗衡、更具竞争力的企业集团，我国开始对一批有优势、有特色、有基础、有前景的农业龙头企业进行重点扶持，农业部制定出台了《关于扶持农业产业化经营重点龙头企业的意见》（农经发〔2000〕8号），并于当年11月联合其他部委开始了农业产业化国家重点龙头企业的认定工作，至2009年年底共开展了四次认定工作，如表5.1所示。截至2009年年底，我国经农业部、发改委、财政部、商务部、人民银行、国家税务总局、证监会和供销合作总社联合发布，全国农业产业化联席会议认定的农业产业化国家重点龙头企业的数量累计已达到894家。这些国家重点龙头企业在税收、基地建设、原料采购、设备引进和产品出口等方面都得到了政府的具体扶持。

表5.1　农业产业化国家重点龙头企业认定时间、批次与数量

时间	2000年11月	2003年1月	2004年9月	2008年8月	合计
批次	第一批	第二批	第三批	第四批	——
认定数量（个）	151	235	210	312	908
取消（个）	14	0	0	0	14

时间	2000年11月	2003年1月	2004年9月	2008年8月	合计
小计	137	235	210	312	894

数据来源:《2011年农业产业化国家重点龙头企业培训班资料汇编》

（2）带动能力持续增强。2009年，894家国家重点龙头企业实现销售收入1.43万亿元、利润总额583.6亿元，同比分别增长11.6%和9.7%，分别占龙头企业销售总收入和利润总额的33.65%、23.19%（见表5.2）；带动农户4668.4万户，同比增长7.6%，占各类产业化组织带动农户总数的45.32%；出口创汇110.7亿美元，占全国农产品出口总额的28%；中粮、九三等34家油脂国家重点龙头企业产量320多万吨，占全国总产量的30%以上；广西凤糖等15家糖类国家重点龙头企业产量820多万吨，超过全国总产量的75%；伊利、蒙牛等55家乳制品国家重点龙头企业产量1400多万吨，占全国总产量的70%以上，充分发挥了龙头带动作用，为农业产业化经营水平的提高和农民的增收致富作出了突出贡献。

表5.2　2009年国家重点龙头企业经济实力和地位

	总数（家）	销售收入（万亿元）	利润总额（亿元）
全国农业龙头企业	89700	4.25	2516.69
其中:国家重点龙头企业	894	1.43	583.6
比重	1.00%	33.65%	23.19%

数据来源:《2011年农业产业化国家重点龙头企业培训班资料汇编》

（3）科技开发能力显著提高。国家重点龙头企业重视科技创新，不断加大科技投入，加快发展方式转变。2009年，国家重点龙头企业共投入科研经费159.9亿元，平均每个企业1744万元；

85.9% 的国家重点龙头企业建立了研发中心，科研成果获得省级以上科技奖励的企业占 58.3%，农产品加工增值比由 2008 年的 1：2.43 提高到 2009 年的 1：2.59，大大增强了企业发展后劲和竞争力。

5.1.3　产业化利益联结渐趋紧密

"十一五"期间，各类农业产业化组织在自身发展壮大的同时，注重发挥带农惠农作用，不断创新和完善利益分享机制。通过保护价和加价收购农产品、利润返还、股份分红等多种方式，与农户建立紧密型利益联结关系，让农民共享农业产业化发展成果。截至 2009 年年底，通过合同、合作、股份合作三种较为稳定、紧密的利益联结方式带动农户的产业化组织数占总数的 97.78%（如图 5.2 所示），比"十五"末提高了 11.3 个百分点，参与农业产业化经营的农民的市场意识、合作意识、经营能力明显提高。

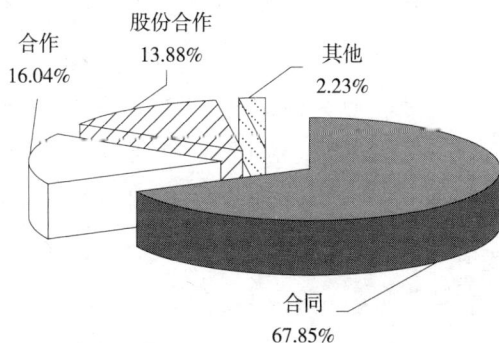

图 5.2　各种产业化利益联结模式所占比重

龙头企业通过订单收购农产品，采取土地租金、入股分红、利润返还等方式，带动农民增收。2009 年，农业龙头企业按合同收购价比按市场收购价向农民多支付差价 771.34 亿元；通过合作制、股份合作制等方式向农民返还利润（分红）272.65 亿元，其中国家重点龙头企业向农民返还利润和分红 11.8 亿元；采取土地租赁经营支付给农民的土地租金 166.07 亿元。（如表 5.3 所示）

表 5.3　龙头企业带动农民增收情况

年份	单位	按合同收购价比按市场收购价向农民多支付的差价	通过合作制、股份合作制等方式向农民返还利润	采取土地租赁经营支付给农民的土地租金	支付工资福利报酬
2008 年	亿元	600.71	221.85	143.23	486.51
2009 年	亿元	771.34	272.65	166.07	587.43
增长	%	28.40	22.90	15.95	20.74

数据来源：《2011 年农业产业化国家重点龙头企业培训班资料汇编》

5.1.4　服务功能不断强化

（1）吸纳就业能力稳步提升。"十一五"期末，各类产业化组织从业人数 4800 多万人，其中龙头企业从业人数近 2600 万人，分别比"十五"末增长 47% 和 23%。国家重点龙头企业职工总数 270 万人，年人均工资 1.62 万元。产业化组织在带动农民增收致富的同时，也将科技、合作、民主和管理理念引入农村，农民的市场意识、经营理念和专业技能日益增强。

（2）产业化经营理念不断深入。"十一五"时期，农业产业化组织数量大幅增加，龙头企业队伍迅速壮大，涉及的领域基本涵盖了农业各行业，产业化经营理念得到普遍认同和广泛运用，对农业生产经营方式产生了深刻影响。农户从事农业生产由自发分散向有计划有组织的订单生产转变，龙头企业生产经营由注重加工流通向拓展产业链上下游多环节转变，政府指导农业发展由直接抓农业生产向政府调控市场、市场引导生产转变。"十一五"期末，各类产业化组织带动全国 40% 以上的农户从事农产品生产，基地规模占农业生产总规模的 60% 以上，通过产业化经营实现的农产品订单采购额达到"十五"末的 2.1 倍。

（3）社会化服务水平明显提高。绝大多数龙头企业为农户提供生产资料、技术指导、市场信息、产品收购、仓储运输和技能培训等系列化服务，有些企业为农户发展生产提供贷款担保，还有一些企业资助农户参加农业保险。"十一五"期间，龙头企业为基地农户提供生产资料垫付资金年均超 300 亿元，培训农民资金累计达 260 亿元，年均培训 600 万人次。参与农业产业化经营的农民的市场意识、合作意识、经营能力都有明显提高。

5.1.5　主体地位大大巩固

一是农业龙头企业正成为带动农户发展现代农业的重要生产组织形式。龙头企业在基地建设中组织农民推行标准化生产，将现代经营理念、技术规范、农艺要求引入农户，提高了农民的组织化程度，是在家庭经营基础上发展农业的重要组织形式。二是农业龙头企业正在成为开拓市场的重要主体。农业龙头企业不断创新营销方式，大力发展连锁经营、直销配送、冷链物流、电子商务等新兴现代流通业态，构建从原料生产到产品加工到市场消费的快捷安全有效的流通渠道，逐步发展为信息收集、市场供给和价格形成的重要主体。三是农业龙头企业正在成为政府支持与调控的重要对象。龙头企业是农产品市场供应的重要主体，这些企业的产销变化情况，为政府宏观调控提供了重要依据。对龙头企业的行业指导和间接调控，正逐步成为政府宏观调控的重要组成部分。

5.1.6 体制机制不断完善

有效的利益联结机制是农业产业化经营的核心和关键。农业龙头企业重视和强化体制机制建设，由以保护价收购保障农产品购销为主要特点的订单合同关系，向以信息、技术、农资、风险保障等多环节服务为主要特点的合作关系延伸，再向以土地承包经营权、资金、劳动力等多要素产权联结为主要特点的股份合作关系提升，逐步形成了"利益均沾、风险共担"的利益共同体。通过成立担保公司、农业投资公司等方式，带动金融资本和社会资本投入农业产业化经营，解决龙头企业融资难的问题。

5.1.7 发展方式持续创新

一是推进农业标准化。龙头企业严格执行国家制定的农产品质量标准，建立健全原料基地标准化生产体系，加强农业生产投入品管理，强化农产品质量检验检测，实施全过程质量控制和管理，培育了一大批适销对路的高产、优质、安全的农产品。二是实施品牌战略。龙头企业把品牌建设放在突出位置，积极开展"三品"(无公害农产品、绿色食品、有机农产品)认证，不断提高产品档次，打造了一批具有本地特色、在国内外有较高知名度的名优品牌，提升了龙头企业的竞争力和影响力。三是加强科技创新。龙头企业不断加大科技创新投入，通过自建研发机构或与科研院校合作，加快科技开发和创新，大力发展精深加工，逐步发展为拥有自主知识产权、创新能力强的现代农业企业。①

---

① 农业部农业产业化办公室:《2011 年农业产业化国家重点龙头企业培训班资料汇编》。

5.2　农业龙头企业产品质量控制的主要成效

目前，农业龙头企业已成为引领现代农业发展的骨干力量。龙头企业将标准化贯穿于原料生产、产品加工和市场流通全过程，积极开展质量安全认证，落实质量安全责任制，建立"从田头到餐桌"的质量控制与追溯体系，在提升农产品质量安全、提高农产品市场竞争力中起着示范作用。

5.2.1　产品质量稳步提高

农业是国民经济的基础。农产品质量安全是人类生存的基础，它不仅关系着人们的身体健康和生命安全，还影响着经济发展和社会稳定。建国后，我国农业取得了举世瞩目的成就，尤其是改革开放以来，伴随着农业产业化、现代化进程的加速发展，一些龙头企业充分利用资本、管理、技术、市场等优势，通过联合、兼并、重组、参股等方式，不断做大做强，涌现出了一批跨行业、跨区域的大企业集团。

同时，农业龙头企业不断加强标准化管理，农产品质量安全水平显著提高，国际竞争力持续增强。《食品安全法》明确规定企业是质量第一责任人。为了满足消费者对农产品安全、卫生、营养的多样化市场需求，农业龙头企业进一步建立健全质量安全管理制度，在生产、加工、流通等环节实行全过程质量控制，努力提高产品质量安全水平。运行监测数据显示，国家重点龙头企业普遍健全了质量管理制度，其中获得"无公害农产品"、"绿色食品"和"有机食品"认证的企业达到 579 家，通过 ISO9000、HACCP、GAP

等质量体系认证的企业达到 775 家，分别占 69.3% 和 92.8%。2010
年，蔬菜、畜产品、水产品检测合格率分别为 96.8%、99.6%、
96.7%。全年未发生重大农产品质量安全事件。

5.2.2 标准化基地建设成效显著

标准化基地是产品质量安全的重要保证，近年来，农业龙头
企业通过建立标准化基地，大大提高了农产品质量安全和水平。
十七届三中全会《中共中央关于推进农村改革发展若干重大问题的
决定》强调，要加强农业标准化和农产品质量安全工作，严格产地
环境、投入品使用、生产过程、产品质量全程监控，切实落实农产
品生产、收购、储运、加工、销售各环节的质量安全监管责任，杜
绝不合格产品进入市场。2010 年中央 1 号文件明确提出要积极发
展无公害农产品、绿色食品和有机食品，目前各地在推进农产品标
准化生产、优势农产品生产基地建设和大中城市农产品市场准入制
度实施过程中，都明确把通过无公害农产品产地认定和产品认证作
为基本条件，这无疑是对无公害农产品发展的极大推动。"十一五"
期间，国家重点龙头企业累计投入 1100 多亿元建设标准化基地，
自建生产基地达到 3500 万亩。

随着投入的增加，基地规模不断扩大。2009 年，各类产业化
组织带动种植业生产基地 14.06 亿亩，占全国农作物播种面积的
59.1%，其中国家重点龙头企业自建基地种植面积 0.34 亿亩，订单
基地面积 1.68 亿亩；产业化组织带动牲畜饲养量 12.43 亿头，占全
国牲畜饲养量的 68.3%；禽类饲养量 126.9 亿只，占全国禽类饲养
总量的 79.6%；水产养殖面积 7939 万亩，占全国水产养殖面积的
72.7%。其中，获得"三品"认证的种植面积达到 7.46 亿亩，牲畜
饲养量达到 3.81 亿头，禽类饲养量达到 49.38 亿只，水产养殖面积

3115.29万亩（见表5.4）。

表5.4　2009年我国农业产业化组织原料标准化基地建设规模

	种植业基地 （亿亩）	牲畜饲养量 （亿头）	禽类饲养量 （亿只）	水产养殖面积 （万亩）
总规模	14.06	12.43	126.9	7939
获得"三品"认证数	7.46	3.81	49.38	3115.29
所占比重	53.06%	30.65%	38.91%	39.24%

数据来源:《2011年农业产业化国家重点龙头企业培训班资料汇编》

5.2.3　生产加工环节质量控制水平明显提高

生产加工环节的控制是确保产品质量安全的重点。龙头企业把质量体系认证作为质量控制的重点工作。2006年以来，全国龙头企业通过ISO9000、HACCP、GAP、GMP等质量体系认证的数量逐年增多。2008年，全国龙头企业质检机构通过计量认证的达到8676家，通过ISO9000、HACCP等质量体系认证的龙头企业有1.62万家，分别比上年增长42.51%和29.62%。获得"三品"认证的龙头企业达1.24万家，产品涵盖9600多种，其中种植业面积达7.13亿亩、牲畜饲养量3.28亿头、禽类饲养量46.12亿只、养殖水面面积2567万亩，分别比上年增长51.63%、19.03%、20.33%和17.96%。2009年，全国有两万多家龙头企业通过ISO9000、HACCP等质量认证，"三品"认证的龙头企业达到1.94万家，有10026家企业质量检验机构通过了计量认证。截至2010年年底，获得省级以上名牌产品或著名商标农业龙头企业9708家，比上年增长18.38%。运行监测数据显示，国家重点龙头企业普遍健全了质量管理制度，其中获得"三品"认证的企业达到579家，通过

ISO9000、HACCP、GAP 等质量体系认证的企业达到 775 家，分别占 69.3% 和 92.8%。此外，很多农业龙头企业还将标准化管理延伸到流通领域，通过定量包装、标识标志、商品条码等手段，建立"从田头到餐桌"的质量可追溯机制。

5.2.4　科技研发和创新加工能力持续增强

科学技术以及创新能力是企业产品质量安全保证和持续提高的最重要因素。"质量是企业的生命，技术是企业的血液"已成为企业界的普遍共识，农业企业也不例外。近年来，我国农产品质量能够不断提高的重要原因之一就是农业龙头企业比较重视科技研发，不断加大科研投入，在引进、消化、吸收的基础上，强化科技创新，加强新技术、新品种和新工艺的研发，切实转变发展方式。"十一五"期间，国家重点龙头企业累计投入科研经费近 700 亿元，90% 以上建立了研发机构，60% 以上获得省级以上科技奖励。在此基础上，龙头企业大力发展农产品加工业，延伸产业链，提高农产品附加值。规模以上龙头企业超过 6 万家，比"十五"末增长了70%；国家重点龙头企业加工增值率超过一倍[①]。龙头企业通过科技创新，提高了农业综合生产能力，提升了产品科技含量和附加值，增强了农业核心竞争力。

5.2.5　学习型企业建设扎实推进

质量管理学认为，产品质量是生产出来的，影响质量的因素包括"人、机、料、法、环"等，其中员工素质是关键。从某种意

---

① 农业部农业产业化办公室：《农业产业化国家重点龙头企业培训班资料汇编》。

义上说，没有高素质的员工就不可能生产出高质量的产品。调查显示，龙头企业通过建立博士后工作站和产学研基地等方式，多层次多渠道引进高端人才，组织技术骨干到大专院校进修等方式提高员工队伍素质，培养适应企业发展的不同层次的人才。在农业部产业化办公室 2009 年组织开展的全国龙头企业问卷调查中，收回有效问卷的企业有 999 家，其中 85.09% 的企业加大了对员工的培训，平均培训 1387 人次，累计培训员工 138.56 万人次。在龙头企业经营管理队伍中，中级以上职称占 64.64%，其中正高级职称占 14.53%。2008 年，73.78% 的企业开展了农民培训，平均培训农民 6045 人次，累计培训农民 603.89 万人次。

5.3 农业龙头企业产品质量安全存在的主要问题及成因

目前，我国农业龙头企业产品质量安全整体水平不断提升的同时，还存在着制约其继续提高的问题，甚至有的还相当严重，这些问题不解决，既影响到农产品质量水平的提高，也威胁到人民身体健康和生命安全。从全国农业龙头企业看，存在的问题主要反映在以下方面。近年来，在国家连续出台扶持壮大农业龙头企业的政策刺激下，一批批龙头企业迅速崛起，显示了强盛的生命力。但是，面对国际化进程加快的新趋势，面对消费者对农产品质量安全要求越来越高的新情况，个别龙头企业却发生了严重的农产品质量安全问题，如"三聚氰胺"事件、"瘦肉精"事件等，所造成的社会危害之大、经济损失之重、国内外影响之广、后果处理之难，令人触目惊心，农产品质量安全逐渐成为令消费者头疼、生产者恐慌和政府棘手的社会热点与焦点问题。正因如此，农业产业化龙头企业的农产品质量安全，必然被全社会关注，也理应成为国家农产品质量安全所监管的重点领域。农业产业化龙头企业要不断壮大，在市场竞争中保持不败之地，大力提升农产品质量安全水平更显得重要而紧迫。

5.3.1 产前原料生产基地建设滞后

原料基地是农产品质量安全控制的源头。近年来，受利益驱使，一些龙头企业在发展过程中，盲目扩张产能，忽视生产基地建设，没有把原料基地建设纳入产业整体建设之中，农业生产的规模化、标准化程度低，基础设施不配套。尤其是有些跨地区的龙头企业，对外地区的基地建设不够重视，导致基地建设与原料供应脱节，外地及分散基地的原料控制不好，甚至有的处于失控状态，这种情况的直接后果就是农产品有效供给能力不足，农产品质量安全水平不高，质量安全事故时有发生。以奶制品行业为例，近年来，产能与奶源供给矛盾日益突出，为保证本企业生产的正常运营，企业间互相抢奶和奶站掺杂使假的情况越来越严重。在河北定州附近不到 100 公里的区域内，伊利、蒙牛、光明、三鹿四个国家重点农业龙头企业都设立了加工厂，加工能力远远超过了当地实际的奶源供应能力。三鹿婴幼儿奶粉事件的发生，基地建设滞后就是其中的一个重要因素。

5.3.2 生产加工环节质量安全压力增大

近年来，我国农产品消费需求出现了新变化，主要农产品消费在数量上需求稳步增长的趋势明显，并体现出需求多元化、个性化、细分化的特点，与此同时，农产品质量安全愈发受到关注。2008 年以来，国内外食品质量安全事件频繁发生，特别是"三聚氰胺"事件不仅冲击了乳制品行业，而且严重打击了消费者对农产品质量安全的信心。质量安全成为消费者认知产品和产业的一个重要风向标和基本判断标准，这对龙头企业加强农产品生产加工环节质量安全管理提出了更高的要求，压力增大。如我国与世界主要农产品生产出口国农产品质量差异较大，具体表现在：稻谷抗碎性弱，整米率低；口感粗造，食味品质差。小麦的抗延阻力小，加工适用品质差；高筋不强，低筋不弱，专用性较差。玉米的专用性较差，多数为饲用玉米；水分含量高，不易储存，均一性差。大豆的出油率低（美国出油率为19%，我国为15%），混种混收，专用性不强。苹果的果型不整齐、着色差，味淡，不耐储存，专用性较差，农药残留较高。蔬菜的农药残留较高、形状口感等品质有缺陷。猪肉、牛肉的疫病、饲养方式、屠宰设备，禽肉的疫病、抗生素使用等方面的差异。

5.3.3 质量安全检测体系不够完善

安全检测是保障农产品质量安全的重要措施之一。农产品质量检测主要包括政府检测和企业自检。从政府检测看，目前我国建立了国家、省、市、县农产品质量安全检测体系，但源头县管，由于县区财力有限，检测设施落后，日益不能适应农产品质量安全检测的需要，其作用也难以发挥。从企业检测看，农业龙头企业普遍重视质量检测，特别是政府强制检测和产品必须检测都有专门机构和人员负责，由于先进检测设备价格昂贵，人员素质和水平也要求较高，即便是国家重点农业龙头企业也不能完全做到自我检测，个别有能力检测的企业由于政府没有授权，虽然检测水平超过县区检测水平，但处于半闲置状态，影响了企业增加检测投入的积极性。客观上需要整合政府和龙头企业的检测资源，共同为本地农产品质量安全检测服务。

5.3.4 社会监督机制急需加强

我国农业龙头企业产品质量安全管理尚处在起步阶段,生产者质量安全意识还较薄弱,社会监督还有待进一步加强。在生产环节,由于长期受传统生产观念影响,生产者缺少社会监督和自我约束,片面追求产量,忽视质量。特别在当前优质优价的市场机制尚未完全建立、安全农资价格过高、投入与产出比例失调的情况下,科学施肥、用药及标准化生产规程很难在生产中完全实施。同时,作为龙头企业原材料和初级产品供给者的农户,为追求自身效益,过量用药、施肥、使用添加剂甚至掺假等情况时有发生,也影响了农产品质量安全。在流通环节,由于缺少社会组织机构或政府监管不力,一些不法商贩违规使用禁药,造成农产品再次污染。在消费环节,消费者缺少农产品安全意识和专业知识,对无公害农产品、绿色农产品、有机农产品等缺乏足够的了解,媒体对农产品质量安全知识宣传和有效监督的机制没有形成。

造成上述问题的原因是多方面的,但最主要的是以下原因:

首先,缺乏对农业龙头企业产品质量安全问题的综观理念。如前所述,农产品质量安全控制是一个系统工程,仅从某个环节、一个方面、单一措施很难达到理想的效果。因此,不论是理论层面的研究工作,还是实践层面的具体措施,都必须从综观视角,多角度、多环节、系统性、全程研究和控制农业龙头企业的产品质量安全。

其次,政府及其职能部门监督不力。从外部监督看,实践反复证明,我国农业龙头企业产品质量安全事件频繁发生、屡禁不止的最重要原因之一就是政府及其职能部门的监督缺位、错位所致。

企业因产品质量事故被查处的外在压力较小，助长了它们的投机行为。

再次，企业质量安全自我控制不到位。从企业内部看，向消费者提供物美价廉的商品既是企业获得利润的重要来源，也是企业的责任和义务，尤其涉及消费者身体健康和生命安全的农产品，其质量安全更需要企业加强安全意识、健全的制度和完善的政策措施，并从"农田到餐桌"的全程科学控制才能从根本上保证农产品的质量安全。

最后，社会公众共同监督的机制尚未建立。农产品安全与社会各个阶层都密切相关，包括行业协会、消费者协会、检验检疫机构和新闻媒体在内的社会公众的广泛参与，对弥补政府及其职能部门、企业对农产品质量安全控制的不足，会产生重大的影响，发达国家的成功经验及我国部分农业企业产品质量安全失控的教训，从正反两个方面印证了建立科学有效的社会公众监督机制对农产品质量安全控制的重要性。

5.4　农业龙头企业产品质量问题的主要危害

农产品质量问题长期困扰着企业生产者、消费者和政府管理者，它不仅直接影响产品声誉，影响企业和消费者的利益，也影响到国家整体经济增长质量的提高。我国农业龙头企业产品质量问题的危害是巨大的，不论是对微观的企业、消费者，中观的行业、社会团体，还是宏观的民族素质、国家形象都会造成负面影响。

5.4.1 影响龙头企业的竞争力

农产品质量是企业参与市场竞争的核心要素，随着全球性资源短缺和劳动力成本的上升，目前，在激烈的市场竞争中，以质量为核心的非价格竞争占有越来越重要的地位，农产品质量的高低已成为影响农业龙头企业竞争力的重要因素，尤其是发达国家的农业企业普遍把提高农产品质量作为获取竞争优势的重要手段，努力创造提升质量的企业环境和企业文化。就我国而言，资源和劳动力的廉价使企业参与市场竞争的主要优势是低成本、低价格，而产品的总体质量和档次则不高。伴随我国经济逐步由短缺进入相对过剩的新时期，原来单纯依靠低档货、低价格竞争的路子已越来越窄，企业如果冲不破这道樊篱，将面临生存危机。质量差的农产品销售会受阻，企业无法获得经济效益，直接威胁到其生存，更谈不上高效、持续、快速、健康发展。对一个企业来说，质量是决定企业竞争力强弱的前提，是决定企业经济效益好坏的基础，而竞争力直接决定着企业的发展状况，从这个意义上说，农产品质量是农业龙头企业的生命。

5.4.2 影响群众生活质量

不断满足广大人民群众日益增长的物质和文化生活需要，既是社会主义生产的目的，也是我国的一项基本政策。作为生活质量重要基础之一的农产品质量，其高低将直接影响消费者的生活质量水平。众所周知，生产的目的是为了消费，物美价廉是消费者选择产品的最重要标准，这里的物美就是对产品提出的质量要求。在市场经济条件下，企业生产的产品只有顺利进入消费领域，以自身的使用价值换回价值的等价物——货币，才能实现利润的最大化，获得良好的经济效益。进入消费领域的产品与广大人民群众的衣、食、住、行等生活密切相关，质量差或者不合格的产品会影响人民群众的身体健康，假冒伪劣产品还会影响到生命安全，所以，不断提高农产品质量是提高我国广大人民群众生活质量的基础之一。

5.4.3 影响国家经济质量

持续提高经济质量是我国经济工作的重点之一。所谓经济质量是指经济系统整体运行的优劣。既包括经济系统存量的质量，又包括经济系统增量的质量。作为经济质量的重要组成部分，农业龙头企业产品质量的高低将直接影响到经济质量的提高。农产品质量差必然影响到经济的健康运行，大大降低经济运行的质量、效率，危及经济运行的安全。农产品质量差使消费者对农产品丧失信心，挫伤生产者提高农产品质量的积极性，助长失信和腐败等。特别是质量差的农产品滞销，必定导致该类产品一定时期内的需求大幅度下降，进而导致产量持续不断收缩，引起经济萧条。现实生活中之所以没有造成全国性的灾难性后果，那是因为农产品质量差的规模和强度受到了社会正义力量——政府监管的遏制，从而减弱了危害性。但是，农产品质量差对我国农业进而对整个经济质量的影响确实是致命的。

5.4.4 影响我国的国际形象

经济全球化的迅猛发展，使企业的竞争更加激烈其至残酷，在和平与发展成为当今时代特征的大背景下，产品质量的高低逐步成为占领世界市场最有力的武器，对树立良好国际形象影响深远。因而，世界各国从来也没有像现在这样重视产品质量，纷纷采取系列措施，全面提高本国的产品质量。我国加入 WTO 后，原来需要走出国门才能参与的国际竞争已经渗透到了国内的许多地方和领域，企业竞争力的强弱、产品质量的高低不但影响到企业的生死存亡，而且影响到国际形象。作为一个农业大国，以初级农产品为主的低质量农产品在给我国带来可观外汇收入的同时，并没有给我国带来良好的声誉，其根本的原因就是我国农产品质量的整体水平偏低。我国要实现由"农业大国"向"农业强国""经济强国"的转变，必须依照国际规则，全面提升我国农业龙头企业的质量竞争力，生产出质量过硬、享誉世界的名牌农产品。

第六章 农业龙头企业产品质量安全控制的实证分析

理论源于实践又指导实践。农业龙头企业产品质量安全控制需要相关理论的指导，更需要企业的实践探索与创新。本章通过对我国 56 家农业产业化国家重点龙头企业的问卷调查、实地考察和深入分析，系统研究了农业龙头企业实施质量安全管理的行为、影响因素等问题。

6.1 数据来源与样本特征

6.1.1 数据来源

本书所使用的数据来源于问卷调查和对企业管理人员的访谈。问卷调查采取以下程序：

首先，设计制作问卷。问卷的设计主要以已有研究成果为依据（吴秀敏[1]、杨秋红[2]、周洁红[3]），参考企业产品质量控制行为

---

[1] 吴秀敏:《我国猪肉质量安全管理体系研究——基于四川消费者、生产者行为的实证分析》，浙江大学博士学位论文，2006 年。

[2] 杨秋红:《企业建立农产品质量安全可追溯系统的意愿及影响因素研究——以四川省为例》，四川农业大学硕士学位论文，2008 年。

[3] 周洁红、胡剑锋:《蔬菜加工企业质量安全管理行为及其影响因素分析——以浙江为例》，《中国农村经济》2009 年第 3 期。

的影响因素，初步设计调查问卷，并进行试调查，根据调查实际情况反复修改问卷，最后形成正式的调查问卷。

其次，组织实施调查。本次调查主要采用两种方式：一是利用2011年1月13—15日农业部在广州召开"农业产业化国家重点龙头企业负责人培训班暨农业产业化人才培养启动仪式"的机会，对参会的国家重点农业龙头企业进行问卷调查；二是笔者和课题组成员于2010年11月22日、12月8—9日，实地调查了广东燕塘乳业股份有限公司和广东温氏食品集团有限公司，对企业的质量控制措施、效果、关键环节、存在的问题进行了深度访谈和实地调查。本次调查对象多为企业高层管理人员或品质管理部门的管理人员，调查方式以被调查对象填写问卷和面对面的交流为主。本次调查共发放问卷110份，回收问卷73份，剔除非食用农产品企业问卷和重要指标缺失样本，最后得到有效问卷56份，有效问卷回收率为50.9%。最后，处理数据。采用 Excel 和 SPSS12.0 对调查数据进行统计分析。

6.1.2　样本特征

本研究主要从企业自身特征、企业管理者特征、外部环境和企业内部质量控制及效果四个方面分析农业龙头企业产品质量控制行为的影响因素（见表6.1）。

表 6.1　样本企业的描述性统计分析

分组特征	分组范围	企业数（家）	比例（%）
企业区域分布	东部	21	37.5
	中部	12	21.4
	西部	23	41.1

分组特征	分组范围	企业数（家）	比例（%）
企业决策者年龄	30—39 岁	12	21.4
	40—49 岁	32	57.1
	50—59 岁	10	17.9
	60 岁以上	2	3.6
企业决策者学历	博士	3	5.5
	硕士	16	29.1
	大学本科	24	43.6
	大专	10	18.2
	高中	2	3.6
决策者专业知识	是	47	88.7
	否	6	11.3
组织模式	企业＋农户	3	5.5
	企业＋基地＋农户	41	74.5
	企业＋中介组织＋农户	9	16.4
	企业＋基地	1	1.8
	企业＋中介人＋农户	1	1.8
企业获得质量认证	无公害农产品认证	12	21.4
	绿色食品认证	19	33.9
	有机农产品认证	16	28.6
	ISO 系列认证	53	94.6
	HACCP 认证	40	71.4
	GMP 认证	9	16.1
	GAP 认证	5	8.9
	BRC 认证	2	3.3
	ACC 认证	1	1.8
政府监管作用	显著	24	42.9
	一般	24	42.9
	不明显	8	14.3
企业质量控制在同行业中的地位	领先	42	76.4
	中等	13	23.6
企业员工人数	2000 人及以上	13	23.2
	300—2000 人	35	62.5
	300 人以下	8	14.3

分组特征	分组范围	企业数（家）	比例（%）
企业销售收入	10 亿元以上	19	35.2
	5—10 亿元	11	20.4
	5 亿元及以下	24	44.4
企业资产总额	3 亿元以上	26	49.1
	1—3 亿元	23	43.4
	1 亿元及以下	4	7.5
产品出口	是	32	59.3
	否	22	40.7
企业性质	国有企业	4	7.1
	集体企业	1	1.8
	私营企业	32	57.1
	外商投资企业	3	5.4
	股份合作企业	14	25.0
	其他	2	3.6
质量控制效果	效果明显	48	87.5
	有效果但不明显	7	12.5
质量安全培训效果	非常有效	32	57.1
	较明显	22	39.3
	不够理想	2	3.6
质量风险损失	有，损失非常大	4	7.3
	有，损失不大	22	40.0
	从来没有	29	52.7
面对消费要求的企业压力	很有压力	23	41.1
	压力有点儿大	13	23.2
	压力不太大	14	25.0
	没有任何压力	6	10.7
产品检测途径	企业自检	52	92.9
	委托检测	36	64.3
	政府定期检测	3	5.4

6.1.3　样本特征描述

（1）样本区域分布：主要分布在西部和东部。从被调查企业区域分布来看，来自东部地区的企业样本占 37.5%，中部地区占 21.4%，西部地区占 41.1%，如图 6.1 所示。可以看出，调查样本在西部地区分布较多，其次是东部地区。（详见附录一附表 B）

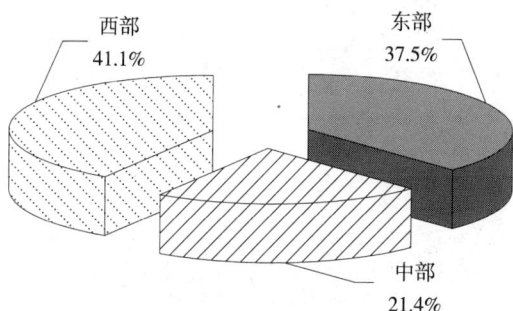

西部 41.1%　东部 37.5%　中部 21.4%

图 6.1　样本企业区域分布

（2）企业自身特征描述。企业自身特征主要包括企业规模、市场类型、企业性质等。

①企业规模以大中型农业龙头企业为主。本书采用企业员工人数、企业销售收入、企业资产总额三个指标作为衡量企业规模的标准，但是，国家农业产业化重点企业在东、中、西部是不同的。调查问卷中将农业龙头企业员工人数情况分为 3 个等级：300 人以下、300—2000 人、2000 人及以上。在被调查的企业中，多数为大、中型企业，其中 2000 人及以上的大规模企业 13 家，占 23.21%；300—2000 人的中型企业 35 家，占 62.5%；300 人以下的小规模企业 8 家，占 14.29%，如图 6.2 所示。

从表 5.1 的调查数据可以看出，样本农业龙头企业的销售收入在"10亿元以上""5—10亿元""5亿元及以下"3个区间的分布比较均匀,其中销售收入在5亿元以下的农业龙头企业所占比例偏高一些,为44.4%。在企业资产总额方面,国家重点农业龙头企业的资产总额普遍相对较大,资产总额在1亿元以上的农业龙头企业所占比例为92.5%,3亿元以上的农业龙头企业所占比例为49.1%。

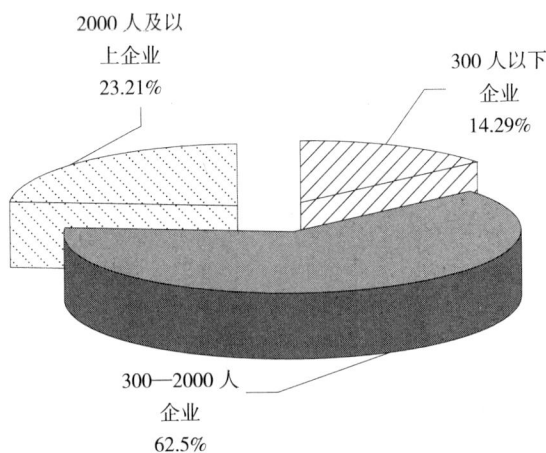

图 6.2 样本企业规模

②企业市场类型有产品出口的农业龙头企业占半数以上。出口的农产品对质量要求较高,出口产品质量必须达到出口国或者国际标准水平,相应地对企业产品质量控制水平的要求也比较高。就企业市场类型而言,被调查农业龙头企业中有59.3%的企业有产品出口,但仍有较大比例的企业没有产品出口,占40.7%。

③企业性质以私营企业为主。在企业性质方面,本书将被调查企业分为6个类型,其中82.1%的农业龙头企业是私营企业或股份合作企业,外商及港澳台投资企业仅占5.4%。

(3)企业管理者特征描述。企业决策者以中青年为主,受教育程度普遍比较高,大多数在本科(含本科)以上,且大多数被调查企业的决策者具备食品行业专业知识背景。本次问卷主要对企业决策者的年龄、受教育程度以及食品专业知识背景进行了调查。在 56 份有效问卷中，企业决策者年龄主要集中在 40—49 岁之间，占 57.1%；其次是 30—39 岁，占 21.4%。企业决策者受教育程度的调查结果是，决策者的文化程度比较高，大学本科和硕士研究生占大多数，占 72.7%。另外，调查数据还表明，88.7% 的被调查农业龙头企业的决策者具备食品行业的专业知识背景。如图 6.3 所示。

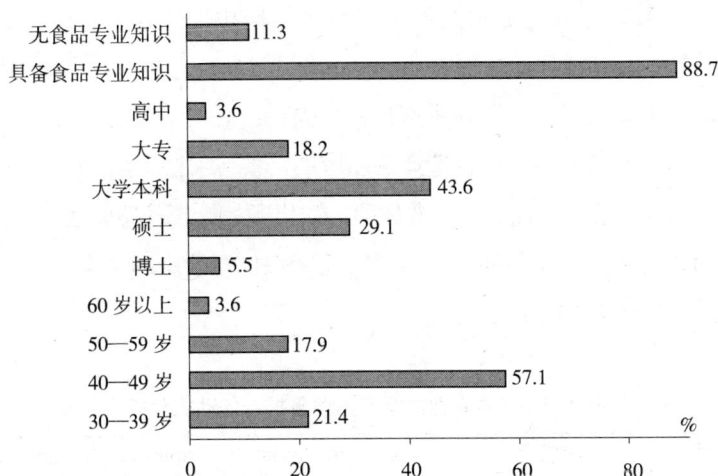

图 6.3 样本企业决策者年龄、学历和知识背景分布

6.2 影响农业龙头企业产品质量安全的主要因素

6.2.1 企业继续提高产品质量安全控制水平的意愿

我们将企业继续提高产品质量安全控制水平的意愿分为 5 种程度："非常愿意"、"愿意"、"一般"、"不愿意"、"很不愿意"。调查分

析结果显示，农业龙头企业继续提高产品质量安全控制水平的意愿程度较高，被调查企业中选择"非常愿意"的比例占92.8%，选择"愿意"的占5.4%，表示"一般"的占1.8%。从调查数据来看，农业龙头企业经营者继续提高产品质量安全控制水平的愿意程度非常高。

（1）企业内部质量控制。内部质量控制是保障农产品质量安全的最重要环节，也最能体现企业质量安全控制的实际。

①企业进行产品质量控制的最大动机是提高产品质量，打造产品品牌，降低企业食品安全风险。根据相关性程度（1—5级）打分所得均值排序，样本农业龙头企业认为，企业进行产品质量控制的首要动机是"出于在生产过程中提高产品质量的需要"，其次是"出于在营销过程中打造产品品牌的需要"，之后依次是"为了降低企业面临的食品安全问题风险"、"出于社会责任感驱使"、"满足消费需求"、"参与同行竞争"、"希望在同行业中确立领先地位"等（详见表6.2）。

表6.2　样本企业进行产品质量控制的动机分析

序号	动机	Mean	Std.Deviation	Minimum	Maximum
1	提高产品质量的需要	4.94	0.2312	4	5
2	打造产品品牌	4.93	0.3252	3	5
3	降低食品安全风险	4.91	0.3482	3	5
4	企业社会责任驱使	4.83	0.3762	4	5
5	满足消费需求	4.83	0.4234	3	5
6	参与同行竞争	4.73	0.6893	2	5
7	确立领先地位	4.73	0.5979	3	5
8	经营利润	4.66	0.5865	3	5
9	法律法规要求	4.36	1.0451	1	5
10	开拓海外市场	4.35	1.1011	1	5

②农产品原料供应组织模式：以"企业＋基地＋农户"模式为

主。在农产品供应方面，本书将被调查企业主要分为"企业＋农户"、"企业＋基地＋农户"、"企业＋中介（组织或人）＋农户"、"企业＋基地"四种类型，其中采用"企业＋基地＋农户"模式的企业占大多数，占 74.5%，其次是"企业＋中介（组织或人）＋农户"模式，占 18.2%。采用"企业＋基地"模式的企业有 1 个，占 1.8%；采用"企业＋农户"模式的企业有 3 个，占 5.5%。由此可见，76.3% 的农业龙头企业具有自己的原料生产基地。

③企业产品生产执行标准。本书将产品质量标准分为采用国际或国外先进标准、国家标准、行业标准、地方标准和企业标准五大类。从表 6.3 的分析可以看出，国家重点农业龙头企业采用国际或国外先进标准的比例不大，为 37.5%；采用国家标准的企业比例最高，达到 85.7%，之后依次是行业标准和企业标准。可以初步看出，目前我国国家重点农业龙头企业的产品采标①率偏低。

表 6.3 样本企业执行标准和质量控制效果

分组特征	选项	企业数（家）	比例（%）
企业产品执行标准	国际或国外先进标准	21	37.5
	国家标准	48	85.7
	行业标准	32	57.1
	地方标准	5	8.9
	企业标准	28	50.0

④企业质量认证 83.9% 的企业已获得产品认证，质量安全管理体系认证中企业获得 ISO 系列或 HACCP 体系认证的比例较高。企业质量安全意识的高低，直接反映在其取得非强制性产品与质量

---

① Backward LR：以最大局部似然为基础作似然比概率检验，向后逐步选择自变量。

安全管理体系认证的情况上。调查发现，绝大多数被调查农业龙头企业都获得过相关质量认证，主要有有机农产品认证、绿色食品认证、无公害农产品认证、ISO 系列认证、HACCP 认证、GMP 认证和其他认证。调查结果表明，83.9%的企业已获得产品认证（无公害农产品或绿色食品或有机农产品）。产品认证中企业获得绿色食品认证的比例较高，占 33.9%，其次是有机农产品认证，占 28.6%，最后是无公害农产品认证，占 21.4%。质量安全管理体系认证中（ISO 或 GMP 或 GAP 或 HACCP），企业获得 ISO 系列或 HACCP 体系认证的比例较高，分别占 94.6%和 71.4%；获得 GMP 与 GAP 认证的企业较少，分别占 16.1%和 8.9%。如图 6.4 所示。

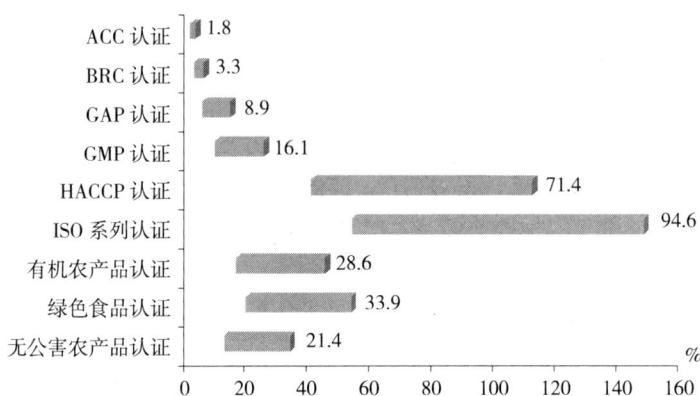

图6.4　样本企业通过产品与质量安全管理体系认证情况

⑤企业质量安全管理制度。本书对农业龙头企业建立了哪些食品安全管理制度进行了调查，调查发现：91.1%的样本企业建立了"进货查验记录制度"，100%的企业建立了"生产过程控制制度"，98.2%的企业建立了"出厂检验记录制度"，85.7%的企业建立了"产品标识和销售台账制度"，64.3%的企业建立了"不安全食品召回制度"，75.0%的企业建立了"食品安全事故处置制度"，

64.3% 的企业建立了"产品追溯制度"。如图 6.5 所示。

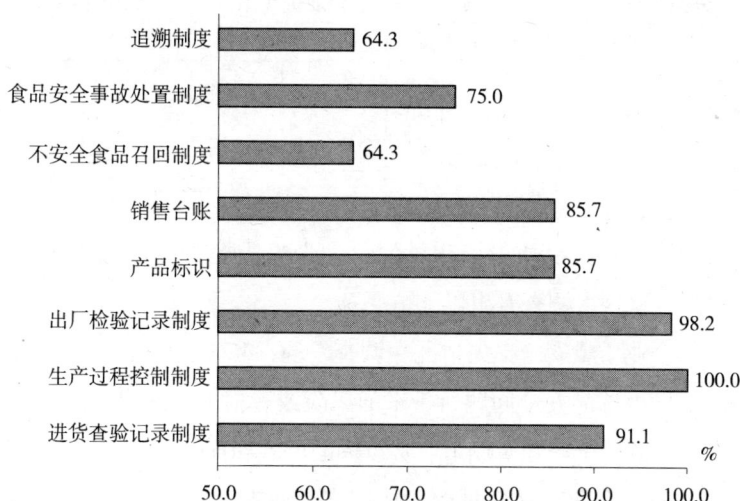

图 6.5 样本企业食品安全管理制度建立情况

⑥企业实施质量安全培训效果明显。调查显示，所有的被调查企业都实施过质量安全培训，培训方式以外部培训和内部培训相结合为主。对于质量安全培训的效果，57.1% 的企业觉得效果非常明显，39.3% 的企业觉得效果较明显，只有 3.6% 的企业觉得培训效果不够理想（详见表 6.1）。

⑦企业产品质量控制效果明显。主要体现在品牌价值提升、产品销量增加和产品价格上升等方面。调查结果表明，87.5% 的被调查企业认为：本企业的产品质量控制取得明显效果；12.5% 的企业认为本企业的产品质量控制有效果但不明显。在产品质量控制效果体现方面，根据选择的频次（可以多选）排序，87.5% 的企业选择了"品牌价值提高"，73.2% 的企业选择了"产品销量增加"，58.9% 的企业选择了"产品价格上升"，48.2% 的企业选择了企业谈判能力增强。如表 6.4 所示。

表 6.4　样本企业执行标准和质量控制效果

分组特征	选项	企业数（家）	比例（%）
产品质量控制效果表现	品牌价值提升	49	87.5
	产品销量增加	41	73.2
	产品价格上升	33	58.9
	谈判能力增强	27	48.2
	质量保证	1	1.8

（2）企业产品质量控制风险。企业产品质量安全控制面临较多风险，从这次调查看出以下情况：

①企业质量安全损失情况。调查发现，47.3% 的被调查企业曾经面临过由食品安全问题所带来的风险或者损失，其中 7.3% 的企业由于食品安全问题造成了非常重大的风险和损失。

②影响企业产品质量的主要因素。调查表中列出了影响企业产品质量的主要因素，根据重要性程度（1—5 级）打分所得均值，被企业认为最主要的影响因素依次为：原材料、质量控制制度、管理方式和方法、设备工艺流程等。（详见表 6.5）

表 6.5　影响企业产品质量的主要因素重要性程度描述性统计分析

影响因素	有效样本数	缺失样本数	均值	标准差	最小值	最大值
原材料	56	0	4.86	0.4013	3	5
质量控制制度	53	3	4.57	0.6358	3	5
管理方式和方法	55	1	4.51	0.5733	3	5
生产环境	54	2	4.46	0.6358	3	5
设备工艺流程	55	1	4.45	0.6030	3	5
产品标准和规程	51	5	4.45	0.6104	3	5
员工素质和能力	56	0	4.45	0.6301	3	5
检测手段和方法	55	1	4.42	0.6856	2	5
社会舆论	51	5	4.16	0.9460	1	5

影响因素	有效样本数	缺失样本数	均值	标准差	最小值	最大值
行业风气	51	5	4.08	0.8448	2	5
相关法律法规、政策	51	5	3.96	0.7990	2	5
政府监管	51	5	3.84	0.9460	2	5
备注:1—5级,5表示非常重要,4表示重要,3表示一般,2表示不重要,1表示非常不重要。						

（3）企业实施产品质量控制的瓶颈。调查问卷中列出了企业产品质量控制的主要瓶颈，根据企业选择的频次排序，依次是：原材料质量难以控制、优价优价机制尚未形成、销售流通环节难以控制、检测成本过高、产品质量标准不适应实际需求等。（详见表6.6）

表6.6　企业产品质量控制瓶颈

分组特征	选项	企业数（家）	比例（%）
企业产品质量控制瓶颈	原材料质量难以控制	33	61.1
	优质优价机制尚未形成	24	44.4
	销售、流通环节难以控制	15	27.8
	检测成本太高	11	20.4
	产品质量标准不适应需求	7	13.0
	质量安全意识不强	6	11.1
	相关技术人员和信息缺乏	5	9.3

（4）农产品质量控制环节分析。调查结果表明，被调查的农业龙头企业认为，农产品质量控制最困难的环节是产前环节，占被调查企业的56.5%；比较困难的是产后储存和流通环节，占31.8%；相对容易的是消费环节，占45.2%。

6.2.2　外部环境对农业龙头企业产品质量安全的影响

（1）需求影响。调查发现，面对消费者对农产品质量安全日益增长的需要，41.1% 的被调查企业认为很有压力，23.2% 的企业认为压力有点儿大，25.0% 的企业认为压力不太大，仅有 10.7% 的企业表示没有任何压力。这说明，不少农业龙头企业质量安全控制行为会受到消费需求和消费偏好的影响。

（2）政府支持和监管。调查结果显示，企业认为当地政府在质量安全管理方面作用"显著"的占 42.9%，认为作用"一般"的占 42.9%，认为作用"不明显"的占 14.2%（见图 6.6）。在产品质量控制方面，被调查企业中，仅有 55.6% 的企业得到过政府在检测设备、认证、无害化处理、信息、培训、品牌评选、冷链加工、标准化基地建设、追溯体系建设等方面的支持。根据选择的顺序，企业最希望得到政策的财政支持，之后依次是制定公平合理的政策、信息支持、标准检测等技术服务。

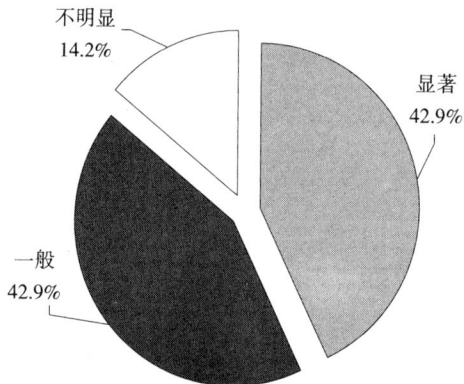

图 6.6　政府在质量安全管理方面的作用

6.2.3　小结

通过对 56 家国家重点农业龙头企业自身基本特征、企业管理者特征、企业内部质量控制措施及效果、企业质量控制风险和瓶颈、外部环境等方面的调查和描述性统计分析，可以发现：

（1）被调查农业龙头企业以大中型企业为主，经济实力较强；企业决策管理者文化程度较高，且大多数具备食品行业专业知识背景；一半以上的被调查企业产品市场已开拓到国外或港澳台。

（2）被调查企业对食品安全具有相当程度的认识和重视，其进行产品质量控制的最大动机是提高产品质量，打造产品品牌，降低企业食品安全风险。

（3）多数企业认为产品质量控制效果明显，其效果主要体现在品牌价值提升、产品销量增加和产品价格上升等方面；认为本企业的产品质量控制水平在同行业中处于领先地位，并表示愿意继续提高本企业的产品质量控制水平。

（4）企业在进行产品质量控制过程中，在很大程度上受到外界因素的影响，特别是消费者需求；企业也非常关注同行对于产品质量控制的态度和行为。另外，政府的相关政策，对企业产品质量控制行为也有直接的影响。企业希望政府从资金、政策和技术方面予以扶持。

（5）政府对农产品质量安全的监管作用也有助于农业龙头企业提高产品质量控制水平，但调查发现，政府在农产品安全监督管理方面的作用不明显。

（6）农业龙头企业产品质量还面临着众多风险和障碍，如原材料质量难以控制、优质优价机制尚未形成、销售流通环节难以控制等。

6.3 农业龙头企业改进产品质量安全控制水平的意愿分析

6.3.1 研究假设

对企业而言，建立产品质量控制体系是为降低风险、提高信誉、加强管理而进行的投资行为。根据斯密的经济自由主义观点，资本能够通过资本家投资在对企业最有利的部门，并通过对投资回收期、投资收益和投资风险的比较来实现。研究表明，企业对安全产品的供给动机受到到其规模的影响。Annandale[①] 研究认为，企业对安全产品的供给动机受企业管理、战略的影响，其中的决定性因素是：组织学习、规制类型、利益相关者的影响、强制力度、公司文化等。农产品安全生产受到多个方面因素的制约，主要是企业自身发展、政府对农产品安全的管制、消费者对农产品安全的关注等方面的影响。基于上述理论分析以及调查所得的数据情况，本研究假设将农业龙头企业产品质量控制行为的影响因素分为企业自身特征、企业决策者特征、外部环境和企业内部质量控制及效果四个方面。

图 6.7 分析框架中，包括四大部分，其中企业自身特征包括企业规模（员工人数、销售收入、资产总额），企业生产组织模式，产品是否出口，企业性质；决策者特征包括决策者年龄、学历，决策者行业知识背景；企业质量内部控制效果包括产品质量控制效果，企业获得的质量认证，质量控制在行业中的地位，是否面临过

---

① Annandale, D. Mining company approaches to environmental approvals regulation:a survey of seniorenvironment managers in Canadian 2000（26）.

由农产品安全问题带来的风险或者损失；外部环境包括政府监管作用，企业产品质量控制压力。

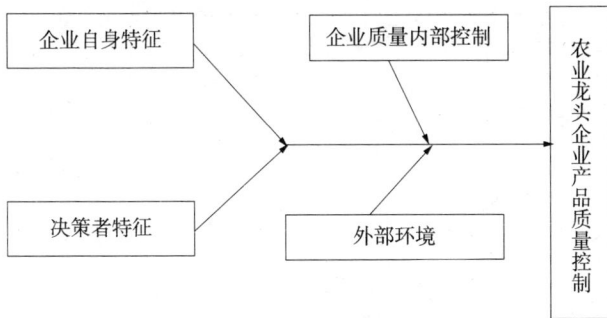

图6.7 农业龙头企业产品质量控制行为分析框架

6.3.2 模型选择及变量说明

农业龙头企业是否愿意继续提高本企业的产品质量控制水平的结果值是两个分变量，即愿意和不愿意。由于因变量是个虚拟的两分变量，因此选择 Logistic 回归模型进行分析。

以 y 为因变量，Logistic 回归模型可表示为：

$$P=F(\alpha+\sum \beta_i x_i)=\cfrac{1}{1+e^{-(\alpha+\sum \beta_i x_i)}}$$

在回归分析时，通常进行 Logit 变换，得到概率的函数与自变量之间的线性回归模型：

$$Logit(y)=\ln(\frac{p}{1-p})=b_0+b_1 x_1+b_2 x_2+\cdots+b_n x_n$$

模型中，当 y=1 时，P 为企业愿意继续提高本企业的产品质量控制水平的概率；当 y=0 时，p 为企业不愿意继续提高本企业的产品质量控制水平的概率，自变量 x 代表影响企业进行产品质量控制行为的各项因素。各变量及取值范围如表 6.7 所示。

表 6.7　模型中各变量的定义和赋值范围

变量	代码	赋值范围
因变量		
采用国际或国外先进标准	Y	不采用 =0，采用 =1
自变量		
1. 企业自身特征		
员工人数	X_1	300 人以下 =1，200—2000 人 =2，2000 人及以上 =3
销售收入	X_2	5 亿元及以下 =1，5—10 亿元 =2，10 亿元以上 =3
资产总额	X_3	1 亿元及以下 =1，1—3 亿元 =2，3 亿元以上 =3
企业性质	X_4	国有企业 =1，集体企业 =2，私营企业 =3，外商及港澳台投资企业 =4，股份合作企业 =5，其他 =6
原料供应组织模式	X_5	企业 + 农户 =1，企业 + 基地 + 农户 =2，企业 + 中介组织 + 农户 =3，其他 =4
产品是否出口	X_6	否 =0，是 =1
2. 企业决策者特征		
决策者年龄	X_7	60 岁以上 =1，50—59 岁 =2，40—49 岁 =3，30—39 岁 =4，30 岁以下 =5
决策者学历	X_8	初中及以下 =1，高中 =2，大专 =3，大学本科 =4，硕士研究生 =5，博士研究生 =6
决策者行业知识背景	X_9	否 =0，是 =1
3. 企业内部质量控制效果		
产品质量控制效果	X_{10}	无效果 =1，有效果但不明显 =2，效果明显 =3
企业质量控制水平在本行业中的地位	X_{11}	落后 =1，中等 =2，领先 =3
企业农产品安全带来的风险或者损失	X_{12}	有，风险和损失非常重大 =1，有，但风险和损失不太重大 =2，从来没有 =3
4. 外部环境		

变量	代码	赋值范围
政府监管作用	X_{13}	不明显 =1，一般 =2，显著 =3
企业产品质量控制压力	X_{14}	没有压力 =1，压力不太大 =2，压力有点儿大 =3，很有压力 =4

6.3.3　模型运行结果及检验

（1）相关性分析。为初步了解表 6.7 中各变量与农业龙头企业产品质量控制行为之间的关系，本研究运用 SPSS 统计软件作了 Spearman 相关性分析。结果如表 6.8 所示。

从相关系数的显著性我们可以初步判断：企业采用国际或国外先进标准与企业产品是否出口、消费者质量要求给企业带来的产品质量控制压力有显著的相关性；决策者文化程度对企业产品质量认证有一定影响；产品市场类型对企业 HACCP 质量管理体系认证影响较为明显；政府质量安全监管作用对企业产品质量控制效果有一定的影响；企业产品质量控制水平在同行业中的地位与企业资产总额有一定的相关关系。

为更深入地研究企业产品质量控制行为与各影响因素之间的关系，我们通过 Logistic 模型对此进行进一步分析。

表 6.8　变量之间的相关分析

		采用国际或国外先进标准	企业产品认证	HACCP管理认证	质量控制效果	企业质量控制在同行中地位
采用国际或国外先进标准	Correlation Coefficient	1.000	0.026	0.163	−0.042	0.065
	Sig. (2-tailed)	0.000	0.848	0.229	0.760	0.639

		采用国际或国外先进标准	企业产品认证	HACCP管理认证	质量控制效果	企业质量控制在同行中地位
员工人数	Correlation Coefficient	0.256	−0.037	0.229	−0.118	0.063
	Sig. (2-tailed)	0.057	0.787	0.090	0.385	0.647
销售收入	Correlation Cocfficient	0.074	−0.172	0.112	0.143	0.238
	Sig. (2-tailed)	0.596	0.214	0.419	0.302	0.086
资产总额	Correlation Coefficient	0.026	−0.020	0.138	−0.086	0.275 (*)
	Sig. (2-tailed)	0.854	0.887	0.325	0.543	0.048
企业性质	Correlation Coefficient	0.019	0.113	−0.122	−0.006	0.079
	Sig. (2-tailed)	0.888	0.407	0.371	0.967	0.567
组织模式	Correlation Coefficient	0.002	0.069	−0.074	0.126	−0.258
	Sig. (2-tailed)	0.991	0.619	0.589	0.359	0.057
产品是否出口	Correlation Coefficient	0.373(**)	−0.143	0.331 (*)	0.000	0.028
	Sig. (2-tailed)	0.005	0.294	0.013	1.000	0.838
决策者年龄	Correlation Coefficient	−0.225	−0.151	0.003	0.079	−0.009
	Sig. (2-tailed)	0.096	0.266	0.984	0.565	0.948
决策者学历	Correlation Coefficient	0.016	0.292 (*)	0.232	−0.051	0.016
	Sig. (2-tailed)	0.909	0.029	0.086	0.707	0.909
决策者专业知识背景	Correlation Coefficient	−0.063	−0.208	−0.062	0.129	0.101
	Sig. (2-tailed)	0.646	0.124	0.653	0.345	0.463
企业产品认证	Correlation Coefficient	0.026	1.000	−0.017	0.106	0.042
	Sig. (2-tailed)	0.848	0.000	0.904	0.437	0.760

		采用国际或国外先进标准	企业产品认证	HACCP管理认证	质量控制效果	企业质量控制在同行中地位
HACCP管理体系认证	Correlation Coefficient	0.163	−0.017	1.000	−0.120	0.209
	Sig. (2-tailed)	0.229	0.904	0.000	0.380	0.126
质量控制效果	Correlation Coefficient	−0.042	0.106	−0.120	1.000	0.173
	Sig. (2-tailed)	0.760	0.437	0.380	0.000	0.207
企业质量控制在同行中地位	Correlation Coefficient	0.065	0.042	0.209	0.173	1.000
	Sig. (2-tailed)	0.639	0.760	0.126	0.207	0.000
企业农产品安全风险或损失	Correlation Coefficient	−0.091	0.047	−0.119	0.207	−0.175
	Sig. (2-tailed)	0.508	0.733	0.386	0.130	0.206
政府监管作用	Correlation Coefficient	−0.120	0.108	−0.128	0.321 (*)	0.212
	Sig. (2-tailed)	0.380	0.427	0.347	0.016	0.121
企业质量控制压力	Correlation Coefficient	−0.388 (**)	−0.135	−0.225	0.199	−0.080
	Sig. (2-tailed)	0.003	0.320	0.095	0.142	0.563

**Correlation is significant at the 0.01 level（2-tailed）.*Correlation is significant at the 0.05 level（2-taile）

（2）模型运行结果。本书运用SPSS12.0统计软件，对调查的数据进行Logistic回归分析。在回归时，采用的回归方法是向后逐步选择法（Backward LR），先将所有自变量都强制进入回归方程进行检验，根据检验结果，将不显著的自变量剔除，然后继续检验，直到自变量的检验结果基本显著为止。

检验过程共经过了10个步骤，模型的估计结果如表6.9所示。在第一步检验结果中，只有企业销售收入、企业产品是否出口、企业产品质量控制压力三个变量通过了显著性检验；到第十步检验结果，得到了影响较为显著的六个变量：企业销售收入、资产总额、企业产品是否出口、企业决策者年龄、企业决策者学历、企业产品质量控制压力。

表 6.9　模型运行结果（Variables in the Equation）

	变量	系数	标准误差	Wald 检验值	显著性	Exp（B）
Step1	员工人数（X_1）	2.941	1.634	3.240	0.072	18.938
	销售收入（X_2）	2.421	1.010	5.746	0.017	11.257
	资产总额（X_3）	−3.242	1.652	3.849	0.050	0.039
	企业性质（X_4）	−0.507	0.645	0.620	0.431	0.602
	组织模式（X_5）	−1.074	1.034	1.078	0.299	0.342
	企业产品是否出口（X_6）	6.300	2.079	9.185	0.002	544.509
	决策者年龄（X_7）	−1.703	0.902	3.562	0.059	0.182
	决策者学历（X_8）	1.095	0.800	1.876	0.171	2.990
	决策者专业知识背景（X_9）	−2.288	1.975	1.342	0.247	0.101
	企业质量控制效果（X_{10}）	2.413	2.280	1.120	0.290	11.172
	企业质量控制水平在同行中地位（X_{11}）	0.897	1.727	0.270	0.604	2.452
	企业农产品安全风险或损失（X_{12}）	−2.414	1.579	2.336	0.126	0.089
	政府监管作用（X_{13}）	−1.140	0.884	1.662	0.197	0.320
	企业质量控制压力（X_{14}）	−2.308	0.865	7.115	0.008	0.099
	Constant	6.063	10.369	0.342	0.559	429.720

	变量	系数	标准误差	Wald 检验值	显著性	Exp（B）
step10	员工人数（X_1）	1.572	0.976	2.594	0.107	4.818
	销售收入（X_2）	1.193	0.551	4.697	0.030	3.298
	资产总额（X_3）	−2.284	1.027	4.942	0.026	0.102
	企业产品是否出口（X_6）	3.269	1.145	8.149	0.004	26.294
	决策者年龄（X_7）	−1.499	0.650	5.317	0.021	0.223
	决策者学历（X_8）	0.979	0.474	4.269	0.039	2.663
	企业质量控制压力（X_{14}）	−1.447	0.553	6.837	0.009	0.235
	Constant	1.722	2.969	0.337	0.562	5.597

模型的总体检验结果如表 6.10 所示。表中给出了最大似然平方的对数值（−2Log likelihood=40.76）用于检验模型的整体性拟合效果。该值在理论上服务卡方分布，它大于在自由度 =16、显著性水平为 5% 条件下查出的卡方临界值 26.296，因此，回归方程通过了检验，对样本的拟合度较好，具有统计学意义。Logistic 回归方程为：

$$\text{Logit}(y) = \text{Ln}\left(\frac{p}{1-p}\right) = 1.72 + 1.19X_2 - 2.28X_3 + 3.27X_6 - 1.499X_7 + 0.98X_8 - 1.48X_{16}$$

表 6.10　模型检验（Model Summary）

Step	−2 Log likelihood	Cox & Snell R^2	Nagelkerke R^2	HL Chi−square
1	28.584	0.510	0.708	2.457
10	40.760	0.377	0.524	7.183

（3）结果讨论。从以上回归结果可以看出，在 5% 的显著性水平下，"销售收入"、"资产总额"、"企业产品是否出口"、"决策者年龄"、"决策者学历"、"企业质量控制压力"的回归系数，显著

不为零。这说明，以上六个变量对企业有无采用国际或国外先进标准从而提高产品质量控制水平的影响程度很大，且可信度较高。

①从企业的销售收入来看，企业的经济实力对企业是否采用国际或国外先进标准影响显著，且系数符号为正。这说明，企业经济实力越强，对农产品质量安全控制方面的投入也会相对增多，就可以有更多的资源提高产品质量水平。

②从企业产品的输出市场来看，产品是否出口对企业是否采用国际或国外先进标准影响非常显著，系数较大且符号为正。这说明，相对于国际市场，国内市场对农产品质量安全的敏感度还不够高，相应地对产品质量控制的要求也相对偏低。

③企业决策者特征，特别是文化程度对企业产品质量控制行为有着影响，并且文化程度高的企业决策者更愿意站在国际的角度提高产品质量控制水平。

④企业产品质量控制压力对企业采标行为的影响也颇为显著，且系数符号为负。可能的原因是，面对消费者日益增长的质量要求，质量控制能力强的农业龙头企业已经有了相对完善的应对措施，如采用 HACCP 管理体系、采用国际或国外标准等，而对产品质量安全重视不够的企业才会感到压力越来越大。

第七章 典型案例分析

案例研究是实证研究的重要方法之一，特别是通过不同类型典型案例的对比分析，可以清楚地掌握情况、发现规律，有利于对研究对象本质的准确把握。本章选取若干个农业产业化国家重点龙头企业产品质量安全控制案例，从正反两个方面，对温氏集团、三鹿集团和双汇集团质量安全控制的实践加以比较研究，重点得出农业龙头企业产品质量安全控制的几点启示。

7.1 案例的选择、分析方法以及信息来源

7.1.1 案例选择标准

对于案例的选择，确立了如下标准：第一，必须是在产品质量控制发展过程中被广泛认可或影响较大的农业龙头企业，即具有代表性、典型性的龙头企业；第二，必须是持续发展且具有较强竞争力的农业龙头企业，因为只有这样，企业才会特别关注产品质量的控制和管理。温氏集团、三鹿集团和双汇集团完全满足以上标准。

7.1.2 案例分析方法

案例研究依据研究性质与目的的不同，可分为探索性案例研究、解释性案例研究和描述性案例研究。探索性案例研究往往是界定一个研究问题前的试验性研究；解释性案例研究通常用于因果关系的探索；描述性案例研究是在研究前就形成明确一个理论导向，并以此作为案例分析的理论框架，它一般要求在研究前明确分析单元（Yin，1994；Winston，1997；Berg，2001）[①]。本书将重点采用描述性案例研究法，通过选取我国农业龙头企业产品质量控制中具有典型代表性的样本企业——温氏集团、三鹿集团和双汇集团，对其企业产品质量控制体系进行分析，发现和挖掘农业龙头企业产品质量控制强度与绩效之间的关系。其中的分析单元是企业的产品质量控制体系。

7.1.3 信息获取方式

为了获得足够可信的信息，本书采纳了多元化的资料收集渠道，从而获得相互印证的信息，信息收集方式如下：

（1）搜集公开出版物上的相关资料。重点是搜集与温氏集团、三鹿集团和双汇集团有关的公开出版物。

（2）跟踪媒体有关报道。通过传统媒体和网络媒体对温氏集团、三鹿集团和双汇集团的相关报道和企业发展历程进行全面的梳理，并得出相对客观的评价。

（3）深度访谈。本研究访谈了两位现任职于温氏集团的高层

---

① 肖海林、闻学：《超级竞争条件下企业整体管理的基本维度与共生型控制模式——一个描述性案例研究》，《管理世界》2006年第12期。

管理人员，通过访谈内容协助本研究确定和验证了相关理论研究框架及研究结论，并请他们提供相关产品质量控制资料和档案记录信息。

（4）专家咨询。与北京、浙江、四川等省外和省内12位相关领域专家学者进行了交流，主要研究结论获得了专家的一致认可，也获得了一些有益的修正意见及建议。

7.2 案例1：广东温氏食品集团有限公司肉鸡质量控制分析

温氏集团创建以来，一直保持着快速发展的态势，尤其是在不断开拓市场、做大市场的过程中，不断创新安全管理机制和完善安全管理体系，通过一体化养殖公司对公司产业链实施全程管理。

7.2.1 案例背景

（1）企业简介。位于广东省云浮市新兴县的温氏食品集团有限公司，其前身是竹勒镇的一个民办养鸡场。从1983年开始，鸡场与农民实行了以场带户、场户联合的经营方式。经过20多年的发展，已由最初的小型鸡场发展成为一个以养鸡业、养猪业为主导，兼营生物制药和食品加工的多元化、跨地区发展的现代大型畜牧企业集团。目前已在广东、广西、福建、江苏、浙江、河南、湖南、湖北、四川、重庆等22个省（市、自治区）建成110家集种苗生产、饲料供应、技术服务、农户管理、产品销售等环节为一体的养殖分公司，总资产120亿元，成为全国规模较大的肉鸡、瘦肉猪生产和供应基地。温氏集团现为农业产业化国家重点龙头企业、国家火炬计划重点高新技术企业、改革开放 30 年标杆企业，拥有 5 个国家级畜禽品种、2 个农业部定点疫苗产品、6 个省级农业类名牌产品，"温氏集团"商标被认定为我国驰名商标。最近，温氏集团又成功入选 2010 年广东省自主创新百强企业，成为唯一入选的农业、食品类生产企业。温氏集团主要发展历程见表 7.1。

表 7.1 温氏集团发展历程简介表

年份	发展情况
1983	温北英联合温鹏程、温木桓、温金长、温湛、梁洪初、严百草、温泽星等七户八人集资 8000 元，牵头创办了勒竹畜牧联营公司
1989	开创运用综合效益促进产品流通的先河，首创了"公司＋农户"的模式
1990	勒竹鸡场开始发行职工内部股票，共发行 1 万张，每张面额 100 元
1992	勒竹鸡场与华南农业大学动物科学系签订长期技术合作协议
1998	港禽流感事件使温氏集团亏损 6000 万元，但温氏集团各种鸡场连续三年获得广东省颁发的"无禽流感证"
1999	被广东省政府命名为"农业龙头企业"，成为广东省首批 20 家农业龙头企业
2002	温氏集团上市肉鸡突破 100 万只，实际上市肉鸡 125 万只
2004	集团养猪业第二个五年发展规划确定 5 年内温氏养猪规模将扩大到 400 万头以上
2006	完成的"H_5 亚型禽流感灭活疫苗的研制及应用"项目，获国家科技进步一等奖
2007	温氏集团总销售值超过 100 亿元人民币
2008	"温氏集团"商标被认定为我国驰名商标；粤首例体细胞克隆猪诞生"温氏"
2009	佳润公司在香港第一家猪肉专卖店 —— 香港土瓜湾店隆重开业
2010	通过第四次农业产业化国家重点龙头企业监测
2010	成为 2008—2009 年度广东省百强民营企业，营业收入超百亿元
2010	明确"倍增计划"的目标，户均饲养规模从 7500 只 / 批提升到 15000 只 / 批，户均效益由 3 万提高到 6 万以上
2010	评为第八届我国国际农产品交易会农业产业化行业十强龙头企业

（2）经营规模。近年来，随着"公司＋基地＋农户"模式的扩张，温氏集团的养殖规模不断扩大，经营收入稳步增长，如表7.2所示。2010年，温氏集团销售收入突破200亿元大关，达到219.4亿元，同比增长31.2%；公司合作农户共获利20.8亿元，户均收入4.4万元，同比增长22.2%；家禽出栏7.1亿羽，远远超过国内同类行业（国内生猪出栏量超过100万头的企业仅温氏集团一家），销售额达220亿元，其中养鸡业务贡献60%，养猪业务占30%，其他仅占10%。

表7.2 2005—2010年温氏集团养殖量及销售收入发展情况

	单位	2005年	2006年	2007年	2008年	2009年	2010年
销售收入	亿元	63.4	76.0	117.0	158.0	167.2	219.4
肉鸡	亿只	4.0	4.5	5.3	6.3	7.6	7.1
户均获利	万元	2.1	2.37	3.1	3.4	3.6	4.4

（3）温氏模式。温氏集团创立的农业产业化经营模式——"温氏模式"，其核心内容是以一个技术先进、产权明晰的现代农业企业为龙头，以专业化农户为生产基础，由龙头企业组织现代农业产业生产经营，把农户生产纳入现代农业产业链经营中，利用契约和全员股权占有等形式缔结成利益共生体，通过创建"一体化养殖公司"形式，实现种苗、饲料、饲养、疫病防治、销售等环节的产业链一体化经营。在产品质量安全控制上，温氏集团与合作农户形成了准纵向一体化的组织结构，双方之间实行管理性交易，并对合作农户的生产实行准车间化、标准化的管理，向市场提供安全优质的农产品。

"公司＋农户"合作养殖是温氏模式的核心之一，"五统一分"

是该模式的精髓。"五统一分"即为：统一种苗、统一饲料、统一防疫、统一管理、统一销售，分户饲养。具体来说，在合作养殖的全过程中，温氏公司负责饲料的采购和生产，药物、种苗生产，饲料技术的研发和普及，提供饲养管理技术指导和疾病防疫，畜禽产品质量的验收，畜禽产品的销售等工作；养户负责畜禽饲养全过程的管理。在这个生产经营过程中，需要经过以下五个环节：一是饲料原料采购、饲料生产，由公司饲料部与饲料厂完成。二是种苗生产，由公司孵化厂完成。三是肉鸡饲养，主要由农户来完成。四是技术配套，由各分公司服务部和集团生产部来完成，负责技术硬件化、技术的普及和推广。产业配套有育种公司、动物保健品厂、饲料添加剂厂和信息中心等。五是销售、加工，由公司销售部及属下的食品加工分公司完成。以上五个环节按一定的计划进行，其中，温氏集团承担市场风险，实行综合经营，养户承担饲养管理风险。如图7.1所示。

（4）产学研合作。该公司在不断完善"公司＋基地＋农户"农业产业化生产管理体系的同时，创造了产学研合作科技创新模式，以华南农业大学及相关科研院所的强大科技实力为依托，搭建科技创新平台。公司建立了以高新技术为依托的完善配套的宝塔型鸡、猪良种繁育体系，还拥有两个规模较大的省级原种猪场，仅在育种方面的投入每年就达到1亿元以上，形成年生产商品猪苗100万头的配套能力。2007年成立了广东省首家大型农业企业研究院——广东省温氏集团研究院，2009年被认定为国家企业技术中心。为确保科技创新工作的顺利开展，公司从2002年开始，每年计提销售收入的3%以上投入研究开发、人才培养以及科技条件建设。目前温氏集团的科技人员达3000多人，其中博士28人、硕士216人。温氏集团已经成为技术创新的主体，在养殖业"育种、动物饲料营养、疾病防治"三大核心技术上取得累累成果，各项技术指标在同行业中处于领先地位。

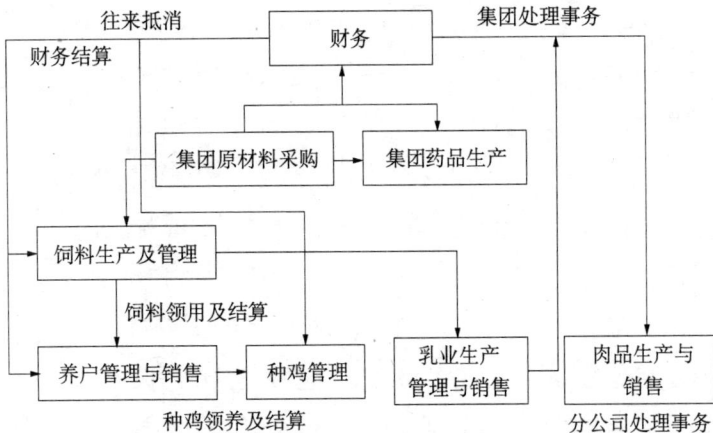

图 7.1　温氏项目业务整体框架

7.2.2　肉鸡质量安全控制考察

追求自然好品质是温氏的产品质量定位，"打造食品安全专家"的经营理念，既得到政府部门、业界的认可，也赢得了广大消费者的普遍赞誉。长期以来，温氏集团在提升产品质量和食品安全方面，从种源的引进研制、投入品供应、畜禽委托养殖、屠宰加工等各环节入手所建立的系列管理制度和技术措施是十分有效和科学的，也得到了社会各界的认可。尤其是以"五统一分"的方式强化饲养管理、卫生防疫、产品质量安全等方面的工作，保证了畜禽饲养各环节的高效运作，从而保证了产品质量良好的市场竞争力。

（1）创新产前源头质量安全控制。为保证从源头控制肉鸡质量安全，温氏集团创新出"五统一分"的控制方式，即：

①统一种源。温氏集团为所有养殖户提供的鸡苗都是经过精选的优质种质资源，集团内部设立专业育种公司开展种鸡繁育，提升产品的内在品质。2007 年起温氏集团自主培育的"新兴黄鸡 2号"、"新兴矮脚黄鸡"、"新兴竹丝鸡"和"新兴麻鸡"就成为国家农业畜禽新品种审核。

②统一防疫。温氏集团的动物防疫整体实力，特别鸡疫、传染性法氏囊病等重大传染病防治技术处于国内同行领先水平，药物产品研制水平、生产工艺和产业化技术水平也达到国内领先。其防疫体系主要包括：成立了动物疫病防控中心、企业研究院、动保产品研发与产业化中心，为公司的动物防疫提供物质保障；建立了优质肉鸡的繁育体系，种鸡饲养各个环节均按照公司规定进行操作；对合作养殖户，其场址选择、鸡舍建造、消毒隔离措施、饲养管理也都有统一的标准和要求，从源头上控制传染病的发生和流行。

③统一养殖标准。为了防范风险，加强风险监控及管理，公司制定了《关于完善质量防疫体系建设的指导意见》、《温氏集团食品安全危机应急处理预案》、《关于下发〈养殖公司生产管理标准和操作规范〉的通知》等一系列管理办法，从基础生产管理、食品安全及质量防疫等方面落实安全生产和风险防控责任。建立了统一的肉鸡生产管理规程，对场地的选择、建筑布局、设备配置、防疫措施、人员素质、养殖技术等均制定详细的技术标准，规范养殖的各个环节。对养户进行关键饲养技术和无公害标准培训，确保养户理解标准并按标准的要求进行规范化养殖。

④统一物资供应。为保证肉鸡所需主要原材料玉米、大豆、豆粕、鱼粉、蛋白粉等的质量，公司采取了以下措施：一是建立供应商质量档案。为保证投入品的安全，温氏集团在粮食主产区吉林

省建立了粮食贸易公司，专业采购各类饲料原料，并建立了供应商质量档案。二是建立战略采购联盟关系，直接与原材料生产厂家议价。公司搭建了集中采购平台，已经和新兴县佳裕贸易有限公司、嘉吉粮油（阳江）有限公司、中谷集团上海粮油有限公司、东莞市富之源饲料蛋白开发有限公司等大型企业建立了战略采购联盟关系，直接与原材料生产厂家议价，剔除中间环节，既达到保证原材料安全供应的目的，又降低了采购成本。三是签订质量安全承诺书并进行抽检。在与供应商签订原料购销合同的同时，还要求附上《饲料质量安全承诺书》，并对采购的每一批原料进行抽查化验，确保采购的原料安全达标。四是自行研制饲料和兽药。温氏集团每个养殖区都配置了专业的饲料加工厂，由专业人员研究饲料配方和加工工艺，严格执行国家饲料及添加剂管理条例；还拥有自己的动物药品生产企业，并获得 GMP 认证，养殖户所需的保健药品 90% 均来自自家企业，对外采购的少部分药品，均需经过严格的检查和资格审查，从而将违禁药物或非 GMP 厂的产品排除在公司生产线之外。

⑤统一管理。一方面，饲养过程公司要统一控制，如专业户承担肉鸡饲养，公司与养户签订《委托养殖合同》，合同约定生产所需物资均由集团统一供应，养户不得使用非公司提供的饲料、药物、种苗等，所需疫苗和药物均由技术人员按照规定限量和休药期要求科学使用。建立养户饲养日志，养殖过程中的饲料用量、疫苗接种、保健用药、卫生消毒、病死禽畜无害化处理等一一记录在案。公司设有生产技术部，配置有技术管理员，技术人员每 3—5 天到养户饲养场进行工作巡查，一方面是为农户提供技术咨询和疾病防治等服务；二是监督养户规范饲养。

⑥农户饲养质量安全控制模式创新。温氏集团把每个养殖户

作为一个标准化的基地，创新出封闭式委托养殖模式。封闭式委托养殖模式运作流程如图 7.2 所示：农户按照公司的规范建设鸡舍，从公司领取鸡苗，公司同时派发"养鸡免疫程序卡"、"饲养管理记录本"及"领取货物凭证簿"，然后按照公司的饲养标准及防疫规范进行饲养，饲养过程中所需的饲料、疫苗、药物从公司领取并受公司监管，育成肉鸡全部交公司收购上市。专业户实行"全进全出"的饲养模式，即前一批鸡苗全部上市以后再从公司领取下一批

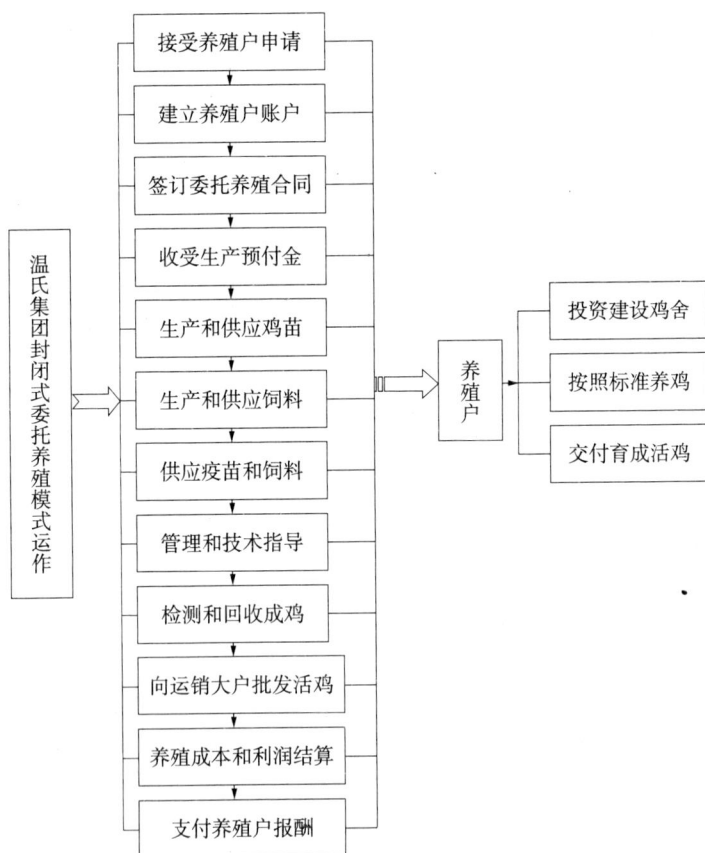

图 7.2　温氏集团封闭式委托养殖模式

鸡苗饲养。

（2）严格产中肉鸡质量安全控制。

①坚持屠宰加工标准化。温氏集团建起了一流的屠宰加工车间，引进了国际先进水平的自动化生产线。自 2002 年起，温氏集团在全国的养殖业中率先推行 ISO9001 质量管理体系，将领导职责、生产标准、采购标准、加工标准、监督审核等管理要求和技术要求融入质量管理体系中，形成全集团的食品安全管理体系。目前，集团下属的养殖企业全部通过了 ISO9001 和无公害产品及产地认证；食品加工企业将 ISO9001 质量管理体系与 HACCP 规范合并，推行了 ISO22000 食品安全管理体系等。温氏佳润食品公司被全国食品工业协会授予"全国食品安全示范单位"，被广东省食品行业协会授予"广东省食品生产诚信示范单位"。现旗下所有食品加工企业均通过出入境检验检疫部门审核，注册为供港澳产品的定点企业。

②强化自检。温氏集团总部和各养殖公司配置了设备齐全的药残化验室、微生物化验室、动植物检疫化验室、饲料化验室等，采用 ISO17025 "检测和校准实验室能力的通用要求"对实验室进行规范管理，保证检测结果的权威性。制定检验流程，定期或不定期对生产环节和上市前关键项目如：抗体水平、微生物数量、药物残留浓度等系列指标进行全检或抽检，确保上市食品 100% 安全达标。

7.2.3 温氏集团肉鸡质量控制的成功经验

温氏集团肉鸡质量安全控制成功的原因是多方面的，但最关键之处在于温氏集团与养鸡户建立起了紧密型的利益联结关系，使农户保障肉鸡质量安全既有外在的压力，又有内在的动力。

（1）生产过程的实时监控机制是农户提供安全农产品的外在压力。温氏集团对肉鸡质量做到实时监控主要是因为采取了以下措施：一是借助 ERP 管理系统实现了对农户生产的高度集中管理。温氏集团带动的农户地域分散，数量庞大。2009 年年底的统计数据显示，全国 20 多个省（自治区、直辖市）的近百个县、700 多个乡镇的 4000 多个自然村，有 43000 户农户被温氏集团带动发展养殖业。正是应用 ERP 软件，完整记录每一个农户的养殖信息并实时监控农户的生产情况，既提高了管理效率，又威慑了农户偷买偷卖的机会主义行为。二是养户管理员的全程技术指导服务。为避免农户因技术缺乏导致产品质量安全问题，公司在一定区域范围内设立服务中心，为每 20—30 户安排一个养户管理员，为农户提供全过程的技术指导和全方位的服务。养户管理员隔三差五就到农户的"饲养车间"进行工作巡查，一方面监督农户按要求填写饲养日志、按标准用料用药、按规范进行饲养管理；另一方面，在生产现场从饲养的各个环节监控农户的经营行为。三是严格的惩罚措施。对于未按标准化进行生产的农户，除了合约规定的产成品按质论价收购外，对严重违规的农户采取"以牙还牙"式的严厉惩罚，不再与其合作生产。农户在生产过程受到监控、未按质提供产品遭受惩罚的情况下，有提供安全优质农产品的外在压力。

（2）基于流程价格的利益相容的激励机制是农户提供安全农产品的内在动力。古今中外农业生产的经营实践反复证明：严刑峻法并不必然能够保证农产品的生产质量，只有生产者实实在在地从提供安全优质农产品中获得良好收益，农产品的质量才有保障。温氏集团借助流程价格机制和多元分配手段的运用，使农户从合作中分享到被其认可的收益，因而农户获得了提供安全优质农产品的内在动力。一是流程价格增强了双方抗击各类风险的能力。作为温氏集团管理权威支配下的资源配置方式，流程价格是温氏基于计划确定的饲料、种苗、药物、疫苗等中间产品和肉鸡回收价格的总称，正是借助于流程价格调节双方利益的灵活性，无论经营环境如何变化，温氏与农户都能够做到利益均沾、风险共担，从而使双方抗击各种风险的能力大大增强。二是多元分配手段使农户分享产业利润。针对计划定价的局限性，温氏与农户建立起二次甚至三次分配机制。为保证农户提供高质量肉鸡有利可图，在行情看好的情况下，温氏集团对公司的利润实行二次分配。按正常的原料价格和销售价格，每养一只鸡农户可获毛利 2—3 元，公司和农户的分配比例是 5 ：5。公司除保证农户每养一只鸡获利 1.2—1.5 元的利润外，在公司利润增加的情况下还考虑给农户返还。如 2005 年和 2007 年，温氏集团对其所带动的 2 万多个养鸡户实行了一个重要的利润返还政策：农户上年每向公司出卖一只鸡，公司给予一毛钱的补贴，此项优惠政策使每个农户得到近 1500 元的收益。如果这种补贴力度不够，公司还会实施三次分配，继续向农户反馈经营利润。三是多种质量奖励。为在合作农户中树立质量养殖的观念，温氏设立了超重奖、超上市率奖、冬春季保温奖等多种奖励，激励农户致力于提高饲养质量。另外，通过信用评级，对获得长期信用优良评级的农户给予少交或免交合作保证金、获得公司贷款等诸多优惠政策。

7.2.4　超市场契约与简单商品契约质量差异

在温氏集团的案例中，我们可以发现超市场契约（见图 7.3）与简单商品契约的不同。在简单的商品契约下，初级农产品收购价格低、检测费用高、质量成本高导致食品质量难以提高，往往落入低质量均衡的陷阱；而附加管理输出和利益协调等内容的超市场契约模式，能够改善我国分散农户的低质量效率和落后的生产方式，特别是质量控制和交易成本节约的优势则更为明显。通过超市场契约组织，公司能够有效弥补农户分散经营品种杂、质量差、技术落后等弱势，而农户拥有的土地、少量资金和经营灵活等特点刚好弥补了公司内部激励的不足。公司和农户在超市场契约下实现了合作互补，① 这是温氏集团产品质量安全的最重要原因。

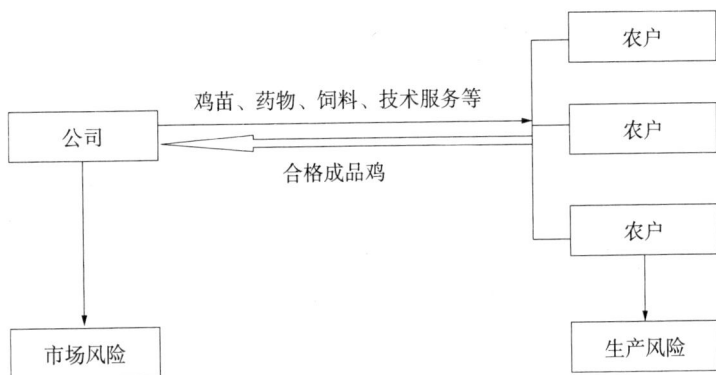

图 7.3　温氏"公司＋农户"超市场契约模式

7.3　案例 2：石家庄三鹿集团股份有限公司奶粉质量失控分析

7.3.1　案例背景

（1）企业简介。位于河北省石家庄市的三鹿集团股份有限公司曾是我国最大的乳制品生产企业。企业登记注册类型为股份制企

---

① 贾愚、刘东：《供应链契约模式与食品质量安全：以原奶为例》，《商业经济与管理》2009 年第 6 期。

业，有五大主要股东，分别是石家庄市乳业有限公司、承德华宁乳业有限公司、石家庄红旗乳品厂、唐山康尼乳业有限公司、恒天然品牌（我国）有限公司。其中，石家庄市乳业有限公司的96%的股权由900名老职工分散控制，承德华宁乳业有限公司、石家庄红旗乳品厂、唐山康尼乳业有限公司三家企业持有的股份很低，不到0.6%，恒天然品牌（中国）有限公司占有43%的股权。新西兰恒天然集团成立于2001年，是全球最大的乳品原料出口商，由当时新西兰最大的两家乳品公司和新西兰乳品局合并而成，是新西兰当地最大的公司（其股东结构图如图7.4所示）。三鹿集团董事长兼总经理长期由田文华一人担任。三鹿集团主营产品为三鹿系列奶粉、液态奶。2006年三鹿品牌价值149.07亿元，2007年三鹿销售收入达100.16亿元。2008年三鹿集团问题奶粉曝光后宣布破产。

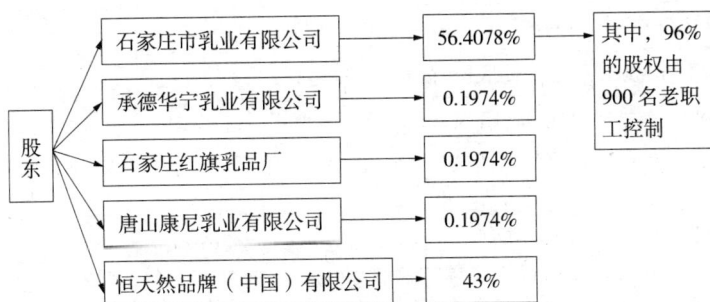

图7.4 三鹿集团股东结构图

（2）企业发展历程。三鹿集团的前身是1959年2月16日由18家饲养户共45名社员在我国河北省石家庄市组织成立的"幸福乳业生产合作社"，后经三次更名，于1996年正式成立三鹿集团。三鹿集团先后在国内较早研发出全脂甜奶粉、麦乳精、婴幼儿配方奶粉，并首创了我国"奶牛＋农户"管理模式，该模式得到大范围推广。2007年三鹿集团收到消费者投诉，2008年三鹿三聚氰胺

奶粉曝光，震惊全世界，三鹿集团因此破产。三鹿集团的发展历程
如表 7.3 所示。

表 7.3　三鹿集团发展历程简介表

年份	发展情况
1959	三鹿集团的前身"幸福乳业生产合作社"成立
1960	拥有石家庄市最大的奶牛养殖场
1964	幸福乳业生产合作社研制出"新石庄"全脂甜奶粉
1973	"幸福乳业生产合作社"更名为"石家庄牛奶厂"
1974	麦乳精研制成功，石家庄牛奶厂向乳制品加工业转型
1980	"三鹿"成为全国关注的品牌
1984	"石家庄牛奶厂"更名为"石家庄市乳业公司"
1986	开创了"奶牛＋农户"管理模式
1993	三鹿奶粉的产销量已跃居全国第一位
1996	石家庄三鹿集团股份有限公司正式成立
1999	石家庄三鹿乳品有限公司成立，三鹿正式进军国内液体奶市场
2005	新西兰恒天然集团注资 8.64 亿元人民币，认购了三鹿集团 43% 的股份，合资公司正式成立
2006	合资公司正式运营
2007	我国中央电视台《每周质量报告》播出了特别节目"我国制造"首集《1100 道检测关的背后》，报道了三鹿奶粉出厂前要经过1100 道检测检验
2007	三鹿收到多宗消费者投诉，指饮用该公司的奶粉的婴儿尿液中出现红色沉淀物
2008	三鹿奶粉被查出三聚氰胺含量过高，三鹿奶粉问题事件曝光，资不抵债，石家庄三鹿股份有限公司正式宣告破产

（3）三鹿"问题奶粉"事件。2007 年底，三鹿收到多宗消费
者投诉，指饮用该公司的奶粉的婴儿尿液中出现红色沉淀物。2008
年年初，三鹿集团内部会议曾要求调查事件。2008 年 5 月 17 日，

公司组成问题奶粉处理小组，一方面继续追查问题源头，另一方面利用公关手段处理投诉，经查奶粉中"非乳蛋白态氮"过高。同时，三鹿集团也将产品送国家部门检查，但未查出结果。2008年7月，三鹿集团内部已经证实奶粉问题为三聚氰胺含量过高，公司开始回收产品并控制舆论，以对事件保密。2008年9月初，不断有媒体报道婴幼儿患肾结石的病例且多数食用过三鹿的奶粉，三鹿集团被怀疑与婴幼儿患肾结石有关。2008年9月11日，国家卫生部指出，近期甘肃等地报告多例婴幼儿泌尿系统结石病例。经调查发现，患儿多有食用三鹿集团生产的三鹿牌婴幼儿配方奶粉的历史，该奶粉受到三聚氰胺的污染。同日，三鹿集团声明其2008年8月6日前出厂的婴幼儿奶粉受到污染，市场上大约有700吨，并决定召回受污染的奶粉，三鹿"问题奶粉"事件由此开端。2008年9月16日，22家婴幼儿奶粉厂家69个批次的产品被检出三聚氰胺，伊利、蒙牛、光明等榜上有名。2008年9月17日，国家质检总局发布公告，决定撤销三鹿集团免检资格和名牌产品称号。公告称，鉴于三鹿集团发生重大食品质量安全事故，现决定撤销三鹿集团生产的"三鹿"牌婴幼儿配方奶粉、乳粉、灭菌奶免检产品资格和名牌产品称号。至2008年9月19日9时，全国下架退市的问题奶粉已达3215.1吨。至此，三鹿"问题奶粉"事件波及整个乳制品行业。

三鹿"问题奶粉"事件共造成全国29.4万余患儿致病，至少有6643名重患婴幼儿，三名婴儿因此死亡。三鹿集团因此破产，行业遭受的经济损失和信誉损失难以估量；其引起的损害赔偿数额巨大，重患婴幼儿的后遗症问题仍难以确定。受三鹿"问题奶粉"事件影响，我国2008年10月乳制品出口量锐减9成多，其中奶粉更是成为乳制品中出口下降幅度最大的品种，10月出口同比下降99.2%。

7.3.2　奶粉质量控制考察

（1）奶粉质量过程控制回顾。从三鹿集团产品质量控制体系可以看出，负责质量控制的经理通过技术质量中心的技术支持对奶源区、原奶采购、生产加工、仓储流通销售、产品质量咨询等部门执行质量管理和监督。奶源区质量管理包括对奶牛养殖小区、牧场、挤奶厅及以上三种交叉模式的原奶整个生产过程进行管理和监督；原奶采购质量管理部门主要负责对奶站采购的原奶进行质量检测；生产加工质量管理部门负责实施产品生产加工的质量管理，包括执行 ISO9001、HACCP 体系等；仓储流通销售质量管理部门负责产品在仓储、流通、销售过程中的质量管理；产品质量咨询中心主要负责产品售后质量信息反馈、产品召回等事项（见图 7.5）。

奶源区原奶质量控制。奶源区有四种模式，即奶牛养殖小区、牧场、挤奶厅及以上三种交叉的模式，奶牛养殖小区模式由小区业主提供场地，奶农在小区内各自养自己的奶牛，由小区统一采奶运送；牧场模式是集中饲养百头以上奶牛，集中饲养、统一送奶；挤奶厅模式，奶农各自散养奶牛，统一到挤奶厅采奶；交叉模式是以上三种模式交叉混合的方式。三鹿集团对奶源区的质量管理主要包括，在养殖区建立技术服务站，派出驻站员，监督检查饲养环境、挤奶设施卫生、挤奶工艺程序的落实。驻站员监督检查是三鹿集团内部控制中的重要环节，对于从源头上保证产品质量意义重大。根据 2007 年 9 月 2 日中央电视台《每周质量报告》特别节目"我国制造——三鹿集团：1100 道检测关的背后"报道，三鹿集团的奶牛基地主要分布在华北平原的石家庄、唐山等地区，百头奶牛以上的规模养殖场有 600 多个。养殖场质量管理上，奶牛场要有卫生许可证，奶牛要有动物检疫合格证，工作人员要有健康证；每头奶牛都

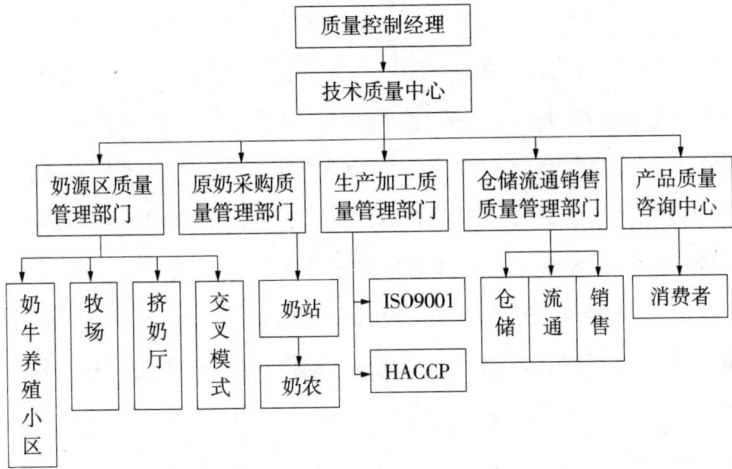

图 7.5 三鹿集团产品质量控制框架图

有电子档案，记录了奶牛谱系、饲料添加剂的使用、疫病防治和产奶情况等信息；采用中草药治疗奶牛疾病，防止抗生素残留，降低疾病发生率；采用国际先进的全混合日粮技术，奶牛饲料搭配合理；实行机械化挤奶，防止细菌污染。

生产过程奶粉质量控制。三鹿集团产品质量的生产过程控制通过了 ISO9001 认证、HACCP 认证。合格原奶被收购后，进入配料工序，添加各种营养元素，包括脱盐乳清粉、奶油、乳糖、精炼植物油、维生素、矿物质元素等原料，这些原料需要做色泽、气味、水分、重金属、致病菌等检验。配料后的液态奶被输入到管道里进行 85 到 92 摄氏度的巴氏杀菌法灭菌，接着浓缩，通过高压注入到干燥塔里喷雾，干燥成奶粉颗粒，成品加工完成，生产全过程由电脑检测。成品最终在无菌车间进行包装，包装前，负责质量检测的技术人员对奶粉袋等包装材料进行质量检测。

产后奶粉质量安全控制。三鹿集团产品质量的产后控制主要包括仓储、流通、销售、售后的质量控制，其中仓储和流通两个环节主要是企业自控；销售过程的质量控制以政府控制为主，然而，三鹿实施的是"国家免检"制度，免检制度使得免检产品能够在一定期限内获得各地方政府的检验"豁免权"，即免检产品不需要通过地方相关检验部门的检验，而各地方相关检验部门在此期限内也无权对免检产品进行质量监督检查；三鹿产品的售后质量控制主要体现在产品质量咨询中心收集消费者意见，反馈给质量控制经理。

（2）三鹿集团奶粉质量存在的安全隐患。通过对三鹿集团奶粉质量过程控制的回顾，以及整个问题奶粉事件相关材料的梳理，可以发现其质量安全隐患早已存在。

①奶站监管缺失，奶源质量失控。三鹿集团的原奶采购模式是"公司＋挤奶站＋奶农"，散户奶农的牛奶通过奶站集中到三鹿集团的各家工厂。三鹿集团在各乳源地建多家奶源中转站，主要负责将牧场、奶厅、散户的牛奶收集起来，送往企业的加工厂，三鹿集团的奶站有不同的模式：一种是奶农自筹资金兴建；另一种是与三鹿集团合资兴建；第三种是三鹿集团用自己的资金建站。三种奶站都要经过三鹿集团验收，收奶必须经过三鹿集团工作人员把关。三鹿"问题奶粉"事件之前，我国一直没有法律法规明确奶站的管理部门，奶站作为奶农自产自销的基地，与农业部门有关，与制造业质监部门有关，但又不纳入市场主体监管范围，属于农业、质监、工商的"三不管"地带，以致奶站组织形式多样、管理方式复杂、质量监管缺失。据调查，三聚氰胺在奶站加到原奶中有相当大的限制，三聚氰胺属于微溶性，常温下溶解度为100毫升水仅溶解0.31克三聚氰胺，含氮0.2克，推算只可冒充1.27克蛋白质，想让加入三聚氰胺后的鲜奶营养比协调，还需要再加水和脂肪，但一般的脂肪产品都很难加入，必须加专业匀质脂肪，这类手法非一般奶农所能掌握。因而，奶源质量失控方面可以排除奶农掺入三聚氰胺

的嫌疑，问题的焦点在奶站，尤其是缺乏对奶站奶贩、三鹿集团验收人员、三鹿集团收奶人员的有效监督，奶源质量失控成为造成三鹿"问题奶粉"事件的主要原因。质量检测上，奶站对奶农的牛奶进行检测，三鹿集团的生产工厂对奶站提供的牛奶进行检测。挤奶站不仅是牛奶的集散场所，而且肩负着鲜奶安全卫生的重大责任。三鹿牛奶进厂检测项目主要包括新鲜度、蛋白质等营养指标、微生物含量等卫生指标、药物残留等安全指标。检测技术上，缺乏对三聚氰胺的检测要求和检测方法标准，在乳制品行业，推定原料乳中蛋白质含量的通用方法是"凯氏定氮法"，但该方法不能发现牛奶中的"非乳蛋白态氮"。

②公司治理不健全，内部监管不力。三鹿集团公司治理不健全主要表现在两方面：一是股权分散、"内部人控制"现象明显。三鹿集团的大股东是石家庄乳业有限公司，该公司96%左右的股份由900多名老职工拥有；三鹿集团的第二大股东是新西兰恒天然集团，持有三鹿集团43%的股份。自1987年到2008年的21年间，三鹿集团的董事长兼总经理均由田文华一人担任，董事长与总经理之间没有任何制衡关系。二是集团管理混乱，内部监管薄弱。三鹿集团通过控股、合资、合作迅速壮大企业规模，先后在北京、河北、天津、河南、甘肃、广东、江苏、山东、安徽等省市设立了30多家企业，然而其旗下的子公司、合营企业大多数厂房破旧、设备简陋，基层管理松垮，集团公司对基层公司的质量监管缺位。由此可见，三鹿集团从上到下缺乏有效的权力制衡、监管机制，与真正意义上的现代企业相差甚远，这也导致了三鹿"问题奶粉"事件难以避免。

③奶粉标准重叠且偏低，检测技术落后。我国食品标准由国家标准、行业标准、地方标准、企业标准四级构成。阜阳劣质奶粉

曝光后，有关统计显示，国家发布的"乳制品和婴幼儿食品标准"达 40 多个，其中生产婴幼儿配方奶粉的标准就有 5 个。同一个企业产品在有的标准里检测合格，在有的标准里检测不合格，奶粉标准重叠，质量监管实施困难。同时，奶粉标准中的多项指标低于国际标准、国外标准。检测技术上，国家长期缺乏对三聚氰胺的检测要求和检测方法标准，三鹿"问题奶粉"事件之前，奶粉生产的原料检测标准 GB/T6914-86《生鲜牛乳收购标准》和产品奶制品国家标准 GB/T54104-1999《脱脂乳粉、全脂加糖乳粉和调味奶粉》等标准中测定牛奶中蛋白质含量的方法为"凯氏定氮法"。但该方法不能发现牛奶中的"非乳蛋白态氮"，受限于蛋白质的检测技术，质检部门未能在早期检测出三聚氰胺。

④过度依赖免检制度，政府监管不力。"国家免检"是企业的一个荣誉称号，企业产品质量达到一定标准，可以向企业所在地的省级质量技术监督部门自愿提出免检申请。进入"国家免检"名单的企业，国家质检总局不会对其产品进行抽样检查。然而，在三鹿"问题奶粉"事件中，政府过度依赖"国家免检"制度，使得三鹿乳制品"漏检"。免检实际上是对获得免检资格的产品放手不管，一定程度上加大了食品安全风险，在免检几乎等于不检的情况下，从食品供应链源头开始积聚的风险都得到了"豁免"，免检的三鹿奶粉为三聚氰胺提供了有效的保护，极大地减小了三聚氰胺被检出的可能性。

7.3.3 三鹿集团奶粉质量失控的原因分析

三鹿集团"问题奶粉"事件起因在于流通过程中"收奶"环节的失控，缺失原料进入严格检测的第一道关口，又因"免检"产品缺失进入市场严格抽检的第二道关口，显然，政府在食品流通环节的微观管制漏洞是奶粉事件频繁发生的重要原因①。三鹿集团原奶供应的主渠道是"公司（奶站）+奶农"的供应链。供应链上，公司与奶农间的交易是一种简单的商品契约。公司与众多分散的奶农间的合作仅是简单的买卖交易关系。这种简单商品契约的特点是缺少供应链应有的信息链管理和价值链管理等中间环节。管理环节的缺失，导致供应链中的信息传递和价值分配等都朝着不利于原奶质量提高的方向变化，原奶质量往往落入低质量陷阱。即在简单的商品契约下原奶收购价格难以提高，高质量原奶的生产成本难以降低。

首先，在公司与奶农的简单商品契约下，原奶收购价格难以提高。虽然奶农与公司双方都投入了专用性的资本，但由于公司拥有着单边垄断收购的强势谈判力，处于弱势地位的分散奶农却因奶牛的专用性投资而被套牢，不能影响原奶价格。这种简单商品契约下的原奶采购低价促使了乳品的低质量供给。

其次，在公司与奶农的简单商品契约下，高质量成本难以降低。在原奶供应链上，单个公司面对的是小规模、分散养殖的众多奶农，这种养殖模式必然受到规模不经济的制约，从良种繁育、饲草饲料、疫病防治到场圈管理，一家一户的分散养殖单位成本都很难降低。面对刚性的原奶收购价格，农户生产高质量原奶的利润空间很小，如果遇到饲养成本上涨，农户的经济理性必然倾向于选择低质量生产。

从三鹿集团不断壮大到"问题奶粉"曝光，以致三鹿集团破产，我们可以看到三鹿集团的质量控制过程中，问题的关键环节在于产前控制和产后控制的失控。奶农、奶贩、奶站与企业之间没有

---

① 张红凤、周风:《"三鹿"事件凸显微观规制漏洞》,《中国社会科学报》2008 年 11 月 4 日。

形成保证原奶质量安全的紧密型关系，相反，奶贩、奶站的投机激励十分强烈，出现短期行为，这种曾经被推广的可迅速扩大奶源供应的原奶管理模式具有短视性。国家免检制度把保障消费者安全的最后一道网剔除掉，加上三鹿婴幼儿奶粉的主要市场是国内，不向国外出口，国内标准普遍低于国际标准，三鹿婴幼儿奶粉质量不能接受国际的监督，产后失控也成了酿成三鹿"问题奶粉"事件的重要原因。

7.4 案例3：河南双汇集团"瘦肉精"事件分析

7.4.1 案例背景

（1）企业简介。位于河南省漯河市的双汇集团是以肉类加工为主的大型食品集团。双汇集团先后在全国 12 个省市建有现代化的肉类加工基地和配套产业，在 31 个省市建有 200 多个销售分公司和现代化的物流配送中心，每天有 8000 多吨产品通过完善的供应链配送到全国各地。在日本、新加坡、韩国、菲律宾等国建立办事机构，开拓海外市场，每年进出口贸易额突破 1 亿美元。先后投资 40 多亿元，从发达国家引进先进的技术设备 4000 多台套，高起点、上规模、高速度、高效益建设工业基地，形成了以屠宰和肉制品加工业为主，养殖业、饲料业、屠宰业、肉制品加工业、化工包装、彩色印刷、物流配送、商业外贸等主业突出、行业配套的产业群。20 世纪 80 年代中期，企业年销售收入尚不足 1000 万元，1990 年突破 1 亿元，2003 年突破 100 亿元，2005 年突破 200 亿元，2007 年突破 300 亿元，2010 年突破 500 亿元。2010 年 11 月，双汇集团成功整体上市，资本市场价值超千亿元。目前，双汇集团总资产 100 多亿，是中国最大的肉类加工基地，在 2010 年中国企业 500 强排序中列 160 位。员工 60000 多名，品牌价值 196.52 亿元，年消化 3000 万头生猪、30 万头活牛、60 万吨鸡肉、5 万吨鸡蛋、5 万吨植物蛋白，通过养殖业年转化粮食 900 多万吨，带动周边养殖业、饲料业、屠宰加工业实现产值 400 多亿元，带动农民 150 多万人。

（2）企业发展历程。双汇集团的前身是 1958 年 7 月在河南省漯河市成立的漯河市冷仓，经过 30 多年的发展，1994 年成立了双汇集团，1998 年在深圳证券交易所成功上市，1999 年"双汇"商标被认定为"中国驰名商标"，2001 年双汇肉制品车间通过对日出口注册，2010 年双汇集团成功推进整体上市，双汇先后通过 ISO 系列认证和 HACCP 认证，2011 年双汇被曝出使用"瘦肉精"。双汇集团的发展历程如表 7.4 所示。

表 7.4 双汇集团发展历程简介表

时间	发展情况
1958 年 7 月	集团公司前身——漯河市冷仓成立
1969 年 4 月	变更为漯河市肉类联合加工厂
1992 年 2 月	第一支"双汇"牌火腿肠问世
1994 年 1 月	合资成立华懋双汇集团有限公司，注册资金 4438 万美元
1994 年 8 月	以漯河肉联厂为核心组建并成立双汇集团
1997 年 1 月	成立"双汇集团股份制改造及股票上市办公室"筹划股票发行事宜
1997 年 7 月	双汇集团通过 ISO9002 质量认证体系
1997 年 10 月	许昌双汇牧业有限公司成立
1998 年 9 月	"双汇实业" 5000 万 A 股股票在深交所上网发行
1998 年 12 月	"双汇实业" 5000 万 A 股股票在深交所成功上市

时间	发展情况
1999 年 3 月	商丘双汇食品有限公司成立
1999 年 10 月	河南双汇实业股份公司变更为"河南双汇投资发展股份公司"
1999 年 12 月	"双汇"商标被认定为"中国驰名商标"
1999 年 12 月	双汇集团被列为国务院 512 家重点企业
1999 年 12 月	漯河双汇商业连锁有限公司成立
2000 年 6 月	通过 ISO9001 认证体系升级和 HACCP 认证
2001 年 5 月	肉制品车间通过对日出口注册
2001 年 12 月	双汇集团技术中心被评定为国家级技术中心
2002 年 2 月	与日本火腿公司合资成立河南万东牧业有限公司
2002 年 4 月	双汇发展 5000 万股 A 股增发
2002 年 10 月	与杜邦合资成立杜邦双汇漯河蛋白有限公司
2003 年 2 月	与日本吴羽、日本丰田合资成立南通汇羽丰新材料有限公司
2003 年 12 月	双汇集团通过 ISO4001 认证
2004 年 9 月	双汇低温肉制品被国家质检总局评为"中国名牌"产品
2005 年 10 月	双汇集团屠宰厂通过 ISO22000 认证
2007 年 6 月	双汇国有产权重组全面完成,引进战略投资者美国高盛
2010 年 11 月	双汇集团成功推进整体上市,实现企业的再次重组,股票市值超千亿
2011 年 3 月	双汇被曝出使用"瘦肉精"

资料来源:双汇集团网站, http://www.shuanghui.com.cn

（3）双汇集团"瘦肉精"事件。双汇集团旗下的子公司济源双汇食品有限公司,以生猪屠宰加工为主营业务,拥有自己的连锁店和加盟店,主要出售双汇冷鲜肉,并自称严格按照"十八道检验"正规生产,产品质量可靠。然而,2011 年 3 月 15 日,由中央电视台新闻频道播出的《每周质量报告——3·15 特别行动,"健美猪"真相》中,披露了河南省济源双汇公司使用"瘦肉精"猪肉的事实。报道具体内容是,养猪户为销售（未加"瘦肉精"的生猪，猪贩不收）或高价销售生猪，对即将出栏的生猪短期喂食"瘦肉精"，猪贩收购"瘦肉精"生猪后，向所在地动物检疫部门行贿，换取耳标及生猪检疫合格证等证明，顺利通过官方检验，猪贩再将"瘦肉精"生猪销售给济源双汇食品有限公司，该公司业务主管在未经任何"瘦肉精"检测的情况下，将猪贩送来的含有"瘦肉精"生猪全部收购，并承认济源双汇食品有限公司确实在高价收购含有"瘦肉精"的生猪，并将其屠宰加工后投放市场销售。

双汇集团"瘦肉精"事件震惊全国，集团也受到重创。2011年3月16日，双汇市值一天蒸发12.68亿元，同时双汇品牌形象在消费者心中一落千丈，品牌价值损失难以估量。针对"瘦肉精"事件，双汇集团已经责令其旗下分公司济源工厂停产自查，并派出集团主管生产的副总经理及相关人员进驻济源工厂进行整顿和处理，同时3月16日国家农业部派出督查组赶赴河南，商务部派出督导组赴河南督导查处工作，河南省委、省政府已经采取紧急措施查封了报道涉及的16家生猪养殖场，对涉嫌使用"瘦肉精"的生猪及134吨猪肉制品全部封存。

7.4.2 肉猪制品质量控制考察

双汇集团冷鲜肉产品质量控制分为产前控制、产中控制、产后控制，各环节具体控制情况如下：

（1）产前控制。双汇原材料生猪来源包括，集团投资建立的生产基地养殖的生猪、向猪贩购买的生猪，基地养殖场的饲料使用、种苗选择、生猪生产等生产环节质量控制均由双汇掌握，但双汇从猪贩手中购买的生猪，是由猪贩从各地农户中收购而来的，双汇企业与农户之间没有直接合约，难以对农户实施质量控制，只能通过原材料检测进行"产前"质量控制。双汇产前控制的一个重要主体是外部监管主体，即基层动物检疫站、检疫局等政府相关部门，可以说政府检测部门是双汇原材料质量控制的第一道关，其检测内容就包括早在 2002 年就被列为违禁使用的"瘦肉精"。

（2）产中控制。双汇冷鲜肉生产过程包括：屠宰、冷分割、精细分割加工。双汇冷鲜肉生产的流程为：生猪屠宰、热水冲淋，使用三点式低压麻电、两段冷却排酸对屠宰后的胴体进行快速冷却和两段排酸，在低温环境下进行精细分割加工，一头猪能分割成 200 多个产品。整个冷鲜肉生产过程执行 HACCP 质量体系和 ISO9001 质量管理体系，实行全程冷链生产。双汇冷鲜肉生产检验系统为：同步检验系统，即对同一猪体的各部分进行同步检验，同步线上设置了 18 道检验岗位，有专业的检验人员在线检验、检疫，在检验过程中任何一个应检部位发现问题，都可以直接找出其他的部位。检验控制指标包括微生物、激素、农药残留、兽药残留、重金属、瘦肉精等。经检验合格的产品进入流通、销售环节。

（3）产后控制。双汇集团对冷鲜肉成品实行"冷链运输、冷链销售、连锁经营"的模式，冷链运输通过冷藏运输车辆实现，车辆上安装有温度监控仪，通过与计算机联机，实现了全过程监控温度变化，双汇冷鲜肉销售也实行冷柜保鲜销售，并确保 24 小时内将产品从生产基地配送到全国各销售点。在产品的售后质量控制上，双汇建立了产品追溯系统，可召回全部产品。

7.4.3 "瘦肉精"事件原因分析

双汇集团"瘦肉精"事件的影响重大而深远。究其原因，主要有以下两个方面：

（1）政府监管失职，产前外部监管失控。国家对"瘦肉精"的禁用早就有明文规定，2002 年，农业部、卫生部、国家食品药品监督管理局发布公告，明令禁止在饲料和动物饮用水中添加盐酸克仑特罗和莱克多巴胺等 7 种"瘦肉精"；2008 年，最高人民检察院、公安部规定新的刑事案件立案追诉标准，对使用"瘦肉精"养殖生猪，以及宰杀、销售此类猪肉的，将以生产、销售有毒、有害食品罪追究刑事责任。然而，国家的法律法规并没有被落到实处，执法部门失职的情况在双汇"瘦肉精"事件中屡屡出现，主要表现在，基层监管部门不抽检的不作为行为、收取贿赂的寻租行为。由于政府相关部门的失职，使得猪贩有恃无恐，以至于双汇产前的外部监管形同虚设。

（2）集团扩张过快，内部产品质量控制失控。目前，从全国看，肉猪属于紧缺资源，各地肉类加工企业普遍感到原料供应的压力在逐渐增大。为缓解供求矛盾，在不断扩大自身基地投入、扩大生产规模的同时，通过猪贩向广大散养户收购成品猪就成为最方便快捷的方式。受经济利益的驱使，为获得更高的收入，个体散养户使用"瘦肉精"逐步成为一种较普遍的现象，在供小于求的情况下，要求个体养殖户不使用"瘦肉精"比较困难，企业原料供应紧张也缺乏严格监控的动力。河南是全国最大的猪肉养殖地之一，位于河南的双汇是全国首屈一指的肉类加工企业，双汇本身拥有肉猪养殖场，但是近年来扩张太快，养殖能力远远赶不上猪肉的供应需求，因此必须向个体养殖户收购猪肉。但是，扩张过快的直接后果是集团对下属子公司监管不力，肉猪收购的源头必然容易出问题，反映出集团产前内部产品质量控制失控。

7.4.4　小结

从双汇集团"瘦肉精"事件中我们不难看出，问题的关键在于产前的外部监管失控和集团内部产品质量控制失控，企业和散养户的利益联结非常松散。"瘦肉精"的检测技术已经很成熟，而且十分简便，只要外部监管或集团内部控制的任何一方能按照国家标准执行，都不可能出现"双汇瘦肉精"事件。此案例再次印证了农业龙头企业产品质量安全控制中政府外部监管和企业内部产品质量控制的重要性，如果两个方面都不能严格按照国家标准及国家法律法规执行，那么食品安全事故就难以避免。

7.5　典型案例的启示

以上三个企业都是农业产业化国家重点龙头企业，温氏集团2010年的产值超过200亿元，三鹿集团有限公司也曾经是我国奶业的领军企业，双汇集团是我国最大的肉类加工企业，它们产品质量安全控制的案例也都有典型意义。温氏集团秉承"打造食品安全专家"的理念，创新质量管理模式，形成了与农户的紧密型合作关系，初步建立起了企业产品质量控制综观体系，因此，从成立至今没有出现大的质量事故。作为因质量事故而破产倒闭的国家重点龙头企业，对三鹿集团奶粉质量安全的考察发现，最大的问题还是自身生产过程和对农户生产过程的失控，双汇集团"瘦肉精"事件也印证了这一点，其教训是非常深刻的。通过对上述案例的比较分析，可以初步得出如下启示。

7.5.1　建立综观控制体系是龙头企业产品质量
　　　　安全的重要保证

优质安全农产品需要多环节、多方法、多方面、全过程的共同努力，任何地方出了问题都可能导致质量事故，因此，努力构建起农业龙头企业产品质量控制的综观控制体系，形成提供优质农产品的强大合力，才能从根本上保证农产品质量安全。

7.5.2 依法组织生产加工是龙头企业产品质量控制的重要前提

珍惜生命是企业最大的社会责任，农产品生产加工企业更是如此。企业对消费者和员工生命的珍惜最重要的体现就是依法组织生产加工安全优质的农产品，对消费者负责的企业必然也会得到消费者的青睐，反之，消费者也必将抛弃企业，企业的破产倒闭就不可避免。

7.5.3 与农户建立紧密型关系是龙头企业产品质量控制的关键

追本溯源，我国农产品质量安全问题频出的症结在于目前农业生产组织的农户化格局。从某种意义上说，控制好农户的产品质量就控制好了龙头企业的产品质量。农业龙头企业与农户结成利益紧密型的联盟，有利于对农户产品质量的全程控制，这是从源头上保证农产品质量安全的关键，正反案例都佐证了这一结论。

7.5.4 社会公众监督对农产品质量安全控制的作用日益凸显

近年来，我国行业协会、消费者协会、检测认证机构和新闻媒体等社会公众在农产品质量监督方面的作用越来越大，特别是三鹿集团"问题奶粉"事件和双汇集团"瘦肉精"事件，新闻媒体都发挥了重要的监督作用。从企业角度看，生产加工安全优质农产品一方面不能投机取巧；另一方面要重视发挥新闻媒体的积极作用。

7.5.5 谨慎对待外资进入对龙头企业产品质量 的负面效应

从理论上说，与发达国家实力雄厚、管理一流的企业合资合作，必将大大提高我国农业龙头企业的质量管理水平，从而增加品牌价值。但是，新西兰恒天然集团与三鹿集团的合资不但没有使其产品质量更加安全优质，反而出现了如此重大的质量事故（2005年恒天然集团认购三鹿集团 43% 的股份，2008 年破产），美国高盛入股双汇集团后又出现"瘦肉精"事件（2007 年双汇集团引入美国高盛，2011 年 3 月中央电视台曝光"瘦肉精"事件），既给双汇造成巨大损失，也严重挫伤了消费者对国产食品的信心。三鹿集团曾经是我国奶业的领军企业和全国最大的奶制品企业，双汇集团也是全国最大的肉类加工企业，它们都是农业产业化国家重点龙头企业，其教训是深刻的，值得我国农业龙头企业深刻反思。

第八章 国外农产品质量安全
控制的成功经验

发达国家都建立了较为完善的质量安全管理体系，对影响食品质量安全的因素进行有效监控，从而确保农产品质量安全。由于发达国家技术先进、设备一流，特别是在农产品质量控制方面机制完善、监管严格、保障有力，取得了许多成功的经验。他山之石，可以攻玉。本章通过对国外农产品质量安全控制比较研究，得出对我国农业龙头企业产品质量控制的几点启示。

8.1 发达国家农产品质量安全控制的主要做法

8.1.1 美国农产品质量安全控制的主要做法

美国是食品质量安全最出色的国家之一，被认为是世界上食品最安全的国家。该国基本形成了政府监管、企业自律、全民教育及舆论监督的综合食品质量安全控制体系。[①]

---

① 蕊冰:《"食品质量安全，企业要从自身做起"——美国食品生产质量和安全管理讲座侧记》,《上海质量》2009 年第 4 期。

（1）覆盖全国的联合监管体系。食品安全组织机构和联合监管制度，将政府的安全监管职能与企业的食品安全保障体系紧密结合，做到了"分工明确、权责并重、疏而不漏"。美国实行多部门联合监管制度，在地方、州和全国的每一个层次监督食品的原料采集、生产、流通、销售、企业售后行为等各个环节。地方卫生局和联邦政府的许多部门都雇用食品科研专家，采取专业人员进驻食品加工厂、饲养场等方式，对食品供应的各个环节进行全方位的监管，构成了覆盖全国的联合监管体系。①

（2）坚实的法律支撑。强有力的、科学的联邦和州法律是美国畜产品安全体系的基础。美国畜产品安全的主要法令包括:《食品安全强化法（2009）》、《食品、药品和化妆品法》、《食品质量法》、《联邦肉类检验法》、《禽类产品检验法》、《蛋类产品检验法》、《食品质量保护法》等，形成了比较完善的指导畜产品质量安全管理的法律体系。这些法规覆盖了所有食品和相关产品，制定了非常具体的标准以及监管程序。在农产品标准方面，美国的农产品标准由国家标准、行业标准、农场主和贸易商制定的企业操作规范3个层次组成，目前美国全国大约有93000个标准，约有700家机构在制定各自的标准，至今美国《联邦法规法典》"农业篇"中已有农产品（等级）标准352个，已制定10894项农药残留限量标准，各州制定的农产品标准严于联邦政府制定的标准，有些州甚至实行从农田生产者到消费者的连锁责任制。②

（3）完整的质量安全管理和检测机构体系。机构职能的设置

---

① 雷家骕、王兆华:《国外主要发达国家食品安全监管状况综述》,《中国药品监督管理》2004年第3期。

② 方佳、玉萍:《发达国家农产品质量安全体系状况及其对我国的启示》,《世界热带农业信息》2008年第1期。

上，其负责食品安全管理的机构主要有农业部（USDA）、食品和药品管理局（FDA）、环境保护署（EPA），这三个机构同时分管由美国启动的农药残留监测计划（PDP），FDA 和 USDA 还共同组建食源性疾病教育信息中心，为政府和生产企业提供 HACCP 法规执行的后续教育培训计划和资料库。在管理机构区域分布上，美国根据农产品市场准入和市场监管的需要，建有分品种的专业性监测机构和分区域设置的全国性、大区性农产品质量安全监测机构，除了联邦检测体系外，还有各州检测体系，各行业协会质量监测体系以及各企业生产单位、家庭农场主质量自检中心，形成了较完善的农产品质量安全检验检测体系，负责对食品风险的评估、管理和通知。国家农业部主要从技术、规划与发展等方面提供支持，形成了较为严密的质量安全网络组织体系。①

（4）通过强制认证实施食品市场准入。美国主要通过对食品生产企业强制进行 GMP 认证和 HACCP 认证来实施食品市场准入。良好生产规范（Good Manufacturing Practice，简称 GMP）为所有食品生产企业所必须遵守的法规，未通过 GMP 认证的企业不准生产食品；良好操作规范（GMP）的重点是制定操作规范和双重检验制度，确保食品生产过程的安全性，防止异物、有毒有害物质、微生物污染食品，防止出现人为事故，完善管理制度，加强标签、生产记录、报告档案记录的管理。HACCP（Hazard Analysis and Critical Control Points），即危害分析和关键控制点，它是生产（加工）安全食品的一种控制手段；对原料、关键生产工序及影响产品安全的人为因素进行分析，确定加工过程中的关键环节，建立、完善监

---

① 王海、晓明、仕涛等：《借鉴美国农产品质量控制理念服务我国食品安全事业的发展——赴美国农产品 HACCP 质量控制体系培训班总结》，《农业工程技术》2006 年第 1 期。

控程序和监控标准，采取规范的纠正措施。

（5）注重资金投入和技术推广。美国科技居于世界领先地位，科学管理理念深入人心，也渗透在每一个行政管理领域，在食品安全管理方面"基于科学"是其基本的原则之一。在美国，所有有关食品安全的法律、法规、标准的制定都必须最大限度地以科学为依据，如果在某些方面由于科学发展水平的限制，也要最大限度地征求专家的意见，以增加决策的科学性。此外，联邦和州政府都十分重视资金投入，每年数亿美元的科研投入，通过研究出新的检疫检测检验技术和质量安全控制技术来更新过时的检疫检测技术、设施。①

（6）基于 HACCP 体系的全过程控制。按照 HACCP 制度要求食品行业对生产的全过程，而不是最后阶段进行监督控制。美国食品生产企业按照健康与安全要求实施产品控制和防止事故发生，确保食品安全的全程动态监控。在 HACCP 制度下，工厂要分析生产过程中存在哪些可能影响食品安全的风险环节。这些风险环节就称为"风险控制点"。可能的风险控制点有：食品冷藏；烹饪过程；加工程序，例如罐头食品的填装和密封。不同工厂的风险点位置和数量是不同的。一旦确定了风险控制点，就必须制定相应的"风险限定"。风险限定值是由诸如时间、温度、湿度、含水量、pH 值、食盐浓度等参数确定的。另外，工厂要对每一个风险控制点制定出操作规范和告诫说明，以及出现偏离风险限定值时的纠错措施。纠错措施包括调整加工程序、销毁不合格产品等措施。工厂必须建立完整的产品档案和纪录以证明的确在 HACCP 制度下运作。美国从

---

① 王可山、李秉龙、张艳华、李想：《国外畜产品质量安全管理机制的发展经验及借鉴》，《世界农业》2006 年第 6 期。

2000 年 1 月起所有的食品加工厂（公司）均已在 HACCP 制度的监管之下。

（7）严格执行供给链上的质量控制。生产企业严格执行从农场到餐桌的各环节供给链中都存在食品储存和运输过程中的质量控制。在美国，食品运输大多采取卡车运输（肉、禽、蛋产品也部分地采取这种运输方式），并存放在中转仓库或其他转运处理设施中。由于食品容易受各种物理、微生物、化学和辐射污染，特别是肉、禽、蛋等易腐食品更容易受微生物污染，农业部食品安全检疫局（FSIS）在 2003 年颁布了"FSIS 关于易腐食品运输与集散的安全和保安指南"，要求运输食品要使用专用运输车辆并保持卫生状况。在加工后和运输前，易腐食品必须冷藏或冷冻，防止腐败变质和病原体生长；在储运过程中，必须始终保持适当的冷藏温度，防止"冷藏链"在装运、堆放、储存时出现缺口。

（8）建立安全预警。经过长期的实践积累，美国不少企业建立了比较快速及时的食品安全预警体系，对下线产品进行全面质量控制，多数时候能做到第一时间通知政府和公众召回产品。[①] 各商家还常年设有热线为消费者提供咨询。同时，美国食品和药品管理局也对婴幼儿奶粉生产实行严格的质量监管，奶粉厂家的产品就算没有安全隐患，只要被发现不含其宣称的营养成分，哪怕是因为某种不可控因素造成的营养流失，也必须马上召回。

8.1.2 加拿大农产品质量安全控制的主要做法

加拿大食品安全管理水平世界领先，得益于该国政府与各省、

---

① 孙杭生：《美国的食品安全监管体系和措施》，《生产力研究》2007 年第 1 期。

城市、消费者和企业的通力合作。因此，许多国家都选择参照加拿大食品安全体系来改进自身的体系。

（1）管理机构三级设置。在管理机构上，加拿大食品安全监管采取联邦制，实行联邦、省和市三级行政管理体制。在食品安全管理方面，采取分级管理、相互合作、广泛参与的模式，联邦、各省和市政当局都有管理食品安全的责任。联邦一级的主要管理机构是卫生部和农业部下属的食品检验局（以下简称 CFIA）。卫生部负责制定所有在国内出售的食品的安全及营养质量标准，以及食品安全的相关政策。CFIA 负责实施这些法规和标准，并对有关法规和标准的执行情况进行监督。省级政府的食品安全机构提供在自己管辖权范围内、产品在本地销售的小食品企业的检验。市政当局则负责向经营食品成品的饭店提供公共健康标准，并对其进行监督。

（2）门类齐全、操作性强的法律体系。加拿大有关食品的法律法规有：《食品药物法》、《肉品检验法》、《鱼类检验法》、《加拿大农业产品法》等众多法律法规就如何监督在联邦登记注册的企业生产农业产品（例如奶品、加工品）等方面规定了基本原则。

（3）科学的检测方法体系。科学的检测方法体系构成了加拿大 HACCP 等食品安全优势计划实施的技术支撑。加拿大实验室运用了很多病原微生物的快速检测方法，主要目的就是为各类食品生产企业实施 HACCP 管理提供实时的监控技术手段，同时在全国范围内建成脉冲凝胶电泳鉴定、DNA 检测等微生物分型鉴定的计算机网络共享平台，形成了食品安全中病原微生物种类的溯源分析工作基础，为食品安全管理提供了强有力的技术分析保障。

（4）分别制定、发布有关 HACCP 的法规和应用指南。加拿大卫生部制定的《食品良好制造法规》（Good Manufacturing Regulaions for Food）中包括了应用 HACCP 原理对食品生产实施控制的要求；海洋渔业署也通过实施《质量管理计划》（Quality Management Program），使加拿大农业部也制定了《食品安全强化计划》（FSEP）督促农业食品加工企业中建立和保持HACCP体系[①]。加拿大各生产企业在实施食品安全管理过程中严格按HACCP的七个原理和GMP控制规范，其对待工艺流程图、工艺验证等质量管理可以说是严格、苛刻。各食品生产企业还按GMP要求中对生产设备、厂房设施的管理控制非常具体，企业实施的各项SSOP（Sanitation Standard Operating Procedure）管理和CCP点的监控管理，是建立在充分科学论证的基础之上，操作性强，控制有效性高。在加拿大很多食品安全生产企业实验室配备了很多模拟食品生产加工过程的试验设备，其研究方向同现行的食品安全管理要求紧密联系，在国际食品安全研究领域有极高的影响力。

8.1.3　日本农产品质量安全控制的主要做法

经历21世纪初的一系列食品安全事故之后，日本食品安全监管从以生产者为主逐步调整为重视消费者的呼声，并建立起了一套比较完善的法律体系和行之有效的监管制度。同时，食品生产和加工企业的严格自律在保障食品安全中也起着举足轻重的作用，基本形成了政府监管和企业自律并重的局面。

（1）完善的监管机构。日本对食品质量安全进行监管的机构有两个：厚生及劳动省和农林水产省；另外日本各地方政府都有负责食品安全的专门机构，对所属辖区的食品生产商和食品店进行定期检查，检查内容包括食品添加剂、残留农药和细菌等，并且随时

---

① 冯忠译:《我国农产品质量安全市场准入机制研究》，中国农业科学院博士论文，2007年。

在政府网站上公布检查结果。

（2）健全的法律法规。1995 年以来，日本先后对《食品卫生法》进行了 10 多次修改。在不断完善该法的同时，2003 年还制定了《食品安全基本法》，日本现行《食品安全基本法》规定了国家和地方公共团体以及食品业界的责任和义务，并提出应积极发挥消费者的作用。

（3）覆盖全部农产品的可追溯管理模式。日本农业协同组合（农协）下属的各地农户，必须记录米面、果蔬、肉制品和乳制品等农产品的生产者、农田所在地、使用的农药和肥料、使用次数、收获和出售日期等信息。农协收集这些信息，为每种农产品分配一个"身份证"号码，整理成数据库并开设网页供消费者查询。农产品有了"身份证"后，可追溯管理模式就变得易于操作。食品供货链上的所有企业会陆续加入原材料、添加剂等信息，并有义务保管这些信息 3 年。在零售店里，每种产品都必须醒目地标出"身份证"号码，消费者可在店内的查询终端输入这个号码，查询到有关这一产品的生产和流通信息。

（4）严格规定食品卫生标准。日本严格规定食品卫生标准，比如，在食品成分上，不能含有抗生素等物质，肉蛋鱼类中不能有抗菌性物质，食品不得用放射线加工处理，未经厚生劳动大臣批准的转基因食品不准上市。各种食品加热杀菌时，加热到多少度，用时多少都有十分具体的规定。不同食品的保存方式、保存温度、保存期等也有相应的规定。[①] 另一类是质量标准。"肯定列表制度"是日本为加强食品中农业化学品残留管理而制定的一项新制

---

① 陈华宁：《欧盟、日本农产品质量安全立法及启示》，《世界农业》2007年第 9 期。

度。日本的农产品 JAS 认证包括普通 JAS 认证（质量保证认证）、特定 JAS 认证（加工工艺的认证）和有机 JAS 认证。日本已全面启动生鲜食品的原产地标识制度，为农产品建立"身份证"，其中牛及其制品已经全面实现信息可追溯。另外，日本也要求国内和进口的畜禽产品及水产品按照 HACCP 体系来生产加工，企业必须进行 HACCP 体系认证。

（5）食品企业的严格自律。日本绝大多数食品企业在食品生产和加工过程中都能做到严格自律，从原料加工到出厂的每个环节都严格把关。食品企业会向消费者全面公开安全生产状况。另外食品生产企业高度重视自己的声誉，出现问题后会在第一时间主动召回不合格产品，所产生的费用由企业承担，企业还要向消费者道歉。这其实也是一种良性的自我保护行为，企业会因信息公开而赢得消费者信任。

8.1.4　澳大利亚农产品质量安全控制的主要做法[①]

澳大利亚境内地势低平、草原辽阔，具有岛国天然地理优势和政府严格的动植物检疫体系，多年来没有动物源疾病的困扰。完善的农业管理体系、先进的技术措施，使得澳大利亚农牧业和农畜产品加工业发达。农业产值中最主要的产业是牛肉、小麦、奶业、羊毛等，牛肉出口和羊毛产量居世界第一。澳大利亚在农产品质量安全监管方面有其独特的做法。

（1）建立和完善农业标准体系。澳大利亚政府把产品质量视为其在国际市场上竞争的重要法宝。为了提高农产品的质量，促进

---

①　参见张页维：《澳大利亚农业发展对我国农业的启示》，中国经济网，2006 年 12 月 28 日。

农业发展，澳大利亚建立了包括产品品种、质量等级、生产技术规程、运输储存等在内的农业标准体系。

澳大利亚的农业标准分为强制类标准和非强制类标准。强制类标准实际上就是政府管理部门颁布的技术法规，它是在国家法律的框架下，由政府部门制定的技术要求规范。非强制类标准是由政府委托的或自律性行业协会制定和管理的、并普遍得到社会承认的技术性和管理要求规范，它是澳大利亚农业标准体系的主体。

澳大利亚农业标准有较强的针对性和可操作性。标准中的各项技术指标力求量化，有利于准确的检验和测试。由于澳大利亚的农业是外向型农业，其出口的农产品必须达到国际市场规定的标准要求。因此，澳大利亚力求使本国的农业标准与国际标准和国外先进标准保持一致。其农业标准的实施与监督管理，由政府有关部门分工负责。澳大利亚农业标准化的实践，尤其是绿色食品标准体系，是引导农民提高农产品质量、增加农业特色品种和调整农业结构的主要手段，是增强农产品国际竞争力的重要措施。

（2）完善的食品质量体系。澳大利亚十分重视食品质量与食品安全，全国现有80个食品质量体系，还有食品安全体系——澳新食品标准（FSANZ）。质量体系与安全体系是两个不同的层次。安全体系可能相当于我们说的无公害产品的标准，是对食品的最起码要求，是强制性的。而质量体系层次要高一些，可能相当于我们说的绿色食品标准，是非强制性的。每一种食品都要建立食品安全体系，否则，不能销售。缺陷食品实行召回制。食品质量还实行认证制，一经认证，食品不仅可改善形象，增加市场销售份额，而且可得到消费者认可，获得政府合同。澳大利亚食品质量认证由澳新联合认证体系（JAS-ANZ）认证。食品质量认证一般只需3天时间，按小时收费，每半年检查一次。获得有机食品称号的产品，其批发价比普通产品高 50%。①

（3）规范的食品生产标准。规范的食品生产标准，严格的防疫检验体系，保证了农产品加工品的质量和安全。由州政府专家、农业科研专家和保鲜公司专家共同组成的新鲜农产品维护技术委员会制订了《新鲜农产品操作规范》文件，对农场、果蔬园及类似农业生产者保证食品新鲜安全的生产操作作出详细规定，无偿提供给不以出售文件获利为目的的使用者。

（4）科学的动物防疫检测体系。澳大利亚建立了以兽医为支撑、布防严密、工作深入的动物防疫检测体系。新南威尔士州基础产业部农业研究所的兽医实验室，是该部所属三大实验室之一，有很长的历史、宏大的规模、齐全的设备和丰富的资料。除公益性的兽医实验室外，还有私属兽医实验室，此外比较大的畜禽公司都配有专职兽医。同时澳联邦政府配有兽医机构，专门处理州政府处理不了的疫病事务。②

通过澳大利亚猪肉产业链管理的案例可以了解其经验③。

澳大利亚是猪肉的净出口国，良好的猪肉质量安全信誉为它在国际出口市场上赢得了独特的竞争优势，先进的产业链管理正是其保障猪肉质量安全的重要途径。澳大利亚生猪年屠宰量为 500 万—600 万头，猪肉行业集中度较高，前十位屠宰加工公司的屠宰量占全国 60% 以上。澳大利亚生猪养殖、屠宰和加工都严格遵循

①　聂明建：《美丽的澳大利亚　发达的农牧业生产——澳大利亚农业考察见闻与启示》，《作物研究》2005 年第 1 期。

②　孟令伟：《澳大利亚农业产业化农产品深加工的经验与启示》，《农村经济与科技：农业产业化》2010 年第 10 期。

③　季晨：《澳大利亚猪肉产业链管理的经验及启示》，《世界农业》2008 年第 4 期。

国际标准，美国肉类出口联盟（U. S. Meat Export Federation）出具的一份报告显示，与其他向新加坡出口猪肉的国家相比，澳大利亚的猪肉在新鲜度、价格、干净／绿色环保、质量、生物安全和质量保证六个方面具有明显的优势，北美洲和欧洲出口到新加坡的猪肉在前四个方面不具备优势，而亚洲出口到新加坡的猪肉则在后两个方面不具备优势。

猪肉产业链管理是将生猪的育种、育肥、屠宰、加工和销售等环节连接成一个有机整体，并对其中人、财、物、信息、技术等要素流动进行组织、协调与控制的过程。猪肉产业链管理可以有效地实现猪肉的溯源，保障猪肉质量安全。澳大利亚紧密的组织连接模式，准确、快速、灵活的信息交换机制，以及高效安全的冷链物流体系是我国在探索保障猪肉质量安全的产业链管理模式中值得借鉴的重要经验。

（1）紧密的组织连接模式。产业链各环节间的组织模式按照由松散到紧密的程度可以分为市场交易、销售合同、生产合同、合作社／合作经济组织、联盟和纵向一体化共五种类型。[①] 作为产业链的源头，养殖户与屠宰加工商之间的组织模式是影响猪肉质量安全的关键，二者之间如果采用较为松散的组织模式将从以下三方面对猪肉质量安全产生影响：一是由于公司与养殖户之间缺乏严格的契约约束，二者间很可能产生信息不对称，交易时养殖户发生逆向选择、隐瞒生猪的质量安全问题的风险增大，猪肉质量安全易存在隐患；二是由于公司难以对猪肉质量安全进行全程控制，公司未控制到的关键点易产生猪肉质量安全隐患；三是由于公司对养殖过程

---

① 戴迎春、韩纪琴、应瑞瑶：《新型猪肉供应链垂直协作关系初步研究》，《南京农业大学学报》2006 年第 3 期。

的监督成本较高，公司将倾向降低对养殖户监督的力度和广度，进而导致猪肉质量安全存在隐患。而采用紧密的组织连接模式可以降低信息不对称的风险，内化监督成本，增强对生猪养殖的全程控制，从源头上较好地保障猪肉质量安全。

（2）准确、快速、灵活的信息沟通机制。猪肉产业链包括了从饲料、兽药的生产经营，到种猪、仔猪、育肥猪的喂养，再到生猪屠宰加工、猪肉产品销售的全过程，猪肉质量安全信息难以快速地在上下游企业之间传递，猪肉产业链中质量安全信息不对称的现象非常明显，而产业链的内部信息不对称的程度直接影响了食品的质量安全。在整个猪肉产业链上，零售商在掌握较多的市场、价格和消费者需求信息的同时迫切地需要猪肉安全信息，养殖户在掌握较多的猪肉质量安全信息的同时迫切地需要价格需求信息；整个产业链成员间有信息交换的需求和利益驱动力。加强成员间合作，建立通畅而准确的信息共享机制将大大降低信息不对称的程度，进而从信息层面为保障猪肉质量安全打下基础，使整个产业链成员达到共赢；另一方面，使用高效、灵活的信息交流工具也可以更好地保障猪肉质量的安全。

①准确、快速的信息沟通效果。澳大利亚食品产业链的信息沟通准确性高，时效性强。从信息沟通的内容上来看，澳大利亚食品产业链成员对质量信息的关注程度很高，分布在质量安全信息交流上的人力资源较多，质量安全是产业链所有成员共同关心和关注的问题。从对沟通内容的满意程度来看，相关学者对链上成员的调查表明，各环节成员对信息交换的准确性、可靠性、完整性、时效性、更新性和内容的深度、广度的满意程度较高，澳大利亚食品产业链信息链的信息共享程度和交换频率、通畅性都接近满意。

②灵活的信息沟通方式。澳大利亚食品产业链的信息沟通方

式较为灵活，根据不同的信息需求采用不同的信息交换方式，信息交换的方式主要有：电话、电子邮件、传真、网络信息共享平台、报告、例会、电子数据交换、企业内部网络等。电话因方便有效成为使用最为频繁的媒介之一，问题刚刚出现时成员之间一般先用电话交流，问题持续出现一段时间后，成员定期举行一些例会来进行面对面的探讨；随着网络的普及，电子信息系统的使用逐渐成为信息交换方式的主流，由于电子文档和信息的共享是一个很大的优势，交易双方都更愿意使用 E-mail进行信息的确认，E-mail 的使用迅猛增加；电子数据交换以及企业内部网络的使用也在不断地增加。企业之间除了正式的月度、季度、半年度、年度的交流外，每天还进行灵活的信息沟通，问题出现时随时进行交流，在尽可能短的时间内解决问题。

（3）高效安全的冷链物流体系。猪肉冷链物流是指猪肉的屠宰加工、储藏、运输和销售的各个环节都处于低温环境中以保证猪肉质量的安全，减少猪肉的损耗，防止猪肉的变质和污染。高效安全的冷链物流是保障猪肉质量安全的重要手段。

①严格的冷链物流体系标准。 澳大利亚政府一贯重视冷链物流的建设，在农产品冷链物流上投入了大量的资金，形成了完整的农产品冷链物流体系。早在 1999 年，由澳大利亚综合物流网络工程（Integrated Logistics Network，ILN）和澳大利亚运输协会（Australian Freight Council Network）共同出资，在南澳大利亚政府的管理下澳大利亚启动了质量物流计划（Australian Quality Logistics Project，AQL），并由澳相关政府部门的检验检疫机构审核后共同制定了一系列严格而全面的冷链物流体系的标准，标准涉及产品规格的说明、质量的规格说明、时间和温度标准图解、产业链质量执行标准和产业链成员履约协议五个主要的方面。澳大利亚政府详

细的冷链体系标准是猪肉质量安全的重要保障。

②高效安全的出口冷链。根据 FAO 数据库测算，澳大利亚的猪肉目前有 50％—60％ 用于出口，为了准时将猪肉安全地送至出口市场，适应日益激烈的国际市场竞争，澳大利亚政府重点建设出口冷链。参加 AQL 试行计划的猪肉出口商 GWF-Pork 的主要出口目的地为新加坡、日本和我国台湾省等，出口的猪肉几乎全部采用最为快捷的空运方式。以出口新加坡市场为例，猪肉运送到新加坡机场，开舱门卸货、运送到机场冷库、储存在机场冷库、集装化设备装货（ULD）、装箱至冷冻车、运送至客户所在地、卸货并装入客户所在地冷藏设备、简单加工（如有需要）、装入冷藏货车、运送给零售商直至卸货并储存，共 12 个环节，时间只用 15.5 小时，效率非常高；航空空运公司提供专门的飞机冷柜空运物流服务，猪肉运送全程都保持在 0—4℃ 之间，符合冷鲜肉的运输标准。在安全高效的冷链保障下，澳大利亚出口到新加坡的猪肉质量安全、健康营养，因此新加坡政府授予八种澳大利亚猪肉"更健康的选择"称号，这也是首次有猪肉在新加坡获此殊荣。

8.1.5　芬兰农产品质量安全控制的主要做法①

"民以食为天"，食品安全直接关系着国民的身体健康，因而一直是芬兰政府高度关注的问题。在政府及食品业界共同努力下，芬兰通过完善立法等方式，建立了"从农场到餐桌"的食品安全链，以层层监控保障食品安全和质量，为芬兰食品在国内外市场上树立了良好声誉。

---

　　① 参见《看各国如何保障食品安全》，http://www.voc.com.cn/Topic/article/201105/201105311736564695_2.html.

（1）食品安全从源头抓起。芬兰的食品安全注重从源头抓起，环环紧扣，防范"从农场到餐桌"食品链中的每一环节的质量和安全隐患。他们强调全程监管，包括生产、收获、加工、包装、运输、贮藏和销售等环节；监管对象包括化肥、农药、饲料、包装材料、运输工具、食品标签等。避免重要环节的缺失，并以此为基础实行问题食品的追溯制度。

农产品的优质和安全保障始于种子。为此，芬兰农业部要求所有农作物的种子都不得含有相关法规中列举的有害生物体。对肥料也有严格规定，肥料中不得含有任何有害于土壤、环境、人类和动物健康的物质。芬兰的土壤和水对镉的负面影响非常敏感，在相关法规中严格限制肥料中镉的含量。值得注意的是，芬兰对杀虫剂的使用慎之又慎，近年来严格限制并实施监控。

畜牧产品的品质和安全保障始于种畜禽的选育。芬兰农林部对种畜禽的品种、选育方法、健康检查、卫生防疫、繁殖和饲养环境等都有严格的法律规定。饲料是芬兰畜牧生产中所监控的重点。2008 年 2 月，芬兰农林部出台新的饲料法，对动物饲料作出新规定：严格限制饲料中的添加剂，明确列出禁用成分；指定监管机构，并明确其职责；规范管理措施及处罚规定。

（2）加强加工环节的质量安全控制。在食品加工方面，芬兰食品法规对食品加工过程中的卫生、操作程序、操作人员的卫生、添加剂（色素、香精、甜味剂等）和维生素，及其他营养成分的添加、包装和容器的卫生及材料的选择等方面的细节都有具体和详细的规定。并与食品安全监管部门密切合作，加强食品卫生监控，以确保为消费者提供安全和高品质的加工食品。

（3）在食品销售方面的监管。芬兰的《健康保护法》为食品销售中的运输、储存和零售等环节制定了具体卫生标准，规定不同食品的储存温度，以及食品零售场所的清洁和具体消毒程序。此外，芬兰的食品零售商每天还必须检查所销售食品的保质期情况，按照法律条例规定，及时处理即将过期和已过期的食品。

（4）企业和商家自觉严格遵守法规。芬兰食品生产加工、包装、运输和销售等企业的法律意识很强，绝大部分企业和商家都能自觉地严格遵守有关法规。2006 年起，芬兰《食品法》的新法规要求所有生产和经营食品的企业制订内部监督计划，目的是使这些企业能够掌控本企业内部的食品安全隐患。目前，芬兰 90% 以上的与食品相关的企业都制订和实施了内部监督计划，并通过了芬兰食品安全管理局的检测。

8.1.6 法国农产品质量安全控制的主要做法①

法国是世界闻名的美食大国，食品安全一直都是政府和民众关注的焦点。近些年来，疯牛病、二噁英污染、禽流感、口蹄疫等使欧盟区域内食品安全隐患不断，这使得法国更加注重对食品生产、销售等环节的监管，希望将安全隐患降到最低。

（1）两种标签制度确保食品质量与安全。在法国，食品安全从源头开始就受到严密的监控。法国鼓励农民发展高质量、可持续发展的农业，如生态农业。并给农民高补贴，使他们不至于为了节省成本而罔顾安全法规。

在销售环节，法国建立了具有良好信誉的食品标签制度，确保食品安全。在法国超市里，随便拿起一样食品，其标签上都标明丰富的信息，除产地、成分、口味、制作工艺、生产日期、有效

---

① 参见《看各国如何保障食品安全》，http://www.voc.com.cn/Topic/article/201105/201105311736564695_2.html。

期、荣获奖项、价格等基本内容外，还会写明诸如每 100 克摄入的能量、各类营养元素的比例等。

根据品质和生产方式不同，食品标签制度分两种，即政府统一管理的食品标签制度和各大超市自我管理的食品标签制度。食品认证标志赋予产品更强的抵御危机能力，消费者可以放心地根据食品标签买到符合卫生和健康标准的食品。

政府统一管理的食品标签制度主要由农业部负责，认证标志包括：原产地冠名保护标签（AOC）、生态食品标签（AB）、红色标签（LR）、特殊工艺证书产品认证（CCP） 4 种。"原产地冠名保护标签"由法国原产地研究院签发，农业部监管，在欧盟各成员国之间互认。这种标志使用最多的是葡萄酒，法国 80% 以上的葡萄酒都有原产地标志。另外，奶酪也有近 50 个原产地标志。贴有"生态农业产品标签"的食品，至少 95% 以上的配料是经过授权认证机构的检验，是精耕细作或精细饲养而成，没有使用过杀虫剂、化肥、转基因物质或是一些对身体有害的添加剂。红色标签从 1965 年开始认证，到 1975 年猛增，法国现有 450 种产品获得红色标签，该标签证明其产品拥有比其他同类产品更严格的生产控制和更高的质量。"特殊工艺证书产品认证"从 2000 年开始使用，它要求农产品或食品的生产和加工严格按照规定的程序进行。

同时，法国各大超市还建立了自我管理的食品标签制度。以最大的超市家乐福为例，家乐福的食品质量认证标志"FQC"已成功实施超过 15 年，在超市销售柜里，有"FQC"标志的食品约占 30% 以上。

（2）政府企业相配合监督食品安全。在政府监管方面，法国农业部下属的食品总局主要负责保证动植物及其产品的卫生安全、监督质量体系管理等。

法国供食用的牛、羊、猪等牲畜的耳朵都挂着一个标签牌，由计算机网络系统跟踪监测，记录其在欧盟范围内的一举一动。屠宰场要保留牲畜的详细资料，并标明被宰杀牲畜的来源。畜肉上市都要携带"身份证"，标明其来源和去向。这不但能降低食品安全事故的发生概率，还能在问题发生后帮助管理人员迅速认定有关食品，设法准确地禁售危险产品，并通知消费者或负责监测食品的单位和个人。竞争、消费和打击舞弊总局负责检查包括食品标签、添加剂在内的各项指标。位于巴黎郊区的兰吉斯超级食品批发市场是欧洲最大的食品批发集散地，也是巴黎的"菜篮子"。这里的商品种类丰富、价格便宜，为了保证食品质量，法国农业部设有专门人员，每天 24 小时不断抽查各种产品。在流通环节上，法国的食品企业和超市都会进行自检。他们十分注重食品的保质期，一旦食品过期，超市将立即下架并作为垃圾处理，而且如果店内有过期食品被检查部门发现，就有可能直接导致其关门倒闭，后果十分严重。

除此之外，法国还有一套完备的食品安全预警系统。一旦发生食品安全事故，不仅本国的相关部门能互通有无，彼此合作，而且如果产品已销往国外，还可以协调跨国合作。

8.1.7 荷兰农产品质量安全控制的主要做法[①]

荷兰位于欧洲的西北部，国土面积 4.2 万平方公里，全国人口 1600 万（其中农业人口占全国人口的 45%），是世界上经济发达的国家之一，更是欧盟第一大农产品出口国。其农产品出口约占全国出口总值的 25%，已成为仅次于美国的世界第二大农产品出口

---

① 参见赵苹：《荷兰农产品质量安全管理的主要特点与启示》，《农业质量标准》2005 年第 3 期。

国，其中蔬菜、花卉等的出口量雄居世界第一。荷兰在国际农产品贸易中占有举足轻重的地位，代表了世界现代农业的发展方向。荷兰是欧洲人均耕地最少的国家，但农业劳动生产效率与国内平均劳动生产效率之比达到 0.93，明显高于其他欧盟国家，其农产品质量安全监管与国际贸易的做法和经验，对我们极具借鉴意义。

（1）统一、协调与相对独立的管理架构提高了农产品质量安全监管效率。荷兰农产品和食品质量安全监管体系由农业、自然管理和渔业部（简称农业部），健康、卫生、体育部和一些专业协会共同组成。整个管理体系主要由政策制定、政策监督执行和风险分析与管理三部分组成，并强调其相互之间的独立性。

农业部主要负责农产品生产过程的政策和安全标准制定，部长参加欧盟理事会（部长理事会），参与讨论决定欧盟食品安全的法律框架，并具体组织制定本国的有关法规和标准，确保本国农产品在国际市场上的竞争优势。农业部具体又由政府核心部门和辅助机构两部分组成。其中国家家畜和肉类检测局是其下属的核心局，主要负责动物和动物产品的生产与销售，对动物性产品的生产和销售进行检测与监测，发放卫生许可证和其他证件，并对非欧盟国家发放出口许可证。环境、质量和卫生局是另一个核心局，负责动植物健康（包括人类健康）、动物福利、环境、农业生产和市场流通链的质量卫生控制以及动植物源饲料等的政策发展问题，主要进行风险分析以及生产方式、消费模式和技术创新等活动。农业部的首席兽医官负责动物疾病控制和为动物及动物产品发放许可证，并在欧盟和其他国际组织中代表荷兰与第三方进行磋商。此外，农业部下属的食品与消费产品安全局、奶业和奶产品控制机构、公众健康和兽药事务检测局、动物饲料质量控制局等也对农产品质量发挥重要的管理监测作用。健康、卫生、体育部下设专门负责食品质量安全管理的总巡查员机构及若干地区分支机构，处理农产品质量安全的终审投诉，进行电话调查，同时也进行试验处理和规范检查程序。

独立机构和专业协会在保障农产品质量安全方面发挥了重大作用。如荷兰农药授权委员会是一个独立的管理机构，其主要职责是以《农药法》为依据，授权杀虫剂的使用。又如由牛奶场、奶制品生产企业和奶制品批发以及零售商等代表荷兰奶业生产各个方面的成员组成的荷兰奶制品委员会，其主席由皇室任命，委员会具有执法权，可强制要求牛奶场、奶制品生产者和奶制品贸易者遵循既定标准，并受荷兰农业部委托负责执行欧盟的奶业市场规则，同时负责奶业信息统计和奶业知识的传播。动物饲料生产委员会是荷兰所有饲料原料与复合饲料贸易协会、饲料原料贸易者、饲料原料生产者以及最终的饲料需求者的联合体，主要任务是为动物饲料生产链制定质量规则，把饲料质量纳入动物生产部门的整体质量控制体系。此外，荷兰肉类委员会等非政府组织也在农产品质量安全监管中发挥了很好的作用。

（2）有效的风险分析降低了农产品质量安全监管的成本。荷兰在食品安全监管中十分重视风险分析和信息交流，认为预防的成本远低于治理的成本，并将风险分析与预测作为食品安全监管的重要内容。荷兰的农产品与食品监管部门有一项非常重要的工作，这就是独立进行风险研究和分析，并将食品安全检测数据在网上公布，提高信息的透明度，及早进行预报和预防。同时，他们还高度重视对控制者的控制，并根据被管理者的具体情况，掌握监控密度，对记录良好的监管对象，减少抽检密度，针对问题进行重点核查，从而降低管理成本，提高工作效率。

（3）食物链整体控制为农产品质量安全管理提供了全程监控

和可追溯的基础。

荷兰在农产品安全监管中，特别重视和强调食物链监控，通过各种质量控制体系，建立起动物饲料生产者、农产品和食品生产者、食品加工者、销售者和消费者本人的食品质量安全责任的可追溯制度。除国际上通用的 HACCP（危害分析与关键控制点）GMP（良好生产规范）、ISO9000 系列标准（质量管理和质量保证体系系列标准）、ISO14000 系列标准（环境管理和环境保证体系系列标准）和有机农业规程外，荷兰形成了三种最具特色并行之有效的食物链整体控制体系。

①饲料质量控制体系（IKBR）。动物饲料被认为是荷兰食品生产链中很重要的一环。荷兰饲料质量控制体系建立在 GMP 和 HACCP 的基础之上。从 1990 年起，荷兰动物饲料生产委员会就依据 GMP 标准对饲料质量进行控制。各饲料生产、流通部门内部都制定了相应的质量标准并达成了一系列协议，使之成为荷兰饲料质量控制 GMP 标准的一部分。荷兰动物饲料商品委员会负责发放 GMP 合格证，动物饲料质量局与国家家畜和肉类检测局也对产品进行检测，保证产品质量符合要求。从 1999 年起荷兰动物饲料生产委员会在整个动物生产链上进行风险分析，更强调企业内部的危害关键点控制。

②猪肉质量控制体系（IKB）。作为荷兰食物链整体控制的经典，该体系是保证荷兰猪肉安全、高质量的关键。该体系要求从农场到销售的每个环节都要在交换信息的基础上，严格遵循《良好制造实践法》和《良好兽医实践法》以及相关卫生、兽药使用、运输、动物福利的要求，严禁使用生长促进剂，并严格执行强制性的识别和注册体系。IKB 体系的成员都是自愿参与者，荷兰屠宰场每年加工处理的、通过 IKB 认证的猪达 100 万头（占全荷兰屠宰量

的97%）。IKB质量体系为荷兰肉类零售商和消费者提供了质量安全的高度保证。

③奶产品质量控制体系。荷兰的奶制品质量控制主要通过GMP和奶业链条质量控制（KKM）来实现。GMP体系主要致力于对整个食物链的追溯性、早期预警和提前干预；KKM的标准则涉及兽药使用、动物健康、奶类生产程序、饲料、水、卫生、生产过程的消毒、残留量水平和环境等各个环节。KKM参与者使用的饲料必须来自于通过GMP认证的饲料厂家，使用的兽药必须经过GAP（良好农业生产规范）认证，并且要登记农户购买和使用兽药的具体情况。荷兰所有的质量控制体系都是动态的，经常吸收最新的知识和经验，并随市场需求而不断调整。

（4）农产品生产者的高度组织化促进了农产品质量安全水平与农户经济利益的提高。荷兰农业以家庭式经营为主，生产规模较小，市场竞争力弱，但农户间生产的产品相同或相似。基于这些共同特点，农户自发地组织起来，建立各类互助互惠的经济合作组织，形成荷兰极为著名的农业合作社。起源于19世纪70年代的农业合作社，至今仍发挥着巨大作用。荷兰各类农业合作社均具有独立的法人地位，每个合作社都有自己的章程。农业合作社具有很强的独立性和自主性，不受政府的干预。农民（农户）入社完全出于自愿，一般情况下，农民可以同时参加3—4个合作社，以缴纳会费的形式确定与合作社的联盟关系，农民借助群体的力量，获取信息，获得贷款，推销产品，有效保护自己的利益。在荷兰农民收入中，至少有60%是通过合作社取得的。据介绍，荷兰约有80%的农户参加了各类合作社组织，农民合作社组织作为专业群体，在制定产品质量安全和规格标准、保障产品质量安全水平的稳定、统一价格、保护本土产品贸易等方面，都发挥了极为重要的作用。荷兰的农业合作社包括信贷合作社、采购合作社、销售加工合作社、拍卖合作社等。目前，荷兰农业所需的银行信贷约90%来自于信贷合作社。在销售和加工行业中，农业合作社占有相当大的市场比例，如牛奶占82%、蔬菜占70%、花卉占95%、马铃薯达到100%。

8.1.8 发达国家农产品质量安全控制的经验借鉴

美国、加拿大、欧盟、澳大利亚、日本等发达国家都非常重视农产品质量安全管理工作，已建立和形成了一整套结构完善、机制合理、运行有序、成效显著的农产品质量安全管理体系，并通过该体系对农产品市场实施有效调控、对农产品质量安全实施监督管理，从而促进农业发展，保护生产者利益、维护消费者的权益。在各个管理环节中，政府都扮演了重要的角色，起着主导作用。[①] 它们的共同点主要体现在以下几个方面：

（1）重视理顺农产品质量安全管理体制。发达国家大都具有较为科学、全面和系统的农产品质量安全管理体系，通过建立完善的机构体系，从源头上预防重大事件的发生。发达国家政府对农产品质量安全的管理一般都有较为明确的管理主体和分工。尽管各国的具体情况不太一致，但有一个共同特点，那就是注重对农产品实施"从农田到餐桌"的全过程管理，并尽量由农业行政主管部门负责实施农产品质量安全管理。之所以采取这种管理体制，是因为在当代产业组织的作用下，农产品原料与最终制成品之间的质量安全密切相关，农产品的生产、加工一体化趋势明显，农业生产管理的

---

① 孙法军：《政府在农产品质量安全管理中的职能定位研究》，中国农业大学硕士学位论文，2004年。

外延不断扩大。同时，在当代消费倾向的推动下，居民食品消费的质量安全控制从制成品延伸到原料生产，农产品源头管理越来越受到重视。来自生产和消费两方面的压力，促使各国政府不得不重新调整食品质量安全管理的行政职能和机构，并将一些职权集中到处于食品生产源头的农业行政主管部门。美国、欧盟、加拿大等国政府在这方面都调整得比较彻底。

（2）重视农产品质量安全保障体系建设。发达国家政府高度重视农产品质量安全保障体系建设，把它作为保证农产品质量安全的一项基础性工作。各国政府都采取了一系列举措，为不断完善农产品质量安全保障体系提供了强大的政策及财政支持，使得各国的农产品质量安全保障体系更为可靠，也促进了农产品质量安全水平的不断提升。

首先，法律体系方面：发达国家政府为加强农产品质量安全管理，一般都建立了一套比较完善的法律体系，涵盖着"从田间到餐桌"的整条食品链。法律体系的建立，为有关农产品的质量标准制定、产品质量检验检测和产品质量认证等众多工作提供了统一的法律规范。

其次，标准体系方面：发达国家政府为了提高本国农产品品质，增强市场竞争优势，制定了一系列详细的农产品质量标准，同时随着市场的变化和要求，不断地对标准进行修订。一般来说，发达国家政府在制定农产品质量标准时，具有以下特点：①目的明确，配套性、系统性强；②标准与法律法规衔接较好；③标准先进实用；④标准制定过程透明度高，社会中介组织参与比较多；⑤技术性贸易壁垒倾向明显。发达国家的农产品质量标准一般分为强制类和非强制类两种。强制类标准被政府的法律、法规所采用，具有强制性，必须严格遵守；非强制类标准是由政府委托标准制定机构或由行业协会制定和管理，由社会自愿采用。

第三，检验检测体系方面：发达国家政府非常重视本国农产品质量安全检验检测体系的建设，并通过该体系进行农产品质量安全的宏观调控和监督检测。

第四，认证体系方面：对农产品进行质量认证在发达国家比较普及。通过实施产品认证，可以为市场提供一种可以信任的证明，证明带有认证标志的产品符合相关标准。发达国家除了对最终产品进行质量认证外，还普遍在生产企业中推行 HACCP 体系认证。该体系是目前世界公认的最有效的食品安全卫生质量保证系统。HACCP 强调企业自身的作用，以预防为主。由于它的实用性和科学性，许多发达国家都要求国内和进口的畜禽产品及水产品按照 HACCP 体系来生产、加工，企业必须进行 HACCP 体系认证。

（3）重视农产品质量安全监管。发达国家政府非常重视农产品质量安全的监管，一方面通过建立专门制度、制定法律法规、准备专项经费来加强国家层面的监管；另一方面强制或引导企业采用 HACCP 等管理体系，加强自我监管；同时注意发挥社会监督作用。

8.2　发展中国家农产品质量安全控制的主要做法

8.2.1　注重产品质量安全出口导向的巴西

巴西既是农业大国，也是食品出口大国。随着全球各国食品安全意识的增强，巴西近些年来对出口食品的质量以及国内食品安全状况也越来越重视，但目前巴西食品安全管理现状是有强烈的出口导向，国内监管则严重不足。

（1）多部门多头管理。巴西实行中央、州、地方和县四级共同管理，具体的规制部门和机构则比较多，包括卫生部下属的国家卫生监督局、农业和供给部、矿产能源部、社会发展和抵抗饥饿部、司法部消费者信息中心和教育部食品安全中心（负责中小学）等；民间机构则包括消费者维权基金会、消费者保护研究院和食物保护协会等机构。每个机构在级别上都有较完善的体制，民间力量也逐步增强。鉴于巴西国内分化严重，社会发展和抵抗饥饿部这样的政府机构专门负责贫困地区的食品保障和质量，就巴西本国内部而言，专门机构发挥的作用受到经济发展水平和国家出口导向的限制，规制上主要以保证食品卫生和质量为标准，但是随着发展的深入，形势有所乐观。

（2）食品安全监管法律制度零碎、不统一。巴西的食品安全监管法律制度很多也比较具体，但是比较零碎，缺乏统一性，对普通消费者而言更是缺乏应用性。巴西食品安全法案主要涉及食品包装和营养标签、食品安全的基本评估标准、食品生产商的注册许可、食品生产过程中的卫生标准、食品操作人员和操作设备的卫生标准、垃圾处理方法等内容。由于没有统一的食品安全法，法律规定内容虽然具体但彼此间有冲突又缺乏协调，更是缺乏原则性规定的指导价值。尽管对国内食品安全问题关注日益增长，相关法律制度也取得一定的进展，但是新出台的法律法规多是出于发展国际贸易、适应国际贸易协定的需要，比如对于标准的修改和制定多指向于出口食品和进口食品，而对生产和消费都在本国的食品作出的规定很少，而这无疑继续拉大了国内与国际之间的差距。

8.2.2 统一集中监管农产品质量安全的泰国

泰国是一个新兴的工业化国家，经济与社会发展水平较高，属于中等收入国家。在食品行业的发展过程中强调外贸出口，其实行的食品安全政策具有鼓励出口的导向。在机构体制上采用统一集中的监管模式，由公共健康部及该部在地方设置的办公室承担食品安全监管职能。①

（1）集中的食品安全监管机构。健康部统一集中监管全国的食品安全工作，是《食品法》的法定执行机构，有权任命食品管理官员、颁布食品管理条例及开展其他相关活动。健康部下属的食品与药品管理办公室具体负责食品安全监管工作，内设10个司、1个立法办公室和一个信息中心。具体监管工作主要根据食品生产、储运、销售、出口各阶段展开。泰国对食品上市前和上市后都严加监管，特别注重上市前的食品安全事务。主要包括颁发生产商或进口商的生产或进口许可证以及有效期限的规定；审批特别控制类食品在生产或进口前的注册；审查标准类食品上市前质量是否达到规定标准来决定生产通知单的发放；审查标签类食品上市前的食品标签是否包含产品名称、主要成分、生产商和生产地址等用泰语标注的信息，以防误导消费者；审批部分食品例如调料在上市前的商标许可。还有一点值得我国特别关注的是泰国食品上市前的广告宣传必须获得食品和药品管理局的许可，对质量和效果宣传失实的广告被明令禁止，有效控制食品被不当宣传而扩散。

（2）统一的食品安全法律法规体系。《食品法》涵盖了食品安全的所有内容，使得食品安全规制工作的展开有了统一可遵循的依据。其他相关的法规还有5个法案和5个国际协定。已经颁布的一系列具体法规主要涉及标签要求、食品添加剂、食品污染物、有害物质残留、包装材料、色素和调味品等。2004年泰国政府提出了

---

① 参见陈锡文、邓楠:《我国食品安全战略研究》，化学工业出版社2004年版。

"让所有人享用安全健康食品"的食品安全政策，要求在泰国生产、消费或出口的食品质量一律达到国际标准。政策推行后，泰国食品的安全性有了进一步的巩固和长足的提高。①

8.2.3 发展中国家农产品质量安全控制的主要问题

近年来，在食品安全问题频发情况下，发展中国家也认识到重视食品安全的重要性，纷纷积极地探索适合本国国情的食品安全监管机制，取得了一定的成效，如泰国建立了统一的农产品质量安全监管机构和法律体系，但与发达国家相比，发展中国家农产品质量安全监督管理体系、管理效率还有一定差距，主要问题表现在：

（1）多而散的食品安全管理机构。呈现管理部门众多、职能分割、法规分散、执行不力的特征，并没有形成统一集中的食品安全监督管理体系。比如印度监管机构众多但职能划分标准不清晰，导致监管空白、错位现象严重，又缺乏有效的协调机构来协调部门间、中央与各政府间的监管职能，使得印度的食品安全监管隐患重重。

（2）法律法规及标准体系不完善。发展中国家农产品安全监管法律制度很多也比较具体，但是比较零碎，缺乏统一性。比如巴西出台的法律法规多是出于发展国际贸易、适应国际贸易协定的需要，而对于标准的修改和制定多指向出口食品和进口食品，对生产和消费都在本国的食品作出的规定很少。

（3）农产品质量安全检验检测体系不完善。农产品质量安全检验检测体系不完善是发展中国家共同存在的问题。比如印度食品

---

① 张峰:《我国食品安全多元规制模式研究》，华中农业大学硕士论文，2008年。

安全检验检测机构存在基础设施不足、检测人员素质不高的问题。

（4）全社会参与监督管理的参与度不高。发达国家大都建立了由政府监督管理、企业自我控制、全社会共同参与的食品质量安全管理体系，形成政府、企业、科研机构、消费者共同参与的监管模式。而发展中国家也都借鉴发达国家的经验，纷纷建立了相关的法律法规等政府监管体系，但消费者、非政府组织等其他力量在食品安全监管中的参与度也不高。

8.3 国外农产品质量安全控制对我国的启示

发达国家农产品质量安全控制的经验值得我们学习和借鉴，发展中国家农产品质量控制的不足也给我们警醒，从二者的比较研究中，可以得出我国农业龙头企业产品质量安全控制的一些启示。

8.3.1 政府监管到位而不越位

（1）建立统一的农产品质量安全综观控制体系。国家可以设定统一从全局范围总领农产品质量安全的部门，或者通过法律明确界定不同职能部门之间的协作与分工，强化监督管理的效率和统一。

（2）相关政府部门应制定完善的标准并强制执行。制定食品安全标准并予以强制执行被认为是政府在食品安全监管中首要的和最广泛的职能。这些标准既包括对掺杂、掺假食品的一般禁令，也包括对食品中农药、化肥、重金属等不同化学残留容许量的具体限制；既包括对产品本身的标准规定，也包括对加工操作规程标准的规定。

（3）加强监督检查并规定严厉的法律责任。这是农产品质量安全监管最主要和最经常的手段，目的在于确保有关法令、标准得到严格遵守。进一步加强农产品质量法制建设，包括完善立法和严格执法。

8.3.2　强化企业自我控制

（1）企业内部应设立产品质量安全监管部门。该部门专职负责产品从投入到销售所有环节的产品检测监控，制定问题产品信息发布和回收的完善方案，及时公布所发现问题和回收问题产品。

（2）积极推进实施 GMP 和 HACCP 管理体系。企业应建立一套严格有效的质量控制系统，质量控制由最终产品管理走向注重"从农田到餐桌"的全程控制。另外，我国的质量安全认证体系正处于不断完善之中，农业龙头企业应该作为行业模范带头认真履行国家规定的相关质量认证体系和追溯体系，同时不断提高生产和检测标准，打造质量过硬产品，并积极实施质量追溯体系，在控制好成本的同时完善企业自身产品的动态追踪系统，赢得消费者信赖。

8.3.3　构建全社会监督体系

从发达国家的经验做法看，农产品质量安全控制有赖于从政府监管和企业自我控制走向社会共同监督。行业协会、消费者协会、检验检测机构和新闻媒体等社会公众是农产品质量安全监督的重要力量，在借鉴国外食品安全监督管理模式的同时，要大力推进行政管理体制改革，努力整合社会力量，建构一个政府、企业、社会公众齐抓共管的监督管理模式。重要要做到以下三点：

（1）注重发挥行业协会、消费者协会和新闻媒体的监督作用。发达国家农产品质量安全水平较高，一方面是企业严格自律，不生产不安全农产品；另一方面，行业协会、消费者协会、新闻媒体等社会公众的全方位监督也是非常重要的原因。

（2）及时向公众发布农产品质量安全信息。这种制度不仅有效保护了公众的生命健康，而且在客观上也导致了违法者商誉下降，其产品难以销售，不失为一种有效的惩罚形式。

（3）健全检验检测体系。形成以国家和省级农产品质量检测中心为龙头，县市级农产品质量检测中心为骨干，生产基地、农贸市场、批发市场和超市检测室（点）为补充的三级农产品质量检验检测网络体系。

第九章 农业龙头企业产品质量安全控制的对策建议

国家重点农业龙头企业的产品质量代表我国农产品质量的最高水平,实证研究显示,农业龙头企业产品质量安全控制是我国农产品质量安全控制的关键,控制好农业龙头企业的产品质量需要真正坚持"以人为本"的理念,深入贯彻落实科学发展观,把农产品质量控制寓于产业转型升级和现代农业建设。如果政府、企业、社会公众共同努力,全方位、多角度、系统地构建起农业龙头企业产品质量综观控制体系,并制定切实可行的政策措施,严格执行相关法律,落实各种规章制度,生产安全优质农产品的目标就一定能实现。

9.1 加强政府监管体系建设

农产品质量安全问题已从单纯的经济问题逐步扩大为政治安全、社会安全等问题。保证农产品质量安全已经成为政府义不容辞的责任。农产品质量安全具有准公共产品的属性,现代社会呼唤政府将"以人为本"作为行政理念来实施大政方针,进行公共管理。

农产品质量安全监管作为行政监管的一个方面，需要政府按照服务型政府的构建要求来不断深化改革，完善相关监督管理制度。作为农业龙头企业产品质量的监管者，从目前我国的实际看，最重要的是建立统一的农产品质量监管组织，国家必须明确农产品质量监管部门的权威性，由目前的多头、多环节监管逐步过渡到一个部门的全过程控制，做到权利和责任的高度统一。

（1）完善农产品质量安全管理体系。首先，要突出政府在农产品质量安全管理中的主导作用。政府在农业管理中应主要定位于宏观管理、市场监管、社会管理和公共服务等农业企业和农民（农场主）所不能或者不愿意承担的社会公共事务上，切实承担起提供公共物品的职责。其次，农产品质量安全管理应有明确的管理主体和分工。针对我国缺乏统一管理农产品质量安全的部门，国家可在整合质检、工商、农业、卫生、食品药品检验检疫等部门资源的基础上，组建农产品质量安全管理部，负责对农产品生产、加工、流通、消费等全过程的监管，将上述部委的有关职能和人员并入农产品质量安全管理部，各省、市、县设立相应部门。第三，重视"从田间到餐桌"的全程管理，并强调农业行政职能一元化管理的有效性。农产品从生产到消费是一个有机、连续的过程，对其管理也不能人为地割裂，应强调对农产品质量安全实行全程管理。这种全程管理不仅强调从农业投入品开始，对农产品从生产到消费的各个环节进行管理，还应体现在尽可能地减少管理部门的数量。同时，要考虑农产品的生产、加工一体化趋势明显，农业生产管理的外延不断扩大；居民食品消费的质量安全控制从制成品延伸到原料生产，农产品源头管理越来越重要的现实，重新调整农产品质量安全管理的行政职能和机构，并将一些职权集中到处于农产品生产源头的农业行政主管部门，强调农业行政职能一元化管理的有效性。

（2）重视农产品质量安全保障体系建设。我国政府应采取各种措施，加强农产品质量安全保障体系建设，把它作为保证农产品质量安全的重要支撑。

法律体系方面：发达国家在农产品质量安全管理方面建立了强大的法律法规框架，涵盖了所有农产品质量安全领域；出台了有效的、切实可执行的法规措施，以加强法律管理；而且其法律框架会随着实际情况的变化逐步作出调整。市场经济是法制经济，政府加强农产品质量安全管理也应以完善的法律法规为基础。我国目前农业法律法规的基点仍是保障农业在国民经济中的基础地位，维护农业生产经营组织和农业劳动者的合法权益，促进农业的持续、稳定、协调发展，对农业新阶段面临的新的质量安全问题，相关的法律法规比较欠缺。面对国内日益严重的农产品质量安全问题和发达国家日益加强"绿色壁垒"的现实，我国政府应尽快完善农产品质量安全法律法规体系建设，依法管理农产品的生产、加工、流通、进出口等各个环节，监督农产品质量安全，并尽快将农业行政执法工作从农业投入品转向以农产品质量安全为重点的农产品生产全过程的执法监督。

标准体系方面：发达国家政府为了提高本国农产品质量安全水平，增强国内外市场竞争力，制定了一系列的农产品质量标准，而且随着市场的变化不断进行修订；在标准制定过程中，强调目的明确、配套性、系统性好；要与法律法规衔接好；要先进实用；制定过程要公开透明，充分发挥社会中介组织的作用；要充分考虑技术性贸易壁垒问题。我国政府应根据农产品质量安全监管的实际需要，积极采用国际标准，及时清理和修订过时的农业国家标准、行业标准，抓紧制定急需的农产品质量安全标准。在制定标准过程中，还应建立一套严谨的制标程序，信息公开、决策民主，注重发挥社会中介组织的作用，政府不要大包大揽。

检验检测体系方面：发达国家政府根据农产品市场准入和市场监管的需要，建立了"从农田到餐桌"、多层面、分区域的农产品质量安全检验检测体系，并通过该体系加强农产品质量安全的宏观调控和监督检测。我国政府应加强财政支持力度，加快农产品质量安全检验检测中心的建设，充实检测力量，完善仪器设备和手段，提高检测能力。

认证体系方面：发达国家政府高度重视产品认证工作，通过实施产品认证，向市场提供一种可以信任的证明。除了对最终产品进行质量认证外，发达国家还普遍在生产企业中推行 HACCP 体系认证，强调企业自身的作用，同时重视认证标签的管理。由于我国农产品质量安全认证工作起步比较晚，我国政府应加快农产品质量安全认证体系的建设，组建不同层次的农产品质量安全认证体系。在认证机构方面，要做好不同类型的农产品质量安全认证，加强认证标签管理。在此基础上，积极推行 HACCP、GAP、GMP 等体系认证，强化企业自身在农产品质量安全管理过程的主观能动性。

（3）完善农产品质量安全监管体系。完善的农产品质量安全监管体系由调控体系、生产执行体系、检验检测体系、预警预报体系等四个大体系组成。宏观调控体系包括相关制度体系和管理体系两大部分，处于监管体系的管理层次；生产执行体系包括投入品监管、流通、质量追溯等体系，处于监管体系的执行层次；检验检测体系包括检验机构、检验标准、设备等，处于农产品质量安全的控制层次；预警预报体系包括专项抽查和普查性检测、信息发布等，处于监管体系的预测层次。政府在加强农产品质量安全监管体系建设的同时，要不断完善各子系统内部建设，加强子系统之间的联系。具体应围绕以下领域展开工作：首先，以农业标准化建设和法制建设为重点提升农产品质量安全调控体系；其次，以质量安全追溯体系和投入品监管为重点提升农产品质量安全执行体系；再次，以整合资源为重点提升农产品质量安全检验检测体系；最后，以农产品质量安全信息管理平台建设为基点提升农产品质量安全预警体系。

9.2　强化企业自我控制能力

农业龙头企业作为产品质量的第一责任人，在把握产品质量问题上处于非常关键的地位。我国农业龙头企业要具有高度的社会责任感，在各方面起带头模范作用，必须强化自我控制能力，把加强农产品质量标准化建设作为提高农产品质量的关键，积极开发质量可靠的特色名优产品，创建和保护品牌。

（1）建立农产品标准化管理体系。农业龙头企业要积极建立一套严格有效的农产品标准化生产管理体系，实现对农产品生产、加工、流通、销售、消费全过程的标准化管理。

一是要抓原料基地。要认真履行质量安全第一责任人的责任，积极开展和参与"菜篮子"产品标准化创建活动。龙头企业在原料基地建设过程中要特别加强对农药、肥料、兽药、饲料等农业投入品的质量管理，杜绝违禁化肥、农药、兽药的使用，实现生产清洁化。要加强档案管理工作，对生产过程进行全程记录，建立质量安全可追溯体系。在基地建设上，要舍得花精力，舍得投入。要有专门的部门和人员负责生产基地建设，负责与农民的联系，指导农民建设标准化生产基地。需要特别强调的是，一些跨区域经营的企业，往往只重视本地的基地建设，而忽视外地的基地建设，这是一种非常短视的行为，也是质量安全管理的一大隐患，必须引起高度重视。农业龙头企业要通过建立与农户的紧密利益联结关系，把农户的生产纳入规模化、车间化和标准化的管理，保证从源头上控制农产品的质量安全。

二是要抓加工环节。农产品加工是保障产品质量安全的重要环节。要建立产品质量认证制度，提高对加工环节的质量控制水平。要争取通过相关国际组织的质量认证、安全卫生认证，获得ISO9000、ISO14000、HACCP 等质量管理体系认证，按标准组织生产。严格检验检测，严控质量风险。要严格执行市场准入制度，严把产品出口关。做到不符合农产品安全标准的产品坚决不上市销售。上市产品要主动接受质量安全监控。

三是要抓流通环节。既要注重基地和生产环节的质量管理，又要重视流通环节的质量管理。标准化管理要延伸到流通领域，通过定量包装、标识标志、商品条码等手段，建立"从餐桌到田头"的质量可追溯机制。①

总之，农业龙头企业要做到与国际规范接轨，采用国际标准进行质量控制，首先要在生产的各个环节严格遵守 GMP 良好操作规范；其次要按照 ISO9000 标准中规定的各项内容，在全员中贯彻"满足顾客要求"的质量意识，真正做到全员参与质量管理；最后要在实施国际规范的同时，不断创新，建立适合本土企业的质量控制体系。

（2）完善农产品质量追溯体系。农产品优质优价机制是农业龙头企业加强产品质量控制的动力源泉。因此，农业龙头企业在控

---

① 参见陈晓华：《在农业产业化国家重点龙头企业培训班上的讲话》，中国农业信息网，2010 年 4 月 18 日。

制好产品成本的同时，将因素控制和过程控制有机结合起来，不断完善质量动态追踪系统，依靠质量和品牌赢得消费者信赖，推动农产品优质优价机制的形成。

首先，有条件的企业应积极建立农产品质量安全可追溯系统。实现农产品质量安全的可追溯是未来农产品市场发展的一个大趋势，企业在技术、经济等各方面综合条件都允许的条件下应积极建立可追溯系统，早日实现与国际接轨，特别是畜禽、水果、蔬菜、水产品等农产品的生产和初加工企业。一些新办企业在创立时，就应该引入可追溯系统，避免在企业发展过程中，中途引入可追溯系统对企业的管理和生产造成冲击。在建立可追溯系统的过程中应由不完全追溯向全程可追溯发展，由只注重产品召回向注重信息传递发展，最终实现产品可召回、信息可查询，从而使损失降到最低。

其次，企业要注重加强与供应链各主体之间的合作。农产品质量安全可追溯系统的建立需要供应链上所有主体参加，如果在一个节点链条断裂，则追溯无法进行，追溯系统失去价值，因此加强与供应链各主体之间的合作是建立可追溯系统的基础和保障。特别是企业应与农民合作经济组织建立密切的合作关系，形成利益共同体，可通过年终返利或以保护价收购具有可追溯性农产品，激励生产者建立生产档案，同时制定相关制度，对农民合作经济组织以及农产品生产者进行约束，双方共同遵守约定，最终实现双赢。

再次，要重视消费者需求。一方面，应注重消费者对可追溯系统提供的质量安全信息的需求。在对相关信息进行记录之前，首先对消费者对农产品质量信息需求情况进行市场调查，关键是对具有可追溯性的目标客户群体进行市场调查，既要了解目标客户群对信息的需求，也要了解他们对具有可追溯性农产品的支付意愿，从而确定具有可追溯性农产品的信息记录范围和市场价格。另一方面，应利用现代营销手段，通过各种途径加大对具有可追溯性农产品的宣传力度。如：在可追溯系统的信息中心，除上传农产品生产、加工和流通信息外，可附上生产流程的图片或农产品生长环境图片等，增强消费者的直观感受，提高消费者对可追溯信息的信任度。

最后，要积极探索可追溯系统与 HACCP、GAP、GMP 体系的相容性。可追溯系统不是孤立的，它需要与其他质量管理体系方法结合才能发挥作用，GAP 和 GMP 是农产品生产、加工的基本要求，是有效实施 HACCP 和可追溯的基础。HACCP 是通过过程控制来保证质量安全的方法，可追溯系统的核心是为保证农产品安全而保持的记录系统。这些质量管理技术体系的共同点是都有一个有效的记录系统，因而可追溯系统与 HACCP、GAP、GMP 结合实施才能更好地发挥各自的作用。然而，它们对记录系统的要求不尽相同。积极探索农产品可追溯系统与 HACCP、GAP、GMP 体系的相容性，是为了避免在实践中的重复工作。①

9.3 不断完善社会公众监督

发达国家的经验表明，农产品质量安全控制有赖于从政府监管和企业自我控制走向社会共同监督。在借鉴国外食品安全监督管理模式的同时，要大力推进行政管理体制改革，努力整合社会力量，建构一个政府、企业、社会公众齐抓共管的监督管理模式。公

---

① 参见杨秋红:《企业建立农产品质量安全可追溯系统的意愿及影响因素研究——以四川省为例》，四川农业大学硕士学位论文，2008 年。

众的社会监督有利于建立社会化产品质量保证机制，使行业协会、检测认证机构、消费者协会和新闻媒体形成农产品质量控制的强大合力。

（1）发挥行业协会的沟通对话纽带作用。政府在监管农产品质量安全的工作中，应该广泛征求、听取相关行业协会的意见和建议，并争取在行业协会的参与和配合下，更有针对性、更有效地进行，如联合进行企业评优、打击问题食品等活动；在出台相关的农产品市场管理制度和政策前，主动征询行业协会的意见，并要求行业协会及时收集业界意见反馈给政府。政府的政策意图等也可通过行业协会下达到农业龙头企业，从而促使其在政府和业界之间达成良好的平衡。政府部门可以采取向行业协会购买服务和专项经费支持等方式，借助行业协会的力量，开展产品质量状况调研、市场及产品流通状况调研、委托召开质量分析会议等，以及时掌握行业及市场发展动态，并对相关的政策措施等进行及时的制定或调整。

（2）完善消费者协会对农产品质量的监督机制。消费者是农产品质量的最终检验者，对农业龙头企业的产品质量如何最有发言权，消费者协会是消费者权益的保护神。为此，政府应大力促进消费者协会和各行业协会等社会团体的沟通协调，建立有效的农产品质量投诉管理机制，充实经费。建立社会监督网络长效机制，完善消费维权法制建设。同时，要加强对消费者权益保护知识的宣传和教育，使消费者懂得如何进行自我保护。

（3）有效发挥检测认证机构的监管。采取有力措施，加强检测认证机构的协作和信息共享，建立公共信息平台，强化信息披露和公告的力度，进一步提高农产品质量检测的针对性和科学性。政府监管机构选择若干权威机构，主动与之建立更为紧密的合作机制，监管部门通过购买服务的方式，与一些主要的权威检测认证机构建立起长期的紧密合作关系，以促进双方年度工作计划的对接，避免对企业的重复抽检。政府监管部门应考虑建立和提供一个便于与企业和广大消费者沟通、服务的信息发布平台。如设立新闻发言人，在与相关检测机构合作、整合各方面信息的基础上，定期通过公共传媒予以发布，提高检测结果的社会影响力，发挥其应有的警示和社会监督作用。

（4）新闻媒体要建立信息披露和消费警示机制。注意发挥网络媒体和传统媒体各自优势，特别是人民网、新浪网、腾讯网等网络媒体在我国的影响力很大，可以发挥其信息披露及时和覆盖面广的优势，将质量信息以及消费警示等向公众发布。政府在农产品质量安全专业网站上设立网上咨询、网上征询等内容，为企业和消费者提供咨询服务，将关系民生的政府决策如企业信用等级评价等在网上向公众征询，并指定专人负责回答和搜集整理相关信息。

（5）建立农产品质量安全信息管理平台。建立农产品质量安全信息管理平台，不断提升农产品质量安全预警体系。各监管部门要通过农产品质量安全信息管理平台系统，全面地收集、整理有关农产品安全方面的各种信息资料，建立国家农产品安全信息与监测网络体系，重点建立食源性疾病与危害的监测、溯源和预警系统，环境污染物监测体系，危险性评估体系，农产品安全控制体系等。通过信息发布系统及时地将这些信息资料向社会公开，使各有关部门以及消费者都能及时、方便地获取各种有关农产品安全方面的信息资料，提高社会公众的参与度，进而鼓励社会公众对农产品质量进行有力监督。

此外，信息平台可与有关国际农产品安全组织进行必要的信息交流与沟通，同时作为对外交流的窗口，用网络或其他形式与世界各国从事农产品安全工作的同行建立广泛而密切的联系。

第十章　研究结论与展望

10.1　研究结论

通过对农业龙头企业产品质量控制的理论和实证研究，本书得出以下主要结论：

（1）加强农业龙头企业产品质量安全控制必须构建综观体系。农产品质量安全是一个系统工程，必须从全过程、多角度、宽领域思考并采取对策才能取得实实在在的效果。因此，只有从控制主体、过程、体系、内容和方法等方面入手，研究构建农业龙头企业产品质量控制的综观分析框架，才能确保农业龙头企业产品质量安全。

（2）政府及其职能部门依法监管是保证农业龙头企业产品质量安全的关键。如前所述，食用农产品具有公共品属性，确保其安全是政府管制的重要内容之一。因此，当前，我国要充分发挥各级政府在相关法律法规的基础上对农业龙头企业产品质量安全的监管作用。

（3）企业增强自律意识是确保农产品质量安全的核心。作为农产品质量安全的第一责任人，只要龙头企业牢固树立自律意识，杜绝不安全农产品的生产，我国农业龙头企业产品质量安全必定会有保障。研究发现，企业经济实力越强，对农产品质量安全控制的投入相应增多，质量安全相对较高；出口企业对是否采用国际或国外先进标准比较敏感；从总体上看，文化程度高的企业决策者更愿意站在国际的高度提高产品质量控制水平；企业产品质量控制压力对企业采标行为的影响也颇为显著。

（4）农业龙头企业产品质量控制成功的关键是与农户建立起紧密型的利益联结关系。温氏集团肉鸡质量控制的成功，充分说明超市场契约模式下农业龙头企业产品质量综观控制的科学合理性。三鹿集团奶粉质量失控和双汇集团"瘦肉精"事件的主要原因在于企业与农户的利益联结比较松散。

（5）从三鹿集团"问题奶粉"事件、双汇集团"瘦肉精"事件的披露过程看，在我国法制建设不健全的情况下，为了保证农产品质量安全，十分需要借助新闻媒体等社会公众的力量以加强对农业龙头企业产品质量安全的社会监督。

10.2　研究不足

任何一种研究都不能究其全部，本书也不例外。不足之处主要有以下三点：

（1）在全国894家国家重点农业龙头企业中，生产加工食用农产品的企业不足550家，符合调查问卷要求的56家样本企业只占全国企业的1/10，在此基础上的研究结论，其应用有一定的局限，为此，本书力图通过增加案例研究加以改进。

（2）农业龙头企业组织模式有多种，本书重点探讨了"公司＋农户"这种模式，其实，不同组织模式下农产品质量安全控制差异较大，需要进一步深入研究。

（3）在综观经济理论指导下构建起农业龙头企业产品质量安全控制的综观分析框架，据此系统全面分析农产品质量安全问题，并从政府、企业及社会公众等角度提出相应的对策，不论是从理论上还是实践中都是初步的创新尝试，需要多学科的知识和深厚的研究功底，研究过程中深感自身知识背景和研究能力的不足。因此，从总体上看，理论基础—分析框架—实证研究—结论对策的研究脉络虽然比较清晰，但内在逻辑和文字表述不够紧密，需要今后深化研究。

10.3 研究展望

农产品质量是生产出来的。本书重点研究农业龙头企业产品质量安全控制。其实，农户对保障农产品质量安全意义重大，现实中不同类型、不同区域、不同规模的农户，对农产品质量安全控制的影响差异明显，因此，后续研究在这方面要进一步深入和拓展。

农产品质量控制是一项系统工程，本书只是从理论上提出了综观控制的框架和系列对策建议，但如何真正形成农产品质量安全控制的全国"一盘棋"，既需要实际部门的努力探索，又需要学界继续深入研究，不断推动理论创新。

总之，作者虽然尽了最大的努力，但受能力、水平、时间等多种因素的限制，对该问题的研究还不尽如人意，期待着在以后的研究中逐步加以完善。

参 考 文 献

中文部分

［1］毕金峰、魏益民、潘家荣:《欧盟食品安全法规体系及其借鉴》,《中国食物与营养》2005 年第 3 期。

［2］陈华宁:《欧盟、日本农产品质量安全立法及启示》,《世界农业》2007 年第 9 期。

［3］陈松、叶志华、王敏:《欧盟食品质量安全管理及启示》,《农业质量标准》2007 年第 3 期。

［4］陈锡文、邓楠:《我国食品安全战略研究》,化学工业出版社 2004 年版。

［5］陈小霖:《供应链环境下的农产品质量安全保障研究》,南京理工大学博士论文,2008 年。

［6］成昕:《国内外农产品质量安全管理体系发展概述》,《世界农业》2006 年第 7 期。

［7］程言清:《食品质量和食品安全辨析》,《中国食物与营养》2004 年第 6 期。

［8］迟玉聚:《国内外食品安全形势》,《中国食物与营养》2004 年第 6 期。

［9］崔慧霄:《农产品质量安全问题及其法律保障研究》,中国农业大学硕士学位论文,2005 年。

［10］戴蓬军:《法国农业产业化的发展及经验》,《农村合作经济经营管理》2000 年第 4 期。

［11］戴迎春、韩纪琴、应瑞瑶:《新型猪肉供应链垂直协作关系初步研究》,《南京农业大学学报》2006 年第 3 期。

［12］窦志铭等:《商品流通领域质量监管模式研究》,人民出版社 2010 年版。

［13］樊红平、牟少飞、叶志华:《美国农产品质量安全认证体系及对我国的启示》,《世界农业》2007 年第 9 期。

［14］樊红平:《我国农产品质量安全认证体系与运行机制研究》,中国农业科学院博士论文,2007 年。

［15］方佳、玉萍:《发达国家农产品质量安全体系状况及其对我国的启示》,《世界热带农业信息》2008 年第 1 期。

［16］郭红东:《农业龙头企业与农户订单安排及履约机制研究》,浙江大学博士论文,2005 年。

［17］冯忠泽:《我国农产品质量安全市场准入机制研究》,中国农业科学院博士论文,2007 年。

［18］冯忠泽、陈思、张梦飞:《发达国家农产品质量安全市场准入的主要措施及启示》,《世界农业》2007 年第 12 期。

［19］冯忠泽、李庆江:《消费者农产品质量安全认知及影响因素分析——基于全国 7 省 9 市的实证分析》,《中国农村经济》2008 年第 1 期。

［20］傅晨、狄瑞珍:《贫困农户行为研究》,《中国农村观察》

2000 年第 2 期。

［21］韩福荣:《质量生态学》,科学出版社 2005 年版。

［22］侯军岐、岳欣茹:《建立农产品质量标准体系,迎接 WTO 挑战》,《中国食物与营养》2002 年第 6 期。

［23］胡余清:《超市场契约的制度特征与履约效率——对长青水果场与温氏食品集团的比较研究》,《山东社会科学》2010 年第 8 期。

［24］胡莲:《基于质量安全的农产品供应链管理及其信息平台研究》,同济大学博士论文,2008 年。

［25］胡兰英:《农产品质量安全体系建设的突破口——标准化生产体系的构筑》,《西南科技大学学报(哲学社会科学版)》2006 年第 4 期。

［26］黄灼明:《综观经济学研究》,广东高等教育出版社 2006 年版。

［27］黄铁苗:《综观经济效益论》,人民出版社 2001 年版。

［28］江宜航:《农业部:"十二五"期间构建五大体系保农产品质量安全》,《中国经济时报》2011 年 1 月 13 日。

［29］贾愚、刘东:《供应链契约模式与食品质量安全:以原奶为例》,《商业经济与管理》2009 年第 6 期。

［30］金发忠、钱永忠、樊红平等:《丹麦农产品质量安全全程控制经验及启示》,《农业质量标准》2009 年第 2 期。

［31］金发忠:《农产品质量安全概论》,中国农业出版社 2007 年版。

［32］蒯旭光、金安、陈超:《农业龙头企业带动农户绩效的实证分析》,《中国农学通报》2008 年第 10 期。

［33］鞠波、闫庆博:《现代食品安全管理的重点和方向》,《食

品科技》2004 年第 6 期。

　　［34］雷家骕、王兆华:《国外主要发达国家食品安全监管状况综述》,《中国药品监督管理》2004 年第 3 期。

　　［35］李汉昌:《我国农产品质量的现代化管理》,《农村实用技术工程》2001 年第 3 期。

　　［36］李成勋:《龙头企业在"三农"工程中的战略地位》,《经济经纬》2001 年第 6 期。

　　［37］李军、鹿艳霞:《谈农业标准化的作用与地位》,《内蒙古质量技术监督》2003 年第 1 期。

　　［38］李平英:《产业组织结构与农产品质量管理研究》,山东农业大学博士论文,2010 年。

　　［39］李波、陆迁:《技术进步与农产品质量》,《农业技术经济》1995 年第 5 期。

　　［40］李婷婷:《畜禽产品质量安全与标准化》,《中国标准化》2003 年第 1 期。

　　［41］李中东、支军:《农产品质量安全的技术控制研究》,《管理世界》2008 年第 2 期。

　　［42］梁建伟:《饲料企业产品质量控制探讨》,《中国饲料》2006 年第 2 期。

　　［43］梁小萌:《论食品安全与政府规制》,《广东科技》2003 年第 11 期。

　　［44］林毅夫:《小农与经济理性》,《农村经济与社会》1988 年第 3 期。

　　［45］刘成玉:《我国优质农业发展与农产品质量安全控制》,西南财经大学出版社 2009 年版。

　　［46］刘东、贾愚:《食品质量安全供应链规制研究:以乳品为

例》,《商业研究》2010 年第 2 期。

［47］刘东、徐忠爱:《关系型契约特殊类别:超市场契约》,《经济理论与经济管理》2004 年第 9 期。

［48］刘钢:《北京一轻:基于供应链的全过程质量控制体系》,《文明》2007 年 11 月 2 日。

［49］刘俊华、王菁:《我国食品安全监督管理体系建设研究》,《世界标准化与质量管理》2003 年第 5 期。

［50］刘文枚、韩福元、顾红艳:《我国农产品出口贸易的现状分析及对策》,《天津农学院学报》2007 年第 4 期。

［51］卢大举:《政府对农产品质量安全的监管研究》,《企业技术开发》2009 年第 3 期。

［52］陆建飞:《龙头企业发展安全农产品生产的实践分析与启示》,《生产力研究》2006 年第 11 期。

［53］农业部、国家发展和改革委员会等:《关于扶持农业产业化经营重点龙头企业的意见》。

［54］彭曙曦、窦志铭:《流通领域商品质量监管研究》,中国工商出版社 2006 年版。

［55］秦晖:《市场信号与"农民理性"》,《改革》1996 年第 6 期。

［56］屈冬玉:《农产品质量安全须从源头治理》,《农业质量标准》2003 年第 3 期。

［57］任磊、宁鸿珍:《我国食品安全卫生管理现状》,《中国检验检疫》2004 年第 2 期。

［58］苏春森:《德国农产品质量安全全程控制技术经验及启示》,《农业质量标准》2008 年第 4 期。

［59］苏俊、李林等:《云南特色农产品质量控制体系建设的探索》,《北方园艺》2010 年第 13 期。

［60］孙法军:《政府在农产品质量安全管理中的职能定位研究》,中国农业大学硕士论文,2004年。

［61］孙杭生:《美国的食品安全监管体系和措施》,《生产力研究》2007年第1期。

［62］孙平:《农业龙头企业食品安全生产影响因素研究——以浙江省为例》,浙江大学硕士论文,2005年。

［63］孙小燕:《农产品质量安全问题的成因与治理》,西南财经大学博士论文,2008年。

［64］苏昕:《我国农产品质量安全体系研究》,中国海洋大学博士论文,2007年。

［65］汤天曙、薛毅:《我国食品安全现状与对策》,《食品工业科技》2002年第2期。

［66］万俊毅、欧晓明:《产业链整合、专用性投资与合作剩余分配:来自温氏模式的例证》,《中国农村经济》2010年第5期。

［67］万俊毅、彭斯曼、陈灿:《农业龙头企业与农户的关系治理:交易成本视角》,《农村经济》2009年第4期。

［68］万俊毅、王琇:《农产品质量安全控制的产业化组织运作机制:以温氏模式为例》,《南方农村》2010年第5期。

［69］汪普庆、周德翼:《"合同农业"对保障农产品质量安全的机制探析》,《西北农林科技大学学报(社会科学版)》2007年第5期。

［70］王芳:《国外农产品质量安全政府管理及对我国的启示》,《世界农业》2008年第1期。

［71］王海、晓明、仕涛等:《借鉴美国农产品质量控制理念服务我国食品安全事业的发展——赴美国农产品HACCP质量控制体系培训班总结》,《农业工程技术》2006年第1期。

［72］王劲:《供销合作社与农产品质量安全保障分析》,《中国合作经济》2010 年第 5 期。

［73］王可山、李秉龙、张艳华、李想:《国外畜产品质量安全管理机制的发展经验及借鉴》,《世界农业》2006 年第 6 期。

［74］王晓红:《农产品安全中的质量控制问题研究》,青岛大学硕士论文,2008 年。

［75］王祥瑞:《农业标准化势在必行》,《农业经济问题》2002 年第 8 期。

［76］王秀清、孙云峰:《我国食品市场上的质量信号问题》,《中国农村经济》2002 年第 5 期。

［77］王艳霞:《农产品质量信息不对称及解决思路》,《东北大学学报（社会科学版）》2004 年第 6 期。

［78］王瑜、应瑞瑶:《垂直协作与农产品质量控制:一个交易成本的分析框架》,《经济问题探索》2008 年第 4 期。

［79］王玉秀:《提高农产品质量:我国农业面临的严峻课题》,2000 年第 4 期。

［80］魏双凤等:《综观经济学专题讲座》,（香港）中国文化馆2005 年版。

［81］魏益民、徐俊等:《论食品安全学的理论基础与技术体系》,《中国工程科学》2007 年第 9 期。

［82］卫龙宝:《农业专业合作组织实施农产品质量控制的运作机制探析——以浙江省部分农业专业合作组织为例》,《中国农村经济》2004 年第 7 期。

［83］翁鸣:《我国农产品质量与国际竞争力》,《中国农村经济》2003 年第 4 期。

［84］吴秀敏:《我国猪肉质量安全管理体系研究——基于四川

消费者、生产者行为的实证分析》，浙江大学博士论文，2006 年。

［85］吴晨、王厚俊：《关系合约与农产品供给质量安全：数理模型及其推论》，《农村经济》2010 年第 5 期。

［86］西奥多·舒尔茨：《改造传统农业》，梁小民译，商务印书馆 1999 年版。

［87］肖海林、闻学：《超级竞争条件下企业整体管理的基本维度与共生型控制模式——一个描述性案例研究》，《管理世界》2006 年第 12 期。

［88］肖良：《我国农产品质量安全检验检测体系研究》，中国农业科学院博士论文，2008 年。

［89］谢敏、于永达：《对中国食品安全问题的分析》，《上海经济研究》2007 年第 21 期。

［90］蕊冰：《"食品质量安全，企业要从自身做起"——美国食品生产质量和安全管理讲座侧记》，《上海质量》2009 年第 4 期。

［91］徐柏园：《我国农产品质量安全管理分析》，《宏观经济研究》2007 年第 3 期。

［92］徐晶、席兴军、李光宁、陈丽华：《我国农产品质量的现状及对策》，《中国标准化》2007 年第 5 期。

［93］徐海斌、王立平：《农业龙头企业的成因类型及在产业化中的作用》，《中国种业》2006 年第 5 期。

［94］徐金海：《政府监管与食品质量安全》，《农业经济问题》2007 年第 11 期。

［95］徐振宇：《农产品质量安全：呼唤深入的交叉研究》，《北京工商大学学报（自然科学版）》2010 年第 3 期。

［96］徐晓新：《中国食品安全：问题、成因、对策》，《农业经济问题》2002 年 10 期。

［97］杨秋红:《企业建立农产品质量安全可追溯系统的意愿及影响因素研究——以四川省为例》,四川农业大学硕士论文,2008年。

［98］杨天和、褚保金:《食品安全管理研究》,《食品科学》2004年第25期。

［99］杨天河:《基于农户生产行为的农产品质量安全实证研究》,四川农业大学硕士论文,2006年。

［100］于冷:《实施农业标准化促进区域农业结构调整》,《中国标准化》2000年第8期。

［101］杨艳涛:《加工农产品质量安全预警与实证研究》,中国农业科学院博士论文,2009年。

［102］植草益:《微观规制经济学》,朱绍文、胡欣欣等译校,中国发展出版社1992年版。

［103］张东玲:《农产品质量安全综合评价理论与方法研究》,青岛大学博士论文,2009年。

［104］张峰:《我国食品安全多元规制模式研究》,华中农业大学硕士论文,2008年。

［105］张吉国:《农产品质量管理与农业标准化》,山东农业大学博士学位论文,2004年。

［106］张洪程:《农业标准化原理与方法》,中国农业出版社2002年版。

［107］张红凤、周风:《"三鹿"事件凸显微观规制漏洞》,《中国社会科学报》2008年8月。

［108］张慧芳、卢朝东、王娟:《农产品质量安全与农业经济持续发展的关系研究》,《乡镇经济》2009年第6期。

［109］张同秀:《论政府质量监督的局限性和企业产品质量主

体责任的构成》,《中国质量技术监督》2010 年第 3 期。

[110] 张文敏:《食品供应链中的食品安全保障体系研究》,北京交通大学硕士学位论文,2007 年。

[111] 张云华、孔祥智、罗丹:《安全食品供给的契约分析》,《农业经济问题》2004 年第 8 期。

[112] 张志伟、王志国、张玉华:《政府在无公害农产品一体化推进中的重要作用》,《中国食物与营养》2006 年第 10 期。

[113] 赵春明:《农产品质量安全含义探析》,《农产品加工》2005 年第 1 期。

[114] 赵建欣、王俊阁:《农民专业合作组织农产品质量控制机制分析》,《合作经济》2010 年第 3 期。

[115] 赵苹:《荷兰农产品质量安全管理的主要特点与启示》,《农业质量标准》2005 年第 3 期。

[116] 赵卓、于冷:《农产品质量分级与消费者福利:原理、现实及政策含义》,《农业经济问题》2009 年第 1 期。

[117] 赵卓:《农产品质量分级促进农业现代化的作用机理研究》,上海交通大学博士论文,2009 年。

[118] 郑红军:《中国产品质量的综观研究》,中国经济出版社 2007 年版。

[119] 周德翼、杨海娟:《食物质量安全管理中的信息不对称与政府监管机制》,《中国农村经济》2002 年第 6 期。

[120] 周洁红、胡剑锋:《蔬菜加工企业质量安全管理行为及其影响因素分析——以浙江为例》,《中国农村经济》2009 年第 3 期。

[121] 周洁红、叶俊焘:《我国食品安全管理中 HACCP 应用的现状、瓶颈与路径选择》,《农业经济问题》2007 年第 8 期。

[122] 周良骥:《试论"龙头"企业在农业产业化中的地位和

作用》,《高等农业教育》1999 年第 7 期。

[123]周应恒、霍丽钥:《食品安全问题的经济学思考》,《南京农业大学学报》2003 年第 3 期。

[124]周中林:《我国农业产业化龙头企业历史地位与发展对策》,《求索》2005 年第 4 期。

[125]朱彧、孙志永:《农产品质量安全全程控制 GAP、HACCP探索与实践》,中国农业大学出版社 2006 年版。

外文部分

[1] Alemann, Ablerto, *The Evolution of European Food Regulation , What's the Beef? The Contested Qvermance of European Food Safety,* MIT Press, 2006.

[2] Ahumada O, Villalobos J. K.Application of planning models in zhe agri-food supply chain: A review[J]. *European Journal of Operational Research.*2009(59).1-20.

[3] Altieri M A, Nicholls C. L.*Soil fertility management and insect pests: harmonizing soil and plant health in agroecosystems*[J]. Soil and Tillage Kesearch, 2003(72): 203-211.

[4] Annandale D *Mining company approaches to environmental approvals regulation: a survey of seniorenvironment managers in Canadian* 2000(26).

[5] Anon.Preliminary Food Net Data on the Incidence of Infection with Pathogens Transmitted Commonly Through Food—10 States, 2007, *Morbidity and Mortality Weekly Record*(57), 2008.

［6］Antle.Benefits and Costs of Food Safety Regulation［J］. *Food Policy*, 1999（24）: 605-623.

［7］Biglaiser, Gary: *"Middlemen as Experts"*, *Rand Journal of Economics*, 1993, 24（2）, Summer, 212-23.

［8］Caswell J. A.Valuing the benefits and costs of improved food safety and nutrition, *The Australian Journal of Agricultural and Resource Economics,* 1998, 42（4）: 409-424.

［9］Yapp, Charlotte and Robyn Fairman, Factors affecting food safety compliance within small and mediumsized Enterprises: implications for regulary and enforcement strategies, *Food Control* 2004（2）.

［10］Chaudhry, Q, Scotter M, Blackburn L, Ross B, Boxall A, Castle L, Aitken R, Watkin R. Applications and Implications and Implications of Nanotechnologies for the Food Sector, *Food Additives and Contaminants* 25, 2008.

［11］Fischer, Christian and Monika Hartmann.Factors influencing contractual choice and sustainable relationships in European agri-food supply Chains［J］. *European Review of Agricultural Economics.*2007（36）.541-569.

［12］Darby, M.Karni E. Free competition and the optimal amount of frand. *Journal of law and Economics* 1973, 16（4）: 67-68.

［13］David, A.Baker, Use of food safety objectives to satisfy the intent of food safety law, *Food Control,* 2002（13）, 319-376.

［14］Roberts, Donna and Laurian Unnevehr. Resolving Trade Disputes Arising from Trends in Food Safety Regulation: The Role of The Multilateral Governance Framework, *World Trade Review* 4, 2005.

［15］Elizabeth, C.Redmond, *Consumer perceptions of food safety risk, control and responsibility, Appetite*（APPET），2004（3）: 309-313.

［16］Erin Holleran, Maury E. Bredahl, Lokman Zaibet. Private incentives for adopting food safety and quality assurance .*Food Policy,* Volume 24, Issue 6, December 1999, 669-683.

［17］Farina, E. M. M. Q. and Reardon, T.: Agrifood Grades and Standards in the Extended Mercosur: Their Role in the Changing Agrifood System, *American Journal of Agricultural Economics,* 82（5）: 1170-1176, 2000.

［18］Gale, F and Huang K. *Demand for food quantity in China.* Economic reseach report United States Dept of Agriculture Economic Reseach Service 2007: 32-35.

［19］Galvin, L. *Produce, Food Safety, and International Trade, International Trade and Food Safety: Economic Theory and Case Studies,* AER 828, USDA/ERS, November, 2003.

［20］Giovannucci, D. and Reardon T.: Understanding Grades and Standards and How to Apply Them, in Giovannucci D: *A Guide to Developing Agricultural Markets and Agro-enterprises*, World Bank, Washington DC, 2000.

［21］Hooker, N.H, R.M.Neyga and J.W.Siebert. The Impact of HACCP on Costs and Product Exit, *Journal of Agricultural and Applied Economics* 34, April, 2002.

［22］Houghton, J. R, Van Kleef, E. ，Rowe, G, and Frewer, L.J., Consumer Perceptions of the Effectiveness of Food Risk Management Practices: A Cross-cultural Study, *Health, Risk and Society*, 2006（8）.

［23］Jouve, J.L., Establishiment of food safety objectives, *Food*

Control, 1999（10）: 303-305.

［24］Marian Garcia Martinez, Andrew Fearne, Julie A. Caswell and Spencer Henson.Co-regulation as a possible model for food safety governance: Opportunities for public–private partnerships.*Food Policy,* Volume 32, Issue 3, June 2007, 299-314.

［25］Marion J. Healy and Paul Brent. Developing Evidens-based Food Standards: Successes and Challenges, *The Australian Journal of Dairy Technology,* Vol. 62, No. 2, August, 2007.

［26］Singer, Marcos, Patricio Donoso and Pedro Traverso. *Quality strategies in supply chain alliances of disposable items*, Omega, Volume 31, Issue 6, December 2003, 499-509.

［27］Miguel I. Gomez, Maria P.Cabal, Jairo A.Torres.Private Initatives on food safety: the case of the Colombian poultry, *Food Control,* 2002（13）: 83-86.

［28］Nelson, P.Information and customer behavior. *Journal of Political Economy,* 1970, 78（2）: 311-329.

［29］Turan, Nesve. *Incentives and Institutions: A Comparative Legal and Economic Study of Food Safety*, Dissertation, Submitted in Partial Fulfillment of the Requirements for the Degree of Doctor of Philosophy in Agricultural and Consumer Economics in the Graduate College of the University of Illinois at Urbana—Champaign, 2005.

［30］Ollinger, M. D, Moore and R. Chandran. Meat and Poultry Plants/food Safety Investments: Survey Findings, Agricultural Eonomic Report No, 1911, *Economic Research Service*, United States Department of Agriculture, 2004.

［31］Karipidisa, P., K.Athanassiadisb, S.Aggelopoulosa and

E.Giompliakis. Factoeers affecting the adoption of qulity assurance systems in small food Enterprise[J]. *Food control*, 2009（2）：93-98.

［32］Pieternel, A.Luning and Willem J.Marcels.A food quality management research methodology intergrating technology and managerial theories trends［j］. *Food Science&Technology*, 2009（1）：35-44.

［33］Tompkin, R. B., Interactions between government and industry food safety activities, *Food control*, 2001（12）：203-207.

［34］Reardon, T.; Codron, J. M.; Busch, L.; Bingen, J. and Harris, C.: Global Change in Agrifood Grades and Standards: Agribusiness Strategic Responses in Developing Countries, *International Food and Agribusiness Management Review*, 2（3）：329-334, 2001.

［35］Ritson, C.&Li, W.M.*The economics of food safety*［J］. *Nutrition & Food Science*, 1998（5）：253-259.

［36］Rona R. J, Keil T., Summers C., Gislason D., Zuidmeer L., Sodergren S., Sigurdardottir T., Lindner T., Goldhahn K. and Dahlstrom J., *The Prevalence of Food Allergy: A Metanalysis,* Journal of Allergy and Clinical Immunology 120, 2007.

［37］Starbird, S.Andrew and Moral Hazard. Inspection Policy and Food Safety, *American Journal of Agricultural Economics* 87（1），Feb, 2005.

［38］Shapiro, C. Premiums for high quality products returns to reputations. *Quartely Journal of Economics,* 1983, Vol.98, 659-679.

［39］Shavll S. *Economic analysis of accident law*, Harvard University Press, 1987.

［40］*Standards: illustrations from Brazil*, International Food and

Agribusiness Management Review, 2002（4），7-17.

［41］Henson, Spencer and Julie Caswell.Food safety regulation: an overview of contemporary issues. *Food Policy*, Volume 24, Issue 6, December 1999, 589-603.

［42］Reardon, Thomas and Elizabeth Farina, *The rise of private food quality and safety.Udith Krishantha Jayasinghe—Mudalige Economic Incentives for Adopting food Safety Controls in Canadian Enterprises and the Role of Regulation,* A Thesis Presented to The Faculty of Graduate Studies of the University of Guelph, in Partial Fulfillment of Requirements for the Degree of Doctor of philosophy, 2004.

［43］Unnevehr, L.J.ed. *Food Safety in food Security and Food Trade*, Vision 2020 Fconomy, Cambridge, MA: Harvard University Press, 1995.

［44］US Food and Drug Administration &US Department of Agriculture. *A Description of The US Food Safety Syste*, US Codex Office, 2000.

附录一

附表 A 1978—2010 年全国人均 GDP 和城乡居民收入

年份	城镇居民家庭人均可支配收入（元）	农村居民家庭人均纯收入（元）	人均 GDP（元）
1978	343.4	133.6	381
1980	477.6	191.3	463
1985	739.1	397.6	858
1990	1510.2	686.3	1644
1991	1700.6	708.6	1893
1992	2026.6	784.0	2311
1993	2577.4	921.6	2998
1994	3496.2	1221.0	4044
1995	4283.0	1577.7	5046
1996	4838.9	1926.1	5846
1997	5160.3	2090.1	6420
1998	5425.1	2162.0	6796
1999	5854.02	2210.3	7159
2000	6280.0	2253.4	7858
2001	6859.6	2366.4	8622
2002	7702.8	2475.6	9398
2003	8472.2	2622.2	10542
2004	9421.6	2936.4	12336

年份	城镇居民家庭人均可支配收入（元）	农村居民家庭人均纯收入（元）	人均 GDP（元）
2005	10493.0	3254.9	14185
2006	11759.5	3587.0	16400
2007	13785.8	4140.4	20169
2008	15780.76	4760.62	23708
2009	17174.65	5153.17	25575
2010	19109.0	5919.0	29678

数据来源:《中国统计年鉴》、《2010 年国民经济和社会发展统计公报》

附表 B　样本区域分布

序号	区域分布		Frequency	Percent（%）	Percent Total（%）
1	东部	河北	2	3.6	37.6
2		天津	1	1.8	
3		辽宁	2	3.6	
4		上海	1	1.8	
5		江苏	1	1.8	
6		福建	1	1.8	
7		广东	5	8.9	
8		山东	5	8.9	
9		海南	3	5.4	
10	中部	山西	1	1.8	21.5
11		吉林	2	3.6	
12		黑龙江	4	7.1	
13		安徽	1	1.8	
14		河南	3	5.4	
15		江西	1	1.8	
16	西部	四川	3	5.4	41.3
17		贵州	1	1.8	
18		甘肃	5	8.9	
19		云南	2	3.6	
20		广西	3	5.4	
21		内蒙古	2	3.6	
22		宁夏	3	5.4	
23		陕西	2	3.6	
24		新疆	2	3.6	
合计			56	100.0	100.0

附录二
农业产业化国家重点龙头企业产品质量控制
调查问卷表

一、企业基本情况

1. 贵企业名称：_____；地址：_____

2. 填表人姓名：_____；职位：_____；联系电话：_____；
E-mail：_____

3. 贵企业员工人数：（　　　）

A. 2000 人及以上　　　B. 300—2000 人　　　C. 300 人以下

销售额：（　　　）

A. 30000 万元及以上　B. 3000—30000 万元　C. 3000 万元以下

资产总额：（　　　）

A. 40000 万元及以上　B. 4000—40000 万元　C. 4000 万元以下

4. 贵企业的主营产品品种类型：_____；产品是否出口：（　　　）
否、（　　　）是，出口品种：_____；出口国家或地区：_____

5. 贵企业性质：（　　　）

A. 国有企业　　　　　B. 集体企业

C. 私营企业　　　　　D. 外商及港澳台投资企业

E. 股份合作企业　　　F. 其他_____（请注明）

6.贵企业产业化组织形式:(　　　)

A.公司　　　　　　　　B.公司 + 农户

C.公司 + 基地　　　　　D.公司 + 基地 + 农户

E.其他:＿＿＿＿＿(请注明)

7.贵企业决策者的年龄:(　　　)

A.30 岁以下　　　　B.30—39 岁　　　　C.40—49 岁

D.50—59 岁　　　　E.60 岁以上

8.贵企业决策者的最终学历是:(　　　　)

A.初中或以下　　　　B.高中　　　　　C.大专

D.大学本科　　　　　E.硕士研究生　　　F.博士研究生

9.贵企业决策者是否具备食品行业的专业知识背景:(　　　　)

A.是　　　　　　　　B.否

10.贵企业质量管理部门人数:＿＿＿＿＿人;其中,大专:
＿＿＿＿＿人,本科:＿＿＿＿＿人;硕士以上:＿＿＿＿＿人

二、企业产品质量安全及控制现状

11.贵企业曾经面临过由于食品安全问题所带来的风险或者损失吗?(　　　)

A.有,风险和损失非常重大

B.有,但风险和损失不太重大

C.从来没有

12.贵企业主要产品执行标准:(　　　)【可多选】

A.国际或国外先进标准

B.国家标准　　　　　C.行业标准

D.地方标准　　　　　E.企业标准

13.贵企业建立了哪些食品安全管理制度?(　　　)【可多选】

A.进货查验记录制度　B.生产过程控制制度

C. 出厂检验记录制度　D. 产品标识

E. 销售台账　　　　　F. 不安全食品召回制度

G. 食品安全事故处置制度

H. 追溯制度　　　　　I. 其他：＿＿＿＿＿

14. 贵企业产品通过了以下哪些认证？（　　　）

A. 无公害农产品认证　B. 绿色食品认证

C. 有机农产品认证　　D. 无

15. 贵企业采用了哪些非强制性的质量安全认证：（　　　）【可多选】

A. ISO 系列认证　　　B. HACCP 认证　　　C. GMP 认证

D. GAP 认证　　　　　E. 其他＿＿＿＿＿（请注明）

16. 上题中贵企业没有采用过任何非强制性的质量认证的原因排序：（请在□中打√）

原因排序	认证费用太高	无利润可图	消费者不在乎认证	政府没有强制要求	其他同行也未采用	产品质量已很安全	认证过程太麻烦	其他（请注明）
第一位								
第二位								
第三位								
第四位								
第五位								
第六位								
第七位								
第八位								

17. 贵企业实施质量安全培训的方式：（　　　）

A. 外部培训　　　　　B. 内部培训

C. 自学　　　　　　　D. 无

您认为质量安全管理培训的效果如何？（　　　）

A. 非常有效　　　　　B. 较明显　　　　　C. 不够理想

18. 本企业产品主要检测途径：（　　　）

A. 企业自检　　　　　B. 委托检测

C. 其他 _____（请注明）

19. 贵企业产品质量控制的效果如何？（　　　）

A. 效果明显　　　　　B. 有效果但不明显　　C. 无效果

如果有效果，效果主要表现在哪些方面：（　　　）【可多选】

A. 产品销量增加　　　B. 产品价格上升　　　C. 品牌价值提高

D. 企业谈判能力增强　E. 其他 _____（请注明）

20. 贵企业产品质量安全控制的主要困难是：（　　　）【可多选】

A. 原材料质量难以控制

B. 质量安全意识不强

C. 优质优价机制尚未形成

D. 相关技术人员和信息缺乏

E. 销售、流通环节难以控制

F. 检测成本太高

G. 产品质量标准不适应实际需要

H. 其他 _____（请注明）

21. 贵企业质量控制在本行业中所处地位：（　　　）

A. 领先　　　　　　　B. 中等　　　　　　　C. 落后

三、主要影响因素

22. 贵企业是否愿意继续提高本企业的产品质量控制水平：（　　　）

A. 非常愿意　　　　　B. 愿意　　　　　　　C. 一般

D. 不愿意　　　　　　E. 很不愿意

23. 目前消费者对于食品质量安全日益增长的要求对贵企业的

产品生产有压力吗？（　　　）

　　A. 很有压力　　　　　　　B. 压力有点大

　　C. 压力不太大　　　　　　D. 没有任何压力

24. 贵企业进行产品质量控制的动机是？（请根据相关性在以下各个因素的重要性量表中打√）

序号	动机	非常有关系	比较有关系	一般	不太有关系	毫无关系
【1】	提高产品质量的需要					
【2】	提高企业的经营利润					
【3】	降低食品安全风险					
【4】	打造产品品牌					
【5】	参与同行竞争					
【6】	开拓海外市场					
【7】	法律法规要求					
【8】	确立领先地位					
【9】	企业社会责任驱使					
【10】	满足消费需求					

　　25. 请对以下环节在产品质量控制中的难易程度（从难到易）进行排序：_____

　　A. 产前　　　　　　　　　　B. 生产过程

　　C. 产后（储存、流通）　　　D. 消费环节

　　26. 影响贵企业产品质量的主要因素是？（请按重要性在量表中打√）

序号	影响因素	非常重要	重要	一般	不重要	非常不重要
【1】	原材料					
【2】	产品标准和规程					
【3】	员工素质和能力					
【4】	检测手段和方法					

序号	影响因素	非常重要	重要	一般	不重要	非常不重要
【5】	质量控制制度					
【6】	设备工艺流程					
【7】	管理方式和方法					
【8】	生产环境					
【9】	相关法律法规、政策					
【10】	政府监管力度					
【11】	社会舆论					
【12】	行业风气					
【13】其他（请注明）：						

27. 现有质量检测方法能否满足贵企业产品生产各个环节质量控制和管理的需要：（　　　）

　　A. 满足　　　　　　B. 基本满足　　　　C. 需要修订

28. 您认为政府在质量安全管理方面的作用如何？（　　　）

　　A. 显著　　　　　　B. 一般　　　　　　C. 不明显

29. 在产品质量控制方面，贵企业是否得到过政策支持？（　　　）

　　A. 是　　　　　　　B. 否

如果"是"，政策支持在哪些方面：＿＿＿＿（请注明）

30. 贵企业在产品质量控制方面，最希望得到政府的哪些支持？【请在下表□中打√】

政府支持排序	财政支持	信息支持	制定公平合理的政策	制定标准、检测等技术服务	其他（请注明）：
第一位					
第二位					
第三位					
第四位					
第五位					

四、建议

31. 对本行业产品质量控制的综合评价：

32. 政策建议和措施（从规划、政策、标准以及技改、监管、行业指导等方面提出具有可操作性的建议）：

附录三
我国农产品质量和食品安全法律法规

中华人民共和国农产品质量安全法

第一章 总 则

第一条 为保障农产品质量安全，维护公众健康，促进农业和农村经济发展，制定本法。

第二条 本法所称农产品，是指来源于农业的初级产品，即在农业活动中获得的植物、动物、微生物及其产品。

本法所称农产品质量安全，是指农产品质量符合保障人的健康、安全的要求。

第三条 县级以上人民政府农业行政主管部门负责农产品质量安全的监督管理工作；县级以上人民政府有关部门按照职责分工，负责农产品质量安全的有关工作。

第四条 县级以上人民政府应当将农产品质量安全管理工作纳入本级国民经济和社会发展规划，并安排农产品质量安全经费，用于开展农产品质量安全工作。

第五条 县级以上地方人民政府统一领导、协调本行政区域

内的农产品质量安全工作，并采取措施，建立健全农产品质量安全
服务体系，提高农产品质量安全水平。

第六条 国务院农业行政主管部门应当设立由有关方面专家
组成的农产品质量安全风险评估专家委员会，对可能影响农产品质
量安全的潜在危害进行风险分析和评估。

国务院农业行政主管部门应当根据农产品质量安全风险评估
结果采取相应的管理措施，并将农产品质量安全风险评估结果及时
通报国务院有关部门。

第七条 国务院农业行政主管部门和省、自治区、直辖市人
民政府农业行政主管部门应当按照职责权限，发布有关农产品质量
安全状况信息。

第八条 国家引导、推广农产品标准化生产，鼓励和支持生
产优质农产品，禁止生产、销售不符合国家规定的农产品质量安全
标准的农产品。

第九条 国家支持农产品质量安全科学技术研究，推行科学
的质量安全管理方法，推广先进安全的生产技术。

第十条 各级人民政府及有关部门应当加强农产品质量安全
知识的宣传，提高公众的农产品质量安全意识，引导农产品生产
者、销售者加强质量安全管理，保障农产品消费安全。

第二章 农产品质量安全标准

第十一条 国家建立健全农产品质量安全标准体系。农产品
质量安全标准是强制性的技术规范。

农产品质量安全标准的制定和发布，依照有关法律、行政法
规的规定执行。

第十二条 制定农产品质量安全标准应当充分考虑农产品质量安全风险评估结果，并听取农产品生产者、销售者和消费者的意见，保障消费安全。

第十三条 农产品质量安全标准应当根据科学技术发展水平以及农产品质量安全的需要，及时修订。

第十四条 农产品质量安全标准由农业行政主管部门商有关部门组织实施。

第三章 农产品产地

第十五条 县级以上地方人民政府农业行政主管部门按照保障农产品质量安全的要求，根据农产品品种特性和生产区域大气、土壤、水体中有毒有害物质状况等因素，认为不适宜特定农产品生产的，提出禁止生产的区域，报本级人民政府批准后公布。具体办法由国务院农业行政主管部门商国务院环境保护行政主管部门制定。

农产品禁止生产区域的调整，依照前款规定的程序办理。

第十六条 县级以上人民政府应当采取措施，加强农产品基地建设，改善农产品的生产条件。

县级以上人民政府农业行政主管部门应当采取措施，推进保障农产品质量安全的标准化生产综合示范区、示范农场、养殖小区和无规定动植物疫病区的建设。

第十七条 禁止在有毒有害物质超过规定标准的区域生产、捕捞、采集食用农产品和建立农产品生产基地。

第十八条 禁止违反法律、法规的规定向农产品产地排放或者倾倒废水、废气、固体废物或者其他有毒有害物质。

农业生产用水和用作肥料的固体废物，应当符合国家规定的标准。

第十九条　农产品生产者应当合理使用化肥、农药、兽药、农用薄膜等化工产品，防止对农产品产地造成污染。

第四章　农产品生产

第二十条　国务院农业行政主管部门和省、自治区、直辖市人民政府农业行政主管部门应当制定保障农产品质量安全的生产技术要求和操作规程。县级以上人民政府农业行政主管部门应当加强对农产品生产的指导。

第二十一条　对可能影响农产品质量安全的农药、兽药、饲料和饲料添加剂、肥料、兽医器械，依照有关法律、行政法规的规定实行许可制度。

国务院农业行政主管部门和省、自治区、直辖市人民政府农业行政主管部门应当定期对可能危及农产品质量安全的农药、兽药、饲料和饲料添加剂、肥料等农业投入品进行监督抽查，并公布抽查结果。

第二十二条　县级以上人民政府农业行政主管部门应当加强对农业投入品使用的管理和指导，建立健全农业投入品的安全使用制度。

第二十三条　农业科研教育机构和农业技术推广机构应当加强对农产品生产者质量安全知识和技能的培训。

第二十四条　农产品生产企业和农民专业合作经济组织应当建立农产品生产记录，如实记载下列事项：

（一）使用农业投入品的名称、来源、用法、用量和使用、停用的日期；

（二）动物疫病、植物病虫草害的发生和防治情况；

（三）收获、屠宰或者捕捞的日期。

农产品生产记录应当保存二年。禁止伪造农产品生产记录。

国家鼓励其他农产品生产者建立农产品生产记录。

第二十五条 农产品生产者应当按照法律、行政法规和国务院农业行政主管部门的规定，合理使用农业投入品，严格执行农业投入品使用安全间隔期或者休药期的规定，防止危及农产品质量安全。

禁止在农产品生产过程中使用国家明令禁止使用的农业投入品。

第二十六条 农产品生产企业和农民专业合作经济组织，应当自行或者委托检测机构对农产品质量安全状况进行检测；经检测不符合农产品质量安全标准的农产品，不得销售。

第二十七条 农民专业合作经济组织和农产品行业协会对其成员应当及时提供生产技术服务，建立农产品质量安全管理制度，健全农产品质量安全控制体系，加强自律管理。

第五章 农产品包装和标识

第二十八条 农产品生产企业、农民专业合作经济组织以及从事农产品收购的单位或者个人销售的农产品，按照规定应当包装或者附加标识的，须经包装或者附加标识后方可销售。包装物或者标识上应当按照规定标明产品的品名、产地、生产者、生产日期、保质期、产品质量等级等内容；使用添加剂的，还应当按照规定标明添加剂的名称。具体办法由国务院农业行政主管部门制定。

第二十九条　农产品在包装、保鲜、贮存、运输中所使用的保鲜剂、防腐剂、添加剂等材料，应当符合国家有关强制性的技术规范。

第三十条　属于农业转基因生物的农产品，应当按照农业转基因生物安全管理的有关规定进行标识。

第三十一条　依法需要实施检疫的动植物及其产品，应当附具检疫合格标志、检疫合格证明。

第三十二条　销售的农产品必须符合农产品质量安全标准，生产者可以申请使用无公害农产品标志。农产品质量符合国家规定的有关优质农产品标准的，生产者可以申请使用相应的农产品质量标志。

禁止冒用前款规定的农产品质量标志。

第六章　监督检查

第三十三条　有下列情形之一的农产品，不得销售：

（一）含有国家禁止使用的农药、兽药或者其他化学物质的；

（二）农药、兽药等化学物质残留或者含有的重金属等有毒有害物质不符合农产品质量安全标准的；

（三）含有的致病性寄生虫、微生物或者生物毒素不符合农产品质量安全标准的；

（四）使用的保鲜剂、防腐剂、添加剂等材料不符合国家有关强制性的技术规范的；

（五）其他不符合农产品质量安全标准的。

第三十四条　国家建立农产品质量安全监测制度。县级以上人民政府农业行政主管部门应当按照保障农产品质量安全的要求，制定并组织实施农产品质量安全监测计划，对生产中或者市场上销售的农产品进行监督抽查。监督抽查结果由国务院农业行政主管部门或者省、自治区、直辖市人民政府农业行政主管部门按照权限予以公布。

监督抽查检测应当委托符合本法第三十五条规定条件的农产品质量安全检测机构进行，不得向被抽查人收取费用，抽取的样品不得超过国务院农业行政主管部门规定的数量。上级农业行政主管部门监督抽查的农产品，下级农业行政主管部门不得另行重复抽查。

第三十五条　农产品质量安全检测应当充分利用现有的符合条件的检测机构。

从事农产品质量安全检测的机构，必须具备相应的检测条件和能力，由省级以上人民政府农业行政主管部门或者其授权的部门考核合格。具体办法由国务院农业行政主管部门制定。

农产品质量安全检测机构应当依法经计量认证合格。

第三十六条　农产品生产者、销售者对监督抽查检测结果有异议的，可以自收到检测结果之日起五日内，向组织实施农产品质量安全监督抽查的农业行政主管部门或者其上级农业行政主管部门申请复检。

采用国务院农业行政主管部门会同有关部门认定的快速检测方法进行农产品质量安全监督抽查检测，被抽查人对检测结果有异议的，可以自收到检测结果时起四小时内申请复检。复检不得采用快速检测方法。

因检测结果错误给当事人造成损害的，依法承担赔偿责任。

第三十七条　农产品批发市场应当设立或者委托农产品质量安全检测机构，对进场销售的农产品质量安全状况进行抽查检测；

发现不符合农产品质量安全标准的，应当要求销售者立即停止销售，并向农业行政主管部门报告。

农产品销售企业对其销售的农产品，应当建立健全进货检查验收制度；经查验不符合农产品质量安全标准的，不得销售。

第三十八条　国家鼓励单位和个人对农产品质量安全进行社会监督。任何单位和个人都有权对违反本法的行为进行检举、揭发和控告。有关部门收到相关的检举、揭发和控告后，应当及时处理。

第三十九条　县级以上人民政府农业行政主管部门在农产品质量安全监督检查中，可以对生产、销售的农产品进行现场检查，调查了解农产品质量安全的有关情况，查阅、复制与农产品质量安全有关的记录和其他资料；对经检测不符合农产品质量安全标准的农产品，有权查封、扣押。

第四十条　发生农产品质量安全事故时，有关单位和个人应当采取控制措施，及时向所在地乡级人民政府和县级人民政府农业行政主管部门报告；收到报告的机关应当及时处理并报上一级人民政府和有关部门。发生重大农产品质量安全事故时，农业行政主管部门应当及时通报同级食品药品监督管理部门。

第四十一条　县级以上人民政府农业行政主管部门在农产品质量安全监督管理中，发现有本法第三十三条所列情形之一的农产品，应当按照农产品质量安全责任追究制度的要求，查明责任人，依法予以处理或者提出处理建议。

第四十二条　进口的农产品必须按照国家规定的农产品质量安全标准进行检验；尚未制定有关农产品质量安全标准的，应当依法及时制定，未制定之前，可以参照国家有关部门指定的国外有关标准进行检验。

第七章 法律责任

第四十三条 农产品质量安全监督管理人员不依法履行监督职责，或者滥用职权的，依法给予行政处分。

第四十四条 农产品质量安全检测机构伪造检测结果的，责令改正，没收违法所得，并处五万元以上十万元以下罚款，对直接负责的主管人员和其他直接责任人员处一万元以上五万元以下罚款；情节严重的，撤销其检测资格；造成损害的，依法承担赔偿责任。

农产品质量安全检测机构出具检测结果不实，造成损害的，依法承担赔偿责任；造成重大损害的，并撤销其检测资格。

第四十五条 违反法律、法规规定，向农产品产地排放或者倾倒废水、废气、固体废物或者其他有毒有害物质的，依照有关环境保护法律、法规的规定处罚；造成损害的，依法承担赔偿责任。

第四十六条 使用农业投入品违反法律、行政法规和国务院农业行政主管部门的规定的，依照有关法律、行政法规的规定处罚。

第四十七条 农产品生产企业、农民专业合作经济组织未建立或者未按照规定保存农产品生产记录的，或者伪造农产品生产记录的，责令限期改正；逾期不改正的，可以处二千元以下罚款。

第四十八条 违反本法第二十八条规定，销售的农产品未按照规定进行包装、标识的，责令限期改正；逾期不改正的，可以处二千元以下罚款。

第四十九条 有本法第三十三条第四项规定情形，使用的保鲜剂、防腐剂、添加剂等材料不符合国家有关强制性的技术规范的，责令停止销售，对被污染的农产品进行无害化处理，对不能进行无害化处理的予以监督销毁；没收违法所得，并处二千元以上二万元以下罚款。

第五十条　农产品生产企业、农民专业合作经济组织销售的农产品有本法第三十三条第一项至第三项或者第五项所列情形之一的，责令停止销售，追回已经销售的农产品，对违法销售的农产品进行无害化处理或者予以监督销毁；没收违法所得，并处二千元以上二万元以下罚款。

农产品销售企业销售的农产品有前款所列情形的，依照前款规定处理、处罚。

农产品批发市场中销售的农产品有第一款所列情形的，对违法销售的农产品依照第一款规定处理，对农产品销售者依照第一款规定处罚。

农产品批发市场违反本法第三十七条第一款规定的，责令改正，处二千元以上二万元以下罚款。

第五十一条　违反本法第三十二条规定，冒用农产品质量标志的，责令改正，没收违法所得，并处二千元以上二万元以下罚款。

第五十二条　本法第四十四条、第四十七条至第四十九条、第五十条第一款、第四款和第五十一条规定的处理、处罚，由县级以上人民政府农业行政主管部门决定；第五十条第二款、第三款规定的处理、处罚，由工商行政管理部门决定。

法律对行政处罚及处罚机关有其他规定的，从其规定。但是，对同一违法行为不得重复处罚。

第五十三条　违反本法规定，构成犯罪的，依法追究刑事责任。

第五十四条　生产、销售本法第三十三条所列农产品，给消费者造成损害的，依法承担赔偿责任。

　　农产品批发市场中销售的农产品有前款规定情形的，消费者可以向农产品批发市场要求赔偿；属于生产者、销售者责任的，农产品批发市场有权追偿。消费者也可以直接向农产品生产者、销售者要求赔偿。

第八章　附　则

　　第五十五条　生猪屠宰的管理按照国家有关规定执行。

　　第五十六条　本法自 2006 年 11 月 1 日起施行。

中华人民共和国食品安全法

第一章　总　则

第一条　为保证食品安全，保障公众身体健康和生命安全，制定本法。

第二条　在中华人民共和国境内从事下列活动，应当遵守本法：

（一）食品生产和加工（以下称食品生产），食品流通和餐饮服务（以下称食品经营）；

（二）食品添加剂的生产经营；

（三）用于食品的包装材料、容器、洗涤剂、消毒剂和用于食品生产经营的工具、设备（以下称食品相关产品）的生产经营；

（四）食品生产经营者使用食品添加剂、食品相关产品；

（五）对食品、食品添加剂和食品相关产品的安全管理。

供食用的源于农业的初级产品（以下称食用农产品）的质量安全管理，遵守《中华人民共和国农产品质量安全法》的规定。但是，制定有关食用农产品的质量安全标准、公布食用农产品安全有关信息，应当遵守本法的有关规定。

第三条　食品生产经营者应当依照法律、法规和食品安全标准从事生产经营活动，对社会和公众负责，保证食品安全，接受社会监督，承担社会责任。

第四条　国务院设立食品安全委员会，其工作职责由国务院规定。

国务院卫生行政部门承担食品安全综合协调职责，负责食品安全风险评估、食品安全标准制定、食品安全信息公布、食品检验机构的资质认定条件和检验规范的制定，组织查处食品安全重大事故。

国务院质量监督、工商行政管理和国家食品药品监督管理部门依照本法和国务院规定的职责，分别对食品生产、食品流通、餐饮服务活动实施监督管理。

第五条 县级以上地方人民政府统一负责、领导、组织、协调本行政区域的食品安全监督管理工作，建立健全食品安全全程监督管理的工作机制；统一领导、指挥食品安全突发事件应对工作；完善、落实食品安全监督管理责任制，对食品安全监督管理部门进行评议、考核。

县级以上地方人民政府依照本法和国务院的规定确定本级卫生行政、农业行政、质量监督、工商行政管理、食品药品监督管理部门的食品安全监督管理职责。有关部门在各自职责范围内负责本行政区域的食品安全监督管理工作。

上级人民政府所属部门在下级行政区域设置的机构应当在所在地人民政府的统一组织、协调下，依法做好食品安全监督管理工作。

第六条 县级以上卫生行政、农业行政、质量监督、工商行政管理、食品药品监督管理部门应当加强沟通、密切配合，按照各自职责分工，依法行使职权，承担责任。

第七条 食品行业协会应当加强行业自律，引导食品生产经营者依法生产经营，推动行业诚信建设，宣传、普及食品安全知识。

第八条 国家鼓励社会团体、基层群众性自治组织开展食品安全法律、法规以及食品安全标准和知识的普及工作，倡导健康的饮食方式，增强消费者食品安全意识和自我保护能力。

新闻媒体应当开展食品安全法律、法规以及食品安全标准和知识的公益宣传，并对违反本法的行为进行舆论监督。

第九条 国家鼓励和支持开展与食品安全有关的基础研究和应用研究，鼓励和支持食品生产经营者为提高食品安全水平采用先进技术和先进管理规范。

第十条 任何组织或者个人有权举报食品生产经营中违反本法的行为，有权向有关部门了解食品安全信息，对食品安全监督管理工作提出意见和建议。

第二章　食品安全风险监测和评估

第十一条 国家建立食品安全风险监测制度，对食源性疾病、食品污染以及食品中的有害因素进行监测。

国务院卫生行政部门会同国务院有关部门制定、实施国家食品安全风险监测计划。省、自治区、直辖市人民政府卫生行政部门根据国家食品安全风险监测计划，结合本行政区域的具体情况，组织制定、实施本行政区域的食品安全风险监测方案。

第十二条 国务院农业行政、质量监督、工商行政管理和国家食品药品监督管理等有关部门获知有关食品安全风险信息后，应当立即向国务院卫生行政部门通报。国务院卫生行政部门会同有关部门对信息核实后，应当及时调整食品安全风险监测计划。

第十三条 国家建立食品安全风险评估制度，对食品、食品添加剂中生物性、化学性和物理性危害进行风险评估。

国务院卫生行政部门负责组织食品安全风险评估工作，成立由医学、农业、食品、营养等方面的专家组成的食品安全风险评估专家委员会进行食品安全风险评估。

对农药、肥料、生长调节剂、兽药、饲料和饲料添加剂等的安全性评估，应当有食品安全风险评估专家委员会的专家参加。

食品安全风险评估应当运用科学方法，根据食品安全风险监测信息、科学数据以及其他有关信息进行。

第十四条　国务院卫生行政部门通过食品安全风险监测或者接到举报发现食品可能存在安全隐患的，应当立即组织进行检验和食品安全风险评估。

第十五条　国务院农业行政、质量监督、工商行政管理和国家食品药品监督管理等有关部门应当向国务院卫生行政部门提出食品安全风险评估的建议，并提供有关信息和资料。

国务院卫生行政部门应当及时向国务院有关部门通报食品安全风险评估的结果。

第十六条　食品安全风险评估结果是制定、修订食品安全标准和对食品安全实施监督管理的科学依据。

食品安全风险评估结果得出食品不安全结论的，国务院质量监督、工商行政管理和国家食品药品监督管理部门应当依据各自职责立即采取相应措施，确保该食品停止生产经营，并告知消费者停止食用；需要制定、修订相关食品安全国家标准的，国务院卫生行政部门应当立即制定、修订。

第十七条　国务院卫生行政部门应当会同国务院有关部门，根据食品安全风险评估结果、食品安全监督管理信息，对食品安全状况进行综合分析。对经综合分析表明可能具有较高程度安全风险的食品，国务院卫生行政部门应当及时提出食品安全风险警示，并予以公布。

第三章　食品安全标准

第十八条　制定食品安全标准，应当以保障公众身体健康为宗旨，做到科学合理、安全可靠。

第十九条　食品安全标准是强制执行的标准。除食品安全标准外，不得制定其他的食品强制性标准。

第二十条　食品安全标准应当包括下列内容：

（一）食品、食品相关产品中的致病性微生物、农药残留、兽药残留、重金属、污染物质以及其他危害人体健康物质的限量规定；

（二）食品添加剂的品种、使用范围、用量；

（三）专供婴幼儿和其他特定人群的主辅食品的营养成分要求；

（四）对与食品安全、营养有关的标签、标识、说明书的要求；

（五）食品生产经营过程的卫生要求；

（六）与食品安全有关的质量要求；

（七）食品检验方法与规程；

（八）其他需要制定为食品安全标准的内容。

第二十一条　食品安全国家标准由国务院卫生行政部门负责制定、公布，国务院标准化行政部门提供国家标准编号。

食品中农药残留、兽药残留的限量规定及其检验方法与规程由国务院卫生行政部门、国务院农业行政部门制定。

屠宰畜、禽的检验规程由国务院有关主管部门会同国务院卫生行政部门制定。

有关产品国家标准涉及食品安全国家标准规定内容的，应当与食品安全国家标准相一致。

第二十二条 国务院卫生行政部门应当对现行的食用农产品质量安全标准、食品卫生标准、食品质量标准和有关食品的行业标准中强制执行的标准予以整合，统一公布为食品安全国家标准。

本法规定的食品安全国家标准公布前，食品生产经营者应当按照现行食用农产品质量安全标准、食品卫生标准、食品质量标准和有关食品的行业标准生产经营食品。

第二十三条 食品安全国家标准应当经食品安全国家标准审评委员会审查通过。食品安全国家标准审评委员会由医学、农业、食品、营养等方面的专家以及国务院有关部门的代表组成。

制定食品安全国家标准，应当依据食品安全风险评估结果并充分考虑食用农产品质量安全风险评估结果，参照相关的国际标准和国际食品安全风险评估结果，并广泛听取食品生产经营者和消费者的意见。

第二十四条 没有食品安全国家标准的，可以制定食品安全地方标准。

省、自治区、直辖市人民政府卫生行政部门组织制定食品安全地方标准，应当参照执行本法有关食品安全国家标准制定的规定，并报国务院卫生行政部门备案。

第二十五条 企业生产的食品没有食品安全国家标准或者地方标准的，应当制定企业标准，作为组织生产的依据。国家鼓励食品生产企业制定严于食品安全国家标准或者地方标准的企业标准。企业标准应当报省级卫生行政部门备案，在本企业内部适用。

第二十六条 食品安全标准应当供公众免费查阅。

第四章 食品生产经营

第二十七条 食品生产经营应当符合食品安全标准，并符合下列要求：

（一）具有与生产经营的食品品种、数量相适应的食品原料处理和食品加工、包装、贮存等场所，保持该场所环境整洁，并与有毒、有害场所以及其他污染源保持规定的距离；

（二）具有与生产经营的食品品种、数量相适应的生产经营设备或者设施，有相应的消毒、更衣、盥洗、采光、照明、通风、防腐、防尘、防蝇、防鼠、防虫、洗涤以及处理废水、存放垃圾和废弃物的设备或者设施；

（三）有食品安全专业技术人员、管理人员和保证食品安全的规章制度；

（四）具有合理的设备布局和工艺流程，防止待加工食品与直接入口食品、原料与成品交叉污染，避免食品接触有毒物、不洁物；

（五）餐具、饮具和盛放直接入口食品的容器，使用前应当洗净、消毒，炊具、用具用后应当洗净，保持清洁；

（六）贮存、运输和装卸食品的容器、工具和设备应当安全、无害，保持清洁，防止食品污染，并符合保证食品安全所需的温度等特殊要求，不得将食品与有毒、有害物品一同运输；

（七）直接入口的食品应当有小包装或者使用无毒、清洁的包装材料、餐具；

（八）食品生产经营人员应当保持个人卫生，生产经营食品时，应当将手洗净，穿戴清洁的工作衣、帽；销售无包装的直接入口食品时，应当使用无毒、清洁的售货工具；

（九）用水应当符合国家规定的生活饮用水卫生标准；

（十）使用的洗涤剂、消毒剂应当对人体安全、无害；

（十一）法律、法规规定的其他要求。

第二十八条 禁止生产经营下列食品：

（一）用非食品原料生产的食品或者添加食品添加剂以外的化学物质和其他可能危害人体健康物质的食品，或者用回收食品作为原料生产的食品；

（二）致病性微生物、农药残留、兽药残留、重金属、污染物质以及其他危害人体健康的物质含量超过食品安全标准限量的食品；

（三）营养成分不符合食品安全标准的专供婴幼儿和其他特定人群的主辅食品；

（四）腐败变质、油脂酸败、霉变生虫、污秽不洁、混有异物、掺假掺杂或者感官性状异常的食品；

（五）病死、毒死或者死因不明的禽、畜、兽、水产动物肉类及其制品；

（六）未经动物卫生监督机构检疫或者检疫不合格的肉类，或者未经检验或者检验不合格的肉类制品；

（七）被包装材料、容器、运输工具等污染的食品；

（八）超过保质期的食品；

（九）无标签的预包装食品；

（十）国家为防病等特殊需要明令禁止生产经营的食品；

（十一）其他不符合食品安全标准或者要求的食品。

第二十九条 国家对食品生产经营实行许可制度。从事食品生产、食品流通、餐饮服务，应当依法取得食品生产许可、食品流通许可、餐饮服务许可。

取得食品生产许可的食品生产者在其生产场所销售其生产的食品，不需要取得食品流通的许可；取得餐饮服务许可的餐饮服务提供者在其餐饮服务场所出售其制作加工的食品，不需要取得食品生产和流通的许可；农民个人销售其自产的食用农产品，不需要取得食品流通的许可。

食品生产加工小作坊和食品摊贩从事食品生产经营活动，应当符合本法规定的与其生产经营规模、条件相适应的食品安全要求，保证所生产经营的食品卫生、无毒、无害，有关部门应当对其加强监督管理，具体管理办法由省、自治区、直辖市人民代表大会常务委员会依照本法制定。

第三十条 县级以上地方人民政府鼓励食品生产加工小作坊改进生产条件；鼓励食品摊贩进入集中交易市场、店铺等固定场所经营。

第三十一条 县级以上质量监督、工商行政管理、食品药品监督管理部门应当依照《中华人民共和国行政许可法》的规定，审核申请人提交的本法第二十七条第一项至第四项规定要求的相关资料，必要时对申请人的生产经营场所进行现场核查；对符合规定条件的，决定准予许可；对不符合规定条件的，决定不予许可并书面说明理由。

第三十二条 食品生产经营企业应当建立健全本单位的食品安全管理制度，加强对职工食品安全知识的培训，配备专职或者兼职食品安全管理人员，做好对所生产经营食品的检验工作，依法从事食品生产经营活动。

第三十三条 国家鼓励食品生产经营企业符合良好生产规范要求，实施危害分析与关键控制点体系，提高食品安全管理水平。

对通过良好生产规范、危害分析与关键控制点体系认证的食品生产经营企业，认证机构应当依法实施跟踪调查；对不再符合认证要求的企业，应当依法撤销认证，及时向有关质量监督、工商行政管理、食品药品监督管理部门通报，并向社会公布。认证机构实施跟踪调查不收取任何费用。

第三十四条　食品生产经营者应当建立并执行从业人员健康管理制度。患有痢疾、伤寒、病毒性肝炎等消化道传染病的人员，以及患有活动性肺结核、化脓性或者渗出性皮肤病等有碍食品安全的疾病的人员，不得从事接触直接入口食品的工作。

食品生产经营人员每年应当进行健康检查，取得健康证明后方可参加工作。

第三十五条　食用农产品生产者应当依照食品安全标准和国家有关规定使用农药、肥料、生长调节剂、兽药、饲料和饲料添加剂等农业投入品。食用农产品的生产企业和农民专业合作经济组织应当建立食用农产品生产记录制度。

县级以上农业行政部门应当加强对农业投入品使用的管理和指导，建立健全农业投入品的安全使用制度。

第三十六条　食品生产者采购食品原料、食品添加剂、食品相关产品，应当查验供货者的许可证和产品合格证明文件；对无法提供合格证明文件的食品原料，应当依照食品安全标准进行检验；不得采购或者使用不符合食品安全标准的食品原料、食品添加剂、食品相关产品。

食品生产企业应当建立食品原料、食品添加剂、食品相关产品进货查验记录制度，如实记录食品原料、食品添加剂、食品相关产品的名称、规格、数量、供货者名称及联系方式、进货日期等内容。

食品原料、食品添加剂、食品相关产品进货查验记录应当真实，保存期限不得少于二年。

第三十七条 食品生产企业应当建立食品出厂检验记录制度，查验出厂食品的检验合格证和安全状况，并如实记录食品的名称、规格、数量、生产日期、生产批号、检验合格证号、购货者名称及联系方式、销售日期等内容。

食品出厂检验记录应当真实，保存期限不得少于二年。

第三十八条 食品、食品添加剂和食品相关产品的生产者，应当依照食品安全标准对所生产的食品、食品添加剂和食品相关产品进行检验，检验合格后方可出厂或者销售。

第三十九条 食品经营者采购食品，应当查验供货者的许可证和食品合格的证明文件。

食品经营企业应当建立食品进货查验记录制度，如实记录食品的名称、规格、数量、生产批号、保质期、供货者名称及联系方式、进货日期等内容。

食品进货查验记录应当真实，保存期限不得少于二年。

实行统一配送经营方式的食品经营企业，可以由企业总部统一查验供货者的许可证和食品合格的证明文件，进行食品进货查验记录。

第四十条 食品经营者应当按照保证食品安全的要求贮存食品，定期检查库存食品，及时清理变质或者超过保质期的食品。

第四十一条 食品经营者贮存散装食品，应当在贮存位置标明食品的名称、生产日期、保质期、生产者名称及联系方式等内容。

食品经营者销售散装食品，应当在散装食品的容器、外包装上标明食品的名称、生产日期、保质期、生产经营者名称及联系方式等内容。

第四十二条　预包装食品的包装上应当有标签。标签应当标明下列事项：

（一）名称、规格、净含量、生产日期；

（二）成分或者配料表；

（三）生产者的名称、地址、联系方式；

（四）保质期；

（五）产品标准代号；

（六）贮存条件；

（七）所使用的食品添加剂在国家标准中的通用名称；

（八）生产许可证编号；

（九）法律、法规或者食品安全标准规定必须标明的其他事项。

专供婴幼儿和其他特定人群的主辅食品，其标签还应当标明主要营养成分及其含量。

第四十三条　国家对食品添加剂的生产实行许可制度。申请食品添加剂生产许可的条件、程序，按照国家有关工业产品生产许可证管理的规定执行。

第四十四条　申请利用新的食品原料从事食品生产或者从事食品添加剂新品种、食品相关产品新品种生产活动的单位或者个人，应当向国务院卫生行政部门提交相关产品的安全性评估材料。国务院卫生行政部门应当自收到申请之日起六十日内组织对相关产品的安全性评估材料进行审查；对符合食品安全要求的，依法决定准予许可并予以公布；对不符合食品安全要求的，决定不予许可并书面说明理由。

第四十五条　食品添加剂应当在技术上确有必要且经过风险评估证明安全可靠，方可列入允许使用的范围。国务院卫生行政部门应当根据技术必要性和食品安全风险评估结果，及时对食品添加剂的品种、使用范围、用量的标准进行修订。

第四十六条　食品生产者应当依照食品安全标准关于食品添加剂的品种、使用范围、用量的规定使用食品添加剂；不得在食品生产中使用食品添加剂以外的化学物质和其他可能危害人体健康的物质。

第四十七条　食品添加剂应当有标签、说明书和包装。标签、说明书应当载明本法第四十二条第一款第一项至第六项、第八项、第九项规定的事项，以及食品添加剂的使用范围、用量、使用方法，并在标签上载明"食品添加剂"字样。

第四十八条　食品和食品添加剂的标签、说明书，不得含有虚假、夸大的内容，不得涉及疾病预防、治疗功能。生产者对标签、说明书上所载明的内容负责。

食品和食品添加剂的标签、说明书应当清楚、明显，容易辨识。

食品和食品添加剂与其标签、说明书所载明的内容不符的，不得上市销售。

第四十九条　食品经营者应当按照食品标签标示的警示标志、警示说明或者注意事项的要求，销售预包装食品。

第五十条　生产经营的食品中不得添加药品，但是可以添加按照传统既是食品又是中药材的物质。按照传统既是食品又是中药材的物质的目录由国务院卫生行政部门制定、公布。

第五十一条　国家对声称具有特定保健功能的食品实行严格监管。有关监督管理部门应当依法履职，承担责任。具体管理办法由国务院规定。

声称具有特定保健功能的食品不得对人体产生急性、亚急性或者慢性危害、其标签、说明书不得涉及疾病预防、治疗功能、内容必须真实、应当载明适宜人群、不适宜人群、功效成分或者标志性成分及其含量等；产品的功能和成分必须与标签、说明书相一致。

第五十二条 集中交易市场的开办者、柜台出租者和展销会举办者，应当审查入场食品经营者的许可证，明确入场食品经营者的食品安全管理责任，定期对入场食品经营者的经营环境和条件进行检查，发现食品经营者有违反本法规定的行为的，应当及时制止并立即报告所在地县级工商行政管理部门或者食品药品监督管理部门。

集中交易市场的开办者、柜台出租者和展销会举办者未履行前款规定义务，本市场发生食品安全事故的，应当承担连带责任。

第五十三条 国家建立食品召回制度。食品生产者发现其生产的食品不符合食品安全标准，应当立即停止生产，召回已经上市销售的食品，通知相关生产经营者和消费者，并记录召回和通知情况。

食品经营者发现其经营的食品不符合食品安全标准，应当立即停止经营，通知相关生产经营者和消费者，并记录停止经营和通知情况。食品生产者认为应当召回的，应当立即召回。

食品生产者应当对召回的食品采取补救、无害化处理、销毁等措施，并将食品召回和处理情况向县级以上质量监督部门报告。

食品生产经营者未依照本条规定召回或者停止经营不符合食品安全标准的食品的，县级以上质量监督、工商行政管理、食品药品监督管理部门可以责令其召回或者停止经营。

第五十四条 食品广告的内容应当真实合法，不得含有虚假、夸大的内容，不得涉及疾病预防、治疗功能。

食品安全监督管理部门或者承担食品检验职责的机构、食品行业协会、消费者协会不得以广告或者其他形式向消费者推荐食品。

第五十五条　社会团体或者其他组织、个人在虚假广告中向消费者推荐食品，使消费者的合法权益受到损害的，与食品生产经营者承担连带责任。

第五十六条　地方各级人民政府鼓励食品规模化生产和连锁经营、配送。

第五章　食品检验

第五十七条　食品检验机构按照国家有关认证认可的规定取得资质认定后，方可从事食品检验活动。但是，法律另有规定的除外。

食品检验机构的资质认定条件和检验规范，由国务院卫生行政部门规定。

本法施行前经国务院有关主管部门批准设立或者经依法认定的食品检验机构，可以依照本法继续从事食品检验活动。

第五十八条　食品检验由食品检验机构指定的检验人独立进行。

检验人应当依照有关法律、法规的规定，并依照食品安全标准和检验规范对食品进行检验，尊重科学，恪守职业道德，保证出具的检验数据和结论客观、公正，不得出具虚假的检验报告。

第五十九条　食品检验实行食品检验机构与检验人负责制。食品检验报告应当加盖食品检验机构公章，并有检验人的签名或者盖章。食品检验机构和检验人对出具的食品检验报告负责。

第六十条 食品安全监督管理部门对食品不得实施免检。

县级以上质量监督、工商行政管理、食品药品监督管理部门应当对食品进行定期或者不定期的抽样检验。进行抽样检验，应当购买抽取的样品，不收取检验费和其他任何费用。

县级以上质量监督、工商行政管理、食品药品监督管理部门在执法工作中需要对食品进行检验的，应当委托符合本法规定的食品检验机构进行，并支付相关费用。对检验结论有异议的，可以依法进行复检。

第六十一条 食品生产经营企业可以自行对所生产的食品进行检验，也可以委托符合本法规定的食品检验机构进行检验。

食品行业协会等组织、消费者需要委托食品检验机构对食品进行检验的，应当委托符合本法规定的食品检验机构进行。

第六章　食品进出口

第六十二条 进口的食品、食品添加剂以及食品相关产品应当符合我国食品安全国家标准。

进口的食品应当经出入境检验检疫机构检验合格后，海关凭出入境检验检疫机构签发的通关证明放行。

第六十三条 进口尚无食品安全国家标准的食品，或者首次进口食品添加剂新品种、食品相关产品新品种，进口商应当向国务院卫生行政部门提出申请并提交相关的安全性评估材料。国务院卫生行政部门依照本法第四十四条的规定作出是否准予许可的决定，并及时制定相应的食品安全国家标准。

第六十四条 境外发生的食品安全事件可能对我国境内造成影响，或者在进口食品中发现严重食品安全问题的，国家出入境检验检疫部门应当及时采取风险预警或者控制措施，并向国务院卫生行政、农业行政、工商行政管理和国家食品药品监督管理部门通报。接到通报的部门应当及时采取相应措施。

第六十五条　向我国境内出口食品的出口商或者代理商应当向国家出入境检验检疫部门备案。向我国境内出口食品的境外食品生产企业应当经国家出入境检验检疫部门注册。

国家出入境检验检疫部门应当定期公布已经备案的出口商、代理商和已经注册的境外食品生产企业名单。

第六十六条　进口的预包装食品应当有中文标签、中文说明书。标签、说明书应当符合本法以及我国其他有关法律、行政法规的规定和食品安全国家标准的要求，载明食品的原产地以及境内代理商的名称、地址、联系方式。预包装食品没有中文标签、中文说明书或者标签、说明书不符合本条规定的，不得进口。

第六十七条　进口商应当建立食品进口和销售记录制度，如实记录食品的名称、规格、数量、生产日期、生产或者进口批号、保质期、出口商和购货者名称及联系方式、交货日期等内容。

食品进口和销售记录应当真实，保存期限不得少于一年。

第六十八条　出口的食品由出入境检验检疫机构进行监督、抽检，海关凭出入境检验检疫机构签发的通关证明放行。

出口食品生产企业和出口食品原料种植、养殖场应当向国家出入境检验检疫部门备案。

第六十九条　国家出入境检验检疫部门应当收集、汇总进出口食品安全信息，并及时通报相关部门、机构和企业。

国家出入境检验检疫部门应当建立进出口食品的进口商、出口商和出口食品生产企业的信誉记录，并予以公布。对有不良记录的进口商、出口商和出口食品生产企业，应当加强对其进出口食品的检验检疫。

第七章　食品安全事故处置

第七十条　国务院组织制定国家食品安全事故应急预案。

县级以上地方人民政府应当根据有关法律、法规的规定和上级人民政府的食品安全事故应急预案以及本地区的实际情况，制定本行政区域的食品安全事故应急预案，并报上一级人民政府备案。

食品生产经营企业应当制定食品安全事故处置方案，定期检查本企业各项食品安全防范措施的落实情况，及时消除食品安全事故隐患。

第七十一条　发生食品安全事故的单位应当立即予以处置，防止事故扩大。事故发生单位和接收病人进行治疗的单位应当及时向事故发生地县级卫生行政部门报告。

农业行政、质量监督、工商行政管理、食品药品监督管理部门在日常监督管理中发现食品安全事故，或者接到有关食品安全事故的举报，应当立即向卫生行政部门通报。

发生重大食品安全事故的，接到报告的县级卫生行政部门应当按照规定向本级人民政府和上级人民政府卫生行政部门报告。县级人民政府和上级人民政府卫生行政部门应当按照规定上报。

任何单位或者个人不得对食品安全事故隐瞒、谎报、缓报，不得毁灭有关证据。

第七十二条　县级以上卫生行政部门接到食品安全事故的报告后，应当立即会同有关农业行政、质量监督、工商行政管理、食品药品监督管理部门进行调查处理，并采取下列措施，防止或者减轻社会危害：

（一）开展应急救援工作，对因食品安全事故导致人身伤害的人员，卫生行政部门应当立即组织救治；

（二）封存可能导致食品安全事故的食品及其原料，并立即进行检验；对确认属于被污染的食品及其原料，责令食品生产经营者依照本法第五十三条的规定予以召回、停止经营并销毁；

（三）封存被污染的食品用工具及用具，并责令进行清洗消毒；

（四）做好信息发布工作，依法对食品安全事故及其处理情况进行发布，并对可能产生的危害加以解释、说明。

发生重大食品安全事故的，县级以上人民政府应当立即成立食品安全事故处置指挥机构，启动应急预案，依照前款规定进行处置。

第七十三条　发生重大食品安全事故，设区的市级以上人民政府卫生行政部门应当立即会同有关部门进行事故责任调查，督促有关部门履行职责，向本级人民政府提出事故责任调查处理报告。

重大食品安全事故涉及两个以上省、自治区、直辖市的，由国务院卫生行政部门依照前款规定组织事故责任调查。

第七十四条　发生食品安全事故，县级以上疾病预防控制机构应当协助卫生行政部门和有关部门对事故现场进行卫生处理，并对与食品安全事故有关的因素开展流行病学调查。

第七十五条　调查食品安全事故，除了查明事故单位的责任，还应当查明负有监督管理和认证职责的监督管理部门、认证机构的工作人员失职、渎职情况。

第八章　监督管理

第七十六条　县级以上地方人民政府组织本级卫生行政、农业行政、质量监督、工商行政管理、食品药品监督管理部门制定本行政区域的食品安全年度监督管理计划，并按照年度计划组织开展工作。

第七十七条 县级以上质量监督、工商行政管理、食品药品监督管理部门履行各自食品安全监督管理职责，有权采取下列措施：

（一）进入生产经营场所实施现场检查；

（二）对生产经营的食品进行抽样检验；

（三）查阅、复制有关合同、票据、账簿以及其他有关资料；

（四）查封、扣押有证据证明不符合食品安全标准的食品，违法使用的食品原料、食品添加剂、食品相关产品，以及用于违法生产经营或者被污染的工具、设备；

（五）查封违法从事食品生产经营活动的场所。

县级以上农业行政部门应当依照《中华人民共和国农产品质量安全法》规定的职责，对食用农产品进行监督管理。

第七十八条 县级以上质量监督、工商行政管理、食品药品监督管理部门对食品生产经营者进行监督检查，应当记录监督检查的情况和处理结果。监督检查记录经监督检查人员和食品生产经营者签字后归档。

第七十九条 县级以上质量监督、工商行政管理、食品药品监督管理部门应当建立食品生产经营者食品安全信用档案，记录许可颁发、日常监督检查结果、违法行为查处等情况；根据食品安全信用档案的记录，对有不良信用记录的食品生产经营者增加监督检查频次。

第八十条 县级以上卫生行政、质量监督、工商行政管理、食品药品监督管理部门接到咨询、投诉、举报，对属于本部门职责的，应当受理，并及时进行答复、核实、处理；对不属于本部门职责的，应当书面通知并移交有权处理的部门处理。有权处理的部门应当及时处理，不得推诿；属于食品安全事故的，依照本法第七章有关规定进行处置。

第八十一条　县级以上卫生行政、质量监督、工商行政管理、食品药品监督管理部门应当按照法定权限和程序履行食品安全监督管理职责；对生产经营者的同一违法行为，不得给予二次以上罚款的行政处罚；涉嫌犯罪的，应当依法向公安机关移送。

第八十二条　国家建立食品安全信息统一公布制度。下列信息由国务院卫生行政部门统一公布：

（一）国家食品安全总体情况；

（二）食品安全风险评估信息和食品安全风险警示信息；

（三）重大食品安全事故及其处理信息；

（四）其他重要的食品安全信息和国务院确定的需要统一公布的信息。

前款第二项、第三项规定的信息，其影响限于特定区域的，也可以由有关省、自治区、直辖市人民政府卫生行政部门公布。县级以上农业行政、质量监督、工商行政管理、食品药品监督管理部门依据各自职责公布食品安全日常监督管理信息。

食品安全监督管理部门公布信息，应当做到准确、及时、客观。

第八十三条　县级以上地方卫生行政、农业行政、质量监督、工商行政管理、食品药品监督管理部门获知本法第八十二条第一款规定的需要统一公布的信息，应当向上级主管部门报告，由上级主管部门立即报告国务院卫生行政部门；必要时，可以直接向国务院卫生行政部门报告。

县级以上卫生行政、农业行政、质量监督、工商行政管理、食品药品监督管理部门应当相互通报获知的食品安全信息。

第九章　法律责任

第八十四条　违反本法规定，未经许可从事食品生产经营活动，或者未经许可生产食品添加剂的，由有关主管部门按照各自职责分工，没收违法所得、违法生产经营的食品、食品添加剂和用于违法生产经营的工具、设备、原料等物品；违法生产经营的食品、食品添加剂货值金额不足一万元的，并处二千元以上五万元以下罚款；货值金额一万元以上的，并处货值金额五倍以上十倍以下罚款。

第八十五条　违反本法规定，有下列情形之一的，由有关主管部门按照各自职责分工，没收违法所得、违法生产经营的食品和用于违法生产经营的工具、设备、原料等物品；违法生产经营的食品货值金额不足一万元的，并处二千元以上五万元以下罚款；货值金额一万元以上的，并处货值金额五倍以上十倍以下罚款；情节严重的，吊销许可证：

（一）用非食品原料生产食品或者在食品中添加食品添加剂以外的化学物质和其他可能危害人体健康的物质，或者用回收食品作为原料生产食品；

（二）生产经营致病性微生物、农药残留、兽药残留、重金属、污染物质以及其他危害人体健康的物质含量超过食品安全标准限量的食品；

（三）生产经营营养成分不符合食品安全标准的专供婴幼儿和其他特定人群的主辅食品；

（四）经营腐败变质、油脂酸败、霉变生虫、污秽不洁、混有异物、掺假掺杂或者感官性状异常的食品；

（五）经营病死、毒死或者死因不明的禽、畜、兽、水产动物肉类，或者生产经营病死、毒死或者死因不明的禽、畜、兽、水产动物肉类的制品；

（六）经营未经动物卫生监督机构检疫或者检疫不合格的肉类、或者生产经营未经检验或者检验不合格的肉类制品；

（七）经营超过保质期的食品；

（八）生产经营国家为防病等特殊需要明令禁止生产经营的食品；

（九）利用新的食品原料从事食品生产或者从事食品添加剂新品种、食品相关产品新品种生产，未经过安全性评估；

（十）食品生产经营者在有关主管部门责令其召回或者停止经营不符合食品安全标准的食品后，仍拒不召回或者停止经营的。

第八十六条　违反本法规定，有下列情形之一的，由有关主管部门按照各自职责分工，没收违法所得、违法生产经营的食品和用于违法生产经营的工具、设备、原料等物品；违法生产经营的食品货值金额不足一万元的，并处二千元以上五万元以下罚款；货值金额一万元以上的，并处货值金额二倍以上五倍以下罚款；情节严重的，责令停产停业，直至吊销许可证：

（一）经营被包装材料、容器、运输工具等污染的食品；

（二）生产经营无标签的预包装食品、食品添加剂或者标签、说明书不符合本法规定的食品、食品添加剂；

（三）食品生产者采购、使用不符合食品安全标准的食品原料、食品添加剂、食品相关产品；

（四）食品生产经营者在食品中添加药品。

第八十七条 违反本法规定，有下列情形之一的，由有关主管部门按照各自职责分工，责令改正，给予警告；拒不改正的，处二千元以上二万元以下罚款；情节严重的，责令停产停业，直至吊销许可证：

（一）未对采购的食品原料和生产的食品、食品添加剂、食品相关产品进行检验；

（二）未建立并遵守查验记录制度、出厂检验记录制度；

（三）制定食品安全企业标准未依照本法规定备案；

（四）未按规定要求贮存、销售食品或者清理库存食品；

（五）进货时未查验许可证和相关证明文件；

（六）生产的食品、食品添加剂的标签、说明书涉及疾病预防、治疗功能；

（七）安排患有本法第三十四条所列疾病的人员从事接触直接入口食品的工作。

第八十八条 违反本法规定，事故单位在发生食品安全事故后未进行处置、报告的，由有关主管部门按照各自职责分工，责令改正，给予警告；毁灭有关证据的，责令停产停业，并处二千元以上十万元以下罚款；造成严重后果的，由原发证部门吊销许可证。

第八十九条 违反本法规定，有下列情形之一的，依照本法第八十五条的规定给予处罚：

（一）进口不符合我国食品安全国家标准的食品；

（二）进口尚无食品安全国家标准的食品，或者首次进口食品添加剂新品种、食品相关产品新品种，未经过安全性评估；

（三）出口商未遵守本法的规定出口食品。

违反本法规定，进口商未建立并遵守食品进口和销售记录制度的，依照本法第八十七条的规定给予处罚。

第九十条　违反本法规定，集中交易市场的开办者、柜台出租者、展销会的举办者允许未取得许可的食品经营者进入市场销售食品，或者未履行检查、报告等义务的，由有关主管部门按照各自职责分工，处二千元以上五万元以下罚款；造成严重后果的，责令停业，由原发证部门吊销许可证。

第九十一条　违反本法规定，未按照要求进行食品运输的，由有关主管部门按照各自职责分工，责令改正，给予警告；拒不改正的，责令停产停业，并处二千元以上五万元以下罚款；情节严重的，由原发证部门吊销许可证。

第九十二条　被吊销食品生产、流通或者餐饮服务许可证的单位，其直接负责的主管人员自处罚决定作出之日起五年内不得从事食品生产经营管理工作。

食品生产经营者聘用不得从事食品生产经营管理工作的人员从事管理工作的，由原发证部门吊销许可证。

第九十三条　违反本法规定，食品检验机构、食品检验人员出具虚假检验报告的，由授予其资质的主管部门或者机构撤销该检验机构的检验资格；依法对检验机构直接负责的主管人员和食品检验人员给予撤职或者开除的处分。

违反本法规定，受到刑事处罚或者开除处分的食品检验机构人员，自刑罚执行完毕或者处分决定作出之日起十年内不得从事食品检验工作。食品检验机构聘用不得从事食品检验工作的人员的，由授予其资质的主管部门或者机构撤销该检验机构的检验资格。

第九十四条　违反本法规定，在广告中对食品质量作虚假宣传，欺骗消费者的，依照《中华人民共和国广告法》的规定给予处罚。

违反本法规定，食品安全监督管理部门或者承担食品检验职责的机构、食品行业协会、消费者协会以广告或者其他形式向消费者推荐食品的，由有关主管部门没收违法所得，依法对直接负责的主管人员和其他直接责任人员给予记大过、降级或者撤职的处分。

第九十五条 违反本法规定，县级以上地方人民政府在食品安全监督管理中未履行职责，本行政区域出现重大食品安全事故、造成严重社会影响的，依法对直接负责的主管人员和其他直接责任人员给予记大过、降级、撤职或者开除的处分。

违反本法规定，县级以上卫生行政、农业行政、质量监督、工商行政管理、食品药品监督管理部门或者其他有关行政部门不履行本法规定的职责或者滥用职权、玩忽职守、徇私舞弊的，依法对直接负责的主管人员和其他直接责任人员给予记大过或者降级的处分；造成严重后果的，给予撤职或者开除的处分；其主要负责人应当引咎辞职。

第九十六条 违反本法规定，造成人身、财产或者其他损害的，依法承担赔偿责任。

生产不符合食品安全标准的食品或者销售明知是不符合食品安全标准的食品，消费者除要求赔偿损失外，还可以向生产者或者销售者要求支付价款十倍的赔偿金。

第九十七条 违反本法规定，应当承担民事赔偿责任和缴纳罚款、罚金，其财产不足以同时支付时，先承担民事赔偿责任。

第九十八条 违反本法规定，构成犯罪的，依法追究刑事责任。

第十章 附　　则

第九十九条 本法下列用语的含义：

食品，指各种供人食用或者饮用的成品和原料以及按照传统既是食品又是药品的物品，但是不包括以治疗为目的的物品。

食品安全，指食品无毒、无害，符合应当有的营养要求，对人体健康不造成任何急性、亚急性或者慢性危害。

预包装食品，指预先定量包装或者制作在包装材料和容器中的食品。

食品添加剂，指为改善食品品质和色、香、味以及为防腐、保鲜和加工工艺的需要而加入食品中的人工合成或者天然物质。

用于食品的包装材料和容器，指包装、盛放食品或者食品添加剂用的纸、竹、木、金属、搪瓷、陶瓷、塑料、橡胶、天然纤维、化学纤维、玻璃等制品和直接接触食品或者食品添加剂的涂料。

用于食品生产经营的工具、设备，指在食品或者食品添加剂生产、流通、使用过程中直接接触食品或者食品添加剂的机械、管道、传送带、容器、用具、餐具等。

用于食品的洗涤剂、消毒剂，指直接用于洗涤或者消毒食品、餐饮具以及直接接触食品的工具、设备或者食品包装材料和容器的物质。

保质期，指预包装食品在标签指明的贮存条件下保持品质的期限。

食源性疾病，指食品中致病因素进入人体引起的感染性、中毒性等疾病。

食物中毒，指食用了被有毒有害物质污染的食品或者食用了含有毒有害物质的食品后出现的急性、亚急性疾病。

食品安全事故，指食物中毒、食源性疾病、食品污染等源于食品，对人体健康有危害或者可能有危害的事故。

第一百条　食品生产经营者在本法施行前已经取得相应许可证的，该许可证继续有效。

第一百零一条　乳品、转基因食品、生猪屠宰、酒类和食盐的食品安全管理，适用本法；法律、行政法规另有规定的，依照其规定。

第一百零二条　铁路运营中食品安全的管理办法由国务院卫生行政部门会同国务院有关部门依照本法制定。

军队专用食品和自供食品的食品安全管理办法由中央军事委员会依照本法制定。

第一百零三条　国务院根据实际需要，可以对食品安全监督管理体制作出调整。

第一百零四条　本法自 2009 年 6 月 1 日起施行。《中华人民共和国食品卫生法》同时废止。

中华人民共和国食品安全法实施条例

第一章　总　　则

第一条　根据《中华人民共和国食品安全法》（以下简称食品安全法），制定本条例。

第二条　县级以上地方人民政府应当履行食品安全法规定的职责；加强食品安全监督管理能力建设，为食品安全监督管理工作提供保障；建立健全食品安全监督管理部门的协调配合机制，整合、完善食品安全信息网络，实现食品安全信息共享和食品检验等技术资源的共享。

第三条　食品生产经营者应当依照法律、法规和食品安全标准从事生产经营活动，建立健全食品安全管理制度，采取有效管理措施，保证食品安全。

食品生产经营者对其生产经营的食品安全负责，对社会和公众负责，承担社会责任。

第四条　食品安全监督管理部门应当依照食品安全法和本条例的规定公布食品安全信息，为公众咨询、投诉、举报提供方便；任何组织和个人有权向有关部门了解食品安全信息。

第二章　食品安全风险监测和评估

第五条　食品安全法第十一条规定的国家食品安全风险监测计划，由国务院卫生行政部门会同国务院质量监督、工商行政管理和国家食品药品监督管理以及国务院商务、工业和信息化等部门，根据食品安全风险评估、食品安全标准制定与修订、食品安全监督管理等工作的需要制定。

第六条 省、自治区、直辖市人民政府卫生行政部门应当组织同级质量监督、工商行政管理、食品药品监督管理、商务、工业和信息化等部门，依照食品安全法第十一条的规定，制定本行政区域的食品安全风险监测方案，报国务院卫生行政部门备案。

国务院卫生行政部门应当将备案情况向国务院质量监督、工商行政管理和国家食品药品监督管理以及国务院商务、工业和信息化等部门通报。

第七条 国务院卫生行政部门会同有关部门除依照食品安全法第十二条的规定对国家食品安全风险监测计划作出调整外，必要时，还应当依据医疗机构报告的有关疾病信息调整国家食品安全风险监测计划。

国家食品安全风险监测计划作出调整后，省、自治区、直辖市人民政府卫生行政部门应当结合本行政区域的具体情况，对本行政区域的食品安全风险监测方案作出相应调整。

第八条 医疗机构发现其接收的病人属于食源性疾病病人、食物中毒病人，或者疑似食源性疾病病人、疑似食物中毒病人的，应当及时向所在地县级人民政府卫生行政部门报告有关疾病信息。

接到报告的卫生行政部门应当汇总、分析有关疾病信息，及时向本级人民政府报告，同时报告上级卫生行政部门；必要时，可以直接向国务院卫生行政部门报告，同时报告本级人民政府和上级卫生行政部门。

第九条 食品安全风险监测工作由省级以上人民政府卫生行政部门会同同级质量监督、工商行政管理、食品药品监督管理等部门确定的技术机构承担。

承担食品安全风险监测工作的技术机构应当根据食品安全风险监测计划和监测方案开展监测工作，保证监测数据真实、准确，并按照食品安全风险监测计划和监测方案的要求，将监测数据和分析结果报送省级以上人民政府卫生行政部门和下达监测任务的部门。

食品安全风险监测工作人员采集样品、收集相关数据，可以进入相关食用农产品种植养殖、食品生产、食品流通或者餐饮服务场所。采集样品，应当按照市场价格支付费用。

第十条　食品安全风险监测分析结果表明可能存在食品安全隐患的，省、自治区、直辖市人民政府卫生行政部门应当及时将相关信息通报本行政区域设区的市级和县级人民政府及其卫生行政部门。

第十一条　国务院卫生行政部门应当收集、汇总食品安全风险监测数据和分析结果，并向国务院质量监督、工商行政管理和国家食品药品监督管理以及国务院商务、工业和信息化等部门通报。

第十二条　有下列情形之一的，国务院卫生行政部门应当组织食品安全风险评估工作：

（一）为制定或者修订食品安全国家标准提供科学依据需要进行风险评估的；

（二）为确定监督管理的重点领域、重点品种需要进行风险评估的；

（三）发现新的可能危害食品安全的因素的；

（四）需要判断某一因素是否构成食品安全隐患的；

（五）国务院卫生行政部门认为需要进行风险评估的其他情形。

第十三条　国务院农业行政、质量监督、工商行政管理和国家食品药品监督管理等有关部门依照食品安全法第十五条规定向国务院卫生行政部门提出食品安全风险评估建议，应当提供下列信息和资料：

（一）风险的来源和性质；

（二）相关检验数据和结论；

（三）风险涉及范围；

（四）其他有关信息和资料。

县级以上地方农业行政、质量监督、工商行政管理、食品药品监督管理等有关部门应当协助收集前款规定的食品安全风险评估信息和资料。

第十四条　省级以上人民政府卫生行政、农业行政部门应当及时相互通报食品安全风险监测和食用农产品质量安全风险监测的相关信息。

国务院卫生行政、农业行政部门应当及时相互通报食品安全风险评估结果和食用农产品质量安全风险评估结果等相关信息。

第三章　食品安全标准

第十五条　国务院卫生行政部门会同国务院农业行政、质量监督、工商行政管理和国家食品药品监督管理以及国务院商务、工业和信息化等部门制定食品安全国家标准规划及其实施计划。制定食品安全国家标准规划及其实施计划，应当公开征求意见。

第十六条　国务院卫生行政部门应当选择具备相应技术能力的单位起草食品安全国家标准草案。提倡由研究机构、教育机构、学术团体、行业协会等单位，共同起草食品安全国家标准草案。

国务院卫生行政部门应当将食品安全国家标准草案向社会公

布，公开征求意见。

第十七条　食品安全法第二十三条规定的食品安全国家标准审评委员会由国务院卫生行政部门负责组织。

食品安全国家标准审评委员会负责审查食品安全国家标准草案的科学性和实用性等内容。

第十八条　省、自治区、直辖市人民政府卫生行政部门应当将企业依照食品安全法第二十五条规定报送备案的企业标准，向同级农业行政、质量监督、工商行政管理、食品药品监督管理、商务、工业和信息化等部门通报。

第十九条　国务院卫生行政部门和省、自治区、直辖市人民政府卫生行政部门应当会同同级农业行政、质量监督、工商行政管理、食品药品监督管理、商务、工业和信息化等部门，对食品安全国家标准和食品安全地方标准的执行情况分别进行跟踪评价，并应当根据评价结果适时组织修订食品安全标准。

国务院和省、自治区、直辖市人民政府的农业行政、质量监督、工商行政管理、食品药品监督管理、商务、工业和信息化等部门应当收集、汇总食品安全标准在执行过程中存在的问题，并及时向同级卫生行政部门通报。

食品生产经营者、食品行业协会发现食品安全标准在执行过程中存在问题的，应当立即向食品安全监督管理部门报告。

第四章　食品生产经营

第二十条　设立食品生产企业，应当预先核准企业名称，依照食品安全法的规定取得食品生产许可后，办理工商登记。县级以上质量监督管理部门依照有关法律、行政法规规定审核相关资料、核查生产场所、检验相关产品；对相关资料、场所符合规定要求以及相关产品符合食品安全标准或者要求的，应当作出准予许可的决定。

其他食品生产经营者应当在依法取得相应的食品生产许可、食品流通许可、餐饮服务许可后，办理工商登记。法律、法规对食品生产加工小作坊和食品摊贩另有规定的，依照其规定。

食品生产许可、食品流通许可和餐饮服务许可的有效期为3年。

第二十一条　食品生产经营者的生产经营条件发生变化，不符合食品生产经营要求的，食品生产经营者应当立即采取整改措施；有发生食品安全事故的潜在风险的，应当立即停止食品生产经营活动，并向所在地县级质量监督、工商行政管理或者食品药品监督管理部门报告；需要重新办理许可手续的，应当依法办理。

县级以上质量监督、工商行政管理、食品药品监督管理部门应当加强对食品生产经营者生产经营活动的日常监督检查；发现不符合食品生产经营要求情形的，应当责令立即纠正，并依法予以处理；不再符合生产经营许可条件的，应当依法撤销相关许可。

第二十二条　食品生产经营企业应当依照食品安全法第三十二条的规定组织职工参加食品安全知识培训，学习食品安全法律、法规、规章、标准和其他食品安全知识，并建立培训档案。

第二十三条　食品生产经营者应当依照食品安全法第三十四条的规定建立并执行从业人员健康检查制度和健康档案制度。从事接触直接入口食品工作的人员患有痢疾、伤寒、甲型病毒性肝炎、戊型病毒性肝炎等消化道传染病，以及患有活动性肺结核、化脓性或者渗出性皮肤病等有碍食品安全的疾病的，食品生产经营者应当将其调整到其他不影响食品安全的工作岗位。

食品生产经营人员依照食品安全法第三十四条第二款规定进行健康检查，其检查项目等事项应当符合所在地省、自治区、直辖市的规定。

第二十四条　食品生产经营企业应当依照食品安全法第三十六条第二款、第三十七条第一款、第三十九条第二款的规定建立进货查验记录制度、食品出厂检验记录制度，如实记录法律规定记录的事项，或者保留载有相关信息的进货或者销售票据。记录、票据的保存期限不得少于 2 年。

第二十五条　实行集中统一采购原料的集团性食品生产企业，可以由企业总部统一查验供货者的许可证和产品合格证明文件，进行进货查验记录；对无法提供合格证明文件的食品原料，应当依照食品安全标准进行检验。

第二十六条　食品生产企业应当建立并执行原料验收、生产过程安全管理、贮存管理、设备管理、不合格产品管理等食品安全管理制度，不断完善食品安全保障体系，保证食品安全。

第二十七条　食品生产企业应当就下列事项制定并实施控制要求，保证出厂的食品符合食品安全标准：

（一）原料采购、原料验收、投料等原料控制；

（二）生产工序、设备、贮存、包装等生产关键环节控制；

（三）原料检验、半成品检验、成品出厂检验等检验控制；

（四）运输、交付控制。

食品生产过程中有不符合控制要求情形的，食品生产企业应当立即查明原因并采取整改措施。

第二十八条　食品生产企业除依照食品安全法第三十六条、第三十七条规定进行进货查验记录和食品出厂检验记录外，还应当如实记录食品生产过程的安全管理情况。记录的保存期限不得少于

2年。

第二十九条　从事食品批发业务的经营企业销售食品，应当如实记录批发食品的名称、规格、数量、生产批号、保质期、购货者名称及联系方式、销售日期等内容，或者保留载有相关信息的销售票据。记录、票据的保存期限不得少于2年。

第三十条　国家鼓励食品生产经营者采用先进技术手段，记录食品安全法和本条例要求记录的事项。

第三十一条　餐饮服务提供者应当制定并实施原料采购控制要求，确保所购原料符合食品安全标准。

餐饮服务提供者在制作加工过程中应当检查待加工的食品及原料，发现有腐败变质或者其他感官性状异常的，不得加工或者使用。

第三十二条　餐饮服务提供企业应当定期维护食品加工、贮存、陈列等设施、设备；定期清洗、校验保温设施及冷藏、冷冻设施。

餐饮服务提供者应当按照要求对餐具、饮具进行清洗、消毒，不得使用未经清洗和消毒的餐具、饮具。

第三十三条　对依照食品安全法第五十三条规定被召回的食品，食品生产者应当进行无害化处理或者予以销毁，防止其再次流入市场。对因标签、标识或者说明书不符合食品安全标准而被召回的食品，食品生产者在采取补救措施且能保证食品安全的情况下可以继续销售；销售时应当向消费者明示补救措施。

县级以上质量监督、工商行政管理、食品药品监督管理部门应当将食品生产者召回不符合食品安全标准的食品的情况，以及食品经营者停止经营不符合食品安全标准的食品的情况，记入食品生产经营者食品安全信用档案。

第五章 食品检验

第三十四条 申请人依照食品安全法第六十条第三款规定向承担复检工作的食品检验机构（以下称复检机构）申请复检，应当说明理由。

复检机构名录由国务院认证认可监督管理、卫生行政、农业行政等部门共同公布。复检机构出具的复检结论为最终检验结论。

复检机构由复检申请人自行选择。复检机构与初检机构不得为同一机构。

第三十五条 食品生产经营者对依照食品安全法第六十条规定进行的抽样检验结论有异议申请复检，复检结论表明食品合格的，复检费用由抽样检验的部门承担；复检结论表明食品不合格的，复检费用由食品生产经营者承担。

第六章 食品进出口

第三十六条 进口食品的进口商应当持合同、发票、装箱单、提单等必要的凭证和相关批准文件，向海关报关地的出入境检验检疫机构报检。进口食品应当经出入境检验检疫机构检验合格。海关凭出入境检验检疫机构签发的通关证明放行。

第三十七条 进口尚无食品安全国家标准的食品，或者首次进口食品添加剂新品种、食品相关产品新品种，进口商应当向出入境检验检疫机构提交依照食品安全法第六十三条规定取得的许可证明文件，出入境检验检疫机构应当按照国务院卫生行政部门的要求进行检验。

第三十八条 国家出入境检验检疫部门在进口食品中发现食品安全国家标准未规定且可能危害人体健康的物质，应当按照食品安全法第十二条的规定向国务院卫生行政部门通报。

第三十九条 向我国境内出口食品的境外食品生产企业依照食品安全法第六十五条规定进行注册，其注册有效期为4年。已经注册的境外食品生产企业提供虚假材料，或者因境外食品生产企业的原因致使相关进口食品发生重大食品安全事故的，国家出入境检验检疫部门应当撤销注册，并予以公告。

第四十条 进口的食品添加剂应当有中文标签、中文说明书。标签、说明书应当符合食品安全法和我国其他有关法律、行政法规的规定以及食品安全国家标准的要求，载明食品添加剂的原产地和境内代理商的名称、地址、联系方式。食品添加剂没有中文标签、中文说明书或者标签、说明书不符合本条规定的，不得进口。

第四十一条 出入境检验检疫机构依照食品安全法第六十二条规定对进口食品实施检验，依照食品安全法第六十八条规定对出口食品实施监督、抽检，具体办法由国家出入境检验检疫部门制定。

第四十二条 国家出入境检验检疫部门应当建立信息收集网络，依照食品安全法第六十九条的规定，收集、汇总、通报下列信息：

（一）出入境检验检疫机构对进出口食品实施检验检疫发现的食品安全信息；

（二）行业协会、消费者反映的进口食品安全信息；

（三）国际组织、境外政府机构发布的食品安全信息、风险预警信息，以及境外行业协会等组织、消费者反映的食品安全信息；

（四）其他食品安全信息。

接到通报的部门必要时应当采取相应处理措施。

食品安全监督管理部门应当及时将获知的涉及进出口食品安全的信息向国家出入境检验检疫部门通报。

第七章　食品安全事故处置

第四十三条　发生食品安全事故的单位对导致或者可能导致食品安全事故的食品及原料、工具、设备等，应当立即采取封存等控制措施，并自事故发生之时起2小时内向所在地县级人民政府卫生行政部门报告。

第四十四条　调查食品安全事故，应当坚持实事求是、尊重科学的原则，及时、准确查清事故性质和原因，认定事故责任，提出整改措施。

参与食品安全事故调查的部门应当在卫生行政部门的统一组织协调下分工协作、相互配合，提高事故调查处理的工作效率。

食品安全事故的调查处理办法由国务院卫生行政部门会同国务院有关部门制定。

第四十五条　参与食品安全事故调查的部门有权向有关单位和个人了解与事故有关的情况，并要求提供相关资料和样品。

有关单位和个人应当配合食品安全事故调查处理工作，按照要求提供相关资料和样品，不得拒绝。

第四十六条　任何单位或者个人不得阻挠、干涉食品安全事故的调查处理。

第八章　监督管理

第四十七条　县级以上地方人民政府依照食品安全法第

七十六条规定制定的食品安全年度监督管理计划，应当包含食品抽样检验的内容。对专供婴幼儿、老年人、病人等特定人群的主辅食品，应当重点加强抽样检验。

县级以上农业行政、质量监督、工商行政管理、食品药品监督管理部门应当按照食品安全年度监督管理计划进行抽样检验。抽样检验购买样品所需费用和检验费等，由同级财政列支。

第四十八条 县级人民政府应当统一组织、协调本级卫生行政、农业行政、质量监督、工商行政管理、食品药品监督管理部门，依法对本行政区域内的食品生产经营者进行监督管理；对发生食品安全事故风险较高的食品生产经营者，应当重点加强监督管理。

在国务院卫生行政部门公布食品安全风险警示信息，或者接到所在地省、自治区、直辖市人民政府卫生行政部门依照本条例第十条规定通报的食品安全风险监测信息后，设区的市级和县级人民政府应当立即组织本级卫生行政、农业行政、质量监督、工商行政管理、食品药品监督管理部门采取有针对性的措施，防止发生食品安全事故。

第四十九条 国务院卫生行政部门应当根据疾病信息和监督管理信息等，对发现的添加或者可能添加到食品中的非食品用化学物质和其他可能危害人体健康的物质的名录及检测方法予以公布；国务院质量监督、工商行政管理和国家食品药品监督管理部门应当采取相应的监督管理措施。

第五十条 质量监督、工商行政管理、食品药品监督管理部门在食品安全监督管理工作中可以采用国务院质量监督、工商行政管理和国家食品药品监督管理部门认定的快速检测方法对食品进行初步筛查；对初步筛查结果表明可能不符合食品安全标准的食品，应当依照食品安全法第六十条第三款的规定进行检验。初步筛查结果不得作为执法依据。

第五十一条　食品安全法第八十二条第二款规定的食品安全日常监督管理信息包括：

（一）依照食品安全法实施行政许可的情况；

（二）责令停止生产经营的食品、食品添加剂、食品相关产品的名录；

（三）查处食品生产经营违法行为的情况；

（四）专项检查整治工作情况；

（五）法律、行政法规规定的其他食品安全日常监督管理信息。

前款规定的信息涉及两个以上食品安全监督管理部门职责的，由相关部门联合公布。

第五十二条　食品安全监督管理部门依照食品安全法第八十二条规定公布信息，应当同时对有关食品可能产生的危害进行解释、说明。

第五十三条　卫生行政、农业行政、质量监督、工商行政管理、食品药品监督管理等部门应当公布本单位的电子邮件地址或者电话，接受咨询、投诉、举报；对接到的咨询、投诉、举报，应当依照食品安全法第八十条的规定进行答复、核实、处理，并对咨询、投诉、举报和答复、核实、处理的情况予以记录、保存。

第五十四条　国务院工业和信息化、商务等部门依据职责制定食品行业的发展规划和产业政策，采取措施推进产业结构优化，加强对食品行业诚信体系建设的指导，促进食品行业健康发展。

第九章　法律责任

第五十五条　食品生产经营者的生产经营条件发生变化，未依照本条例第二十一条规定处理的，由有关主管部门责令改正，给予警告；造成严重后果的，依照食品安全法第八十五条的规定给予处罚。

第五十六条 餐饮服务提供者未依照本条例第三十一条第一款规定制定、实施原料采购控制要求的，依照食品安全法第八十六条的规定给予处罚。

餐饮服务提供者未依照本条例第三十一条第二款规定检查待加工的食品及原料，或者发现有腐败变质或者其他感官性状异常仍加工、使用的，依照食品安全法第八十五条的规定给予处罚。

第五十七条 有下列情形之一的，依照食品安全法第八十七条的规定给予处罚：

（一）食品生产企业未依照本条例第二十六条规定建立、执行食品安全管理制度的；

（二）食品生产企业未依照本条例第二十七条规定制定、实施生产过程控制要求，或者食品生产过程中有不符合控制要求的情形未依照规定采取整改措施的；

（三）食品生产企业未依照本条例第二十八条规定记录食品生产过程的安全管理情况并保存相关记录的；

（四）从事食品批发业务的经营企业未依照本条例第二十九条规定记录、保存销售信息或者保留销售票据的；

（五）餐饮服务提供企业未依照本条例第三十二条第一款规定定期维护、清洗、校验设施、设备的；

（六）餐饮服务提供者未依照本条例第三十二条第二款规定对餐具、饮具进行清洗、消毒，或者使用未经清洗和消毒的餐具、饮具的。

第五十八条 进口不符合本条例第四十条规定的食品添加剂

的，由出入境检验检疫机构没收违法进口的食品添加剂；违法进口的食品添加剂货值金额不足1万元的，并处2000元以上5万元以下罚款；货值金额1万元以上的，并处货值金额2倍以上5倍以下罚款。

第五十九条 医疗机构未依照本条例第八条规定报告有关疾病信息的，由卫生行政部门责令改正，给予警告。

第六十条 发生食品安全事故的单位未依照本条例第四十三条规定采取措施并报告的，依照食品安全法第八十八条的规定给予处罚。

第六十一条 县级以上地方人民政府不履行食品安全监督管理法定职责，本行政区域出现重大食品安全事故、造成严重社会影响的，依法对直接负责的主管人员和其他直接责任人员给予记大过、降级、撤职或者开除的处分。

县级以上卫生行政、农业行政、质量监督、工商行政管理、食品药品监督管理部门或者其他有关行政部门不履行食品安全监督管理法定职责、日常监督检查不到位或者滥用职权、玩忽职守、徇私舞弊的，依法对直接负责的主管人员和其他直接责任人员给予记大过或者降级的处分；造成严重后果的，给予撤职或者开除的处分；其主要负责人应当引咎辞职。

第十章 附 则

第六十二条 本条例下列用语的含义：

食品安全风险评估，指对食品、食品添加剂中生物性、化学性和物理性危害对人体健康可能造成的不良影响所进行的科学评估，包括危害识别、危害特征描述、暴露评估、风险特征描述等。

餐饮服务，指通过即时制作加工、商业销售和服务性劳动等，向消费者提供食品和消费场所及设施的服务活动。

第六十三条 食用农产品质量安全风险监测和风险评估由县级以上人民政府农业行政部门依照《中华人民共和国农产品质量安全法》的规定进行。

国境口岸食品的监督管理由出入境检验检疫机构依照食品安全法和本条例以及有关法律、行政法规的规定实施。

食品药品监督管理部门对声称具有特定保健功能的食品实行严格监管，具体办法由国务院另行制定。

第六十四条 本条例自公布之日起施行。

后　记

本书是在我博士论文的基础上完成的。作为一名在职攻读博士学位的学子，工作之余经历五年多的努力拼搏，论文终于完成答辩并得以公开出版，在品尝成功喜悦的同时，感恩之情也油然而生。

首先，感谢我的导师欧晓明教授，是他把我引入农业经济管理这个学科并学有小成。从 2007 年开始博士论文选题到开题报告的撰写，再到论文的完善，都得益于导师对我的悉心指导，处处都倾注导师的心血和汗水。当写作面临困难时，导师总是能一针见血地指出问题所在，并提出有益的修改意见，大大提高了我的科研信心和能力。特别是在导师的悉心指导下，经过三年的不懈努力，以博士论文为基础的《我国农业龙头企业产品质量控制体系研究》于2010 年获得国家社科基金的支持，为论文的写作奠定了较好的研究基础。

其次，感谢参与博士论文开题、预答辩的校外专家戴思锐教授、杨永福教授、张成科教授、彭璧玉教授，学校和学院领导张岳恒教授、罗必良教授、傅晨教授、赖作卿教授、高岚教授、万俊毅教授、左两军副教授等众位大师的指点，特别是他们提出的建设性修改意见使论文质量大大提高。感谢窦志铭教授、丁孝智教授对书稿提出的修改意见。感谢我的硕士生导师黄铁苗教授对我长期的鼓励及博士论文的关注。由衷地感谢经管学院所有老师的教育，唯有加倍努力作出成绩才能不辜负老师们的殷切期望。同时，还要感谢师兄林伟君、师姐刘秀琴、师弟张梓泓以及师妹李尚蒲、刘芳、丘银对博士论文提供的帮助。

再次，感谢农业部经营管理司孙中华司长、王维友处长、王斯列科长和惠州学院朱永德教授对国家重点龙头企业产品质量安全控制问卷调查的大力支持和帮助；感谢华南农业大学经济管理学院张乐柱教授、广东农垦总局江英处长以及广东温氏食品集团有限公司、广东燕塘乳业股份有限公司的领导为重点访谈提供的周到帮助，使我们获得了许多珍贵的第一手资料；感谢所在单位的新老领导和同事给予的理解和支持，使我有更多的时间和精力从事研究；作为课题的阶段性成果，特别要感谢我们这个科研团队的"战友"们，他们是文晓巍、方伟、梁俊芬、易海风、史永隽和罗军等。感谢人民出版社毕于慧编辑为本书出版付出的辛苦劳动。

最后，感谢我的家人，他们给了我战胜一切苦难的信心、勇气和力量！

实践发展永无止境，认识真理永无止境，理论创新永无止境。本人对农产品质量安全问题的关注将会一如既往，对该问题的学习研究将一如既往。衷心感谢广大理论和实际工作者为农产品质量安全贡献的智慧和力量，这是拙作的雄厚基础。之所以愿意出版，是希望能抛砖引玉，并能得到更多学界同人的批评、指导和帮助。因此，期待着大家的帮助和指教！

郑红军

2011 年 7 月 28 日于广州

责任编辑：毕于慧

版式设计：东昌文化

图书在版编目（CIP）数据

农产品质量安全控制综观研究／郑红军 著，

　－北京：人民出版社，2011.8

ISBN 978－7－01－010241－2

I.①农…　II.①郑…　III.①农产品－质量管理：安全管理

　IV.① F307.5

中国版本图书馆 CIP 数据核字（2011）第 187580 号

农产品质量安全控制综观研究

NONGCHANPING ZHILIANG ANQUAN KONGZHI ZONGGUAN YANJIU

郑红军 著

人民出版社 出版发行

（100706　北京朝阳门内大街 166 号）

环球印刷（北京）有限公司印刷　新华书店经销

2011 年 8 月第 1 版　2011 年 8 月北京第 1 次印刷

开本：880 毫米 × 1230 毫米 1/32

印张：9.875　字数：235 千字

ISBN 978－7－01－010241－2　定价：24.00 元

邮购地址 100706　北京朝阳门内大街 166 号

人民东方图书销售中心　电话（010）65250042　65289539